宁夏旧志研究

胡玉冰 著

上海古籍出版社

图书在版编目(CIP)数据

宁夏旧志研究 / 胡玉冰著.—上海：上海古籍出版社，2018.9
ISBN 978-7-5325-8800-8

Ⅰ.①宁… Ⅱ.①胡… Ⅲ.①宁夏-地方志 Ⅳ.①K294.3

中国版本图书馆CIP数据核字(2018)第070348号

宁夏旧志研究

胡玉冰 著

上海古籍出版社出版发行

(上海瑞金二路272号 邮政编码200020)

(1) 网址：www.guji.com.cn
(2) E-mail：guji1@guji.com.cn
(3) 易文网网址：www.ewen.co

启东市人民印刷有限公司印刷

开本710×1000 1/16 印张29.5 插页3 字数530,000
2018年9月第1版 2018年9月第1次印刷
ISBN 978-7-5325-8800-8
K·2465 定价：148.00元

如有质量问题,请与承印公司联系

国家社科基金重大项目（批准号：17ZDA268）成果
国家社科基金重点项目（批准号：12AZD081）成果
宁夏大学哲学社会科学重大创新项目（项目编号：SKZD2017002）成果

目 录

序 …………………………………………………… 陈育宁　1

引　言 ………………………………………………………… 1

第一章　宁夏旧志著录、综合研究、刊布、海外存藏情况普查与研究 …… 1
　　第一节　宁夏旧志著录、综合研究、刊布情况普查 …………… 1
　　　　一　著录情况 ………………………………………………… 1
　　　　二　综合研究 ………………………………………………… 8
　　　　三　整理刊布存藏情况普查 ………………………………… 9
　　　　四　旧志整理质量亟待提高 ………………………………… 11
　　第二节　日本藏宁夏旧志普查与研究 ………………………… 14
　　　　一　普查与研究背景 ………………………………………… 15
　　　　二　普查与研究方法 ………………………………………… 16
　　　　三　普查结果与研究成果 …………………………………… 16

第二章　明代宁夏通志 ……………………………………………… 19
　　第一节　《〔正统〕宁夏志》 …………………………………… 21
　　　　一　整理与研究现状 ………………………………………… 21
　　　　二　有关《宁夏志》著者"朱栴" …………………………… 24
　　　　三　日本国立国会图书馆藏《宁夏志》版本情况 ………… 27
　　　　四　《宁夏志》东传日本 …………………………………… 28
　　　　五　史源、编纂及刊刻质量分析 …………………………… 30
　　　　六　文献价值 ………………………………………………… 34
　　第二节　《〔弘治〕宁夏新志》与《〔正德〕宁夏新志》 ……… 39

一　整理与研究现状 …………………………………………… 39
　　二　编修始末 ………………………………………………… 41
　　三　编修者生平 ……………………………………………… 43
　　四　天一阁藏《〔弘治〕宁夏新志》当刊行于明朝正德年间 …… 45
　　五　内容 ……………………………………………………… 48
　　六　文献价值 ………………………………………………… 58
　第三节　《〔嘉靖〕宁夏新志》 ………………………………… 59
　　一　嘉靖七年宁夏巡抚翟鹏的修志计划 …………………… 59
　　二　整理与研究现状 ………………………………………… 61
　　三　编修始末 ………………………………………………… 62
　　四　编修者生平 ……………………………………………… 64
　　五　版本特点 ………………………………………………… 66
　　六　内容 ……………………………………………………… 68
　　七　《〔嘉靖〕宁夏新志》与《〔弘治〕宁夏新志》编刊质量比较 …… 70
　　八　文献价值 ………………………………………………… 74
　第四节　亡佚的隆庆、万历年间编修宁夏志书 ……………… 75
　　一　整理与研究现状 ………………………………………… 75
　　二　隆庆三年杨锦修《朔方边纪》 …………………………… 76
　　三　万历元年石茂华监修、解学礼、孙汝汇纂修《宁夏志》 …… 77
　　四　万历七年罗凤翱修《朔方志》 …………………………… 79
　第五节　《〔万历〕朔方新志》 ………………………………… 81
　　一　整理与研究现状 ………………………………………… 81
　　二　编修始末 ………………………………………………… 82
　　三　编修者生平 ……………………………………………… 83
　　四　编修方法及内容 ………………………………………… 85
　　五　版本特点 ………………………………………………… 89
　　六　文献价值 ………………………………………………… 92

第三章　清代宁夏通志 ……………………………………… 94
　第一节　《〔乾隆〕银川小志》 ………………………………… 95
　　一　整理与研究现状 ………………………………………… 95

二　汪绎辰生平 ·················· 97
　　三　编修始末 ·················· 97
　　四　编修方法、辑录内容 ············· 99
　　五　编修质量及文献价值 ············· 100
　第二节　《〔乾隆〕宁夏府志》 ············ 102
　　一　整理与研究现状 ··············· 103
　　二　编修者生平 ················· 104
　　三　编修始末、原则及特点 ············ 105
　　四　内容及编修方法 ··············· 108
　　五　版本流传情况 ················ 114
　　六　文献价值 ·················· 117

第四章　民国时期宁夏旧志资料 ············ 119
　第一节　民国时期全国及宁夏修志概况 ········ 119
　第二节　《〔民国〕朔方道志》 ············ 122
　　一　整理与研究现状 ··············· 122
　　二　编刊始末 ·················· 124
　　三　编修者生平 ················· 126
　　四　内容 ···················· 128
　　五　编修质量及文献价值 ············· 135
　第三节　《〔民国〕十年来宁夏省政述要》及1941年编修《宁夏省通志》
　　　　　计划 ···················· 138
　　一　《〔民国〕十年来宁夏省政述要》编修缘由、辑录内容与编修
　　　　方法 ····················· 139
　　二　1941年编修《宁夏省通志》计划 ········ 142
　第四节　东亚同文会编《支那省别全志》及《新修支那省别全志》中的宁夏
　　　　　史料 ···················· 143
　　一　《支那省别全志》《新修支那省别全志》编修目的及其基本
　　　　内容 ····················· 144
　　二　《支那省别全志》《新修支那省别全志》与宁夏有关的内容 ······ 147
　　三　《支那省别全志》《新修支那省别全志》的学术价值 ········· 149

第五章　银川市辖灵武市旧志 …… 151

第一节　《〔嘉庆〕灵州志迹》…… 151
一　整理与研究现状 …… 151
二　编修者生平 …… 153
三　编修始末及刊行时间 …… 156
四　编修体例及内容史源 …… 159
五　《〔嘉庆〕灵州志迹》与《〔乾隆〕宁夏府志》内容相异者举例 …… 164
六　版本情况 …… 165
七　文献价值 …… 166

第二节　《〔光绪〕灵州志》…… 168
一　整理与研究现状 …… 168
二　编修时间及编修者生平 …… 169
三　版本及内容 …… 170
四　文献价值 …… 175

第六章　石嘴山市辖平罗县旧志 …… 177

第一节　《〔嘉庆〕平罗县志》…… 178
一　整理与研究现状 …… 178
二　内容及编修方法 …… 179
三　编修质量 …… 181
四　文献价值 …… 181

第二节　《〔道光〕平罗记略》…… 182
一　整理与研究现状 …… 182
二　徐保字生平 …… 183
三　纂修与刊行 …… 183
四　编修方法及内容 …… 186
五　编修质量及文献价值 …… 191

第三节　《〔道光〕续增平罗记略》…… 194
一　整理与研究现状 …… 194
二　张梯生平 …… 195
三　纂修及刊行 …… 195

四　内容 …… 197
　　五　文献价值 …… 198

第七章　吴忠市旧志 …… 200
　第一节　利通区《〔光绪〕宁灵厅志草》 …… 200
　　一　整理与研究现状 …… 201
　　二　内容及其史源 …… 203
　　三　编修体例 …… 210
　　四　编修质量及其文献价值 …… 212
　第二节　青铜峡市《〔康熙〕新修朔方广武志》 …… 214
　　一　整理与研究现状 …… 214
　　二　编修者生平 …… 216
　　三　编修始末及编修方法 …… 220
　　四　内容及其史源 …… 221
　　五　编修质量 …… 224
　　六　文献价值 …… 226
　第三节　盐池县《〔光绪〕花马池志迹》《〔民国〕盐池县志》 …… 227
　　一　《〔光绪〕花马池志迹》 …… 227
　　二　《〔民国〕盐池县志》 …… 232
　第四节　同心县《〔光绪〕平远县志》《〔民国〕豫旺县志》 …… 240
　　一　《〔光绪〕平远县志》 …… 241
　　二　《〔民国〕豫旺县志》 …… 248

第八章　固原市旧志 …… 254
　第一节　固原州、县旧志 …… 254
　　一　佚失旧志 …… 254
　　二　传世旧志整理与研究现状 …… 256
　　三　《〔嘉靖〕固原州志》 …… 258
　　四　《〔万历〕固原州志》 …… 266
　　五　《固原州宪纲事宜册》 …… 273
　　六　《〔宣统〕新修固原直隶州志》 …… 276

七　《〔民国〕固原县志》……………………………………… 289
第二节　西吉县旧志 …………………………………………… 301
　　一　《〔宣统〕新修硝河城志》……………………………… 302
　　二　《〔民国〕西吉县志》…………………………………… 306
第三节　隆德县旧志 …………………………………………… 312
　　一　亡佚的《〔万历〕隆德县志》…………………………… 313
　　二　传世旧志整理与研究现状 ……………………………… 313
　　三　《〔康熙〕隆德县志》…………………………………… 315
　　四　《〔道光〕隆德县续志》………………………………… 322
　　五　《〔民国〕重修隆德县志》……………………………… 326
第四节　泾源县《〔民国〕化平县志》………………………… 336
　　一　整理与研究现状 ………………………………………… 337
　　二　编修始末 ………………………………………………… 337
　　三　编修者生平 ……………………………………………… 340
　　四　内容及编修特点 ………………………………………… 342
　　五　编修质量及文献价值 …………………………………… 347

第九章　中卫市旧志 ……………………………………………… 349
第一节　《〔乾隆〕中卫县志》《〔道光〕续修中卫县志》… 349
　　一　《〔乾隆〕中卫县志》…………………………………… 349
　　二　《〔道光〕续修中卫县志》……………………………… 362
　　三　《重修中卫七星渠本末记》……………………………… 370
第二节　海原县旧志 …………………………………………… 373
　　一　整理与研究现状 ………………………………………… 375
　　二　《〔乾隆〕盐茶厅志备遗》……………………………… 377
　　三　《〔光绪〕海城县志》…………………………………… 386
　　四　《〔光绪〕新修打拉池县丞志》………………………… 395
　　五　民国时期海原县县情资料 ……………………………… 402

余论——旧志整理与研究方法刍议 ……………………………… 409
　　一　整理前的准备工作 ……………………………………… 410

二　整理的具体环节及方法……………………………………… 414
　　三　整理研究旧志规范…………………………………………… 418

附　录………………………………………………………………… 421
　　一　宁夏旧志基本情况一览表…………………………………… 421
　　二　公开出版的宁夏旧志整理成果一览表……………………… 424
　　三　宁夏旧志及其编纂者研究论文索引………………………… 426

主要参考文献………………………………………………………… 437
　　一　古籍………………………………………………………… 437
　　二　丛书………………………………………………………… 444
　　三　近现代著作………………………………………………… 445
　　四　论文………………………………………………………… 447

后　记………………………………………………………………… 449

序

陈育宁

中华民族是世界上最善于书写的民族，因而中华自古多文献。我国现有古籍总量超过4 000万册，这些承载着岁月沧桑的古籍，记载了中华民族的思想、智慧、历史和创造。在这些浩如烟海的古籍中，有相当一部分是地方志文献。有资料统计，我国现存方志约8 500多种。编修地方志有悠久的传统。"最古之史，实为方志。"（梁启超语）"家有谱，郡有志，国有史，人文兼备，法制森然。"（明朝杨守礼《重修〈宁夏新志〉序》）"志书，一方之史也，所以备纪载，便历览，使人得以观感于前而兴起于后，关系攸大，岂曰小补之哉"？（明朝王珣《〈宁夏新志〉序》）明朝修志成就很大，明永乐十年（1412）令"天下郡、县、卫、所皆修志"，而且颁降修志条例，统一规格体例。清代是我国方志发展的鼎盛时期，各地设志局，省有"通志"，府有"府志"，州有"州志"。宁夏方志主要成书于明清两朝，下及民国时期，传世不到40种。虽然数量不是很多，但它们记录了宁夏地区历史发展的进程和沧桑变化，反映了这一地区各民族的发展轨迹，凝聚着生于斯、长于斯的先民们的智慧，是地方进步及民族融合、发展的见证，是中华民族文化遗产的有机组成部分。保护好、传承好这批珍贵文献，对其文化价值进行深入研究、利用，有着重要的历史和现实意义。多年来，宁夏学者对宁夏旧志研究筚路蓝缕，发凡起例，特别是文献整理研究取得了一批富有创造性的成果。中青年学者在前辈学者开创的道路上继续前进，不断取得新成绩。胡玉冰博士的《宁夏旧志研究》就是近年来宁夏地方志研究方面取得的有较高学术水平的成果。

《宁夏旧志研究》是胡玉冰博士主持的2006年度国家社科基金项目的结项成果，作者以刊印或抄写于1949年以前的宁夏地方志书为主要研究对象，以期较为全面地反映宁夏方志文献的特点及其价值。本著作2012年由中国社会科学出版社出版时名为《宁夏地方志研究》，此次修订后改由上海古籍出版社出版，书名中将"地方志"改为"旧志"，更加突出了研究对象的时代性特点。我认为，这本著作有以下几个方面的学术特色：

一、研究内容系统、全面

宁夏旧志研究主要始于20世纪80年代,成果均以论文的方式发表。《宁夏旧志研究》则以著作的方式呈现最新研究成果,研究内容全面,且有较强的系统性,是第一部系统、全面研究宁夏方志的学术著作。作者通过多年的普查工作,基本梳理出宁夏方志的全貌,对传世的全部30多种宁夏方志逐一进行研究,并对亡佚的宁夏方志也尽可能爬梳资料进行分析。这本著作将宁夏方志作为一类特殊的历史文献进行整体性研究,从体例构建上看,先通志,后分志。通志按时代顺序,由明朝至民国;分志按宁夏最新行政区划,以银川市、石嘴山市、吴忠市、固原市、中卫市的顺序分别研究。层次清晰,逻辑性强。

对宁夏方志的研究,以往主要侧重用目录提要的方式介绍方志内容,对其学术价值的评析较为笼统,较少细致入微地考证分析文献。这本著作对每一种传世方志的研究都分内容介绍与分析评价两部分。内容介绍包括编纂者生平、编纂时间、编纂体例、内容卷帙、版本特征及存藏情况、今人整理研究情况等。分析评价不盲从旧说,而是对照原典逐条分析,力争还原方志真实的信息。在对宁夏方志的整理与研究现状进行梳理时,凡以点校、注释、今译、影印、资料汇编、索引、书目等方式对方志有涉及者,均列入整理研究的范围。评价研究涉及主要编修人员生平事迹、方志编纂背景、体例得失、内容及版本优劣、文本文字的错讹衍脱倒等现象、文献价值等,不回避曾有争议的问题,对于今人整理成果中存在的问题也能较为客观公允地加以评析。这样,对宁夏方志的研究,既有宏观层面的综合叙述,亦有具体而微的个案研究。点面结合,多角度、多方面研究宁夏方志,推进方志研究有了新的深入。

二、普查方法有开拓与创新

作者的研究首先立足于扎实、全面、系统的文献普查。在普查对象上,以传世方志为重点普查对象,同时也注重对各种资料中提及的、现已亡佚的宁夏方志的信息搜集,以期全面反映宁夏方志的整体面貌。另外,既分类普查方志的原本文献,也分类梳理相关整理或研究成果,目的是想使普查所获资料既全面反映宁夏方志的整理研究现状,也为后续的整理研究奠定坚实的成果基础。在普查方法与内容上,既遵照已有规范来进行,也根据实际需要有所创新。比如在普查内容方面,既依据基本的《中国地方志联合目录》等工具书,进行常规内容如方志名称、监修者、编纂者、编修年代、卷数、馆藏单位等普查；更值得一提的是，作者能坚持不懈、克服困难，对几乎所有传世的方志都能做到一一对照原版旧志，逐条验证分析已有著录内容，对所发现的问题一一给予修订，并补充普查各旧志附录的序跋、各志正式刊行年代、版本之行款、牌记、版心、刻工、藏书印章等细节信息，使宁夏旧志的著录内容更加全面、准确、可信。普查范围不局限于国内，也关注海外藏收情况。作者除到宁夏、甘肃、陕西等省区相关图书馆进行普查外，还利用在北京大学攻读博士学位、在复旦大学从事博士后研究工作的有利时机，对北京、上海、南京等地存藏宁夏方志的情况也进行了普查。特别是利用在日本访学的机会，与日本学者合作，就日本所藏宁夏旧志进行普查与研究，首次基本摸清了日本国立国会图书馆、东洋文库、京都大学等单位存藏宁夏方志的情况，目验了多种珍贵的孤本宁夏方志，把学界有关日本藏宁夏方志的研究水平大大向前推进了一步。

三、研究范式与方法有较强的创新价值

作者在研究上力求创新，在研究范式与方法上突破以往多以目录解题的形式提要式地介绍方志的编纂时代、编纂者、编纂体例及主要内容等的做法。该著作对传世的宁夏旧志研究以时代为经，以文献为纬，以单种志书为研究单元，不限于对方志的简单内容描述，而是从文献学角度深入研究方志诸多方面的情况。如方志编修者生平部分，为方志的主修者、实际编纂者撰写小传，每一条小传均随文注明参考文献，以备查考。多位人物如胡汝砺、管律、黄璟等的小传均较已有的传记成果有新突破。对于方志文本的研究，则运用文献学、目录学、版本学、校勘学等多学科理论与方法，使研究角度与深度都有了较大的拓展。如明朝庆靖王朱栴编《宁夏志》是传世的宁夏旧志中成书时间最早的一部。作者研究该志，首先充分了解、借鉴前人的学术成果，同时也发现了值得进一步研究的问题，如该志东传日本的时间问题，学者基本没有深入研究过。作者利用自己目验的结果，找到了更多的版本证据，指出传世的日本国立国会图书馆馆藏孤本《宁夏志》是残本而非全本，原本当为明朝徐𤊹藏于红雨楼，徐氏藏本至晚当于清朝康熙五十三年(时当日本中御门天皇正德四年，1714)传入日本。日本国立国会图书馆对原4册线装的《宁夏志》线装为两册，馆藏至今。《宁夏志》在日本至少已经传藏了300多年。作者还对《宁夏志》史料来源、编刊质量等进行深入分析，在全面考证的基础上，指出了《宁夏志》编纂和刊刻质量上存在的诸多问题，但也给予了客观评价，具体分析了《宁夏志》作为一部地方志书的独到利用价值。总之，

胡玉冰博士对方志研究的视点较以往的研究有了较多的增加,研究内容更加细密、深入,将宁夏旧志的研究水平向前大大地推进了一步。

对方志文献的整理研究既是一项艰苦细致的工作,又是一项十分严肃和需要负责任的任务。胡玉冰博士通过自己的研究深刻体会到:"旧志整理会为今人研究利用旧志资料提供极大的便利,但整理一定要符合相关学术规范,否则就会有诬古人,贻误后人。宁夏旧志整理取得了不小的成绩,为从事宁夏文史研究提供了丰富的资料,但我们也实事求是地认识到,宁夏旧志的整理还需要更加精细些,有些旧志版本上存在的文字或内容问题有待进一步解决,旧志整理的整体质量还有待进一步提高。"这些认识和体会是值得我们重视和思考的。

胡玉冰博士是土生土长的宁夏人,有较为扎实的古文献学学术功底,有一定的学术远见。1991年从北京大学毕业后回到家乡,整整27年,一直潜心学术,从事地方与民族古文献整理研究与人才培养工作。他立足宁夏实际情况,学术视野开阔,主要以西夏文献、宁夏地方文献及回族文献为整理研究对象,出版的《传统典籍中汉文西夏文献研究》(中国社会科学出版社2007年版)是他多年来研究西夏文献的研究成果,入选《国家社科基金成果文库》,得到了学界的好评。我曾以《宁夏学术研究的精品》(《宁夏日报》2007年9月14日)为题,评价他潜心打造学术精品的创新精神。此次修订出版《宁夏旧志研究》,是胡玉冰博士研究宁夏地方文献的最新著作。阅读这部近60万字的著作,其辛勤和功力殊堪赞赏。但也要看到,其著作也并非完美无缺。由于各种条件的限制,个别善本或孤本方志如于一阁藏《[弘治]宁夏新志》《[嘉靖]宁夏新志》,甘图藏《[康熙]新修朔方广武志》,美国国会图书馆藏《[道光]隆德县续志》等作者均未获目验,这无形中会影响到对这些志书的深入研究。但我们有理由相信,《宁夏旧志研究》的出版,不仅表明宁夏本土学者已具有了国家层面的、较高的方志研究水平,将会有力地提高宁夏学者研究方志的学术层次,同时,这部学术著作的出版,对于全国其他省份旧志的研究也将具有积极的借鉴价值。

近两年,胡玉冰博士独立完成并出版了《西夏书校补》(中华书局2015年版),正在完成"《西夏书事》校注""《清真指南》校注"等科研课题,课题成果都是地方与民族古籍整理著作,相信这些著作的陆续推出,一定会嘉惠学林,利于学术。胡玉冰博士在个人取得学术成绩的同时,也非常重视人才培养与团队建设工作。作为古文献学研究生导师,他结合个人的科研实践,积累了一定的古籍整理研究人才培养经验。在完成《宁夏旧志研究》的过程中,他指导研究生以宁夏固原市、盐池县,湖北荆门市、山东临沂市辖境地方旧志及明清时期回族古文献等地方、民族古文献为研究对象,撰写出了一批有一定学术价值的学位论文,形成了较有特色的文科研究生培养方向,这种结合导师研究课题指导学生开展学术训练的方法无疑值得大力提倡。由胡玉冰博士主编出版的《宁夏珍稀方志丛刊》首批8部整理成果获得学界好评,全部整理成果已面世。本丛书中各部整理成果均以《宁夏旧志研究》为整理基础,丛书的出版,标志着宁夏旧志整理水平将迈入全国先进行列,宁夏成为继上海市之后第二个全面实现旧志整理任务目标的省份。

玉冰博士是我的北大校友,我们相识有年。作为学长,我很高兴看到他在学术上取得新成绩。衷心希望玉冰博士能再接再厉,学术更上新台阶。

是为序。

2012年4月初稿于宁夏大学
2018年4月修改于银川

引 言

　　本著作是笔者主持完成的2006年度国家社科基金西部项目"中国西部地区古文献普查及其文化价值研究——以宁夏地方和民族古文献为中心"（项目批准号：06XTQ007；学科分类：图书馆、情报与文献学）研究成果。项目组普查研究的地方与民族文献主要包括以下五大类：第一，形成于新中国成立前的、由宁夏本土历史人物撰写的，或非宁夏人撰写的与宁夏直接有关的各种传世文献；第二，明末清初回族四大家王岱舆、马注、刘智、马德新等人的经典学术著作；第三，形成于新中国成立前的、出土于今宁夏辖境内的各种文献资料，或虽出土于宁夏以外，但与宁夏直接有关的各种文献资料；第四，有文献材料证实其在新中国成立前长期在宁夏为官或生活、"流寓"的非宁夏本土人士的重要著述，尤其以记述、反映其在宁期间所历事者为主；第五，宁夏各级藏书单位入选《国家珍贵古籍名录》的古籍，以及虽未入选《名录》，但流传稀少或具有特殊研究价值的公藏、私藏文献档案等。本著作研究之"宁夏旧志"是指以今宁夏辖境内自然现象、社会现象和人文现象等为记述对象的、刊印或抄写于1949年以前的宁夏旧地方志书，本著作或称"宁夏方志"，或称"宁夏旧志"。另选择部分虽非严格意义上的方志，但确有学术研究价值的地方资料进行研究，以期较为全面地反映宁夏地方文献特点，深入发掘地方文献资料在资政、存史、教化等方面的学术价值。

　　宁夏是中华民族远古文明发祥地之一。所辖灵武市考古发现的"水洞沟遗址"表明，早在3万年前的旧石器时代，宁夏就有人类在此生息繁衍。公元前3世纪，秦始皇统一六国后，在此设北地郡，派兵屯垦，兴修水利，开创了引黄灌溉的历史。两汉时期，设北地郡、安定郡。唐朝，宁夏全境属关内道，开元九年（721）在灵州置朔方节度使。公元1038年，党项族首领李元昊以宁夏为中心，建立西夏国，定都兴庆府（今银川市），形成了与宋、辽、金政权三足鼎立近两个世纪的局面。元灭西夏后，设宁夏路，始有"宁夏"之名。明朝设宁夏镇、宁夏卫，清代设宁夏府。1929年成立宁夏省。新中国成立后，1954年宁夏省撤销并入甘肃。1958年10月25日成立宁夏回族自治区。共和国成立之初，今宁夏北部为宁夏省，辖1市（银川市）、1镇（吴忠镇，1950年11月升置县级吴忠市）、2旗（阿拉善旗、额济纳旗)、13县(贺兰、宁朔、灵武、平罗、磴口、中卫、中宁、金积、同心、陶乐、永宁、惠农、盐池)。南部固原、海原、西吉、隆德、化平5县属甘肃省。1954年6月,宁夏省建制撤销,并入甘肃省,北部为银川专区、河东回族自治区,南部为西海固回族自治区和泾源回族自治区。1958年10月成立宁夏回族自治区,辖2市(银川、吴忠)、1专区(固原专区)、17县。1969年,阿拉善左旗由内蒙古自治区划入宁夏,1979年复划归内蒙古。

今(2018年)宁夏回族自治区共辖5个地级市,22个县、市(区),其中银川市辖3区2县1市(兴庆区、金凤区、西夏区、永宁县、贺兰县、灵武市),石嘴山市辖2区1县(大武口区、惠农区、平罗县),吴忠市辖2区2县1市(利通区、红寺堡区、青铜峡市、盐池县、同心县),固原市辖1区4县(原州区、西吉县、隆德县、泾源县、彭阳县),中卫市辖1区2县(沙坡头区、中宁县、海原县)。本著作研究宁夏地方旧志,即据今宁夏辖境范围依次研究。

据笔者统计,自元迄清,严格意义上的宁夏旧志有38种,传世的宁夏旧志有33种,其中9种为孤本传世。有资料可寻的、成书时代最早的宁夏旧志是编成于元代的《开城志》,惜全书已亡佚,佚文散见于《明一统志》等文献中(参见《附录一》)。完整传世的宁夏旧志最早编修于明代。传世旧志中,成于明代的旧志6种,成于清代的旧志20种,成于民国时期的旧志7种,清朝编成的宁夏旧志传世数量最多。从旧志编纂体例及涉及内容范围看,有通志7种,分志(州志、县志)26种。具体来看,宁夏通志包括《〔正统〕宁夏志》《〔弘治〕宁夏新志》《〔嘉靖〕宁夏新志》《〔万历〕朔方新志》《〔乾隆〕银川小志》《〔乾隆〕宁夏府志》《〔民国〕朔方道志》等7种;银川市旧志包括《〔嘉庆〕灵州志迹》《〔光绪〕灵州志》等2种;石嘴山市旧志包括《〔嘉庆〕平罗县志》《〔道光〕平罗记略》《〔道光〕续增平罗记略》等3部;吴忠市旧志包括《〔康熙〕新修朔方广武志》《〔光绪〕平远县志》《〔光绪〕花马池志迹》《〔光绪〕宁灵厅志草》《〔民国〕豫旺县志》《〔民国〕盐池县志》等6种;中卫市旧志包括《〔乾隆〕盐茶厅志备遗》《〔乾隆〕中卫县志》《〔道光〕续修中卫县志》《〔光绪〕海城县志》《〔光绪〕新修打拉池县丞志》等5种;固原市旧志包括《〔嘉靖〕固原州志》《〔万历〕固原州志》《〔康熙〕隆德县志》《〔道光〕隆德县续志》《〔宣统〕新修固原直隶州志》《〔宣统〕新修硝河城志》《〔民国〕重修隆德县志》《〔民国〕化平县志》《〔民国〕西吉县志》《〔民国〕固原县志》等10种。

宁夏旧志在《中国地方志联合目录》等专题文献目录有集中的著录,为学界全面了解研究宁夏旧志提供了基本的、较为全面的信息。但由于对志书研究得不够深入,特别是某些著录者未目验部分志书,或者由于学术见解不同,致使现有的著录内容存在一些分歧,有些著录存在错误。宁夏旧志整理与研究方面,宁夏图书馆高树榆、宁夏大学陈明猷、宁夏社会科学院吴忠礼等前辈学者取得了一批基础性成果。新一代宁夏中青年学者甘于寂寞，艰难求索，在前辈学者开创的道路上继续前行，不断取得新成绩、新突破。研究成果多发表在《宁夏大学学报》《宁夏社会科学》《图书馆理论与实践》《固原师专学报》（现名《宁夏师范学院学报》）、《宁夏史志研究》（现名《宁夏史志》）等宁夏区内的学术刊物上，宁夏政协编《宁夏文史资料》、宁夏文史馆编《宁夏文史》等也发表有宁夏旧志的研究成果（参见《附录》三）。特别值得一提的是由社科院主办发行的内部学术刊物《宁夏史志》，自1985年创刊，截至2018年8月，已发行191期，刊发的宁夏旧志整理研究成果最多、最集中，已成为宁夏回族自治区史志资料与旧志整理研究成果发布的重要载体。

宁夏旧志在宁夏古籍整理工作中取得的整理成果数量最多。由于诸多原因，以往旧志整理整体水平不高，有些整理本存在问题很多，不合古籍整理规范要求。笔者于2015年起，带领学术团队，主编出版《宁夏珍稀方志丛刊》。截至2018年9月，《宁夏珍稀方志丛刊》全部出齐，传世宁夏旧志全部规范整理并公开出版（参见《附录二》）。整理研究宁夏旧志时要充分注意明清两朝陕西、甘肃方志中的宁夏专题资料。嘉靖二十一年（1542）马理等修《陕西通志》、嘉靖年间赵时春修《平凉府志》、康熙六年（1667）贾汉复等修《陕西通志》、乾隆元年（1736）李迪等修《甘肃通志》等方志中，都散见有丰富的与宁夏地理、人物、职官等有关的资料。明清两朝编修的宁夏通志，其重要的史源之一就是陕西、甘肃方志。清朝康熙年间陈梦雷原辑、雍正初年蒋廷锡等重修的类书《古今图书集成》也是需要注意的文献，其《方舆汇编·职方典》之陕西总部有"宁夏卫部汇考"专题，辑录了《宁夏卫志》等文献中有关宁夏的建置沿革、疆域、星野、山川、城池、关梁、公署、学校、户口、风俗、名胜、艺文等内容。国图藏清雍正刻本《甘肃民屯赋役全书》之宁夏府、宁夏县专卷，这些资料同样也是整理宁夏旧志时必须要参考的。为便于学界利用此类资料，笔者带领学术团队成员整理出版了《陕甘地方志中宁夏史料辑校》（上海古籍出版社2015年版），指导宁夏大学汉语言文字学硕士学位点古文献学方向2014届硕士生韩超撰写《甘肃旧志中的宁夏史料述考》、孙瑜撰写《陕西旧通志中宁夏史料考述》，前者被评为自治区优秀硕士学位论文。

需要说明的是，为省篇幅，本著作正文述及的著作、论文，特殊需要者会随文注明其作者、期刊名、出版社、发表时间等版本信息，未注明者请参见本著作《附录二》《附录三》及《主要参考文献》。本著作述及的陕西、甘肃、江南、浙江、云南、山西、四川等省通志，除特别注明外，其版本均为影印文渊阁《四库全书》本，行文时一律称《××通志》，不再标注其成书年号。有些工具书、旧志、单位等在本著作中多次述及,除直接引文、内容标题、脚注出处以及其他特殊的表达需要外,工具书、陕甘宁三省旧通志和部分书名较长的地方旧志、单位等,在本著作中首次出现时用全称,其余的一律用简称。全称与简称对照如下:

全　　称	简　　称
工　具　书	
《陇右方志录》	《陇右录》
《中国地方志综录》	《方志综录》
《中国地方志联合目录》	《联合目录》
《中国地方志总目提要》	《总目提要》
《稀见地方志提要》	《稀见提要》
《西北五省(区)社会科学院馆藏古籍线装书、西北地区文献、外文及港台报刊联合目录》	《西北目录》
《西北史籍要目提要》	《西北提要》
《宁夏地方文献联合目录》	《宁夏目录》
《宁夏地方志存佚目录》	《存佚目录》
《甘肃省图书馆藏地方志目录》	《甘肃目录》
《宁夏地方文献暨回族伊斯兰教文献导藏书目(一)》	《导藏书目》
《天一阁藏明代地方志考录》	《天一阁录》
《新编天一阁书目》	《新天一阁》
陕甘宁旧志	
《〔嘉靖〕陕西通志》	《嘉靖陕志》
《〔康熙〕陕西通志》	《康熙陕志》
《〔乾隆〕甘肃通志》	《乾隆甘志》
《〔宣统〕甘肃新通志》	《宣统甘志》
《〔正统〕宁夏志》	《正统宁志》
《〔弘治〕宁夏新志》	《弘治宁志》
《〔嘉靖〕宁夏新志》	《嘉靖宁志》
《〔万历〕朔方新志》	《万历朔志》

续 表

全　　称	简　　称
《〔民国〕朔方道志》	《民国朔志》
《〔民国〕十年来宁夏省政述要》	《民国述要》
《〔道光〕续增平罗记略》	《续平罗记》
《〔康熙〕新修朔方广武志》	《康熙广武志》
《〔光绪〕宁灵厅志草》	《光绪志草》
《〔嘉靖〕固原州志》	《嘉靖固志》
《〔万历〕固原州志》	《万历固志》
《〔宣统〕新修固原直隶州志》	《宣统固志》
《〔民国〕固原县志》	《民国固志》
《〔康熙〕隆德县志》	《康熙隆志》
《〔道光〕隆德县续志》	《道光隆志》
《〔民国〕重修隆德县志》	《民国隆志》
《〔宣统〕新修硝河城志》	《宣统硝河志》
《〔道光〕续修中卫县志》	《续中卫志》
《〔乾隆〕盐茶厅志备遗》	《厅志备遗》
《〔光绪〕新修打拉池县丞志》	《打拉池志》
藏书单位	
中国国家图书馆	国图
宁夏图书馆	宁图
甘肃省图书馆	甘图
南京图书馆	南图
宁夏大学	宁大
宁夏社会科学院	社科院

第一章 宁夏旧志著录、综合研究、刊布、海外存藏情况普查与研究

第一节 宁夏旧志著录、综合研究、刊布情况普查

一 著录情况

有关宁夏旧志的基本资料,在方志类专题目录文献中著录得最为集中。这些目录文献主要包括:《陇右方志录》《陇右方志录补》[①]《中国地方志综录》《中国地方志联合目录》《中国地方志总目提要》《稀见地方志提要》《西北五省(区)社会科学院馆藏古籍线装书、西北地区文献、外文及港台报刊联合目录》《宁夏地方志存佚目录》《天一阁藏明代地方志考录》《宁夏地方文献联合目录》《甘肃省图书馆藏地方志目录》,等等。另外,在《西北史籍要目提要》《宁夏地方文献暨回族伊斯兰教文献导藏书目(一)》《新编天一阁书目》等文献目录中也著录了部分宁夏旧志资料。

上述各书,有些是内容非常简单的登记目录,如《甘肃目录》《导藏书目》《西北提要》,有些则是内容相对比较丰富一些的提要目录,如《总目提要》。从著录的版本存藏信息看,《联合目录》和《宁夏目录》资料最全。从著录的数量看,《宁

[①] 笔者所见《陇右录》是兰州俊华印书馆于 1933 年排印出版的,张令瑄、王锷、王继光、董隽、田澍等均言,初印于兰州的时间是 1932 年。实际上,张维 1932 年初编《陇右录》,1933 年在兰州发行初印本,1934 年北平大北印书局重印本发行,重印本订正、补充了初印本存在的一些疏漏,同年又出版张维编《陇右方志录补》。参见张令瑄:《张维和他的著述》,《甘肃社会科学》1982 年第 3 期,第 64 页—66 页;王锷:《张维与〈陇右方志录〉》,《西北师大学报》1990 年第 4 期,第 21—23 页;王继光:《〈陇右方志录〉补正》,《西北民族学院学报》1988 年第 2 期,第 58—66 页;董隽:《陇右近代著名图书(方志)编纂家——张维》,《图书馆杂志》2005 年第 6 期,第 65—69 页;田澍、陈尚敏主编:《西北史籍要目提要》,天津古籍出版社 2010 年版,第 108 页。

夏目录》著录的宁夏旧志最多,有38种;《天一阁录》著录最少,有3种。有些目录书的编写具有明显的承袭关系,如《存佚目录》是在《陇右录》的基础上、《联合目录》是在《方志综录》的基础上编写的。通过梳理这些目录文献,可以对宁夏旧志的数量、内容、存佚等情况有一个整体的基本认识。

《陇右录》是甘肃著名学者张维(1889—1950)编撰的一部著录甘肃、青海、宁夏三省府州县志的方志文献。该书分省志、郡志、县志、杂古今志等4类,著录志书293部。[①]与宁夏有关的志书共著录31种,其中宁夏郡志9种(佚书6种,存书3种)、固原州志6种(佚书3种,存书3种)、中卫县志(佚书1种,存书2种)、灵州志(佚书1种,存书2种)、平罗县志(均存)各3种,隆德县志(佚书1种,存书1种)、海城县志(佚书1种,存书1种)各2种,宁朔县志(佚)、花马池县志(存)、平远县志(存)各1种。《陇右方志录补》中,张维又补充著录了《〔民国〕化平县志》(存)、《〔光绪〕灵州志》(存)、《明花马池考》(佚)等3种与宁夏有关的方志文献。这样,张维先后共著录了34种宁夏志书文献,其中佚书15种,存书19种。从张维著录依据来看,他主要是从《明史·艺文志》《乾隆宁志》及各传世志书的序跋当中辑录资料,凡与宁夏有关的志书,无论存佚,都著录。另外,还对部分志书加"维案"即张维按语,进行考辨。由于所见有限,张维著录多有疏漏。《存佚目录》以《陇右录》为主要参考材料;故也沿袭了《陇右录》的某些疏漏。

《方志综录》《联合目录》《总目提要》是3种全国性志书总目。《联合目录》是在《方志综录》修订稿的基础上编纂而成的,共著录当时全国30个省、市、自治区的190家公共、科研、大专院校图书馆、博物馆、文史馆、档案馆等所收藏的地方志,著录内容包括书名、卷数、纂修者、版本、藏书单位等。该目共著录与宁夏有关的志书资料29部。对于志书的版本,除注明原版存藏情况外,还注明据原版油印、抄写或拍照(胶卷)之本的存藏情况。民国时期所编《盐池县志》《海原县要览》《西吉县志》等志书由于传世稀少,《联合目录》中都没有著录。

《总目提要》是宁夏志书著录内容最详细的一部方志目录,收入了高树榆先生撰写的《宁夏回族自治区地方志述评》一文和他为34种宁夏旧志撰写的提要。提要内容包括方志著者及其生平、主要内容、史料价值等。《述评》全面介绍了现存宁夏旧志的基本情况,并就宁夏志书整理研究过程中存在的某些问题提出了自己的看法。比如,认为宁夏第一部志书当定名为《〔正统〕宁夏志》而非《〔宣德〕宁夏志》,《联合目录》将《宁夏省考察记》《宁夏纪要》等书著录为宁夏方志是

[①] 1933年兰州俊华印书馆排印本张维《陇右方志录序》称著录256种方志,1934年北平大北印书局重印本的张维《陇右方志录序》又称著录293部。

不妥的。这些看法都很有道理。《道光隆志》由于原版藏于美国国立国会图书馆，高先生未见，故未加提要著录。

《存佚目录》《宁夏目录》《甘肃目录》是3种分省地方志目录。《存佚目录》是宁图首次就宁夏方志资料进行调查之后形成的内部资料。该目以《陇右录》等书目和甘肃省图书馆等单位馆藏目录为主要的资料来源，结合本馆所藏其他资料，共著录与宁夏有关的方志达50种之多。该目著录的某些文献如《宁夏纪要》《宁夏省考察记》《兵部问宁夏案》等是与宁夏有关的文献，但不是严格意义上的方志资料，不当著录为方志。另外，由于对原始资料未加考辨，某些资料的辑录沿袭了旧误。

《宁夏目录》于"图书部分"特设《方志》一目，既著录与宁夏方志有关的研究或资料汇集著作，同时还详细著录了两套宁夏方志丛书《宁夏历代方志萃编》和《宁夏地方志丛刊》的子目。该目按当时(1989年)行政区划，共著录宁夏旧志38种，其中宁夏地区8种，银南地区12种，石嘴山市及银北地区4种，固原地区14种。主要著录书名、卷数、纂修者、版本及藏书单位。在各目录书中，《宁夏目录》对于宁夏志书的版本(包括旧版和新版)和藏书单位著录内容最为全面。除方志文献外，《宁夏目录》著录的其他与宁夏有关的文献也都有进一步研究的价值。著录的清抄本《新渠宝丰志》由于未著录馆藏单位，故该书的详细情况不得而知。其《地理、地图》目中著录了清末民国初期甘肃省宁夏府之宁夏县、宁朔县、宁灵厅、灵州、灵州花马池厅、平罗县，甘肃固原直隶州平远县、硝河城州判、海城县、化平厅及平凉府隆德县等县、厅地理调查表、盐池县村距城里调查表等12种地理调查文献，著录了《宁夏县图》《宁朔县图》《灵武县图》《金积县图》《盐池县图》《中卫县图》《预旺县图》《平罗县图》《固原县图》《固原州舆图》《海原县全图》《隆德县图》《化平县图》《化平县舆地总图》及《固原县河流图》等15种绘制于民国时期的地图，这些资料对于宁夏研究而言都是非常宝贵的。

《甘肃目录》著录甘图所藏编成于1949年以前的全国各地地方志2200多种，著录包括书名、卷数、纂修者、版本、册数、索书号、附注等项内容。依1994年国家行政区划，共著录宁夏地方文献32种，其中《宁夏省考察记》《宁夏纪要》《化平县采访录》等3种书虽与宁夏有关，但不属于宁夏志书，故实际著录宁夏志书29种。其中通志5种，银川市志书1种，石嘴山市志书3种，银南地区10种，固原地区10种。甘图是国内存藏旧版宁夏旧志最丰富的图书馆，共存藏22种旧志，《康熙广武志》《康熙隆志》《厅志备遗》等属于该馆善本。

《天一阁录》著录了天一阁存藏的3种明代宁夏志，包括《弘治宁志》《嘉靖宁志》和《嘉靖固志》，前两种仅见藏于天一阁，为海内外孤本。编者对这3种志书的内容、版本流传情况进行了梳理介绍。

《稀见提要》提要式著录了7种宁夏旧志，包括：天一阁藏《嘉靖宁志》，甘图藏《康熙广武志》《海城县旧志》，上海图书馆藏《万历朔志》，北京图书馆（即今中国国家图书馆）藏《嘉靖固志》《康熙隆志》，南京图书馆藏《万历固志》。作者对这7种宁夏旧志的编纂者、志书内容等进行了详细的介绍，还对《海城县旧志》一书的定名问题进行了考辨。

《导藏书目》据《中国图书馆图书分类法》（第4版）的分类体系和国家标准《普通图书著录规则》（GB3792.2—85）著录了1949年至2008年间中国各地区（包括我国台湾地区）出版社出版的宁夏旧志，包括《宁夏历代方志萃编》《宁夏地方志丛刊》《宁夏史料丛刊》《天一阁藏明代方志选刊》《故宫珍本丛刊》《中国西北文献丛书》《中国藏学汉文历史文献集成》《中国方志丛书》《新修方志丛刊》等丛书影印本和宁夏人民出版社等出版的整理本。

《西北提要》为有关西北历史的汉文史籍目录，《附录一》著录了民国及其以前纂修的西北地区志，宁夏旧志共著录有23种。与其他方志目录书相比较，本提要著录无新资料补充，且有一些疏漏。如明朝《固原州志》传世本有《嘉靖固志》《万历固志》两种，牛达生、牛春生点校了这两种志书，宁夏人民出版社1985年正式出版了《嘉靖万历固原州志》，提要只著录《万历固志》刊本及点校本，却未著录《嘉靖固志》。

需要注意的是，由于受编纂者个人学识所限，或者受其知见宁夏旧志资料所见，或者对原始资料审读不精，上述各目录书对宁夏旧志的著录中存在一些不同，有些还出现了著录错误。① 故利用各目录书按图索骥时，对各条目资料要注意甄别。兹从书名、编纂者、存佚状况、版本、卷数等内容著录上的问题略举例说明如下：

（一）书名。著录出现同书异名现象，有的书名大同小异，有的则完全不同。原因主要有3种：第一种是由于对志书成书年代断定不同而造成同书异名。如朱栴所编的《正统宁志》，《陇右录》《存佚目录》均著录为《永乐宁夏志》，《联合目录》著录为《万历宁夏志》，《宁夏目录》著录为《宣德宁夏志》。第一种著录明显有误，第二种著录是依据传世本之序言的落款时间来定名，第三种取名是依据志书的实际内容来定名。还有将其定名为《正统宁夏志》者，这可能更符合该志的实际。

---

① 高树榆《宁夏方志录》、郭晓明《管窥〈中国地方志联合目录〉宁夏书目》等文章对于目录书中对宁夏志书著录存在的问题都进行了辨明。

第二种是由于志书标目所依据角度不同而造成同书异名。如《〔宣统〕新修固原直隶州志》,《陇右录》《存佚目录》著为《宣统固原州志》,《宁夏目录》著为《宣统新修固原州志》,《方志综录》著为《新修固原直隶州志》。加"新修"是为了与明朝嘉靖、万历年间所纂修的固原志书相区分。"固原州"或称为"固原直隶州",则是依其地理沿革而改,据《清史稿》卷六四载,同治十二年(1873)升固原州为直隶州。陈明猷对该志进行整理,点校成果名曰《宣统固原州志》。笔者以为,该志定名为《〔宣统〕新修固原直隶州志》最恰当。

第三种是据原书不同地方题写书名进行著录而出现同书异名现象。这种情况稀见。据《稀见提要》,清乾隆年间朱亨衍所修志书名为《海城县旧志》,其引《西北资料图书简目》著录为《海城厅志》。《方志综录》亦有相同的记录。《陇右录》《联合目录》《宁夏目录》等均著录为《盐茶厅志备遗》。根据《稀见提要》作者按语称,该书书衣页题为《海城县旧志》,书序目又题为《厅志备遗》。但根据朱亨衍《〔乾隆〕盐茶厅志备遗〉序》称:"虽不敢拟之志乘,而后有作者亦得披阅,以备遗忘,此予之志也,故表其端曰《厅志备遗》云。"①书衣页未见《海城县旧志》字样,故《稀见提要》著录有待考证。

(二)编纂者。方志目录文献著录志书编纂者时多据志书本身的署名。旧志的编纂一般由地方行政长官主持,但实际编纂者多为当地熟悉掌故之硕学通儒或娴于文献者,故旧志的署名往往并不一定符合实际情况。由于种种原因,有些目录著录者未仔细辨明旧志的实际编纂情况,仅据旧志本身的署名对旧志编纂者进行著录,可能就会出现偏差。

《康熙广武志》的编纂者,《存佚目录》《宁夏目录》著录为"清俞益谟修,高巍纂",②《联合目录》著录为"清高巍修,俞益谟、俞汝钦纂"。③ 实际上,该书由俞益谟总裁,李品鹬续笔,高巍、贺遇隆、雷起潜等3人纂修,俞汝钦、李元臣等2人编辑。故知,该志实际编纂情况是:李品鹬、高巍、贺遇隆、雷起潜等纂。

《宣统固志》(附《硝河志》)的编纂者,《存佚目录》著录为"清王学伊修,杨修德纂",④《联合目录》著录为"王学伊修,锡麟纂",⑤《宁夏目录》著录为"清王学伊纂修"。⑥ 实际上,该书总纂为王学伊,分纂为锡麒。据其所附《硝河志》序知,

---

① 胡玉冰、魏舒婧校注:《乾隆盐茶厅志备遗》,[清]朱亨衍修,刘统纂,上海古籍出版社2018年版,《厅志备遗序》第17页。
② 宁夏图书馆协作委员会:《宁夏地方文献联合目录》,宁夏人民出版社1992年版,第97页;宁夏图书馆:《宁夏地方文献存佚目录》,内部资料,1964年版,第7页。
③ 中国科学院北京天文台:《中国地方志联合目录》,中华书局1985年版,第228页。
④ 宁夏图书馆:《宁夏地方文献存佚目录》,内部资料,1964年版,第3页。
⑤ 中国科学院北京天文台:《中国地方志联合目录》,中华书局1985年版,第229页。
⑥ 宁夏图书馆协作委员会:《宁夏地方文献联合目录》,宁夏人民出版社1992年版,第100页。

《硝河志》编纂者为杨修德。故《宣统固志》(附《硝河志》)编纂者应该分别著录，王学伊修、锡麒纂《宣统固志》，杨修德纂修《硝河志》。

（三）存佚情况。目录书著录的绝大多数旧志传世情况属实，也有个别著录者因各种原因未见到原书，或不知原书尚存，就错将传世的志书著录为亡佚。如朱栴《宁夏志》是宁夏旧志中成书时间最早的一部，张维据《乾隆宁志》载朱栴著述，知其编有《正统宁志》，因未得见其书，故在《陇右录》中著录为"佚"，实际上该志见藏于日本国立国会图书馆。骆兆平由于也未见到日藏《正统宁志》，故在其《天一阁录》中误以为天一阁藏《弘治宁志》"是现存最早的宁夏志"。① 同样，由于宁波天一阁特殊的藏书制度，见藏于其中的《弘治宁志》《嘉靖宁志》也一直少有人知，张维未见其书，故于《陇右录》著录二志书时亦著录为"佚"。《康熙广武志》仅藏于甘图，张维未及见，故亦误著为"佚"。②

（四）版本、卷数。不同的目录书对于同一种志书版本著录有异。如《〔乾隆〕中卫县志》，《陇右录》著录为"原刻本，清乾隆二十四年知县永北黄恩锡著"，③《存佚目录》著录为"乾隆二十四年刊本"，④《方志综录》著录为"乾隆二十五年(1760)抄本"，⑤《联合目录》著录为"清乾隆二十六年(1761)刻本"，⑥《宁夏目录》著录为"据清乾隆二十七年(1762)刻本油印"。⑦ 据考证，该书当编于乾隆二十五年(1760)，正式刊刻于乾隆二十七年(1762)。故知《宁夏目录》著录刻本时间最确，其他各书著录有误。

至于卷数著录的不同，以《厅志备遗》为例，《稀见提要》著录为23卷，《宁夏目录》《联合目录》《方志综录》等均著录为1卷，而刘华的点校本根据志书的内容加以合并为18卷。《厅志备遗》主修朱亨衍的序称："药饵之余，参以亲历，稍为次叙，分为二十三卷。"⑧但是《厅志备遗》目录中，只有图记、星野、疆域、形胜、建制沿革、城堡、山川水利、古迹、田赋（附盐税）、户口徭役、风俗、官制、名官乡贤、

---

① 骆兆平：《天一阁藏明代地方志考录》，书目文献出版社1982年版，第174页。
② 王继光先生对此四书被张维误著为"佚"已有考证，惟《正统宁志》的书名仍沿袭张维之说，误作《永乐宁夏志》。另，王先生还指出《陇右录》中有10种宁夏志书被"缺漏失载"，但将《宁夏省考察记》《宁夏纪要》《化平县采访录》等3种民国文献也作为宁夏志书著录，值得商榷。参见王继光：《〈陇右方志录〉补正》，《西北民族大学学报》1988年第2期，第58—66页。
③ 张维：《陇右方志录》，《中国西北文献丛书》据北平大北印书局1934年版影印，兰州古籍书店1990年版，第77册第703页。
④ 宁夏图书馆：《宁夏地方文献存佚目录》，内部资料，1964年版，第8页。
⑤ 朱士嘉：《中国地方志综录》，商务印书馆1958年版，第72页。
⑥ 中国科学院北京天文台：《中国地方志联合目录》，中华书局1985年版，第228页。
⑦ 宁夏图书馆协作委员会：《宁夏地方文献联合目录》，宁夏人民出版社1992年版，第97页。
⑧ 胡玉冰、魏舒婧校注：《乾隆盐茶厅志备遗》，[清]朱亨衍修，刘统纂，上海古籍出版社2018年版，《厅志备遗序》第17页。

学校(附生徒、科贡)、署廨、积贮、仓廪、坛庙、寺观、节孝、物产、艺文等22项。究其具体内容,该志在内容中没有具体标明卷数,因此,《宁夏目录》等著录为1卷。该志又将山川和水利的内容分开独立,实为23项,故又有《稀见提要》23卷之说。其他各项记载中,也都有一定的混乱。难怪朱序中也言明此只是"备遗"而已。此外,点校本依内容将该书整合为18卷,此举不合古籍整理的要求,值得商榷。

从著录单行旧志情况看,著录错误主要有以下两类:

(一)同一部志书被当作两种不同的志书分别著录。如同心县旧志《〔光绪〕平远县志》,《方志综录》先著录为"《平远县志》,十卷,陈日新纂修,光绪五年刻本",[1]后又著录"《平远县志》,十卷,陈日新纂修,光绪九年刻本"。[2]从《方志综录》著录志书的体例来看,同一部志书的不同版本均按照版本顺序著录在其后,此不当重出,另立条目。又据台湾成文出版社1969年影印本《平远县志》书衣页记载,该志"光绪五年季夏开雕,板存县署",并且其他目录提要也都没有"光绪九年刻本"这一说。故《方志综录》著录有误。

(二)某些志书由于行政区域的分合而被著录到其他的省区。历史上的宁夏曾先后受陕西、甘肃所辖,故《方志综录》将宁夏志书全附见于甘肃、陕西两省,这是符合历史实际的,但《稀见提要》将清常星景修纂的《康熙隆志》著录于青海省则是错误的。

海外存藏的宁夏旧志,在《东洋文库地方志目录》(日本东洋文库编,1935年版)、《日本主要图书馆研究所所藏中国地方志总合目录》等目录著录较为集中,目录对宁夏旧志的版本信息著录得都比较清楚规范。后者著录宁夏方志共14种。需要注意的是,本目录是据1949年以前旧中国的省区行政区划来著录地方志的,今宁夏南部固原、海原、隆德等市县在1958年10月以前都属甘肃省所辖,故本目录在"宁夏省"目下著录《正统宁志》《乾隆宁志》等9种旧志,把《康熙隆志》《宣统固志》等5种旧志著录于"甘肃省"目下。另外,日本所藏多种宁夏旧志并非原版,而是日本藏书机构利用馆际交流获得的其他馆藏本的胶卷或复制本,有些则是通过购买地方志丛书而获得的新印宁夏旧志。复旦大学巴兆祥先生利用在日本获得的第一手普查资料,将日本东洋文库等机构所藏宁夏旧志著录在《中国地方志流播日本研究》下编《东传方志总目》中。

还需要提及的是,民国期间,北平东方文化事业总委员会(实际由日本人操

---

[1] 朱士嘉:《中国地方志综录》,商务印书馆1958年版,第68页。
[2] 同上书,第72页。

控)组织编纂了大型提要目录《续修四库全书总目提要》(稿本),①其方志类有《万历朔志》《乾隆宁志》《民国朔志》《〔道光〕平罗记略》《〔嘉庆〕灵州志迹》《〔光绪〕平远县志》《宣统固志》《〔乾隆〕中卫县志》《续中卫志》等 9 部宁夏地方旧志的提要,提要内容与其他目录文献著录相似。

二 综合研究

对单种宁夏旧志研究的论文较多,多发表在各种学术刊物上。本著作各章都会详细提及,此不赘述。把有关宁夏旧志的研究文章汇编在一起、体现综合研究水平的专题论文集,笔者仅见有高树榆等编著的《宁夏方志述略》1 种,该书是《中国地方志详论丛书》之十一,收录宁夏旧志研究论文共 16 篇,书后摘录了《陇右录》《陇右方志录补》中宁夏方志的著录内容。《宁夏出版志》(古代编,征求意见稿)第六章《明清时期》(中)概述明清宁夏地方旧志的编修情况,本章由徐庄编写,第一节概述明清宁夏旧志的基本情况,并有图表统计,第二节对传世的《正统宁志》等 10 种旧志作者、纂修刊印经过及内容、质量等作介绍。《方志与宁夏》对宁夏方志的资料价值进行了全面的探讨,特别在第二章《宁夏历代修志综览》、第十四章《志坛人物立志成志》两章中,较为全面地介绍了宁夏旧志的编修情况及编修者情况。《宁夏方志二十年》重点介绍 1985 年至 2005 年 20 年间宁夏新方志的编纂成就,又用表格的形式反映了新中国成立后到 2005 年间宁夏旧志的整理研究情况。黄秀兰《宁夏地方文献研究述评》一文较为全面地介绍了宁夏地方文献包括宁夏旧志的研究文献。笔者指导的硕士研究生以宁夏旧地方志为研究对象,撰写了学位论文,包括 2006 届周建华《宁夏旧志考述》、2007 届马佳《宁夏灵武市古文献考述》、2010 届刘佩《固原地区旧志考述》、2013 届孙佳《宁夏盐池县旧志研究》。2012 年,笔者著《宁夏地方志研究》由中国社会科学出版社正式出版。该书系第一部系统全面研究宁夏旧志的学术专著,体现了宁夏旧志研究的最新水平。在此研究成果支持下,笔者组织学术团队,对宁夏旧志全面进行整理,力求多出原创性成果,特别注重精选旧志整理底本,科学选择参校本,加大旧志的校勘力度,推陈出新,后出转精,全部整理成果荟萃于笔者主编的《宁夏珍稀方志丛刊》。在旧志整理过程中,笔者对《宁夏地方志研究》也进行了修订完善,修改了部分错误,完善了专著体例,研究成果更能经得起推敲,2018 年改由上海

---

① 此《续修四库全书总目提要》(稿本)与上海古籍出版社 2002 年版《续修四库全书》无关系。参见王亮:《〈续修四库全书总目提要〉研究》,复旦大学 2004 届博士学位论文。

古籍出版社出版,书名《宁夏旧志研究》。

三 整理刊布存藏情况普查

截至目前,传世的 33 种宁夏旧志全部规范整理出版,《宁夏珍稀方志丛刊》代表了宁夏旧志整理的最新水平。《宁夏历代方志萃编》《宁夏旧方志集成》等丛书集中影印出版宁夏旧志,《天一阁藏明代方志选刊》《中国方志丛书》等丛书影印出版了部分宁夏旧志。这些影印本最大限度地保持了文献原貌,对于学者研究很有帮助。兹举其要者介绍如下:

(一) 1961 年,《天一阁藏明代方志选刊》影印出版嘉靖十九年(1540)刻本《嘉靖宁志》,这是第一次以影印的方式公开出版宁夏旧志。2002 年,《续修四库全书》也影印出版天一阁藏《嘉靖宁志》。1990 年,《天一阁藏明代方志选刊续编》影印出版弘治十四年(1501)刻本《弘治宁志》。2009 年,《天一阁藏明代方志补刊》又影印出版了《弘治宁志》《嘉靖宁志》。2017 年,《天一阁藏历代方志汇刊》影印出版了所藏全部宁夏旧志《弘治宁志》《嘉靖宁志》《万历固志》。笔者研究认为,天一阁所藏两种宁夏旧志均非原版初刻本,均有明显的补刻痕迹。[①]

(二) 1968 年,台湾成文出版社影印出版《中国方志丛书》,共收入宁夏旧志 11 种。其中《塞北地方卷》收入 7 种,包括《弘治宁志》《乾隆宁志》[②]《民国朔志》《〔乾隆〕中卫县志》《〔嘉庆〕灵州志迹》《〔光绪〕平远县志》《〔民国〕豫旺县志》。《华北地方·甘肃省》卷收入 4 种,包括《康熙隆志》《宣统固志》[③]《〔光绪〕海城县志》《民国隆志》。1969 年,台北学生书局出版《新修方志丛刊·边疆方志》,影印了 4 种宁夏旧志,包括《〔万历〕宁夏志》《〔嘉庆〕平罗县志》《宣统固志》《〔民国〕豫旺县志》。同年,台北华文书局出版《中华文史丛书》,影印了《民国朔志》。台湾影印出版的宁夏旧志数量较多,但存在收入的《弘治宁志》《〔万历〕宁夏志》《〔民国〕豫旺县志》均为伪志的现象,部分旧志影印所据的版本时间也有误。[④]

(三) 1988 年,首部宁夏旧志专题丛书《宁夏历代方志萃编》正式出版,共影印出版了 19 种宁夏旧志,全套线装 11 函 51 册。包括:《〔宣德〕宁夏志》《弘治宁志》《万历朔志》《乾隆宁志》《〔乾隆〕银川小志》《康熙广武志》《〔道光〕平罗记

---

① 详见本著作第二章第二节、第三节。
② 影印本所据底本注为"嘉庆三年(1798)"刊本。据研究,此本实际还有乾隆四十五年(1780)刊本和抄本的内容。
③ 因宁夏旧志《宣统硝河志》为《宣统固志》第 12 卷,本著作在统计各丛书收入的单种宁夏旧志时不再单独计数。
④ 详见本著作第二章第二节、第四节,第七章第四节。

略》《续平罗记》《〔嘉庆〕灵州志迹》《〔光绪〕灵州志》《〔乾隆〕中卫县志》《续中卫志》《〔光绪〕平远县志》《〔光绪〕花马池志迹》《厅志备遗》《〔民国〕化平县志》《宣统固志》《康熙隆志》《民国隆志》。同年,《宁夏地方志丛刊》也正式出版。该套丛书影印出版了 10 种宁夏旧志,线装 12 函 51 册。包括《弘治宁志》《万历朔志》《乾隆宁志》《〔乾隆〕银川小志》《〔嘉庆〕灵州志迹》《〔乾隆〕中卫县志》《〔光绪〕平远县志》《〔民国〕豫旺县志》《宣统固志》《〔光绪〕海城县志》。这两套宁夏旧志专题丛书为学者全面研究宁夏旧志提供了资料,惜部分旧志影印所据底本选择不精,书籍印刷质量也存在一定问题。

（四）1990 年,《中国西北文献丛书》第一辑《西北稀见方志文献》出版,共影印了 13 种宁夏旧志,包括《万历朔志》《乾隆宁志》《〔乾隆〕银川小志》《〔道光〕平罗记略》《续平罗记》《〔嘉庆〕灵州志迹》《续中卫志》《厅志备遗》《康熙隆志》《〔光绪〕平远县志》《〔光绪〕花马池志迹》《打拉池志》《〔民国〕化平县志》。此丛书存在版本著录错误、底本选择不精等问题。2008 年,《中国地方志集成》影印了 12 种宁夏旧志,包括《乾隆宁志》《〔乾隆〕银川小志》《民国朔志》《〔嘉庆〕灵州志迹》《〔光绪〕花马池志迹》《〔光绪〕平远县志》《〔民国〕豫旺县志》《〔乾隆〕中卫县志》《续中卫志》《宣统固志》《康熙隆志》《〔光绪〕海城县志》。本丛书影印的都是清代、民国时期宁夏方志,未影印明代方志,所用底本均为常见版本。

（五）1995 年,《中国西北稀见方志》影印了 3 部宁夏旧志,它们是《弘治宁志》《康熙隆志》《打拉池志》。2001 年,《故宫珍本丛刊》影印出版了《万历朔志》,所据底本为清朝康熙十五年(1676)增补本,部分页面编辑混乱。① 2008 年,《回族典藏全书》影印了《民国朔志》《〔民国〕化平县志》两部宁夏旧志。2012 年,《南京图书馆藏稀见方志丛刊》首次将《〔乾隆〕银川小志》孤本稿本影印出版。2013 年,《原国立北平图书馆甲库善本丛书》影印了 3 部宁夏方志,包括《万历朔志》《嘉靖固志》《万历固志》。《嘉靖固志》原藏于宁波天一阁,被盗出后于"一九三一年又归前北平图书馆,今存台湾省"。② 此丛书所收《嘉靖固志》据明朝嘉靖十一年(1532)原刻本影印,文献价值很大。

（六）2003 年,学苑出版社出版《中国藏学汉文历史文献集成》之《中国西藏及甘青川滇藏区方志汇编》第三辑《甘肃藏区及涉藏方志》,影印了 4 种宁夏旧志,包括《嘉靖宁志》《民国朔志》《嘉靖固志》《宣统固志》。丛书未标明影印所据底本,给研究者判断版本带来不便。2015 年,该出版社出版《宁夏旧方志集成》,

---

① 详见本著作第二章第五节。
② 骆兆平：《天一阁藏明代地方志考录》,书目文献出版社 1982 年版,第 175 页。

影印了 30 种宁夏方志，各分册依次包括《弘治宁志》《嘉靖宁志》《正统宁志》《万历朔志》《乾隆宁志》《〔乾隆〕银川小志》《民国朔志》《嘉靖固志》《万历固志》《宣统固志》《民国固志》《康熙隆志》《道光隆志》《民国隆志》《康熙广武志》《厅志备遗》《〔乾隆〕中卫县志》《续中卫志》《〔嘉庆〕灵州志迹》《〔光绪〕重修灵州志》《〔道光〕平罗记略》《续平罗记》《〔光绪〕平远县志》《〔光绪〕花马池志迹》《光绪志草》《〔光绪〕海城县志》《打拉池志》《〔民国〕化平县志》《〔民国〕盐池县志》《〔民国〕西吉县志》。另有《〔民国〕宁夏省人文地理图志》《民国述要》《〔民国〕宁夏省资源志》等 3 种宁夏重要的专题型文献资料。本套丛书是迄今为止影印宁夏地方旧志最多者，部分志书是初次影印，甚便研究利用。但也存在底本选择不精、编辑体例不严谨、提要不规范等学术问题。

国图为数字化宁夏旧志作了很好的示范。截至 2017 年 7 月，在国图"数字方志"数据库中，共有 12 种宁夏旧志，它们是：《嘉靖宁志》《万历朔志》《〔乾隆〕银川小志》《民国朔志》《万历固志》《〔嘉庆〕灵州志迹》《〔光绪〕灵州志》《〔嘉庆〕平罗县志》《〔道光〕平罗记略》《续中卫志》《〔光绪〕平远县志》《民国隆志》。另外，万方中国地方志数据库有宁夏旧志 4 种，即《〔乾隆〕银川小志》《康熙隆志》《续中卫志》《〔光绪〕花马池志迹》；天一阁博物馆古籍数字资源库有宁夏旧志《万历固志》。台湾图书馆古籍与特藏文献资源库有宁夏旧志两种，即《万历固志》《〔嘉庆〕灵州志迹》。上述各馆数字化的宁夏旧志，大部分是本馆馆藏资料，也有一部分是已出版的影印本。无论从文献数量，还是从利用的便捷程度来讲，宁夏旧志数字化都有很大的提升空间。

四 旧志整理质量亟待提高

旧志整理会为今人研究利用旧志资料提供极大的便利，但整理一定要符合相关学术规范，否则就会有诬古人，贻误后人。宁夏旧志整理取得了不小的成绩，为从事宁夏文史研究提供了丰富的资料，[①]但我们也实事求是地认识到，宁夏旧志的整理还需要更加精细些，有些旧志版本上存在的文字或内容问题有待进一步解决，旧志整理的整体质量还有待进一步提高。笔者会在以下各章结合具体的整理成果举例说明，在此仅举宁夏通志中《弘治宁志》《嘉靖宁志》《万历朔志》《乾隆宁志》《民国朔志》中有关职官的内容来说明，宁夏旧志亟待提高整理质

---

① 杨继国、胡迅雷主编《宁夏历代诗词集》《宁夏历代艺文集》全面汇集宁夏古代文学研究资料，前者汇集诗词 1500 多首，后者汇集文章 600 多篇，两书共 260 多万字，大多数资料辑录自宁夏历代旧志。

量。笔者发现的下述诸多问题,在有关志书的整理本中都未曾发现并纠正过来。

宁夏通志中有关明清两朝的职官人数,自《正统宁志》以下,各志逐渐增加,《民国朔志》完全沿袭《乾隆宁志》,没有新的增加。由于宁夏在明朝曾隶属于陕西省、清朝曾隶属于甘肃省,故陕甘两省通志中也载有明清时期宁夏职官的具体情况。因为明清宁夏志书的编纂在很大程度上直接从陕甘两省通志中取材,故研究明清两朝的宁夏职官情况,除要研究宁夏通志外,同时还必须要了解陕甘两省通志中有关宁夏的职官材料。兹以明朝宁夏巡抚、督储为例,宁夏各志记载的人数如下表所统计:

职官名	巡抚						督储			万历朔志		乾隆宁志		民国朔志	
旧志	正统宁志	弘治宁志	嘉靖宁志	万历朔志	乾隆宁志	民国朔志	正统宁志	弘治宁志	嘉靖宁志	督储河西道	督储河东道	宁夏河西道	宁夏河东道	宁夏河西道	宁夏河东道
人数	2	25	42	78	81	81	8	30	40	81	25	45	62	45	62
										106		107		107	

总体来看,《正统宁志》卷上载巡抚罗汝敬、郭智 2 人,[①]督储"张添锡"等 8 人。《弘治宁志》卷二续载巡抚"郭智"以下金濂至冯清共 23 人,共记载巡抚 25 人;督储续载"刘瓒"至"黎尧卿"等 29 人,共记载督储 30 人。《嘉靖宁志》卷一续载巡抚"冯清"以下边宪至李士翱共 17 人,记载巡抚人数达 42;督储续载"黎尧卿"以下舒表至王朝相等 10 人,记载督储人数达 40 人。《嘉靖陕志》卷十九载宁夏巡抚 43 人,较《嘉靖宁志》多王邦瑞 1 人。《万历朔志》卷二续载巡抚"李士翱"以下王邦瑞至刘秉政共 36 人,记载巡抚人数达 78 人;督储河西道续载"王朝相"以下殷学至张凤翼等 81 人,督储河东道 25 人,记载督储人数达 106 人。《康熙陕志》卷一〇七于巡抚"晋应槐"下增"张九一","杨应聘"下增"臧尔劝",未载刘秉政,于"郑崇俭"下续载樊一亨、李虞夔 2 人,记载巡抚人数达 81 人,《乾隆甘志》卷二七、《乾隆宁志》卷九所载宁夏巡抚情况同《康熙陕志》。《乾隆甘志》卷二七记载督储河西道人数为 45 人,督储河东道 62 人,共记督储 107 人,较《万历朔

---

① 吴忠礼先生认为,宁夏首位巡抚当是《正统宁夏志》卷上《名宦》所载"都御史参赞征西军务者"郭智(参见吴忠礼:《宁夏志笺证》,宁夏人民出版社 1996 年版,第 171—172 页)。同书在郭智之前载"工部侍郎罗汝敬奉敕巡抚陕西,提督甘肃、宁夏屯田。"(参见吴忠礼:《宁夏志笺证》,宁夏人民出版社 1996 年版,第 149 页)《正统宁志》之后的《弘治宁志》《嘉靖宁志》《万历朔志》《乾隆宁志》《民国朔志》等宁夏专志,及嘉靖、康熙两朝《陕西通志》、《乾隆甘志》等均以罗汝敬为首位宁夏巡抚。

志》增加了河东道"曹梦吉"1人。《乾隆宁志》卷九所载同《乾隆甘志》。

对照宁夏通志重要的史料来源——陕西、甘肃两省志书所载职官内容可知，宁夏通志记载的明清两朝职官姓氏及其排序出现很多问题，主要表现为以下几种形式：

（一）脱漏人物现象。《正统宁志》卷上《名宦》载户部主事监边卫军储者张添锡，布政司参政督粮运者杨善、曹曾、陈琰、李寅，按察司副使督粮运者刘瓒、金濂、何楚英，即司职督储者共8人，《正统宁志》之后的各宁夏通志中，均脱漏杨善、曹曾、陈琰、李寅等4人。《万历朔志》脱督储河西道者"孟逵"，《弘治宁志》《嘉靖宁志》《乾隆甘志》《乾隆宁志》均不脱。

（二）任职次序排列混乱。巡抚任职次序上，《康熙陕志》《乾隆甘志》《乾隆宁志》所载"崔景荣、杨应聘、臧尔劝、周懋相"，《民国朔志》误作"崔景荣、臧尔劝、杨应聘、周懋相"。督储任职次序上，《弘治宁志》《嘉靖宁志》《万历朔志》"金濂"之后的"何楚英、马谦、郭纪"及"姚明"之后的"罗明、王瓒"，《乾隆甘志》误作"马谦、郭纪、何楚英"和"王瓒、罗明"，《乾隆宁志》《民国朔志》亦沿袭此误。特别需要指出的是，《万历朔志》所载"督储河西道"者"李隆"以下"陈经"至"刘尧卿"共36人，《乾隆甘志》误载入"督储河东道"者"焦子春"至"刘复礼"间，《乾隆宁志》《民国朔志》亦沿袭此误。也就是说，《乾隆甘志》《乾隆宁志》《民国朔志》所载清代职官中，"督储河西道"者较《万历朔志》所载少了36人，而"督储河东道"者则多了36人。

（三）原版文字错误。这类现象较为严重。因宁夏通志的编纂都有相因相承关系，故可以据以互校，并能纠正所发现的问题。巡抚中，"罗绮"，《嘉靖陕志》《万历朔志》《康熙陕志》《乾隆甘志》《乾隆宁志》《民国朔志》均误作"罗琦"。[①]"张璇"，《乾隆宁志》《民国朔志》均误作"张浚"。"张润"，《万历朔志》《康熙陕志》误作"张闰"。"孟洋"，独《万历朔志》误作"孟津"。"范鏓"，《万历朔志》、《乾隆宁志》卷九、《民国朔志》均误作"范总"，《乾隆宁志》卷一二则不误。"王邦瑞"，独《万历朔志》误作"王邦端"。"耿好仁"，《乾隆甘志》《乾隆宁志》《民国朔志》均误作"耿存仁"。"郑崇俭"，《康熙陕志》《乾隆甘志》《乾隆宁志》《民国朔志》均误作"郑从俭"。宁夏巡抚中，《弘治宁志》《嘉靖宁志》《万历朔志》载有"陈翌"，《康熙陕志》于"陈翌"下又载"陈昱"，这很可能是《康熙陕志》出现的衍文。《乾隆甘志》《乾隆宁志》《民国朔志》均有"陈昱"而无"陈翌"。《弘治宁志》《嘉靖陕志》之"张祯叔"，《嘉靖宁志》作"张禛叔"，《万历朔志》《康熙陕志》作"张祯淑"，《乾隆甘志》

[①] 《明史》卷一六〇有《罗绮传》。

《乾隆宁志》《民国朔志》又均作"张正淑"。

督储中,"张添锡",《乾隆甘志》《乾隆宁志》《民国朔志》均误作"张天锡"。"张贯""陈珍""尚繻",《万历朔志》《乾隆甘志》《乾隆宁志》《民国朔志》误作"王贯""陈价""尚儒"。"张守中""陈烨""孙逢吉",《乾隆甘志》《乾隆宁志》《民国朔志》误作"张守忠""陈华""张逢吉"。"余金",《乾隆宁志》《民国朔志》均误作"畲金"。

(四)原版文献不误,整理本出现了错误。这类错误有些可能是整理者原误,有些可能是排版者出现了错误。如《弘治宁志》整理本巡抚"曲锐"误作"曲铳",《嘉靖宁志》整理本巡抚"王埙"误作"王埆",《乾隆宁志》整理本巡抚"张润"、宁夏河西道"任极"误印作"王润""王极",《民国朔志》巡抚"吴铠"误作"英铠"、"罗凤翱"误作"罗凤翔"。

系统开展宁夏旧志整理工作始于20世纪80年代,取得了一批影印文献成果和点校整理成果,为学者开展研究提供了便利的原始资料。随着新材料的不断发现,新方法的不断拓展,新问题的不断出现,已有的旧志整理成果越来越不适应学术发展的要求,全面系统地整理宁夏旧志成为必然。

第二节　日本藏宁夏旧志普查与研究

日本、美国均藏有宁夏旧志,其中日本存藏的数量最多,版本质量也最好。吴忠礼等先生对海外存藏的个别宁夏旧志曾进行过专题调查和研究,巴兆祥先生在对日本所藏中国地方志进行调查研究的过程中,也对宁夏旧志的存藏情况做过简单调查,这些学者的调查研究成果为进一步普查研究宁夏旧志奠定了基础。但尚未有学者对于海外存藏的宁夏旧志进行全面的普查和研究。

日本、中国各有方志目录书对藏于日本的宁夏方志进行过著录,但内容都非常简单。日本学者中尚无专门研究日藏宁夏旧志者,中国学者仅对《正统宁志》和《光绪志草》有过深入研究,其他的均未研究过。故日藏宁夏旧志有深入研究的必要和价值。2007年10月至2008年4月,笔者以"宁夏特别研究员"身份赴日本国立岛根大学进行为期半年的研修活动。此次研修活动有两个主要目的:第一,对藏于日本的宁夏古文献特别是宁夏旧志、汉文西夏史籍等进行调查研究;第二,对岛根大学图书馆藏汉籍数量及种类进行调查、研究。宁夏旧志是与宁夏有直接关系的文献,是此次调查的重点。

一 普查与研究背景

在中日文化交流史上，中国古代文献典籍（"汉籍"）东传日本及回传中国，日本古代抄本或印本典籍（统称"和本"）西传中国，都是非常重要的文化现象。对此类现象进行深入研究，具有重大历史文化意义。对于汉籍东传现象，北京大学中文系严绍璗先生的研究成果具有里程碑意义。① 对于汉籍回传中国及和本西传中国现象，原浙江大学日本文化研究所王勇、王宝平等先生有过探讨，也取得过丰富的研究成果。② 东传日本的汉籍不仅极大丰富了日本公私藏书机构的藏书数量和种类，部分汉籍善本还成为了日本皇家"御物"，或是"日本国宝""重要文化财""重要美术财"等。回传中国、或仍藏于日本的部分汉籍，亦具有很高的版本、史料研究价值。西传中国的和本，由于其自身所具有的特殊价值，亦成为中国多家图书馆馆藏"善本"文献。通过普查，笔者发现，在汉籍东传日本的过程中，部分与宁夏有关的汉籍特别是宁夏旧志、汉文西夏史籍亦流入日本，散藏于多家图书馆。同时，宁大图书馆也藏有5种和本古典籍。③

藏有丰富汉籍的日本公私藏书机构一般均编写有各自的典藏汉籍目录，以便于图书的典藏、管理和学者的研究，如日本国立国会图书馆编有《国立国会图书馆汉籍目录》、静嘉堂文库编有《静嘉堂文库汉籍分类目录》、京都大学编有《京都大学人文科学研究所汉籍分类目录》等。日本全国性汉籍资料库"日本所藏中文古籍资料库"建设也有很大进展，目前有多家日本图书馆汉籍资料已经实现了网上检索。巴兆祥先生对日本藏中国方志进行过专题研究，出版有《中国地方志流播日本研究》。依据上述各种资料，结合目验，笔者普查藏于日本的旧版宁夏旧志有13种。④

---

① 参见严绍璗：《汉籍在日本的流布研究》，江苏古籍出版社1992年版；《日藏汉籍善本书录》，中华书局2007年版。
② 参见陆坚、王勇主编：《中国典籍在日本的流传与影响》，杭州大学出版社1990年版；王勇主编：《中日汉籍交流史论》，杭州大学出版社1992年版；王宝平主编：《中国馆藏和刻本汉籍书目》，杭州大学出版社1995年版；《中国馆藏日人汉文书目》，杭州大学出版社1997年版；[日]大庭修著、戚印平等译：《江户时代中国典籍流播日本之研究》，杭州大学出版社1998年版；王勇、久保木秀夫共编：《奈良・平安期の日中文化交流——ブックロードの视点から——》（《奈良・平安期的中日文化交流——以书籍之路为视野》），[日]东京：农山渔村文化协会2001年版；王勇等著：《中日"书籍之路"研究》，北京图书馆出版社2003年版；王勇：《书籍的中日交流史》（日文版），[日]东京：日本国际文化工房2005年版。
③ 详见胡玉冰：《宁夏大学图书馆藏六种域外汉籍述要》，《中国典籍与文化》2009年第4期，第44—50页。
④ 巴兆祥统计为12种，漏收东洋文库藏《乾隆宁志》。另外，将《正统宁夏志》著录为《万历宁夏志》。参见巴兆祥：《中国地方志流播日本研究》，下编《东传方志总目》，上海人民出版社2008年版，第383页。

二 普查与研究方法

日藏宁夏旧志普查以中日文献资料普查和实地调查相结合的方式来进行。笔者在国内搜集有关的研究资料,全面了解研究现状,梳理已有研究成果中存在的问题,复制部分中国藏宁夏旧志及其他必备的资料,以便于对日本所藏宁夏旧志进行版本、内容等方面的比较研究。通过检索岛根大学图书馆藏各图书馆馆藏汉籍目录及"日本所藏中文古籍资料库"等网络汉籍资料库,基本掌握了宁夏旧志在日本的馆藏信息,梳理出需要重点普查的书目,制定了相应的普查办法及《日本各图书馆访书日程表》,有计划地对藏于日本国立国会图书馆、东洋文库、京都大学及大阪大学等处的有关汉籍进行全面普查。普查过程中,详细填写有关汉籍基本信息表,并对重要文献资料进行复制,以便于更深入的研究。旧志研究以宏观研究与个案研究相结合的方法进行。宏观研究主要是对存藏于日本的宁夏旧志基本情况做整体性的全面分析和研究,以期对其有概貌性的认识和了解。个案研究主要是对个别珍贵文献进行深入的实地调查研究,以期对其有更加深入细致的了解。

日方指导教师——岛根大学法文学部要木纯一教授,负责对普查及访书方案进行审核,帮助联系有关藏书机构,落实访书及资料文本复制等项事宜,在此表示谢意。

三 普查结果与研究成果

(一) 普查结果

2008年1月14日至24日,笔者前往东京、京都、大阪等地普查日本藏宁夏旧志情况。通过普查,基本掌握了宁夏旧志在日本的存藏机构、存藏种类及数量。日本国立国会图书馆、东洋文库、天理图书馆、静嘉堂文库、东京大学东洋文化研究所、京都大学人文科学研究所、九州大学图书馆、山口大学图书馆等8家藏书机构共藏有13种旧版宁夏旧志。所藏旧志涉及宁夏通志、银川分志、石嘴山分志、吴忠分志、中卫分志和固原分志。具体情况是:国立国会图书馆藏《正统宁志》《民国朔志》等2种;东洋文库藏宁夏旧志数量和种类最多,有《乾隆宁志》《民国朔志》《光绪志草》《〔光绪〕平远县志》《〔嘉庆〕灵州志迹》《〔乾隆〕中卫县志》《康熙隆志》《宣统固志》《〔光绪〕海城县志》等9种;天理图书馆藏《万历朔志》《万历固志》《民国朔志》等3种;静嘉堂文库藏《〔道光〕平罗记略》1种;东京大学东洋文化研究所、京都大学人文科学研究所、九州大学图书馆、山口大学图书馆等各藏《民国朔志》1种。《正统宁志》《光绪志草》仅见藏于日本,为宁夏旧志中的孤本。日本藏宁夏旧志中,《民国朔志》的馆藏单位最多,有7家。藏书机构中,东洋文库所藏宁夏旧志数量最多,有9种。

由于资料所限,宁夏旧志东传日本的原因和方式不甚明晰。结合其他学者的研究,笔者推断,宁夏旧志主要是通过商贸活动与掠夺这两种方式输入日本的。《正统宁志》至晚于清朝康熙五十三年(即日本中御门天皇正德四年,1714)通过商贸渠道输入日本。1907年,日本静嘉堂文库收购清末四大藏书楼之一的湖州陆心源皕宋楼全部藏书,随之东传的方志有403种421部,原藏于守先阁的《〔道光〕平罗记略》亦随此次收购而入藏静嘉堂。《万历朔志》也是日本书商从中国购得后在日本出售。1930年前后日本东京文求堂出版的《文求堂善本书目》中记载待售方志的价格:"《朔方新志》五卷,五册,叁百五拾元,明万历刊本。十行二十一字。"①这部《万历朔志》如果按当时价格计算,大概可以换得14.49石大米。由此可见,这部善本方志价格不菲。除商人外,日本有关文化机构也有目的地对中国方志进行搜购。东洋文库所藏宁夏旧志绝大多数都是有目的搜购所得,其中孤本《光绪志草》则是赤裸裸的战争掠夺,日本驻沪总领馆特别调查班掠夺宁夏府志、县志各1种。② 截至1938年,"北京人文科学研究所"(1927年成立)搜得宁夏府志3种,县志2种。③

日本除了多种渠道搜购旧版宁夏方志外,还利用拍照、购买等方式获取新印宁夏旧志,这样就很好地补充了日本馆藏宁夏旧志的数量和种类。如东洋文库藏《嘉靖固志》《万历固志》就是利用美国国立国会图书馆拍摄本(原藏于北平图书馆,即今国图)重新制作成胶片存藏。日本庆应义塾大学图书馆通过购买多种方志丛书如《中国方志丛书》《新修方志丛刊》《天一阁藏明代方志选刊》及《续编》《日本藏中国罕见方志丛刊》等,馆藏有《弘治宁志》《嘉靖宁志》等16种新印宁夏旧志。④

(二) 研究成果

从个案研究成果来看,笔者有很重要的发现。如国立国会图书馆藏《正统宁志》只有中国学者做过研究,但有疏漏,很多问题都没有涉及。笔者研究发现,国立国会图书馆所藏是残本而非全本,原藏于中国明朝藏书家徐𤊹之红雨楼,至晚

---

① 巴兆祥:《中国地方志流播日本研究》,上海人民出版社2008年版,第77页。
② 同上书,第135页。
③ 同上书,第103页。
④ 参见巴兆祥:《庆应义塾大学图书馆中国地方志目录》,日本《史学》第70卷第3、4号,第256—257页。

在清朝康熙五十三年(1714)就传入日本了。日本明治五年(壬申年,即清朝同治十一年,1872),《正统宁志》入藏于文部省所创立之东京书籍馆。明治九年(丙子年,即清朝光绪二年,1876),文部省又将《正统宁志》正式移交给国立国会图书馆之前身帝国图书馆馆藏,该馆对原4册线装的《正统宁志》重新线装为两册后馆藏至今(2018年)。所以《正统宁志》在日本至少已经传藏了300多年。东洋文库藏《宁灵厅志草》也仅有中国学者做过整理和研究,但研究成果存在的问题非常多。笔者研究发现,该本当为"稿本"而非"抄本",昭和十四年即1939年9月25日正式入藏东洋文库后被重新进行了装帧,原稿装帧形式毛装,过去都被误认为是线装。其内容总页数是67页,在志书类目设置上袭用《乾隆甘志》,在具体内容撰写上多抄录《〔嘉庆〕灵州志迹》。①

由于受研究经费及研究时间所限,笔者未能亲往调查天理图书馆、东京大学东洋文化研究所、九州大学图书馆等机构所藏宁夏旧志。在调查宁夏旧志的过程中,我们有些意外的发现。如在东洋文库藏有《道光九年镇守宁夏档案》《宁夏中屯卫选簿》《宁夏前卫选簿》《甘肃宁夏青海里程表》等文献,对于研究古代宁夏具有极高的学术价值,以往学者研究宁夏时很少提及,希望以后能有机会就这些文献与日本学者开展合作研究。

海外特别是日本所藏宁夏旧志是宁夏古文献的重要组成部分,由于诸多原因,学界对它们了解或利用得很不够。笔者认为,在中外学术交流与合作关系日益密切的今天,可利用购买、文献互换或赠予等方式实现散佚海外的宁夏旧志原件回流,或通过合作数字化、合作缩微化、合作出版等方式实现文献复制件回归。旧志回归,既可丰富文献典藏,更有利于对其整理、研究和利用。

---

① 《正统宁志》《光绪志草》的具体研究成果详见本著作第二章第一节、第七章第四节。

第二章 明代宁夏通志

明朝，宁夏北部与南部的行政建置不同。洪武三年(1370)，明朝在宁夏北部地区的行政建置因袭元朝，于今银川市兴庆区设宁夏府，五年(1372)废。九年(1376)，创置宁夏卫(治今宁夏银川市兴庆区)，属陕西都指挥使司(治今陕西西安市)管辖。二十八年(1395)改宁夏卫为庆王右护卫。建文四年(1402)八月，何福首任镇守宁夏等处总兵官，标志着宁夏镇(镇城治今宁夏银川市兴庆区)正式设立。永乐元年(1403)再置宁夏卫。宁夏镇下辖卫、所和堡寨，包括宁夏卫与宁夏左、右、中三屯卫(三卫均治镇城，今宁夏银川市兴庆区)和前(治镇城，今宁夏银川市兴庆区)、中(治今宁夏中卫市沙坡头区)、后(治花马池营城，今宁夏盐池县城关)三卫等共七卫，及灵州千户所(治今宁夏吴忠市利通区古城乡附近)、兴武营守御千户所(治今宁夏盐池县高沙窝乡兴武营村)、宁夏平虏守御千户所(治平虏城，今宁夏平罗县城关镇)、宁夏群牧千户所(治韦州，今宁夏同心县韦州镇)等4个千户所。另外，宁夏卫辖11处堡寨，前卫辖8处堡寨，中卫辖13处堡寨，后卫辖4处堡寨，左屯卫辖14处堡寨，右屯卫辖17处堡寨，中屯卫辖5处堡寨，灵州千户所辖24处堡寨，兴武营守御千户所、宁夏平虏守御千户所、宁夏群牧千户所等下辖堡寨不详。

宁夏南部六盘山地区(包括今固原市及同心县部分地区)行政管理体制不同于宁夏北部地区，既置州县，又兼设军卫。明初固原州属陕西平凉府开城县所辖。正统十年(1445)七月设固原巡检司，景泰三年(1452)闰九月设固原守御千户所。成化三年(1467)，迁开城县于固原所城。五年(1469)十月，升固原所为固原卫，上属陕西都指挥司所辖。弘治十五年(1502)升开城县为固原州，移陕西镇部分官兵驻防固原。十八年(1505)陕西镇和总兵官正式移驻固原，所以又称陕西固原镇。上隶属于陕西都司和陕西总制府双重指挥，下辖西安州守御千户所(治旧西安州，今宁夏海原县西安镇)、镇戎守御千户所(治今宁夏固原市原州区七营乡北嘴古城)、平虏守御千户所(治豫旺城，今宁夏同心县预旺镇)。明代固原州与固原镇所辖堡寨已知名者有41处。

明灭元后，游牧于蒙古地区的瓦剌、鞑靼等部的统治者与明政府长期处于对立的状态，严重威胁了明朝北方的边地安全。为防止蒙古诸部的侵扰，解除其对明朝北部地区的威胁，明政府特设"九边"。《明史》卷九一《兵志三·边防》载："元人北归，屡谋兴复。永乐迁都北平，三面近塞。正统以后，敌患日多。故终明之世，边防甚重。东起鸭绿，西抵嘉峪，绵亘万里，分地守御。初设辽东、宣府、大同、延绥四镇，继设宁夏、甘肃、蓟州三镇，而太原总兵治偏头，三边制府驻固原，亦称二镇，是为'九边'。"[①]宁夏镇、固原镇都是明代"九边重镇"之一。明太祖朱元璋在定鼎南京后认为，元朝中央政权因为没有得到各地藩王强有力的襄助，才在外族势力的进攻下土崩瓦解。他以史为鉴，制定并推行以"同姓治异姓"策略，把自己的24个儿子和一个重孙分封到全国各地为藩王，平时治理地方，战时力保中央。这样，各地又形成了相对独立的藩王政权。庆王朱㮵被分封宁夏，庆府中有从事各项管理任务的官员、侍从甲兵、差役等，还有专门为王府服务的群牧所。庆王宗族藩封宁夏长达250多年，形成了一个庞大的封建特权集团。宁夏地方设巡抚始于正统元年(1436)，景泰二年(1451)始正式颁给"宁夏巡抚关防"，长官也正式称为"宁夏巡抚"。[②]

有明一代，宁夏行政建置与其他内地只设立府、州、县的建置有较大的不同，长期属于军政合一、兵屯合一的卫所建置状态，明朝宁夏旧志没有称"县志"者，而只称镇志、州志等。编修于明代的宁夏旧志共10种，传世的有6种，传世者包括：《正统宁志》《弘治宁志》《嘉靖宁志》《万历朔志》《嘉靖固志》《万历固志》。前4种属于通志，最后两种属于分志。因明朝的宁夏镇、固原州系"九边重镇"地区，故成于明朝的几种与"九边"有关的重要文献如许论《九边图论》3卷、魏焕《九边通考》10卷、霍冀《九边图说》1卷、范守己《筹边图说》3卷等，散见有较为丰富的相关资料。另外，明章潢撰《图书编》卷四七《陕西三边四镇总叙》《陕西边镇事宜》《宁夏总叙》《宁夏固兰边图》《宁夏事宜》《宁夏等卫图说》《固原镇疆域图》《固原边政总说》等也是与宁夏直接有关的地理资料，治宁夏史地者对这类文献不应当忽视。今属固原市的隆德县，其明朝的方志史料可以从明朝赵时春嘉靖年间编修的《平凉府志》中辑录。

《方志与宁夏》第二章《宁夏历代修志综览》对于传世的6种宁夏明代方志进行了综述。薛正昌撰《明代宁夏与固原两大军镇的地方志书及其特点》《明代宁夏地方志书编纂析论》等文对明代宁夏旧志进行综合性的评介与研究。

---

① [清]张廷玉等：《明史》，中华书局1974年版，第8册2235页。
② 以上明代宁夏行政建置的叙述参见鲁人勇等著《宁夏历史地理考》卷一四《明朝》(宁夏人民出版社1993年版)、吴忠礼等著《宁夏历史地理变迁》第七章《九边重镇——军政合一的卫所建置》(宁夏人民出版社2008年版)。

第一节 《〔正统〕宁夏志》

明朝庆靖王朱㮵编《宁夏志》(本著作简称《正统宁志》)是传世的宁夏旧志中成书时间最早的一部,清朝康熙时期传入日本,现藏于日本国立国会图书馆,为海内外孤本。国内有学者发表过相关整理研究成果,对深入了解、研究《正统宁志》奠定了一定的基础,很有启发和借鉴意义。

一 整理与研究现状

最早提及并利用朱㮵《正统宁志》者是明朝王珣、胡汝砺。胡汝砺编修有《弘治宁志》,他编修志书的主要动机之一就是要补《正统宁志》之缺漏,且在编修新志时还以《正统宁志》为主要参考文献。王珣作于弘治十四年(1501)的《〈宁夏新志〉序》曰:"宣德中,藩府庆靖王问学宏深,好古博雅,创编宁夏一志,到今七十余年,事多不悉。盖前无所传,后无所继故耳。"[①]胡汝砺作于同年的《〈宁夏新志〉后序》亦曰:"比观宁夏旧志,乃庆先靖王所作,固无容议。然岁久而事遗,人俗、政治之趋革,而旧志难以株据。欲作新志,以表里之,今昔美事也。"[②]介绍《弘治宁志》具体编修方法的《宁夏新志·凡例》共8则,第一则即说,《弘治宁志》是在对《正统宁志》进行"增补""考核"的基础上编修而成,《凡例》载:"《宁夏志》板行已久,然作干宣德初年,其事迹简略,必有待于今日增补也。但考核不敢以不严,去取不敢以不公,于旧志,则固不能无功罪于其间矣。"[③]《凡例》之后的《引用书目》列举编修所引的42种文献,其中就包括《正统宁志》。胡汝砺在《弘治宁志》正文中,亦明确提到《正统宁志》。如卷二《国朝·宗室文学》载,庆靖王朱㮵"天性英敏,问学博洽,长于诗文。所著有《宁夏志》二卷、《凝真稿》十八卷、《集句闺情》一卷"。[④] 卷二《经籍》著录:"《宁夏志》一册。《集句闺情》一册。有板,俱在

---

① 胡玉冰、曹阳校注:《〔弘治〕宁夏新志》,[明]胡汝砺纂修,中国社会科学出版社2015年版,王珣《〈宁夏新志〉序》第1页。
② 同上书,196页。
③ 同上书,《凡例》第1页。
④ 同上书,第33页。

庆府内。"①由此可知，胡汝砺经眼的《正统宁志》当为刻本，他编修《弘治宁志》时其书版尚存藏于庆王府。《乾隆宁志》亦袭胡汝砺之说，曰朱栴"英敏好学，长诗文，工草书，著有《宁夏志》及《凝真稿》等集"。②

明朝周弘祖编《古今书刻》上下两编，上编著录各地各部门刻本文献信息，下编主要著录石刻文献信息。其上编著录"陕西"13个部门的109种刻本，其中"宁夏"著录1种，即《正统宁志》。这是古代目录学著作中最早著录《正统宁志》的。周弘祖为嘉靖三十八年（1559）进士，《古今书刻》还著录了10种庆府刻书，详见下文。

日本学者对中国方志中有关物产方面的资料很重视，有一系列的方志物产资料汇编传世，这种资料汇编可以看作是日本学者对中国方志资料的一种整理活动。松冈玄达于日本中御门天皇正德四年（1714）在其《再续州府县志摘录》中删抄《正统宁志》卷上《土产》的部分内容，是目前所知海外最早利用《正统宁志》者。张维1932年编《陇右录》时据《乾隆宁志》所载内容，对《正统宁志》有著录，由于他未经眼《正统宁志》，以为该书已佚，故著录其为佚书，且将书名误著录为《永乐宁夏志》，《存佚目录》《稀见提要》等都沿袭了张维的错误。

较早披露日藏《正统宁志》信息的是《日本主要图书馆研究所所藏中国地方志总合目录》，但将"朱栴"误作"朱栎"。《联合目录》《宁夏目录》《甘肃目录》《总目提要》等对《正统宁志》也作了著录或提要。其中《联合目录》以《正统宁志》重刻时间定其书名为《万历宁夏志》，巴兆祥《中国地方志流播日本研究》下编《东传方志总目》著录沿袭此说。

从20世纪80年代开始，有学者撰文研究《正统宁志》。朱洁撰《介绍宁夏明代地方志五种（上）》，高树榆撰《宁夏方志考》《宁夏方志录》《宁夏方志评述》《为〈正统〉〈宁夏志〉正名》《宁夏回族自治区地方志述评》，王桂云撰《银川方志述略》等文对《正统宁志》进行过扼要介绍。高先生正确指出，日本所藏《正统宁志》是重刻本而非原刻本，并就该志定名提出了个人的看法，但认为"是志保存完好，首尾俱全"则值得商榷。③

宁夏学者吴忠礼先生对《正统宁志》整理研究最为深入。他主编的《宁夏历代方志萃编》首次影印出版《正统宁志》，并将其定名为《宣德宁夏志》，为学者深

---

① 胡玉冰、曹阳校注：《弘治宁夏新志》，[明]胡汝砺纂修，中国社会科学出版社2015年版，第61页。

② 胡玉冰、韩超校注：《乾隆宁夏府志》，[清]张金城等纂修，中国社会科学出版社2015年版，第196页。

③ 金恩晖、胡述兆编：《中国地方志总目提要》，（台北）汉美图书有限公司1996年版，28—1。【宁夏回族自治区在本书中编号为"28"。】

入研究提供了珍贵的文本。吴先生《日本藏孤本明〈宁夏志〉考评（上、下）》《宁夏志笺证》等论文和著作的发表、出版，标志着《正统宁志》的整理研究水平达到了新的高度。其《宁夏志笺证》中有关宁夏地理、职官等内容的考证犹显功力，甚便学界。徐庄撰《一部研究宁夏史地的力作——评吴忠礼〈宁夏志笺证〉》一文，对吴先生的整理研究成果给予了高度评价，同时亦指出其存在的不足。《方志与宁夏》第四章《宁夏现存首部志书考证与评价》对吴忠礼先生研究成果要点进行了摘编。

胡迅雷撰《朱栴与宁夏》一文，详考朱栴生平，对其所编《正统宁志》的文献价值给予高度评价。《宁夏出版志》第五章《明清时期》第一节《庆藩中的作者及其著作》（徐庄编写）对朱栴生平及其著作、与朱栴有关的庆藩刻书等问题进行了较为深入的探讨。薛正昌撰《朱栴与〈宁夏志〉》《地方志书与宁夏历史文化（上）》《明代宁夏与固原两大军镇的地方志书及其特点》等文主要从历史学、文化地理学等角度对《正统宁志》进行探讨，深入发掘《正统宁志》的文化内涵，亦多新见。白述礼据《明实录》《明史》等文献记载，详考朱栴生平，著《大明庆靖王朱栴》一书，其书第11章《撰宁夏志史志珍宝》专章研究《正统宁志》（又题《朱栴及其〈宣德宁夏志〉》，载宁夏文史馆编《宁夏文史》第24辑，2008年版）。杜桂林撰《解读朱栴〈西夏八景〉诗》一文，从文学鉴赏的角度，对朱栴一组8首风景诗详细解析，多有创见。张树彬撰《庆王朱栴为何坐镇宁夏》《"朱栴"不宜写作"朱㫋"》等文对与《正统宁志》有关的问题进行了探究。刁俊、刘文燕撰《明代庆藩著述及庆府刻书》一文对朱栴生平及著述有较为详细的梳理。

在《正统宁志》研究过程中，关于该书曾有不同的定名。吴忠礼等定名为《宣德宁夏志》。高树榆先同意后又订正此说，定旧志名为《正统宁夏志》。陈永中撰《〈宣德宁夏志〉名称考辨——兼说宣德〈宁夏志〉之重要价值及古灵州州址》一文亦同意高说。笔者认为，王珣、胡汝砺等人提及《正统宁志》编于宣德初，这当是该志编纂开始的时间，也有可能该志书的编成时间，当不会是志书的刊行时间。朱栴卒于明英宗正统三年（1438），而《正统宁志》中录有"正统"年间史事，目前还没有坚实的证据证明志书所记"正统"史料不是朱栴本人辑录而是其后人附加上去的。即使这些"正统"年间的史料是后人附加上去的，也说明本志最早当于"正统"年间刊刻行世。故根据志书记载内容及版本刊刻年代，都应该定志书名为《〔正统〕宁夏志》。故《正统宁志》之定名，当据其记有"正统"年间史事和最早在"正统"年间刊刻等事实，定为《〔正统〕宁夏志》而非《〔宣德〕宁夏志》更为稳妥些。《正统宁志》原刻已经亡佚，传世本当据实际情况说明其为明万历二十九年（1601）重刻《正统宁志》。

《正统宁志》最新整理成果是胡玉冰、孙瑜校注的《正统宁夏志》,由中国社会科学出版社2015年10月出版。本书主要以标点、校勘、注释等方式进行整理,以《正统宁夏志》万历二十九年(1601)重刻本为底本,以上海书店1990年版《天一阁藏明代方志选刊续编》影印《弘治宁志》、上海古籍书店1961年版《天一阁藏明代方志选刊》影印《嘉靖宁志》等为对校本,部分整理成果参考吴忠礼著《宁夏志笺证》。本校注本附国会图书馆藏《正统宁志》影印本。

二 有关《宁夏志》著者"朱㮵"

国会图书馆藏《正统宁志》未署修纂者名氏。朱永斋万历二十九年(1601)《重刻〈宁夏志〉序》称:"予始祖靖王初封弘化,已而移宁夏。睹兹胜概,乃旁稽博采,凡典籍中事隶宁夏者,编集为志。诚哉!约而达,微而藏,宇内称郡邑志者,咸推毂焉。顷者壬辰,予方茕茕在疚,逆贼残劫帑藏,书槚荡然无余。予今舞象,搜擒宗器,适曾史以旧志请于予,实契予心,遂付剞劂,以永其传。嗟夫!我靖祖以帝室胄子,孜孜勤学,寒暑不辍,且忘其王公轩冕之贵躬,为韦布操觚之士,亦难矣哉。若夫图步芳躅,勉绳祖武,予未之逮也,而有志焉。梓竣,敬缀数言以纪之。"[1]据考证,朱永斋序文中所述之"始祖靖王""靖祖"即明朝庆靖王。[2] 据前引明人王珣、胡汝砺等所记,此结论可信。

(一) 朱㮵生平

考证庆靖王朱㮵生平事迹,可资参考的传世文献主要有:《明实录》之《太祖高皇帝实录》《太宗文皇帝实录》《仁宗昭皇帝实录》《宣宗章皇帝实录》《英宗睿皇帝实录》等明朝五代皇帝《实录》,《弘治宁志》卷一《庆藩宗系之图》、卷二《国朝宗室文学》,《嘉靖宁志》卷一《封建·宗室》,《明史》卷一〇二《诸王世表》、卷一一七《庆王㮵传》等。1968年,在宁夏同心县大罗山下韦州乡周新庄村境内,发现了《庆王圹志》碑刻,圹志盖文为"大明庆靖王墓",为研究庆靖王生平提供了宝贵的一手出土资料。

《庆王圹志》原碑现藏于宁夏博物馆,其文曰:"王讳㮵,太祖高皇帝第十五子也,母妃余氏。生于洪武戊午正月九日。二十四年辛未四月十三日,册封庆王。二十六年癸酉五月,之国陕西,之韦州。三十四年辛巳十二月,徙国宁夏。正统

---

[1] 胡玉冰、孙瑜校注:《正统宁夏志》,[明] 朱㮵纂修,中国社会科学出版社2015年版,第1页。
[2] 参见吴忠礼:《日本藏孤本明〈宁夏志〉考评(上)》,《宁夏社会科学》1995年第6期,第65—70页;《日本藏孤本明〈宁夏志〉考评》(下),《宁夏社会科学》1996年第1期,第63—69页。

三年八月初三日以疾薨，享年六十一岁。……上深感悼，辍朝三日，遣使往祭，赐谥曰靖，命有司治丧，葬以正统四年五月十三日，葬于蠡山之原。"《明实录》之《英宗睿皇帝实录》卷四五"正统三年八月乙卯"条载文绝大部分同此志文，文曰："庆王㮵薨。王，太祖高帝第十五子，母妃余氏，洪武戊午年生，辛未年受封。至是病，命内官萧愚带医士往视，至已薨矣。享年六十。讣闻，上辍视朝三日，遣官赐祭，谥曰靖，命有司治丧葬。"①综合出土文献及传世文献可知，朱㮵号凝真，生于明太祖洪武十一年(1378)正月，二十四年(1391)四月封为庆王，二十六年(1393)五月入韦州就藩，三十四年(1401)十二月迁王府于宁夏镇城(今宁夏银川市)，英宗正统三年(1438)八月薨，享年60岁，赐谥曰靖，史称靖王或庆靖王。

(二) 朱㮵为朱元璋第十五子还是第十六子

关于朱㮵为朱元璋第几位儿子的问题，文献记载互异。如《庆王圹志》、《明实录》之《英宗睿皇帝实录》卷四五"正统三年八月乙卯"条、《弘治宁志》卷一《庆藩宗系之图》、卷二《国朝宗室文学》等载其为明太祖"第十五子"，《嘉靖宁志》卷一《封建·宗室》、《万历朔志》卷二《藩封》、《明史》等载其为"第十六子"，甚至同一种文献记载也前后不一，如《明实录》之《太祖高皇帝实录》卷一一七"洪武十一年正月壬午"条载："皇第十六子㮵生。"②而前引《英宗睿皇帝实录》又载为"第十五子"，所以学者就朱㮵到底是明太祖的第十五子还是第十六子展开了争鸣。锺侃先生认为《明史》有误，当据圹志志文，定朱㮵为第十五子。③ 牛达生先生认为，《明史》《嘉靖宁志》载朱㮵为明太祖"第十六子"是正确的，《庆王圹志》《弘治宁志》等载其为"第十五子"是"靖难之变"的产物。④ 许成、吴峰云认同牛先生的观点。⑤ 任昉先生认为，史籍及出土文献载其为第十六子或第十五子都是正确的，这是由客观历史原因造成的，与"靖难之变"无关。⑥

笔者认为，任昉先生的观点是比较稳妥的。文献的产生一般均有特定的历史背景，我们不能简单地判定哪家说法是正确的，哪家说法是错误的，而是要具体区分清楚哪些属于文献文本的错误，哪些是史料记述的错误。判断文本的正

---

① 杨新才、吴忠礼主编：《〈明实录〉宁夏资料辑录》，宁夏人民出版社1988年版，上册第117—118页。
② 杨新才、吴忠礼主编：《〈明实录〉宁夏资料辑录》，宁夏人民出版社1988年版，上册第12页。
③ 参见锺侃：《宁夏文物述略》，载《明代文物和长城》，宁夏人民出版社1980年版，第99—101页。
④ 参见牛达生：《宁夏同心县出土明庆王圹志》，《考古与文物》1981年第4期，第66—68页；《庆王圹志》与朱棣"靖难之变"》，《人文杂志》1981年第6期，第82—83页。
⑤ 参见许成、吴峰云：《明代王陵区出土三盒墓志疏证》，载许成著《宁夏考古史地研究论集》，宁夏人民出版社1989年版，第250—258页。按：本文原载《宁夏文史》1987年第4期。
⑥ 参见任昉：《明太祖皇子朱㮵的名次问题》，《中原文物》1986年第4期，第88—89页、第95页。

误主要运用校勘学的理论与方法,判断史料的正误则要综合考察史事本身。就朱㮵的排行问题来说,从文本看,传世文献中《明史》《弘治宁志》《嘉靖宁志》的各传本记载未见有异文,故不能说它记载有误。《明实录》记载前后互异,当从一说,故其文本有错误。出土文献由于是唯一的,故文本本身不存在对错的问题。但从最原始的史料如墓志、实录等文献记载看,朱㮵是朱元璋的第十五个儿子,而不是第十六个。故争议朱㮵的排行问题时,要区别出哪些是文本的错误,哪些是史料记载的错误。只有这样,才是比较科学的态度。

(三) 朱㮵之名用字问题

与庆靖王排行问题一样,有关庆靖王之名,文献记载亦有异。明官府所修《明实录》《万历朔志》、清四库馆臣编《四库全书总目》等文献载其名曰"㮵",而传世的弘治、嘉靖两朝《宁夏新志》和清乾隆年间所修《银川小志》《宁夏府志》均载其名曰"栴"。《民国朔志》、当代许多学者提及庆王之名时又多作"旃"。故有必要加以辨明。

从用字角度看,"㮵"字一般用在"㮵檀"一词中,指一种有异香的乔木,又写作"栴檀","栴"与"㮵"为异体字关系。按照国家出版物有关异体字的用字要求,把"朱㮵"写作"朱栴"是没有错误的。《说文解字》卷七上载:"旃,旗曲柄也,所以旃表士众。"①所以"旃"与"栴"和"㮵"字义完全不同。考《明史》卷一○○《诸王世表》载:"明太祖建藩,子孙世系预锡嘉名,以示传世久远。……太祖二十六子。……其得封者二十三王,曰秦愍王樉,……曰庆靖王㮵,……"②同书卷一○二载庆王名亦作"㮵"。据《明史》可知,明太祖封王的儿子取名都从"木"字旁。故知,庆王之名定非作"旃"。所以可以肯定,将"朱㮵"写作"朱旃"是错误的。

从传世文献看,《明实录》《万历朔志》《四库全书总目》和弘治、嘉靖两朝《宁夏新志》、清修《宁夏府志》记载人名用字有异。明朝编修《实录》有一套非常严格的程序,编修依据的基本史料是起居注、时政记、日历等,研究明史,《明实录》是最为基本的史料。《万历朔志》为明人所修宁夏志书,修成时间虽晚于弘治、嘉靖两朝《宁夏新志》,但从用字来看,它没有沿袭以前志书的用字,正说明新志编修者可能发现了旧志用字上存在问题,故据史实加以纠正。《明史》《四库全书总目》皆为清朝官府专修,《明实录》《万历朔志》及《明史》《四库全书总目》等文献所记庆王人名用字为"㮵"当信从。前引《庆王圹志》为我们提供了最直接、最可靠

---

① [汉] 许慎:《说文解字》,[宋] 徐铉校定,中华书局 2004 年版,第 140 页。
② [清] 张廷玉等:《明史》,中华书局 1974 年版,第 9 册第 2503、2505 页。

的证据。弘治、嘉靖两朝修《宁夏新志》晚出于《明实录》，清修《银川小志》《宁夏府志》又袭明志，其说当不可从。故笔者认为，庆王之名当为"朱㮵"而非"朱栴"，更非"朱㫋"。

三　日本国立国会图书馆藏《宁夏志》版本情况

国会图书馆藏刻本《正统宁志》开本 26.7 cm×17.1 cm，版框 21.9 cm×15.2 cm。《重刻〈宁夏志〉序》每半页 8 行，行 16 字，正文每半页 10 行，行 19 至 20 字。四周双边，白口，双、对、黑鱼尾。上鱼尾之上题书名"宁夏志"，上鱼尾下有一圆圈符号。两鱼尾间标卷次及页码。下鱼尾之下即版心最下方有刻工名氏，出现名氏圻、池、川、章、培、连、化、旦、大、佩、二、人、坦等共 13 个。版刻的文字内容主要由《序》2 页、《〈宁夏志〉目录》1 页及卷上正文 46 页、[①]卷下正文 51 页等四部分共 100 页构成，四部分内容均首尾完整。但是，其《重刻〈宁夏志〉序》版心标识页数是"六""七"，《〈宁夏志〉目录》版心标识页数是"八"。这说明，日本藏本《正统宁志》已非全帙。原刻本书衣及前 5 页内容已经残缺。藏本已被虫蛀，个别地方文字还有跑墨现象。

国会图书馆藏《正统宁志》原本线装为 4 册。《重刻〈宁夏志〉序》2 页、《〈宁夏志〉目录》1 页及卷上正文前 25 页等共 28 页被合装为第一册，书根自左至右横题"宁夏志一"等 4 字。卷上正文第 26 页至第 46 页等共 21 页被合装为第二册，书根横题"宁夏志二"等 4 字。卷下前 26 页被合装为第三册，书根横题"宁夏志三"等 4 字；第 27 页至第 51 页等共 25 页被合装为第四册，书根横题"宁夏志四终"等 5 字。

《正统宁志》被分装成 4 册，并未按内容来分，而是把现存的 100 页内容基本平均分成 4 册，这样的分册方式割裂了原刻本内容的完整性和连贯性。如原刻本卷上自第 25 页至 28 页为《河渠》之内容，分 4 册线装时，第 25 页 10 行的内容线装于第一册最后一页，第 26 页至第 28 页内容则线装于第二册。唐人薛逢七言律诗《送灵州田尚书》原录入《正统宁志》卷下《题咏》，诗题及著者名位于卷下第 26 页，诗之正文则位于第 27 页，在分册线装后，诗题、著者名"送灵州田尚书　唐薛逢"等 9 字线装于第三册最后一页，而诗之正文则线装于第四册。入藏帝国图书馆后，《正统宁志》又被合装成两册，即原第一、二册合为一册，原第三、四册

[①]　吴忠礼《宁夏志笺证·凡例》指出："原本卷上缺第四十五页。"实不确。卷上共 46 页的正文内容完整无缺，吴先生所据复印本漏印了第 45 页。参见吴忠礼：《宁夏志笺证》，宁夏人民出版社 1996 年版，《凡例》第 1 页。

合为一册。重装的两册都加装了硬书衣，书衣凸版印"帝国图书馆藏"6字，第一册书衣题签题书名"宁夏志"，题签下部标注"一、二"。第二册书衣题签题书名同第一册，题签下部标注"三、四止"。藏本有6页用内衬的方式进行过修补，包括卷上第45、46两页，卷下前3页和第51页等4页。

四 《宁夏志》东传日本

国会图书馆藏书主要有两个来源：一是设立于1890年，隶属于旧宪法下帝国议会的贵族院众议院图书馆；另一是设立于1872年，隶属于文部省的帝国图书馆。1947年改称为国立国会图书馆。《正统宁志》何时何地由何人传入日本，详情已不得而知。我们可以据日本学者松冈玄达摘录《正统宁志》之时间及日本藏本所钤盖的印章来略加推究。

日本著名儒家、本草学者松冈玄达（1668—1746），名成章，通称恕庵，字玄达，号怡颜斋、苟完居、埴铃翁、真铃潮翁，主要著作有《用药须知》《救荒本草》《食疗正要》《烟草录》，其手抄《再续州府县志摘录》原本原藏于伊滕笃太郎，现藏于国会图书馆，藏本已有线断和虫蛀现象。抄本23.4 cm×16.2 cm，每半页10行，行20字，双行小字21字。内容共45页。书衣题《怡颜斋再续州府县志摘录》，书根题《再续府州摘录·物产部》，书口题《再续府志》。国会图书馆著录其书抄成于日本江户后期樱町天皇宽保二年（壬戌年），时当清朝高宗弘历乾隆七年（1742）。呈笔者勘验原书，发现此抄本实际上是由抄成于不同时期的两部分内容组成。前24页为第一部分，内容均摘录自日本藏汉籍如《广德州志》《丹阳县志》等旧志"物产"或"土产"部分。第24页在摘录的《罗源县志》物产内容之后落款有"正德甲午年冬十一月念五夜摘录怡颜斋"等17字。"正德甲午"即日本中御门天皇正德四年，时当清朝圣祖康熙五十三年（1714）。《正统宁志》卷上《土产》部分被摘录的内容就在第一部分之内。据此可知，至晚在日本中御门天皇正德四年（1714），《正统宁志》就见藏于日本了。

第25页至第45页为第二部分，均为医学内容，主要摘录自日藏明、清时期汉籍医书、道教典籍、朝鲜本诗文集以及和刻大藏经。第45页落款有"宽保二壬戌岁正月念九日夜誊录毕"等15字。抄本末页有理学博士伊滕笃太郎考辨此抄本抄者及抄成时间所写的题识语。第一处题识写于明治四十一年（戊申年，清朝光绪三十四年，1908）九月十六日，云此本盖怡颜斋松冈玄达先生亲自笔录，先生于日本樱町天皇延享三年（1746）七月十一日殁，所以本抄本当在松冈玄达逝世前6年抄写完毕。第二处题识写于1938年1月6日，云此抄本最后之"宽保二壬戌岁正月念九日夜誊录毕"落款语系小野兰山所题，盖其内容系松冈玄达摘录，传本则为小野兰山誊录。小野兰山（1729—1810），松冈玄达名弟子之一，日本江户时代著名本草学者，字以文，名识博，通称喜内，号兰山、朽匏子，京都人，著作有《本草纲目启蒙》《花汇》《大和本草会识》《众芳轩随笔》《南楼随笔》等。

国会图书馆藏《正统宁志》共钤盖有4种印章，其中卷下首页即原装第三册首页4种印章均有。卷下卷端最下部钤盖有阳文"闽中徐惟起藏书印"竖长方形朱印。卷端次行标题《文》下钤盖有阳文"明治九年文部省交付"竖长形朱印。版框内上部第三行至第五行间钤盖有阳文"帝国图书馆藏"方形朱印。此印上方天头处钤盖有圆形阳文朱印，内有英文"TOKYO LIBRARY""FOUNDED BY MOMBUSHO 1872"，汉文篆书"东京书籍馆明治五年文部省创立"。此外，《重刻〈宁夏志〉序》即第一册首页、卷上第26页即第二册首页、卷下第27页即第四册首页等3处均钤盖有除"闽中徐惟起藏书印"之外的其他3种印章。

徐惟起即明朝著名藏书家徐𤊹（1570—1642），字惟起，号兴公（一说"又字兴公"），福建闽县人，家富藏书，著述丰富。由所编《红雨楼藏书目》可见其藏书之一斑。编著有《闽画记》《榕阴新检》《鳌峰集》等。①所编、所藏之书日本多有藏。所编校之书如《宋蔡忠惠文集》《蔡忠惠诗集全编》《鹦栖草》等今藏日本内阁文库即今国家公文书馆。所藏十数种明刊文献皆入藏于内阁文库，明嘉靖刊本《古乐府》、明嘉靖三十年（1551）刊元人苏天一撰《金精风月》及明初刊本《临川王先生荆公文集》等3种文献上皆有徐𤊹手识文字。日本宫内厅书陵部藏明嘉靖刊明人许东望撰《山阴县志》4册，每册卷首即钤有"闽中徐惟起藏书印"。这些都是研究明刊本版本流传的重要资料。

综上所述，国会图书馆馆藏《正统宁志》原本当为明朝徐𤊹所藏。徐氏藏本至晚当于正德四年（1714）传入日本。明治四年（1871）十一月，日本文部省命令各府县提交旧藩藏书目录，由文部省在选用的书籍上加盖朱圆印，并规定各府县在得到进一步处理的命令前一定要对这些书妥善保存。②明治五年（壬申年，即清朝同治十一年，1872），《正统宁志》入藏东京书籍馆。明治八年至九年（1875—1876），各地将盖印之书按要求上交到文部省，文部省再将其移交给东京书籍馆。明治九年（丙子年，即清朝光绪二年，1876），文部省将《正统宁志》正式移交给国会图书馆前身之帝国图书馆馆藏，该馆将原4册线装的《正统宁志》线装为两册，

---

① 参见陈庆元：《徐𤊹著述编年考证》，《文献》2007年第4期，第77—92页。
② 日本学者西村正守、佐野力撰写《东京书籍馆旧藩藏书之收集》对于各藩移交之书进行过调查和研究，由于笔者所见资料有限，不知《正统宁志》原藏于日本哪家藩。参见巴兆祥：《中国地方志流播日本研究》，上海人民出版社2008年版，第216—217页。

馆藏至今(2018年)。所以《正统宁志》在日本至少已经传藏了300多年。

五 史源、编纂及刊刻质量分析

徐𤊙万历三十年(1602)编《红雨楼书目》卷二载,陕西省志书中有《宁夏卫志》二卷,①《古今图书集成·方舆汇编·职方典》之"陕西总部·宁夏卫部汇考"就是自《宁夏卫志》中辑录资料。此本极有可能就是东传日本的《正统宁志》。日藏《正统宁志》即分上、下两卷,共38目。卷上包括《沿革》《分野》《风俗》《疆域》《城垣》《街坊》《山川》《土产》《土贡》《坛壝》《属城》《古迹》《寺观》《祠庙》《学校》《贡举》《人物》《孝行》《名宦》《名僧》《死王事》《津渡》《陵墓》《桥》《园》《坝》《河渠》《盐池》《屯田》《职官》《驿传》《牧马监苑》《公宇》《祥异》《杂志》等35目,卷下包括《文》《题咏》《词》等3目,录文共13篇,录诗共107首,录词共14首。明朝永乐十年(1412)、十六年(1418),曾颁降《纂修志书凡例》,对地方志书内容提出了具体的立目要求,纂修志书至少要包括建置沿革、分野、疆域、城池、山川、坊郭镇市、地产、贡赋、田地、税粮、课程、税钞、风俗、形势、户口、学校、军卫(包括衙门、教场、屯田等)、郡县廨舍(包括馆驿、镇所、仓声、府库等)、寺观、祠庙、古迹(包括前代城垒、公廨、驿铺、山寨、仓场、库务等)、宦迹、人物、仙释、杂志、诗文等内容。② 朱栴所创设的志书类目基本符合这些要求。

(一) 史源

从史料来源看,《正统宁志》或自文献典籍中征引事录宁夏者,或取诸口传资料,亦有实地调查取材者。由于资料源不一,故其可信度亦有异。

1. 征引自文献典籍者。史载朱栴"好学有文,忠孝出天性"。③ 其所编《正统宁志》,征引文献典籍可分为明引和暗引两种。明引者,行文注明出处,但无定制。如卷上《河渠》注所引资料出处包括"郦道元水经""周礼""西羌传""唐吐蕃传""李听传""地理志""会要""元和志""元世祖纪""张文谦传""郭守敬传"等。考诸其文,朱栴注明出处时,有的是用书名省称,如《水经注》省称"水经",《唐会要》省称"会要",《元和郡县图志》省称"元和志"。有的是用书名简称加篇名,如《新唐书》卷二一六下《吐蕃传》作"唐吐蕃传",《元史》卷五《世祖本纪》作"元世祖

---

① 日本京都大学人文科学研究所藏《徐兴公家藏书目·分省》载:"《宁夏卫志》二卷。"
② 明永乐十年(1412)颁降《纂修志书凡例》原载嘉靖四十年(1561)《寿昌县志》,十六年(1418)颁降原载正德十年(1515)《莘县志》。录文参见中国地方志指导小组办公室选编:《中国方志文献汇编》,附录一《明清时期的修志文献》,方志出版社1999年版,第1433—1437页。
③ [清]张廷玉等:《明史》,中华书局1974年版,第12册第3588页。

纪"。有的只出现书名，不出现篇名，如《周礼·地官司徒·遂人》只作"周礼"。有的只出现篇名而不出现书名，如《元史》卷一五七《张文谦传》、卷一六四《郭守敬传》只注作"张文谦传""郭守敬传"。有些出处还有可能让读者无所适从，如《唐书》分新、旧两《唐书》，《旧唐书》卷一三三《李晟传》、《新唐书》卷一五四《李晟传》后均附有《李听传》，有许多史部文献中均设有《地理志》，所以朱栴所注"唐书""李听传""地理志"之类，如果不对其引文细加考究，读者恐怕很难判断引文的实际出处。再如，有的引文仅注作者名，如引《唐国史补》注曰"唐李肇曰"，引唐杜甫《陪郑广文游何将军山林》诗，只言"杜诗"，不及著者名及诗题。这也从一个侧面反映了该书的确只是初稿而已，尚未经最后润色定稿。

勘验《正统宁志》，有些史料明显自文献中征引，但朱栴行文中并未注明，是为暗引。如卷上《屯田》资料多引自宋朝王应麟撰《玉海》卷一七七《食货·屯田》，但行文未注明。本志《杂志》内容均辑自元朝释觉岸撰《释氏稽古略》卷四，《释氏稽古略》往往将不同时间内发生的事连叙，且多有错误，本志亦袭之。

考诸各类目征引文献情况，卷上《沿革》《疆域》《街坊》《属城》《祠庙》《人物》《名宦》《名僧》《津渡》《陵墓》《桥》《坝》《职官》《驿传》等14目中无征引文献名出现，其他诸目中出现了征引文献名。各目引书情况如下：《分野》引《唐天文志》《国朝清类天文分野之书》，[①]《风俗》引《金史》卷一三四《西夏传》之"赞"、《长安志》，《城垣》引《博物志》《礼记·礼运》《诗经·大雅·板》及《小雅·出车》，《山川》引《新五代史》卷七四《四夷传》，《土产》引《辽史》卷一一五《西夏外纪》，《土贡》引《周礼·天官冢宰》，《坛壝》引韩愈《处州孔子庙碑》、《通典》卷四五《礼·吉礼·社稷》，《古迹》引《舆地广记》卷十七《陕西路化外州》、《水经注》卷三《河水》，《寺观》引《事物纪原》卷七《白马寺》，《学校》引《孟子·滕文公上》、唐朝章碣《题焚书坑诗》，《贡举》引《唐国史补》卷下、《新唐书》卷四四《选举志》，《孝行》引《诗经·邶风·凯风序》《孝经》，《死王事》引《司马法》《春秋左传·昭公元年》，《园》引魏朝曹植《公宴》、《晋书》卷八六《张轨传附张天锡传》、《诗经·魏风·园有桃》、唐朝杜甫《陪郑广文游何将军山林十首》之一，《河渠》引《水经注》《周礼·地官司徒·遂人》、《后汉书》卷八七《西羌传》、《新唐书》卷二一六下《吐蕃传》、《旧唐书》卷一三三《李晟传附李听传》、《新唐书》卷一五四《李晟传附李听传》、《唐会

[①] 该书亦名《大明清类天文分野之书》《清类天文分野之书》等，24卷，刘基等于洪武十七年（1384）编成，以十二分野星次分配当时天下郡县，又于郡县之下详载其古今沿革之由，《四库全书总目》卷一一〇、《明史》卷九八、《千顷堂书目》卷六与卷一三等有著录。该书卷一三《秦分野》详细记载明朝陕西的分野及辖境内各属府州县的沿革情况，有关宁夏的内容就在本卷。《宁夏志》卷上《分野》内容全部节录自该书。据该书及《旧唐书》卷三六、《新唐书》卷三一《天文志》等文献，《分野》开篇引《唐天文志》引文中"北地上郡"四字下脱"安定"二字。

要》卷八九《疏凿利人》、《元和郡县志》卷四、《元史》卷一五七《张文谦传》及卷一六四《郭守敬传》,《盐池》引《尚书·洪范》、《新唐书》卷三七《地理志》及卷五四《食货志》,《屯田》引《唐六典》、《新唐书》卷一五四《李晟传附李听传》、《元史》卷六《世祖本纪》,《牧马监苑》引《周礼·夏官司马·校人》等,《公宇》引《周礼·天官冢宰》,《祥异》引《酉阳杂俎》,《杂志》引《资治通鉴》《容斋三笔》。卷下各目无资料出处的说明,故而无法确证其引自何种文献。

2. 取诸口传材料者。《正统宁志》部分材料取诸口传材料,并无文献左证。如卷上《山川》"莎罗模山"条,朱栴引当地人传说,并结合亲身经历,给该山笼罩上了一层神秘色彩。所书《梦记》,《正统宁志》卷下王逊《宁夏莎罗模龙王碑记》转载。《古迹》"文殊殿"条所记文殊殿的修造亦富有传奇色彩。《祥异》的大部分材料也多取自口耳相传材料,实不可信。

3. 实地调查取材者。朱栴对于其王府所在地的介绍多为实地调查取材。如卷上《公宇》提及的王府、长史司、海太监宅、皇华馆、接官厅、教武场等,均是他非常熟悉的地方。这类资料可信度高,极具史料价值。

(二) 编刊质量分析

《正统宁志》未最后定稿,前述其注资料出处体例不一可为一证。其体例不一的现象在志中还有一些。如卷上《风俗》《河渠》两类目正文首两字重复类目名"风俗""河渠",然后接叙正文,而其他类目则于类目名次行径直叙正文,不再重复类目名。《人物·名宦·郭守敬》部分内容与同卷《河渠》《屯田》重复。同为诗序,凝真《端午宴集丽景园诗序》、陈德武《宁夏旧八景诗序》录入卷下《文》中,而凝真《西夏八景图诗序》与其诗一起录入卷下《题咏》中。《题咏》录入著者名"静明"之七绝《丽景园八咏》,其后《金波湖棹歌》10首,其后即为陈德武8首宁夏旧八景诗。

另外,《正统宁志》行文及内容编排上也有不严谨之处。卷下所录之文、诗及词,按照一般志书的编纂方法,当按著者朝代自古及今的顺序录入,而《正统宁志》排序较乱。所录之文的排序是,先录唐文3篇,接著录宋文1篇、西夏文2篇,然后又录唐文、元文、明文各1篇,再接录凝真文2篇、明文1篇,最后又录凝真文1篇。所录14首词中,凝真的11首词置于最前,接著录宋范仲淹词1首,然后又录明人陈德武词2首。

朱栴死后,《正统宁志》的编纂也就中止了,原编纂存在的问题也被定格在了志书的未完稿上。理论上说,这些问题完全可以由朱栴的后人,或其他有志于此的人来解决。遗憾的是,传世本《正统宁志》中,不仅原编纂过程中存在的问题照旧存在，由于刊刻质量粗糙，又有新的问题叠加在了《正统宁志》上。刊刻本存在的问题主要包括：

1. 误字。以形近而误最为常见。如《〈宁夏志〉目录》类目名"疆场"，正文作"疆域"。据其内容，目录误。卷上《属城》与灵州有关的资料盖引自《舆地广记》卷十七《陕西路化外州》"大都督府灵州"条，参诸《通典》卷一七三、《文献通考》卷三二二，"河渚土旧是赫连果地"句，"土"当作"上"；"天业初州废"句，"天"当作"大"。卷上《寺观》引《事物纪原》"初正鸿胪寺"句，据《事物纪原》卷七《白马寺》条，"正"当作"上"。卷上《名宦·张文谦》"刑州"当作"邢州"。卷上《园》，据《晋书》卷八六《张轨传附张天锡传》、《十六国春秋》卷七四、《册府元龟》卷二二〇、卷二三〇及《天中记》卷二七等，引张天锡语"睹松竹则思贞操之士"，"士"当作"贤"。卷上《祥异》"永乐甲戌岁金波湖产合欢莲一"句。查明成祖"永乐"年号纪年干支名（自癸未至甲辰，1403—1424）中无"甲戌"。《正统宁志》卷下《题咏》录有凝真（朱栴之号）七律《戊戌岁金波湖合欢莲》一首，所咏即为永乐年间金波湖出"祥瑞"合欢莲一事。故知"永乐甲戌岁金波湖产合欢莲一"句中"甲戌"当作"戊戌"，永乐戊戌岁即永乐十六年（1418）。

2. 脱文。如卷上《坛壝》"韩文自天子至郡邑守长通得祀而徧天下者惟社稷焉"句，此"韩文"指韩愈《处州孔子庙碑》。唐宪宗元和十五年（820），韩愈任袁州（今江西宜春市）刺史，为孔庙作《处州孔子庙碑》，碑文开篇即云："自天子至郡邑守长通得祀，而遍天下者惟社稷与孔子焉。"可知，朱栴引文脱"与孔子"3字。

3. 衍文。如卷上《河渠》载："汉三渠。《唐·吐蕃传》：大历十三年，房大酋马重英以四万骑寇灵州，塞汉御史、尚书、光禄三渠以扰屯田，为朔方留后常谦光所逐。"自朱栴引文可知，他认为汉三渠之渠名当为御史渠、尚书渠、光禄渠。考《新唐书》卷二一六下《吐蕃传》载，大历"十三年，房大酋马重英以四万骑寇灵州，塞汉、御史、尚书三渠以扰屯田，为朔方留后常谦光所逐，重英残盐、庆而去"。①《玉海》卷二一《地理·河渠》载："汉三渠。《唐·吐蕃传》：大历十三年，房大酋马重英以四万骑寇灵州，塞汉、御史、尚书三渠以扰屯田，为朔方留后常谦光所逐。"②《新唐书》《玉海》所载"塞汉御史尚书三渠"一句可以有两种理解：一种是将"塞汉"理解为一个动宾词组，该句意即为"填塞汉朝的御史渠、尚书渠三条渠"，或"填塞汉渠、御史渠、尚书渠三条渠"；另外亦可将"塞汉"当作渠名来理解，则该句又可以理解为"塞汉、御史、尚书三条渠"。朱栴很明显是将"塞汉"理

---

① ［宋］欧阳修、宋祁：《新唐书》，中华书局1975年版，第19册第6092页。
② ［宋］王应麟：《玉海》，江苏古籍出版社、上海书店1987年版，第1册第425页。标点系笔者所加。

解为一个动宾词组，他认为原句有脱文，故补"光禄"2字，以凑出三渠之渠名。

《资治通鉴》卷二二五载，唐代宗李豫大历十三年（778）二月"己亥，吐蕃遣其将马重英帅众四万寇灵州，夺填汉、御史、尚书三渠水口以弊屯田。史照曰：三渠，谓填汉渠、御史渠、尚书渠也。填，读曰镇"。[①] 自史照注文，汉三渠渠名皆可知。《新唐书》《玉海》由于错将"填"字理解为"填塞"，故将"填汉"误作"塞汉"，朱栴错上加错，不明文义而衍"光禄"2字。

4. 多重错误。如卷上《屯田》的唐朝资料朱栴未说明其史料出处，考诸文献，盖引自《玉海》卷一七七《食货·屯田》，但有多处引误。如"河东道一百五十一屯"句，"五"当作"三"；"中城四十"句，"十"下脱"一"字；"涓州至西使"句，"涓"当作"渭"；"寯八屯扣州一屯"句，"寯"下脱"州"字，"扣"当作"松"。

另，本类目之"唐夏州屯田"事，不仅无史料可证，且有引误。其原文曰："唐夏州屯田。开元十五年，令诸屯隶司农寺者每三十顷以上、二十顷以上为一屯，隶州镇诸军者每五十顷为一屯。夏州屯二。"考《通典》卷二《食货二·田制下》、《通志》卷六一《食货略·屯田》、《太平御览》卷三三三《兵部·屯田》引《唐书》》、《玉海》卷一七七《食货·屯田》等，仅载其为唐屯田之制，未言唐夏州屯田事。且"十五年"当作"二十五年"，"每三十顷以上"之"以上"当作"以下"。《屯田》之元朝资料，朱栴于"元西夏屯田"事说明其史料出自《元史·世祖纪》，于"元宁夏等处新附军万户府屯田"等事亦说明其史料出自《元史·世祖纪》。考诸《元史》，朱栴不仅史料出处说明不尽准确，引文也有误。元朝西夏等路屯田事，朱栴引自《元史》卷六《世祖本纪》，而元宁夏等处新附军万户府屯田事、宁夏营田司屯田事、宁夏路放良官屯田事，史料皆引自《元史》卷一〇〇《兵志》，而非《元史·世祖纪》。元复立营田司于宁夏府，《元史》卷一五《世祖本纪》载其时为"至元二十六年夏四月己酉"，朱栴误作"至元二十七年"。

六 文献价值

尽管《正统宁志》编纂上存在诸多问题，刊刻质量也不尽如人意，但作为一部地方志书，它还是有着独到利用价值的。

第一，现藏于国会图书馆的《正统宁志》是传世文献中成书时代最早的一部宁夏旧志。书成后靠手抄传世。根据前引《宁夏新志·凡例》所言，《正统宁志》"板行已久"，至晚在弘治十四年（1501）还有庆王府刊本传世。据今传本前朱栴

---

① ［宋］司马光：《资治通鉴》，中华书局1956年版，第15册第7251页。

的九世孙朱永斋序推知,《正统宁志》至晚当于万历二十九年(1601)又刊印,距《正统宁志》成书已175年左右。[①] 由于该志在类目设置上符合明朝永乐年间颁降的《纂修志书凡例》的要求,故而也为研究明朝初期成书的方志提供了标准研究文本。

第二,提供了丰富的明朝宁夏史地资料。明李贤等撰《明一统志》卷三二《陕西布政司》载,明朝"置陕西都指挥使司,领西安左、西安前、西安后、固原、平凉、庆阳、延安、绥德、榆林、巩昌、临洮、汉中、秦州、兰州、洮州、岷州、河州、宁夏、宁夏中、宁夏前、宁夏后、宁夏左屯、宁夏右屯、宁夏中屯、宁羌二十五卫,凤翔、金州、灵州、镇羌四千户所"。卷三七《宁夏卫》载:"本朝初改宁夏府,后府废。洪武九年,改置宁夏卫,隶陕西都司,后又增置宁夏前、宁夏后及宁夏左屯、宁夏右屯、宁夏中屯,凡六卫。"《正统宁志》编纂事隶宁夏之史料,凡明朝以前者均自典籍辑录,有明一朝之宁夏史料则多为"实录"。如卷上《城垣》《街坊》《山川》《土产》《坛壝》《属城》《古迹》《寺观》《祠庙》《学校》《津渡》《陵墓》《桥》《园》《坝》《驿传》《牧马监苑》《公宇》等类目的内容,均为朱栴时期宁夏实录,朱栴是在做了大量的调查之后将资料编入志书中,有些事就发生在他身边,有些事则为他身边人所为,而与地理有关之内容他也非常熟悉。这类似"实录"的资料实为研究明朝宁夏的不可多得的一手材料。

第三,所辑人物事迹资料可丰富对明朝宁夏历史人物的研究。《正统宁志》卷上《贡举》《人物》等类目,列举了多位未入"正史"的明朝宁夏籍人,或在宁夏为官者,这类资料可以与其他史料相参,或可补其不足,或可纠其讹谬,或可另备一说。卷下所录明朝宁夏历史人物之文、诗词,不仅可以丰富明朝艺文内容,亦为研究明朝宁夏文学史提供大量一手材料。所录朱栴之诗文词,为研究朱栴提供了不可多得的资料。同时,由于朱栴《凝真集》《集句闺情》等诗文集已佚,而《正统宁志》中录有著者名为"凝真"的诗文很多,所以我们就可以借助《正统宁志》来研究已佚文献的诗文收录情况。

第四,行文中避当朝者讳的现象,可以从一个侧面反映有明一朝宫廷内部斗争的激烈。《正统宁志》全志行文不提及明惠帝朱允炆"建文"年号,惟以干支纪其年,如卷上《学校》条"辛巳年革"、《公宇》条"辛巳冬渡河"、《祥异》条"巳卯岁二月",卷下《宁夏莎罗模龙王碑记》"实改元春正月廿五夜也"等4句中,"巳卯"当作"己卯","己卯岁""改元"均指建文元年(1399),"辛巳"即建文

---

① 参见吴忠礼:《日本藏孤本明宁夏志考评》,载《宁夏志笺证·附录》,宁夏人民出版社1996年版,第423—456页。文中"栴"均误印作"旃"。

三年(1401)。这样的"书法"是避当朝者永乐皇帝朱棣之讳。朱棣以"清君侧"为名,代惠帝而即皇帝位,此举颇不合封建礼法之制,故其对于朱允炆之事讳莫如深。朱㮵作为皇室一员,对此自然心知肚明,所以行文中不言"建文"年号,用意是非常明显的。

第五,《正统宁志》所录西夏史料,为研究明朝西夏文献提供了宝贵的一手资料。

宁夏在明朝属于九边重镇之一,地理位置非常重要。两宋时期,宁夏曾是西夏国的统治中心区域,所以修宁夏方志,就不能回避西夏统治过的这段历史。朱㮵修宁夏志书时就注意到了宁夏历史上的这段西夏时期,从相关文献中辑录了一批西夏史料编入《正统宁志》中。《正统宁志》卷上《沿革》介绍了宁夏自秦至明朝洪武九年(1376)的建置沿革之大概,述及"唐末,拓跋思恭镇夏州,世有其地。宋天禧间,传至九世孙德明,以怀远镇为兴州居之,即今之军城也。后升为兴庆府,又改中兴府,宋为境外"。① 《风俗》中引《金史·西夏传》中的"赞曰"来说明西夏故地的宁夏人"民俗强梗尚气,重然诺,敢战斗"。② 《山川》首述贺兰山,言及"山多松,堪栋梁之用,夏城官私庐舍咸赖以用"。③ 《古迹》提到了朱㮵时代尚存的西夏遗迹,有保静城、元昊宫室、文殊殿、李王避暑宫等。《寺观》提到"夏时旧寺"承天寺,还提及在承天寺"草间得一断碑",④ 残存的《承天寺碑记》碑文过录在本书卷下,碑文为考证承天寺的修建提供了重要的史料。另外还提及"元昊时寺"高台寺。《名僧》提到西夏时期的两位僧人永济尚师和黑禅和尚。《河渠》提到了一幅与西夏故地相关的《西夏河渠图》,朱㮵引《元史》卷五《世祖本纪》的记载,至元元年"五月乙亥,诏遣唆脱颜、郭守敬行视西夏河渠,俾具图来上"。⑤ 西夏被元所灭,《元史》卷六〇《地理志》"宁夏府路"条载:"至元八年,立西夏中兴等路行尚书省。"⑥ 郭守敬等人献上的《西夏河渠图》由于是实地勘察后绘制的,所以史料价值还是较高的,惜其不传于今。《人物》提及了一位重要的西夏遗民高智耀。《元史》卷一二五《高智耀传》载:"高智耀,河西人,世仕夏国。曾祖逸,大都督府尹;祖良惠,右丞相。智耀登本国进士第,夏亡,隐贺兰山。太宗访求河西故家子孙之贤者,众以智耀对,召见将用之,遽辞归。"⑦ 《盐池》提及明

---

① 胡玉冰、孙瑜校注:《正统宁夏志》,[明]朱㮵纂修,中国社会科学出版社2015年版,第3页。
② 同上书,第4页。
③ 同上书,第5页。
④ 同上书,第13页。
⑤ [明]宋濂等:《元史》,中华书局1976年版,第1册第97页。"五月",朱㮵原误引作"正月";"具",朱㮵原误引作"其"。
⑥ 同上书,第5册第1451页。
⑦ 同上书,第10册第3072页。

朝宁夏境内盐池所在方位,并述及西夏请售青、白盐事,与《宋史·食货志》文字有异。《屯田》述及元朝设置的"西夏中兴等路行尚书省"的屯田情况,为了解亡国后的西夏国遗民在其故地的生产和生活情况提供了材料。

《正统宁志》卷上《杂志》是西夏专题部分,朱栴试图考证西夏立国始末,从唐太宗贞观三年(629)拓跋氏降唐述起,迄于西夏末主睍亡。叙述文字非常简单,继迁、元昊事稍详,余皆寥寥数语表过,且叙述缺乏章法。如元昊事后又从仁福通契丹事述起,叙至继捧被授彰德军节度、赐姓赵名保忠,接下来又概括元昊至睍等夏国十主的在位年数、改元情况、谥号、庙号、墓名。此亦表明,朱栴的《正统宁志》没有经过最后的润色定稿。尽管朱栴记述内容不出《宋史·夏国传》所记,且叙述无章法,但他为西夏国设专题的做法却意义重大。在此前的明朝文献中还没有对西夏历史进行系统的专题总结者,朱栴首开此例,虽然成果不能令人满意,但为以后修宁夏方志提供了借鉴。

《正统宁志》卷下《文》收录有4篇与西夏相关的文章,其中范仲淹《答赵元昊书》见载于《范文正公集》卷九等典籍,虞集《故西夏相斡公画像赞》最早见于《道园学古录》卷四,朱栴移录这两篇文章时有脱漏。最值得一提的是,朱栴在宁夏志书中首次收录《夏国皇太后新建承天寺瘗佛顶骨舍利轨》(又名《承天寺碑记》)和《大夏国葬舍利碣铭》,这两篇文献在现存的其他各种宁夏通志中基本都有收录。《承天寺碑记》对研究西夏承天寺营建史及西夏宗教保存了珍贵的资料,而《大夏国葬舍利碣铭》的史料价值更高,尤其所录碣阴刻"尚书右仆射中书侍郎平章事、监葬舍利臣刘仁勖,都大勾当修塔司同监葬舍利、讲经论沙门事臣定惠"句是其他宁夏志书中缺录的。① 此条资料中提到的刘仁勖在《宋史·夏国传》《辽史·西夏外记》中都有记载,他屡次代表西夏出使宋、契丹,是元昊的重臣,首先据此可纠正碣铭中"天庆"为"大庆"之误。"大庆"是元昊的年号,而"天庆"则是元昊立国后西夏第六代国主纯佑的年号。② 另外,史书记载中刘仁勖官职不详,此碣阴资料正可补史之阙,说明刘仁勖与张陟同为元昊王朝宰相级重臣。③ "定惠"之名仅见于此碣铭,这为研究西夏僧人又提供了一条新线索。《题咏》部分收录了26首与西夏故地相关的诗歌,其诗对研究西夏也不乏参考价值,这些诗包括宋人张舜民的《西征》,凝真的《西夏八景图诗》序和诗,八景图诗题分别为《贺兰晴雪》《汉渠春涨》《月湖夕照》《黄沙古渡》《灵武秋风》《黑水故城》《官桥柳色》

---

① 胡玉冰、孙瑜校注:《正统宁夏志》,[明]朱栴纂修,中国社会科学出版社2015年版,第48页。
② 参见牛达生:《〈嘉靖宁夏新志〉中的两篇西夏佚文》,《宁夏大学学报》1980年第4期,第44—49页。
③ 参见牛达生:《夏初三朝元老刘仁勖》,《西夏研究》2010年第2期,第11—14页。

《梵刹钟声》。所录陈德武的八景诗,诗题与朱栴的一样,只是次序不同。最后还录有王逊的《旧西夏八景》诗 8 首,诗题分别是《夏宫秋草》《汉渠春水》《贺兰晴雪》《良田晚照》《长塔钟声》《官桥柳色》《黑水故城》《黄沙古渡》。从这些诗歌中,我们还可依稀想见明朝时期景色秀美的宁夏山川,同时也可以感受到西夏历史的沧桑。

朱栴在叙事中不忘宁夏是西夏故地这一历史事实,多处提到与西夏相关的史事,甚至在《杂志》部分开始系统整理西夏历史,这些都被其后编修宁夏方志者所继承并发扬。如胡汝砺编修《弘治宁志》时作《拓跋夏考证》,专考西夏历史,显然是受了朱栴的启发和影响。另外有些材料是直接将《正统宁志》中材料稍作删改后就移录到自己编修的志书中,如两志在《古迹》中均记了李元昊的避暑宫。《正统宁志》卷上《古迹》载:"李王避暑宫,在贺兰山拜寺口南山之巅极高处,宫墙尚存,构木为台,年深崩摧。洪武间,朽木中铁钉长一二尺者往往有之,人时有拾得者。"①介绍了宫殿建筑的方位、所用材料以及在明朝的遗存情况。胡汝砺对此条史料略加删改,在《弘治宁志》卷一《宁夏总镇·古迹》中这样记载:"避暑宫,贺兰山拜寺口南山之巅。伪夏元昊建此避暑,遗址尚存,人于朽木中尝有拾铁钉长一二尺者。"②后者的记述显然没有前者的内容丰富。再如《弘治宁志》卷二《仙释》共载张秋童、海珠和尚及西夏名僧永济尚师、黑禅和尚等四人事,其载西夏僧人事曰:"永济尚师,河西人,通五学,为西夏释氏之宗,称为祖师马。黑禅和尚,河西人,通禅观之学。年六十余,先知死期,至日坐灭。"③《正统宁志》卷上《名僧》中仅录两位西夏僧人事曰:"永济尚师,河西人,通三学,为西夏释氏之宗,称为'祖师马'。修建华严,斋会科仪,僧徒至今遵而行之。黑禅和尚,河西人,深通禅观之学。年六十余示微疾,先知死期,至日坐化。"④前者显然袭自后者,且内容不如后者丰富。另外《弘治宁志》"释氏之定"疑为"释氏之宗"之误,"定""宗"二字形近而误;"五学"疑为"三学"之误,因为三学是佛教修行的总称,包括戒学、定学和慧学。用戒止恶修善,用定息虑澄心,用慧破惑证道,三者有相互不离的关系。"五学"之说不知何据。因此,朱栴《正统宁志》所提供的西夏史料,是我们今天治西夏学应该重视的。

---

① 胡玉冰、孙瑜校注:《正统宁夏志》,[明]朱栴纂修,中国社会科学出版社 2015 年版,第 12 页。
② 胡玉冰、曹阳校注:《弘治宁夏新志》,[明]胡汝砺纂修,中国社会科学出版社 2015 年版,第 28 页。
③ 同上书,第 60 页。"宗"原作"定","马"字原脱,均据《正统宁志》卷上《名僧》改。
④ 胡玉冰、孙瑜校注:《正统宁夏志》,[明]朱栴纂修,中国社会科学出版社 2015 年版,第 22 页。

第二节 《〔弘治〕宁夏新志》与《〔正德〕宁夏新志》

据《〔弘治〕宁夏新志》(本著作简称《弘治宁志》)各序及卷端所题,明孝宗弘治十三年(1500),胡汝砺受宁夏巡抚王珣之命开始编修《弘治宁志》,十四年(辛酉年,1501)春编成初稿,李端澄对全稿校阅后呈送王珣,王珣阅毕同意其志刊行,是为《弘治宁志》。武宗正德八年(1513),宁夏巡抚冯清重纂《宁夏新志》。从天一阁藏孤本《弘治宁志》看,它很有可能是冯清重纂的《〔正德〕宁夏新志》,而不是通常认为的胡汝砺原刻初印本《弘治宁志》。

一 整理与研究现状

明人朱睦㮮《万卷堂书目》卷二《地志》最早著录《弘治宁志》曰:"《宁夏卫志》八卷,胡汝砺。"清人对《弘治宁志》的著录内容多同明人。《天一阁书目》卷二著录:"宁夏府《宁夏县新志》八卷,刊本。明胡汝砺编,王珣序。"《千顷堂书目》卷七《地理类》曰:"胡汝砺《宁夏镇志》八卷,弘治间修。"《明史》卷九七《史部·地理类》著录曰:"胡汝砺《宁夏新志》八卷。"[1]由各著录可知,各家著录《弘治宁志》书名有异,或称《宁夏卫志》,或称《宁夏镇志》,或称《宁夏新志》。此同书异名现象的产生主要是由于明代宁夏地理沿革变迁所致。《天一阁书目》著录为《宁夏县新志》显然是基于清朝宁夏地理沿革而言,是错误的。据《清实录·世宗雍正皇帝实录》卷二五载,雍正二年(1724)十月丁酉,议复川陕总督年羹尧奏言,改明朝的卫所制为州县志,改宁夏卫为宁夏府,改宁夏左屯卫为宁夏县。[2]

张维较早对《弘治宁志》进行过考辨,其《陇右录》曰:"《〔弘治〕宁夏新志》八卷,佚,明弘治十四年卫人胡汝砺著。"[3]又引《明史·艺文志》《万卷堂书目》《乾隆宁志》等对《弘治宁志》卷数、著者、成书年代等问题加以介绍。张维因不知《弘

---

[1] [清]张廷玉等:《明史》,中华书局1974年版,第8册第2410页。
[2] 改宁夏府、置宁夏县之时间,《大清一统志》卷二六四、《银川小志》均同《清实录》,《乾隆宁志》卷二、《清史稿》卷六四《地理志》等误载为雍正三年(1725)。参见鲁人勇等《宁夏历史地理考》卷一五《清朝》,宁夏人民出版社1993年版,第282—289页。
[3] 张维:《陇右方志录》,《中国西北文献丛书》据北平大北印书局1934年版影印,兰州古籍书店1990年版,第77册第529页。

治宁志》见藏于宁波天一阁，故著录其为佚书。最早对天一阁藏《弘治宁志》进行介绍的学者是骆兆平，在其《天一阁录》一书中对《弘治宁志》的成书时间、志书内容、版本流传等情况加以扼要介绍，称《弘治宁志》是"现存最早的宁夏志"。①《联合目录》《宁夏目录》《甘肃目录》《总目提要》《新天一阁》等方志书目对《弘治宁志》都有著录或提要。②《方志与宁夏》第二章《宁夏历代修志综览》对《弘治宁志》也进行了综述。

20世纪80年代开始，有学者撰文对《弘治宁志》进行介绍或研究。朱洁撰《介绍宁夏明代地方志五种（上）》、高树榆撰《宁夏方志考》《宁夏方志录》《宁夏方志评述》《宁夏回族自治区地方志述评》、王桂云撰《银川方志述略》，这些文章主要是在全面介绍宁夏旧志修纂情况时扼要概述了《弘治宁志》的基本情况。胡迅雷撰《〈弘治宁夏新志〉成书年代考》一文，对《弘治宁志》成书年代提出新见，认为其书至早当成于正德九年（1514）。另有《胡汝砺与〈弘治宁夏新志〉》一文，详考胡汝砺生平，并就《弘治宁志》史料价值进行了深入分析。徐庄撰《明代宁夏庆藩刻书考略》、《宁夏出版志》第五章《明清时期》（上）第二节《庆藩刻书》，及刁俊、刘文燕撰《明代庆藩著述及庆府刻书》等均以《弘治宁志》为重要史料，结合《古今书刻》《千顷堂书目》等文献所载，对明朝宁夏庆藩所刻典籍进行了系统、深入的梳理。陈健玲撰《〈（弘治）宁夏新志〉考》一文，就《弘治宁志》著者、编纂目的及体例等问题作介绍，特别着力于《弘治宁志》史料价值的分析。薛正昌撰《地方志书与宁夏历史文化（上）》，主要从历史学、文化地理学等学科角度对《弘治宁志》进行探讨，亦多新见。霍丽娜撰《明清时期的宁夏集市及其发展》一文，引《弘治宁志》材料，分析明朝弘治年间宁夏镇城集市贸易已颇具规模。

为方便学者更充分地利用《弘治宁志》，甘图、宁大等单位分别于1959年、1963年抄录天一阁刻本《弘治宁志》。1968年，成文出版社出版的《中国方志丛书·塞北地方卷》影印所谓"明抄本"《弘治宁志》，吴忠礼先生从形式、内容等六方面考证其"是一部地地道道的伪作"，此论甚确。③ 1988年，吴忠礼主编《宁夏历代方志萃编》第一次将《弘治宁志》影印出版。同年，宁图编辑《宁夏地方志丛刊》，亦影印《弘治宁志》。上海书店1990年版《天一阁藏明代方志选刊续编》、文苑出版社2015年版《宁夏旧方志集成》、国家图书馆出版社2017年版《天一阁藏历代方志汇刊》等丛书，也影印出版了《弘治宁志》。这些影印本为学者的研究提

---

① 骆兆平：《天一阁藏明代地方志考录》，书目文献出版社1982年版，第174页。现存成书时间最早的宁夏志书当为日本国立国会图书馆藏《正统宁志》，骆先生因未见日本藏本，故有此说。
② 《宁夏目录》将天一阁刻本时间"弘治十四年"误著录为"弘治十一年"，《甘肃目录》将"胡汝砺"误著录为"胡汝励"。甘图于1959年传抄天一阁刻本，《天一阁录》误载为1958年传抄。
③ 参见吴忠礼：《台湾本明代〈宁夏新志〉伪作考》，《宁夏社会科学》1986年第4期，第80—88页。

供了可靠文本。

范宗兴整理《弘治宁志》于2010年12月正式出版。该本以宁夏人民出版社影印宁波天一阁本为底本进行注释、校勘,为学者利用该志提供了便利。范宗兴认为,《弘治宁志》由胡汝砺编成于弘治十四年(1501),冯清于正德年间对该志首次进行补修,嘉靖七年(1528)翟鹏曾托马宗大对该志进行再次补修,故《弘治宁志》稿应有三种,均未刊刻。[①]笔者认为,前两种版本当刊刻行世过,但《弘治宁志》的原刻初印本已亡佚,传世本为冯清补修本。下文会详述,此不赘述。另,整理本在标点、注释、校勘等方面存在一定的问题,利用时要注意辨明。该志最新整理成果是胡玉冰、曹阳校注《弘治宁夏新志》,中国社会科学出版社2015年10月出版。本书主要以标点、校勘、注释等方式对《弘治宁志》进行整理,以上海书店影印本为底本,以万历二十九年(1601)重刻本《正统宁志》、上海古籍书店1961年版《天一阁藏明代方志选刊》影印《嘉靖宁志》等为对校本,部分成果参考范宗兴整理本。

二 编修始末

有关《弘治宁志》编修的具体情况,可以通过王珣、胡汝砺、管律等人的序来了解。

王珣《〈宁夏新志〉序》载:"弘治己未,予奉命巡抚是方。经理边备之余,考古遗迹,漫无足征,病之,恒叹以为缺典。会镇人地官郎中胡公良弼丁外艰家居,乃托之重为纂修。胡公博学多识,慨然考经史,参旧志,询之稗官故老,采以金石之文、诸家之说,古今事有关于地方者,上而天文,下而地理,中而人物,收录无遗,不逾年而成书,为类若干,为目若干,厘为若干卷,用心勤且劳矣。"[②]由王序可知,明孝宗弘治十二年(己未年,1499)王珣被任命为宁夏巡抚,[③]为了解当地地理风情等事,他试图从地方文献中查找有关资料。但让他失望的是,宁夏地方文献缺乏,已有的文献亦多语焉不详。有鉴于此,他委托正因父丧居家守制的胡汝砺重新纂修宁夏地方书。胡汝砺不辱使命,从接受修志任务到完成文稿,用了不到一年的时间。

---

① 参见范宗兴:《弘治宁夏新志签注说明》《弘治宁夏新志的史料价值及版本辨正》,载《弘治宁夏新志》,宁夏人民出版社2010年版,第9—11页,第353—359页。
② 胡玉冰、曹阳校注:《弘治宁夏新志》,[明]胡汝砺纂修,中国社会科学出版社2015年版,王珣《〈宁夏新志〉序》第1页。
③ 《明实录·孝宗敬皇帝实录》卷一四二、《嘉靖陕志》卷一九《职官》均载,王珣于弘治十一年(1498)以右副都御史巡抚宁夏。

胡汝砺《〈宁夏新志〉后序》谈及编书经过时说："岁弘治庚申,适边氓安堵,巡抚宁夏都宪王公进庠之诸生谓曰:'地郡之有志,犹家之有谱系也,犹公曹之有案牍也。考兴亡,辨是非,求隐赜,即小可以占大,据政可以知德。由纪载之粗近,可以窥性道之本根,是宜以易易视之哉?比观宁夏旧志,乃庆先靖王所作,固无容议。然岁久而事遗,人俗、政治之趋革,而旧志难以株据。欲作新志,以表里之,今昔美事也。'诸生领教唯唯。且以予陋劣,而忧服已阕,俾总其事,辞弗获。呵笔如椎,翻纸如云。越辛酉春稿成,而谬固触目,乃请校于陕宪金李公。公夙学也,忘尔我。公批摘稿既脱,诸生奉献王公。公阅而喜曰:'可以板行矣。'公自序于首,嘱予以后序。……功寔严乎三月,志仅成乎七卷。"①由胡序可知,弘治十三年(庚申年,1500),胡汝砺受命于宁夏巡抚王珣,编修《弘治宁志》,次年即弘治十四年(辛酉年,1501)春三月,胡汝砺完成了《弘治宁志》书稿,请陕西按察司佥事李端澄校稿。李端澄校毕书稿后,诸生将定稿呈送给王珣,王珣阅毕后非常满意,令刊行于世。同年四月,《弘治宁志》正式刊行。

管律《重修〈宁夏新志〉后序》载:"宁夏志,当弘治庚申冬,巡抚御史中丞曹南王公德润礼恳竹山胡先生良弼编辑之者,序皆悉于前矣。"②

综上所述,王珣巡抚宁夏后就有编纂《弘治宁志》之意,弘治十三年(1500)胡汝砺受王珣之命开始编修《弘治宁志》,弘治十四年(1501)春编成初稿,同年,李端澄对全稿进行校阅,校毕后呈送王珣,王珣阅毕同意其书刊行,这样,弘治年间所修《弘治宁志》正式修成时间当为弘治十四年(1501),同年该书开始传世。

《弘治宁志》传世本为孤本,藏于宁波天一阁,上海书店影印本称:"据明弘治刻本影印。原书版框高二二〇毫米,宽一五七毫米。卷二有缺页,第七卷佚。"因天一阁特殊的藏书制度,我们无法看到《弘治宁志》的原版,故仅据影印本对其版本形态略作如下介绍:四周双边,阔黑口,双、黑、对鱼尾。书口题书名、卷次、页次。序及卷一至卷六正文行款一般皆为每半页8行,但也有不同(详见后述),行字数不固定。王珣《〈宁夏新志〉序》行11至13字不等,胡汝砺《〈宁夏新志〉后序》行11至12字不等,卷一至卷六的大部分正文大字、双行小字均为每行13字。《弘治宁志》卷二缺第1、第2两页,卷七全缺,其他各卷内容基本完整。从天一阁藏本内容及版本特征看,《弘治宁志》当不是原版初印本,而是《〔正德〕宁夏新志》初印本。

---

① 胡玉冰、曹阳校注:《弘治宁夏新志》,[明]胡汝砺纂修,中国社会科学出版社2015年版,第196页。

② 邵敏校注:《嘉靖宁夏新志》,[明]管律纂修,中国社会科学出版社2015年版,第323页。

三 编修者生平

(一) 王珣

王珣(？—1508)字德润,山东曹县人。《明实录·武宗毅皇帝实录》卷三八、《万姓统谱》卷四五载王珣事甚详。另外,《弘治宁志》卷二、《嘉靖宁志》卷二、《万历朔志》卷二、国图藏清康熙五十五年(1716)《兖州曹县志》卷一三等均有王珣专传,《山东通志》卷一五、卷二八、卷三四等亦录有王珣事。

据《兖州曹县志·王珣传》载,王珣在明宪宗成化五年(1469)登进士第,授河南太康县。二十年(1484)升知浙江湖州府。孝宗弘治六年(1493)升河南布政司右参政,寻升本司布政使。据《明实录·孝宗敬皇帝实录》卷一四二载,弘治十一年(1498)十月戊子,升河南布政司左布政使,王珣为右副都御史,巡抚宁夏。同书卷一八七载,弘治十五年(1502),王珣自陈有疾,乞致仕,许之还乡。[①] 据《明实录·武宗毅皇帝实录》卷三八载,正德三年(1508)五月甲子,王珣卒。《兖州曹县志·王珣传》载,王珣尝陈宁夏十事、备边六事、应议八事,皆见允。对于王珣治理宁夏的政绩,《弘治宁志》评价曰:"宽严得中,边人服之。"[②]编修《湖州府志》24卷,著有《边备奏稿》《边务奏稿》各10卷,《应议奏稿》《南野诗稿》各2卷。

据《千顷堂书目》《四库全书总目》载,王珣于弘治四年(1491)官湖州知府时曾重修《湖州府志》。《千顷堂书目》卷七、《四库全书总目》卷七三《史部·地理类存目》、《续通志》卷一五九、《续文献通考》卷一七〇等载,《弘治湖州府志》24卷。《千顷堂书目》卷三〇、《明史》卷九九、《山东通志》卷二八和卷三四均载,王珣撰写有《奏稿》10卷。《明史》卷九九载,王珣撰写有《诗》2卷。《千顷堂书目》卷二〇载诗集名《南轩诗稿》,《山东通志》载诗集名《南野诗稿》。《千顷堂书目》卷二〇、《山东通志》卷二八载诗集卷数同《明史》,为2卷,但《山东通志》卷三四著录卷数为10卷,疑误。《浙江通志》卷二五六《碑碣》录王珣于弘治四年(1491)撰写的《孝丰创县碑记》,《弘治宁志》卷八录其《行台视事》《开靖虏渠》《新设灵州》等诗。

(二) 胡汝砺

胡汝砺(1465—1510)字良弼,号竹岩,又号竹山,原为应天溧阳(今江苏溧阳

[①]《明实录·孝宗敬皇帝实录》卷一八八、《嘉靖陕志》卷一九《职官》载,弘治十五年(1502),刘宪以右佥都御史巡抚宁夏。

[②] 胡玉冰、曹阳校注:《弘治宁夏新志》,[明]胡汝砺纂修,中国社会科学出版社2015年版,第51页。

县)人,其父谪戍宁夏,遂为宁夏人。《弘治宁志》卷二《人物·科目》载,胡汝砺"中丙午乡试,登丁未进士,由户部主事历升兵部尚书"。① 明宪宗成化二十二年(1486)中举人,二十三年(1487)中丁未科进士,二甲第八十二名,累官至兵部尚书。著述有《竹岩集》《弘治宁志》等。

《国朝献征录》卷三八《兵部尚书胡汝砺传》记载其生平最详,王鸿绪《明史稿》卷一七二有《胡汝砺传》。其传记材料亦散见于《弇山堂别集》卷五〇《兵部尚书表》,《国朝列卿纪》卷三六《户部左侍郎年表·胡汝砺》、卷四八《兵部尚书行实·胡汝砺》,《明实录·孝宗敬皇帝实录》卷六一,《万姓统谱》卷十一,《明史纪事本末》卷四三《刘瑾用事》,《山西通志》卷九三《名宦》,《乾隆甘志》卷三六《人物》,《嘉靖宁志》卷二,《万历朔志》卷三,《乾隆宁志》卷十三《人物》等文献中。所著《竹岩集》在《千顷堂书目》卷二〇有著录,卷数不详,已佚。唯《弘治宁志》传世。

(三) 李端澄

李端澄(1445—1515)字学溥,别号知非子,世为怀庆武陟(今属河南焦作市)人。明《〔万历〕武陟志》卷七《按察使李公墓表》(何瑭撰)载其事甚详。

墓表载,端澄生于正统十年(1445)农历五月十六日,卒于正德十年(1515)农历正月十九日,享年70岁。治戴氏经,成化七年(1471)领乡荐,二十三年(1487)与胡汝砺同年中丁未科进士,二甲第七十七名,考选南京福建道监察御史。端澄为官正直,曾弹劾守备太监蒋宗。于弘治十一年(1498)、十四年(1501)、十六年(1503),正德元年(1506)屡立战功。弘治十二年(1499)升陕西佥事,督理宁夏粮储;十四年(1501)升副使,整饬甘肃兵备。正德三年(1508)升云南按察使。因得罪宦官刘瑾而被贬陕西并受罚。正德五年(1510)秋,刘瑾被族后获释致仕,后卒于家乡。《河南通志》卷五八《人物·李端澄》、卷四五《进士》,《云南通志》卷一八上《秩官》,《弘治宁志》卷二《人物·宦迹·都储》,《嘉靖宁志》卷二、卷二七亦载其事。②《河南通志》卷四九《陵墓》载,李端澄墓在武陟县城西40里王顺村。《乾隆甘志》卷九《学校》载,正德元年(1506),副使李端澄重建直隶肃州儒学;卷一二《祠祀》载,甘肃凉州府有忠烈祠,祀李端澄等。

(四) 冯清

冯清字汝扬,别号濯庵,浙江余姚县人,③生卒年不详。据《弘治宁志》卷二

---

① 胡玉冰、曹阳校注:《弘治宁夏新志》,[明]胡汝砺纂修,中国社会科学出版社2015年版,第37页。
② 弘治、嘉靖《宁夏新志》均载李端澄"在任四年",当指其在任陕西佥事一职的时间。据《按察使李公墓表》所载,李端澄出任陕西佥事一职应该是在弘治十二年(1499),《嘉靖宁志》载为"弘治十年",疑误。
③ 《嘉靖陕志》卷一九《职官》载,冯清为顺天府宛平县人。

载,弘治六年(1493)中癸丑科进士。《明实录·武宗毅皇帝实录》卷八六载,正德七年(1512)四月癸未,"升陕西按察使冯清为都察院右佥都御史,巡抚宁夏等处"。① 卷一一一载,九年(1514)四月辛酉,"升巡抚宁夏都察院右佥都御史冯清为户部右侍郎,仍兼左佥都御史,督理陕西粮饷"。②《嘉靖陕志》卷一九《职官》载,冯清官至兵部左侍郎。由这些材料可知,冯清于正德七年(1512)巡抚宁夏,九年(1514)离任。正德八年(1513)也就是冯清巡抚宁夏的第二年,他就开始主持重纂《宁夏新志》,重纂延续到正德九年(1514)他离开宁夏时止。天一阁本《弘治宁志》的记事时间最晚到正德九年(1514)也正是这个原因。

《嘉靖宁志》卷二《宦迹·巡抚》载,冯清"优于边略,锄恶植良,地方蒙福"。③《千顷堂书目》卷二一载,冯清著有《濯庵集》2卷。惜著作不传于世。

四 天一阁藏《〔弘治〕宁夏新志》当刊行于明朝正德年间

学者通常认为,天一阁藏《弘治宁志》当为明朝弘治年间刻本,前文所引上海书店影印说明即持此说。据笔者勘验,传世本《弘治宁志》记事最晚至明朝正德九年(1514),版本上也表现出明显的补版特征,至晚于正德九年(1514)补版。故知,天一阁藏《弘治宁志》必非弘治十四年(1501)原刻初印本,据补写的内容及补版特征可知,该本很可能是正德九年(1514)刊印的冯清重纂本。下面我们就从版本形式特征及内容这两个方面来考辨天一阁藏《弘治宁志》版刻时间问题。

首先,从版刻形式特征看,《弘治宁志》有多处墨丁或空白,这些墨丁、空白出现得比较有规律,一般是在涉及弘治十四年(1501)以后(即胡汝砺《弘治宁志》编成后)史事的地方出现。如卷二《人物》类内容雕版版式特征是,人名均为大字单行,名下用双行小字说明其科举、仕履情况,仕履情况中若有升迁,一般会注明"由某官升某官"。但《科目》"胡汝砺"条之后却空四格,然后接叙"邢通"等人。人名依然用大字单行,其科举、仕履情况也用小字,但小字的体例不一。如"梅信"条,科举及仕履情况说明文字"中壬子乡试由知县"等8字按照原版式当为双行,每行4字,却雕成单行小字。而且按照文义,梅信的仕履情况当发生过变化,由知县转某官,小字中未注明。《恩例》中张经、虎文、王松年等人人名下空格也很多,不像其他紧密相连。从所记人物看,多在弘治十四年(1501)之后科举或仕履发生变化,由于种种原因,未将其准确的年代辑入志书中。我们认为,这些现

---

① 杨新才、吴忠礼主编:《〈明实录〉宁夏资料辑录》(上册),宁夏人民出版社1988年版,第483页。
② 同上书,第488页。
③ 邵敏校注:《嘉靖宁夏新志》,〔明〕管律纂修,中国社会科学出版社2015年版,第82页。

象很好地说明了传世的天一阁本《弘治宁志》当非弘治原刻初印本。出现这些情况的原因是，在重新刷印《弘治宁志》时，因为编纂的需要，要将新中科举者的事迹补入，而这些人目前还在任，他们的仕履情况还暂时未发生变化或者还未考察清楚，故留空以便补足。人名与人名之间留空格很多，这也说明刻版者是留空以便补足，可能刷印新志时仍未有新的情况出现，或者资料仍未调查清楚，但补刻的版已雕好，所以只好依样刷印，故而在传世本中就出现了这些大量留空的现象，有的空白在文本刷印后即形成墨丁。

从行款看，有各卷行数、字数不一的现象，甚至同一卷某些页面当中出现行数、字数不一的现象。卷四《沿革考证》共15页，本卷自第1页至第12页右半页均为每半页8行，每行大字或双行小字均为13字。本卷记载元朝宁夏历史沿革考证的内容结束处为第12页左半页第4行，但本页却为半页9行，自第5行起，界行比前4行略窄，所刻字体比此行前正文字体略小、比双行小字字体略大，每行14字。本卷第13、第14两页，第15右半页等两页半均为每半页10行，第15页左半页行款为半页8行。从内容看，依次为宋人洪迈《容斋三笔》、魏郦道元《水经注》中关于宁夏水利特别是黄河水利方面的资料，①最后附"汝砺论曰"。《容斋三笔》《水经注》内容均为每行14字，胡汝砺之语为每行13字。本卷自第12页左半页起行款变化是很明显的，很显然是后人补刻的结果。

卷六《拓跋夏考证》以编年体例述西夏国兴亡事，共58页，第1至48页右半页均为每半页8行，每行大字、双行小字均为13字。在记西夏国亡之事的最后一页即第48页右半页最后一行起，又依次从《宋史·孙甫传》《容斋二笔》等文献中辑录西夏遗事，雕版字体明显比此前正文文字的字体小。自第48页左半页起到本卷最后一页即第58页，行款均为每半页10行，行16字。同一卷正文行款字数不同的现象说明，传世的《弘治宁志》肯定有补修情况存在。特别是第48页左、右两半页行款不同，右半页8行，左半页却是10行，这在一次刻成的书版上不应该出现。卷八《杂咏》整卷行款又与全书其他各卷不同，为每半页10行，行18字。所录冯清《谒金门·人日漫成》一词未与其他几首词连缀在一起，而是单刻在本卷最后一页上，这也说明，这首词与前面的词不是同时雕版的。

从版刻形式看，各卷最末一页左半页最后一行一般均标明本卷为《弘治宁志》卷之几，以示此页之后为另一卷内容，但传世本《弘治宁志》全书体例不一。卷一至卷五最末一页标注格式为"宁夏新志卷之×"，卷六、卷八的标注格式却为"宁夏新志卷之×终"，多了一个"终"字。另外，这种标注文字，卷一至卷三、卷五

---

① 郦道元《水经注》，原文注明史料出处为"郦道元水经"。

至卷八均标注在本卷左半页最后一行，而卷四却标注在本卷最后一页左半页倒数第 4 行。这些现象都说明了，传世本《弘治宁志》定非弘治原刻初印本。

第二，从所记述内容来看，传世本中有多处记述内容为弘治十四年（1501）之后发生的史事，如卷二《宦迹》记载明朝潘浩于正德九年（1514）镇守宁夏，赵文于正德七年（1512）升宁夏副将，镇守内臣张昭于正德八年（1513）镇守宁夏，冯清于正德七年（1512）任宁夏巡抚，郑廉于正德八年（1513）充游击将军，黎尧清于正德九年（1514）六月至宁夏督储，监枪内臣董忠于正德五年（1510）就任，东路参将尹清于正德五年（1510）任职。还录有杨一清等人事迹。特别是正德五年（1510）安化王寘鐇谋反事，亦载于本志中。卷二《人物》部分录杨忠、李睿、张钦等在寘鐇谋反中被杀后朝廷赐号事，《俘捷·平叛之捷》详述平定寘鐇之乱始末。卷八录有巡抚宁夏的冯清诗词多首。这些内容显然都不可能出现在胡汝砺于弘治十四年（1501）就编成的《弘治宁志》原刻初印本中。

天一阁藏《弘治宁志》到底刊刻于什么时候呢？《嘉靖宁志》编纂者管律为我们提供了重要线索。他曾言："律时受业竹山之门，尝与笔札，①越辛酉春，稿成未寿梓，而竹山东上。及将镂之役欠掌正，乃人出己见，竟加点窜，遂失其真。夫志四方者尚简，简贵弗遗，志一方者尚详，详贵弗冗。以其点窜之失真也，故纲领不振，视匪良志。正德癸酉，中丞濯庵冯公汝扬尝重纂于夏庠。惜师生隘于闻见，制于势分，牵于私昵，愈涉于泛且陋。君子益厌之。"②故知，胡汝砺编修的《弘治宁志》可能于弘治十四年（1501）刻版初印传世，但在刊行时胡汝砺已离任东上，故未及见初印本，且在其书刊刻过程中，由于刊刻者的不负责任，致使初次刊印出来的文本已非胡汝砺原稿原样，且多讹误，也就是说，管律所知见的《弘治宁志》非胡汝砺原编原刊之原貌。正德八年（癸酉，1513）时距胡汝砺修成《弘治宁志》已 12 年，巡抚冯清重纂《宁夏新志》，由于纂修质量差，时人对他的重修本评价不高。长期以来，冯清重纂的《宁夏新志》文本一直不被人所知。从天一阁传世本《弘治宁志》看，它很有可能就是冯清重纂本。

一般地方志的编纂及刊行往往是在当地最高行政长官的督促与任期内完成的。胡汝砺编纂《弘治宁志》是王珣任巡抚的次年，弘治十四年（1501）书即编纂完成。从天一阁藏《弘治宁志》所录宁夏巡抚看，在王珣之后，又录有 7 位弘治十五年（1502）以后历任巡抚者，而这 7 位巡抚是不可能出现在弘治十四年（1501）就成书的胡汝砺编纂的《弘治宁志》中，肯定是其后有人增补所致。

① 札：邵敏校注本原作"扎"，据天一阁藏《嘉靖宁志》改。
② 邵敏校注：《嘉靖宁夏新志》，[明]管律纂修，中国社会科学出版社 2015 年版，第 323 页。

7位巡抚中冯清位列最后一位。他于正德七年(1512)巡抚宁夏,九年(1514)离任。据前引管律语可知,正德八年(1513),也就是冯清巡抚宁夏的第二年,他就开始主持重纂《宁夏新志》,正德九年(1514)离开宁夏时止。天一阁本《弘治宁志》的记事时间最晚到正德九年(1514)也正是此因。另外,从卷八所录诗词数量可以看出,明朝人诗词入《弘治宁志》最多者是冯清(详后文),特别是所录最后16首诗,冯清记诗序曰:"奉命抚巡,愧艰负荷,闲中以此命题,仍析其字为韵,共得一十六首,用寓警勉之意。"①将这16首七言律诗用韵之字联成一句话,是"钦差巡抚宁夏地方都察院右佥都御史",这恰为冯清职官名。由此看来,天一阁藏《弘治宁志》极有可能就是在冯清任宁夏巡抚期间补充编纂并补版后刊刻传世的。胡汝砺《弘治宁志》编成于弘治十四年(1501),当年即刻版传世,由于刊本文字内容已经与胡汝砺原稿有差异,且多讹误,故正德七年(1512)到任宁夏巡抚的冯清主持于正德八年(1513)重修《宁夏新志》,补入弘治十五年至正德九年间(1502—1514)宁夏诸事,冯清离任前,也即最晚于正德九年(1514)依弘治时期原版《弘治宁志》的版式进行补版,由于某种原因,所补之版中有多处留空未刻文字,直到正式刷印时仍未补足内容,故刷印出来的新版《弘治宁志》出现多处墨丁。这应该就是今传天一阁本《弘治宁志》的真实面貌。

五 内容

传世本《弘治宁志》末附胡汝砺《〈宁夏新志〉后序》曰:"才生长兹土,愧学力之孔卑,憾识见之云陋,剽遗编之断苴,资故老之绪论。功寔严乎三月,志仅成乎七卷。是诚可愍也,又重以序,重其过也。"②胡序所言志书只有7卷的内容,这与传世本《弘治宁志》现存内容只有7卷的事实的确相合。但考诸公私目录著录及《宁夏新志·目录》可知,胡汝砺编修的《弘治宁志》全帙当为8卷而非7卷。前文提及,现在仍然传世的《弘治宁志》已非胡汝砺所修之书的原貌了,在其传世过程中不断被修版、补版。在这些修补过程中,原书原有的部分内容由于种种原因散佚了,某些原编所没有的内容又被补入其中,所以胡汝砺编修的《弘治宁志》虽成于弘治十四年(1501),但传世本记述的内容已包含正德九年(1514)之事了。也就是说,传世本《弘治宁志》实际上又被补写了原书成书之后13年间的史事。由于《弘治宁志》在传世过程中卷七内容全部亡佚了,故传刻者很可能为使胡序

---

① 胡玉冰、曹阳校注:《弘治宁夏新志》,[明]胡汝砺纂修,中国社会科学出版社2015年版,第188页。
② 同上书,第196页。

所言志书的内容卷数与传本内容仅存 7 卷的事实相符,故将胡序之"八卷"改作"七卷",这样的做法显然是不妥的。管律重修《嘉靖宁志》末附胡汝砺《〈宁夏新志〉后序》,将"七卷"改回作"八卷",显然更为可信些。

传世本《弘治宁志》按原书内容顺序主要包括:王珣《〈宁夏新志〉序》《目录》《凡例》《引用书目》《宁夏城图》《国朝混一宁夏境土之图》、正文卷一至卷八(其中卷二《人物》部分内容残缺,卷七《文章》整卷亡佚)、胡汝砺《〈宁夏新志〉后序》。

王珣《〈宁夏新志〉序》撰成于弘治十四年(1501)夏四月,序言介绍了编修《弘治宁志》的缘由及主要经过(前文已述),还谈及自己对于地方志书文献价值的认识及对《弘治宁志》的评价。对于地方志书的文献价值,王珣认为:"志书,一方之史也,所以备纪载、便历览,使人得以观感于前而兴起于后,关系攸大,岂曰小补之哉?……惟我朝有《大明一统志》,至于一省、一郡、一邑,亦各有志。是知志者,世之大典,不可阙,亦不可略。不阙不略,凡沿革、废置可得而识,山川、地理可得而考,风俗、物产可得而知,城郭、疆域、藩封、关隘、桥梁、军垒、祠庙、学校、人物、贞烈、文献、宦迹,事事物物,亦可得而征。"①对于胡汝砺编修的《弘治宁志》,王珣这样评价:"是志也,不伤烦,不伤简,详略适宜,去取攸当。开卷一览,宁夏千百年已然之迹,殆不出户庭,了然于心目间。呜呼!盛典也。嗣是而有作焉,推广附益,使前有传而后有继,又不能无望于有道之君子。"②

《弘治宁志·目录》采用二级标目法,共 21 大类 75 小类。由于传世本非原刻,所以《目录》标注的类目名称与相对应的正文标注的类目名称有出入,有些《目录》中标注有类目名称,正文中没有具体内容,有的正文中有类目名称,也有具体内容,但《目录》中却没有标注出来。具体来说,卷一《宁夏总镇》下设《建置沿革》53 小类。《水利》,《目录》标注出类目名称了,正文有具体内容但没有标目。《营堡》,《目录》重复标注。《牧马监苑》,正文中没有具体内容,亦未标目。卷二包括《人物》9 大类,其中明朝《人物》下设《宗室文学》《流寓》11 小类,正文中《恩例》《节妇》《直卫》3 小类类名在《目录》中没有标注。《宦迹》下设《主将》《副将》8 小类,正文中《监枪内臣》下《东路参将》《西路参将》《东路协同》《西路协同》《钦依守备》5 小类类名《目录》中没有标注。卷三包括《灵州》等 6 大类,其中《灵州》下设《盐池》《牧马监苑》2 小类。《灵州》,正文标目作"灵州守御千户所"。《花马池营》,正文标目作"宁夏后卫"。《兴武营》,正文标目作"兴武营守御千户所"。《平虏城》,《目录》中未标出类目名称。卷四《沿革考证》、卷五《赫连夏考

---

① 胡玉冰、曹阳校注:《弘治宁夏新志》,[明]胡汝砺纂修,中国社会科学出版社 2015 年版,《〔王珣〕宁夏新志序》第 1—2 页。
② 同上书,《〔王珣〕宁夏新志序》第 2 页。

证》、卷六《拓跋夏考证》,《目录》标注的类目名称与正文都相同。卷七《文章》,由于正文均亡佚,具体情况不可考。卷八《杂咏》,正文标目作"杂咏类"。

《凡例》共8条,主要介绍《弘治宁志》具体的编修方法。第一条,交代了《弘治宁志》是在对《正统宁志》进行"增补""考核"的基础上编修而成。第二条,说明编修《弘治宁志》,在内容详略上既要区别于《大明一统志》这样的全国性志书"宜略而不详"的特点,又要区别于《陕西志》这样的一省之志"宜详而不悉"的特点,指出:"今《宁夏志》,志一方也,故特加详焉,见者幸勿诮其冗碎。"①第三条至第八条是说明《弘治宁志》各类目编修的原则及取材特点。第三条,说明《弘治宁志》编修人物事迹时当取材一手材料,以写实为主,不饰虚言,强调:"事迹若多涉于簿会,盖志所以识其实也。凡关于国家,切于生民者所必志。若嫌于簿会,饰以虚文,是欺世之为也,何以取信于人哉?"②第四条,说明《分野》小类归于《总镇》大类,《属城》小类因为在其后会有详细的内容,所以在《总镇》部分《属城》类目下只列属城名,而没有具体内容,这主要是为避免行文上的重复。第五条,说明《节孝》类人物事迹取材"悉据正史及考诸遗编、征诸耆宿、参诸公论,有遗志,无滥志也"。③第六条,说明编修《宦迹》类材料,取材"在前代者据正史,在国朝者序其时之先后而不遗其人,备参考也"。④同时说明,《宦迹》中涉及的人物有贤者,有未贤者,有贤而未纯者,对于这些人物的褒贬,编修者不加主观意见,"明哲者,据志自见"。⑤第七条,说明卷二《属城》类编修内容详略取舍的原则。最后第八条,说明卷四、卷五、卷六共3卷《考证》的内容取材范围"悉据经史及朱子《通鉴纲目》,本朝《续纲目》摘编"。⑥

《凡例》之后为《引用书目》。本书目列举编修《弘治宁志》所引42种文献,基本按引书成书时代排序。按四库分类法来分类,这些文献包括:经部《书》类有《禹贡》(即《尚书·禹贡》)1种。史部纪传体"正史"类有《汉书》《晋书》《隋书》《唐书》(即《新唐书》)、《宋史》《金史》《辽史》《元史》8种;编年体史书有司马温公《通鉴》(即《资治通鉴》)、朱子《通鉴纲目》(即朱熹《资治通鉴纲目》)、李焘《长编》(即《续资治通鉴长编》)、《通鉴续编》4种;地理类总志之属有《舆地广记》《方舆胜览》《大明一统志》3种,都会郡县之属有《陕西志》《宁夏志》《夏国枢要》3种,河渠之属有郦道元《水经》(即《水经注》)1种,职官类官制之属有《唐六典》《大明官制》2种,政书类通志之属有《唐会要》《文献通考》《皇明祖训》《元经世大典》(亦名《皇朝经世大典》)4种。子部兵家类有《武经总要》1种,天文类有《清类天

---

① 胡玉冰、曹阳校注:《弘治宁夏新志》,[明]胡汝砺纂修,中国社会科学出版社2015年版,《凡例》第1页。
②③④⑤⑥ 同上。

文》(即《国朝天文清类分野之书》)1种,杂家类有《梦溪笔谈》《容斋三笔》《自警编》3种,小说家类有《桯史》1种,类书类有《山堂考索》(亦名《山堂先生群书考索》)1种。集部别集类有《范文正公文集》《夏城诗集》《凝真稿》《樗斋随笔录》《沧洲愚隐录》《忍辱文集》6种,总集类有《文苑英华》《宋文鉴》《元文类》3种。

从《凡例》《引用书目》及前文所引王珣之序看,胡汝砺《弘治宁志》的编修参考了《正统宁志》,但编修水平比朱栴有了很大的提高。胡汝砺编修宁夏方志,能多方搜集资料,注意甄别其真伪,并尽量利用最原始的史料,如王珣所言:"慨然考经史,参旧志,询之稗官故老,采以金石之文、诸家之说,古今事有关于地方者,上而天文,下而地理,中而人物,收录无遗。"①胡汝砺修宁夏志,既考诸传世文献,又考诸金石文献,既有典籍材料,还有口传材料,这样大范围的取材和调查,都保证了志书的编修质量。胡汝砺引书时多引宋元文献,这就使他编选的史料更加可信。尤其像《夏国枢要》之类由宋人孙巽编著的西夏专书文献,②胡汝砺将其作为引用文献,无疑会使《弘治宁志》史料价值更高。同时,胡汝砺还引明朝人著述,除朱栴《正统宁志》外,还征引《皇明祖训》《大明官制》《陕西志》《大明一统志》《夏城诗集》《凝真稿》《樗斋随笔录》《沧洲愚隐录》《忍辱文集》等,尤其是后5种集部文献,由于原书皆已不传,其价值更加突出。

《引用书目》后有两幅地图,第一幅图题为《宁夏城图》,第二幅图题为《国朝混一宁夏境土之图》。这两幅地图是宁夏专题地图中成图时间最早的,故而有重要的文献研究价值。③《宁夏城图》对于明朝弘治年间宁夏官府所在地图绘得非常清楚,在图中标注有庆王府、真宁王府等重要府第,按察司、帅府等重要官衙,三清观、文庙、山川坛等重要宗教祭祀场所,马营、草场等重要军事场所也有标注。这些信息对了解宁夏府城建筑布局有重要意义,同时也为银川古城重建提供了很直观的一手材料。《国朝混一宁夏境土之图》绘制较为简单,图形符号主要包括表示山脉走向的山形符号、表示水系的双实线符号和表示城池所在地的正方形符号。图中标注了黄河、金积渠、贺兰山、金积山、韦州、盐池等,这些地图

---

① 胡玉冰、曹阳校注:《弘治宁夏新志》,[明]胡汝砺纂修,中国社会科学出版社2015年版,《〔王珣〕宁夏新志序》第1页。
② 《夏国枢要》于明朝弘治之后佚失。详见胡玉冰《传统典籍中汉文西夏文献研究》第一章第四节《宋代汉文西夏地理文献》,中国社会科学出版社2007年版,第99—101页。
③ 传世的明清舆图中宁夏专题地图数量不多,国图藏《宁夏镇战守图略》《明代彩绘固原州舆图》、台湾中研院傅斯年图书馆藏《宁夏河渠图》等与今宁夏直接相关,辽宁省大连市图书馆藏有清朝康熙、雍正、乾隆时期彩绘《甘肃图绘》,意大利地理协会藏有彩绘《甘肃全镇图册》等也当图绘有今宁夏辖境的地理信息。参见李孝聪《国立故宫博物院图书文献处藏清代舆图的初步整理与认识》,《故宫学术季刊》2007年第1期,第151—178页。宁夏旧志中附绘的宁夏专题地图数量最多,笔者初步统计有160多幅。

信息也为了解明朝弘治时期宁夏地理提供了第一手材料。

两幅地图之后就是《弘治宁志》正文。卷一《宁夏总镇》，主要记载宁夏自然地理、经济地理、风土人情、名胜古迹等内容。下设《建置沿革》《分野》《郡名》《形胜》《风俗》《界至》《山川》《城池》《藩封》《人品》《物产》《土贡》《田赋》《差役》《户口》《优赡》《宝印》《公署》《坛壝》《宫》《园》《轩》《楼阁》《亭》《斋馆》《坞榭》《池沼》《庄所》《洲渚》《桥渡》《景致》《街坊》《市集》《仓库》《驿铺》《学校》《寺观》《祠庙》《水利》《关隘》《斥候》《边防》《屯戍》《属城》《营堡》《牧马监苑》《官吏》《军马》《禄俸》《军饷》《输运》《古迹》《陵墓》53小类。其中《藩封》下小字注"图系附"。《分野》《形胜》《风俗》3小类中注明引用的文献包括：《唐天文志》（即《新唐书·天文志》）、《广雅》《国朝天文清类分野》（即《国朝天文清类分野之书》）、《赫连夏京都颂》、旧志（具体书名不详）、《宋史·夏国传》、《金史》"夏国赞"、新志（具体书名不详）等。《城池》载："城池，元昊所居兴州故址也，周回十八余里，东西倍于南北，相传以为'人'形。"①此条史料为学者研究西夏都城兴庆府的规模及布局提供了线索。

《藩封》引《皇明祖训》，说明庆靖王朱㮵后世子孙命名时需要按祖训规定取字，并且给出了20个取名用字，包括：秩、邃、寘、台、蠹、倪、伸、帅、倬、奇、适、完、因、巨、衍、隙、眷、发、需、毘。《藩封》引文与《四库》本《明会典》有异文："宗人府"，《四库》本作"宗正院"；"至二十后"，《四库》本作"至二十世后"。更重要的异文是庆藩命名用字"衍"，《四库》本作"衎"；"隙"，《四库》本作"隋"。据《明史》卷一〇〇《诸王世表》载："明太祖建藩，子孙世系预锡嘉名，以示传世久远。……洪武中，太祖以子孙蕃众，命名虑有重复，乃于东宫、亲王世系，各拟二十字，字为一世。子孙初生，宗人府依世次立双名，以上一字为据，其下一字则取五行偏旁者，以火、土、金、水、木为序，惟靖江王不拘。……庆府曰：秩邃寘台蠹，倪伸帅倬奇，适完因巨衎，隋眷发需毘。"②故知，天一阁藏《弘治宁志》载庆王后世子孙取字有误，"衍"当作"衎"，"隙"当作"隋"。

《藩封》后附《庆藩宗系之图》，用线图的方式绘列出庆藩子孙中名字上字为"秩""邃""寘""台"的后代共42人。其中"秩"字辈6人，有2人史失其名；"邃"字辈9人，有2人史失其名；"寘"字辈人数最多，有16人，其中安化王寘鐇因其于正德五年（1510）谋反被诛，故其名下小注"除名"；"台"字辈11人。由于受到

---

① 胡玉冰、曹阳校注：《弘治宁夏新志》，[明]胡汝砺纂修，中国社会科学出版社2015年版，第4页。关于西夏都城兴庆府的规模及布局，众说纷纭，参见王天顺主编《西夏地理研究》第七章《兴庆府地理》第三节《兴庆府的规模与"人形"布局》，甘肃文化出版社2002年版，第146—156页；汪一鸣：《宁夏人地关系演化研究》第四篇《宁夏首府银川城的建设和演化》，宁夏人民出版社2005年版，第285—404页。

② [清]张廷玉等：《明史》，中华书局1974年版，第9册第2503—2504页。

雕版版面所限,线条繁多,有的世系关系指示不明。

《人品》依次列举出宗藩、镇巡三司、学校出身、王府官、府卫官、儒释道、女德、庶民、武列、书办、供役、商贩、匠作、贱役、贱女等15类。值得注意的是,"庶民"中列有"回回",说明明朝弘治时期宁夏已有回族生活的事实。匠作中列有"刊字人",说明弘治时期宁夏有活字印书的事实。

《物产》包括货类、谷类、花类、果类、木类、瓜叶类、药类、畜兽类、禽类、介类、虫类等11类。《优赡》载有"女户之家全免杂差"的规定,说明当时对于家无男丁者的照顾。《公署》列举宁夏府城内各主要官衙机构的名称及地理位置,如"帅府,德胜门内大街西。总兵官宅,帅府东"。其他《坛壝》《园》《轩》《楼阁》《亭》《斋馆》《坞榭》《池沼》《庄所》《洲渚》《桥渡》《市集》《仓库》《寺观》《祠庙》等也都对于名称及所处地理方位进行介绍,这些都可以与正文前所附《宁夏城图》相比对。值得注意的是,《市集》记载在遵化坊有专门的"羊肉市",说明宁夏不仅盛产羊肉,而且由于回族肉食以牛羊肉为主,故当时回族很可能也聚集于遵化坊附近。《寺观》记载在宁静寺北有"回纥礼拜寺",说明当地回族人口可能已有相当的规模了,因为宗教功修的需要,才修建了专门的礼拜场所。

《古迹·西宝塔》载:"在承天寺内,伪夏所建,一十三级,有残碑可考。"[1]《乾隆宁志》卷一八录明朝杭泰《承天寺塔倒影说》亦曰塔高十三级。《嘉靖宁志》卷二《寺观·承天寺》载:"在光化门内东北。夏谅祚所建。洪武初,一塔独存。庆靖王重修之,增创殿宇。怀王增昆卢阁。"[2]文后又录杨守礼、高翀、陶希皋等人《游寺诗》3首,并录汉文《夏国皇太后新建承天寺瘗佛顶骨舍利轨》《大夏国葬舍利碣铭》各1篇,文后附凝真(庆靖王朱㮵之号)考证语。据考证,西宝塔于清乾隆三年十一月二十四日(1739年1月3日)全毁于大地震,现立于银川市承天寺内之塔即西宝塔,为嘉庆二十五年(1820)重建,是一座八角11层密檐式砖塔。据明人所记,明初承天寺塔原高可能为13层。

卷二包括《人物》《宦迹》《俘捷》《祥异》《仙释》《乡饮》《祭祀》《经籍》8大类,其中明朝《人物》下设《宗室文学》《流寓》《科目》《监生》《恩例》《恩封》《武阶》《孝行》《忠节》《烈妇》《孝妇》《节妇》《直卫》《义民》14小类,《宦迹》下设《主将》《副将》《镇守内臣》《巡抚》《游击将军》《督储》《监枪内臣》《都指挥》8小类。本卷缺第1、第2两页,据本志《目录》及《嘉靖宁志》,所缺部分当为《人物》类,隋至宋代与宁夏相关的历史人物均缺,元代部分残存高睿、李恒等人物事迹。除胡汝砺本

---

[1] 胡玉冰、曹阳校注:《弘治宁夏新志》,[明]胡汝砺纂修,中国社会科学出版社2015年版,第27页。

[2] 邵敏校注:《嘉靖宁夏新志》,[明]管律纂修,中国社会科学出版社2015年版,第118页。

人入《人物》之外，其祖父、父母及两兄弟也都入《人物》类。在《人物·科目》类录胡汝砺之弟胡汝楫，《人物·恩例》类录有胡汝砺之弟胡汝翼，《人物·恩封》类录胡汝砺之祖父胡雄、父胡琎，《人物·孝妇》类录有胡汝砺之母、胡琎之妻陈氏。在《祥异》中，还录有成化二十二年（丙午年，1486）其父胡琎家发生的"黑猪变白"之事，而胡汝砺正是于丙午年中乡试，次年即丁未年（1487）又登进士科。将其家人和家中发生的富有神异色彩的事情都入志书中，很微妙地反映出了胡汝砺编纂志书的某种心态。当然，这些内容也许是后人在补版时辑入的。

卷二《经籍》著录文献名时多用省称，分类方式也比较特殊，按文献的版本将其分为四大类：第一类为"无板，俱江南所货"者，包括《易》《书》《诗》《春秋》《礼记》5种；第二类为"有板，俱在庆府内"者，包括崔豹《古今注》1册、《三元延寿书》2册、《寿亲养老书》4册、《饮膳正要》1册、毛晃《增注礼部韵》5册、《文章类选》21册、《樗斋随笔录》6册、《沧洲愚隐录》4册、《忍辱文集》2册、《夏城诗集》1册、《宁夏志》1册、《集句闺情》1册；第三类为"无板，在庆府内"者，包括《文苑英华》105册；第四类为"有板，俱在宪司内"者，包括《悟真篇》3册、《参同契》1册、《陶渊明诗集》2册、《诗林广记》9册、《忍书》1册、《笔筹》1册。共著录24种文献，庆王府藏13种154册，宪司藏6种17册。

关于庆府刻书情况，周弘祖《古今书刻》上编共著录了13种文献，包括《文章类选》《饮膳正要》《增广唐诗》《养生杂纂》《陶渊明集》《毛晃韵》《参同契》《悟真篇》《丽景园记》《文苑英华》《唐诗鼓吹》《唐诗古今注》《诗林广记》等。① 其中《毛晃韵》即《弘治宁志》著录的《增注礼部韵》，《陶渊明集》即《弘治宁志》著录的《陶渊明诗集》。另外，《增广唐诗》《养生杂纂》《丽景园记》《唐诗鼓吹》《唐诗古今注》5种庆府刻书仅见《古今书刻》有著录。《古今书刻》为研究庆藩刻书情况提供了很好的研究资料。

从文献内容、编纂者看，这些在宁夏境内传世的文献基本可分为4大类。第一大类为"士子所习"的经部文献，包括《易》《书》《诗》《春秋》《礼记》《增注礼部韵》（即《增修互注礼部韵略》的省称）6种。前5种即儒家经典中的"五经"，它们是参加科举考试的士人必须研读的经典，所以自然在宁夏境内也广为流传。宁夏流传的这几种经典的版本情况是："无板，俱江南所货者。"②也就是说，宁夏流传的"五经"非当地雕版印刷的，全部都购自南方。这反映了江南地区刻书事业的发达，同时，连读书人常用的典籍都要自南方购买，这也说明宁夏刻书事业是

---

① ［明］周弘祖：《古今书刻》，上海古籍出版社2005年版，第382页。
② 胡玉冰、曹阳校注：《弘治宁夏新志》，［明］胡汝砺纂修，中国社会科学出版社2015年版，第61页。

远远落后于南方的。《增注礼部韵》是解读儒家经书时要参考使用的重要韵书，《四库全书总目》卷四二《经部·小学类》载："《增修互注礼部韵略》五卷，宋毛晃增注，其子居正校勘重增。诸家所称《增韵》，即此书也。"①

第二大类为与修身养性有关的子部杂家、道家、医家文献。如《古今注》，旧本题晋崔豹撰。按四库分类法，属子部杂家杂考事之属。《世说新语》卷上《言语》"崔正熊诣都郡"事，刘孝标注曰："《晋百官名》曰：崔豹，字正熊，燕国人，惠帝时官至太傅丞。"②此书三卷，卷上包括《舆服》《都邑》，卷中包括《音乐》《鸟兽》《鱼虫》，卷下包括《草木》《杂注》《问答释义》。它对我们了解古人对自然界的认识、古代典章制度和习俗，有一定帮助。《三元延寿书》即元朝李鹏飞撰《三元参赞延寿书》（一作《三元延寿参赞书》）的省称。《四库全书总目》卷一四七《子部·道家类存目》载："《三元参赞延寿书》五卷，元李鹏飞撰。鹏飞，至元间人，自称九华澄心老人，所言皆摄生之事。凡节嗜欲、慎饮食、神仙导引之法，俚俗阴阳之忌、因果报应之说，无不悉载。其说颇为丛杂，要其指归，则道家流也。前有自序，亦称得之飞来峰下道士云。"③该书卷一《人说》及《天元之寿精气不耗者得之》，卷二《地元之寿起居有常者得之》，卷三《人元之寿饮食有度者得之》，卷四《神仙救世却老还童真诀》，卷五《神仙警世》，卷末附有《阴德延寿论》《函三为一图歌》。本书载调摄修养以祛疾延年之说及诸家养生要语皆有一定参考价值。《寿亲养老书》即《寿亲养老新书》的省称，《四库全书》将其书收入子部医家类。《四库全书总目》卷一〇三《子部·医家类》载："《寿亲养老新书》四卷，第一卷为宋陈直撰，本名《养老奉亲书》。第二卷以后则元大德中泰宁邹铉所续增，与直书合为一编，更题今名。……然征引方药，类多奇秘，于高年颐养之法，不无小补，固为人子所宜究心也。"④该书主要关注的是老年人养生问题，举凡老年人的衣、食、住、行、性情、娱乐、防病、用药、禁忌等各方面内容均有涉及。《饮膳正要》3卷，元朝忽思慧撰，该书记载药膳方和食疗方非常丰富，特别注重阐述各种饮撰的性味与滋补作用，并有妊娠食忌、乳母食忌、饮酒避忌等内容，是我国现存第一部完整的饮食卫生和食疗专书，也是一部颇有价值的古代食谱。《悟真篇》是道教内丹丹法之经典，北宋张伯端撰，成书于熙宁八年（1075），以诗词歌颂形式阐

---

① ［清］永瑢等：《四库全书总目》，中华书局1965年版，第361页。
② 杨勇校笺：《世说新语校笺》（修订本），［南朝宋］刘义庆撰，［梁］刘孝标注，中华书局2006年版，第78页。崔豹之字与职官名史书记载有异。《四库全书总目》卷一一八《古今注》提要载："考刘孝标《世说》注，载豹字正能，晋惠帝时官至太傅。马缟称为正熊。能、熊二字相近，盖有一误。"考《世说新语》今传诸本，刘孝标注作"字正熊"而非"字正能"，盖四库馆臣所考有误。太傅丞，杨勇校笺称宋本作"太傅丞"，但据清人李慈铭《越缦堂读书简端记》（王利器纂辑本）改作"太仆丞"。
③ ［清］永瑢等：《四库全书总目》，中华书局1965年版，第1261页。
④ 同上书，第861页。

发内丹丹法，分正编（诗词93首）和附录（歌颂诗曲杂言32首）两部分。《悟真篇》之丹法总结宋以前内丹之理论及方术，对后来金丹派影响很大，为历代道士所推崇。《悟真篇注疏》（宋翁葆光注，元戴起宗疏）是其重要的注本。《参同契》即《周易参同契》的省称，相传为东汉魏伯阳著，3卷，是道教内丹气功重要经典，被誉为"万古丹经之王"。由于文辞艰深难懂，历代注家甚多，多已佚失。宋朱熹《周易参同契考异》1卷等有传。《忍书》（一作《忍经》）是比较特殊的一类文献。元成宗大德十年（1306），杭州人吴亮汇集历代名人有关"忍"的言论和历史上隐忍谦让、忠厚宽恕的人物、事例汇编而成《忍书》一书，共计156条。《笔畴》（一作《笔筹》）2卷，明朝王达撰，"是书多抑郁愤世之谈。前有题词，称远居塞外，盖官大同时作也"。①

第三大类为文学文献。如《文苑英华》《陶渊明诗集》《诗林广记》。《文苑英华》是文学总集，宋李昉等编，宋朝四大书之一，1000卷，录唐五代以前诗文近两万篇。陶渊明是东晋著名诗人，其诗集《陶渊明诗集》在宁夏亦有传，足见其影响深远。《诗林广记》是集部诗文评类文献，有前集10卷、后集10卷，宋蔡正孙编。

第四大类为宁夏乡邦文献。《经籍》著录的《文章类选》21册、《樗斋随笔录》6册、《沧洲愚隐录》4册、《忍辱文集》2册、《夏城诗集》1册、《宁夏志》1册、《集句闺情》1册等7种36册，均为庆王府所刻："有板，俱在庆府内。"②据《弘治宁志》卷二《国朝宗室文学》载，庆靖王朱㮵"长于诗文。所著有《宁夏志》二卷、《凝真稿》十八卷、《集句闺情》一卷"。③安塞宣靖王朱秩炅"苦于问学，从事几案日久，胸起顽肉，通五经，了史，爱接宾客，倾怀忘势，至有契自喜，留之书斋，从诘连句不释。后昌之色淡然，不为有无，竟乏嗣。④薨才四十七。所著有《沧洲愚隐录》六卷、《樗斋随笔录》二十卷"。⑤据《千顷堂书目》卷三一、《明史》卷九九《艺文志·集部·总集》、《四库全书总目》卷一九一《总集类存目》等载，庆靖王朱㮵编有《文章类选》40卷。《忍辱文集》《夏城诗集》著者名不详。但据《弘治宁志》著录文献的特点看，这两种文献亦当为朱㮵或朱秩炅所作。《弘治宁志》于普通人物事迹的叙述中仅有一次提及其具体的著述名称，在卷二《恩封》"胡琏"条提及其著有《槐堂礼俗》3卷、《耕隐集》5卷。胡琏乃胡汝砺之父，在志书中提及乃

---

① ［清］永瑢等：《四库全书总目》，中华书局1965年版，第1067页。
② 胡玉冰、曹阳校注：《弘治宁夏新志》，［明］胡汝砺纂修，中国社会科学出版社2015年版，第61页。
③ 同上书，第33页。
④ 宁夏旧志中，自《弘治宁志》始，其后《嘉靖宁志》等志均载秩炅未有子嗣。《明英宗实录》卷一六八"正统十三年（1448）七月乙巳"载："赐安塞王秩炅嫡子名邃珠，庶子名邃整。"故宁夏旧志疑误。
⑤ 胡玉冰、曹阳校注：《弘治宁夏新志》，［明］胡汝砺纂修，中国社会科学出版社2015年版，第33—34页。

父著述,可能是出于私心,但也为我们了解宁夏人著述提供了难得的史料。

综合来看,卷二《经籍》部分具有多方面的研究价值。第一,为我们了解明朝弘治时期宁夏文献典籍流传及版本情况提供一手材料。第二,为了解宁夏历史人物著述提供了一手材料。第三,为研究明朝藩府刻书提供了补充材料。

卷三主要记载灵州、韦州、宁夏后卫、兴武营、宁夏中卫等5处州营沿革、界至、户口、赋役、公署、人物、宦迹等。《灵州·古迹》记有"汉御史尚书光禄三渠",此袭朱栴之误,衍"光禄"二字。胡汝砺编纂《弘治宁志》时主要参考了庆靖王朱栴的《正统宁志》,朱栴失考之处,胡汝砺亦有沿袭。

《弘治宁志》共有3卷《考证》,《凡例》曰:"沿革、赫连、拓跋三《考证》,悉据经史及朱子《通鉴纲目》、本朝《续纲目》摘编。然事有宾主,文非一事,则固不能免乎僭为去取之罪。"①卷四《沿革考证》,主要对宁夏元朝以前的历史进行简单梳理。卷五《赫连夏考证》,主要对赫连勃勃建立之大夏国兴亡历史进行简单梳理,末附胡汝砺史论。卷六《拓跋夏考证》对于研究明朝汉文西夏文献而言有重要价值。

《拓跋夏考证》实际上就是西夏简史,内容分四大部分。第一部分为西夏历史概说,从拓跋赤辞归唐叙起,迄于末主睍被元主絷归,介绍了西夏立国前后22位重要人物的生平事迹,重点介绍了夏太祖继迁开基后夏国12位国主的事迹。叙事非常精练,线条清晰,不枝不蔓。在叙事中还引《文献通考》等文献对史料略加考证。第二部分,采用编年体的方式,顺叙西夏历史上比较重要的大事。叙事起自"唐太宗文武皇帝贞观三年冬闰十二月,党项别部拓跋赤辞降",②迄于宋理宗宝庆"三年夏六月,蒙古铁木真灭夏,以夏主睍归"。③这是《拓跋夏考证》中内容最为丰富的部分,史料价值也最高,可以说是对第一部分内容作更为详尽的拓展叙述。第三部分是9则遗事,胡汝砺从《宋史·孙甫传》《容斋三笔》《桯史》《梦溪笔谈》和《自警编》等文献中辑录与西夏有关的史料。这部分内容可以说是第一、第二部分西夏史的很好的补充史料。第四部分内容是胡汝砺的"论曰",即他的史论部分。胡汝砺在史论中对西夏历代国主的治国思想及特点进行了简短的概述性的评价,并申明,自己撰写《拓跋夏考证》,不是想"哀多逞富",不是"好异",他的目的是希望当权者能通过对西夏历史的了解,从中吸取历史经验,从而充分认识到西北边陲特别是宁夏对于维护国家统一、保证国家安全具有的重要

---

① 胡玉冰、曹阳校注:《弘治宁夏新志》,[明]胡汝砺纂修,中国社会科学出版社2015年版,《凡例》第1页。
② 同上书,第120页。
③ 同上书,第142页。

战略意义。关于这一点,管律在《嘉靖宁志》卷六《拓跋夏考证》胡汝砺《论曰》之后所加的评论中已经揭示出来,他说:"宁夏之为边,襟喉秦雍,扼塞京师,顾岂轻于断匈奴之臂者。视延绥负山涧之险阻,又且不侔。苟或任匪其人,使民业不安,兵力不振,一旦失守,其能弭中原之祸哉?阅兹已往之迹,用注将来之思,庶几保厥盛而不堕,则亿载可一时矣!此吾竹山之隐意,孰谓其好异也欤?"①

《弘治宁志》引用他书资料主要以节录为主,部分内容非节录,以概述为主。以卷六《拓跋夏考证》引《梦溪笔谈》为例,《弘治宁志》共引 4 则《梦溪笔谈》所记与西夏有关的史料。分析引文可以看出,这部分史料基本上为原文节录,个别语句则为引用者的概述之语,转引时出现了脱、讹、衍、倒等文字错误。胡汝砺未对引用材料进行考辨,故引用时沿袭了原材料中存在的错误。管律重修《嘉靖宁志》时亦未及明辨,遂以讹传讹了。

卷七《文章》,由于正文均亡佚,具体情况不可考。

卷八《杂咏》,正文标目作《杂咏类》,录诗词文共 207 篇。录唐、宋、元、明四朝与宁夏有关的诗歌共 191 首,其中唐诗 7 首,宋诗 2 首,元诗 1 首,明诗 181 首。明诗中朱栴诗 14 首,朱秩炅诗 15 首,冯清诗 46 首,3 人诗歌占全部诗歌数量的 41%,冯清的诗歌数量占全部诗歌数量的近四分之一。录词 13 首,其中凝真(即朱栴)7 首,樗斋(即朱秩炅)2 首,冯清 4 首。录文 3 篇,文题分别是《谕祭总兵官张泰文》《赐祭庆庄王文》《谕祭都指挥金事李睿文》。其中第 3 篇原缺文题,笔者据文例拟写。卷八之后为胡汝砺《〈宁夏新志〉后序》。

六　文献价值

胡汝砺编《弘治宁志》在传世的宁夏志书中成书时间仅次于朱栴《正统宁志》,从编纂体例看,远比《正统宁志》规范、成熟。从志书内容上看,也远丰富于《正统宁志》。特别值得一提的是,胡汝砺采用编年体这种最古老的史书编纂形式来编写西夏专史,以时间为中心,按年月顺序编排西夏史事,比较容易反映出西夏同一时期各个历史事件之间的联系,这就增强了史料编辑的系统性。但这种编年体编纂方式也有不足。在编选史料时,只以政治、军事为主要记叙内容,而对西夏的礼仪、职官、刑罚、食货、地理等典章制度、经济文化方面的内容很少顾及,这就不能全面反映西夏历史的各个层面。另外,记载一事,往往散见数年间,读者很难一下子就弄清事情发生的来龙去脉及其前因后果。这些不足都影

---

① 邵敏校注:《嘉靖宁夏新志》,[明]管律纂修,中国社会科学出版社 2015 年版,第 267 页。

响了《弘治宁志·拓跋夏考证》的史料价值。但我们不应对古人求全责备,不管怎么说,胡汝砺继承并发扬朱栴首开明人编写西夏专史之风的功绩还是应值得肯定的。同时,他对其后编修宁夏志书者的影响也是很明显的。嘉靖十九年(1540)八月,在宁夏巡抚杨守礼的督请下,管律重修、孟霦重校之《嘉靖宁志》完稿,并正式刊印行世,此志正是在胡汝砺《弘治宁志》的基础上进行重修的。

清人汪绎辰于乾隆二十年(1755)编修完成《银川小志》初稿一卷,其《窃据》由3部分内容组成,内容全部袭自《弘治宁志》。由此也可见胡汝砺影响之一斑。另外,汪绎辰在《银川小志》中辑录《弘治宁志》,增加了新的讹误,利用时要注意辨明其材料来源及真伪。[①]

第三节 《〔嘉靖〕宁夏新志》

一 嘉靖七年宁夏巡抚翟鹏的修志计划

明朝嘉靖年间成书并刊行的宁夏志书是管律等重修之《宁夏新志》(本著作简称《嘉靖宁志》),但嘉靖年间最早提出编修宁夏志书的是宁夏巡抚翟鹏。据管律《重修〈宁夏新志〉后序》载,《弘治宁志》刊行于世之后,中丞冯清于武宗正德八年(1513)组织学校师生重纂《宁夏志》,由于编修质量不高而受到时人讥讽。世宗嘉靖七年(1528),中丞翟鹏"又尝托乡先达东溪马公宗大作之,而竟未就"。[②] 翟鹏重修本未见定稿刊行,但由于这次编修宁夏志书的动议是嘉靖年间第一次提出,在宁夏旧志编修史上当给予提及。

翟鹏字志南,抚宁卫(今河北省抚宁县)人,生卒年不详,《明史》卷二〇四有传,传载:"正德三年进士。除户部主事。历员外郎中,出为卫辉知府,调开封。擢陕西副使,进按察使。性刚介,历官以清操闻。嘉靖七年擢右佥都御史,巡抚宁夏。"[③]《嘉靖宁志》卷二《宦迹·巡抚》"翟鹏"条载,翟鹏"嘉靖七年,以右佥都御史巡抚。革弊兴利,不避忌讳。告示百道,民隐悉具,刊刻成册,迄今乡间多有藏之者"。[④]《明史》与《嘉靖宁志》载翟鹏巡抚宁夏时间有异。据《明实录·世宗

---

① 详见本著作第三章第一节。
② 邵敏校注:《嘉靖宁夏新志》,[明]管律纂修,中国社会科学出版社2015年版,第323页。
③ [清]张廷玉等:《明史》,中华书局1974年版,第18册第5381页。
④ 邵敏校注:《嘉靖宁夏新志》,[明]管律纂修,中国社会科学出版社2015年版,第83页。

肃皇帝实录》卷八四载，嘉靖七年（1528）正月壬辰，"升山东按察使王应鹏、陕西按察使翟鹏俱右佥都御史，各巡抚地方。……应鹏保定等府兼提督紫金关，鹏宁夏"。故翟鹏当于嘉靖七年（1528）而非六年（1527）巡抚宁夏，《嘉靖宁志》误。①

马昊字宗大，本姓邹，②宁夏人，生卒年不详。《西河集》卷八二、《乾隆甘志》卷三四专传传主题名为"邹昊"，《万历朔志》卷三《乡献》、《明史》卷一八七、《嘉靖陕志》卷五九、《万姓统谱》卷八五、《银川小志·乡贤》等专传传主题名为"马昊"。有关马昊的仕履情况，《弘治宁志》卷二《国朝科目》载："马昊，中乙卯乡试，登己未进士，由御史升。"③《嘉靖宁志》卷二《选举》、《万历朔志》卷三、《嘉靖陕志》卷三〇、卷三一《选举》，《乾隆甘志》卷三三《选举》均同。从各志记载可知，马昊于弘治八年（1495）与胡汝砺之弟胡汝楫同中乙卯科举人，于弘治十二年（1499）中己未科进士。

据其传记资料记载，马昊"其先本邹，后而冒马氏。少喜挥霍，长身，骁捷善射"。由行人选御史。正德初，迁山东佥事，坐累谪真定推官，迁四川佥事。因在四川屡立战功，以功进右都御史巡抚四川。后因松潘之败，被下狱免官。世宗即位（嘉靖元年，1522），杨一清、胡世宁曾荐起复职，然与璁萼殊不合，仍致仕去，久之，卒。《西河集》卷八二《邹昊传》载："当世宁荐昊时，其言曰：'昊方今名将可用，松潘之败，非其罪也。昊长于用兵，惟轻用其长，故败。臣短于用兵，惟重用其短，故胜。'时谓名言。"从马昊事迹可知，他以用兵见长，文学非其所长。翟鹏于嘉靖七年（1528）邀请罢官在家的马昊重修宁夏志书，可谓任非其人，故修志之事并未实际进行。

嘉靖年间第二次编纂宁夏志书的计划是杨守礼提出来的，传世本管律重修

---

① 《嘉靖宁志》记述宁夏官员仕履时间往往不准确。如卷二《宦迹·巡抚》载，张珩在嘉靖二十二年（1544）以左副都御史巡抚宁夏，李士翱在二十三年（1545）以右副都御史巡抚宁夏。据《明实录·世宗肃皇帝实录》卷二六九载，二十一年（1543）十二月丁酉，"起原任都察院副都御史张珩巡抚宁夏"。卷二八一载，二十二年（1544）十二月己丑，"升巡抚宁夏都察院左副都御史张珩为兵部右侍郎兼右佥都御史，总督陕西三边军务"。同卷又载，二十二年（1544）十二月乙未，"升陕西右布政使李士翱为都察院右副都御史，巡抚宁夏"。故知，张珩巡抚宁夏当在嘉靖二十一年（1543），李士翱巡抚宁夏当在嘉靖二十二年（1544）。

② 关于马昊的改姓问题，《西河集》《明史》等载其本姓邹，后改为姓马。而《弇山堂别集》卷一九《奇事述·大臣复姓》载，邹昊初"马"姓。《嘉靖宁志》卷五九本传传主名"马昊"，传文曰"改姓邹"。因为有改姓问题，所以文献记载较为混乱。如《嘉靖陕志》卷三〇载进士名为"邹昊"，卷三一《选举》载举人名及卷五九专传传主名载为"马昊"。《甘肃通志》卷三三载进士、举人名都为"马昊"，卷三四专传传主名却载曰"邹昊"。马昊与胡汝砺同时，《弘治宁志》记其名为"马昊"，可知当时就是以"马昊"之名行世的，当可信从。另外，从其他文献如《四川通志》卷三〇《职官》、《山西通志》卷七八《职官》等看，都载其名为"马昊"。故马昊本姓邹，后改姓马，并以"马昊"之名行世。《弇山堂别集》卷一九当改为"马昊初邹姓"，《嘉靖陕志》卷五九当改为"本姓邹"。

③ 胡玉冰、曹阳校注：《弘治宁夏新志》，[明]胡汝砺纂修，中国社会科学出版社2015年版，第37页。

《嘉靖宁志》就是第二次计划的产物。据其卷端所题可知，该志由胡汝砺编,李端澄校,管律重修,孟霦重校。胡汝砺、李端澄编校的《弘治宁志》成书于弘治十四年(1501)。嘉靖十九年(1540)八月，在巡抚杨守礼的督请下,管律重修、孟霦重校之《嘉靖宁志》完稿,并最早于当年十二月正式刊印行世,是为《嘉靖宁志》。传世本《嘉靖宁志》仅见藏于宁波天一阁。

二 整理与研究现状

《嘉靖宁志》最早著录于明朝万历三十三年(1605)张萱等编修《内阁藏书目录》卷六《志乘部·陕西》,曰:"《宁夏新志》四册,全,嘉靖庚子,郡人管律修。"《千顷堂书目》卷七《地理类》曰:"管律《宁夏新志》,嘉靖间修。"张维《陇右录》较早对《嘉靖宁志》进行过著录,又引杨守礼《重修〈宁夏志〉旧序》等材料对《嘉靖宁志》编纂缘起、著者、成书年代等问题加以介绍。因不知《嘉靖本》见藏于宁波天一阁,故著录其为佚书。最早对天一阁藏《嘉靖宁志》进行介绍的学者是骆兆平,在其《天一阁录》一书中对该志成书时间、内容及版本流传等情况加以扼要介绍。《联合目录》《稀见提要》《宁夏目录》《甘肃目录》《总目提要》《新天一阁》等方志书目对《嘉靖宁志》都有著录或提要。《方志与宁夏》第二章《宁夏历代修志综览》对《嘉靖宁志》也进行了综述。

为方便学者研究《嘉靖宁志》,甘图于1959年抄录天一阁刻本《嘉靖宁志》。[①] 1961年12月上海古籍书店第一次影印天一阁藏明嘉靖刻本《嘉靖宁志》,编入《天一阁藏明代方志选刊》。1982年,上海古籍书店重印天一阁刻本。同年,宁夏人民出版社出版陈明猷先生校勘本《嘉靖宁志》,这是学者首次对《嘉靖宁志》进行整理。《中国西藏及甘青川滇藏区方志汇编》第三辑《甘肃藏区及涉藏方志》、《宁夏旧方志集成》、《天一阁藏历代方志汇刊》亦影印出版了《嘉靖宁志》。

自《嘉靖宁志》影印出版后,学者便有了可以直接使用的文本资料,一批与《嘉靖宁志》有关的论著相继产生。陈明猷先生于《嘉靖宁志》研究最勤,他曾撰《明代中叶的宁夏经济——读〈嘉靖宁夏新志〉札记之一》《嘉靖〈宁夏新志〉的史料价值》等文,对《嘉靖宁志》做全面研究。《嘉靖宁志》点校本为学界深入了解、研究该志提供了最为便利的文本。另外,朱洁撰《介绍宁夏明代地方志五种(上)》,高树榆撰《宁夏方志考》《宁夏方志录》《宁夏方志评述》《宁夏回族自治区地方志述评》,王桂云撰《银川方志述略》,这些文章主要是在全面介绍宁夏旧志

[①] 据《天一阁录》载,甘图于1958年传抄天一阁刻本,而《甘肃目录》载为1959年传抄。

修纂情况时扼要概述《嘉靖宁志》基本情况，还不能算是对《嘉靖宁志》做专书研究。胡迅雷撰《〈嘉靖宁夏新志〉勘误一则》指出，《嘉靖宁志》载隋朝柳彧曾"徙配朔方怀远镇"与史实不符。① 还撰有《管律与〈嘉靖宁夏新志〉》《杨守礼与宁夏》等文，详考管律、杨守礼生平，并就《嘉靖宁志》史料价值进行了深入分析。余振贵撰《评宁夏旧志有关回族记述的史料价值》提及了该志记载的与回族有关的史料价值。白述礼撰《古灵州城址初探》一文大量引用《嘉靖宁志》材料，提出古灵州当在今宁夏吴忠市境内的观点，②从一个侧面反映了宁夏方志在宁夏史地研究中具有的重要文献价值。杨浣撰《〈嘉靖宁夏新志〉与明代宁夏社会》一文从民风、居民与民族、宗教、教育、商业等角度分析《嘉靖宁志》所载明代宁夏社会史料。何兆吉撰《管律生平与宁夏摆边——兼论管律的安边策》主要据《嘉靖宁志》梳理管律生平材料及其安边主张。薛正昌撰《地方志书与宁夏历史文化（上）》《明代宁夏与固原两大军镇的地方志书及其特点》二文，从梳理《嘉靖宁志》建制沿革、教育文化内容入手，认为该志"是明代宁夏历史文化记述的集大成者"。③

中国社会科学出版社2015年10月出版邵敏校注《嘉靖宁夏新志》是《嘉靖宁志》的最新整理成果。邵敏主要以标点、校勘、注释等方法开展整理工作，以上海古籍书店1982年版影印本底本，以《弘治宁志》等为对校本，部分成果参考陈明猷点校本。

二　编修始末

《嘉靖宁志》所载杨守礼、管律、孟霖等人之序是了解该志编修始末的重要史料。杨守礼作于嘉靖十九年（1540）秋八月的《重修〈宁夏新志〉序》载："《宁夏镇志》成于弘治辛酉岁，作之者郡人郎中胡公汝砺，寔大中丞曹南王公珣之意也。

---

① 宁夏旧志均把隋朝柳彧"徙配朔方怀远镇"之事系于宁夏，实际上，柳彧徙配地在辽东，与今宁夏无关。明朝胡侍《真珠船》"怀远镇"条对此早有考证。《嘉靖陕志》卷三一《文献十九·宁夏卫》、《甘肃通志》卷四〇《流寓·宁夏府》即误记柳彧徙配地在今宁夏，宁夏旧志均以讹传讹。

② 汪一鸣《〈水经注〉黄河银川平原段若干历史地理问题讨论》一文载："早在1984年初参加中国水利史研究会学术研讨会时，我曾提交一篇《历史时期黄河银川平原段河道变迁》的论文，后发表于《宁夏大学学报》自然科学版1984年第2期，并收入《黄河史志资料》1984年第4期。为了弄清楚黄河河道位置的变化，明确黄河银川平原段河道与灵州城的关系，该文指出，'在地图上量算出唐代灵州的大致位置应在今吴忠市利通区（首次发表时写为吴忠县城）西北的古城湾一带'。这一较早提出的看法，以及黄河古河道变迁等相关认识，可能由于我是个历史地理研究业余爱好者，并未引起相关专家的重视。"本文载《宁夏社会科学》2009年第2期，第113页。

③ 薛正昌：《明代宁夏与固原两大军镇的地方志书及其特点》，《史学史研究》2009年第1期，第114页。

嘉靖己亥岁,守礼叨抚其地,暇日披图阅志,因革损益,殆相矛盾,遂作而叹曰:'志成不四十年,更易如是,久而人亡事讹,何以考证?'命督粮佥事孟公霖礼请刑科经事中致仕郡人管公律重编,不三月而成,因旧而新,随事而正。政有关于大体者,不厌其烦;事有益于军民者,备记其实。凡百家众技之流,旧制新设之颠末,纲分目悉,且随类附,以不尽之意、该博之学、经济之才,可以见矣。① 南涧子复作而叹曰:'司马迁以无罪废,而学发于史,子美不见用于时,而学发于诗,古今文人之厄也。管子其安命已夫!'特命刊木以传。"② 由杨序可知,嘉靖十八年(1539),杨守礼巡抚宁夏,有感于胡汝砺所修《弘治宁志》成书已过 40 年,这期间宁夏诸多方面的变化该志已不能反映,加上《弘治宁志》传世本"矛盾"之处颇多,故令孟霖礼请管律重编《嘉靖宁志》。管律等人用了不到 3 个月的时间就修成,杨守礼看后很满意,令刻版印行。

　　管律作于嘉靖十九年(1540)八月的《重修〈宁夏新志〉后序》载:"迄己亥秋,中丞南涧杨公〔守礼〕秉节巡抚夏方,贞宪度而庶政维新,瘳民瘼而百姓安堵,修关隘而四境清谧,鼓士气而三兵奋强。乘暇翻阅地志,用求因革之宜于时者,或举于昔而坠于今,或便于今而忽于昔,思次第以见诸行。然因革有重轻之异,施措有急缓之殊,奈漫无所据。其往政之迹,则亦无所劝戒于其间。公深慨之。越庚子夏六月,檄宪佥味泉孟公孔章〔霖〕,延律于养正书院,少加订证。律欲终竹山之志,故不以不才辞。既提纲挈领,剪蔓剌繁,而复竹山之故矣。乃以风俗之日趋于弊、边事之日睽于要者,悉稽其所由。而绎众论之切于事者,借发猥言于下,俾所谓重轻急缓,庶有可据而不涉于茫昧。实承南涧公之指示,殆亦方镇之吃紧者欤?至于侈大其事与物,而取一时之夸耀,则皆略之矣。虽欲弗略,何益焉?固匪衰眊之有所遗也。南涧公政必先务,刚断克终。凡志之所载,寔藩维之所重,系镇人耳目之所著习者。其善政懿令,避见任之嫌,是故不枚尽之,尚以俟乎后之君子。"③ 管律在序中提及,嘉靖十八年(1539),杨守礼巡抚宁夏,在"翻阅地志"了解宁夏风土人情、往政之迹时,感到志书"漫无所据",十九年(1540)夏六月,令孟霖礼请管律于养正书院,令重修宁夏志书。管律接受了礼请,亲自制定了编写纲领,在胡汝砺《弘治宁志》的基础上,用了 3 个月左右的时间修改出新的宁夏志书。

　　但从《嘉靖宁志》内容看,尚记有嘉靖十九年(1540)八月之后发生的事情。

---

① 矣:邵敏校注本原脱此字,据天一阁藏《嘉靖宁志》补。
② 邵敏校注:《嘉靖宁夏新志》,〔明〕管律纂修,中国社会科学出版社 2015 年版,杨守礼《重修〈宁夏新志〉序》第 1 页。标点未尽从校注本。
③ 同上书,第 323—324 页。标点未尽从校注本。

如卷二《宦迹·朝使》记载巡抚杨守礼于嘉靖十九年(1540)冬总督陕西三边,十二月进兵部尚书事。卷八录有孟霦《观赤木口诗序》一文,记述十九年(庚子年,1540)冬,杨守礼修筑贺兰山赤木口关成,①率孟霦等人前往贺兰山中祭祀山灵,杨守礼作诗纪念筑关之事,众人和之,共得 28 首诗,总题曰《观赤木口诗》,孟霦写诗序以纪其事。此诗序落款为"嘉靖庚子冬十一月十有三日"。这些事实说明,管律于八月修成《嘉靖宁志》后并未立即刊行,又有人对志书内容进行了补充修改,修补者很可能是孟霦。

孟霦作于嘉靖十九年(1540)暮冬(十二月)的《重修〈宁夏新志〉后序》载:"中丞杨公〔守礼〕来抚宁夏之明年,边事大治,②羌夷北徙。暇日观旧志弗备,礼请芸庄管公修焉,以管博闻有辞,而通世故也。志成,属霦序诸末。……兹志在览,莅政握兵者得以远考而周知。若廓孔遐,凡建明边略,不待指山画谷而自见焉。岁远事殊,欲救滞补偏者,有所取中而为之损益。此中丞公之知务,而芸庄不负所托也。志凡八卷,乃命诸梓以传。"③孟霦于序中亦提及杨守礼命令自己礼请管律编修宁夏新志书的事情,并对管律新编志书给予较高的评价。

四 编修者生平

《嘉靖宁志》是由宁夏巡抚杨守礼首倡重修,嘉靖十九年(1540)六月,管律接受编纂任务,具体负责制定重修大纲,志书初稿当编成于八月,孟霦参与定稿,又补充了新的内容,该志最早亦当年十二月刊行。据《嘉靖宁志·目录》后附名单,严礼、穆宾、张儒、张錞、周宪、姬世臣为该志的"誊录生员",吕调元为"识字"。

(一)杨守礼

杨守礼(1484—1555)字秉节,号南涧,山西蒲州(今山西永济市)人。据《明实录·世宗肃皇帝实录》卷四三〇载,卒于嘉靖三十四年(1555)十二月戊午。《山西通志》卷一九八载瞿景淳撰写《太子少保兵部尚书兼都察院右都御史杨公墓志》,对杨守礼家世、仕履等情况记载颇为详尽。《明史》卷二〇〇亦有《杨守礼传》,《山西通志》卷一二五《人物·杨守礼》所载几同《明史》。《嘉靖陕志》卷五一

---

① 赤木口关墙遗址在宁夏永宁县黄羊滩农场西北 20 公里,关墙保存较好,关口底部石砌排洪涵洞尚存,两侧石基土筑墙及其上女儿墙仍保存较完整。参见国家文物局主编:《中国文物地图集》,宁夏回族自治区分册,文物出版社 2010 年版,第 262 页。
② 大:邵敏校注本误作"犬",据天一阁藏《嘉靖宁志》改。
③ 邵敏校注:《嘉靖宁夏新志》,[明]管律纂修,中国社会科学出版社 2015 年版,第 322 页。标点未尽从校注本。

《名宦》，《乾隆甘志》卷三〇《名宦》对杨守礼事迹记载较略。据杨公墓志及传记资料记载，杨守礼于正德四年（1509）中举人，六年（1511）登进士第，授户部主事，七年（1512）升员外郎。累迁右副都御史巡抚四川，嘉靖十八年（1539）再迁右副都御史巡抚宁夏，十九年（1540）十一月丙午，升为右都御史，总督陕西三边军务，寻加兵部尚书，升太子少保。《嘉靖宁志》卷二《人物》对杨守礼就任宁夏巡抚给予高度评价，称他"尽心边务，不惮险难，仕在为人，尤善驭将士，奋从战功。修筑赤木口，以绝百年通虏之路，建营房，以庇茕独之军，利益于宁夏之大者无踰于此"。①

《万历朔志》卷二载杨守礼著《筹边录》，备载其政绩，原书亡佚。《嘉靖宁志》卷八存刘思唐《〈筹边录〉序》，为了解其书提供了宝贵的材料。据《嘉靖宁志》卷二《选举》、《万历朔志》卷三载，刘思唐为宁夏人，嘉靖十一年（1532）进士，由翰林庶吉士升山西按察司副使提学、湖广按察使。刘思唐序称，杨守礼巡抚宁夏，"下车之初，锐意经略，夙夜匪遑，以求无负简任之至意。……经理边防，如治家事。完城郭，训兵戎，修险隘，储粮食，均赋役，禁奸愿，凡有裨于边计者，兴废补弊，事制曲防。其所擘画，动中机宜，类皆经久可行。越明年，政成人和，百度维新，遂编次其事为录，以贻夫后来者。乃不以思唐为鄙，命序其简端。……若假以久任，俾得究竟其设施，必能以身为西北长城，销北虏之患于未形，则全陕有安枕之期，而圣上可无西顾之忧矣！然则兹录所关，岂独为宁夏一隅之计耶？"②由序可知，《筹边录》当编成于嘉靖十九年（1540）即杨守礼巡抚宁夏的第二年，该录所载诸政绩，对于西北边防都有重要意义。

（二）管律

管律字应韶，号芸庄，宁夏人，生卒年不详。③《嘉靖陕志》卷二一《选举》、《嘉靖宁志》卷二《人物·选举》、《万历朔志》卷三等载其为明武宗正德十一年（1516）丙子科举人，且为《书经》魁，即《尚书》乡试第一名。同年中举者还有《嘉靖固志》编修者杨经。中正德十六年（1521）辛巳科进士，除刑科给事中，以忧归，复除直隶长垣县丞，仕终山西高平（今属山西省高平市）知县。《万姓统谱》卷八一、《乾隆甘志》卷三三《选举》等载其仕履。

时人称管律"博闻有辞，而通世故也"。④《明史》卷八〇《食货志》载管律上

---

① 邵敏校注：《嘉靖宁夏新志》，[明] 管律纂修，中国社会科学出版社2015年版，第83页。
② 同上书，第319—320页。
③ 王琨据出土文献推测，管律可能生于成化十七年（1481），卒于嘉靖二十三年（1544）以后。参见王琨：《明代宁夏文人管律及其所撰墓志文考》，《西部学刊》2015年第9期，第30—34页。
④ 邵敏校注：《嘉靖宁夏新志》，[明] 管律纂修，中国社会科学出版社2015年版，第322页。

书言盐法事,卷二〇六《杜鸾传》载管律上书言"盗"李鉴事,"帝是其言,命都察院晓示百官"。① 管律有《芸庄杂录备遗》16卷传世,南图藏,稿本10册,有清人丁丙跋。管律另有多篇文献散见于各书,如《乾隆甘志》卷四七录其《铁柱泉记》,《嘉靖宁志》录其《重修公署碑》《都察院续题名碑》《重建演武教场碑》《重修中卫文庙碑》《汉寿亭侯壮谬关公祠碑》《南塘诗》等碑记、诗文多篇。《〔康熙〕延绥镇志》卷六《艺文志》收录管律撰《明参将王戟墓表》,宁夏银川市出土有管律撰写的《明明威将军钱公(淮)合葬施恭人墓志铭》《皇明明威将军指挥佥事钱公(荣)墓志铭》《大明诰封恭人钱母张氏墓志铭》《明王母钱安人合葬昭信校尉王公(镡)墓志铭》《明武德将军王公廷瑞墓志铭》等。②

(三) 孟霦

孟霦字孔章,号未泉,山西泽州(今山西省泽州县)人,生卒年不详。《山西通志》卷一二二《人物》、《嘉靖陕志》卷五二《名宦》、《嘉靖宁志》卷二《宦迹·督储》、《万历朔志》卷二等有传。《山西通志》卷六八载其为嘉靖四年(1525)乙酉科举人,《嘉靖陕志》卷五二《名宦》载其中嘉靖八年(1529)己丑科进士,《河南通志》卷三三载其嘉靖九年(1530)任河南封丘县知县。《云南通志》卷一八上载,曾在云南任佥事。《万历朔志》载其于嘉靖十七年(1538)任督储宁夏河西道。

《嘉靖宁志》卷二《宦迹·督储》载,孟霦"明敏廉介,有不叶刚茹柔之风。督储多方,帅行有赖。宪台清肃,边人帖然。诗得上乘法"。③ 其《宁夏吟》《边楼》二诗见载于《乾隆甘志》卷四九《艺文》,《仙乐台》见载于《云南通志》卷二九之十三《诗》。《南塘诗》《观赤木口诗》《观赤木口诗序》等十余篇诗文见载于《嘉靖宁志》。

五 版本特点

天一阁藏《嘉靖宁志》为孤本,卷端题名作"宁夏新志",版心题名省作"宁夏志",钤盖有"范氏天一阁藏书"方印。1961年12月上海古籍书店影印天一阁藏本版本说明,原书版框21 cm×15.6 cm。1982年,上海古籍书店重印,编入《天

---

① 〔清〕张廷玉等:《明史》,中华书局1974年版,第18册第5442页。
② 参见国家文物局主编:《中国文物地图集》,宁夏回族自治区分册,文物出版社2010年版,第252页;王琨:《明代宁夏文人管律及其所撰墓志文考》,《西部学刊》,2015年第9期,第30—34页。
③ 邵敏校注:《嘉靖宁夏新志》,〔明〕管律纂修,中国社会科学出版社2015年版,第89页。

一阁藏明代方志选刊》第 68 册。因天一阁特殊的藏书制度,无法看到原书,故仅据影印本对其版本形态略作如下介绍:传世本为四周单边,白口,单、白鱼尾。从行款看,杨守礼《重修〈宁夏新志〉序》每半页 7 行,行 14 字,孟霦《重修〈宁夏新志〉后序》每半页 7 行,行 14 至 15 字。其余内容均为每半页 8 行,行 19 字至 20 字。卷二缺第 19、26 两页。卷三第 2、34 页,卷七第 7、11、17、45 页版心下有刻工名"臣",卷三第 12 页版心下有刻工名"丙",卷五第 3 页、卷六第 18 页版心下有刻工名"保"。

从版刻体式看,《嘉靖宁志》有不一致的地方。第一,《嘉靖宁志》版心所刻文字字样未统一。杨守礼序版心有"宁夏志序"4 字,王珣《〈宁夏新志〉序》版心有"宁夏志卷前序"6 字,《〈宁夏新志〉目录》版心有"宁夏志卷"4 字,卷一至卷八的卷端题"宁夏新志卷之一"至"宁夏新志卷之八",各卷版心分别有"宁夏志卷一"至"宁夏志卷八"等字样,胡汝砺《〈宁夏新志〉后序》版心有"宁夏志卷"4 字,孟霦序版心有"宁夏志后序"5 字,管律《重修〈宁夏新志〉后序》版心有"宁夏志卷后序"6 字。如果要求版刻体例一致,王序、管序版心刻字中"卷"字当删,目录及胡序版心刻字中"卷"当分别改刻为"目录""序"或者"目""后序"。

第二,刻本古籍常常会于每卷最末一页最末一行刻"某书卷之×终"或"某书卷×终",以示本卷所载内容结束于此。《嘉靖宁志》出现有四种情况:1. 卷一、卷四、卷五和卷八等 4 卷于卷末均未刻示内容结束的文字;2. 卷二、卷三分别于卷末最后一行刻有"宁夏新志卷之二终""宁夏新志卷之三终";3. 卷六于卷末最末一行刻"宁夏新志卷六终",无"之"字;4. 卷七于卷末倒数第 3 行刻有"宁夏新志卷之七终"。

第三,卷二、卷三出现多处未将版式雕刻完成的情况。卷二第 10 页右半页共 8 行,第 4、5、6、7 等 4 行均未加雕刻,第 8 行顶格雕"巡抚"2 字,2 字下亦未雕刻文字。第 14 页左半页自第 2 行中间自第 6 行均未将版雕刻完成,第 16、18、20 页也出现相似情况。第 22 页后之页,版心刻"又二十二"4 字,在此左半页第 3 行起雕版刻字,其他均未刻。卷三第 22、23、35、59、64 等页中也有未雕版刻字的情况存在。如第 35 页"参将衙""卫治""官厅""应理州仓""草场"之下当依文例,用双行小字注明其所在位置,但均留置空白,未雕刻文字。第 59 页"管粮通判"共 4 人,除王田外,其余 3 人仅录其姓氏"周""陈""杨",其名及籍贯均不详,故留置空白,未雕刻文字。

上述版本中存在的问题说明,天一阁藏《嘉靖宁志》的原刻版很可能被修补过。至于何人所修、所补,由于文献无征,详情不可考知。

六　内容

　　《嘉靖宁志》全书共 382 页，其中杨守礼《重修〈宁夏新志〉序》2 页，王珣《〈宁夏新志〉序》3 页，《〈宁夏新志〉目录》2 页，《国朝混一宁夏境土之图》《宁夏城图》各 1 页，《南塘图》《金波湖图》共 1 页，卷一 87 页，卷二 59 页（天一阁本缺第 19、26 页），卷三 64 页，卷四 13 页，卷五 7 页，卷六 69 页，卷七 48 页，卷八 19 页，胡汝砺《〈宁夏新志〉后序》2 页，孟霦《重修〈宁夏新志〉后序》2 页，管律《重修〈宁夏新志〉后序》2 页。我们比对《〈宁夏新志〉目录》与正文标目时发现，两者标注数量及所用名称有异，《〈宁夏新志〉目录》共分 48 目，正文标目实际上有 55 目。具体标目名称上的差异见下文。除《国朝混一宁夏境土之图》《宁夏城图》同《弘治宁志》外，另增加《南塘图》《金波湖图》等两幅线描风景图。

　　从《嘉靖宁志》正文看，卷一、卷二可以看作是"宁夏总镇"的内容，从多个方面对宁夏的地理沿革、山川物产、风土人情、历史人物等进行记述。卷三是对宁夏所辖的几个地方进行全面记述。卷四至卷六是对宁夏及曾在宁夏建立的割据政权历史沿革进行考证。最后两卷则是记述宁夏艺文。具体情况如下。

　　卷一内容，《目录》标注《宁夏总镇》《建置沿革》《郡名》《形胜》《风俗》《山川》《关隘》《边防》《水利》《桥渡》《街坊》《物产》《土贡》《封建》《王府》《公署》《五卫》《南路守备》《北路守备》等 19 目，[①]其中《宁夏总镇》相当于总题，其他均为分题。《封建》记述庆靖王朱栴及其子孙事迹等，所收录的明太祖册封王命册文对于研究朱栴生平是非常珍贵的史料。对于朱栴子孙事迹的介绍，改变了《弘治宁志》卷一《藩封》后附《庆藩宗系之图》用线图绘列出庆藩子孙的方式，改为直接用文字叙述，非常清晰。记《宁夏卫》屯田、赋税总数，在"左屯卫"屯田数下双行小注曰"开除见宁夏卫志"，在赋税数下双行小注曰"改抵见宁夏卫志"。此皆为避内容重复而采用了互见的方式来注明。"前卫"记屯田数，其下双行小注言及宁夏巡抚杨守礼奏请除宁夏田赋之弊事。"右屯卫"所记屯田数下双行小注曰"弊见前卫田赋志"，亦属互见。"中屯卫"后附胡汝砺"按"和杨守礼疏，极言宁夏"五卫"于明朝边备的重要性。《北路平虏城》文末附杨守礼疏文，言及平虏城边备详情。其后附胡汝砺"按"，说明附载杨守礼疏文的意图："是故备载是疏，以告志在

---

　　① 《目录》标目与正文标目略有不同。《街坊》，正文标目作《街坊市集》。正文未标《五卫》目名，径直标目作《宁夏卫》《左屯卫》《前卫》《右屯卫》《中屯卫》等。《南路守备》正文标目作《南路邵刚堡》，《北路守备》正文标目作《北路平虏城》。

谋国之君子云。"①

卷二内容,《目录》标注《坛壝祠祀》《宦迹》《人物》《选举》《武阶》《忠孝节义》②《技能》《仙释》《祥异》《寺观》《游观》《景致》《古迹》《俘捷》《陵墓》等15目。《人物》缺1页,据前后两页版心页码数,当缺第26页,录"国朝"即明朝历史人物。《嘉靖宁志》卷七于承广、潘元凯等人名下注明"见《流寓》",《嘉靖宁志》分类袭自《弘治宁志》,故说明《弘治宁志》当设有《流寓》。据朱栴《正统宁志》所载,第27页残存内容当是流寓宁夏的浙江人"阮彧"的事迹。《选举》录永乐十三年至嘉靖十一年(1415—1532)宁夏籍18位进士,③胡汝砺、管律名列其中。117年间才出现18位进士,从一个侧面反映了宁夏地区人文不兴的事实。《技能》载医师张景皋医术高明,著有《难经直解》,《仙释》载海珠和尚善诗画,尤长于韵学,有《山居百咏诗集》,这些记载对于研究宁夏艺文都是非常难得的资料。

卷三内容,《目录》标注《中路灵州》《五马驿递》《韦州》《西路中卫》《广武营》《鸣沙州》《东路后卫》《兴武营》《铁柱泉》等9目。正文依次标目作《灵州守御千户所》《韦州》《中卫》《宁夏后卫》《东路兴武营守御千户所》等5目。"五马驿递"在正文中不知其内容所指。"鸣沙州"实际上隶属"中卫"之"属城"条,正文未单独标目。"铁柱泉"正文亦未单独标目,见"宁夏后卫"之"领堡寨三"条,录管律撰《城铁柱泉碑》、胡侍撰《铁柱泉颂》。

卷四、卷五、卷六等3卷内容,《目录》、正文标目没有异文,分别标作《沿革考证》《赫连夏考证》《拓跋夏考证》。关于编纂这3卷历史沿革内容的目的,管律解释道:"志宁夏而详于沿革及赫连、拓跋之考证者何欤?援古以鉴今也。援古以鉴今者何欤?盖是地开拓之始末,用力难易,暨唐宋之倏得倏失,本于任人之有贤有否,运筹之或优或劣,尽可为今之准也。故竹山不避其繁而备载之,兹又增其所未备者。"④由此也可以看出,古代编纂方志,资政、教化的目的是非常明显的。

《嘉靖宁志》保存宁夏艺文资料非常丰富,据笔者统计,全书共录诗292首、词13首、文58篇,涉及作者近百人。其中卷一杂录诗17首、文30篇,卷二杂录诗37首、文10篇,卷三杂录诗61首、文9篇。卷七、卷八专录诗文。⑤卷七录诗

---

① 邵敏校注:《嘉靖宁夏新志》,[明]管律纂修,中国社会科学出版社2015年版,第68页。
② 《目录》标目《忠孝节义》盖用概说,正文分别标作《孝行》《忠节》《烈妇》《孝妇》《节妇》《义民》《六世同居》等7目。
③ 《嘉靖宁志》原文误作"永乐十四年乙未状元陈循榜二名"。据《明史》卷一六八《陈循传》,陈循为永乐十三年(1415)乙未榜状元。
④ 邵敏校注:《嘉靖宁夏新志》,[明]管律纂修,中国社会科学出版社2015年版,第200页。
⑤ 卷七《目录》标目作《宁夏文苑志·诗》,正文省作《文苑·诗》;卷八《目录》标目作《宁夏文苑志·文》,正文省作《文苑·文》。

177首、词13首。其中录冯清诗最多,有13首,录朱栴词最多,有7首。卷八录文9篇。

七 《〔嘉靖〕宁夏新志》与《〔弘治〕宁夏新志》编刊质量比较

(一) 编修质量

管律自称受业于胡汝砺,并参与了《弘治宁志》的纂修。就两部志书的内容而言,后出的嘉靖本显然比先出的弘治本更为完整丰富,史料价值也更大。如卷二、卷三随文所录多篇碑记和诗文都是《弘治宁志》所没有的,卷四至卷六部分也补充了许多史料入志,卷七、卷八《宁夏文苑志》收录诗文亦明显多于《弘治宁志》,加上《弘治宁志》卷七整卷亡佚,更显出了《嘉靖宁志》的价值。但正如管律所言,他重修志书的蓝本依然是《弘治宁志》,所以《弘治宁志》是《嘉靖宁志》成书过程中最为重要的一部文献。

据前引管律、杨守礼序言可知,管律对于胡汝砺原修之《弘治宁志》主要做了两方面的工作:一方面,努力恢复胡著原貌,即"既提纲挈领,剪蔓剸繁,而复竹山之故矣"。另一方面,增补许多胡著原书所无的材料,即"政有关于大体者不厌其烦,事有益于军民者备记其实"。

以沿革部分为例,《弘治宁志》载事多系纲目,很少再据其他文献补充史料,而《嘉靖宁志》则增补了多条《弘治宁志》原本未载的资料。如《弘治宁志》卷四:唐玄宗天宝十五年(750)"秋七月,太子即位于灵武"条,《嘉靖宁志》增补唐朝杨炎《受命宫颂并序》;唐宪宗元和十四年(819)"冬十月,吐蕃寇盐州,灵武将击破之"条,《嘉靖宁志》增补《中书门下贺灵武破吐蕃表》;南宋理宗景定五年(1264)"春正月,蒙古遣唆脱颜、郭守敬行视宁夏河渠"条,《嘉靖宁志》增补董文用、郭守敬修筑西夏故地河渠事。《弘治宁志》卷六:北宋仁宗康定元年(1040)"秋八月,以范仲淹兼知延州"条,《嘉靖宁志》增补范仲淹所上《上仁宗论夏贼未宜进讨》;北宋仁宗庆历元年(1041)"春正月,元昊遣人至延州议和,范仲淹以书谕之"条,《嘉靖宁志》增补范仲淹《答赵元昊书》;庆历元年(1041)二月,"元昊寇渭川,任福与战于好水川,败死"条,《嘉靖宁志》增补范仲淹《上仁宗乞先修诸寨未宜进讨》之疏、田况《上仁宗论攻策七不可》之疏、张亢《上仁宗论边机军政所疑十事》之疏;庆历三年(1043)"春正月,元昊上书请和"条,《嘉靖宁志》增补韩琦所拟《仁宗赐夏国主诏》;庆历三年(1043)"夏四月,遣使如夏州"条,《嘉靖宁志》增补贾昌朝所上驭将之言;庆历四年(1044)"十二月,册元昊为夏国主"条,《嘉靖宁志》增补韩琦《上仁宗论西北议和有大忧者三大利者一》;北宋英宗治平四年(1067)"十二月,夏主谅祚卒,子秉常立"条,《嘉靖宁志》增补王珪拟《立夏国主册文》;北宋神宗元丰六年(1083)"闰六月,夏人复来修贡"条,《嘉靖宁志》增补王安礼拟《赐夏国主诏》;北宋哲宗元符二年(1099)"冬十一月,许夏人通好"条,《嘉靖宁志》增补夏国主乾顺所上誓表;北宋徽宗宣和六年(1124)"春正月,夏称藩于金,金以边地界之"条,《嘉靖宁志》增补乾顺遣巴哩公亮等来金所上誓表表文及金主赐夏主誓诏文。

上述新增补的史料显然极大地弥补了《弘治宁志》记事的不足,为了解相关史实提供了更多可资参考的材料。同时也要看到,由于时代的原因,《嘉靖宁志》在史料编排方面也有失误。如《嘉靖宁志》卷二中将西夏人斡道冲误记作宋朝人。斡道冲生平事迹最早见载于元朝虞集《道园学古录》卷四《西夏相斡公画像赞有序》,清人周春《西夏书》卷三有《斡道冲传》,吴广成《西夏书事》卷三六、三七、三八亦载有斡道冲事迹。之所以出现这样的问题,是与中国古代所谓"夷夏观"有着密切的关系。在正统的封建思想中,西夏一直被视为割据政权,未被当作是与宋朝平起平坐的政权,而仍视其为宋朝的臣属政权,故把西夏人一概视为宋朝人。

(二) 刊刻质量

前文提及,天一阁本《嘉靖宁志》刊刻有版式体例不一的情况。从内容文字看,《嘉靖宁志》卷四至卷六的考证内容基本照录《弘治宁志》,为便于检索,《嘉靖宁志》于《弘治宁志》年号纪年之处又增加干支纪年名称,但在其刊刻本天干用字中,"乙"常误刻作"巳","己"常被误刻作"巳""已","已"常误刻作"巳","戊""戌""戍"常混误,人名及年号用字"祐"常误刻作"佑"。

"乙""己""已""巳"误字例:卷五《赫连夏考证》南朝宋文帝元嘉二年(425)为"乙丑"年,《嘉靖宁志》"乙"误作"巳"。卷四《沿革考证》东汉光武帝建武五年(29)为"己丑"年,东汉顺帝永建四年(129)为"己巳"年,卷六《拓跋夏考证》北宋神宗熙宁二年(1069)为"己酉"年,北宋哲宗元符二年(1099)为"己卯"年,北宋徽宗宣和元年(1119)为"己亥"年,《嘉靖宁志》"己"皆误作"巳"。卷四《沿革考证》唐宪宗元和十四年(819)为"己亥"年,卷六《拓跋夏考证》南宋宁宗嘉定二年(1209)为"己巳"年,《嘉靖宁志》"己"皆误作"巳"。卷四《沿革考证》唐代宗永泰元年(765)为"乙巳"年,《嘉靖宁志》"巳"误作"已"。

"戊""戌""戍"误字例:卷四《沿革考证》隋文帝仁寿二年(602)、唐玄宗开元十年(722)皆为"壬戌"年,卷四《沿革考证》唐玄宗天宝五年(746)、卷六《拓跋夏考证》北宋太宗雍熙三年(986)皆为"丙戌"年,卷六《拓跋夏考证》北宋真宗大中祥符三年(1010)、北宋神宗熙宁三年(1070)皆为"庚戌"年,北宋仁宗景祐元年(1034)为"甲戌"年,《嘉靖宁志》"戌"皆误作"戊"。卷四《沿革考证》元武宗至大元年(1308)为"戊申"年,《嘉靖宁志》误作"戌申"。卷六《拓跋夏考证》北宋神宗元丰五年(1082)为"壬戌"年,《嘉靖宁志》误作"壬戊"。

"祐""佑"误字例:卷六《拓跋夏考证》五代后汉隐帝乾祐四年(951)、宋哲宗元祐元年(1086),《嘉靖宁志》"祐"皆误作"佑"。

其他误字例:卷五《赫连夏考证》南朝宋少帝景平二年(424),《嘉靖宁志》"二"误作"三"。卷六《拓跋夏考证》北宋太宗淳化五年(994)为"甲午"年,《嘉靖宁志》误作"甲子";北宋仁宗庆历元年(1041)为"辛巳"年,《嘉靖宁志》误作"辛卯"。造成上述误字现象的原因基本上都是形近而误。还有因音近而误的现象,如卷五《赫连夏考证》北魏太武帝延和元年(432),《嘉靖宁志》"延"误作"元"。有些是年号和干支皆有误者。如卷六《拓跋夏考证》北宋仁宗皇祐元年(1049)为"己丑"年,《嘉靖宁志》误作"巳巳皇祐元年"。

另外,在将年号纪年与干支纪年换算时,《嘉靖宁志》亦有误。如卷四《沿革考证》唐太宗贞观二年(628)为"戊子"年,《嘉靖宁志》误作"丁亥","丁亥"年实为贞观元年(627);五代时后晋出帝开运元年(944)为"甲辰"年,《嘉靖宁志》误换算成"丙午"年(开运三年,946)。

由于《嘉靖宁志》内容文字基本照录《弘治宁志》,故《弘治宁志》的某些年号误字《嘉靖宁志》也照录了。如卷四《沿革考证》唐哀宗天祐六年(909),《嘉靖宁志》误"祐"为"佑",十国吴睿帝杨溥大和元年(929),《嘉靖宁志》误"大"为"太",此皆沿袭《弘治宁志》之误。卷五《赫连夏考证》北魏太武帝神䴥元年(428)、五年(432),《嘉靖宁志》"䴥"均误作"庆";"神䴥元年"之"䴥"误袭自《弘治宁志》,"神䴥五年"之"䴥"《弘治宁志》则不误。卷六《拓跋夏考证》唐哀宗天祐七年(910),《嘉靖宁志》误"祐"为"佑";南宋宁宗嘉定七年(1214)当金宣宗贞祐二年,为"甲戌"年,《嘉靖宁志》误"祐"为"佑",此袭自《弘治宁志》,而"甲戌"误作"甲戊"则只是《嘉靖宁志》误,《弘治宁志》不误;南宋宁宗嘉定十二年(1219)当金宣宗兴定三年,为"己卯"年,《嘉靖宁志》误作"巳卯",袭《弘治宁志》,而"兴定三年"误作"兴定二年"则是《嘉靖宁志》误,《弘治宁志》不误。

除了年号上出现错误外,《嘉靖宁志》在过录《弘治宁志》正文或双行小注中还出现了一些文字错误。如卷六《拓跋夏考证》,唐太宗贞观三年(629)冬闰十二月"党项别部拓跋赤辞降"条,其下双行小注"其后析居夏州者号平夏州"句,据《长编》卷一二〇、《纲目备要》卷一〇、《宋史》卷四八五《夏国传》、《辽史》卷一一五《西夏外记》、《金史》卷一三四《西夏传》等,"平夏州"当作"平夏部",《弘治宁志》不误;北宋仁宗庆历三年(1043)春正月"元昊上书请和"条,其下双行小注"西图用兵日久"句,据《纲目备要》卷一二、《涑水记闻》卷五、《宋史》卷四八五《夏国传》、《宋史纪事本末》卷三〇《夏元昊拒命》等,"图"当作"鄙",《弘治宁志》不误;北宋仁宗皇祐二年(1050)冬十月"夏请平于契丹,契丹不许"条,其下双行小注"安置所获曩霄妻于蓟州"句,据《长编》卷一六二、《隆平集》卷二〇《夏国传》、《东都事略》卷一二七《西夏传》、《辽史》卷二〇《兴宗本纪》、卷一一五《西夏外记》等,"蓟州"当作"苏州",《弘治宁志》不误。夏主仁孝子之名,《嘉靖宁志》作"纯祐",当作"纯佑",《弘治宁志》不误。本卷引《桯史》,《嘉靖宁志》注史料出处时"桯史"误作"程史",《弘治宁志》不误。

《弘治宁志》卷六《拓跋夏考证》,于编年叙述西夏事后,又引正史、笔记中所记西夏事作为补充,每一条均注明出处。与《弘治宁志》直接将这些补充史料接续在编年西夏史料之后不同的是,《嘉靖宁志》则于编年西夏史料后另起一行,刻"遗事杂志"4字,以示此后史料皆与此前编年史料不同。然后补《弘治宁志》所无的《唐授田牟灵州节度使制》《授郑齐之灵武副使制》二文,此后各条史料及所注出处同《弘治宁志》,但引自《宋史·孙甫本传》所载夏国请售青白盐之事的史料未像《弘治宁志》那样标注出处。

分析引文可以看出,这部分史料基本上节录自正史或笔记,个别语句则为引用者的概述之语。《弘治宁志》转引时出现了脱、讹、衍、倒等文字错误,《嘉靖宁志》基本上沿袭了全部错误,另外,又增加了新的文字错误。以引《梦溪笔谈》为例,胡汝砺未对引用材料进行考辨,故引用时沿袭了原材料中存在的错误。如引卷九《人事》曹玮预讲边备之事,有元昊幼时"尝往来互市中"句之"互市",《弘治宁志》《嘉靖宁志》皆作"牙市",据王国维、胡道静、金良年等考证,"牙市"当作"互市"。[①] 引卷一三《权智》种世衡用间事,"而吃曩之父得幸于野利"句,《弘治宁志》《嘉靖宁志》皆脱"父"字,《嘉靖宁志》又多脱"得"字。"许之以缘边职任锦袍真金带"句,"职",《弘治宁志》《嘉靖宁志》皆误作"战";"真",《弘治宁志》误作"贞",《嘉靖宁志》不误。"为祭文叙岁除日相见之欢"句,"叙",《弘治宁志》《嘉靖宁志》皆误作"序"。"而银器凡千余两悉弃之结疤虏人争取器皿"句,"凡",《弘治宁志》《嘉靖宁志》皆误作"九";"皿",《嘉靖宁志》误作"血",《弘治宁志》不误。"遂赐野利死"句,《弘治宁志》《嘉靖宁志》皆脱"野"字。"自此君臣猜贰以至不能军"句,《弘治宁志》《嘉靖宁志》皆脱"以至不能军"五字。引卷二五《杂志》西夏事,"杨告"之"告"皆作"吉",据《长编》卷一一一、《宋史》卷三〇四《杨告传》及《梦

---

① 参见[宋]沈括:《梦溪笔谈》,金良年校勘,上海书店出版社2003年版,第91页《校勘记》[二九]。

溪笔谈》传世诸本,作"告"是。"及拜起顾其左右曰先王大错"句,"顾"《弘治宁志》《嘉靖宁志》皆误作"领诏","先王",《嘉靖宁志》误作"先生",《弘治宁志》不误。"宁令受之母恚忌"句,"恚",《嘉靖宁志》误作"羔",《弘治宁志》不误。"遂刺之"句,"刺",《弘治宁志》《嘉靖宁志》皆误作"刾"。"其先中国人"句,"中国",《嘉靖宁志》倒作"国中",《弘治宁志》不倒。"又命其弟乞埋为家相"句,"家相",《弘治宁志》《嘉靖宁志》皆误作"冢嗣"。"陴者彍弩射之"句,"陴者",《弘治宁志》《嘉靖宁志》皆衍作"守陴者"。"血洗于踝"句,"洗",《弘治宁志》《嘉靖宁志》皆误作"踠"。"谓之没宁令没宁令者华言天大王也"句,《弘治宁志》《嘉靖宁志》皆脱作"谓之没宁令者"。"又次曰关萌讹"句,"萌",《弘治宁志》《嘉靖宁志》皆误作"明"。"唯马尾粗有战功"句,"粗",《弘治宁志》《嘉靖宁志》皆误作"但"。"秉常不得志,素慕中国。有李清者,本秦人,亡虏中,秉常昵之,因说秉常以河南归朝廷,其谋泄,清为梁氏所诛,而秉常废"等语句,"秉常不得志"句下数语,《弘治宁志》《嘉靖宁志》皆只概述作"以李清事被废"一句,这显然是志书编纂者的省改。"有倡姥李氏得梁氏阴事甚详"句,"倡姥",《弘治宁志》《嘉靖宁志》皆作"娼老"。"遂托以他事中夜解去"句,《嘉靖宁志》误脱"中",《弘治宁志》不误。

　　管律重修《嘉靖宁志》,主要以《弘治宁志》为底本资料,而《弘治宁志》又是以庆靖王朱栴的《正统宁志》为参考文献的。前文谈及,朱栴失考之处被胡汝砺沿袭,管律重修志书时有些资料未加详考,胡汝砺所袭之误亦被他沿袭了下来。如朱栴《正统宁志》卷上《河渠》载汉二渠之渠名为御史渠、尚书渠、光禄渠,实际上当为填汉渠、御史渠、尚书渠。朱栴不明文义而衍,胡汝砺、管律亦将朱栴之误都沿袭了下来。此后的宁夏志书中,全都误袭下去了。

八　文献价值

　　《嘉靖宁志》的文献价值体现在多个方面。第一,《嘉靖宁志》是传世的宁夏旧志中成书时间晚于《弘治宁志》的第二部志书,虽承《弘治宁志》而编,但补充了大量的明朝弘治之后至嘉靖十九年(1540)间与宁夏有关的史实入志,保证了宁夏各方面资料没有断层,为研究明代宁夏历史、政治、经济、军事、文学、人物等问题提供了大量第一手的材料。同时,从编修方法上来讲,较《弘治宁志》更加科学、严谨,反映了明朝宁夏旧志编修人员具备了较高的修志水平。第二,该志所载资料虽然是就宁夏一地而言,却具有全国层面的研究价值。如有关经济方面的诸多资料,"为我们提供了一个素材丰富的明代军屯经济,即军事封建主义的边塞经济的标本"。① 第三,该志具有特殊的文献校勘及辑佚价值。上文述及,《嘉靖宁志》征引了大量的诗文入志,这些诗文或见存于作者的诗文集,或见存于其他文献中,或仅见于《嘉靖宁志》。整理他人诗文时,就可以《嘉靖宁志》引文为很好的他书资料来校勘。《嘉靖宁志》有些材料是从其他文献中征引的,这些材料也可以用作整理这些文献的校勘资料。而仅见于《嘉靖宁志》的诗文就成了辑补某些作者诗文很好的辑佚材料了。散见于《嘉靖宁志》中的宁夏当地人的诗文,更是研究宁夏艺文的一手材料。

第四节 亡佚的隆庆、万历年间编修宁夏志书

明代隆庆年间所修之宁夏旧志有 1 种,即《朔方边纪》5 卷。万历年间所修最多,共有 4 种,包括万历五年(1577)石茂华监修,解学礼、孙汝汇纂修《宁夏志》4 卷 42 目,万历七年(1579)罗凤翱纂《朔方志》4 卷 10 篇,万历四十四年(1616)刘敏宽纂《固原州志》2 卷,万历四十五年(1617)杨寿、黄机纂《万历朔志》5 卷。《固原州志》属州志,②其余均相当于通志。《万历朔志》《固原州志》有传本,其他几种均亡佚。

一 整理与研究现状

隆庆、万历年间编修的《朔方边纪》《宁夏志》《朔方志》等 3 种旧志在古代目录中均有著录。《陇右录》也著录了这些旧志,且均著录为佚书。朱洁撰《介绍宁夏明代地方志五种(下)》、高树榆撰《宁夏方志考》《宁夏方志录》《宁夏方志评述》《宁夏回族自治区地方志述评》,王桂云撰《银川方志述略》等论文对隆庆、万历年间编修志书都有概要式的介绍。胡迅雷撰《罗凤翱与宁夏》一文,对罗凤翱生平及著述进行详细梳理。③ 薛正昌撰《明代宁夏与固原两大军镇的地方志书及其特点》一文对万历间编修的几种志书有详细比勘。1969 年台湾学生书局版《新

---

① 陈明猷:《〈嘉靖宁夏新志〉的史料价值》,载《嘉靖宁夏新志》,陈明猷校勘,宁夏人民出版社 1982 年版,第 465 页。
② 详见本著作第八章第一节。
③ 罗凤翱,胡文皆误作"罗凤翔"。

修方志丛刊》影印明抄本石茂华修《宁夏志》,陈明猷撰《新印万历〈宁夏志〉及其他》专就台湾影印石茂华修《宁夏志》进行辨伪。

二 隆庆三年杨锦修《朔方边纪》

(一) 著录异同

张萱等编修《内阁藏书目录》卷六《志乘部·陕西》著录曰:"《朔方边纪》五册,全,万历癸丑邑人平(?)修。"[①]《千顷堂书目》著录书名及册数相同,但编修时间及编修者著录为"隆庆三年锦为副使时辑"[②]。《明史》卷九七《艺文志·史类·地理类》著录杨锦修《朔方边纪》5卷。

从各家著录内容可知,5卷本《朔方边纪》曾传世,但编者或曰杨锦,或曰平(?),编纂时间一说为隆庆三年(1569),一说万历四十一年(1613),两说相差44年。《内阁藏书目录》编成于明朝万历三十三年(1605),其中不当著录万历四十一年(1613)编著的文献。疑《内阁藏书目录》著录《朔方边纪》有误。

(二) 杨锦生平

杨锦字尚綱,山东益都(今山东青州市益都县)人,生卒年不详。《嘉靖陕志》卷五二《名宦》有传。《山东通志》卷一五之一《选举志》载,嘉靖三十四年(1555)中乙卯科举人,三十五年(1556)中丙辰科进士。《河南通志》卷三二《职官》载,嘉靖三十五年(1556)任河南汝州知州。《徽州通志》卷五九《职官》载,隆庆时任蓟州兵备道。

《山西通志》卷七九《职官》载,杨锦嘉靖时任佥事,为右参政。《乾隆甘志》卷二七《职官》载,杨锦曾任甘肃都御史、巡抚。《嘉靖陕志》卷二二《职官》载,杨锦以户部郎任靖边兵备副使,创建龙图书院,威名流著。惜均不详其时。从目录著录及杨锦仕履看,《朔方边纪》可能是其靖边兵备副使任上编著的。

---

① 《续修四库全书》本《内阁藏书目录》"平"下一字影印较为模糊,疑为"顺"或"颐"。

② 张维考证曰:"《千顷堂目》此志纂于隆庆乙巳。考隆庆六年中无乙巳,乙巳乃万历三十三年,今从阁目。"(张维:《陇右方志录》,《中国西北文献丛书》据北平大北印书局1934年版影印,兰州古籍书店1990年版,第77册第531页)张先生认为,《千顷堂书目》著录的编纂时间有误,当从《万历内阁书目》。笔者考证发现,文渊阁《四库全书》本《千顷堂书目》载杨锦纂于"隆庆三年",该年干支为"己巳"。张先生所见《千顷堂书目》将"己巳"误作"乙巳",故先生认为《千顷堂书目》有误。实际上,《千顷堂书目》原著录不误,张先生所见版本有误。另外,张先生引《万历内阁书目》著录,杨锦于万历己丑年即十七年(1589)编修《朔方边纪》。《万历内阁书目》即《内阁藏书目录》,笔者所见《续修四库全书》本著录内容不同于张先生所引,张先生所据版本不知为何本。《适园丛书》本《内阁藏书目录》著录内容同《千顷堂书目》。

三 万历五年石茂华监修,解学礼、孙汝汇纂修《宁夏志》

(一) 编修缘起

万历五年(1577)修《宁夏志》最早著录于《千顷堂书目》卷七《地理类》:"石茂华《宁夏志》四卷,万历间修。"著录编修者为石茂华。传世的万历四十一年(1613)修《万历朔志》录有石茂华于万历五年(1577)撰写的《重修〈宁夏志〉序》。同书卷二《内治·宦迹》载,石茂华万历二年(1574)任陕西三边总督,修《宁夏镇志》。清汪绎辰《银川小志·乡贤·孝》中亦提及石茂华修《宁夏镇志》事。

石茂华《重修〈宁夏志〉序》提到,宁夏为西北重地,旧有志,即胡汝砺修《弘治宁志》、管律修《嘉靖宁志》。这两种志书修成时间较长,"今几四十年矣,因革废置大异焉。余惧将来之无所考也,因檄兵粮道佥宪解君学礼重修之,解君则礼延长史孙汝汇相与考索订正,逾年告成。旧志可因者因之,未备者增之,繁芜者则芟刈之,为卷者四,为目者四十有二。大都以有关于政体边事为准,外此弗录也。华而不浮,质而不俚,疆域故实,及昔贤经略之迹,犁然在目。呜呼!核且备矣。稽往范来,是不可以传乎?……志之所载,咸足取镜焉。后之有考于斯者,循名责实,可免无征之叹,是作志者意也。"① 《嘉靖宁志》修成于嘉靖十九年(1540),时距万历五年有37年,故石茂华叹惜曰"今几四十年矣"。由石序可知,《宁夏志》是由石茂华于万历四年(1576)倡议重修的,由解学礼、孙汝汇具体编修的,"逾年"即万历五年(1577)修成。内容共分4卷42类目。

(二) 编修者生平

1. 石茂华

石茂华(1521—1583)字君采,②号毅庵,山东益都(今山东青州市益都县)人。《明实录·神宗显皇帝实录》、《大清一统志》卷一三六《青州府人物》、《山东通志》卷二八之三《人物》、《江南通志》卷一一五《职官志·名宦》、《万姓统谱》卷一二一等载石茂华事迹,《万历固志》上卷《官师志》有石茂华传记。光绪三十三年(1907)刊《〔光绪〕益都县图志》卷三五据益都旧志及清人于慎行撰《石恭襄墓志》修《石茂华传》。

《山东通志》卷一五之一《选举志》载,石茂华嘉靖二十二年(1543)中癸卯科

---

① 胡玉冰校注:《万历朔方新志》,[明] 杨寿纂修,中国社会科学出版社2015年版,石茂华《重修〈宁夏志〉序》第1—2页。
② 石茂华之字,《大清一统志》作"君采",《山东通志》作"居采",《江南通志》《万姓统谱》作"崇质"。

举人，二十三年（1544）中甲辰科进士。授浚县知县，行取户部主事。《江南通志》卷一一五《职官志·名宦》载，嘉靖三十四年（1555）知扬州府，有破倭功，累迁右佥都御史。《山西通志》卷七九《职官》载，嘉靖时任巡抚山西都御史。《河南通志》卷三一、三四《职官》载，嘉靖时曾任卫辉府属淇县知县，后任河南按察司副使。《乾隆甘志》卷二七《职官》载，嘉靖间任巡抚甘肃都御史。《嘉靖陕志》卷二二《职官》载，曾任陕西左参政、右参政、按察使、总督都御史等职。《弇山堂别集》卷五七载，隆庆五年（1571）任右侍郎，转左侍郎。同书卷五〇、《万历朔志》卷二、《万历固志》上卷载，万历二年（1574）总督陕西三边。《明实录·神宗显皇帝实录》卷五九载，万历五年（1577）二月甲戌，升兵部尚书。《万历固志》上卷、《大清一统志》卷一七七载，万历十一年（1583）以兵部尚书再总制三边，以积劳呕血卒，赠太子少保，谥曰恭襄。①《山东通志》卷三二《陵墓志·青州府》载，石茂华墓在县西旧西门外。

《千顷堂书目》卷二四著录石茂华《衍庆堂集》，卷三〇著录《三边奏议》《甘肃奏议》。有《毅庵总督陕西奏议》13 卷传世。该书刻于万历五年（1577），所录皆为石茂华于万历元年九月至四年十二月（1573—1576）总督陕西三边时所上各奏议，共约 140 篇。书首有万历四年（1576）刘伯燮序，又有万历五年（1577）李维桢序。

2. 解学礼

解学礼，山西安邑（今山西运城）人，生卒年不详。《万历固志》上卷有专传。国图藏清朝乾隆二十九年（1764）言如泗、吕瀣编《解州全志·安邑县》卷八《人物志》有其简单的事迹介绍，并注明详见《运城志》。同馆藏光绪六年（1880）言如泗、熊名相编《解州全志·安邑县运城志》卷八有解学礼专传。《山西通志》卷六八、六九《科目》，《解州全志·安邑县志》卷六《选举》、《解州全志·安邑县运城志》卷六《选举》载，解学礼嘉靖四十三年（1564）中甲子科乡试，隆庆二年（1568）中戊辰科进士。

《畿辅通志》卷五九、《山东通志》卷二五之一载，万历时曾任山东巡盐监察御史。《嘉靖陕志》卷二二载，曾任陕西左参议、按察副使。《万历朔志》卷二《内治·宦迹》载，万历二年（1574）任督储河西道，才识卓越，修守绩伟。《明实录·神宗显皇帝实录》卷八四、《万历固志》上卷载，万历七年（1579）二月乙酉，升陕西左参议解学礼为陕西副使，整饬固原兵备。《明实录·神宗显皇帝实录》卷一二〇、《万历固志》上卷载，万历十年（1582）正月壬午，升陕西固原兵备副使解学礼

---

① 明朝郭良翰撰《明谥纪汇编》卷一五、鲍应鳌撰《明臣谥考》卷上、王世贞撰《弇山堂别集》卷七二《谥法》载，石茂华敬顺事上，因事有功，谥曰"恭襄"。《大清一统志》误倒作"襄恭"。

为本省右参政。

3. 孙汝汇

孙汝汇,浙江余姚县人,生卒年不详。国图藏清乾隆四十六年(1781)《余姚志》卷一七《选举志》、《浙江通志》卷一三三《选举》载,隆庆二年(1568)戊辰科进士,与解学礼为同榜进士。《余姚志》载由员外至长史。《万历朔志》卷二《内治·宦迹》载,万历三年(1575)任庆王府长史。

(三) 传世情况

万历五年(1577)修《宁夏志》已亡佚。台湾学生书局版《新修方志丛刊》"边疆方志之二十一"影印明抄本石茂华修《宁夏志》(共两册)。据考证,该本完全是后人据《万历朔志》的伪造,实不可信。①

四 万历七年罗凤翱修《朔方志》

(一) 编修缘起

《万历朔志》录罗凤翱于万历七年(1579)二月初吉撰书的《重修〈朔方志〉序》,序称,明代最早的宁夏旧志是庆靖王所编。"后凡三修,竟流而为簿书,观者疵焉。夫图志,国之诞章。矧朔方为雍要塞,经略防御,审画攸关,筹边者将按图而运之,簿书其志可乎?"②所谓"簿书"相当于官署中的文书簿册。在罗凤翱看来,地方志书相当于"国之诞章"即国家大法,它对于经边治国会起到重要作用。宁夏地理位置很重要,其志书更应该有这样的作用才是。但自庆靖王之后的宁夏志书总共编修过3次,即胡汝砺修《弘治宁志》、管律修《嘉靖宁志》、解学礼和孙汝汇修《宁夏志》,罗凤翱对各志的修志质量都不满意。他巡抚宁夏后,想改变这种现状,"余承乏是方凡六稔,方事略晓罢。戊寅冬余,乃按旧志整齐其故实,拾遗约繁,矫俚为文,作志十篇,曰志地、志边、志□、③志祀、志赋、志兵、志宦、志人、志举、志杂,析为四卷。经画发微,著言以断,中寓讽褒。放悲〔司马〕迁、〔班〕固论赞,非敢附于《大雅》,庶几述往事、贻来者,可考镜于一方耳。顾边务

---

① 参见高树榆:《宁夏方志考》,《宁夏图书馆通讯》1980年第1期,第17—22页;《宁夏方志录》,《宁夏史志研究》1988年第2期,第46—52页,第45页;《宁夏方志评述》,《图书馆理论与实践》1993年第3期,第30—35页;《宁夏回族自治区地方志述评》,载金恩晖、胡述兆编《中国地方志总目提要》,(台北)汉美图书有限公司1996年版,第28-3—4页【注:"28"是宁夏回族自治区在该书中的编号】;陈明猷《新印万历〈宁夏志〉及其他》,《宁夏图书馆通讯》1983年第2期、第3期(合刊),第46—52页。

② 胡玉冰校注:《万历朔方新志》,〔明〕杨寿纂修,中国社会科学出版社2015年版,《〔罗凤翱〕重修朔方志序》第1页。

③ 志□:据前文"作志十篇"云云,"志"字后疑有脱字。

侘傺,载籍不博,愧无以成一家言,冀有洽闻者订正之云"。① 由此记载可知,罗凤翱于万历六年(戊寅年,1578)冬天开始在已有方志的基础上重修《朔方志》,七年(1579)二月修成,志书共 4 卷,分 10 篇,包括了地理、人物、宦迹、选举、祭祀、诗赋等内容。赵可教于万历四十五年(1617)撰写的《〈朔方新志〉后跋》也记载了罗凤翱于万历七年(1579)编修《朔方志》事。

(二) 罗凤翱生平

罗凤翱字高输,号念山,山西蒲州(今山西永济市)人,生卒年不详。《明实录·神宗显皇帝实录》散见有罗凤翱的部分材料,《万历朔志》卷二《内治·宦迹》、《乾隆宁志》卷一二有其简略的生平材料,《山西通志》卷一二五《人物》有其专传。《山西通志》卷六八载,嘉靖二十五年(1546)中丙午科乡试。官国子监博士,擢监察御史。出按山东,监临乡试。《明实录·神宗显皇帝实录》卷一二载,万历元年(1573)四月甲戌,升大理寺少卿罗凤翱为都察院右佥都御史,巡抚宁夏地方。同书卷五九载,万历五年(1577)二月甲戌,升罗凤翱为右副都御史。卷七一载,万历六年(1578)正月乙亥,罗凤翱自陈不职,乞罢,不允。卷一〇四载,万历八年(1580)九月壬申,赐巡抚宁夏都察院副都御史罗凤翱祭葬如例。据同书卷九六载,万历八年(1580)二月戊戌,罗凤翱受赏。卷九九载,万历八年(1580)闰四月己酉,升山西右参政萧大亨为都察院右佥都御史,巡抚宁夏。由此推知,罗凤翱可能卒于万历八年(1580)二月至闰四月间。②《山西通志》卷一二五《人物》载,"凤翱为政先自治,不督后下僚,然不严而威,承其流者皆凛凛知自矜。"《万历朔志》卷二《内治·宦迹》对罗凤翱巡抚宁夏 8 年的政迹有评价曰:"体恤民隐,苏息商困。奏止入卫兵马,修理城池。莅位八年,夏人立祠颂德。"③

(三) 传世情况

罗凤翱修《朔方志》在张萱等编修《内阁藏书目录》卷六《志乘部·陕西》有著录曰:"《朔方志》四册,全,万历己卯督抚罗凤翱。"④《内阁藏书目录》修成于万历

---

① 胡玉冰校注:《万历朔方新志》,[明]杨寿纂修,中国社会科学出版社 2015 年版,《〔罗凤翱〕重修朔方志序》第 1 页。
② 胡迅雷据《明实录》卷一〇四记载认为,罗凤翱卒于万历八年(1580)九月。参见胡迅雷:《罗凤翔与宁夏》(笔者按:"翔"当作"翱"),载《宁夏历史人物研究文集》,宁夏人民出版社 1993 年版,第 250—257 页。
③ 胡玉冰校注:《万历朔方新志》,[明]杨寿纂修,中国社会科学出版社 2015 年版,第 69 页。
④ "翱"原误作"翔",张维已指出此误。参见张维:《陇右方志录》,《中国西北文献丛书》据北平大北印书局 1934 年版影印,兰州古籍书店 1990 年版,第 77 册第 531 页。又《山西通志》卷一二五《人物·罗凤翱》载,凤翱之兄凤翔亦以孝廉入仕籍,有名于时,时人称为"双凤"。《乾隆宁志》卷九人名不误,卷一二误作"罗凤翔"。

三十三年（1605）。这条著录内容说明3点情况：第一，罗凤翱修《朔方志》确有其事，且志书修成并传世；第二，至少在万历三十三年（1605），《朔方志》尚完整传世；第三，志书册数是4册，盖1卷1册，说明罗凤翱《朔方志》为4卷的记载是可信的。《朔方志》今已不传，其具体内容不得而知。

第五节 《〔万历〕朔方新志》

一 整理与研究现状

杨寿、黄机、明时儒等纂修于万历四十五年（1617）的《朔方新志》（本著作简称《万历朔志》）在古代目录中未见有著录。《陇右录》《联合目录》①《总目提要》②《宁夏目录》③《甘肃目录》等对《万历朔志》有著录。《稀见提要》对藏于上海图书馆的《万历朔志》有解题。④《方志与宁夏》第二章《宁夏历代修志综览》对《万历朔志》也有简单介绍。

朱洁撰《介绍宁夏明代地方志五种（下）》，高树榆撰《宁夏方志考》《宁夏方志录》《宁夏方志评述》《宁夏回族自治区地方志述评》，王桂云撰《银川方志述略》等论文对《万历朔志》有概要式的介绍。陈健玲撰《（万历）〈朔方新志〉考》是专篇研究《万历朔志》的论文。胡迅雷撰《王崇古与宁夏》一文多据《万历朔志》梳理、评价王崇古的治边政绩功德。薛正昌撰《明代宁夏与固原两大军镇的地方志书及其特点》一文对《万历朔志》等文献详细比勘。天津古籍出版社1988年版《宁夏历代方志萃编》、宁夏人民出版社1988年版《宁夏地方志丛刊》、兰州古籍书店1990年版《中国西北文献丛书》第一辑《西北稀见方志文献》、海南出版社2001年版《故宫珍本丛刊》、文苑出版社2015年版《宁夏旧方志集成》等丛书，都影印出版了《万历朔志》。

中国社会科学出版社2015年10月出版了胡玉冰校注《万历朔志》。本书主

---

① 该书著录清朝唐采臣刊本刊行时间为"顺治十六年（1659）"。笔者考证，该志最早当刊刻于康熙十六年（1677）而非顺治十六年，详见下文。

② 提要介绍杨寿为"嘉靖进士"，实误，当为万历进士。

③ 著录该志有明万历四十二年（1614）刻本，其他目录书均未见著录此本。据《万历朔志》成书及传世情况，此著录疑误。

④ 解题将杨寿中进士时间误记为"嘉靖三十二年"，实际上当为"万历四十一年"。协助编纂者姓名为黄机、明时儒，误作"黄机明、时儒"。

要以标点、校勘、注释等方法开展整理工作，以《故宫珍本丛刊》影印明万历刻本为底本，以天津古籍出版社1988年影印本为对校本。宁夏人民出版社2015年版范宗兴著《增补万历朔方新志校注》也有一定的参考价值。

二　编修始末

宁夏巡抚杨应聘万历四十五年（1617）正月撰写的《〈朔方新志〉序》对该志编修始末叙述得非常清楚，序载："宁夏，古朔方地，故其志以'朔方'名。志凡四修矣，'新'之者何？"①杨序指出，宁夏诸事原来清楚地记载在各种文献中，但由于万历二十年（1592）发生了"壬辰兵燹"，自明朝初年开始至此二百多年间积累的资料有很多都荡然无存了。"迄兹再纪，而藩统官寺之增损、舆地营砦之废兴、甲兵钱谷之盈朒、习俗民隐之变迁，考往按今，岂其时异势殊然欤？前抚振峰崔公（景荣）安攘之暇，有慨乎中。念旧章不可以遂湮，近事不可以缺载。会癸丑，杨君（寿）假归，檄道礼延主笔，邀一二逢掖，开局纂修。甫就，而公奉简命入贰枢笼，杨君亦以谒选行。适余来代，访旧问遗，乃获君稿于儒官黄机。机，固佐君共襄考订者也。方下所司，督锓诸梓，而君复以司农使事过里门，又间加参续，请余言弁诸简端。"②这段序文说明，宁夏兵燹之后，又过了二十几年，各事都发生了很大的变化，前任宁夏巡抚崔景荣认为，应该把这些变化在宁夏志书中记载下来，补充其不足。

崔景荣（？—1631）字自强，号振峰，直隶长垣（今河北省长垣县）人，《明史》卷二五六、《东林列传》卷一四有传，《万历朔志》卷二小载其事迹。万历十一年（1583）进士，三十九年（1611）任宁夏巡抚。《明神宗实录》卷五〇九载，万历四十一年（1613）六月辛丑，升右副都御史，荫一子为国子生。同书卷五一四载，同年十一月己未，升兵部右侍郎，荫一子世袭锦衣卫百户，后又以军功加左侍郎。

崔景荣选中负责纂修新志的最佳人选是杨寿。万历四十一年（1613），杨寿中癸丑科进士，他被聘为主笔开始编纂新志。杨寿带领"一二逢掖"即黄机、明时儒作为他的助手参与编纂。志书文稿刚刚完成，崔景荣离任宁夏巡抚，杨寿也要去吏部候选任职。杨应聘接替崔景荣任宁夏巡抚，在黄机那里看到了杨寿撰写的志书文稿，就下令雕版，准备刊行。恰巧杨寿又因公事到宁夏，于是又请他抽

---

① 胡玉冰校注：《万历朔方新志》，[明]杨寿纂修，中国社会科学出版社2015年版，杨应聘《〈朔方新志〉序》第1页。关于杨序所言"四修"即四次修方志事，学者有不同的看法。笔者认为，当指弘治间胡汝砺修志、嘉靖间管律修志、万历五年（1577）解学礼修志、万历七年（1579）罗凤翱修志。

② 胡玉冰校注：《万历朔方新志》，[明]杨寿纂修，中国社会科学出版社2015年版，杨应聘《〈朔方新志〉序》第1页。

空再次对志书文稿进行修订润色。杨寿还请杨应聘给新修的志书写序。杨应聘在序中对新志编修内容及水平给予很高的评价。他说,杨寿"以鸿裁卓识,构所睹闻,故其上下古今,焕乎鳞次,分纲衍目,为帙有五。……斯固崔公(景荣)橄修之意,而杨君(寿)文字足以发之。苟有采风以备惇史,则斯志为之征矣"。[①] 这说明,杨寿新修志书共 5 卷内容,传世本与此正相符。

参与修志的赵可教于万历四十五年(1617)七月初吉撰写的《〈朔方新志〉后跋》中也对《万历朔志》修志经过有记载。他说,万历七年(1579)修朔方志书一事距今已超过 36 年了,期间宁夏遭遇兵燹,很多事情有变化。万历四十二年(1614),巡抚崔景荣延聘作者纂修新志,文稿刚刚修成,崔景荣离任,杨应聘接任,又对文稿进行修订,"逾年始成。爰锓诸梓,命余言叙诸末简"。[②] 也就是说,新志于万历四十三年(1615)定稿后就开始雕版,准备刊行了。

《万历朔志》附录的《纂修〈朔方新志〉橄文》《修志凡例》及《修志姓氏》也是研究《万历朔志》编修过程的重要资料。综合各种资料可知,《万历朔志》于万历四十一年(1613)由宁夏巡抚崔景荣最先倡议编修,户部山西清吏司主事杨寿实际负责纂修,宁夏镇人黄机、明时儒协助编纂。四十二年(1614)杨应聘接任宁夏巡抚一职后又请杨寿对新志文稿进一步修订,四十三年(1615)定稿,开始雕版。从志书所记载内容看,至早于四十五年(1617)七月正式刊行。此后又有补修刊印,因此出现了传世本中记叙万历四十五年(1617)之后发生史事的现象。

三 编修者生平

共有 12 人直接参与了《万历朔志》的编修,《修志姓氏》详列其姓名、籍贯及仕履身份。除纂修者杨寿、编辑黄机和明时儒外,提调官有龚文选、赵可教、张崇礼等 3 人,校阅人有张谦、胡悦安、王廷极、阎柳等 4 人,宁夏卫经历司经历汪子善、杨臻等 2 人负责监刻。

(一) 杨应聘

杨应聘(1556—1620)字行可,[③]号楚璞,安徽怀远(今安徽怀远县)人。《江南通志》卷一四九《人物志·宦绩》、《浙江通志》卷一五一《名宦》、国图藏清嘉庆

---

① 胡玉冰校注:《万历朔方新志》,[明] 杨寿纂修,中国社会科学出版社 2015 年版,杨应聘《朔方新志》序》第 1—2 页。
② 同上书,第 407 页。
③ 《浙江通志》卷一五一载,杨应聘字"志尹",误。

二十四年(1819)孙让编纂《怀远县志》卷一九《英贤传》据旧县志、《杨氏家谱》《谕祭兵部左侍郎杨应聘文》及《谕祭原任兵部左侍郎封兵部尚书杨应聘下葬文》等修有专传。

《怀远县志》卷一九《英贤传》载，万历七年(1579)中己卯科举人。《江南通志》卷一二三《选举志》载，十一年(1583)与崔景荣同中癸未科进士。《浙江通志》卷二六《学校》征引《崇祯乌程县志》曰，万历十六年(1588)，乌程县知县杨应聘重修加广乌程县儒学明伦堂基。同书卷五五《水利》载，万历十六年至十七年间(1588—1589)，杨应聘修筑荻塘。《万历朔志》卷二载，万历四十二年(1614)任宁夏巡抚。《明神宗实录》卷五四六载，万历四十四年(1616)六月壬寅，巡抚宁夏、右佥都御史杨应聘升副都御史，照旧巡抚，荫一子入国子监读书。同书卷五五九载，万历四十五年(1617)七月丁丑，升巡抚宁夏右副都御史杨应聘为兵部左侍郎兼都察院右佥都御史，总督陕西三边军务。① 《明史》卷一一二《七卿年表》载，万历四十八年(1620)三月，杨应聘卒。据《怀远县志》本传载，同年七月初六，神宗皇帝特派礼部右侍郎兼翰林院侍读学士孙如游赐《谕祭兵部左侍郎杨应聘文》。天启元年(1621)八月初三，遣直隶凤阳府知府李枝秀赐谕葬碑文。

(二) 杨寿

杨寿，宁夏前卫人，生卒年不详。《万历朔志》卷三载，万历三十四年(1606)中丙午科举人，四十一年(1613)中癸丑科进士，授户部主事。

(三) 黄机、明时儒

黄机和明时儒负责协助杨寿进行志书的编辑，二人都是宁夏镇人，生平事迹不详。修志时，黄机为遥授儒官，明时儒为儒学廪膳生员。《乾隆宁志》卷一八《艺文》录清人王全臣《〈解氏家谱〉书后》载宁夏世胄解氏家族事时，提及明时儒之女。载曰，明末清初李自成义军攻打宁夏时，解文俊曾把家人全部集中在楼上，楼下堆积木材，待义军攻陷时拟全家集体自焚。"余又闻文俊妻明氏，纂修朔志时儒之女，亦读书识大义。方文俊积薪楼下时，呼家人登楼，有饮泣者，明氏慨然先登曰：'此全身地也，何泣为？'"② 最后义军没有攻下城池，文俊一家得以保全性命。从此事亦可想见明时儒之家风。

---

① 《万历朔志》卷二载，杨应聘于万历四十六年(1618)任总督。
② 胡玉冰、韩超校注：《乾隆宁夏府志》，[清]张金城等纂修，中国社会科学出版社2015年版，第507页。

(四) 龚文选、赵可教、张崇礼

龚文选、赵可教、张崇礼等3人均为《万历朔志》编辑的提调官。《万历朔志》卷二载,龚文选为四川人,嘉靖四十一年(1562)左右任督储宁夏河西道。《乾隆甘志》卷二七载,赵可教为温江人,接替龚文选任督储宁夏河西道。《万历朔志》卷二载,张崇礼为山西代州人,嘉靖四十二年(1563)十二月以按察使任督储宁夏河东道。《山西通志》卷六九载,张崇礼中万历十七年(1589)己丑科进士。

四 编修方法及内容

故宫的传世藏本《万历朔志》包括以下几部分内容:罗凤翱《〈朔方志〉序》,杨应聘《〈朔方新志〉序》,石茂华《重修〈宁夏志〉序》,杨守礼《重修〈宁夏新志〉序》,《〈朔方新志〉目录》,《总镇图说》,①《修志姓氏》,龚文选《纂修〈朔方新志〉檄文》,《修志凡例》,正文卷一至卷五,赵可教《〈朔方新志〉后跋》。各序跋及《修志姓氏》对于考证《万历朔志》编修始末有很重要的研究价值,前文已述及。《总镇图说》从分析宁夏所处地理位置入手,强调它在明朝边防体系中的重要性。传世宁夏志书中最早附有地图的是《弘治宁志》,附《国朝混一宁夏境土之图》《宁夏城图》等两幅地图。《嘉靖宁志》除此两幅外,另增加《南塘》《金波湖》等两幅线描风景图。《万历朔志》共绘制了11幅图,是传世的明朝宁夏志书中最多的。其中《南塘金波湖》在《嘉靖宁志》中已有,新增《丽景园小春园》线描风景图。《总镇舆图》《镇城图》相当于弘治、嘉靖两朝宁夏志书中的《国朝混一宁夏境土之图》《宁夏城图》,新增加《河西总图》《河东总图》《东路图》《中路图》《南路图》《西路图》《北路图》等7幅地图。下面主要结合《纂修〈朔方新志〉檄文》《修志凡例》及各卷内容来对《万历朔志》编修过程和内容作进一步分析。

龚文选《纂修〈朔方新志〉檄文》中提到,该文是奉时任宁夏巡抚崔景荣之命撰写的,而纂修人为进士杨寿。杨寿于万历四十一年中进士,崔景荣于万历四十二年离任宁夏巡抚,故知檄文撰写于万历四十一年至四十二年间(1613—1614)。檄文先说明编修《万历朔志》的原委、意义,然后动员文武官员要积极参与到志书

---

① 故宫藏本《朔方新志·总镇图说》后附《镇城图》《南塘金波湖》《丽景园小春园》《总镇舆图》《河西总图》《北路图》《南路图》《河东总图》《西路图》《中路图》《东路图》等11幅图。原书《目录》将《总镇图说》及附图标注为卷一的内容,但传本的这些图均附在卷一之前。另,"总镇图说"四字,原书《目录》作"图考"。《南塘金波湖》《丽景园小春园》等线描风景图原书《目录》中未标目,此据正文图题补。《宁夏历代方志萃编》各图排序与故宫藏本不同,依次是:《镇城图》《总镇舆图》《河西总图》《南塘金波湖》《丽景园小春园》《北路图》《南路图》《河东总图》《西路图》《中路图》《东路图》。

的编辑活动中来,并就志书编纂过程中需要注意的问题作了说明。

就编纂意义来说,《万历朔志》主要是要补充万历七年(1579)罗凤翱修《朔方志》后至万历四十二年(1614)所缺载的内容,特别要注意搜集在"壬辰兵燹"中损毁的资料,以达到文献昭明、劝善惩恶的目的。檄文对志书编纂素材的搜集有以下说明:"为此,仰本道会同河东道转行两河文武各官,照依单开款条,兼查旧志凡例,遍行询访,加意搜罗。或稽之案牍之文,事必直穷其源委。或采之耆儒之口言,亦勿弃夫刍荛。凡有关于政事人心,不必拘于显幽巨细,惟求详尽,勿厌繁多。"①由此可知,此次编纂《万历朔志》,以河西道为主,同时河东道官员也要参与。两道文武官员在提供内容素材时,除了按照规定的条款内容提交外,还要尽可能多地提供其他有资于修志的资料。这些资料,有的要从各种政府公文档案中查找,有的需要进行田野调查。对各史事要追根溯源,田野调查不但要面广,还要认真对待调查获取的每一件素材,不厌其烦,不要轻易地舍弃掉琐碎的资料。志书编纂的具体程序是:"径送聘请乡官进士杨〔寿〕删繁就简,录实黜讹。门类体裁,惟当仍乎旧贯;笔削褒贬,专有待于新编。该道再加折衷,务期精核,各殚三长之技,共成一家之言,庶典章大备于今兹,而耳目不淆于来世矣。所需物料供给,查明陆续呈详。"②各种资料都交由杨寿进行审核选择,志书的编纂体裁和类目沿袭旧志(即罗凤翱编《朔方志》),但各种史事则要由时人给出最新的评价。杨寿编成的文稿还要由龚文选等人最后把关,务必使此次编成的《万历朔志》能成"一家之言"。调查资料所需要的各种开支也要求呈上审核。从以上分析可以看出,《纂修〈朔方新志〉檄文》实际上是向河东、河西两道官员就《万历朔志》编修事宜进行动员和布置,有明确的任务要求与质量要求。

《修志凡例》共12条,是对《万历朔志》正文各类目编修做出的原则性说明。前4条针对《万历朔志》卷一内容而言,第五、第六两条针对卷二而言,第七条至第十一条针对卷三而言,第十二条针对卷四、卷五两卷而言。

《万历朔志》共5卷20大类51小类。其《目录》为二级目录,如卷二包括《内治》与《外威》两大类,《内治》下细分成《帝幸》等10小类,《外威》下细分成《边防》等5小类。

卷一包括:《建置沿革》,《天文》(《分野星宿图》③),《地理》(《疆域》《城池》《卫砦》《坊市》《风俗》),《山川》(附《形胜》④),《食货》(《户口》《屯田》《赋役》《水

---

① 胡玉冰校注:《万历朔方新志》,[明]杨寿纂修,中国社会科学出版社2015年版,龚文选《纂修〈朔方新志〉檄文》第1页。
② 同上。
③ 括号中各目为小类之目,下同。《分野星宿图》《目录》标作"星野"。
④ 形胜:正文标目作"形势"。

利》《盐法》《物产》《土贡》《税课》)。《修志凡例》载:"气候不齐,山河两界。城路堡砦,丁佣地利,皆其所先。壬辰兵燹之余,盛衰富耗顿异,其所赖以综理生养者既悉且周,故首及之,以观其政。"①修志书的一个主要目的就是要地方官员能够从当地历史中汲取经验教训,而与该地有关的建置沿革、山川地理、土地物产、食货等事是官员最先应该了解的,所以《万历朔志》卷一主要围绕这些内容来编纂。《建置沿革》既有文字叙述,又辅以图表说明。特别是用图表来说明宁夏历史沿革,在宁夏志书中是首创。《宁夏卫沿革表》自上而下共分四行,第 1 行为时代名,第 2 行为"总部",第 3 行为"郡(附直隶州)",第 4 行为"州县"。自右往左分成若干竖行,说明自唐虞三代至明朝宁夏卫的行政区划沿革史,一目了然。对于宁夏后卫、宁夏中卫、灵州守御千户所、兴武营守御千户所、平虏守御千户所等又用文字补充说明。《食货》方面,涉及户口、屯田、赋税的均以详细的资料来说明,如宁夏户口"原额:户二万九千三百三十七,口五万六千四百四。今额:户二万九千二百五十四,口五万六千二百九十一"。② 由于食货事关国计民生,为了突出地方官员的政绩,还在相应的表述中附上官员就某一问题所上的题奏,以示其为民请命。如《屯田》附万历元年(1573)巡抚朱笈请求调整中卫等地屯田数的奏疏,这为了解相关变化提供了可信的一手材料。

卷二包括:《内治》(含《帝幸》《藩封》《官制》《宦迹》《兵马》《钱粮》③《公署》《学校》《仓库》《驿递》④),《外威》(含《边防》《关隘》《烽燧》《俘捷》《款贡》)。对于本卷内容分成《内治》与《外威》两部分,《修志凡例》这样说明:"军国宏纲,无踰安攘,必内顺治而后外威严,故自封统,官寺之崇庳,甲兵钱谷之盈缩、天堑堠燧、功捷款封,次第书之。然于额运停止请复之疏书之綦详,盖夏之军兴,犹自治之要也。"⑤由于庆靖王在宁夏的特殊地位,其世系详述于《藩封》中。对于《宦迹》,按照时代先后,选取宁夏历史上有名的官员对其政绩进行介绍,重点介绍明朝在宁夏为官的官员政绩。先按照官员级别由高到低加以介绍,然后再按照地方不同,对各地官员加以介绍。高级别官员的介绍稍详,包括姓名、籍贯、仕履情况、任职时间、主要政绩等。如巡抚朱笈,"桃源人,进士,隆庆元年任,六年复任。《屯田豁额》一疏,夏人永赖"。⑥ 低级别官员,许多只是记录其姓名而已。为突出宁夏重要的边防地位,附录部分官员的重要奏疏,以进一步强调。如《钱粮》部分附录

---

① 胡玉冰校注:《万历朔方新志》,[明]杨寿纂修,中国社会科学出版社 2015 年版,《修志凡例》第 1 页。
② 同上书,第 21 页。
③ 钱粮:原志《目录》标目作"钱谷"。
④ 驿递:正文标目作"驿递杂治附",但未见有"杂治"正文。
⑤ 胡玉冰校注:《万历朔方新志》,[明]杨寿纂修,中国社会科学出版社 2015 年版,《修志凡例》第 1 页。
⑥ 同上书,第 68 页。

了宁夏三任巡抚黄嘉善、崔景荣、杨应聘的4篇奏疏,请求中央加大对宁夏粮饷的支持力度。

卷三包括:《文学》(含《科贡》《乡献》《流寓》)、《武阶》(附《武科》)、《忠孝节义》《窃据叛乱》①《坛祠》、《寺观》(附《仙释》)②、《陵墓》《古迹》《祥异》《方技》。《修志凡例》说:"夏文学、武阶,乃国家启运弘化之资。"③所以卷三就辑录宁夏文学与武阶之事。《科贡》部分与卷一《建置沿革》一样,也主要以图表的形式来叙述,包括《夏镇科贡表》《灵州科贡表》《中卫贡表》《后卫贡表》等4个图表。表分列年号、干支、进士姓名、举人姓名、岁贡姓名等内容。从表中可知,明朝宁夏第一位举人是徐琦,他于永乐六年(1408)中举,十三年(1415)他又和曹衡同中进士,两人成为明朝宁夏最早及第的进士。自永乐六年至万历四十四年(1408—1616)宁夏共出了25位进士。《修志凡例》说明:"忠孝节义,述之旧乘。兵变死事人臣与夫列女,悉照台檄有章疏案牍者书之。"④故入忠、孝、节、义名录者都沿袭旧志的记载,死于战事者和列女,则需要有政府公文证实方可入传。赫连勃勃之大夏政权、西夏政权简史入《窃据》类目。另立《叛乱》一目,《修志凡例》曰:"畔乱自庚午距壬辰,故特著之,以彰天讨。"⑤明代中期,宁夏曾发生过两次大的"叛乱"事件。一件发生于正德五年(庚午年,1510),是庆靖王曾孙安化王寘鐇与宁夏指挥、千户等人共同讨伐宦官刘瑾的所谓"寘鐇之变",另一件发生在万历二十年(壬辰年,1592),是少数民族将领哱拜反抗宁夏巡抚等人的民族歧视政策,火烧公署,占领黄河以西大片地区的所谓"壬辰兵燹"(又称"哱拜之乱")。《万历朔志》立专目详细记述其经过,并在《忠》《孝》《节》《义》等目中,记载了多位原事件杀叛者的事迹。在志书中对这些史实要大书一笔,在当时是要"以彰天讨",其维护政权的目的性是很强的。而在今天,这些恰恰又成了研究那段历史的宝贵资料。

卷四内容为《词翰》,主要录颂、制、表共7篇,赋2篇,碑铭、题记等文章65篇。卷末还附清康熙五年(1666)九月兵部侍郎韩城高辛胤撰《巡抚都御史三韩刘公秉政去思碑记》1篇。

卷五内容包括《词翰》(《诗》《词》)、⑥《遗事》。录诗208首,词8首。遗事共7则,全同《嘉靖宁志》所辑西夏《遗事杂志》。原版《万历朔志》第57页后附宁夏

---

① 忠孝节义窃据叛乱:正文分别标目作《忠》《孝》《节》《义》《窃据》《叛乱》。
② 仙释:正文中未标注"仙释"类目名称。
③ 胡玉冰校注:《万历朔方新志》,[明]杨寿纂修,中国社会科学出版社2015年版,《修志凡例》第1页。
④ 同上。
⑤ 同上书,《修志凡例》第2页。
⑥ 原志《目录》中未标注"诗""词"。

巡抚黄图安于顺治十二年至十五年间(1655—1658)上奏的 3 篇奏议共 27 页。

五 版本特点

(一) 万历四十五年刻本

该本白口,四周双边,单、黑鱼尾,版心题书名、卷次及页次。罗凤翱序共 2 页,每半页 7 行,行 14 字,《宁夏历代方志萃编》影印本脱本序"朔方志止疏其方事耳"至"后凡三"等前 74 字。杨应聘序共 5 页,每半页 6 行,行 14 字。序末落款后印有"楚璞""杨应聘印"两方印文。石茂华序共 6 页,每半页 7 行,行 14 字。杨守礼序共 3 页,每半页 7 行,行 13 字。《〈朔方新志〉目录》2 页,皆每半页 9 行。《总镇图说》1 页,双行小字,共 18 行,行 19 字。《修志姓氏》1 页。《纂修〈朔方新志〉檄文》《修志凡例》各 2 页,每半页 9 行,行 21 字。赵可教《〈朔方新志〉后跋》共 6 页,每半页 6 行,行 14 字。

卷一至卷五正文每半页 9 行,行 21 字。卷一共 45 页。《宁夏历代方志萃编》影印本本卷《土贡》脱"贡若红花"至"人甚称便"共 38 字,《税课》7 行 155 字的内容全脱。卷二原版 99 页,新版增加 15 页,共 114 页。卷三共 87 页。卷四原版 87 页,新版增加 3 页,共 90 页。卷五原版 57 页,新版增加 27 页,共 84 页。

《宁夏历代方志萃编》影印本卷二在页码排序上有一个值得关注的现象,即第 26、27、35、36、39 页之后各加一页,版心页次分别标作"二十六之一""二十七之一""三十五之一""三十六之一""三十九之一",第 42 页之后连加了 3 页,第 74 页之后连加了 5 页,第 75、98 页之后各增加了 1 页。凡新增页码,都会有万历四十三年(1615)即第一版《万历朔志》成书之后的内容,这一现象说明了传世的《万历朔志》于万历四十三年(1615)后又曾补刻的事实。《故宫珍本丛刊》影印本卷二也有类似现象。卷二第 26、29、39、98 页之后各多加了 1 页页码编次相同的页面,第 42 页之后连加了 3 页,第 74 页之后连加了 5 页。

以两种影印本的第 26 页为例,左半页第 3 行载"总督"刘敏宽为万历四十二年(1614)任,下一任总督杨应聘于四十五年(1617)任。[①] 第一版《万历朔志》于万历四十三年(1615)成书,刘敏宽就成为《万历朔志》中记载的最后一任三边总督了。原版于刘敏宽事迹下有长墨丁,也说明以下不再刻有内容。次行标题作"巡抚",记录各位宁夏巡抚的事迹。但在《万历朔志》传世过程中,再次印刷时情况发生了变化,需要增加万历四十二年(1614)之后的新内容,原有的某些版片就

---

① 《万历朔志》原作"万历四十六年任",据《明实录·神宗显皇帝实录》,疑误。

不能继续利用了,要重新雕版。由于第一版《万历朔志》卷二第26页"刘敏宽"之后再没足够的空处用来增加新内容,所以就又重新雕版,补充了杨应聘等5位万历至天启七年(1627)间任"总督"的官员事迹。原版第29页前两行6个大字,58个双行小字与第30页右半页第4、5两行的完全重复,这有可能是为了节省费用,故充分利用旧版,本版面未重新雕版,重复的内容也未删除。

因为补刻本页码编次的变化,导致《宁夏历代方志萃编》《故宫珍本丛刊》影印本在页面编辑上出现了错误。据笔者比对,《宁夏历代方志萃编》影印本与甘图藏复印本同,影印装订时部分内容又作了调整。除上文提及的脱文现象外,《目录》第1页与第2页装订次序颠倒。页面的排序上,原版第26页、"二十七之一"当删除,26页至31页的排序当调整为25、"二十六之一"、27、28、30、29、31的次序,原版第32页脱。《故宫珍本丛刊》影印本第84册第197页至425页为《万历朔志》,分上下两栏,影印本第250页至第253页排序混乱有误,据其实际内容,第250页上栏之原版第26页当删除,原版第26页至第30页的排序当调整为:第250页下栏原版第26页,第251页上栏第27页、下栏第28页,第252页下栏第29页、上栏第29页,第253页上栏第30页。据此,影印本版心的页码中,第252页上栏第29页实际上当为第30页,其他各页页码当依次修改,即原版第30改为31,31改为32,32改为33,等等。影印本在第253页上栏第30页下注明"卷二原书缺第31面",实际上所缺者应该是第32面。①

(二) 清顺治十五年唐采臣增补《万历朔方新志》

有关唐采臣增补《万历朔志》事,最早见于清人王宋云于乾隆四十五年(1780)所撰《〈宁夏府志〉后序》,王宋云直接参与了《乾隆宁志》的编辑工作,他在序中提及《乾隆宁志》编纂之前的若干次编志活动,其中就有唐采臣补志事。序曰:"国朝顺治初,唐采臣先生以户部主事督饷来此,得遗文数首,因与中丞黄公〔图安〕奏议附刻于后。朔方旧志如是而已。"②《江南通志》卷一六六《人物志》载,唐德亮字采臣,无锡人,顺治九年(1652)进士。官户部郎,管通州仓,卒于官。《江南通志》卷一九四《艺文志·集部》著录唐采臣著有《书巢文集》。据研究,唐德亮顺治时以户部主事的身份到宁夏督饷,将时任宁夏巡抚黄图安于顺治十二年至十五年间(1655—1658)上奏的3篇与宁夏有关的奏议共27页补刻出来,增

---

① 第31页载明代督储河西道者止于"龚文选",据《乾隆宁志》卷九可知,龚文选之后督储河西道者还有赵可教、周懋相、冯从龙、吴文企、张崇礼、沈应时、谭性教、吴暐、刘锡元、丁启睿、王裕心、李虞夔、张凤翼等十三人。故知,《万历朔志》所缺第32页的内容应该是赵可教等人的事迹。

② 胡玉冰、韩超校注:《乾隆宁夏府志》,[清]张金城等纂修,中国社会科学出版社2015年版,第692页。

补在原版《万历朔志》卷五第 57 页之后,是为顺治十五年(1658)《增补万历朔方新志》。①

查检《万历朔志》传世本可知,其卷四第 84 页最后三行唐德亮识语至本卷最后一页即第 90 页的内容也当为唐德亮在任时补刻编入。唐德亮识语曰:"会大中丞黄四维先生修废举坠,百度维新,每与予询访旧章,偶得《三贤祠记》及《张公去思记》于灰烬之余,其于地方之安危、民生之利病,可存以备考证。因请于中丞公,命续刊志内。"②识语后录有明朝翰林院编修南居仁撰《灵州三贤祠碑记》、御史沈犹龙撰《河东兵备道张九德去思碑记》及清朝兵部侍郎韩城高辛胤撰《巡抚都御史三韩刘公秉政去思碑记》等 3 篇碑记。加上卷五后附黄图安的 3 篇奏疏,传世的唐德亮补刻本较万历四十五年原刻本共增加了 6 篇文章。

《巡抚都御史三韩刘公秉政去思碑记》,对刘秉政在宁夏的政绩大加赞赏,最后写道:"公讳秉政,号宪评,辽东广宁人。时康熙五年九月之吉。"③也就是说,这篇碑记成文之时,刘秉政已经死去。《钦定八旗通志》卷三四〇等文献载,刘秉政,汉军镶蓝旗人,顺治十六年(1659)五月任宁夏巡抚,康熙五年(1666)十一月任福建巡抚,十三年(1674)革,十六年(1677)七月十二日暴殂。由此可以推知,刘秉政在黄图安之后接任宁夏巡抚,康熙五年(1666)刘秉政还健在,故《万历朔志》所谓高辛胤撰写的碑记落款时间肯定有误。此文出现在《万历朔志》中,说明传世本最早当刊刻于康熙十六年(1677),即刘秉政去世之年,而非顺治十五年(1658),否则很难解释顺治十五年(1658)的刻本上会出现纪念康熙十六年(1677)死者的文章。传世本更不可能是万历四十五年(1617)原刻初印本。如前所述,该本补刻痕迹非常明显,且在《万历朔志》卷二所载明朝巡抚郑崇俭之后补刻了一位清朝巡抚"刘秉政"的简单生平,这更说明,传世本当为清朝补刻后印刷行世的。

(三) 甘肃省图书馆藏民国三十三年传抄本

《中国西北文献丛书》第一辑《西北稀见方志文献》第 50 卷即影印此本。原版本开本为 26.4 cm×15 cm,版芯为 18.6 cm×12.2 cm。传抄本正文每半页 10 行,行 24 字。卷首有张维题识,内容详见其《陇右方志录·万历朔方新志》解题。

---

① 参见高树榆:《宁夏方志录》,《宁夏史志研究》1988 年第 2 期,第 46—52 页,转第 45 页;王桂云:《银川方志述略》,《银川市志通讯》1988 年第 3 期,第 21—26 页,转第 20 页;郭晓明:《管窥〈中国地方志联合目录〉宁夏书目》,《银川市志通讯》1989 年第 2 期,第 41—44 页。
② 胡玉冰校注:《万历朔方新志》,[明]杨寿纂修,中国社会科学出版社 2015 年版,第 336 页。
③ 同上书,第 341 页。

钤盖有"鸿汀""陇人张维""张维之印""还读我书楼藏书印""临洮张维"等印文印章。抄本抄录质量较差，有误字、脱文等现象。如杨应聘《〈朔方新志〉序》落款"楚璞杨应聘撰"，抄本误作"初璞杨应聘撰"。《修志凡例》中"建置沿革"，抄本误作"建治沿革"。《修志姓氏》中提调"张崇礼"，抄本误作"张宗礼"。传抄本只有前4卷。卷一漏印《天文·分野星宿图》，卷二《内治·帝幸》14行250多字的内容全脱。

六 文献价值

清人对于《万历朔志》的资料价值评价不高，乾隆四十四年（1779）秋，由延安守赴宁夏，特授分巡宁夏兼管水利驿务兵备道的永龄的观点很具有代表性。他在乾隆四十五年（1780）秋撰写的《〈宁夏府志〉序》中谈道："入境以来，亟欲识此邦治理之宜，以稍效其尺寸，因取所谓《朔方志》者观之。其书本简略不备，又自前明万历后但缀奏牍数篇，[①]而我朝定鼎以来，百数十年之事，纪载缺如。此岂足存一郡之文献、资官司之法守乎？朔方直谓未有志可也。"[②]从清人所处的时代来看，他们有这样的认识是不足为奇的。从今天利用文献的角度来看，《万历朔志》仍有其价值所在。

《万历朔志》上续《嘉靖宁志》，下启《乾隆宁志》的编修，在宁夏旧志编纂史上是一部重要的、具有承上启下作用的旧志。它补充了大量的嘉靖十九年至万历四十三年（1540—1615）间发生在宁夏的史实，如万历二十年（1592）的"壬辰兵燹"、万历四十三年（1615）的两次地震等，对于研究宁夏政治、经济、文化、教育等都是非常难得的史料。清人补刻的几篇文献也有一定的研究价值。如卷五后附清朝宁夏巡抚黄图安的3篇奏疏，第一篇、第三篇在《乾隆宁志》卷一八《艺文》中也有收录，分别题名《条议宁夏积弊疏》《请免加派九厘银两疏》，但从内容的完整性上看，《乾隆宁志》都是节选，尤其第三篇只是节选了很短的篇幅。另外，从奏疏格式上看，《万历朔志》严格按照奏疏格式来刻印，遇有需要避讳之处抬头、换行、行文措辞都很合规范，而《乾隆宁志》则没有这方面的特点了。所以黄图安的这3篇奏疏，不仅是研究当时宁夏政治的重要材料，也是研究清代奏疏行文格式的重要资料。从方志编修历史看，在宁夏方志编修史上，《万历朔志》第一次在形式上非常规范地编纂方志，组成了相应的编纂队伍，制定了具有指导性意义的

[①] 但：校注本误作"仅"，据乾隆四十五年（1780）刻本改。
[②] 胡玉冰、韩超校注：《乾隆宁夏府志》，[清]张金城等纂修，中国社会科学出版社2015年版，第2页。

《修志凡例》，在编修体例上大胆创新，如绘制多幅地图，编制简捷明了的表格，使宁夏志书的编写水平上了一个新层次。从文献学研究意义看，本志辑录了多篇明朝宁夏历史人物的诗文，不仅丰富了宁夏艺文，同时也是研究相关问题需要的重要材料。如卷五辑录了多篇宁夏官员撰写的儒学碑记，是研究宁夏地区教育史的宝贵材料。更为重要的是，《万历朔志》是《乾隆宁志》最重要的史料源头之一，乾隆志中多处提及的"旧志"，指的就是《万历朔志》。因此，《万历朔志》又可成为整理《乾隆宁志》时必须要重视的他书资料了。

第三章　清代宁夏通志

清初,宁夏南北部行政建置因袭明制,在军政方面仍隶陕西都指挥使司和陕西布政司,分设宁夏巡抚、总兵,下辖若干卫、所。三边(宁夏、延绥、固原)总督驻节固原。顺治二年(1645),设宁夏分巡道。十四年(1657),三边总督移驻陕西。康熙四年(1665),裁撤宁夏巡抚,虽仍保留宁夏总兵的建置,但其权限、地位已大不如明朝。九年(1670),宁夏划归甘肃巡抚统辖。雍正二年(1724),改明朝卫、所建置,设立府、州、县,改宁夏卫置宁夏府,改左屯卫为宁夏县(治宁夏城,今宁夏银川市兴庆区),右屯卫为宁朔县(治同宁夏县),中卫为中卫县(治今宁夏中卫市沙坡头区),前卫平罗守御千户所为平罗县(治平罗所城,今宁夏平罗县城关),改灵州千户所为灵州直隶州(治灵州所城,今宁夏吴忠市古城乡附近)。宁夏府治宁夏县(今宁夏银川市兴庆区),属甘肃省宁夏道,初领宁夏、宁朔、中卫、平罗等4县和灵州直隶州。雍正四年(1726),新设新渠县。同年置花马池分州(治花马池城,今宁夏盐池县城关)。六年(1728),新设宝丰县。八年(1730),花马池分州添设州同,为灵州花马池分州。乾隆四年(1739),新渠、宝丰二县因在乾隆三年(1738)大地震中损毁严重,被裁汰。

同治十年(1871),置化平川直隶厅(治今宁夏泾源县城关),隶平庆泾固化道。十一年(1872),新设宁灵厅,治金积堡(今宁夏吴忠市金积镇),直属于宁夏府。同治十三年(1874),升固原州为固原直隶州,治固原州城(今固原市原州区)。同年改设海城县(治海城,今宁夏海原县城关)、平远县(治下马关堡,今宁夏同心县下马关镇)、硝河城分州(治硝河堡城,今宁夏西吉县硝河乡),均属甘肃省固原直隶州辖。[①]

宁夏旧志中,编修于清代的存世数量最多。从文献记载看,有清一代,相当于宁夏通志的编修活动至少有4次,都发生在乾隆时期,其中编修成书且传世的有两种,另外两次仅有动议而无成书。据清人王宋云《〈宁夏府志〉后序》记载:

---

① 上述宁夏地区行政建置沿革,参见鲁人勇等著《宁夏历史地理考》卷一五《清朝》(宁夏人民出版社1993年版)、吴忠礼等著《宁夏历史地理变迁》第八章《归属甘肃——北府南州西北门户》(宁夏人民出版社2008年版)。

"乾隆癸酉,宁夏道定州杨公〔灏〕有志欲新之,未成而罢。"①乾隆十八年(癸酉年,1753),宁夏道员杨灏(乾隆十一年即 1746 年任)欲修宁夏志书,由于他当年离任,故未成。这是目前所知的第一次宁夏通志编修活动。第二次发生在乾隆十九年至二十年(1754—1755),宁夏知府赵本植私塾先生汪绎辰编修《银川小志》1 卷成,今传。因属私人编修,无官方背景,一度少有人知。王宋云《〈宁夏府志〉后序》还记载了清代第三次编修宁夏通志的活动:"其后太守新安王公〔应瑜〕甫议修举,以调任去。"②乾隆二十二年(1757),王应瑜任宁夏知府,他刚刚议定编修宁夏志书一事,由于于乾隆二十五年(1760)离任,修志之事也搁浅。清代第四次编修通志活动发生在乾隆四十三年秋至四十五年七月(1778—1780),宁夏知府张金城等纂修《乾隆宁志》22 卷成,今传。因属官修志书,传世较广。

第一节 《〔乾隆〕银川小志》

乾隆十九年(1754),汪绎辰受聘为宁夏知府赵本植的私塾先生,二十年(1755)编成《银川小志》。学者多已指出,《银川小志》之"银川"并非特指今宁夏银川市,实际上,该志所记内容是以今银川市为中心,辐射周边贺兰、平罗等各县的地理、物产、风土民情、自然灾变等事,勾勒出了明末清初宁夏府的基本概貌。该志为传世的清朝宁夏通志中成书时间最早的一部。手抄本曾一度深藏于南图,为孤本古籍,少有人知,故目录书亦少著录,仅有的著录也存在一些问题。

一 整理与研究现状

《联合目录》《甘肃目录》将《银川小志》误著录为银川市旧志,实际上该志相当于宁夏通志。③《宁夏目录》著录为清乾隆二十五(1760)稿本,显误,当为乾隆二十年(1755)稿本。《中国边疆图籍录》将该志归属于甘肃省,编者"汪绎辰"误印作"王绎辰"。

---

① 胡玉冰、韩超校注:《乾隆宁夏府志》,〔清〕张金城等纂修,中国社会科学出版社 2015 年版,第 692 页。
② 同上。
③ 高树榆、郭晓明等先生对各目录著录《银川小志》时存在的错误已有所辨明。参见高树榆:《宁夏方志考》,《宁夏史志研究》1988 年第 2 期,第 46—52 页,转第 45 页;郭晓明《管窥〈中国地方志联合目录〉宁夏书目》,《银川市志通讯》1989 年第 2 期,第 41—44 页。

高树榆撰《宁夏方志考》《宁夏方志录》《宁夏方志评述》《宁夏回族自治区地方志述评》、王桂云撰《银川方志述略》等论文对《银川小志》都有提要式的介绍。赵志坚撰《〈银川小志〉初探》、郭晓明撰《浅谈〈银川小志〉》、李洪图撰《简谈〈银川小志〉》、张钟和撰《千年古城一春秋——〈银川小志〉简介》、陈健玲撰《〈乾隆〉〈银川小志〉述评》等论文专题评介《银川小志》。《方志与宁夏》第二章《宁夏历代修志综览》对《银川小志》也有简单介绍。

学者在《银川小志》内容、编纂特点及学术价值等方面的研究上都取得了一定的成绩，如大家都认为，《银川小志》记载的宁夏地震资料、书名中"银川"的取名意义等，在方志文献中是非常珍贵的，这些研究成果为进一步深入研究奠定了很好的基础。同时，研究也存在一些不足。如关于《银川小志》的编纂，有学者认为是宁夏知府赵本植督请汪绎辰编修的；评价《银川小志》内容及学术价值时，有学者认为该志几乎将与宁夏有关的历代诗文全部辑录在志书中，所辑录的水利、学校、风俗等资料都很有研究价值，等等，这些观点都值得进一步商榷。实际上，《银川小志》是汪绎辰个人所编，没有资料证明是赵本植督请的。该志相当多的内容都是照录明朝人所编宁夏旧志，并非汪绎辰的独创。从资料的完整性和全面性来看，该志尚不能与明朝所编的宁夏旧志相比。

《银川小志》稿本仅见藏于南图，所藏为八千卷楼抄孤本。《八千卷楼书目》卷八《史部·地理类》有著录。稿本开本 24.8 cm×17.5 cm。汪绎辰《〈银川小志〉记》每半页 9 行，行 24 字，落款后有"绎辰""代笠亭客"阳文方印。正文每半页 10 行，行 26 字。双行小字每半页 20 行，行 25 字。首页钤盖有"泰来印""卷勺主人""嘉惠堂丁氏藏""嘉惠堂藏阅书""即是深山馆"等朱文印。①

甘图于 1957 年 5 月据南图藏八千卷楼抄本传抄《银川小志》，宁图于 1980 年又据甘图抄本油印《银川小志》传世。天津古籍出版社 1988 年版《宁夏历代方志萃编》、兰州古籍书店 1990 年版《中国西北文献丛书》第一辑《西北稀见方志文献》第 51 卷、凤凰出版社等 2008 年联合出版《中国地方志集成·宁夏府县志辑》、文苑出版社 2015 年版《宁夏旧方志集成》，影印的都是甘图抄本。1988 年，宁夏人民出版社出版《宁夏地方志丛刊》，影印了宁图油印本。2012 年，国家图书馆出版社出版《南京图书馆藏稀见方志丛刊》，首次将南图藏八千卷楼抄本影印出版。

---

① 清代浙江杭州有著名的丁氏藏书家族，丁掌六藏书楼曰"八千卷楼"，其孙丁丙于光绪五年（1879）建"嘉惠堂"储藏其家所藏《四库全书总目》著录之书，并筑"小八千卷楼"，辟"善本书室"，藏宋元刊本。光绪三十三年（1907），"以经商失败，亏公帑，尽鬻其产，而藏书遂为金陵图书馆物矣"（杨立诚、金步瀛合编：《中国藏书家考略》，上海古籍出版社 1987 年版，第 2 页）。

2000年，宁夏人民出版社出版张钟和、许怀然点校《银川小志》。此次点校以甘图1957年传抄本为底本，以《正统宁志》《嘉靖宁志》《乾隆宁志》等为参校本，对原文进行校勘笺注。为便于了解乾隆时期银川的地理方位及城市布局，点校者把《乾隆宁志》所附《宁夏舆地全图》《宁夏府城图》《宁夏满城图》等3幅地图置于《银川小志》最前。点校者对原书分段标点，注释了部分人名、地名、典故等，校勘了部分文字讹误，为学界提供了便于利用的整理成果。但整理也存在一些问题。中国社会科学出版社2015年10月出版柳玉宏校注《乾隆银川小志》是该志的最新整理成果。作者主要以标点、校勘、注释等方法整理《银川小志》。以南图藏八千卷楼乾隆二十年(1755)稿本为底本，以《嘉靖陕志》《万历朔志》《乾隆甘志》《乾隆宁志》等为对校本，部分成果参考张钟和、许怀然点校本。

二　汪绎辰生平

汪绎辰字陈也，号代笠亭客，新安(今安徽歙县)人，祖籍钱塘(今浙江杭州)，生卒年不详。《国朝画征续录》载其事迹。汪泰来之子，庠生。能世家学，工画花卉，有《即是深山馆诗集》。有乾隆二十年(1755)编《银川小志》稿本传世，是传世的清朝宁夏旧志中成书时间最早的一部。

绎辰之父汪泰来，字陛交，钱塘诸生，好学，工诗文。《浙江通志》卷一六七《人物·循吏》载其事迹。康熙五十年(1711)中顺天辛卯乡试，五十一年(1712)特赐壬辰科进士出身，授广东潮州府同知。有《后山文集》《半舫诗》梓行问世。

三　编修始末

《银川小志》编修始末，只在汪绎辰《〈银川小志〉记》中有记述，其他文献中罕有述及者。故研究该志编修始末，需要从分析汪绎辰所记入手。汪绎辰于乾隆二十年(1755)四月(乙亥孟夏)记曰："宁夏旧志成于弘治辛酉，至万历丁巳，凡经四修。考订失实，重复脱略，无以征信。明命既讫，我朝列圣相传，制度大备。而中间旷隔几二百余年，又经兵燹震灾，时远事湮，文献无传，后之操觚者綦难补缀矣！乾隆甲戌，宁夏太守赵公竹堂延余课子，讲解之暇，删摘旧志，旁搜他帙。文人野老之传闻、残碣断碑之纪载，以及尘封案牍，靡不广询博稽。寒灯永夜，借此销磨。明年春，太守筮占无妄，境别菀枯。从旅邸，无聊忧伤感喟中，粗成《小志》。殊惭俭于搜剔,冀他日修志者或有所采焉。"①

从汪绎辰所记可以看出,他对现有的宁夏旧志编修质量是不太满意的。他认为,从胡汝砺于弘治辛酉年(1501)编成《弘治宁志》始,到万历丁巳年(1617)杨寿修《万历朔志》,加上嘉靖年间管律修《嘉靖宁志》、万历年间罗凤翱修《朔方志》,总共有过4次编修宁夏志书的记录,内容上均存在"考订失实,重复脱略,无以征信"的特点。自胡汝砺修志至乾隆二十年(1755),相隔了200多年,这期间又发生过万历二十年(1592)的"壬辰兵燹"和乾隆三年(1738)宁夏大地震等事,很多事情时过境迁,已经鲜为人知了,传世的资料中也少有记载,这就在无形中增加了后来修志者取材的难度。乾隆十九年(1754),时任宁夏知府赵本植延聘汪绎辰做自己孩子的私塾老师。汪绎辰利用讲课之余,从宁夏旧志中删摘相关资料,另外又亲自调查走访,并从残碣、断碑和官府尘封的公文档案中广泛搜集与宁夏有关的资料,非常辛苦地编辑,也借此来消磨时光。

赵本植,号竹堂,浙江杭州人,生卒年不详。乾隆十八年(1753)四月任宁夏知府,《乾隆宁志》卷十二、《民国朔志》卷一五《职官志·宦迹》有传。《乾隆宁志》载:"任宁夏知府,风厉有能名。官吏积弊,下至市肆情伪琐细,廉察无遗,人畏其明。……国初以来,宁夏未有书院,本植捐买民房一所,创立银川书院。……人文日起,皆其所留遗云。"②《民国朔志》内容同此。本植后因军需事被参劾,乾隆二十年(1755)遭革职。甘图藏乾隆二十六年(1761)刻赵本植纂《新修庆阳府志》42卷(存卷一至卷二八、卷四一至卷四二),另有该志的抄本10册(全)。

乾隆二十年(1755)遭革职是知府赵本植仕途上发生的重大变化,汪绎辰称之为"无妄"之灾。"无妄"是《周易》第25卦,卦辞曰:"元亨,利贞。其匪正有眚,不利有攸往。"③言筮遇此卦,若其所为不正,则有灾异,而不利有所前往,意为当往则往,不当往则不往也。《清实录·高宗乾隆皇帝实录》卷四八一载,乾隆二十年(1755)正月壬辰,协办陕甘总督刘统勋等参奏:"宁夏府知府赵本植承喂马匹,偷漏草料,请革职审拟。"④此事令乾隆震怒,下令:"当此军兴伊始,即如此玩纵贻误,非严行治罪不足示惩。赵本植著革职拿问,交该督抚将侵肥偷漏情弊严行究讯。如果侵肥属实,即应照军法从事,以为玩误军需者戒。"⑤这场未曾料到的

---

① 柳玉宏校注:《乾隆银川小志》,[清]汪绎辰纂修,中国社会科学出版社2015年版,第1页。
② 胡玉冰、韩超校注:《乾隆宁夏府志》,[清]张金城等纂修,中国社会科学出版社2015年版,第293页。
③ 高亨:《周易古经今注》(重订本),中华书局1984年版,第231页。
④ 吴忠礼、杨新才主编:《〈清实录〉宁夏资料辑录》,宁夏人民出版社1986年版,上册第230页。刘统勋奏疏及乾隆圣旨参见《平定准噶尔方略》正编卷五"乾隆二十年春正月壬辰"条。
⑤ 同上书,上册第230页。

灾祸让赵本植差一点丢了性命。同书卷四九〇载,乾隆二十年(1755)六月壬子,军机大臣会同三法司议复,赵本植侵扣军需一案,经过审理,实属通融办理,并无侵扣实例,建议将原定拟的斩决之处,照例改流。乾隆也认可这样的改判。就这样,赵本植死里逃生,被抄没家产,革职处理。

汪绎辰大概也因此案所累,不能在赵府继续执教了,就辞归故里,沿途旅居客店时继续编辑《银川小志》。乾隆二十年(1755)四月,《银川小志》粗成,其时赵本植案尚未最后判决,汪绎辰对于赵本植的命运也非常关心,对于人生无常、时事变迁心生感慨,于是在《银川小志记》中有"忧伤感喟"之语。对于《银川小志》,汪绎辰谦称道:"殊惭俭于搜剔,冀他日修志者或有所采焉。"[①]实际上,他无意当中在宁夏旧志的编修史上留下了重要的一笔。

四 编修方法、辑录内容

上文提及,汪绎辰对前朝所修宁夏志书的质量是不太满意的,加之清朝立国以来,宁夏尚无新编志书传世,故利用讲课之闲,搜集资料,编修宁夏志书。该志从开始编修到"粗成",只用了一年左右的时间,无论是编修体例还是内容辑录上都没有大的创新。

该志不分卷,全书共设25类目,包括:《疆域》《星野》《山川》《水利》《城池》《学校》《风俗》《古迹》《祠宇》《寺观》《临幸》《藩封》《窃据》《叛乱》《宦迹》《乡贤》(附《忠孝节义》《流寓》)、《公署》、[②]《物产》(附《坊市》)、《榷税》《边防》《关隘》《灾异》。类目设置上均沿袭明朝旧志类目,如设《疆域》《藩封》《窃据》《叛乱》等。从该志内容看,大部分材料都是从明朝宁夏旧志特别是《万历朔志》中删摘的,同时补充了部分清朝的史料。如《窃据》由3部分内容组成,内容全部袭自《弘治宁志》。第一部分为《弘治宁志》卷五《赫连夏考证》开篇胡汝砺之按语,第二部分为《弘治宁志》卷六《拓跋夏考证》之西夏史概述部分,第三部分《遗事七则》,[③]内容全同《弘治宁志·拓跋夏考证》之八则遗事。《叛乱》内容主要删摘《万历朔志》卷三,最后又补充了两条清朝"叛乱"之事,即顺治三年(1646)和康熙年间花马池民变,这两条民变仅是简单提及,没有进一步展开说明。

具体内容的编排体例仿《嘉靖宁志》《万历朔志》,将与所述之事有关的诗文辑入当条事下,以补充阐述说明。这等于是把应该编入《艺文》的内容分散到了

---

① 柳玉宏校注:《乾隆银川小志》,[清]汪绎辰纂修,中国社会科学出版社2015年版,第1页。
② 正文标目作"官署"。
③ 所辑遗事为八则,但标题作"遗事七则",疑误。

其他部分里了，所以《银川小志》也就没有再专设《艺文》类目。如《山川》类目，于"贺兰山"条下辑录唐王维《老将行》、明庆王朱栴《贺兰大雪歌》、李梦阳《胡马来》、孟霦《宁夏吟》等12首诗，展示出一幅历代文人笔下的贺兰风景图。在《古迹》类目中，于"知止轩"条下辑录明人杨守礼《知止轩说》，"灵州铁柱泉"条下辑录管律《铁柱泉记》，一览便知此轩、此泉来历及故事。若全文照录或摘录自旧志，汪绎辰会加以说明。如《古迹》类目，于"夏州八景"条下辑录材料，注明"三山陈德武《八景诗序》摘略"；《寺观》后附张秋童、永济尚师、黑禅和尚、海珠和尚等4人故事，随文注曰："四则俱载旧志。"①

汪绎辰对于从旧志中辑录的资料有时也略加辨析，如《乡贤·孝》载唐朝灵武二孝事，后引《孝行赞》，辨析曰："旧志不载作赞者姓氏，并不志官爵里居，疑是万历间总制石茂华，因序中有'华奉使朔陲'语，系益都人，曾修《宁夏镇志》，书此俟考。"②汪绎辰所言"旧志"当指《万历朔志》，该志卷三《孝》载灵武二孝事，后附对孝事之《赞》，未载作者姓名。汪绎辰对赞序略加辨析，据序中"华奉使朔陲"句，推测可能是明朝石茂华作。实际上，此"赞"是唐朝李华所作，"华奉使朔陲"句中"华"指李华而非石茂华。李华著《李遐叔文集》卷一辑录《二孝赞并序》。③《嘉靖宁志》卷二《人物》亦载灵武二孝事，其后即附唐朝李华作《二孝赞》，并标注了作者姓名。

五　编修质量及文献价值

《银川小志》系"粗成"，编成后大概没有进行精心的修订，故多种从其他宁夏旧志中辑录的资料出现了一些文字上的错误，这是利用时要注意的。以《寺观》后附4条与释道传说有关的资料为例。《银川小志》辑录了张秋童、永济尚师、黑禅和尚、海珠和尚等4人事，汪绎辰注明是从"旧志"中辑录的。查检宁夏旧志，朱栴《正统宁志》卷上《名僧》中最早录永济尚师、黑禅和尚等两位西夏僧人事，《祥异》中录张秋童事。《弘治宁志》卷二《仙释》补录海珠和尚事，《嘉靖宁志》卷二《仙释》、《万历朔志》卷三《仙释》全同《弘治宁志》的内容，亦录4人故事。

通过对这几种志书中所载材料进行比较后发现，以《正统宁志》为源头，从《弘治宁志》开始就出现了文字辑录上的错误了。"永济尚师"条中，"通三学"，

---

① 柳玉宏校注：《乾隆银川小志》，[清]汪绎辰纂修，中国社会科学出版社2015年版，第69页。
② 同上书，第121页。
③ 李华文章名，唐白居易原本、宋孔传续撰《白孔六帖》卷二五、宋李昉等编《文苑英华》卷七八〇、姚铉编《唐文粹》卷二四，明王志庆编《古俪府》卷五、贺复征编《文章辨体汇选》卷四六四等辑录时均同李华《李遐叔文集》，题作《二孝赞》。《万历朔志》《银川小志》附引时都用了文章的简称，非原名。

《弘治宁志》误作"通五学";"释氏之宗",误作"释氏之定";"祖师马"误脱作"祖师"。《嘉靖宁志》完全沿袭了《弘治宁志》的错误。《万历朔志》除"释氏之宗"不误外,其他两条也沿袭了《弘治宁志》的错误。《银川小志》则误同《弘治宁志》《嘉靖宁志》。

《正统宁志》卷上《祥异》载张秋童得钱事曰:"洪武甲戌,护卫军人张秋童入贺兰山伐木,时秋童方十六岁。深入谷中,见二老者坐石上,问秋童何为而来,对以'伐木'。呼使之前,与之钱盈掬。复往视,则无见矣。钱至今有收得者。二老果仙者欤?莫可得而知也。"[1]《弘治宁志》卷二《仙释》转载曰:"洪武二十七年,中屯卫军人张秋童入贺兰山伐木,谷中见二老者坐石上,[2]问秋童何为,对曰'伐木'。呼使之前,与之钱盈掬。归,复往视之,则无见矣。钱至今有收得者。"[3]很明显,《弘治宁志》对《正统宁志》进行了删节、改写,将干支"甲戌"换成"二十七",未录最后两句,这都不影响对原文的理解。但"护卫"作"中屯卫"、脱"老者"之"老"则是不应该的。"时秋童方十六岁"句也是非常重要的信息,不当删去。《嘉靖宁志》转录《弘治宁志》时,将《弘治宁志》"二者"的错误纠正改为"二老",但其他问题都沿袭下来了,且"贺兰山"3字后衍"后"字。《万历朔志》全同《嘉靖宁志》。《乾隆甘志》卷四一《仙释》亦录张秋童事,基本同《弘治宁志》。《银川小志》全部沿袭了前3种宁夏志书的问题,"中屯卫军人张秋童"句又脱"人"字。"海珠和尚"条最早出现在《弘治宁志》中。《嘉靖宁志》《万历朔志》全同《弘治宁志》,无误,《银川小志》脱最后一句"未传"两字。

作为清代宁夏的第一部志书,《银川小志》属私人学者个人编修,没有官方修志的背景,有的内容记述非常简略,但仍然保存了一些珍贵资料。如于各类目中补充的清朝初期与宁夏有关的各种记载,为研究清朝初期宁夏政治、经济、军事等情况提供了难得的资料。再如《学校》中详细记载宁夏知府赵本植修建"银川书院"事,《物产》中准确描述贺兰砚、石空寺牛油石、中卫产石炭、宁夏裁绒床毯等特产的特点,这些是其他文献中所不多见的。

特别值得一提的是,在《灾异》最后所述乾隆三年(1738)大地震之事。这条资料是汪绎辰个人亲自调查所得。他说:"此灾异之见于前。前者从旧志采录,[4]本

---

[1] 胡玉冰、孙瑜校注:《正统宁夏志》,[明]朱栴纂修,中国社会科学出版社2015年版,第33页。
[2] "老"字原脱,据《正统宁志》卷上《祥异》补。
[3] 胡玉冰、曹阳校注:《弘治宁夏新志》,[明]胡汝砺纂修,中国社会科学出版社2015年版,第59—60页。
[4] 前:南图藏《银川小志》稿本此字原漫漶不清,柳玉宏校注本以"□"符号代之。笔者疑为"前"字,据补。

朝自顺治至雍正年间,虽屡地震,无从细考。乾隆三年,震灾最重,备书于后。"①此次调查的对象是幸免于难的赵本植知府府中一位刘姓老伙夫并二三故老,地震的时间、地点、地震前兆、震时地表现象以及震后的损失破坏程度都有涉及,"宁夏地震,每岁小动,民习为常。大约冬春二季居多,如井水忽浑浊,炮声散长,群犬声吠,②即防此患。至若秋多雨水,冬时未有不震者。乾隆三年十一月二十四日地大震,③数百年来,震灾莫甚于此。……是夜更初,太守方晏客,地忽震,有声在地下如雷,来自西北往东南,地摇荡掀簸,衙署即倾倒。……地多裂,涌出黑水,高丈余。是夜,动不止,城堞、官廨、屋宇,无不尽倒"。④汪绎辰在《银川小志》中有多处提到地震对宁夏造成的破坏。如《寺观》载:"以上诸寺观,乾隆三年地震后,或废或存,或重建或增修,不能细考,记此以存旧迹。"⑤

另外,某些材料对于研究清朝初期宁夏回族活动情况也有独特的价值。如《寺观》类目中有"回纥礼拜寺"条,《弘治宁志》《嘉靖宁志》《万历朔志》等三志中均有本条,前两志记载其方位在宁静寺北,《万历朔志》记载其在宁静寺北东向。《银川小志》内容更丰富,载曰:"在城内宁静寺北,震灾后尽坍。回回重建殿宇,巍焕工丽,正殿供万岁牌,不设үү像。每逢七日,回回俱到寺中礼拜,白布裹首,去鞋,口喃喃诵番经。"⑥在宁夏志书中,这样详细的记载还是第一次。这则内容不仅包括礼拜寺的方位,更重要的是说明了当时回回民族的宗教礼俗,如不崇拜偶像,7日一次"主麻"聚礼,礼拜的服饰,口诵《古兰经》经文,等等。

第二节 《〔乾隆〕宁夏府志》

《〔乾隆〕宁夏府志》(本著作简称《乾隆宁志》)22卷,首1卷,清朝张金城等纂修,乾隆四十五年(1780)刊刻行世,是宁夏旧志中编修体例最完善、编辑水平最高、内容最丰富者。《八千卷楼书目》卷六《史部·地理类》有著录。

---

① 柳玉宏校注:《乾隆银川小志》,[清]汪绎辰纂修,中国社会科学出版社2015年版,第147页。
② 声:南图藏《银川小志》稿本此字原漫漶不清,柳玉宏校注本原以"□"符号代之。笔者疑为"声"字,据补。
③ 十一月:《银川小志》原误作"十二月",柳玉宏校注本同误,今据《清实录》等载实际地震时间改。
④ 柳玉宏校注:《乾隆银川小志》,[清]汪绎辰纂修,中国社会科学出版社2015年版,第147页。
⑤ 同上书,第68页。
⑥ 同上书,第66页。

一　整理与研究现状

《陇右录》《联合目录》《宁夏目录》《甘肃目录》《总目提要》等对《乾隆宁志》都有著录或提要。①《方志与宁夏》第二章《宁夏历代修志综览》对《乾隆宁志》也有简介。

高树榆撰《宁夏方志考》《宁夏方志录》《宁夏方志评述》《宁夏回族自治区地方志述评》，王桂云撰《银川方志述略》等文对《乾隆宁志》都扼要加以介绍。马力撰《浅谈〈乾隆宁夏府志〉》是较早的一篇专题性、全面研究《乾隆宁志》的论文。陈明猷先生研究《乾隆宁志》用力最勤。《宁夏封建时代的一座丰碑——论乾隆〈宁夏府志〉》一文全面、系统地研究《乾隆宁志》，对其学术研究意义揭示得很到位。1992年，陈先生正式出版点校本《乾隆宁志》，为学者提供了有较高整理水平的使用文本。薛正昌撰《地方志书与宁夏历史文化（下）》一文也对《乾隆宁志》的内容及文化价值进行了探讨，开辟了研究《乾隆宁志》的新思路。陈永中撰《灵州"三贤祠"——〈乾隆宁夏府志〉〈灵州志迹〉〈朔方道志〉校勘三则》对《乾隆宁志》中的史料进行校勘。韩超撰《点校本〈乾隆宁夏府志〉标点疑误举隅》、刁俊撰《〈乾隆〉〈宁夏府志〉所载明代宁夏教育史料勘误述略》等是专从校勘学角度研究《乾隆宁志》的论文。

《乾隆宁志》影印本较多。成文出版社1968年版《中国方志丛书》，编入所谓据嘉庆三年（1798）刻本影印的《乾隆宁志》，版本实不可信，详后。天津古籍出版社1988年版《宁夏历代方志萃编》、宁夏人民出版社1988年版《宁夏地方志丛刊》，凤凰出版社等联合出版2008年版《中国地方志集成·宁夏府县志辑》、文苑出版社2015年版《宁夏旧方志集成》，都据《中国方志丛书》本影印了《乾隆宁志》。兰州古籍书店1990年版《中国西北文献丛书》第一辑之《西北稀见方志文献》第50卷影印了张维藏本《乾隆宁志》。各本版本情况详后文。

宁夏人民出版社1992年版陈明猷点校《乾隆宁志》据甘图所藏乾隆本为底本，存在一定的整理问题，仅以卷十三至卷十七的《人物》为考察中心，就存在脱文16条、讹文102条、衍文3条、倒文2条。《乾隆宁志》最新整理成果是中国社会科学出版社2015年10月出版的胡玉冰、韩超校注本。胡玉冰等主要以标点、校勘、注释等方法开展整理工作，以国家图书馆藏乾隆四十五年（1780）刻本为底

---

① 国图藏《乾隆宁志》为16册，《宁夏目录》著录乾隆四十五年（1780）刻本17册，著录所据当系宁夏人民出版社1988年影印本《乾隆宁志》的册数。

本,以成文出版社等影印本及《嘉靖陕志》《万历朔志》《乾隆甘志》《〔乾隆〕中卫县志》等为对校本,部分成果参考陈明猷点校本,并对陈明猷点校本的错误给予了纠正。

二 编修者生平

张金城编修宁夏志书,组成了一支以宁夏本地人才力量为主的、职责分工明确的编纂队伍,共由 37 人组成。据《宁夏府志·修志姓氏》载,编纂队伍中,张金城任"纂修","编辑"6 人,"参订"7 人,"校正"4 人,"采访"15 人,"缮写"3 人,"监刻"1 人。

(一) 张金城

据国图藏清光绪十四年(1888)殷树森等编《南皮县志》卷八载,张金城为直隶南皮县(今河北省南皮县)人,生卒年不详,乾隆十八年(1753)癸酉科拔贡。同馆藏民国十七年(1928)铅印本张金城编《〔乾隆〕郯城县志》卷七载,张金城于乾隆二十六年(1761)任郯城县(今山东省郯城县)知县,二十八年(1763),编修的《郯城县志》刊行于世。据《乾隆宁志》卷九《职官》载,四十一年(1776)任宁夏知府。四十五年(1780)张金城等纂修《乾隆宁志》正式刊行。张金城撰写了《〈宁夏府志〉序》《纂修〈宁夏府志〉详文》、志书按语及志书主要内容。

(二) 杨浣雨

据《宁夏府志·修志姓氏》载,杨浣雨为 6 位编辑之首。杨浣雨字子瀛,宁夏县(今宁夏银川市兴庆区)人,生卒年不详。《宁夏府志·修志姓氏》及卷一四《人物》载,曾为截取知县,乾隆三十五年(1770)中庚寅科举人,三十六年(1771)中辛卯科进士。民国十四年(1925)王之臣《〈朔方道志〉序》称:"清乾隆四十五年郡守张公金城续修《宁夏府志》,秉笔者为朔邑进士杨君子瀛。穷源竟委,考核精详。"

(三) 其他人员

据《宁夏府志·修志姓氏》载,"编辑"中,张映梓为乾隆十五年(1750)庚午科副榜生,候铨教谕;杨梦龙为三十三年(1768)戊子科举人,原任直隶宁津县知县;王宋云为三十三年(1768)戊子科举人,候铨知县,有《宁夏府志》后序》传世;王三杰为三十五年(1770)庚寅科副榜生,州判借补宛平县主簿;王永祐为宁朔县廪生。

"共谋编辑"即"参订"者7人都为宁夏所属各州县行政官员,包括署宁夏府水利同知德慧、宁夏府理事同知文光、宁夏县知县宋学淳、署宁朔县知县佟跃岱、平罗县知县杜耕书、灵州知州黎珠、中卫县知县王臣。

"校正"者4人,包括宁夏府廪生张大镛,宁夏县廪生杨润、周朝相,宁朔县廪生田需,均为在学学生。"采访"者最多,他们主要负责搜集各种与宁夏有关的材料,共15人,既有学官,也有学生,包括宁夏府学教授黄元春、张科,训导杨生芝,宁夏县学教谕潘醇德、庠生朱文焕,宁朔县教谕丁诚衷、庠生康发秀、廪生任岳宗,平罗县学训导连进本,灵州学学正张琏,中卫县学教谕申桐、训导牛亢,原任岷州训导刘皑,贡生李德恒、巫兆元。"缮写"者3人,包括宁夏府庠生赵瑛,宁夏县庠生徐乃雄、钮曰康,均为在学学生。"监刻"者1人,为宁夏府经历刘枋。

三 编修始末、原则及特点

明清时期,宁夏的地方长官到任伊始,常常会把编修当地志书作为主要的工作来抓。地方官员对于编辑志书重要性的认识,分巡宁夏道的永龄的观点很有代表性,他说:"吾侪受寄任理一方之民,率由宪典,以免愆忘,固厚幸矣。然而风土异宜,民俗异尚,设施之序有缓急,润泽之道有通方,以殊乡远所之人莅事于此,其孰从而知之?官司之案牍,因陈累积,连楹充栋,或座蠹断烂而不可校,一日到官,欲得其要领,其孰从而求之?然则郡志之辑,其资于理也不诚大哉?"①宁夏知府张金城也认识到,各地的志书"盖以著其地里、风俗以备莅事者之稽考。而輶轩采风、太史载笔,亦将于是乎取资焉,典至重也。……而宁夏纪载之缺,因袭简陋,举前代断编,转相承授而莫之省"。②

《乾隆宁志》的编修是有一定难度的,最大的难度在于文献资料的匮乏。正如《凡例》所言:"边土藏书既少,不能博征,而震灾以前官司案牍亦多残缺,搜讨虽不遗余力,疏漏固在所难免。"③前朝所修的志书原本应该是很好的参考文本,但清人似乎对这些志书的编修质量都不太认同,甚至连志书名称都不想沿袭。《修志凡例》载:"宁夏旧志曰《朔方志》。……至元始有'宁夏'之号。今宁夏地不尽古朔方地,故改名《宁夏府志》,著其实也。"④《乾隆宁志》"编辑"王宋云撰《〈宁夏府志〉后序》中总结了明朝4次比较重要的修志活动,包括庆靖王修《正统宁

---

① 胡玉冰、韩超校注:《乾隆宁夏府志》,[清]张金城等纂修,中国社会科学出版社2015年版,第2页。
② 同上书,第4页。
③ 同上书,第12—13页。
④ 同上书,第10—11页。

志》、胡汝砺修《弘治宁志》、管律修《嘉靖宁志》、杨寿修《万历朔志》,对于其后所修志书也作了介绍,包括明朝天启、崇祯年间编纂记数篇,清朝唐采臣补刻《万历朔志》,宁夏道员杨灏、知府王应瑜,宁朔县知县周克开等编修志书的活动。这些志书,有的虽有传书,但清人认为其记载内容有限,有的志书则只是动议而已,未有成书。有的虽然完稿,但未刊行。明朝"壬辰兵燹",大量的政府公文、档案被毁,再加上"夫宁夏自震灾后,故家藏书世牒与乡先贤之撰述,灰烬之余,十不存一"。① 天灾人祸,使宁夏很多的文献泯灭不可考了。故如果再不对宁夏志书进行编修的话,现任地方官员可能就会成为历史的罪人了。张金城深刻地认识到了这一点,所以他说:"夫后人惜前人之不为,而复望后人曰有待。在官之事,辗转因仍,以至废堕而不可复理,大率以此。金城既守此土,既任此责,是以不揣鄙陋,偕我同志,勒成此书,亦聊以供莅事者之考稽,备太史、輶轩之采择。后之览者,诚鉴其不敢诿谢之由,而宽其不学自擅之咎,则幸厚矣。"② 于是他花了两年的时间来准备,终于在就任的第三年组织起了编辑队伍,开始编修《乾隆宁志》。《乾隆宁志》编修始末,张金城撰《〈宁夏府志〉序》《纂修〈宁夏府志〉详文》以及王宋云撰《〈宁夏府志〉后序》等介绍得最为详细。

张金城于乾隆四十五年(1780)七月所撰《〈宁夏府志〉序》载:"戊戌之秋,乃与同官诸君共谋编辑,又得郡之文学士若而人佽助焉。比事属类,博征慎取,孜孜考订,阅岁得脱稿。损赀立局,鸠工剞劂,又八月而书始成,凡二十二卷。"③据张序可知,《乾隆宁志》于乾隆四十三年(1778)秋天开始策划编辑,在编纂人员的共同努力下,一年以后,也就是乾隆四十四年(1779)秋脱稿,然后又用了8个月的时间雕版刊印,大约在乾隆四十五年(1780)七月,22卷《乾隆宁志》正式印成发行。

张金城亲自担当"纂修"大任,志书的编修体例、入《人物》的人选和入《艺文》的诗文,都由他来最后决定。《修志凡例》载:"采访、编辑,则郡中文学诸君共为襄赞。至体例之分并,人物之进退,艺文之取舍,皆手订焉。"④《纂修〈宁夏府志〉详文》载:"爰与本郡文学诸人,谋绍往昔方舆之载,分门别类,补缺订讹。"⑤王宋云撰《〈宁夏府志〉后序》亦曰:"今太守公任事之三年,政通人和,百度修举。爰及

---

① 胡玉冰、韩超校注:《乾隆宁夏府志》,[清]张金城等纂修,中国社会科学出版社2015年版,第692页。
② 同上书,第5页。
③ 同上书,第4页。
④ 同上书,第12页。
⑤ 同上书,第9页。

斯志,命云等相与编纂,而公裁定焉,删旧志之繁芜,详本朝之制度。"①《纂修〈宁夏府志〉详文》明确取材的基本原则是:"义例多以省志为宗,用昭盛世同文之范。纪载则以本朝为重,兼取前书部录之遗。编纂得成,剖厥有待。"②可知,《乾隆宁志》编纂体例主要参照《乾隆甘志》,所记内容以记载清朝宁夏事为主。在资料的获取上,要以辑录本朝资料为重点,有的需要直接沿袭旧志或他书资料,同时更要以政府公文档案为基本材料,梳理各项制度的因革损益情况;同时要注意进行民间资料调查,努力搜集几近湮没的历史事件或人物事迹,如王宋云撰《〈宁夏府志〉后序》所曰:"删旧志之繁芜,详本朝之制度。稽之列史以补缺漏,衷之通志以一体裁。征考之于案牍,以著因革之由,采询之于闾阎,以彰幽隐之迹。于是一州四邑方数千里之地,二百余年间之事,披卷了然,可指诸掌矣。"③

《乾隆宁志》未列出其引用书目,但在有关的一些材料下注明了材料出处。从《乾隆宁志》成书情况看,《弘治宁志》《嘉靖宁志》《万历朔志》等宁夏旧志是其主要的取材文献,行文中常统称为"旧志"或"新志"。另外,还引"正史"类《史记》《汉书》《后汉书》《晋书》、新旧《唐书》、《宋史》《金史》《元史》等,纪事本末类的《平定朔漠方略》,地理类《水经注》《荆楚岁时记》《元和郡县志》《太平寰宇记》《广舆记》《九边考》等,特别还征引《大明一统志》《乾隆甘志》《灵寿县志》《宝丰县志》《〔乾隆〕中卫县志》《朔方县志稿》等旧志材料。引用子部文献《容斋随笔》《梦溪笔谈》《桯史》《自警编》的材料基本上是沿袭旧志所为。《乾隆宁志》卷三《地理·名胜》记载中卫的十二景时,在"青铜禹迹""羚羊松风"等二景的材料中均提及当地百姓的传闻材料。

编修的基本特点如张金城所言:"大抵务为详,不务为简,取其实,不取其华。自旧志断后,迨我朝鼎新以来,二百余年之事有可考者亦庶几乎备矣。"④《纂修〈宁夏府志〉详文》载:"事苟系于民生,务使源流洞彻。言期衷体要,无取藻缋铺张之。"⑤从内容上看,确如《凡例》所言:"兹志名虽因前,实同草创。盖旧志断自前明,我朝定鼎后,百度维新,凡土田、赋役、官制、兵防,画一周详,足昭万世法守,故志内一以本朝宪章为重。旧志所载,则兼采附书,以备掌故。大抵因仍者什之二三,草创者什之七八。"⑥宁夏地区明朝万历四十五年至清朝乾隆四十五

---

① 胡玉冰、韩超校注:《乾隆宁夏府志》,[清]张金城等纂修,中国社会科学出版社2015年版,第692页。
② 同上书,第9页。
③ 同上书,第692页。
④ 同上书,第4页。
⑤ 同上书,第9页。
⑥ 同上书,第12页。

年(1617—1780)间163年的历史资料有许多幸赖此志,保存至今。

四　内容及编修方法

《凡例》第一条说明《乾隆宁志》编纂体例仿《乾隆甘志》,根据宁夏实际情况,有些内容太少、不能独立成卷的就进行省并,曰:"《甘肃省志》义例遵《一统志》,今《宁夏府志》亦多遵《省志》。其间或有事简文略不能成卷者,则并省附载焉。"①

雍正七年(1729),清朝巡抚甘肃都察院右副都御史许容等奉敕纂修《甘肃通志》,乾隆元年(1736),50卷本《甘肃通志》刊刻竣工。卷首包括《凡例》《目录》《修志衔名》,正文包括:卷一《图考》,卷二《星野》,卷三《建置》,卷四《疆域》,卷五、卷六《山川》,卷七《城池》,卷八《公署》,卷九《学校》,卷一〇、卷一一《关梁》,卷一二《祠祀》,卷一三《贡赋》,卷一四《兵防》,卷一五《水利》,卷一六《驿递》,卷一七《蠲恤》,卷一八《盐法》,卷一九《茶马》,卷二〇《物产》,卷二一《风俗》,卷二二、卷二三《古迹》,卷二四《祥异》,卷二五《陵墓》,卷二六《封爵》,卷二七至卷二九《职官》,卷三〇至卷三二《名宦》,卷三三《选举》,卷三四至卷三六《人物》,卷三七《忠节》,卷三八《孝义》,卷三九《隐逸》,卷四〇《流寓》,卷四一《仙释方伎》,卷四二、四三《列女》,卷四四至卷四九《艺文》,卷五〇《杂记》。根据宁夏实际情况,《乾隆宁志》"兹志内分类凡三十四,总为八门。若风俗、物产,皆因乎地者也,故统于《地理》。学校必有廨舍,祠祭必有坛庙,故统于《建置》。水利以利民食也,故统于《田赋》。兵防、营汛、驿递,张官之余也,故统于《职官》。科贡、文武仕宦,皆邦人之表表者也,故统于《人物》。其他各以类相属,亦纪事提要,以便览观云耳"。②

《乾隆宁志》体例上模仿《乾隆甘志》的痕迹是很明显的。其卷首也主要由《凡例》《修志姓氏》《目录》等内容组成,正文内容共8大类,包括:卷一《恩纶纪》,卷二至卷四《地理》,卷五、卷六《建置》,卷七、卷八《田赋》,卷九至卷一二《职官》,卷一三至卷一七《人物》,卷一八至卷二一《艺文》,卷二二《杂记》。《乾隆宁志》仿《乾隆甘志》,在每一大类首卷开篇有简短的小序,说明类目设立的渊源和目的。某些类目之后还附有张金城的按语,对于志书所载史实发表议论,或者补充若干材料入志。《乾隆甘志》原独立成卷的《学校》《祠祀》《兵防》《水利》《驿递》《物产》《风俗》等7门内容在《乾隆宁志》中分别并省或附载到《建置》《职官》《田

---

①② 胡玉冰、韩超校注:《乾隆宁夏府志》,[清]张金城等纂修,中国社会科学出版社2015年版,第10页。

赋》《人物》《地理》等门中，每门之下又设类。《凡例》曰凡 34 类。笔者统计，实际为 55 类目，如果加上附于类目之下的小类目，共 61 类目。

在内容上，《乾隆甘志》卷三《建置》、卷四《疆域》、卷六《山川》、卷七《城池》、卷八《公署》、卷九《学校》、卷一一《关梁》、卷一二《祠祀》、卷一三《贡赋》、卷一五《水利》、卷二〇《物产》、卷二一《风俗》、卷二三《古迹》、卷二八《职官》、卷三二《名宦》、卷三六《人物》、卷三七《忠节》、卷三八《孝义》、卷四〇《流寓》、卷四三《列女》等卷帙中均有"宁夏府"专条，成为《乾隆宁志》最主要、最集中的资料源。

《乾隆宁志》卷首包括序 5 篇、《凡例》19 条、《纂修〈宁夏府志〉详文》《修志姓氏》《总录》《图考》等共 6 部分内容。序包括兵部尚书兼陕甘总督勒尔谨、宁夏兵备道员永龄、宁夏知府张金城等 3 人各写的《〈宁夏府志〉序》，三序之后是明朝杨守礼《重修〈宁夏志〉旧序》、杨应聘《〈朔方志〉旧序》。《凡例》各条详细说明各卷内容的编修方法。张金城撰写的《纂修〈宁夏府志〉详文》主要强调《乾隆宁志》编修的历史背景、现实意义及编修程序。《修志姓氏》著录了 37 位参与《乾隆宁志》纂修、参订、编辑、采访、校正、监刻等工作的人员姓名、籍贯、科第或官职。《总目》即《目录》。《图考》包括《舆图说》和《图目》两部分内容，前者详细说明图示宁夏山河、城寨的意图。后者标注各图的名称，有《宁夏舆地全图》《宁夏府城图》《宁夏满城图》《汉唐各渠水利图》《贺兰山图》等 5 幅图。[①]

传世的明朝宁夏方志中附录与宁夏有关的图画始自《弘治宁志》，其后《嘉靖宁志》《万历朔志》也都附录有图画。《乾隆甘志》卷一《图考》中与今宁夏有关的图共 8 幅，包括《宁夏府州县图》《宁夏府城图》《固原镇图》《宁夏镇图》《八旗驻防满城图》《六盘山图》《贺兰山图》《宁夏河渠图》。《大清一统志》卷二〇四附有《宁夏府图》 幅。《乾隆宁志》明显仿《乾隆甘志》，且第一次对各图画的意义进行了阐释。《舆图说》曰："然宁夏郡方数千里，四县一州之域，城壁堡寨，星罗棋布者凡数百，河渠灌注，支分派别者殆千计，书册方幅中不能悉也。今撮其纲要，列为五图。有总图，疆域辨矣；城壁堡寨，居厄塞、驻兵防者皆见焉；府城，一方之都会也；满城，屯劲旅，保障之重也。各为图。渠则图其在夏、朔、平三邑者，官司之所经理，工役繁，利赖尤大也，其他俱详于书。若夫朔方名胜，旧志分列八景、十景，今或存或不存。右山而左河，实此邦之胜概也。河已见渠图，别为《贺兰山图》，观其冈峦之层迭叠，体势之绵远，昔人题咏亦庶可于朝晖夕阴间得其仿佛矣。"[②]

---

① 乾隆四十五年(1780)原刻本五幅图均标注有图题，无"宁夏"二字，"汉唐各渠水利图"标注的图题是"唐汉各渠图"。

② 胡玉冰、韩超校注：《乾隆宁夏府志》，[清] 张金城等纂修，中国社会科学出版社 2015 年版，第 16 页。

《乾隆宁志》将《恩纶纪》列为卷一,包括《圣祖仁皇帝西巡纪事》《上谕》《宸翰》《恩诏》等 4 类目内容,共 55 页。宁夏志书中设置《恩纶纪》,专记与皇帝有关的文献,《乾隆宁志》是第一家,这也从一个侧面反映了乾隆时期中央集权得到进一步加强的现象。《凡例》解释说:"而宁夏幸际圣祖皇上西巡,荒徼小民,并得仰瞻天颜,尤属遭逢异数,若仅随事例分载,不足彰省方盛典,谨另编一册,并列圣宸翰、前后赈恤诏书,统曰《恩纶》,列之第一,用志臣民历世感德之意。"①康熙三十六年(1697)清圣祖玄烨巡边宁夏,对研究康熙皇帝的生平乃至研究清初平定噶尔丹的历史都有重要的参考价值。《乾隆宁志》记康熙西巡事,始于康熙三十六年(1697)二月丁亥车驾发京师,终于同年五月乙未车驾还京师,对于每天发生的重要事情,特别是康熙的一言一行都有详细记载,类似官修的皇帝实录。《清实录·圣祖康熙皇帝实录》卷一八〇至卷一八三、《平定朔漠方略》卷二〇至卷二五都记录了康熙三十六年(1697)西巡宁夏事。但《乾隆宁志》的取材却没有依据《实录》,《凡例》解释了这些材料的来源:"康熙三十六年,圣祖西巡宁夏,距今八十余年,虽民间传颂盛事如新,而《圣祖实录》非外臣所能备识,今志皆就《平定朔漠方略》所载,事系宁夏者以次编录,其传说无征者并不敢阑入,以昭慎重。"②《上谕》收录康熙巡行宁夏结束返回京师降于宁夏的圣旨 1 道。《宸翰》录清朝康熙、雍正、乾隆三朝皇帝所降与宁夏相关的碑文、祭文 12 篇,《恩诏》录康熙、雍正、乾隆三朝皇帝所降与宁夏相关的圣旨 36 道。

《宁夏府志·地理》包括《疆域》(附《形势》)、《沿革》《星野》《山川》《名胜》《风俗》《物产》、《古迹》(附《陵墓》)等 10 类目,共 3 卷 68 页,其中卷二 26 页,卷三 22 页,卷四 20 页。各类目对于宁夏郡、宁夏县、宁朔县、平罗县、灵州、中卫县等情况分别说明,若有重复之处,则重点介绍各自辖境内的情况。各类目情况介绍一般先引旧志或他书材料,然后再将最新的材料附于其后。内容编排上仿康熙二十四年(1685)成书的《灵寿县志》,将以往志书编入《天文》类的"星野"内容调整到"地理"类中叙述。《乾隆宁志》将宁夏各地自秦至明的地理沿革情况用表格的方式分别说明,清朝的地理沿革情况则于表后用文字叙述。对于宁夏历史上属汉朝朔方郡还是北地郡,《乾隆宁志》"附论于后,以俟博识者更征考焉"。③

---

① 胡玉冰、韩超校注:《乾隆宁夏府志》,[清]张金城等纂修,中国社会科学出版社 2015 年版,第 10 页。
② 同上。笔者按:《四库全书总目》卷四九《史部·纪事本末类》载《亲征朔漠方略》40 卷,清朝大学士温达等撰。康熙三十五年(1696)二月,以噶尔丹数为边患,康熙皇帝亲统六师往征,噶尔丹仅以身免,清军凯旋。同年九月,康熙再幸塞北,降噶尔丹所属诸部。三十六年(1697)二月,又亲征之,噶尔丹败亡,朔漠悉平。康熙诏温达等记平定噶尔丹始末,四十七年(1708)成此《亲征朔漠方略》。参见[清]永瑢等:《四库全书总目》,中华书局 1965 年版,第 440 页。
③ 同上书,第 11 页。

《建置》包括《城池》、《堡寨》(附《桥梁》)、《公署》《学校》、《坛庙》(附《寺观》)、《坊市》(附《街巷》)等9类目,共2卷92页,其中卷五37页,卷六55页。对于宁夏府直属的府城、县城,记其大小高厚和修建年月,其余所属州县小城,只记其相隔距离,不详细考证。每座城池都用很详细的数据来描述,为考古发掘或考察古城遗址提供了资料。对于宁夏古代堡寨除了记其名称及离城距离外,还在按语中对这些堡寨取名特点进行了分析,随后又举例说明,认为:"宁夏堡寨,或以人名,或以事名、以地名。"[①]分析很符合实际。从《乾隆宁志》内容看,清朝宁夏各地方是比较重视学校教育事业的,《学校》主要记载府学、县学和社学的基本情况,学院如揆文书院、朔方书院、银川书院的历史沿革。对各地学宫所在位置及建筑布局及内部陈设礼器名称及数量等,享受祭祀的人物姓名,皇帝御赐匾额、碑文以及学校存贮书籍情况等记叙详细。

《田赋》包括《丁税》《赋额》(附《盐茶杂税》)、《水利》等4类目,共2卷98页,其中卷七42页,卷八56页。《乾隆宁志》对于宁夏地利的记述非常恰当,曰:"宁夏土田大抵近山者杂沙砾,滨水者多硝碱。"[②]赋税资料"皆就现额登载,旧牍不复胪列"。[③]也就是说,只记载张金城在任时当交的赋税额度,强调了其时效性。《田赋》中详细记载各州县上中下三等田地的数额、应征的夏秋各色粮食、谷草和折银的数额,以及应征丁银的数额;又记载盐法、茶法和杂税制度。这些资料显然是研究清朝宁夏经济史的宝贵资料。

"水利为田赋根本,宁夏资河渠灌溉,号称沃壤。"[④]水利发展对于宁夏至关重要,张金城曰:"河渠为宁夏生民命脉,其事最要。然人知宁夏有渠之美,而不知宁夏办渠之难。"[⑤]《乾隆宁志》专列一卷记叙宁夏水利诸事,得到了时任分巡宁夏兼管水利驿务的永龄的赞赏,他说:"论宁夏者曰:'三面据边,独以一面屏蔽关陕,此岩疆也。'又曰:'擅河渠之利,丰稻秫,足鱼盐,此沃壤也。'盖尝思之,国家德威远播西陲,万里外咸效贡职,边境之宁谧,跨前古未有也。而于宁夏置满营,屯劲旅,计至深远矣。若夫河渠之利,生齿日以繁,田畴日以辟,汉、唐渠外益以大清、惠农之疏凿,而灌溉之利恒苦其不足,宁夏之政方今所重,信无逾于此者。今观张公之志,条分缕析,纲举目张,而于水利一端尤源委周悉、言之谆谆,张公于此诚可谓识治要者矣。"[⑥]

---

① 胡玉冰、韩超校注:《乾隆宁夏府志》,[清]张金城等纂修,中国社会科学出版社2015年版,第102页。
②③④ 同上书,第11页。
⑤ 同上书,第187页。
⑥ 同上书,第2页。

《水利》辑录乾隆十七年（1752）甘肃巡抚杨应琚颁布的《浚渠条款》和张金城的按语，是宁夏维修渠道和管水用水制度的重要文献。古代官员常常撰文、赋诗来纪念兴修水利之事，从全书体例考虑，《乾隆宁志》把与宁夏水利有关的碑记、诗颂等全部列入《艺文》部分。

《职官》包括《历代官制》《历代官姓氏》《今官制》《历任姓氏》《武官制》①《历任姓氏》《兵防》《营汛》《驿递》《宦迹》等10类目，共4卷187页，其中卷九72页，卷一〇38页，卷一一27页，卷一二50页。以前宁夏旧志，把庆靖王官封宁夏之事列为一个专题，记其世系。《凡例》曰："今考宁夏，前古柞土者绝少，独有明庆靖王分封兹土，传十余世，而其中贤王事迹可纪者亦复寥寥，未足自成一帙。汉以后王爵齐于五等，宗藩守土屏翰，亦臣职也，故并其官属，悉附于《职官》后。"②《乾隆宁志》作出了一个重要的调整，把记庆靖王世系的内容不再像其他宁夏志书那样和其他大类并列，而是将其附属于《职官》内。作出这样的处理，显然有维护中央皇权的用意。能被《宦迹》所载者，一般是对一地治理有特殊贡献者。《凡例》载："旧志所载元以前多略，而有明一代，凡官斯土者概列《宦迹》，泾渭不分，似乖体例。"③所以，编修《乾隆宁志》时，对明以前官员有惠于宁夏者又有补充，其他只是恪尽职守、并无突出事迹者只将其姓名录入《职官》中，事迹不再列入《宦迹》。至周秦迄清朝乾隆时期，入《宦迹》者有163人。

把《宁夏府志·职官》的部分内容和宁夏其他旧志相同内容相比勘时我们发现，两者的资料有一定的互补性。如中卫县知县，《〔乾隆〕中卫县志》卷五《官师考》中，记载有雍正五年（1727）任职的王凤翔，《乾隆宁志》漏载，而《乾隆宁志》记载乾隆三十三年（1768）任职的刘若珠，《〔乾隆〕中卫县志》《续中卫志》都漏载了。中卫县学教授，《〔乾隆〕中卫县志》记载有13位，刊行时间晚于它的《乾隆宁志》却未载1人。中卫县学教谕，《乾隆宁志》记载的乾隆四十年（1775）任职者葛之蓉、四十二年（1777）任职者张尧甸、四十三年（1778）任职者申桐等3人，《续中卫志》漏载了。

《人物》包括《乡献》《科贡》《武科》《文武阶》、④《忠》《孝》《义》《隐逸》《流寓》《耆寿》《仙释》《方技》《列女》等13类目，共5卷225页，其中卷一三48页，卷一四41页，卷一五48页，卷一六45页，卷一七43页。入《乡献》者主要考察其德

---

① 《历代官姓氏》《今官制》《历任姓氏》《武官制》：《乾隆宁志》正文分别作《历代职官姓氏》《皇清文职官制》《皇清文职官姓氏》《皇清武职官制》。
② 胡玉冰、韩超校注：《乾隆宁夏府志》，[清]张金城等纂修，中国社会科学出版社2015年版，第11页。
③ 同上书，第12页。
④ 见《乾隆宁志》原编《目录》标注，正文无此标目。

其功,不考虑他是否曾经为官,共163人入传。一般生者不入《人物》,但《耆寿》中百岁老人王玺、94岁的朱奇略二人当时尚在世。入《方技》者主要为精通医术、占卜者和工书画者。入"节妇"之列者也不论存殁,只要被认定是守贞操者就可入传。《乾隆宁志》专设一卷《列女》,特意又表彰烈女节妇,特别要寻访过去志书中有遗漏者,将其事迹录入志中,同时强调入传者不可滥。《宁夏府志·人物》很多内容明显是袭自明朝志书,只不过辑录时略有改动。如《仙释》部分,辑录有贺兰二老、永济尚师、黑禅和尚、海珠和尚等4人事,查传世的宁夏旧志,朱栴《正统宁志》卷上《名僧》中录永济尚师、黑禅和尚事,《祥异》中录张秋童事。《弘治宁志》卷二《仙释》录海珠和尚事,《嘉靖宁志》卷二《仙释》《万历朔志》卷三《仙释》、《银川小志·寺观》后都同《弘治宁志》,录4人故事。前文已述及,各志在辑录4人故事时,又相继出现了一些问题。《乾隆宁志》也同样出现了问题。如"永济尚师"条中,与《弘治宁志》《嘉靖宁志》《万历朔志》《银川小志》一样,"通三学"误作"通五学","祖师马"误脱作"祖师"。但"释氏之宗"句同《万历朔志》,不误,而《弘治宁志》《嘉靖宁志》《银川小志》均误。"张秋童得钱"条,《乾隆宁志》改题为"明贺兰二老",沿袭了《弘治宁志》的部分删节、改写,但同《嘉靖宁志》,将《弘治宁志》"二者"的错误纠正改为"二老"。同时纠正《嘉靖宁志》的衍文错误,删"贺兰山"3字后衍的"后"字。

《艺文》按文章体裁分类,将事关宁夏的文献分成《奏疏》《赋》《议》《颂》《铭》《赞》、①《序》《说》《传》《书》《记》《诗》等12类目,共4卷291页,其中卷一八76页,卷一九80页,卷二〇63页,卷二一72页。有关宁夏艺文,《凡例》曰:"宁夏夙称文物之区,而篇翰遗留绝少,大抵志乘间缺既久,加以戊午震灾,家藏著作焚毁又多。故《艺文》所录,旧志外,不及其半,网罗散失,珍惜倍深。然或无关风土民情者,仍不收载,以乖志体。"此部分内容中,共录诗义346篇(首)。其中收录《颂》《铭》《赞》《说》《传》各1篇,《赋》《序》各2篇,《书》4篇,《议》5篇,《奏疏》14篇;《记》共58篇,其中宋至明朝36篇,清朝22篇;《诗》共300首,②其中唐诗20首,宋诗2首,元诗1首,明诗91首(含词8首),清诗186首。

《杂记》包括《纪事》《祥异》《轶事》等3类目,另附王宋云《〈宁夏府志〉后序》,共1卷86页,其中王宋云后序3页。《纪事》类目,始自汉武帝元朔二年(前127)二月,止于明朝万历四十三年(1615)九月,编年记述了宁夏一千七百四十二年的历史。③《凡例》说明是仿清朝陆稼书修《灵寿县志》而设,"今亦编列宁夏往迹凡

---

① 《乾隆宁志》原编《目录》未标注,正文中有标目。
② 有一题多诗现象。
③ 有学者称《乾隆宁志·纪事》是以纪事本末体记宁夏事,实误。

见史传者为一册,非徒稽古,抚绥安攘之方亦可取鉴焉"。[①]《祥异》类目的设置与以往旧志有不同,在归类上由过去的《星野》类中调整到了《杂记》中。记述内容始自北魏太武帝始光三年(426),止于清朝乾隆四十年(1775),共记一千三百四十九年的祥异事件。其中关于地震的资料充分说明,宁夏是地震多发地区。《乾隆宁志》记载的最早的一次宁夏地震发生在唐贞观二十年(646)灵州地区,最后一次也是最详细的一次是乾隆三年(1739)十一月二十四日宁夏大地震。所载有明确时间的地震中,唐朝有3次,宋朝有2次,元朝有4次,明朝有14次,清朝有3次。

《轶事》共10条,其中9条是西夏事。第10条"铁柱泉窟"事原注出处为《朔方志》,过去有学者认为当指《嘉靖宁志》,其实不然。查传世的宁夏旧志,"铁柱泉窟"事最早见载于《弘治宁志》卷三《灵州守御千户所·祥异》,此后宁夏旧志都转录,但有重要的信息遗失和文字错误发生。《嘉靖宁志》转录时,"景泰年"作"景泰间","坚不能入"句后脱"此盖古僧墓而设"7字。《万历朔志》除沿袭《嘉靖宁志》之误外,"李注者"又误作"李姓者"。《乾隆宁志》把《嘉靖宁志》和《万历朔志》的问题都沿袭下来了,其后的《〔嘉庆〕灵州志迹》也误同《乾隆宁志》,同时又脱最后一句"机械如洛阳也"6字。

《杂记》部分大部分材料都与西夏有关,如《纪事·宋》基本相当于西夏简史,《祥异·宋》辑录的全是西夏之事。考核这些史料之源,均袭自《弘治宁志》。

五 版本流传情况

《乾隆宁志》乾隆四十五年(1780)刻本流传较广,北京、甘肃、宁夏等地的图书馆均有收藏,东洋文库等海外藏书机构也有藏。成文出版社《中国方志丛书》影印版《乾隆宁志》,称是据"嘉庆三年刊本"影印,实际上《乾隆宁志》并不存在所谓的"嘉庆三年刻本"。其后,天津古籍出版社、凤凰出版社等相继据成文出版社本影印出版了《乾隆宁志》,凤凰出版社对原影印本中存在的个别排版错误进行了订正。兰州古籍书店影印出版了张维抄补本。宁夏人民出版社影印本或为民国时期新印本,版本特征与国图藏本最为相近。下面以国图藏乾隆四十五年原刻本(本节简称"乾隆本")为参照,对《乾隆宁志》的版本作一分析。

[①] 胡玉冰、韩超校注:《乾隆宁夏府志》,〔清〕张金城等纂修,中国社会科学出版社2015年版,第12页。

（一）中国国家图书馆藏乾隆刻本

乾隆本卷首共35页。其中：勒尔谨序3页，每半页7行，行12至14字。永龄序6页，每半页6行，行10至12字。张金城序5页，每半页7行，行11至14字。以上三序均为单、黑鱼尾，四周单边。其后杨守礼序1页，杨应聘序2页，《凡例》6页，《纂修〈宁夏府志〉详文》2页，《修志姓氏》3页，《目录》5页，《图考》2页，均为单、黑鱼尾，四周双边，每半页9行，行19至21字。

正文共22卷1026页，均为单、黑鱼尾，除卷一《恩纶纪》为四周单边外，其他各卷均为四周双边，每半页9行，行19至22字。《乾隆宁志》版式很有时代特点，凡遇与乾隆皇帝有关之事，有"皇祖""圣祖""上谕""御制""御纂""钦定"等字眼的句子，多换行，且首字顶格，以示敬。如卷一、卷六，需要显示其重要性的字眼在雕版时要凸出上边栏一字的位置。但有些需要换行、顶格以示尊敬的内容没有作任何技术处理。从字体风格看，国图藏乾隆本部分内容可能系抄补而非原刻。如卷九第29页抄写字体纤柔，线条较细，与第28页的刻字风格截然不同。卷二〇第35、36页，卷二一第61、63页等四页为空白页，无具体内容。

乾隆本雕刻时有一个值得称道的地方，为了方便后世补刻新的内容，不惜工费，在《田赋》《职官》《人物》等部分按州县、官称、科贡时间等的不同而另起一页分别雕版。不同时期的赋税数额、职官人选名单往往是断定某种方志刻印时间的重要标志。某些中国地方志在其传世过程中，后任官员对于前人所修地方志书不一定要全部重修，只是把原志所无的新的赋税数额、职官人选等补充进去，然后就刻印传世。这样，就出现了一朝志书上会迭加若干朝信息的现象。如果前人所修志书书版上留有足够的空间供后人补刻的话，后印出的志书版面是比较整洁的。反之，就有可能造成版面混乱现象，给后人利用造成极大不便。《乾隆宁志》卷七《田赋》中，宁夏县"赋额"内容自第2页至第6页右半页，第6页左半页完全空白，宁朔县的"赋额"内容自第7页开始雕版，平罗县的自第14页雕版，灵州的自第17页雕版，以此类推，只要不是同一州县的，其内容另起一页重新雕版。卷九《职官》也有类似的情况。凡记载清朝职官情况的地方，按官称不同，另版雕刻。如巡抚宁夏都御史名单在第45页左半页第6行止，此后还有3行留空，另起一页雕刻分巡宁夏道的职官名单，至第48页左半页第1行止，此后8行都留空，另起一页，自第49页起雕刻理藩院部郎官员名单。以此类推，只要官职不同，就另起一页。这样做极大地方便了以后的补刻。

(二) 成文出版社影印本

成文出版社影印 1968 年版《乾隆宁志》是《乾隆宁志》最早的影印本(本节简称"成文本"),该本版权页说明是据"嘉庆三年刊本"影印。但从影印本内容看,未见新增嘉庆年间撰写的序文,正文也未见新增嘉庆时期的史料,文本也未见有避清仁宗"颙琰"名讳的现象,如卷一〇"王颙若",卷一八"杨炎"等。所以,成文本所言的"嘉庆三年刊本"可能并不存在。另外,成文本误将《纂修〈宁夏府志〉详文》2 页装订在《凡例》第 2 页与第 3 页之间,将杨守礼《重修〈宁夏志〉旧序》误置于杨应聘《〈朔方志〉旧序》后。

与乾隆本相比,成文本在版式、字体风格、文字内容等方面有较多不同,经过比对,其卷九、卷一三、卷一六、卷一七、卷一八、卷二〇、卷二一、卷二二等 8 卷当为乾隆本原刻,其他各卷均不同程度存在抄补现象。

(三) 天津古籍出版社、凤凰出版社等影印本

天津古籍出版社 1988 年版《宁夏历代方志萃编》据成文本影印《乾隆宁志》,[①]沿袭了成文本的装订错误。

凤凰出版社等 2008 年联合出版《中国地方志集成》亦影印出版了《乾隆宁志》(本节简称"凤凰本"),影印说明曰:"本书二十二卷首一卷,据清乾隆四十五年(一七八〇)刻本影印。书中间有漫漶不清处,诸馆藏本均同,无法配补。"然而据笔者目验,凤凰本实据成文本影印,而非据乾隆本影印,凤凰本只是将成文本《纂修〈宁夏府志〉详文》的装订错误改正了过来,其卷七的第 15、17、18、19、24 页影印的是乾隆本,其余全同成文本。甘图及国图所藏乾隆本,可补凤凰本所言"漫漶不清处"。

(四) 宁夏人民出版社影印本

宁夏人民出版社 1988 年版《宁夏地方志丛刊》影印《乾隆宁志》(本节简称"宁夏本"),线装三函十七册,所据底本不详。乾隆本卷二《沿革表》最上一列的时代名称中原无"清""中华民国",而宁夏本中增加了"清""中华民国"等五字,可知宁夏本或为民国时期印本,定非乾隆四十五年(1780)原刻初印本。[②] 另,宁夏本有些文字书写风格与乾隆本有明显不同,或为民国新印时对原刻本漫漶不清之处修饰所致。宁夏本卷一九卷端及版心书名之"宁"用字为"甯"而非"寧"。与

---

① 国图将天津古籍出版社影印本误著录为"据清乾隆四十五年(1780)刻本影印"。
② 宁图著录此书为"乾隆四十五年刻本",实误。

成文本一样，宁夏本亦将杨守礼《重修〈宁夏志〉旧序》误置于杨应聘《〈朔方志〉旧序》后。总体看来，宁夏本无论从文字书写风格还是版式特征等看，在各影印本中，与乾隆本最为相近。

（五）兰州古籍书店影印张维抄补本

兰州古籍书店1990年版《中国西北文献丛书》影印张维抄补本《乾隆宁志》。此本钤盖有"鸿汀""临洮张氏""还读我书楼藏书印"等印文印章，自卷十三起为原刻本，卷首至卷十二是从北平图书馆（即今国图）抄补的。前有张维辛亥（1911）仲冬提要一篇，对宁夏府的行政归属有所考证。

张维抄补本卷首至卷一二与乾隆本有部分出入。乾隆本卷首的排列顺序是：勒尔谨《〈宁夏府志〉序》、永龄《〈宁夏府志〉序》、张金城《〈宁夏府志〉序》、杨守礼《重修宁夏志旧序》、杨应聘《朔方旧志序》、张金城《纂修〈宁夏府志〉详文》、《凡例》《修志姓氏》《目录》《图考》，张维抄补本将《图考》置于杨应聘序后，杨守礼序被置于《图考》和《凡例》之间，《纂修〈宁夏府志〉详文》置于《凡例》之后，使得篇章次序较为混乱。行款上，兰州本卷一《恩纶纪》为半页10行，没有按照乾隆本半页9行抄写。另外，张维抄补本内容缺漏较多，如卷四缺第11页至第20页，卷二二缺第65、66两页。抄补过程中，文字出现脱、讹、衍、倒等情况。

六　文献价值

《乾隆宁志》文献价值是多方面的，陈明猷先生在其《宁夏封建时代的一座丰碑——论乾隆〈宁夏府志〉》一文中，从"宁夏三百年间唯一府志""百年战事的侧影""一代盛世的实录""科学资料与封建意识交织"等4个方面深入阐述了《乾隆宁志》的研究价值，对于研究、利用《乾隆宁志》很有启发意义。这里我们还想强调《乾隆宁志》的几点价值。

第一，在明清宁夏通志中，《乾隆宁志》编修体例最完善、编辑水平最高、内容最丰富。从体例上看，参考《乾隆甘志》和《灵寿县志》等志书编修上的长处，对类目进行合理省并、调整，使志书内容编排更加合理。组成了分工明确的编辑队伍，制定了原则性强的《凡例》，保证了志书的顺利修成。志书的内容除卷首外有22卷之多，是明清宁夏志书中卷数最多者。成书时间晚于《乾隆宁志》的宁夏旧志，如《〔嘉庆〕灵州志迹》等，直接自《乾隆宁志》取材。

第二，《乾隆宁志》是多角度研究宁夏不可或缺的一手材料。如卷一收录的清朝康熙、雍正、乾隆三朝皇帝所降与宁夏有关的圣旨是研究清朝边疆民族政策的重要资料;卷六《建置·学校》登记学校存贮书籍的书名、部数、本数,为研究清朝宁夏教育史提供了宝贵的资料。以学校存贮书籍看,宁夏学校藏书以经部和史部文献为主,同时也有与科举考试、职官、法律、农业等问题有关的文献。学生所研读的文献除十三经这样的原典外,主要是御制、御纂、钦定的书籍,如《御制日讲四书解义》《御纂周易折中》《钦定春秋传说汇纂》《钦定书经传说汇纂》《钦定诗经传说汇纂》等。宣扬程朱理学思想的书籍自然要充斥其中,如《御纂朱子全书》《钦定四书文》《御纂性理精义》等。皇帝的诗文也是学生要学习的,如《御制诗初集》《御制诗二集》《御制文初集》《御制避暑山庄诗》等。警示读书人不能有异端思想的书籍是每所学校都必须存贮的,如《驳吕留良解义》《御制人臣儆心录》等。与科考、职官直接有关的《钦定科场条例》《磨勘简明则例》学校里也有存贮。史部文献主要有《廿一史》《明史》《御批资治通鉴纲目》等。卷六《建置·坛庙》记载:"清真寺,回教建。一在宁静寺西,一在什子北,一在镇远门南。"①《坊市》记载在南塘立"同胞三义坊"纪念马世龙子献图、呈图、负图三子,立民人王鹨妻王氏、民人胡恒妻李氏、民人马化龙妻王氏坊等旌表节妇坊共18处,另外,在南熏门东有礼拜寺巷,镇远门南有礼拜寺街,振武门东有中礼拜寺街。这些都是非常宝贵的研究宁夏回族史的材料,可惜《乾隆宁志》所记过于简单。卷九、卷一〇《职官》记载的清代文武官制、人员名单及各官俸薪、养廉并夫役工食等内容显然是利用了当时官方的公文档案资料,这是研究清朝宁夏官制的重要材料。

第三,对于宁夏历史上的西夏时期研究有独特价值。如卷二二《纪事·宋》基本相当于西夏简史,《祥异·宋》相关的全是西夏之事,《轶事》共10条,其中9条是西夏事。在《古迹》《陵墓》《坛庙》等部分记元昊故宫、西夏李氏墓、承天寺,在《艺文》中收录多篇与西夏有关的诗文,等等,充分说明西夏历史在宁夏历史上已经打上了深深的烙印。散见于卷一六所谓"忠"的人物传记资料中有关明朝末年李自成农民起义军在宁夏一带的活动,也为研究相关历史提供了参考材料。

第四,不仅为宁夏府所属各县修志提供了宝贵的资料,同时也保存了宁夏佚志的宝贵资料。嘉庆三年(1798)成书的《〔嘉庆〕灵州志迹》、道光九年(1829)编成的《平罗记略》,道光二十四年(1844)刊行的《续增平罗记略》等志书均自《乾隆宁志》中取材。以今银川市辖境为记载内容而编修的宁夏旧志中,《朔邑志稿》也因《乾隆宁志》而被人知。曾于雍正年间设立、后又因地震而裁汰的宝丰县也有《宝丰县记》部分佚文入《乾隆宁志》卷二《地理·疆域》。

---

① 胡玉冰、韩超校注:《乾隆宁夏府志》,〔清〕张金城等纂修,中国社会科学出版社2015年版,第130页。

第四章　民国时期宁夏旧志资料

中华民国建立后,初袭清制,今宁夏北部仍设宁夏府,由甘肃省统辖。1913年裁府存道,北部宁夏道改朔方道,属甘肃省,不久又恢复改称宁夏道。南部为固原、化平、海城、隆德4县,属甘肃省泾原道。1927年朔方道改宁夏行政区,南部改属陇东行政区,均隶甘肃省。1929年元月,宁夏省正式成立,辖9县2旗:宁夏、宁朔、平罗、中卫、灵武、金积、盐池、镇戎、磴口、阿拉善额鲁特旗、额济纳旧土尔扈特旗。1933年12月,析中卫县为中卫、中宁两县。1941年,新增设永宁、惠农两县。同年,新增设香山、居延、紫泥湖等3个设治局,陶乐设治局正式升格为陶乐县。1945年正式成立银川市。1936年红军西征时,曾建立盐池县苏维埃政府、固北县苏维埃政府、豫海县回民自治政府、静宁县苏维埃政府。①

第一节　民国时期全国及宁夏修志概况

民国时期,虽政局动荡,但编修志书的传统仍然延续。旧志无论在编修方法还是在内容编辑上都取得了更长足的进步。

民国政府有关机构曾多次下达呈送、编修地方志书的指导文件。1916年,教育部会同内务部咨文各地纂修地方志,一些省开始设立通志馆、通志局等,专司修地方志之事,各省借此还通令各辖地遵守有关要求续修、新编地方志。鉴于各地反映的修志问题,第二年,内务部又下令,要求已经设专门机构纂修方志的各县要继续积极开展纂修活动,还未开展活动的地方也要积极征求文献,广泛搜集有关资料,为正式开始纂修县志创造条件。1926年4月13日内务部下达《内务部通咨各县呈送新旧志书》公文,督促各地将已经刊行的本地志书,无论新、

---

① 本著作有关民国时期宁夏政区行政沿革,参见吴忠礼等著:《宁夏历史地理变迁》,第九章《甘宁分治——朔方道改设宁夏省》(中华民国)、第十章《当代政区——从宁夏省到宁夏回族自治区成立》(中华人民共和国),宁夏人民出版社2008年版。

旧，一律尽快呈送。

1927年4月，南京国民政府正式成立。1928年12月19日下达《行政院训令各省县一律修志》公文，令各省、县一律要新纂修地方志书。1929年5月2日下达《内政部咨为参谋本部搜集县志》公文，5月29日下达《内政部通咨各省将编纂省县志凡例送部审核》公文，12月4日下达《行政院训令搜集各省县新旧志书》公文，12月25日下达《内政部咨发修志事例概要》。12月由内政部颁布《修志事例概要》，规范全国各地的方志编修工作。本《概要》共22条，从修志机构组成及其职责、志书门类设置、文字使用、地图绘制、资料收集、出版等多方面提出具体要求，对提高民国时期方志编修质量起到了积极的作用。

1930年，内政部又下发一系列公文敦促各地加快修志速度，很快就掀起了20世纪第二次修志高潮。下发的公文主要包括1月25日下发《内政部通咨各省督催各县市编修志书》，2月5日下发《行政院令发各省县已送到志书清单》，5月14日下发《内政部咨复辽宁省政府各县志书凡例应由通志馆审查》，6月21日下发《内政部催报通志馆成立情况的咨文》。1931年4月15日下发《内政部通咨纂修省县志书须聘请学识优长者主编》公文，对于志书主编的人选作出了指导性的规定。1932年，甘肃省通志局易名为通志馆，杨思任馆长，张维任副馆长，至1937年抗战前夕，修成130卷本的《甘肃通志稿》。

因抗日战争，1937年后各地修志工作一度中止。抗战胜利前夕，国民政府又重启修史编志工作。1944年5月2日，内政部颁布《地方志书纂修办法》《市县文献委员会组织规程》。1946年10月1日修正公布《地方志书纂修办法》，对于各地加快恢复修志工作起到了推动作用。①

宁夏地处西北边陲，民国时期，就人文而言，远落后于江浙等地，但在旧志编修方面仍有值得称道之处。1924年，甘肃通令所属各县加快纂修县志的速度。次年，即1925年王之臣等纂修《民国朔志》31卷、首1卷即告修成。1933年马鸿逵入主宁夏后，"积极"着手新修《宁夏省通志》。由于种种原因，《宁夏省通志》编修计划未能如愿完成。1942年11月，《民国述要》《宁夏省十年统计年鉴》等大型资料集铅印出版，为研究民国时期宁夏方志的编修情况提供了难得的资料。民国时期宁夏省下辖各县中，只有盐池县修成志书1部并传世，即民国三十八年(1949)陈步瀛修《盐池县志》12章42节。

---

① 民国政府下发各修志公文据中国地方志指导小组办公室选编《中国方志文献汇编》附录二《中华民国时期修志文献》(方志出版社1999年版，第1440—1460页)整理，民国时期全国方志编修情况参考巴兆祥著《方志学新论》第三章《方志发展史专题》第三节《民国方志的转型与创新》(学林出版社2004年版，第168—203页)整理。

尚属甘肃省所辖的固原、隆德、西吉等县在民国时期都有志书修成并传世，主要包括民国二十五年(1936)陈国栋修《隆德县志》4卷，二十九年(1940)张逢泰纂《化平县志》4卷，三十六年(1947)马国玧纂《西吉县志》(卷一初稿)，三十七年(1948)叶超修《民国固志》12卷。

民国二十五年(1936)国民政府资源委员会编修《宁夏省人文地理图志》、三十一年(1942)宁夏省政府秘书处编修《民国述要》、三十五年(1946)梅白遒编修《宁夏资源志》、三十六年(1947)《甘肃省海原县要览》(编修者不详)、王天岳编修《西吉县政丛记》等文献虽然不是严格意义上的方志，但也是反映今宁夏民国时期非常重要的地方文献资料[①]。1936年版的《中华民国统计提要》亦有较丰富的宁夏资料。[②]

另陈田心先生近年来发现了几册《民国宁夏省志》手稿本。所记录的内容时间段恰好在《民国朔志》与《民国述要》间，整理资料目前已发表到第四辑(《宁夏文史》第23辑，2007年)。

据陈田心介绍，《民国宁夏省志》手稿本第一册29 cm×20 cm，封面双叶白麻纸，上面用毛笔墨书写着"《宁夏省志》征集材料启事，附赵良栋事略，耀堂题"数语。耀堂指张耀堂，他是当时的宁夏参议，是《〔民国〕宁夏省志》书写者和资料的收集者。全册58双页，为十行红线格白麻纸信笺用纸，纸绳装订，册脊残存有红色书签。册内目录为：一、前言；二、沿革；三、形势；四、民风；五、人口；六、宗教；七、保安；九、金融；十、禁烟；十一、土地；十二、田赋；十三、水利；十四、农村；十五、教育；十六、识字运动；十七、生产建设；十八、结论。吏治、财政(有目无文)、赵良栋事略(传)共3份。[③]

第二册为赵良栋四传，所载内容主要取材自《清史稿》《乾隆甘志》《康熙陕志》等文献。四传分为：《赵襄忠公事略》(传　)并附子敏恪公弘灿、恪敏公弘燮小传，共3000余字；《勇略将军赵襄忠公传》(传二)，500余字；《赵襄忠公良栋战功事迹》(传三)，900余字；《勇略将军赵襄忠公传》(传四)1800余字，传四较传三内容更加丰富，多一些细节史料。如破云南城时，赵良栋和贝子战略不和，但赵氏还是靠自己的战略攻下云南城，逼敌主将吴世藩自尽。各传所辑内容也基本相符，但关于赵氏的籍贯、字，还是有一些不同。如传一记载，赵氏为甘肃宁夏人，字擎宇，一字西华；传二载，赵氏为陕西宁夏人，字擎之，一字擎宇；传四载，赵

[①] 宁夏民国时期地方文献编修情况主要参考陈育宁主编《宁夏通史》第二十章《近代宁夏的科技与文化》(本章由吴忠礼执笔)第二节《文化事业的进步》之《方志的编修》，宁夏人民出版社2008年版。

[②] 参见兰珍：《一册有关宁夏资料的辑录》，《宁夏史志研究》1988年第3期，第53—63页。

[③] 参见陈田心：《〈民国宁夏省志〉手稿本(三)》，宁夏文史馆编《宁夏文史》第22辑，2006年版，第243页。

氏为陕西宁夏人,字西华。《清史稿》卷二五五载,赵氏"字擎宇,甘肃宁夏人,先世居榆林"。①《乾隆宁志》卷十三《人物·乡献》记载为:"赵良栋,字擎宇。……授宁夏水利都司,遂自定边徙家焉。"②

第三册封面为白麻纸,上面毛笔墨书"民国宁夏省志资料三辑""舆地类""耀堂题""三十一年六月"等。本册为辑录者于民国三十一年(1942)六月所辑民国宁夏"舆地"资料专辑,共有 121 条。这些条目,主要是对宁夏境内或相邻地区之历史名称的注释与解说。主要自二十四史《地理志》,以及《元和郡县图志》《元丰九域志》《陕志辑要》等文献取材,还结合了编者自己的亲身经历和实地考察。但由于编者没有参看明清以来的宁夏志书,加之宁夏行政区划较为混乱,故其中记述有的超越现今宁夏区划,缺点明显;有的条目内容重复,次序错乱。

第四册《民国宁夏省志资料》共 46 条,毛笔墨书写于 25 页白麻纸上,粘贴在民国杂志《政治评论》之中,主要是与宁夏有关的山川地理资料。

第二节 《〔民国〕朔方道志》

一 整理与研究现状

《朔方道志》(本著作简称《民国朔志》)是民国时期宁夏的唯一一部通志。关于该志取名,《民国朔志·凡例》载:"志以'朔方道'名者,明庆王创修《朔方志》,③是宜于古也。民国改'宁夏'为'朔方道',并宜于今也。"④《民国朔志》纂修王之臣亦持此说。实际上该志的取名,除了因袭明朝志书取名、合乎现行政建置地名等理由外,还有一个原因,即避免与朔方道辖县"宁夏县"县名相混,故取名《朔方道志》。

《陇右录》《联合目录》《宁夏目录》《甘肃目录》《总目提要》等方志书目对《民

---

① 赵尔巽等:《清史稿》,中华书局 1977 年版,第 9773 页。
② 胡玉冰、韩超校注:《乾隆宁夏府志》,〔清〕张金城等纂修,中国社会科学出版社 2015 年版,第 309 页。
③ 明庆靖王编修志书名当为《宁夏志》而非《朔方志》,参见胡玉冰、孙瑜校注:《正统宁夏志》,中国社会科学出版社 2015 年版。
④ 胡玉冰校注:《民国朔方道志》,〔民国〕马福祥、陈必淮、马鸿宾修,王之臣纂,上海古籍出版社 2018 年版,第 16 页。

国朔志》都有著录或提要。①《方志与宁夏》对于《民国朔志》也有简介和研究。由于对志书编修始末的认识有问题,各书在提及《民国朔志》编修者及出版时间时有异说(详后)。

高树榆撰《宁夏方志考》《宁夏方志录》《宁夏方志评述》《宁夏回族自治区地方志述评》,王桂云撰《银川方志述略》等论文对《民国朔志》都有提要式的介绍。沈克尼撰《简谈民国〈朔方道志〉》、李习文撰《〈朔方道志〉浅介》全面简介《民国朔志》。豫蔡撰《〈朔方道志〉浅析》一文主要从水利角度考察《民国朔志》的内容特点及研究价值。李树俨撰《〈朔方道志〉在宁夏方言研究方面的学术价值》一文主要从语言学角度考察《民国朔志》对于宁夏方言研究的资料价值。余振贵撰《评宁夏旧志有关回族记述的史料价值》提及了该志记载的与回族有关的史料价值。吴和撰《〈朔方道志〉勘误》(一、二、三)及陈永中撰《灵州"三贤祠"——〈乾隆宁夏府志〉〈灵州志迹〉〈朔方道志〉校勘三则》等文对《民国朔志》中的史料进行了校勘。李荣撰硕士学位论文《〈朔方道志〉方言词汇研究》(杨占武研究员指导)对《民国朔志》所载方言词汇逐一进行考证,论文被评为"2016年自治区优秀硕士学位论文"。

《民国朔志》最早由天津华泰印书馆于民国十六年(1927)铅印8册行世。② 有多种丛书影印出版了华泰印书馆本《民国朔志》,主要有成文出版社1968年版《中国方志丛书》、华文书局股份有限公司1969年版《中华文史丛书》(王有立主编)、天津古籍出版社1987年版《中国回族古籍丛书》,③学苑出版社2003年版《中国西藏及甘青川滇藏区方志汇编》第三辑《甘肃藏区及涉藏方志》、2004年版《地方志·书目文献丛刊》和2015年版《宁夏旧方志集成》,甘肃文化出版社、宁夏人民出版社2008年联合出版《回族典藏全书》,同年凤凰出版社等联合出版《中国地方志集成·宁夏府县志辑》。1991年,上海古籍出版社出版单行本,④附有姜俊俊、任亚民新编索引。该社2018年出版胡玉冰校注《〔民国〕朔

---

① 《联合目录》将出版者"天津华泰印书馆"误作"天津华泰书局",《宁夏目录》《甘肃目录》将出版时间"民国十六年(1927)"误作"民国十五年(1926)"。《宁夏目录》另著录(台北)成文出版社1968年影印本是据"民国二十年"铅印本影印亦有误,实据民国十六年(1927)华泰版影印。

② 天津华泰印书馆印刷出版《民国朔志》的时间有民国十五年(1926)和民国十六年(1927)两种说法,且持第一种说法者居多。查华泰版《民国朔志》第1册有马福祥民国十五年(1926)序,故多据此序时间定其出版时间为民国十五年(1926)。实际上,华泰版《民国朔志》第8册附焦沛南民国十六年秋(丁卯秋,1927)《重校〈朔方道志〉跋》一文中说得非常清楚,志书书稿是民国十六年(1927)春天运抵天津的,经过焦沛南两次校阅后于当年秋天正式印刷出版。故天津华泰印书馆印刷出版《民国朔志》的正确时间应该是民国十六(1927),而非民国十五年(1926)。

③ 本丛书《重印说明》中,将天津华泰印书馆印书出版《民国朔志》时间"民国十六年"误作"民国十五年"。

④ 上海古籍出版社影印本版权页将"王之臣"误作"王志成"。

方道志》是该志的首次整理成果,以华泰印书馆本为底本,以《乾隆宁志》《宣统甘志》等为对校本。

二 编刊始末

关于《民国朔志》编修、刊行,可综合民国十四年(1925)王之臣、十五年(1926)马福祥《〈朔方道志〉序》、十六年(1927)焦沛南《重校〈朔方道志〉跋》及《民国朔志·凡例》来梳理。

王之臣在序中首先对宁夏特殊的历史、地理进行总结,然后又回顾了民国以前宁夏旧志的编修史。他谈到,宁夏旧志自明藩庆靖王创修《朔方志》后,巡抚王珣、杨守礼、杨应聘等相继续修,乾隆四十五年(1780)宁夏知府张金城又续修《乾隆宁志》,此后130余年,再未进行过修志活动。① 民国五年(1916),国民政府教育部会同内务部咨文各地纂修地方志,六年(1917),内务部又下令还未开展修志活动的地方要积极征求文献,纂修县志。同年,宁夏护军使马福祥、道尹陈必淮聘宁朔县举人吴复安主任编修朔方志书。② 不久,吴复安去世,修志事遂搁置起来。

民国十三年(甲子,1924)王之臣重游来宁,马福祥此时已调任绥远都统,其侄子马鸿宾继任。因王之臣民国八年(1919)任灵武县知县期间曾续修过灵武州志,有编修志书的经验,故陈必淮与马鸿宾商量后请王之臣主持编修朔方志书。同年五月初一,修志局正式设立,编修工作又重新启动。王之臣审阅吴复安等所修朔方志发现,多半系直接抄录清朝光绪末年升允等所修的《甘肃新通志》,与朔方(即宁夏)有关的宣统元年(1909)以后事多缺略未载。于是在刘君鹤泉(刘振清)、梁君善卿(梁生祥)、马君子良(马德)、杨葆卿等人协助下,重新编写志书内容目录,王之臣序曰:"从开辟修,起迄于民国十四年。以旧府志为主,《新通志》为辅,并参考他书暨新采访以增益之。分门别类,正伪订讹,阅十九月而功始竣,③成书三十二卷。以前明迭修《朔方志》,且宁夏近改朔方,府已改道,因名之

---

① 《民国朔志·凡例》第一条亦同王之臣之序所言。明庆靖王编修志书名当为《宁夏志》而非《朔方志》,王珣监修《弘治宁志》,杨守礼监修《嘉靖宁志》,杨应聘监修《万历朔志》。王之臣及《凡例》言此4种明朝志书"年湮代远,书皆失传",《乾隆宁志》"兵灾之余,亦鲜完帙"。实际上,这几种宁夏志书都有较为完整的传世本。

② 《民国朔志》卷一七《人物·学行》"吴复安"条载,民国七年(1918),吴复安"续修道志"。盖民国六年(1917)动议修志,七年(1918)正式修志。

③ 王之臣序写成于民国十四年(1925)良月朔日(十月初一),据此上推至正式设局修志之时即十三年(1924)五月,经过了17个月,而非19个月。

曰《朔方道志》。"①《民国朔志·凡例》第二条亦明确说明,《民国朔志》于民国十四年(1925)修成。《陇右录》著录《民国朔志》成书时间即从此说。

焦沛南民国十六年秋(丁卯秋,1927)《重校〈朔方道志〉跋》言,重修《民国朔志》系马福祥首倡,"前年纂定",即民国十四年(1925)编成。因朔方当地印刷技术条件落后,不能满足《民国朔志》的印刷要求,于是在民国十六年(1927)春,全部书稿被运至天津印刷。正式印刷前,马福祥在审阅志稿时发现"其中语句有尚须酌易者,字画亦尚多错误者",②故拟重新找人校阅,碰巧焦沛南从湖南抵达天津,因他对宁夏诸事较为熟悉,马福祥就邀请他校正书稿。焦沛南认真细阅两遍,对志书从内容到文字都作了部分修改,"讹者正之,遗者录之。如科举应标出引语,有未妥叶者酌取易之。志余有重叙,歌序有不能分者,提出并之,汇诗分门,以词为殿"。③第一次校阅完书稿后,先印出样书,结果又发现问题,"校完,付手民印出,又多鲁鱼帝虎、遗字阙文,帅属帐友刘君子振核后,仍交南过目,自春徂秋,始克蒇事。计共印二千部,费洋三千元。几经雠校,蔚为成书"。④由焦沛南跋语可知,民国十六年(1927)秋,《民国朔志》在天津经过几次校稿后才正式印行,《联合目录》著录《民国朔志》出版时间即从此说。《民国朔志·修志衔名》载负责"校对"者只有1人,为朔方道署庶务科科员彭霈,实际上,他只是《民国朔志》抄本的"校对",而非印本的"校对"。也就是说,《民国朔志》在民国十六年(1927)印刷过程中,焦沛南实际负责校对书稿,发现并改正了部分文字错误和内容编排不妥的地方。

关于该志完成时间,马福祥序称"经始于丁巳,告蒇于丙寅,首尾十年",⑤即始于民国六年(1917),终于十五年(1926)。由前引王之臣序、焦沛南跋及《凡例》可知,《民国朔志》的编修,当动议于民国六年(1917)、七年(1918),吴复安等开始编修,惜未成。十三年(1924),王之臣等又编纂,十四年(1925)书编成,十六年(1927)正式印行。故马福祥所记是不准确的。

1926年4月13日,国民政府内务部曾下达《内务部通咨各县呈送新旧志书》公文,规定各地要及时呈送当地新旧志书。1928年12月17日,政府曾通报过各省送到志书情况,甘肃省呈送通志1种,县志10种。与宁夏关系密切的、已经正式印行的《民国朔志》未出现在呈送名单中。

---

① 胡玉冰校注:《民国朔方道志》,[民国] 马福祥、陈必淮、马鸿宾修,王之臣纂,上海古籍出版社2018年版,第3页。
②③④ 同上书,第729页。
⑤ 同上书,第1页。

三　编修者生平

《民国朔志·修志衔名》共列举出 41 位参与编修志书者的姓名、身份、分工等,其中"主修"为马福祥、陈必淮等 2 位,"监修"为马鸿宾,"纂修"为王之臣,"前纂修"为吴复安,"帮纂修"为刘振清、杨泰等 2 位,"同纂修"者有景琪等 7 位,"调查"为梁生祥等 4 位,"采访"有王本立等 17 位,"图画"有黄光贇等 3 位,"缮写"有彭鼐、陈捷勋等 2 位,"校对"为彭鼐,"收发"为陈必炎。根据旧志编修署名特点及《民国朔志》实际成书情况看,马福祥、陈必淮最先聘请吴复安编修志书,吴氏未能完成全志的编写就离世了,不久,马福祥也调离宁夏,马鸿宾继任。陈必淮、马鸿宾又聘请王之臣主持编修志书事宜,刘振清等人襄助完成。故《民国朔志》署名中,每位的角色分工都是有根据的。今人方志目录著录《民国朔志》纂修者时,均著录王之臣是编纂人,而主修人的著录没有统一认识。

《联合目录》著录马福祥、陈必淮为主修人,《宁夏目录》著录马福祥、王之臣合纂,《甘肃目录》著录马福祥主修,均未提及马鸿宾。实际上,马福祥、王之臣等序都提到,编修《民国朔志》正是马鸿宾在任宁夏镇守使期间,所以《民国朔志·修志衔名》给马鸿宾的编修身份是"监修",这是符合实际的。按照方志目录著录编纂者的体例要求,《民国朔志》编修者中应当增加马鸿宾,即著录为"马福祥、陈必淮、马鸿宾修,王之臣纂",这才符合历史事实。

(一) 马福祥

马福祥(1876—1932)字云亭,回族,原籍甘肃河州(今甘肃省临夏)韩集阳洼山人。事迹见马福祥、马鸿逵编《马氏族谱》等,《民国朔志》卷二二《人物志·流寓》有《马福祥传》,卷一三《职官志·民国职官表》、卷三〇《志余·历史》等亦载其事。丁明俊著《马福祥传》、王正儒著《马福祥》记述马福祥事甚详。

据《马福祥传》载,马福祥于光绪二十三年(1897)中武举,三十二年(1906)任西宁镇总兵。民国元年(1912)任宁夏镇总兵,二年(1913)兼任宁夏驻防将军,同年宁夏镇总兵改设为宁夏护军使,马福祥任护军使。十年(1921)就任绥远都统。十八年(1929),先后任蒙藏委员会副委员长,青岛市市长。十九年(1930)先后又任安徽省主席、蒙藏委员会委员长等职。"纵观马福祥一生,为人沉稳,勤于学习,关心时政,能识大体,他不同于西北各旧军阀,具有一定的政治远见和爱国精神,能顺应历史的发展。……这就使他成为近现代西北回族中颇有影响的历史人物。"[①]马福祥传世的著述主要包括《磨盾余墨》《蒙疆纪画》《蒙藏状况》《积善堂训戒子侄诸孙书稿》《先哲言行类钞》《家训》等。另外还参与创办中国回族史上刊期时间最长、影响最大的学术类杂志《月华》，出资刊印了明清著名回族学者王岱舆、马注、刘智等人著作 30 多种，创办 60 多所清真高初级学校。首倡编修《民国朔志》，该志《艺文志》录其文 7 篇。

（二）陈必淮

陈必淮字三洲，湖南岳阳人，生卒年不详，《〔光绪〕灵州志·历朝宦迹志》载其事迹较详。光绪三十一年(1905)冬权知灵州州事，三十二年(1906)解任回省，三十四年(1908)二月又重守斯土。守灵州期间，曾主持续修《灵州志》，惜传世本皆为残本。《民国朔志》卷一三《职官志·民国职官表》载，民国元年(1912)，陈必淮为首任宁夏分巡道员，民国三年(1914)宁夏道改名朔方道，陈必淮为首任道尹。

（三）马鸿宾

马鸿宾(1884—1960)字子寅，回族，甘肃临夏人。《民国朔志》卷一三《职官志·民国职官表》载，民国八年(1919)任宁夏护军使，十年(1921)宁夏护军使改设为宁夏镇守使，马鸿宾为首任镇守使。1930 年初被冯玉祥任命为宁夏省主席。1935 年率部赴陇东堵截红军，受打击。抗日战争期间，曾率部在绥西一带抵御日寇侵略。1949 年 9 月，与其子马惇靖率八十一军起义，为和平解放宁夏作出了贡献。新中国成立后历任宁夏省副主席、甘肃省副主席等职，先后当选第一、二届全国人大代表。《民国朔志》卷二七《艺文志·记序》录其《新室记》1 篇。

（四）王之臣

王之臣字汝翼，湖南宁乡人，生卒年不详。《民国朔志》卷一三《职官志·民国职官表》载，民国二年(1913)任盐池县知事，三年(1914)转任平罗县知县，五年(1916)卸任，八年(1919)任灵武县知县，九年(1920)卸任。据王之臣《〈朔方道志〉序》载，他在任灵武期间编修过灵州志书，可惜书稿未见有传世。十三年(1924)王之臣重游来宁，陈必淮、马鸿宾请之臣主持编修朔方志书，十四年(1925)编成。十五年(1926)，与马福祥等编纂甘肃《〔民国〕民勤县志》成书。

[①] 丁明俊著：《马福祥传》，宁夏人民出版社 2000 年版，第 166 页。

(五) 其他人员

《民国朔志》卷十七《人物·学行》载,"前纂修"吴复安字心斋,朔方道宁朔县(今宁夏贺兰县)举人。潜心经史,淡于名利。在宁朔县中学、师范等学校充任监督。民国七年(1918),宁夏护军使马福祥、道尹陈必淮聘吴复安编修朔方志书。吴复安等主要参考《宣统甘志》进行编修。不久,吴复安去世,修志之事遂寝,时论惜之。《民国朔志》卷二七《艺文志·记序》录其文《新建宁夏中学堂碑记》1篇,卷二九《艺文志·赋诗》录其诗《贺兰怀古》(2首)、《青铜禹迹》共3首。

四　内容

《民国朔志》最早的版本是天津华泰印书馆铅字排印本。华泰版书衣页印有马福祥书"朔方道志"4字,次页印有"天津华泰印书馆代印"9字圆印一枚。白口,单,黑鱼尾,四周双边,每半页11行,行26字至27字。版心自上而下依次注明书名、卷次、类目名、页次及"天津华泰印书馆代印"9字。该志由序、《修志衔名》、卷首、正文卷一至卷三一及跋等几部分内容组成。

序、《修志衔名》共8页。序有3篇,依次是:马福祥民国十五年(1926)序,落款后印有"马福祥印"阴文方印、"云亭"阳文方印;王之臣民国十四年(1925)序;王宋云《〈宁夏府志〉后序》。① 《民国朔志》录清乾隆间人王宋云序,例仿明清宁夏通志。《修志衔名》共录41位与志书编修有关者的姓名、职官或身份等。

卷首共15页,包括《命令》《目录》《凡例》。对于民国的建立,《民国朔志》编者认为:"由专制朝廷之臣仆一跃而为共和平等之人民,实中华无上之光荣,亦世界罕闻之盛举。"② 故在《民国朔志》内容编排上,首列《命令》。《命令》之设,实仿《乾隆宁志》及《宣统甘志》的做法,《凡例》曰,旧志"均以纶音列之卷首,以示统于一尊,兹仿择开国命令数则,谨冠诸首,不入总目者,昭崇敬也"。③ 由此也可看出,民国时期官僚意识中仍然有很浓的封建皇权情结。《命令》共选录民国元年至十年间(1912—1921)13条总统令,④最后4条为黎元洪、冯国璋、徐世昌等三任总统封赏马福祥、马鸿宾的命令,这也说明,《民国朔志》的编写有马氏家族欲

---

① 《民国朔志》题作"旧《宁夏府志》后序"。
② 胡玉冰校注:《民国朔方道志》,[民国] 马福祥、陈必淮、马鸿宾修,王之臣纂,上海古籍出版社2018年版,第8页。
③ 同上书,第14页。
④ 最后一条为北洋政府徐世昌总统令,特晋授马福祥以"勋二位",原印本发布时间只有月份为"十月",年份原空一格,未详。据丁明俊《马福祥传》,此令当发布于民国十年(1921)。

第四章　民国时期宁夏旧志资料　　129

借此光宗耀祖等政治目的在内。《目录》为二级目录，既有各卷志名，还有各志下小类名。《凡例》共 23 条，说明本志编写原则、方法，最后一条说明地图图例。

正文共 31 卷 11 志 75 目，附 7 目。① 为阐明编辑主旨，该志"既于总目之首各用弁言，复或于子目加以小引，或于篇尾跋以论说"(《凡例》语)。②《民国朔志》编修时对内容还有所辨析，《凡例》曰："其志内向来沿讹袭谬，或征引未全，则悉本《通志》，并参考他书，添补更正，或加按语以明之，总期择精语详而免舛错。"③ 阿拉善、鄂尔多斯、乌审等三旗地之近宁夏者，军务虽归宁夏节制，但由于历史上自治程度高，政教不同，故《民国朔志》只叙其边界、世系、风俗、建筑、营棚等事，其山川、形胜、建置、职官、人物等概未详叙。

卷一《天文志》共 3 目，包括《星野说》《井宿图》《鬼宿图》，附《祥异》。有关天文的内容，《乾隆宁志》(即《民国朔志》所谓"旧府志")统属于"地理"类，《宣统甘志》(即《民国朔志》所谓"通志"或"新通志")则把这部分内容独立为一类，列之于首卷，《民国朔志》编者认为《乾隆宁志》做法不妥，采纳了《宣统甘志》的做法。随着人们对天文认识水平的提高，逐渐有新学家认为，旧志中所谓"分野""星野"的说法是不科学的。《民国朔志》对于这样的现象作了变通处理。即辑录有《乾隆宁志》《宣统甘志》的说解内容，又辑录了部分新学家的内容，为后人深入考证留有余地。《井宿图》《鬼宿图》均照《宣统甘志》附图绘制。所附《祥异》，旧志编入"杂记"，通志附于"天文"，《民国朔志》效法《宣统甘志》做法，附于《天文志》后。《祥异》记述内容始自北魏太武帝始光三年(426)，止于民国十三年(1924)，共记一千四百九十八年的祥异事件，其中始光三年至乾隆四十年(426—1775)共一千三百四十九年间事全部录自《乾隆宁志》，又补充了乾隆十四年(1749)、二十二年(1757)、嘉庆四年(1799)以后的所谓祥异事。

卷二、卷三《舆地志》共两卷 9 目，包括《疆域总图》《疆域分图》《沿革表》④《边界》《形胜》《山川》、《风俗》(附《方言》)、《物产》、《古迹》(附《陵墓》)。《民国朔志》认为，《乾隆宁志》只绘制疆域总图，失之太略，故仿《宣统甘志》做法，又详绘分图。总图有两幅，一为《朔方道疆域总图》，一为《朔方道疆域特图》，前者附有图例，后者主要绘制的是宁夏镇守使所辖蒙古阿拉善旗、额济纳旗的疆域范围。图后又附朔方道道治所在地、四至八到及到省城、京城里数的文字说明。《疆域

---

① 马福祥序称"计分类者十"，《凡例》亦曰"为总目十"，都未将《志余》统计在内。马福祥序、王之臣序及《凡例》均载志书为三十二卷，是将"卷首"统计在内了。
② 胡玉冰校注：《民国朔方道志》，[民国]马福祥、陈必淮、马鸿宾修，王之臣纂，上海古籍出版社 2018 年版，第 14 页。
③ 同上书，第 14—15 页。
④ 《民国朔志·目录》标目作"沿革"。

分图》包括宁夏县、宁朔县、中卫县、平罗县、灵武县、金积县、盐池县、镇戎县等8县辖境图，每图后分别附文字说明其县治所在地及四至八到的里数。某些县的文字说明中还有内容变动的说明，如中卫县，"按：《旧志》未注东北、西北界，今照《新通志》增补之"。① 平罗县，"按：《新通志》所载平罗疆界与《旧志》多异，《新采访》与《旧志》同，应从《旧志》"。②《沿革表》对民国时期朔方道所辖宁夏、宁朔等8县自秦、汉至民国的建置沿革用图表方式罗列出来，一目了然。表后又用文字对朔方道及所辖各县历史变迁一一细述，最后还在"按"中对有关沿革问题进行了考证。《边界》引《宣统甘志》等文献，结合调查采访，用较多篇幅对朔方辖境内的长城进行介绍，并对历史上蒙古与宁夏辖境纷争过程也有叙述。《形胜》引古代文献特别是与宁夏有关的志书，对各地的地理形势进行高度概括。《山川》主要参考《乾隆宁志》《宣统甘志》，对朔方境内各主要的山川一一梳理，说明其所处地理位置及特点，部分山川还附有历史掌故。对于内容的增减还有说明。如宁夏、宁朔二县"山"后，"据《旧府志》，无回军山、石嘴山、黄草山，今照《新通志》增入"。"川"后，"按《旧府志》，夏、朔无三塔湖、金波湖、千金湖，今照《新通志》增入"。《风俗》主要记载朔方当地汉族的年节礼俗、冠礼、婚礼、丧礼、祭礼等礼制特点，特别附有蒙古族和回族的风俗及礼俗特点、四季节日等。《风俗》后附《方言》，记载了调查所得的86个有一定代表性的方言词汇，对每一个词汇都有简单说明。《物产》分谷类、蔬类等14类对当地所产进行记载，对每一种物产都有简单的注释说明。其中矿类、货类内容具有民国旧志的特点，主要记载当地的矿物及商贸物品。《古迹》记载海宝塔、西塔等古迹所处地理方位、兴建情况及与它有关的历史掌故。其后附《陵墓》记载有西夏王陵、明庆靖王墓等所在位置信息。

卷四、卷五《建置志》共两卷11目，包括《城池并图》《公署并图》《坛庙》（附《寺观》）、《堡寨》《关梁》《仓库》《警察》《邮政》《电政》《坊表》《市集》。《城池》主要以文字说明朔方道城及所辖宁朔县等县县城兴修史，及各县属城池距县治所在地里数、兴筑简史。道城、县治所在地都绘制有平面简图，县属城池没有绘制。《公署》对朔方道尹公署、镇守使署、甘肃第三高等审判检察分厅等3家公署以文字说明其所在位置、修建历史、建筑布局等，并附各署的平面图。其他各辖县公署都只有文字说明，未绘图。朔方道其他办公机构（即"公所"）和《乾隆宁志》所载圮废公所附在最后。《坛庙》（附《寺观》）主要记载朔方道及所辖各县社稷、风云雷雨、先农各坛及文武、文昌、城隍、龙王各庙所在位置、相关祭祀制度等，并对某些制度略加考辨。有

---

① 胡玉冰校注：《民国朔方道志》，[民国]马福祥、陈必淮、马鸿宾修，王之臣纂，上海古籍出版社2018年版，第33页。

② 同上书，第34页。

关祭祀制度在《宣统甘志》中被作为专门内容，独立于《建置》之外进行详细说明，《民国朔志》则散记在《建置》各坛庙之下，且没有详细介绍，《民国朔志·凡例》解释这样做的理由为："惟自民国革命，孔祀亦几议废，何况其他。"①《堡寨》《关梁》《仓库》等3目主要记载朔方各辖县堡寨、关梁、仓库名称及所在位置，并据《乾隆宁志》对各县堡寨、关梁、仓库旧有及新建情况补充说明。与警察有关的事宜，《宣统甘志》列入"兵防"记述，《民国朔志》编者认为应该归入行政范围，故把《警察》列在《建置志》中，记载朔方道及各县警察局编制情况，在"按语"中简单介绍其设置历史。《邮政》《电政》主要记载其设置历史，及道路里程。《坊表》先列49处牌坊，其中12坊均旌表宁夏之有功勋者，33坊均旌表宁夏之有节义者，4坊均民人表扬宁夏之有功德者，后附明朝所立，但分别毁于万历二十年（1592）兵变、乾隆三年（1738）大地震者。《市集》记载朔方道及各县市集数量、所在地及各集市交易时间。在朔方道市集又附《乾隆宁志》所载但现在已废的平善等6处集市，还附有朔方道的治所在地即今银川市城内各街巷名称及所在位置。

卷六、卷七《水利志》共两卷4目，包括《河渠源流》《管道建置》《渠工则例》《渠务格言》。谚云"天下黄河富宁夏"，宁夏独得河水之利，境内各渠多赖黄河以滋灌溉。同时，每年因兴修水利而耗资巨大，《民国朔志》编者以为"是河渠为宁民命脉，且每岁费修以亿万计，其兴作之期间、开水之迟早、物料之摊派均有一定章程"。②因此，"兹特溯其源流，采其成法，汇集编次，以便司水利者之考证焉"。③《河渠源流》考证自汉至清朔方境内河渠兴修简史，并附《夏朔平罗金灵五属管道总图》《中卫县属管道总图》。《管道建置》主要记载唐徕渠、汉延渠等朔方境内25条主干渠的兴修历史、流经地域、长度、灌溉田亩数、管道附属工程如水闸、暗洞、飞槽等，这些内容既有以往志书的记载，亦有新近实地采访调查，资料非常详实。其后又附各主干管道的支渠数量、名称及其所在位置和长度。《渠工则例》总结了治水过程中的各种经验之谈，如闸坝说、堤埧说、暗洞说等。《渠务格言》辑录了甘肃巡抚杨应琚《浚渠条款》、宁夏水利同知王全臣《言渠务书》、董凝极《言渠务利弊书》等3篇与治渠有关的文献，据此可以了解清朝地方官员治渠的办法及主张。前2篇在《乾隆宁志》有录，《民国朔志》补录了第3篇。

卷八、卷九《贡赋志》共两卷7目，包括《赋则》《额征》《盐法》《茶法》《钱法》《统捐》《杂税》，附《户口》。《赋则》概述宁夏明清时期赋税的具体数额及变化情

---

① ② 胡玉冰校注：《民国朔方道志》，[民国]马福祥、陈必淮、马鸿宾修，王之臣纂，上海古籍出版社2018年版，第15页。

③ 同上书，第159页。

况。《额征》分县介绍赋税情况,宁夏县、宁朔县、中卫县、平罗县、灵武县、盐池县等6县的赋税,先据《乾隆宁志》记载乾隆四十五年(1780)前赋税情况,然后据新调查采访资料补充其后至民国十一年(1922)赋税情况。金积县、镇戎县两县据其设置时间分别记录不同时期的赋税情况。《盐法》《茶法》《钱法》分别对宁夏盐法、茶法、钱法的历史进行了简要梳理,《统捐》《杂税》等列举宁夏赋税名目及数目。附录《户口》,既载民国时期各县人口数量,亦据《乾隆宁志》录清乾隆以前人口数量,通过比较两组资料,《民国朔志》编者指出因战争原因而导致宁夏户口减少这一事即时感叹道:"清初,宁夏户口最为繁盛,道、咸以降,迭遭兵燹。同治之变,十室九空。宣统三年,又值匪乱,民之死亡以数万计。户口凋零,职是之故。膺斯土者惩前毖后,消患未萌,孑遗黎民,庶有豸乎。"[①]

卷一〇《学校志》共7目,包括《学宫》《书院》《试院》《学额》《社学义学》《学田》《学校》。《乾隆宁志》将"学校"归入《建置》,《民国朔志》编者以为不妥,认为时下"欧瀛各国以学校之多寡睹国势之盛衰,几如无事不学,无人不学。中国京师设教育部,省设教育厅,学校之在今日似尤为立国最重之点"。[②] 故仿《宣统甘志》,将其独立为一类,进行记载。《学宫》《书院》《试院》《学额》《社学义学》《学田》等主要记载旧式学校教育的有关情况,《学校》则专记民国时期宁夏各县教育情况,包括各地设立学校数量、师生规模、学校规模、学习课程、图书、教学仪器、学校经费、师生待遇等,其中包括多所清真学校,说明当时宁夏回族人口已经达到了相对较高的比例。至民国十三年(1924)总计有高级学校35所,初级学校217所。

卷一一《兵防志》共3目,包括《兵制》《防地》《营盘》。宁夏地理位置险要,《乾隆宁志》将有关"兵防"的内容原载入"职官"中,《民国朔志》编者认为这样做不能突出宁夏在全国的军事战略意义,故仿《宣统甘志》,将其独立为一类,进行记载。《兵制》主要据《乾隆宁志》对宁夏明清时期军事制度进行简介,并补充民国时期宁夏军事编制情况。与《兵制》有关的历代官制、战事,《民国朔志》分别在《职官志》《历史》中有详述,故《兵防志》中省略不载。《防地》主要记载宁夏重要的边界地之地理位置、长度及重要的关口等。《营盘》主要记载马鸿宾任宁夏镇守使期间,为防止其他地方军事势力侵入宁夏而修建石嘴山营盘、河拐子营盘等基本情况,内容涉及营盘所在地理位置及其主要的功用等。

卷一二至卷一五《职官志》共4卷6目,包括《明代官制》(附《明藩制》)、《清代官制》《民国官制》《历代职官表》《民国职官表》、《宦迹》(附《客官》)。该志主要

---

① 胡玉冰校注:《民国朔方道志》,[民国]马福祥、陈必淮、马鸿宾修,王之臣纂,上海古籍出版社2018年版,第216页。
② 同上书,第15页。

记载明、清、民国等时期文武职官制度。由于资料文件的缺失，该志于《明代官制》《清代官制》中，文官主要参考《宣统甘志》所载录止于州县一级，武官参考《乾隆宁志》录止于参将、游击。《明朝官制》主要记载其职官名、数量，《清朝官制》还记载各官设置时间、俸饷等。《民国官制》除说明各官设置时间、数量、俸饷及政府开支外，还引《组织道官制令》14条、《组织第三高等分厅及附设地方庭暂行章程》15条、《组织县官制令》9条，分别对朔方道道尹、审判分厅监督推事和检察分厅监督检察官、各县知事等官员的职掌、权限等作出说明。《历代职官表》据有关文献，录秦至元朝在宁夏境内任职者124人的姓名、官名等，其中秦朝1人，汉朝7人，魏朝4人，北魏3人，北齐3人，隋朝10人，唐朝60人，五代4人，宋朝25人，元朝7人。由于宁夏在明、清两朝有相对独立的府级建置了，故分不同官称分别录其官名、任职人数、姓名、籍贯、任职时间等，清朝任职时间具体到"年"，明朝的较为笼统，只具体到哪一代皇帝，如"嘉靖间任""万历间任"。明朝各级官员共372人，清朝各级官员共943人次。《民国职官表》记载内容较清朝官员更详细些，某些官员还记其字，共计107人次。① 《宦迹》共有213人入传，附《客官》有14人入传。入《宦迹》者依时代先后排序，传主必须有政绩可传且已去世者，即所谓"贤者"且"盖棺论定"。

卷一六至卷二三《人物志》共8卷13目，包括《乡宦》《学行》《孝友》《选举》《忠义》《节烈》《耆寿》《流寓》《隐逸》《技艺》《释道》《任侠》《殉难》。本志类目设置基本沿袭了《乾隆宁志》，唯《学行》为独创。《民国朔志》编者认为，"昔人有言，行道者君相，明道者师儒。道不明则道即不行，故师儒其最重也。因特辑学问醇正、品行端方者为一类，以为士之矜式焉"。② 也就是说，入《学行》者，其学问、品行都足堪后世效法。入《乡宦》者，自汉魏至明清，代有其人，其中明朝有21人入传，清朝有88人入传。《学行》载明清两朝人，明有6人入传，清有52人入传。入《孝友》者唐朝2人、元朝1人、明朝11人、清朝47人。《选举》包括历代选举科举与民国选举两部分内容。历代选举、科举事多录自《乾隆宁志》，乾隆四十五年（1780）即《乾隆宁志》成书后，宁夏屡遭天灾人祸，档案资料遗失严重，故此后有关资料《民国朔志》多付阙如。有关民国选举，辑录县议员7人，省议员7人，众议院议员3人。入《忠义》《节烈》《殉难》3目者颇多，以元、明、清三朝为主。由于《民国朔志》编者所持的政治立场，其中有许多都是民族起义的镇压者、刽子手，当然也有无辜百姓，对此读者当明辨。《耆寿》载清朝朔方道长寿者。《流寓》载自晋至清

---

① 清及民国官员中有多人任职有重复，故统计以"人次"计。
② 胡玉冰校注：《民国朔方道志》，[民国]马福祥、陈必淮、马鸿宾修，王之臣纂，上海古籍出版社2018年版，第375页。

曾客居宁夏的名人。《隐逸》多载清朝朔方道德行高尚、无意于仕途者。《技艺》载元、明、清三朝或精通医术、或工书画、或有一技之长者。《释道》载北周至清朔方道修行较高的僧人、道士。《任侠》载明清时期朔方道乐善好施、喜做善事者。

卷二四至卷二九《艺文志》共6卷8目，包括《公牍》《记序》《议说》《书传》《铭赞》《颂歌》《赋诗》《歌词》。共录诗文338篇（首），其中《公牍》18篇，《记序》84篇，《议说》6篇，《书传》4篇，《铭赞》6篇，《颂歌》2篇，《赋诗》208首，《歌词》10首。入选艺文者在内容和创作水平上都有一定的要求。内容上需要"有关于世道、人心及山川、形胜"，[①]"有关掌故，可以考见山川形胜及时事因革者"，[②]创作上要求"词复雅驯"。[③] 从辑诗文看，《乾隆宁志》所辑《疏奏》14篇，《民国朔志》全部辑录，又增汉傅燮《治内疏》、清左宗棠《刘松山进攻金积阵亡请恤疏》《马化漋投诚办理情形疏》《筹办金积善后事宜疏》等4篇。《乾隆宁志》所辑《赋》《议》《颂》《铭》《赞》《序》《说》《传》《书》《记》等，除个别篇目外，绝大多数都被辑入《民国朔志》。《民国朔志》新增诗文中，有参与修志的景琪、许景鲁等人诗文，更有多篇或为马福祥撰，或与马福祥政绩有关。如《记序》新增《重修护军使署碑记》《修筑护军使署围墙记》《重修朔方北城门楼记》《五原剿匪宁军诸烈士殉难碑记》《宁夏河东剿匪阵亡诸烈士碑记》《宁军援剿定边围攻昭化庙诸烈士殉难碑记》《宁夏剿平伪皇阵亡诸烈士碑记》等7篇均为马福祥撰，而王树枏《马护军使纪功碑记》、罗经权《马上将军纪功碑记》、梁隽冕《马护军使德政碑》等3篇很明显是为马福祥歌功颂德之文，王文墀《甘军援五原表功记》、梁隽冕《宁军剿匪纪略》等2篇虽然以记叙有关战事为主，但实质上也是在为马福祥树碑立传。

卷三〇、卷三一《志余》共两卷4目，包括《历史》《蒙古世系》《轶事》《著作》。关于《志余》，其小序对其编辑之由说明得较为清楚，小序曰："前十篇条分缕析，[④]凡百事体，依类相从，已无余蕴，惟历代事迹有不能为之联属者。东、西两蒙，既归节制，有不能不详其世系者。野史别录，半系传疑，亦有可与正史互相发明者。各家著作，虽未尽传，亦有不能不为表章者。存之则各门难入，弃之则遗憾良多，用特搜残网失，汇为《志余》，以终其篇。"[⑤]《历史》类目之设，实仿《乾隆宁志》之设《纪事》、《宣统甘志》之设《戎事》，《民国朔志》编者认为这两志的取名

[①] 胡玉冰校注：《民国朔方道志》，[民国] 马福祥、陈必淮、马鸿宾修，王之臣纂，上海古籍出版社2018年版，第16页。
[②] 同上书，第491页。
[③] 同上书，第16页。
[④] "前十篇"即指《民国朔志》之《天文志》至《艺文志》等10志。
[⑤] 胡玉冰校注：《民国朔方道志》，[民国] 马福祥、陈必淮、马鸿宾修，王之臣纂，上海古籍出版社2018年版，第683页。

不妥,故辑录朔方历代大事,汇为一篇,名曰《历史》。其记事,始于周"命南仲城朔方,防猃狁",①止于民国"六年二月,护军使马福祥擒伪皇帝吴达儿六吉,诛之"。②《蒙古世系》简述阿拉善额鲁特部一旗、鄂尔多斯右翼中旗的世系。辑录11则《轶事》,亦仿《乾隆宁志》,其中前10则全部同《乾隆宁志》,只不过第10则《乾隆宁志》注史料出处为《朔方志》,《民国朔志》则注出处为《灵州旧志》。最后一则是《民国朔志》《新采访》所得。③《著作》为朔方道地方著述专目,共著录26种著作,其中西夏人著作2种,明人著作4种,清人著作20种。

正文最后附焦沛南民国十六年秋(丁卯秋,1927)《重校〈朔方道志〉跋》,落款后印有"沛南私印"阴文方印、"澍恩"阳文方印。

五 编修质量及文献价值

《陇右录》对《民国朔志》的编修质量有较为中肯的评价,他从考证宁夏历史沿革的角度出发,认为《民国朔志》官制资料中提及"朔方道尹"而未提及"宁夏道尹",这与宁夏官制事实不符。《民国朔志》设"水利""兵防"专志,相比过去的宁夏志书而言是可取的。而卷首设《命令》一目,多与宁夏无关,与志书体例不符。最后一卷《志余》立4目,从各目内容看,可分别归并到其他志目当中,单独立卷设目则不妥。张维最后还对《民国朔志》沿袭旧说,把与宁夏无关的"夏州""朔方"事辑入志中,"城池""堡寨"部分内容重复等存在的问题提出了批评意见。

除张维所指出的问题外,《民国朔志》在编辑印刷上还存在误字现象。有些是很明显的,如卷一《天文志·祥异》"与群臣谋伐夏"句之"伐"误作"代",卷一一光绪三年(1877)任宁灵抚民同知的湖南"宁乡"(今湖南省宁乡县)人喻光容误作"宁化"人,卷一二《职官志·清代官制》"韦州宁夏群牧所"之"群"误作"郡",卷一三《职官志·历代职官表》载清朝宁夏知府王赐均"嘉庆间任"误作"嘉靖间任",卷一四《职官志·宦迹》载明人王越,误作"王钺",卷二九《艺文志·赋诗》录有朱栴诗词,但《登宜秋楼》作者名误作"朱旆",《塞垣秋思》作者名又误作"朱称",等等。有些错误则需要考辨,方能明其误之源。如卷二《舆地志·山川》"青沙岘"

---

① 有学者认为,此"朔方"与民国所设"朔方郡"无关,《民国朔志》沿袭旧误,误将此事辑入志书。参见张维:《陇右方志录》,《中国西北文献丛书》据北平大北印书局1934年版影印,兰州古籍书店1990年版,第77册第536—537页。鲁人勇、吴忠礼等先生对西周"朔方"亦有考辨,参见鲁人勇等《宁夏历史地理考》,宁夏人民出版社1993年版;吴忠礼等《宁夏历史地理变迁》,宁夏人民出版社2008年版。

② 胡玉冰校注:《民国朔方道志》,[民国]马福祥、陈必淮、马鸿宾修,王之臣纂,上海古籍出版社2018年版,第723页。

③ 《民国朔志》所载《轶事》,其史料源头当溯至《弘治宁志》,此后《嘉靖宁志》《万历朔志》《乾隆宁志》《〔嘉庆〕灵州志迹》等相继袭用《弘治宁志》的资料,但出现了文字上的错误。

条载:"嘉靖十三年,套房吉囊入寇,兵部尚书刘虎遣刘文邀击于此。"①其后附按语中指出这是从平远旧志即《〔光绪〕平远县志》中采入的。查该志卷四"青沙岘"条载,嘉靖十三年(1534)吉囊入寇,是兵部尚书"刘龙"遣刘文击败之,注明史料出处是《固原州志》。那么到底是"刘龙"派兵还是"刘虎"派兵呢?《万历固原志·艺文志第八》载明朝康海嘉靖十三年(1534)十二月撰《平房碑记略》载,嘉靖十三年(1534)七月吉囊入寇时,是兵部尚书"唐龙"遣刘文率兵击败入寇者。同书《官师志第六》"唐龙"条也载此事。故知,《平远县志》"刘龙"当作"唐龙"。也就是说,《平远县志》先把"唐龙"误作"刘龙",《民国朔志》又把"刘龙"误作"刘虎"了。某些记载前后矛盾,如关于盐池县属城毛卜喇城距盐池县城的距离,《民国朔志》卷四《建置志·城池》作"距县城一百三十里",卷五《建置志·堡寨》又作"在城西一百七十里"。《〔民国〕盐池县志》卷二《建置志》之《城垣》《堡寨》"毛卜喇城"条,均为"一百五十里"。

《民国朔志》体例上亦有不完善之处,如卷二四《艺文志·公牍》载《请复兵饷原额疏》《请复兵饷额疏》两篇奏疏,前者题为明朝杨应聘撰,后者未题作者,据《民国朔志》编修体例,此当为疏漏。据《乾隆宁志》知,第二篇作者为明朝黄嘉善。另外,沿袭了旧志的编纂指导思想及原则,对民族起义仍以明显的仇视、鄙视态度来评价。

特别需要注意的是,《民国朔志》在对原始资料进行剪辑时,往往把一些比较重要的信息舍弃掉了,这从某种程度上影响了史料的完整性。如卷三《舆地志·古迹》"镇戎旧边墙"条载:"镇戎,旧名'平远'。东城外,有边墙。因火筛及小王子连兵入寇,明弘治十八年,总制杨一清奏筑,唐龙、王琼、王宪、刘天和辈踵成之,袤延五百余里。……"②注其出处为《平远县志》。《平远县志》卷五《古迹·长城》载:"长城,在县东城外。火筛及小王子连兵入寇,平固不能耕。明弘治十八年,三边总制杨一清筑边墙以御之。工方兴,阉人刘瑾憾一清不附己,以劳费蹙境罢其役。嗣总制者唐龙、王琼、王宪、刘天和辈踵成之,袤五百余里。张珩复添设敌台、墩铺,而防御益固,虏遂不敢犯。……"③两相比较就会发现,后者的资料更为详尽些。由后者可知,镇戎县境内修筑长城是因为外族入寇,致使平凉、固原一带百姓不能正常耕作,所以杨一清才奏请修筑长城以防御,但由于宦

---

① 胡玉冰校注:《民国朔方道志》,〔民国〕马福祥、陈必淮、马鸿宾修,王之臣纂,上海古籍出版社2018年版,第62页。
② 同上书,第95页。
③ 胡玉冰、马玲玲、孙小倩校注:《光绪平远县志》,〔清〕陈日新纂,上海古籍出版社2018年版,第350页。

官刘瑾从中作梗,杨一清未能完成自己的修筑计划,修筑计划是其继任者唐龙等人相继完成的,张珩又进一步加固修筑,外族才不敢随意入犯。很显然,这些细节如果仅仅阅读《民国朔志》是不会获知的。

尽管如此,作为传世的民国时期宁夏唯一的通志,《民国朔志》还是有积极的学术研究价值的。从记载内容看,除沿袭旧志传统记载内容外,部分新增加的内容有一定的学术研究价值。例如,《民国朔志》附录疆域、管道地图12幅,在宁夏旧志中,图画的总数量虽然仅次于《宣统固志》,但附录地理图数量最多。由于采用了较为先进的绘制方法,地图内容也更加详细、准确,这些地图文献为研究民国时期宁夏疆域沿革、水利变化等都无疑是难得的资料。《风俗》附《方言》,记载86个有一定代表性的方言词汇,对每一个词汇或释音,或释义,或明音变,或明语法,这些资料对研究以银川话为代表的宁夏川区方言有一定价值。①《志余·著作》为朔方道著述专目,共著录26种朔方道人著作。虽然这份目录遗漏颇多,不能全面反映朔方人著作全貌,但由于在宁夏旧志中,除《弘治宁志》曾设《经籍》著录宁夏著作情况外,鲜有设置专门类目著录宁夏人著述者,故《民国朔志》的做法值得肯定。民国时期军阀混战,《民国朔志》新增马福祥撰《五原剿匪宁军诸烈士殉难碑记》、王文墀撰《甘军援五原表功记》、梁隽冕撰《宁军剿匪纪略》等文,虽然在评价战事时难免主观臆测,但对战事过程的记载还是有一定的可信度的。

从编修体例而言,有继承亦有创新。《民国朔志》继承以往旧志的特点,对于辑自其他文献的资料一般都注明其出处,如引自《中卫旧志》《盐池志稿》《明一统志》《天方典礼》等。创新之处在于不拘泥于以往志书的陈规,而是根据宁夏实际特点,在类目设置上有所变通。例如,将"水利"独立为专题进行记载,既有文字说明,更有地图标示。不仅有对宁夏水利兴修史的概述梳理,更有对宁夏兴修水利经验的总结。今天梳理宁夏水利史,甚至在具体的水利建设活动中,这些内容仍有借鉴意义。于《人物志》中增设《学行》一目,使专注于学术者亦得入志,这就为读书人树立了另一类效仿学习的榜样,引导学子不要只效仿仕途有建树者,这对于社会风尚的转变显然有积极意义。在《志余》中专设《历史》,把宁夏历代大事辑为一编,很好地补充了志书建置、沿革内容的不足。民国十八年(1929)十二月,民国政府内政部曾颁布《修志事例概要》,其中规定:"各省志书,除将建置沿革,另列入沿革志外,并须特列大事记一门。"②《民国朔志》成书早于此规定的颁

---

① 参见李树俨:《〈朔方道志〉在宁夏方言研究方面的学术价值》,《宁夏大学学报》1985年第4期,第74—79页。

② 中国地方志指导小组办公室选编:《中国方志文献汇编》,附录二《中华民国时期修志文献》,方志出版社1999年版,第1445页。

布,可知其做法是有一定远见的。

总之,《民国朔志》所载与宁夏有关的历史、政治、经济、军事、文化、人物等方面的内容,是研究宁夏特别是近代宁夏的必读内容,其编修水平代表了民国时期宁夏旧志的最高水平,在宁夏旧志编纂史上具有一定的影响和学术研究意义。《民国朔志》集全道(省)之力,把当时所辖宁夏县、宁朔县、中卫县、平罗县、灵武县、金积县、盐池县、镇戎县等8县内容全部汇于一编,如果将每一县的内容单独辑录出来,按相关体例进行编辑,都可以独立成各自的民国时期县志,这对后人很有启发意义。与同心县有关的《〔民国〕豫旺县志》正是把《民国朔志》中镇戎县的内容都辑录出来,冠以《豫旺县志》的书名传世的。①

第三节 《〔民国〕十年来宁夏省政述要》及1941年编修《宁夏省通志》计划

1933年马鸿逵入主宁夏后,开始着手新修《宁夏省通志》。1937年通令各县成立文献委员会,制发调查表,搜集各地文献资料,为编修通志做准备。1940年1月,宁夏省临时参议会第一次大会通过《请省政府设立机关编撰省志》提案。1941年3月4日,省府颁布训令,要求省直机关把1933年至1940年间各种事务材料、政绩材料等详加整理成册,以报告的方式提交由省府秘书处汇编成书,同时下发《编纂〈八年来宁夏省政述要〉办法》(共11条),指导资料整理工作。同年5月,宁夏省省志筹备委员会正式成立。1942年11月,《〔民国〕十年来宁夏省政述要》(本著作简称《民国述要》)、《宁夏省十年统计年鉴》等大型资料集铅印出版,为正式编修《宁夏省通志》奠定了一定的资料基础。1943年11月15日,宁夏省通志馆正式成立,马鸿逵兼任馆长,聘请张维为《宁夏省通志》总纂。为保证省志能在2年内顺利编修完成,制定了《宁夏省通志馆组织规程》(共8条)。马鸿逵还以省主席和省保安总司令的名义向全省颁布《志字第一号训令》,督促各地官员、单位对省志资料调查、采访要给予方便,不得推诿阻挠。由于种种原因,马鸿逵《宁夏省通志》编修计划未能最后完成。

正式出版的《民国述要》汇辑了1933年至1942年间宁夏一地的政治、经济、军事、民族、宗教、教育、文化、卫生等资料,既是研究民国时期宁夏诸多问题的重

---

① 详见本著作第七章第四节。

要资料,又是我们了解马鸿逵时期宁夏方志编修情况的一手文献。《民国述要》非严格意义上的地方志,高树榆撰《试论〈十年来宁夏省政述要〉》,从《民国述要》的成书背景及编纂情况、《民国述要》的主要内容、《民国述要》存在的主要问题等三个方面对《民国述要》进行了较为全面的评述。文章举例说明,《民国述要》是在马鸿逵授意下编成,主要是想为他树碑立传,"从头至尾竭力标榜他的所谓'煌煌政绩',到处宣扬他的政治观点和独裁统治。检阅全书,通篇充斥着反动观点,有大量颠倒黑白、粉饰太平、浮夸谎报的资料。这是我们利用这部资料时必须予以注意的"。同时文章还客观指出:"《述要》是一部研究宁夏近现代史的资料书,有重要的参考价值,也有严重的缺陷。我们决不能因为它有重大的错误而否定其史料价值,也不能因为它保存了大量资料而忽视其存在的问题。"[①]《民国述要》初印本有 100 多万字,印刷质量较差,有明显错误。如第一册《总序》第"三"页与第"四"页页码编次颠倒,《总目录》中,第四册《教育篇》"第十四章"误作"第四章"。宁夏人民出版社 1987 年影印出版《民国述要》,线装 2 函 8 册,文苑出版社 2015 年也影印出版了《民国述要》,惜其迄今还未有点校类整理成果。

一 《〔民国〕十年来宁夏省政述要》编修缘由、辑录内容与编修方法

《〈民国述要〉总序》及《编辑凡例》详细说明了《民国述要》编修的诸多问题。

有关编修缘由,马鸿逵在《〈民国述要〉总序》中写道:"昔周官司徒,正治而致事。正治者处理公文,致事者上其计簿。月计岁会,以为考课之准鹄,此汇编施政年报之所由昉。"[②]这首先是说明《民国述要》汇集马鸿逵主政的宁夏省政府各级机关的治政材料之缘是仿自古制。在回忆了自己主政十年来的感想后,马鸿逵接着写道:"故政治之轨道刷新,社会之气象丕变者,皆由严考绩以别殿最,悬计划以课实政,进而促地方自治之进步,谋民治基础之奠立,有以致之也。……语云:'前事不忘,后事之师。'特列举一切政事之措施,与各项事业决算之成果,视其性质,分类汇编,贯串数岁,汇为一书,名之曰《十年来宁夏省政述要》,以概括全般,而检讨其究竟,俾共了然真谛。书中分篇有九:[③]曰《总类》,曰《民政》,

---

[①] 高树榆:《试论〈十年来宁夏省政述要〉》,《宁夏图书馆通讯》1983 年第 2 期、第 3 期(合刊),第 55 页、第 58 页。

[②] 宁夏省政府秘书处主编:《十年来宁夏省政述要》,1942 年版,第一册《总序》第 1 页。标点未尽从原本,下同。

[③] 《总序》及《编辑凡例》都载《民国述要》共九篇,据正式出版的《民国述要》可知,第八册有《粮政篇》5 章,《总序》及《编辑凡例》都未载,故《述要》编纂分篇原为九篇,定稿实际上分作了十篇。

曰《财政》,曰《教育》,曰《建设》,曰《保安》,曰《地政》,曰《卫生》,曰《附录》。每一篇中,又各分系以章节,详示以图表,篇幅长短,叙述繁简,随其事之性质轻重而各异。原始要终,不求强同。自其通体观之,凡兹所述,虽未能纤悉无遗,而荦荦大端,盖略备于是矣。"①这里进一步申明《民国述要》的编纂目的就在于"严考绩以别殿最,悬计划以课实政",也就是说,一方面通过治政材料的汇编,全面反映政府的政绩,另一方面也为将来的治政提供资料基础。

马鸿逵所言编纂理由主要是从政治的角度来考虑的,若从文献角度考虑,《民国述要·民政篇》第12章《文献》所言可能更有意义些,文曰:"省志属地方史。吾国各省,善本如林。惟本省自建置以来,迭遭兵燹,文献阙佚,未遑载笔,虽有《宁夏府志》《朔方道志》,然陈陈相因,殆同谱牒,不足以当地方史之选。查宁夏近二十余年来,军事政治,嬗变不已。尤自二十二年本府改组起至最近止,此一阶段,更在西北史料中,具有重大之价值,故省志之编纂,其关重要。"②通过对宁夏通志的梳理,《民国述要》编者认为,由于《乾隆宁志》《民国朔志》编纂时代的局限,民国二十二年(1933)以后的宁夏历史无地方史籍记载,殊为不当,故当编纂新的通志,以期全面反映宁夏省本时期的历史。

《民国述要》的编辑是一项复杂的工作,需要良好的协作分工。由《编辑凡例》可知,《民国述要》编辑分工上,各厅处局负责汇集各主管事务的具体材料,交由省政府秘书处最后汇总编纂,有关全省的材料及不属各厅处局管理的事务之材料,统一由秘书处搜集汇编。

就内容而言,《民国述要》主要辑录宁夏省政府自民国二十二年二月至三十一年(1933—1942)年底"十年来凡关于省政之举措,利弊之兴革,尽情披露,巨细靡遗,俾国人尽知真谛"。③ 要求省政府各厅局处室将十年来"所办事务,汇合而名之曰《十年来宁夏省政述要》,综核名实,具体陈述,以为本省施政之总报告。……编辑次序,系根据各项事务之年月日,以著有绩效,而具可报告之价值者,作有系统之叙述,以资衔接。唯因搜索各方材料,阅时久而数量亦增,其冗繁而录列之必要者,均斟酌删除,故与原定程序,微有出入,然主要之目标,仍属始终一贯"。④ 还特别强调:"本省疆域、舆地、出产、物品、各项工程及工作之进行,有用图表以表明者,均依次编入,以示左图右史之意,俾览者一目了然。凡各项中心业务中,关于重要演说、文告、碑记及建议等,概行采入,充实内容,留备异日文献之征。每篇之首,均有弁言,提示本篇各章节目之重要事项,以醒眉目。并

---

① 宁夏省政府秘书处主编:《十年来宁夏省政述要》,1942年版,第一册《总序》第1、3页。
② 同上书,第二册第237页。
③④ 同上书,第一册《编辑凡例》第1页。

于其端附一《总序》，使阅者易明全编之要领，俾有索引焉。"①最终定稿的《民国述要》包括《总类》《民政》《财政》《教育》《建设》《地政》《保安》《卫生》《粮政》及《附录》等十篇，"关于本省精神总动员工作状况，本省回教概况，及其他事项等，均列入《附录》内，以见全般概况，而无挂漏之憾"。②

《民国述要》共分 8 册铅印出版，共 10 篇 81 章。第一册包括《总目录》《影片》(孙中山遗像、蒋介石肖像、马鸿逵肖像)、《宁夏全省形势一览图》《宁夏省各县行政区域图》、马鸿逵《总序》、《编辑凡例》《总类篇》5 章，第二册《民政篇》13 章，第三册《财政篇》9 章，第四册《教育篇》14 章，第五册《建设篇》13 章，第六册《地政篇》6 章，第七册《保安篇》9 章、《卫生篇》4 章，第八册《粮政篇》5 章、《附录篇》3 章、蔚敦道《〈十年来宁夏省政述要〉跋》。

具体来说，《总类篇》概述了宁夏省的历史沿革和宁夏省政府组织机构及行政管理方式，具体到公文处理、档案整理、人事管理、行政诉愿、公务员生活纪律等方面，特别设《整饬吏治》《会计》两章，说明此两类问题在行政管理中的重要性。《民政篇》包括《县行政》《警察》《自治》《保甲》《户口》《仓储》《兵役》《救济》《礼俗》《禁烟》《文献》《社会行政》等专章，主要涉及到基层组织管理问题，某些方面的管理措施较为严格全面，如《礼俗》共 11 节，除第 1 节为概述外，其余十节的标题依次为实行新生活、革除不良习惯、破除各种迷信、推行国历、严禁赌博、禁止蓄奴养婢、厉行放足、提倡节俭、扶植地方正气、严禁重利盘剥。从各标题即可了解政府的重要主张及主要做法。《文献》还为我们了解民国时期马鸿逵编修《宁夏省通志》的计划留下了难得的资料。《财政篇》涉及政府财务制度、财政状况、田赋及税收管理与整顿，还涉及废除苛捐杂税、金融、物价等内容。《教育篇》记载省县两级教育行政组织及运行方式，涉及到教育经费、教育导视等问题。学校教育方面分高等、中等、初等三个层次分别介绍，还设社会教育、边疆教育、特殊教育、识字运动、体育教育、童子军教育等专章，以示对相关教育问题的重视。《建设篇》包括水利、交通、工业、矿业、商业、农业、林业、畜牧业以及合作事业、市政建设等，还有与这些事业关系密切的度量衡制度。此部分与国计民生关系密切，各章内容既包括行政运行方式，也包括一些长远计划或发展目标。如《商业》章，既包括调整商会组织、编制物价指数志节，又有专节谈严禁贩运私货、严禁奸商垄断居奇操纵物价、平抑物价繁荣市面等问题。《农业》专章，既讲调整农业行政机构，又讲提倡改良农具、肥料、种子，又主张研究防止灾害、扩大种棉事业、提

---

① 宁夏省政府秘书处主编：《十年来宁夏省政述要》，1942 年版，第一册《编辑凡例》第 2 页。
② 同上书，第 1 页。

倡园艺事业、推广蚕桑事业。《地政篇》集中记载土地整理、土地使用、土地征收和土地税等内容。《保安篇》包括政府保安组织机构及运行方式,围剿红军、兵工、防空、侦缉、稽查等内容。《民国述要》诬蔑中国共产党为"奸党",诬蔑中国工农红军为"赤匪",把屠杀民众、进攻边区说成是"剿匪""讨赤",把坚持抗日的共产党员诬为"反动分子",诸如此类记载,我们一定要明辨。《卫生篇》包括改善卫生行政、改善医务行政,加强保健设施,重视兽医防治等问题。《粮政篇》包括粮食管理、调查、征购以及修建仓库计划等。《附录篇》包括抗战动员、回教状况、政府文告等内容。有关回教源流、教义、礼俗、文化、经济、派别以及回民在抗战中作出的贡献、回教协会的作用问题等资料为了解民国时期伊斯兰在宁夏的传播与发展提供了较有价值的资料。

与上述各专题有关有材料报送有严格的质量要求。《编辑凡例》曰:"本编各项材料之搜罗及整理,持宁阙勿滥、宁真勿饰之宗旨,戒夸大,务简核,去浮言,尚实践,条分理晰,纪载翔实。所揭表之时间数字,尤真实填载,无空泛无据之嫌。"①但从实际情况看,某些资料的可信度是很差的。正如高树榆所指出的:"《述要》的'财政篇'第八章'金融'第三节'收购烟土销毁省钞'中,公布一九三七年所谓'禁烟委员会'以超出市价二、三角的高价收购烟土二百六十二万五千余两的材料。实际情况并非如此,据知情者及当时其他材料查对,'禁烟委员会'是以低于市价二、三角的价格强行收购的,烟土总量也不是二百多万两而是六百余万两(一说八百万两)。像上述以少报多,以多报少,出于政治目的或经济目的的弄虚作假、愚弄人民的记载也并不少见。"②

二　1941年编修《宁夏省通志》计划

《民国述要·民政篇》第12章《文献》保存了珍贵的民国三十年(1941)马鸿逵拟编修《宁夏省通志》的计划。

由记载可知,1937年,宁夏省政府通令所辖各县成立文献委员会,"广为搜集有关文献材料,妥为保存,以重文化。并制发调查表格,饬令详查填报,用备考查"。③同年,省政府有筹设省通志馆的动议,因抗战爆发,动议未获实施。1941年夏,宁夏省政府设宁夏省志筹备委员会,制定了新的筹备办法,修志计划重新启动。

---

① 宁夏省政府秘书处主编:《十年来宁夏省政述要》,1942年版,第一册《编辑凡例》第1页。
② 高树榆:《试论〈十年来宁夏省政述要〉》,《宁夏图书馆通讯》1983年第2期、第3期(合刊),第55页。
③ 宁夏省政府秘书处主编:《十年来宁夏省政述要》,1942年版,第二册第237页。

在筹备办法中,就编辑人员、资料征集、时间进度安排等问题都作了具体说明。

本次编修拟设编纂人员共 24 人。其中,督修 1 人,由省政府主席马鸿逵兼任;监修 2 人,由省政府秘书长蒉敦道、民政厅厅长海涛担任;编辑 4 人,由省志筹备委员会委员刘佩黻、张天吾、张庆荣、石生琦兼任;采访 14 人,每县各一人,延聘当地熟悉掌故之硕学通儒及娴于文献者,分任各县文献之采访调查;绘图 3 人,延聘专业人员,分任绘制图表及统计摄影。编志所需搜集的资料包括以下几类:府厅州县旧志书及各项地图;与天时、人事、舆地、民族、宗教、物产、艺文,及社会经济、人民生活等有关之材料;军事、政治、党务、司法等大事记,及各项重要建设照片;乡贤名宦事迹,革命烈士、为国殉难者之行状;本省各地方之古迹名胜及特殊方物照片;本省各地方之民俗歌谣、戏剧及其他文献。有关计划的进展时间是,上述各种资料在 6 个月内完成搜集工作,然后花 3 个月完成资料的整理。整理结束后,即成立正式的省志馆,聘请一两位专家指导省志编修计划,完成最终的编修。可惜的是,编纂出版的《民国述要》只是部分完成了《宁夏省通志》的编修计划,本次《宁夏省通志》的编修未能最终全部完成。

第四节 东亚同文会编《支那省别全志》及《新修支那省别全志》中的宁夏史料

20 世纪初和 40 年代,日本政府御用的东亚同文会为适应日本军国主义的侵略扩张政策,于大正七年(1918)出版了《支那省别全志》(本节简称《全志》),于昭和十八年(1943)出版了《新修支那省别全志》(本节简称《新修全志》)。两志是中国方志史上唯一由外国(日本)人编纂、在外国(日本)公开出版发行的、外国语(日语)中国方志史书,由于两志编修背景、编修目的及编纂人员身份的特殊性,国内学界较少开展对《全志》及《新修全志》的深入研究。

宁夏、甘肃两省的学者敏锐地意识到这两种志书的学术价值。和龑、任德山、李岩峰、孙建军等四先生认为,两志"尽管是为日本军国主义服务写成,但其中大量的通过田野实地调查所收集的各方面资料,尤其是社会经济方面的资料,为我国传统志书所鲜及。对于我们研究中国近代史及地方志具有重大的参考价值"。[①] 故将大正版《全志》第 6 卷《甘肃省(附新疆省)》和昭和版第 7 卷《甘肃

---

① 和龑等译:《〈新修支那省别全志〉宁夏史料辑译》,北京燕山出版社 1995 年版,《译者的话》第 2 页。

省·宁夏省》中的宁夏史料辑译出来,出版了《〈新修支那省别全志〉宁夏史料辑译》一书。本书是国内学界唯一的《全志》及《新修全志》汉译节本,为研究日本人编纂的这两种中国志书提供了便于利用的文本。高启安先生在《日本人编撰的中国地方志:〈支那省别全志〉和〈新修支那省别全志〉——以甘肃卷为主》一文中也谈到:"由于运用近代科学调查方法所得,其体例、方法令人耳目一新,材料真实可靠,开中国方志先例,可谓第一部中国新式方志,是近代中国史研究不可多得的宝贵资料。"①该文是笔者所知国内学者唯一一篇以省别为中心研究《全志》和《新修全志》学术价值的论文。

一 《支那省别全志》《新修支那省别全志》编修目的及其基本内容

(一) 编修目的

《全志》和《新修全志》的编纂机构为日本东亚同文会,基本材料全由上海东亚同文馆的日本教授及学生通过"中国大调查旅行"获得。东亚同文会于1898年成立于日本东京,上海东亚同文馆则成立于1900年。1939年,东亚同文书院更名为"东亚同文书院大学"。1945年日本战败投降,上海东亚同文书院大学关闭。从成立之日起,会馆就将了解、介绍、研究中国作为其教学、科研之要务,十分重视对中国现状的实地调查。在日本人看来,他们对中国开展实地调查是出于学术目的,理由很冠冕堂皇。1917年3月,东亚同文会干事长小川平吉在其《〈支那省别全志〉序》中谈到:"支那自古以来重视地志,是世界上所存地理书籍最齐备的国家,……真可谓汗牛充栋,浩瀚无垠。然而至近世却无完整的地志著作问世,尤其是缺乏现实情况的记录,此不能不为国内外人士深感遗憾。本会编辑本书正是基于以上原因,补阙拾遗,以便于开展对支那的全面研究,应当务之急。"②1943年,东亚同文书院长根津一在其《〈新修支那省别全志〉序》中更露骨地谈到:"显而易见,欧战结束后的支那将成为世界问题的焦点,这是我们必须要考虑到的。这就要求我们及早了解支那之国情民风、物产资源,深谋远虑,事事从未来着想。……若此了解今日支那之国情民物,岂非我国人一当务之大急矣。遗憾的是支那国情复杂,民物纷繁,惟至今尚无一精心研究所成之良书,这就是一衣带水的我邦人士中透彻精通支那情伪者甚鲜有之原因所在。敝院夙为之感

---

① 高启安:《日本人编撰的中国地方志:〈支那省别全志〉和〈新修支那省别全志〉——以甘肃卷为主》,《图书与情报》2010年第6期,第152页。
② 和龑等译:《〈新修支那省别全志〉宁夏史料辑译》,北京燕山出版社1995年版,(大正七年版)《〈支那省别全志〉原序》第9页。

慨,此不揣浅陋以探讨阐明支那地理气候、人情风俗、物产经济、政治军事、文化教育各方面情况,以冀益于世人对支那之研究。"①小川未言明何为日本的"当务之急",根津一也没有进一步说明何为"我国人一当务之大急",但历史证明,日本人对中国开展的实地调查,并非出于什么学术目的,实际上是了解、掌握中国国情,为其对华侵略扩张做准备的、有计划、有目的的情报搜集行为。正是出于其不可告人的目的,所以日本人对中国所调查的内容,主要围绕中国各地的经济状况、商业习惯、地理形势、民情风俗、各种方言、农村实态、地方行政组织等实时情况展开。具体调查项目包括:地理(沿线地势、气候、都市、人情风俗、交通运输、关税),经济(经济单位、资本家、劳动者、田园和住宅、农业、畜牧业、林业、矿业、工业、物价、生活水平、外国企业及势力),商业(贸易状况、物价、同业组合、度量衡、货币、金融、商品、商业惯例),政治,等等。

(二)《支那省别全志》基本内容

日本人在中国各地开展的调查工作非常深入、细致,有严密的调查组织和详尽的调查方案,调查结果以文字记述为主,附以大量的图表、素描速写、照片等资料。《全志》共18卷,始编于1917年,完成于1920年。《全志》编纂期间,宁夏尚属甘肃省管辖,未独立成省,故与宁夏有关的内容见载于第6卷《甘肃省(附新疆省)》。小川平吉谈到,1900年至1917年共18年间,上海东亚同文书院为日本培养了上千名学生,"每年夏秋分派即将毕业的学生到支那各省作实地考察。从山川城邑到人情风俗,从物资特产到农牧收成、水陆交通等,巨细靡漏,无所不包。彼等北渡黄河,逾阴山;西越秦岭、履蜀道、攀峨峒;南踏滇粤之区、历苗瑶之野,栉风沐雨,勇往迈进,足迹几乎遍布支那各省,调查稿件达20万页余。本书(即《全志》)即以此调查报告为主,在旧志基础上加以新的内容修订而成"。②据《全志·凡例》,《全志》所用资料主要根据1910年第8期"甘肃鄂尔多斯班"学生和1913年第11期"甘肃四川班"学生的实地调查报告所撰写。

《全志》第6卷《甘肃省(附新疆省)》共14编136章。其中正文共910页,附2000000∶1比例的《甘肃省地图》、彩色《兰州市地图》各1张,其他插图和照片共85张。第一编《总说》包括沿革略、面积和人口及种族、地势及河流、交通、气候、新疆省军队的编制、回回教及教徒的叛乱、边境扰乱及其征服、外国关系等共9章。第二编《都市》包括甘肃(含今宁夏)及新疆各县府,几乎每县、府各一章,

---

① 和襲等译:《〈新修支那省别全志〉宁夏史料辑译》,北京燕山出版社1995年版,(大正七年版)《〈支那省别全志〉原序》第3—4页。
② 同上书,第8—9页。

共28章。第三编《生活状况及物价》包括生活状况、甘肃省的物价等2章。第四编《交通及运输机构》包括陆路、陇秦豫海铁路（海兰铁路）、甘肃黄河的水运、各地间陆运及水运、新疆省的交通公路等5章。第五编《邮政及电信》包括邮政、电信等2章。第六编《农业及农产品》包括概说、土质、耕地及田赋、水利、甘肃省的棉花、药材、茶、桑、盐、鸦片、各主要地区的农业状况等共11章。第七编《畜牧及畜产品》包括概说、畜牧及牧地、羊及羊毛、牛马猪、各地畜类价格及课税、畜牧业者的收益、各地畜牧状况等7章。第八编《矿业及林业》包括甘肃省的矿产、新疆省的矿产和林业等3章。第九编《工业及制品》包括概说、宁夏的工业、平凉附近的工业、兰州的工业、阿干镇的陶器、巩昌附近的工业、成县附近的工业及石嘴子附近的山羊毛布等共8章。第十编《内外输入商品》包括泾州、平凉、瓦亭、隆德、静宁县城、高家堡、青家堡、会宁、西巩驿、兰州府城及安定县城、沙泥县城及狄道县城、巩昌府、渭源县、宁远县城、礼县、西和县、成县城及甘肃省的统捐等共9章。第十一编《商贾及资本家》包括2章。第十二编《商业机关及商业习惯》包括会馆、羊毛商行规、羊牙行、内地通过手续、羊毛关税及诸费用、甘肃的市场等共6章。第十三编《货币及金融机关》用21章的篇幅，分别介绍了21个州县的货币和金融机关。第十四编《度量衡》用23章的篇幅，分别介绍了各地度量衡以及中国政府所制定的度量衡标准。[①]

（三）《新修支那省别全志》基本内容

《新修全志》始编于1941年，原打算出22卷，由于日本投降，原出版计划中断，只出了9卷就没再编下去。1929年元月，宁夏省正式成立，东亚同文会编修《新修全志》时将甘肃、宁夏两省资料合为一卷，因为日本人认为："甘肃省与新疆、青海两省一样，作为重庆政权开发西北的主要对象而受到重视。宁夏省不仅如同陕西省一样为甘、新、青三省的前卫省，而且它与甘肃省的关系非同一般，它原为甘肃省的宁夏道及北部的特别区合并而置。因此，甘宁两省之关系，不仅是在历史上，即便是在析置而设后的今天也仍有着千丝万缕的联系。此即合两省为一卷的原因所在。"[②]故《新修全志》第7卷为《甘肃省·宁夏省》。

《甘肃省·宁夏省》卷共8编24章。据《新修全志·凡例》，第一编《自然环境》，第二编《人文》，第三编《都市》，第四编《产业资源》，第五编《工业及商业贸

[①] 本段有关《支那省别全志》各编、各章的内容据高启安《日本人编撰的中国地方志：〈支那省别全志〉和〈新修支那省别全志〉——以甘肃卷为主》（《图书与情报》2010年第6期）一文内容改编。

[②] 和龑等译：《〈新修支那省别全志〉宁夏史料辑译》，北京燕山出版社1995年版，《新修支那省别全志·凡例》第5页。

易》、第六编《财政、金融及度量衡》、第七编《交通(附邮政、电政、航空)》、第八编《历史及名胜古迹》。最后附《甘肃宁夏两省编纂参考资料目录》。因调查所获资料不同,加之编修时代背景有异,故《新修全志》第7卷较《全志》第6卷而言在体例与内容上有较大差异。根津一谈到《新修全志》的编写时说,从1907年起,东亚同文书院"每年把即将毕业的学生约百名分为十数班,携带上述各方面问题,跋涉于支那全国的22个省及内蒙古等各地,每次费时4个月有余,进行细致彻底的实地调查研究。……凡投资20万金,人力千余,所整理写就的调查报告多达20万页余,故而我同文会筹划就此基础上取其精粹进行编纂,以《支那省别全志》为名,公之于世"。①《全志》第6卷资料均为以近代科学方法调查而成的第一手资料。和《全志》不同的是,《新修全志》第7卷除大量的第一手调查资料外,同时参考了中国、日本出版的各种资料如部分国民政府公布的资料和当时发表的研究文章等。据《新修全志》第7卷附《甘肃宁夏两省编纂参考资料目录》可知,参考的资料中既有官方公报如《甘肃省政府公报》《宁夏省政府行政报告》,又有学者调查著述如《徐旭生西游日记》(1930年)、《宁夏省考察记》(傅作霖、吴秉常,1935年),还有若干西北专题杂志如《开发西北》《甘肃省建设季刊》等。而《中国地名大辞典》(刘钧仁编修,国立北平研究院1930年版)、《中华民国邮政舆图》(1935年)则是《新修全志》第三编《都市》标注中国地名最主要的参考文献。在记述某些专门问题如回族问题时还引用金吉堂《中国回教史研究》之类的学术著述。

二 《支那省别全志》《新修支那省别全志》与宁夏有关的内容

《全志》与《新修全志》有关宁夏的内容主要包括历史沿革、地理、气象、水文、灾荒、城市、民族与文化、财政、金融、度量衡、金融机构、农产资源、畜产资源、林产资源、水产资源、药材、矿产资源、工业、商业贸易、动植物、陆路交通、铁路交通、邮政、电政及旅行日记等。《新修全志》第7卷单独附录了2300000∶1比例尺的彩色《甘肃及宁夏省》地图、5200000∶1比例尺的《甘肃宁夏两省重要矿产分布图》各1幅,彩色《甘肃宁夏地质图》1幅,正文还有《隆德县城》《宁夏市街图》《石嘴子图》《宁夏省灌溉水利略图》《甘肃及宁夏省公路图》等5幅插图,《宁夏市街》《北塔》《中卫外港新墩》《黄河水车》《惠农渠》《羊皮筏子》《宁夏省黄河河

---

① 和龚等译:《〈新修支那省别全志〉宁夏史料辑译》,北京燕山出版社1995年版,《〈新修支那省别全志〉原序》第4页。

畔正在行驶的汽车》《岳忠武碑》等8张照片。① 可惜这些图、照片没有被收录到《〈新修支那省别全志〉宁夏史料辑译》中。

与宁夏有关的历史沿革一般都从先秦开始梳理，另将宁夏历史沿革中比较重要的时期如西夏时期设专节《西夏的兴亡》梳理。因宁夏独立为省级行政区域时间较晚，故又有《清及民国》专节来梳理宁夏历史特别是民国时期的沿革史。因甘肃与宁夏特殊的历史及地缘关系，所以设《甘肃、宁夏两省的特殊关系》专节来记述。宁夏地理主要记述其在中国所处位置、土地面积及土地构成等。地质、地形、气象、水文、人口等资料主要提供了许多数字资料，某些记载很细化。如水文资料，细化记载了1935年水利委员会测得的黄河流域甘肃段、宁夏段的水位、流量、含沙量。灾荒部分，针对甘宁多地震灾害的特点，重点记载了两省地震次数，同时附震灾年表，记载自周幽王二年（前780）至清光绪十四年（1888）间甘宁两省发生的重大地震及所造成的损失。记载的宁夏城市包括了省城宁夏（今银川市）和重要城市如宁朔、中卫、中宁、平罗、磴口、灵武、金积、盐池、豫旺、陶乐、紫湖、居延、化平、隆德、固原、海原等②。省城资料记载最详细，包括其位置及沿革、市街及人口、官署衙门及各种设施、生活及民俗、气候、交通（陆路、水路、空路）、邮运电信电话、产业贸易、名胜古迹等共九方面的内容。其他城市一般包括位置及变迁、市街及人口、交通、产业、名胜古迹等五个方面。个别城市还附有其重要的乡镇堡等，如平罗附石嘴子，灵武附吴忠堡。城市的记述中尤其关注交通与产业情况。如省城交通中陆路交通方面，分市内、市外来调查，市外交通又分旧便道、公路两种，对于公路主线详细记载其始发站、重要经停站及终点站，公路里程数，从起点到终点所需要时间，主要运输物资等。另外用图表的形式对各地主要物产交易情况进行统计。如固原产业情况，统计交易品名称、交易单位、价格（最高价、最低价）、上市季节、年交易数量、出售地等。财政、金融、度量衡、金融机构等调查资料主要选自政府公布的资料。农产资源、畜产资源、林产资源、水产资源、药材、矿产资源、工业、商业贸易、动植物、陆路交通、铁路交通、邮政、电政等资料显然都与中国国计民生关系密切，日本人调查统计资料来源多为当局发布的各种资料，也有部分实地调查。如《新修全志》第7卷记载的宁夏省政府1934年财政收入、支出、税收种类及收入等均据省政府公报。

---

① 《宁夏市街》拍摄的是今银川市玉皇阁，从《岳忠武碑》说明可知，当时此碑立于宁夏省政府临街的大门口，碑正面刻岳飞亲书送张紫岩的诗文，并全文过录诗文。由照片看，当年还盖有碑亭，碑亭正面正上方有国民党党徽图案。今银川市中山公园立有此碑的复制品。

② 磴口现属内蒙古所辖。化平、隆德、固原、海原等在民国时期归甘肃省管辖，今属宁夏所辖，故《〈新修支那省别全志〉宁夏史料辑译》辑译者将其资料也一并辑译。

从《全志》第6卷、《新修全志》第7卷记载的宁夏资料来看，公布了多种资料，但有些资料的真实性、权威性是值得怀疑的。如甘肃、宁夏两省土地面积，引用了日本参谋本部陆地测量局、北平地质调查所、亚新地学社地图等提供的三组资料，甚至还提到陕甘宁边区政府公布的调查资料，而这些资料都有一定的出入，没有任何一组资料是完全相同的。日本调查者有段话说明数字资料混乱的情况。调查者认为，有关资料问题，不能因是当局发表的就轻易相信，"至于西北面积之具体数字，内部的统计就不着边际了，竟有此县与彼县之面积相差无几，甚至以相等的数字公布于世。虽说出于无奈，但却难免愚弄世人之嫌。世上并非无偶合之事，然却无面积无一寸一分之差以致完全相等的两个县——按前表所示这样情况仅甘肃一个省竟有7对之多，如山丹、定西二县面积均为1.714 486万平方里；……这种情况是不可能的。但这又是官方公布的唯一资料，纯粹一派胡言，令人瞠目结舌，无所适从"。[①]

三　《支那省别全志》《新修支那省别全志》的学术价值

两志编修的动机是为日本军国主义侵略中国服务，这是我们要辨明的。但从客观上看，两志所载的资料对研究中国地方文史还是提供了不少较有价值的材料。两志都编成于近代，受实证科学调查方法之影响、指导，内容上以社会、经济、文化等为主要调查内容，形式上又以编、章、节来划分具体内容。就宁夏资料而言，所记载的许多图表资料、照片、科学测绘地图等，在宁夏方志中还从未出现过。地方志类型的文献中，成于民国时期的宁夏通志只有1927年印成的《民国朔志》，而《全志》与《新修全志》所载资料则主要是1910年至1943年间调查所得，相当多的资料都是《民国朔志》所不载的，所以就民国时期宁夏资料而言，内志的确具有较高的研究利用价值。

西北地区的甘肃、宁夏、青海等是中国回族的重要聚居地，《新修全志》《全志》甘肃、宁夏专卷都以一定的篇幅记述当时回族宗教、社会、经济、教育等诸多内容。如《新修全志》第7卷记载《甘肃宁夏的回教徒及五马》，特别在《回教与回教徒》专节中，引用1937年英文版《中国年鉴》统计数字，记载当时中国各地回族人口及清真寺数量，并得出结论认为，当时云南回族最多，陕西、甘肃次之。为进一步说明有关回族问题，调查者还以中国古代文献如《旧唐书》《唐律疏议》等为基本史料，梳理伊斯兰教传入中国的历史。通过实地调查，又对当时西北地区回

[①] 和龑等译：《〈新修支那省别全志〉宁夏史料辑译》，北京燕山出版社1995年版，第75页。

族组织、教育及回教社会等问题进行了详细记载,这些史料无疑具有较高的研究价值。与陕甘宁边区政权有关的记载也是比较罕见的。如《陕甘宁边区与甘肃省》专节,较为详细地介绍了边区成立的经过、统辖的范围及政权组织形式、组织系统等,还对边区的最新发展情况也给予关注,调查者称,"最近,宁夏东部、甘肃一部又处在中国共产党统治下,陕甘宁边区政府管辖的地方很大。此外,甘新公路即所称的丝绸之路,七七事变后成为红色之路,苏联的势力公然渗透其中"。① 这些资料对于研究民国时期革命发展史显然是难得的一手资料。

除这些专题的内容外,一些实地所见的资料有助于我们更好地了解民国时期的宁夏实际情况。如记载20世纪40年代宁夏省城市内陆路交通状况曰:"市内街道未铺设任何路面材料,所以,一旦下雨顿成水泥路,连续晴天又见黄土飞扬。市内交通主要是步行,有时也使用轿子或骡车,载货多用驮车。最近,偶尔可见掀起一路沙尘行驶在市内的自行车。"② 足见当时内陆城市之落后。

---

① 和龑等译:《〈新修支那省别全志〉宁夏史料辑译》,北京燕山出版社1995年版,第20页。
② 同上书,第50—51页。"骄"字作"轿",据文意改。

第五章　银川市辖灵武市旧志

银川市为宁夏回族自治区首府,现辖3区(兴庆区、金凤区、西夏区)2县(永宁县、贺兰县)1市(灵武市)。记载内容以今银川市辖境为中心的宁夏旧志中,见之文献记载且见存佚文的有1部。《乾隆宁志》"编辑"王宋云撰《〈宁夏府志〉后序》记载:"又其后朔邑令长沙周公〔克开〕为朔县志,稿就未刊,亦以迁任去。……定州杨观察始创修时,先伯父信庵以明经与参订。长沙周邑宰修朔邑志,又委之以采访。而二书皆不就。"[1]这里所说的杨观察修志事指乾隆十八年(1753)宁夏道员杨灏修宁夏志书事。宁朔县知县周克开(乾隆二十三年即1758年任)曾主持编修《朔邑志稿》,[2]虽然完稿,不知何故,至其乾隆三十年(1765)离任时此稿也未正式刊行,原稿已失传。《乾隆宁志》卷二《地理·沿革》后附《朔邑志稿》考证朔方沿革的佚文。

以今灵武市辖境为中心编修内容编成的的志书中,传世者有清嘉庆三年(1798)郭楷等修《灵州志迹》、光绪三十四年(1908)陈必淮等修《灵州志》,前者完整传世,后者有残本传世。前文提及,民国十五年(1926),灵武知县王之臣曾续修灵州志,惜续志不传。

第一节　《〔嘉庆〕灵州志迹》

一　整理与研究现状

《〔嘉庆〕灵州志迹》4卷,清朝嘉庆三年(1798)修成,捐修丰延泰,监修杨芳

---

[1] 胡玉冰、韩超校注:《乾隆宁夏府志》,[清]张金城等纂修,中国社会科学出版社2015年版,第692—693页。
[2] 周克开字梅圃,湖南长沙人,生卒年不详,乾隆十二年(1747)举人。生平事迹参见《民国固志》卷六《职官志》。

灿，纂修郭楷。四年（1799），正式刊行。该志为宁夏灵武市旧志中编修时间最早、内容最丰富的志书。

目录文献中，《陇右录》较早对灵州旧志进行过著录。① 对《灵州志迹》的著录，除了对志书内容进行介绍外，还附按语，对志书编修质量进行评价："条理秩如，甚便考览。惟《沿革表》因袭旧说，以宁夏为夏州，相因致误，遂于夏州职官多所泛载。又以地图附星野后，以为天统乎地，野系乎星，此真支离之说，不可解也。北魏南北朝表分二格，而所载皆北魏事，梁祚以北魏人而列入晋代人物，②俱为微误。志签题《灵州志书》，而每卷首行均标《灵州志迹》，夫曰志书，盖辞已赘矣，今又曰志迹，是不辞也。志载灵州田赋，田之名凡三十，……琐碎繁复，不易究诘。"③此外，《联合目录》《宁夏目录》《甘肃目录》《总目提要》等方志书目对《灵州志迹》都有著录或提要。④《日本主要图书馆研究所所藏中国地方志总合目录》著录东洋文库藏《灵州志迹》。

从整理出版情况看，《甘肃目录》著录，其馆藏有民国二十年（1931）临洮张氏（即张维）抄本1册，1965年甘图藏有油印本2册。1964年，宁图也据甘图藏刊本复制本油印2册传世。1968年，成文出版社出版《中国方志丛书》，影印《灵州志迹》。⑤ 天津古籍出版社1988年版《宁夏历代方志萃编》、宁夏人民出版社1988年版《宁夏地方志丛刊》，也影印出版《灵州志迹》。1990年，兰州古籍书店出版《中国西北文献丛书》第一辑之《西北稀见方志文献》第52卷，影印民国二十年（1931）张维抄本《灵州志迹》。凤凰出版社等2008年联合出版《中国地方志集成·宁夏府县志辑》、文苑出版社2015年版《宁夏旧方志集成》，均据嘉庆三年（1798）刊本影印《灵州志迹》。

1996年，宁夏人民出版社出版张建华、苏昀著《嘉庆灵州志迹校注》。该书以甘图藏清嘉庆三年（1798）刊本为底本，以《嘉靖宁志》《乾隆宁志》、国图藏稿本《〔光绪〕重修灵州志》、甘图藏1947年抄录之《〔光绪〕重修灵州志》等为参校本，对《灵州志迹》进行标点、勘误、补遗、注释等工作。整理者还对两种光绪修灵州

---

① 张维著录的所谓佚失志书《灵州旧志》，学者考证其不可信。参见白述礼：《浅谈〈灵州志迹〉的作者和版本》，《宁夏图书馆通讯》1985年第3期，第38—40页。
② 张说是。《魏书》卷八四、《北史》卷八一均有《梁祚传》。《乾隆宁志》卷十三《人物》中将梁祚误入晋朝，《〔嘉庆〕灵州志迹》实沿袭《乾隆宁志》之误。
③ 张维：《陇右方志录》，《中国西北文献丛书》据北平大北印书局1934年版影印，兰州古籍书店1990年版，第77册第698—699页。
④《宁夏目录》分别著录《〔嘉庆〕灵州志》《〔嘉庆〕灵州志迹》，实属不当，两者实为同书异名，非不同的两种志书。
⑤ 成文出版社所用底本之内容确系嘉庆三年（1798）本《灵州志迹》，但该底本并非抄成于嘉庆三年（1798），而是抄成于光绪三十三年（1907）。《宁夏历代方志萃编》又影印成文出版社影印本。

志书与《灵州志迹》相异之文作了整理，惜其仅录异文，未将此两本之全文皆录出。书末附苏昀撰《灵州旧志版本介绍与评介》一文，就《灵州志迹》版本源流进行说明，并对所见5种《〔光绪〕灵州志》残本的价值进行探讨。中国社会科学出版社2015年10月出版蔡淑梅校注《嘉庆灵州志迹》是本志最新整理成果。作者主要以标点、校勘、注释等方式对《〔嘉庆〕灵州志迹》进行整理，以国图藏嘉庆四年（1799）刻本为底本，以《乾隆甘志》《乾隆宁志》等为对校本，部分成果参考张建华、苏昀校注本。

研究方面，高树榆撰《宁夏方志考》《宁夏方志录》《宁夏方志评述》《宁夏回族自治区地方志述评》等文对《灵州志迹》作提要式介绍。专题论文中白述礼先生成果较多。他的《〈灵州志迹〉的史料价值》《浅谈〈灵州志迹〉的作者和版本》《〈灵州志迹〉评析》等论文，对《灵州志迹》的作者、版本、史料价值等问题进行了探讨，认为《灵州志迹》作者当是杨芳灿和郭楷，该志"不但是最早的灵州志，而且，也应是唯一的一部宁夏灵州地方志"。[①] 陈永中撰《灵武旧志书评价》一文，对传本《灵州志迹》、国图藏《重修灵州志》、甘图藏《重修灵州志》、灵武档案馆藏《灵州志》等4种文本的目录、纂修者、编纂特点及版本等进行考证，比较分析后认为，《灵州志迹》比较全面地记叙了清以前的灵武历史面貌，但也存在不足甚至有一些明显的错误；国图藏本为我们保留了一些清末的灵州资料，但非完整的志书；甘图本也是一个不完整的本子，其价值比国图本还低；灵武藏本与甘图藏本的部分内容和目录著录相同，它们是相同的志本，灵武藏本是较全的志本，而甘图藏本是节录的志本。刘海晏撰《嘉庆〈灵州志迹〉考》一文是对白述礼、苏昀等人论文观点的归纳总结，无甚新见。陈永中撰《灵州"三贤祠"——〈乾隆宁夏府志〉〈灵州志迹〉〈朔方道志〉校勘三则》对《灵州志迹》中的史料进行了校勘。

二　编修者生平

《灵州志迹·修志姓氏》载，共有7人参与了志书的编修。其中捐修者丰延泰，监修者杨芳灿，纂修者郭楷，校阅者梁楚翘，校对者查蕴，校录者闫光敏、张禄。

（一）杨芳灿

杨芳灿（1752—1815）字蓉裳，江苏金匮（今江苏无锡市）人。其传世的《芙蓉

[①] 白述礼：《浅谈〈灵州志迹〉的作者和版本》，《宁夏图书馆通讯》1985年第3期，第39页。白先生在其《〈灵州志迹〉评析》一文中也持此说。

山馆诗钞》前附清人陈文述撰《蓉裳杨公传》记述其事甚详,《清史稿》卷四八五《文苑传·邵齐寿传》亦附《杨芳灿传》。事迹还散见于《钦定兰州纪略》卷一七、《钦定石峰堡纪略》卷一七至卷一九、《〈灵州志〉序》等文献中。《清史稿》本传称,杨芳灿乾隆四十二年(1777)拔贡生,廷试得知县,补甘肃之伏羌。因镇压回民田五起义,叙功擢知灵州。据《〈灵州志〉序》称,乾隆五十二年至嘉庆三年(1787—1798),任灵州知州12年。嘉庆三年(1798),调往高平(今宁夏固原市),后任户部员外郎。《蓉裳杨公传》称,芳灿一字才叔,曾与修《大清会典》《四川全省通志》,嘉庆二十年(1815)冬卒于四川安县,年63。"所著有《真率斋稿》《芙蓉山馆诗词文全集》若干卷行于世,余所著未刻者多藏于家。"①杨芳灿侄杨廷锡对其叔著述刊刻经过叙述颇详,他说,杨芳灿很多著述在雕版时都由杨芳灿亲自审订,书版就藏于杨芳灿家中。道光十八年(1838),杨芳灿之子杨夔生曾补刻《真率斋诗词》行世。二十一年(1841)夔生死去,书版仍旧留置杨家中。杨廷锡提及,杨芳灿曾自辑《年谱》1卷,记事非常精详。另外还编著有《简斋先生诗文补笺》《六代三唐骈体文钞》《三家词选》《芙蓉山馆尺牍稿》等共若干卷,都未雕版,稿存于家中。

杨芳灿在宁夏任职多年,他撰写有多篇诗文涉及宁夏特别是灵州。其《芙蓉山馆文钞》录《峡口禹庙碑》《灵州移建太平寺碑》《宁朔县尉闻君(天民)墓志铭》《送何兰士为宁夏守序》等4篇文献,对于研究灵州及宁夏人物都很有价值。前两篇均被《灵州志迹》移录。《芙蓉山馆词钞》录《探春》"宝晕销痕"(银川旅舍元夜偶成)一首,也与宁夏有关。

《芙蓉山馆诗钞》录多首与今宁夏、古灵州有关的诗篇,主要有:卷四《六盘山》《过隆德县》,卷五《九日横城登高放歌》《积雪篇》、《宁夏采风诗》(10首)、《黄河冰桥》《分赋朔方古迹得元昊宫》,卷六《临河堡晓发》《受降城》《贺兰山》《过仆固怀恩墓》《贺兰山积雪歌》《宿毛卜喇驿舍偶成五韵诗》,卷八《萧百堂五十生辰以贺兰石砚为寿系之以诗》。除《受降城》《过仆固怀恩墓》两首被《灵州志迹》移录外,其他均少有人知。与灵州关系最密切的10首《宁夏采风诗》更是值得深入研究。

这10首诗写成于乾隆五十七年(1792),杨芳灿已任灵州知州5年,其《宁夏采风诗序》曰:"余牧灵武五年矣,听断余闲,宣上德意,而询其疾苦,惩其末流,亦吏职宜尔也。灵武隶宁夏,于以征风土之会,因作诗十章,聊以备輶轩之采云

---

① 日本京都大学图书馆藏清道光二十三年(1843)杨廷锡刻《芙蓉山馆诗钞·蓉裳杨公传》第2页。

尔。"①10首诗的诗题分别是：《沙麟田》《粮草税》《渠工税》《堡渠长》《山田讼》《醮妇辞》《卖儿谣》《两蕃部》《栽绒毯》《小当子》。从这些诗的内容来分析，充分体现出杨芳灿体恤百姓疾苦、疾恶如仇的个性，真实反映了当时灵州的地理环境、赋税劳役、民间风尚、土物新产品等。《沙麟田》通过一老农之口，述说灵州地利的实际情况，"喟彼好事者，乃云鱼米乡。斯言孰传播，重为吾民伤"。《粮草税》《渠工税》对于灵州的赋税情况进行了实录式的描述。《堡渠长》对灵州最底层官员的选拔及其人品提出了基本要求。《两蕃部》说明了民族融合的重要性。《栽绒毯》表面看是描述灵州地区的特产，实际上是在批评侈靡之风。《山田讼》《醮妇辞》《卖儿谣》《小当子》等诗歌主要抨击灵州地区社会上存在的各种不良现象，有刁民乱占田地现象，有婚姻重钱财轻感情现象，有令人发指的卖儿鬻女现象，有令人心酸的逼迫艺人卖艺现象，有富人喜侈奢、好攀比现象，等等。将这些诗歌串联起来，可以勾勒出一幅生动的清朝灵州众生相。

（二）丰延泰

据其《〈灵州志〉跋》及《灵州志迹·修志姓氏》等资料，丰延泰字岐东，长白满洲正白旗人。廪膳生员，曾任甘肃皋兰县知县等职。嘉庆三年（1798），任灵州知州。捐俸银刻版印刷《灵州志迹》。

（三）郭楷

郭楷字雪庄，甘肃凉州武威人，生卒年不详。乾隆二十四年（1759）进士，候铨知县。乾隆六十年（1795），应杨芳灿之邀任灵州奎文书院院长。任职期间，先后受杨芳灿、丰延泰之托编纂灵州志书。嘉庆三年（1798）书成，为传世的灵州旧志中成书时间最早者。《灵州志迹》卷四录其《初至奎文书院呈蓉裳刺史兼示诸生二十韵》等诗。

（四）梁楚翘等

梁楚翘，陕西耀州人，生卒年不详。据《灵州志迹·修志姓氏》载，他于乾隆三十五年（1770）中庚寅科举人。《灵州志迹》卷二载，五十八年（1793）任灵州学正。《灵州志迹》卷四录其《督渠工夜宿山村》等诗。

查菣、闫光敏、张禄等3人生平事迹不详。据《灵州志迹·修志姓氏》载，查菣为江苏人，监生。闫光敏为灵州人，宁夏府学廪膳生员。张禄为灵州人，文生

---

① 日本京都大学图书馆藏清道光二十三年（1843）杨廷锡刻《芙蓉山馆诗钞·蓉裳杨公传》，卷五第8页。

(即文秀才),其他情况不详。

三 编修始末及刊行时间

(一) 编修始末

从文献记载看,曾任灵州知州的周人杰最早有编修灵州志书的想法。① 《乾隆宁志》卷二〇《钟灵书院碑记》(周人杰撰)载:"灵武自汉唐以来人材绝盛,著于旧史者代不乏也。癸巳夏六月,余奉檄摄州事,既释奠于庙,……又问其州之志,无有也,附于朔方郡者,亦断自前明嘉靖间。呜乎! 文献之废坠如此哉,是亦守土者之责也。当斯之时,欲于承乏数月间,续二百余年之缺文勒为一书,考稽既难,时复不给,诚有志未逮矣。夫征文必先征献,十室之邑,有忠信百工居肆,事乃成。"② 从碑记看,周人杰于乾隆三十八年(1773)六月到任灵州知州后,③很关注当地文献,但结果令他很失望。通过调查,他发现灵州没有单行的专志,现有的载有灵州史料的宁夏志书成书时间最近也要追溯到明朝管律嘉靖十九年(1540)纂修的《嘉靖宁志》。他认为为灵州编修专志应该是地方长官的重要任务,就想花上几个月的时间,把灵州发生在嘉靖十九年至乾隆三十八年(1540—1773)共230多年间的事情汇为一编,成一部灵州专志。但由于史料繁多,考证费时,自己又忙于各种政务,所以空有编写志书的想法但不能付诸实践。同时他认识到,要想编写出地方专志,培养专门人才是关键,所以他积极促成灵州钟灵书院的建成,希望能培养出更多的人才,为编修志书奠定人才基础。

周人杰编写灵州专志的想法最终没能实现。14年后,即乾隆五十二年(1787),杨芳灿到任灵州知州,灵州专志的编纂才有了实质性的进展。杨芳灿作于嘉庆三年(1798)嘉平月(十二月)谷旦的《〈灵州志〉序》称:"州故无志。丁未岁,余奉简命来牧兹邑,竿牍余暇,网罗史籍,搜采方志。每苦纪载繁多,见闻互异,五阅寒暑,未能卒业。"④ 杨芳灿最初有自己纂修灵州志书的打算,他在政务之余,曾花了5年的时间搜集灵州方志资料,仍未完成纂修计划。乾隆六十年(1795),"延武威郭君雪庄主讲席,时与商榷,又得《一统志》,溯历代之沿革,考证

---

① 《道光隆志·职官续志》载,周人杰,浙江海宁县优贡,乾隆三十一年(1766)五月任隆德县知县,同年十月离任。
② 胡玉冰、韩超校注:《乾隆宁夏府志》,[清] 张金城等纂修,中国社会科学出版社2015年版,第574页。参见《〔嘉庆〕灵州志迹》卷四《艺文第十六下》。
③ 据周人杰《钟灵书院碑记》,他于乾隆三十八年(1773)任灵州知州,但《〔嘉庆〕灵州志迹》卷二《职官姓氏志》灵州知州名录没有周人杰。乾隆三十七年(1772)任知州者为奇明,乾隆四十年(1775)黎珠继任。
④ 蔡淑梅校注:《嘉庆灵州志迹》,[清] 郭楷纂修,中国社会科学出版社2015年版,第5页。

极为精当。曰：'此册府之巨制也，洵足据依矣。'因参之《朔方志》及郡志所载，粗立条理，钞撮成编"。① 杨芳灿延聘郭楷为灵州奎文书院院长，常与郭楷就编修灵州志一事相商。杨芳灿又得到《大清一统志》，②对于此书考证之功倍加赞赏。他与郭楷一道，又参考前人所修宁夏志书及《乾隆宁志》，初成灵州志书文稿。就在此时，即嘉庆三年（1798），杨芳灿又奉命调任高平（今宁夏固原市），新任知州丰延泰继承杨芳灿创始之意，"甫下车，即慨然以斯事为己任。爰偕郭君取旧所搜辑者，搴其萧稂，剔其瑕砾，凡两阅月而勒成一书。条分件系，厘然井然，不但疆域形胜如画沙聚米，而一方之文献、历朝之掌故，备载无遗，其通博为何如也"！③ 从用两个月就能够将《灵州志迹》定稿来看，丰延泰到任知州时，杨芳灿与郭楷其实已经将灵州志书基本纂修完成了。

丰延泰常以"举坠修废为己任，未尝以事之难为而辄止"。④ 在到任灵州知州后，他对灵州的历史沿革曾做过了解，"余尝考历代故事，知是邑自汉初建置，迨有唐遂成重镇，设有大都督府，有鸡田、鹿塞之州，回乐、烛龙之境，轮广近千余里，其间如山川扼塞、戍守机宜，史官言之详矣。然载籍汗漫，搜讨颇艰，而边荒文字残缺，士大夫家乘复不概见。倘使经制硕画有关邑治，与夫潜德幽光，为国史所不载者，一任其散逸放失，邈不可稽，将何以汇辑宪章、维持政教耶？余曰是不可以无志"。⑤然后鼓励郭楷，让他在与杨芳灿编修的基础上，不要有"采集未备，或苦疏漏"的顾虑，⑥继续对原稿修饰润色，郭楷"于是酌定门类，以次编列。书成凡二百余版。余乃捐俸付梓，使有成绩"。⑦《乾隆宁志》卷九《职官》载："灵州知州，每岁俸银八十两、养廉银六百两、公费银三百六十两。"⑧正是在丰延泰的鼓励与支持下，《灵州志迹》才最终能够刊行于世。

郭楷对于《灵州志迹》的编修始末也有详细记叙，他在《〈灵州志迹〉序》里提到："先是，梁溪杨公蓉裳官是邑，有心是事，勤加搜辑，嘱余补订之。未及成书，而杨公去任，是事旋废。"⑨嘉庆戊午（1798）秋，丰延泰接任杨芳灿之职知灵州，

---

① 蔡淑梅校注：《嘉庆灵州志迹》，〔清〕郭楷纂修，中国社会科学出版社2015年版，第5页。
② 《大清一统志》共424卷，编纂于乾隆八年（1743），乾隆二十九年（1764）书成，乾隆四十年（1775）又有补修。
③ 蔡淑梅校注：《嘉庆灵州志迹》，〔清〕郭楷纂修，中国社会科学出版社2015年版，第5—6页。
④⑤⑥ 同上书，第216页。
⑦ 同上书，第216—217页。笔者按："二百余版"之"版"相当于"页"，古籍刻本一版一页，这是说《〔嘉庆〕灵州志迹》一书共刻了200多页，即200多块版，而非有些学者认为的是印刷了200多部。笔者统计，《〔嘉庆〕灵州志迹》除封面外，共234页，即至少刻有234块版。
⑧ 胡玉冰、韩超校注：《乾隆宁夏府志》，〔清〕张金城等纂修，中国社会科学出版社2015年版，第219页。
⑨ 蔡淑梅校注：《嘉庆灵州志迹》，〔清〕郭楷纂修，中国社会科学出版社2015年版，第3页。

即与他商议编修灵州志书一事,"间与余语曰:①'灵邑为近塞要区,地势极为廓远,今欲稽覈旧章,厘剔庶务,而典文散佚,志迹不存,某窃惜之。……矧灵邑自汉初建置,至今几二千载,昔人之经画详矣。顾乃听其荒废湮没而弗顾,则岂特官斯土者之责,亦是方荐绅、先生之耻也。搜罗补缀,勒成一书,某有志焉,愿为我成之。'余曰:'斯事体大而关系尤重,缘非著令之所督,故人率置焉不讲。……今复承公之命,幸旧本犹在,遂取而整齐之,删其烦复,益其疏漏,按《文献通考》体例分为十八门类,类以小序冠之,俾览者提纲挈领,豁然心目。凡再易稿,而书始成。'既又复于公曰:'夫事创之难,成之尤难。……若夫核订之未精,裁取之未当,此则余之谫陋,而无所辞其责也夫!'"②由郭序可知,郭楷是在两任灵州知州的鼓励、督促与支持下,在杨芳灿编修草稿的基础上最终完成《灵州志迹》的纂修工作。

据上引各序跋可知,灵州志书的编修发起人当为杨芳灿,他参考诸多文献,已经有相当的材料积累。郭楷到奎文书院后积极参与志书的编纂当中,搜集了大量与灵州有关的材料,并且编成了《灵州志迹》的初稿。在两任官员的督促与鼓励下,尤其是在丰延泰的支持下,郭楷终于在嘉庆三年(1798)十二月完成了《灵州志迹》的编修,经丰延泰捐资刻版,最后得以刊行于世。

(二)刊行时间

一般认为,传世的《灵州志迹》刊行时间是在"嘉庆三年",笔者认为不然。《灵州志迹》有两处提及"嘉庆四年"(己未年,1799)事。第一处,卷二《水利源流志第十》附李培荣《南北涝河记》载,③"嘉庆己未春,余署篆灵州"。④ 第二处,卷三《忠孝义烈志第十五》"烈妇黄氏"条有"嘉庆肆年,诏旌其间"句。⑤ 此两条史料是判断传世的《灵州志迹》刊行时间的关键。李培荣之文附于《水利源流志第十》,在《灵州志迹》卷二第 19 页、20 页之间,版心刻页码为"叙十九",又标示出共 3 页。而卷三"烈妇黄氏"事迹位于《忠孝义烈志第十五》最末,其版心刻页码数为"叙二十四",前接《灵州志迹》卷三第 24 页,后接 25 页。这两处内容版心页码写法均一致,而与其前后其他内容的版心页码写法有明显不同,所以笔者认为,李培荣《南北涝河记》和黄氏事迹当是后刻时补入的。李培荣《南北涝河记》

---

① 语:蔡淑梅校注本原脱此字,据国图藏嘉庆四年(1799)刻本补。
② 蔡淑梅校注:《嘉庆灵州志迹》,[清]郭楷纂修,中国社会科学出版社 2015 年版,第 3—4 页。
③ 《[道光]平罗记略》卷六《职官》载,李培荣于乾隆五十八年(1793)任平罗知县。
④ 蔡淑梅校注:《嘉庆灵州志迹》,[清]郭楷纂修,中国社会科学出版社 2015 年版,第 70 页。
⑤ 同上书,第 125 页。

亦曰："因为录次其事以附州志，庶使后之君子知前人之深心不可没，而留心水利者，亦有所借以考焉。"①

《灵州志迹》卷三《艺文第十六上》最末一篇为宋人刘综《灵州不可弃议》，该文置于碑铭类之后，这与《灵州志迹》体例不符。因为《艺文》是按文体分类，然后将所收之文按作者朝代排序。刘综之文属奏疏，当位于《艺文》最前，因为刘综奏疏是后补编的，所以雕版时就于刘综奏疏题目下以"补遗。此应在《兵饷原额》上"之语说明其文当置于明人杨应聘《请复兵饷原额疏》之前。因为刘综奏疏为《灵州志迹》卷三最后一篇，所以其版心页码数就顺接前面第55页，而为页"五十六"。所以笔者认为，《灵州志迹》文本原版在嘉庆三年(1798)已经雕刻完成，嘉庆四年(1799)正式刊印时又补充了部分内容，故又补版，而原版版心页码已经按顺序编写好了，所以补版在编写页码时就根据情况变通处理了。因此，传世《灵州志迹》，其文本当完成于嘉庆三年(1798)，但其最终刊刻行世则是在次年，即嘉庆四年(1799)。②

四　编修体例及内容史源

（一）编修体例

据前引杨芳灿序、郭楷序可知，《灵州志迹》编修时主要参照的文献包括《文献通考》《大清一统志》、明朝所修宁夏旧志及《乾隆宁志》等。宋末元初马端临《文献通考》348卷，共24门类，包括田赋、钱币、户口、职役、征榷、市籴、土贡、国用、选举、学校、职官、郊社、宗庙、王礼、乐、兵、刑、经籍、帝系、封建、象纬、物异、舆地、四裔等。《〈文献通考〉自序》曰，24类目中，经籍、帝系、封建、象纬、物异等5类属独创，其他19类俱仿唐杜佑《通典》而设。唐杜佑《通典》200卷，凡分8门，包括食货、选举、职官、礼、乐、兵刑、州郡、边防，每门又各分子目，如食货典又分为田制、乡党、赋税、历代盛衰户口、钱币、漕运、鬻爵、轻重等子目。《灵州志迹》纂修者郭楷谈到，该志按《文献通考》体例，分为18门类，包括：卷一《历代沿革表志第一》《星野志第二》《地里山川志第三》《城池堡寨志第四》《公署学校志第五》《坛庙坊市桥梁津渡名胜志第六》《风俗物产志第七》《古迹志第八》，卷二《丁税赋额志第九》《水利源流志第十》《职官姓氏志第十一》《兵额营汛驿递志第十

---

① 蔡淑梅校注：《嘉庆灵州志迹》，[清]郭楷纂修，中国社会科学出版社2015年版，第71页。
② 苏昀《灵州旧志版本介绍与评价》一文认为："《灵州志迹》最后完成的时间应是嘉庆四年，而不是嘉庆三年。"(载《嘉庆灵州志迹校注》，宁夏人民出版社1996年版，第370页)笔者认为，其文本于嘉庆三年(1798)当已基本完成，嘉庆四年(1799)刊行时又补充了部分新材料。

二《历朝宦迹志第十三》,卷三《人物乡献志第十四》《忠孝义烈志第十五》《艺文志第十六上》,卷四《艺文志第十六下》《历代边防事迹志第十七》《历代祥异志第十八》。

通过比较类目名称可以发现,《灵州志迹》仅仅是从形式上仿《文献通考》体例而已,其类目名称及编次都与《文献通考》有很大的不同。从内容看,《灵州志迹》基本上撮抄《乾隆宁志》中与灵州有关的内容,而《乾隆宁志》体例上主要仿《乾隆甘志》,故从史源角度来看,《灵州志迹》诸多内容还是袭自《乾隆甘志》。《灵州志迹》仿《乾隆宁志》的痕迹非常明显。如《乾隆宁志》每门类前均有小序,以说明立目之由,《灵州志迹》亦仿此例。《乾隆宁志》卷四《地理·风俗》于"祭礼"后有一段纂修者张金城的按语,对宁夏某些习俗的侈靡之风给予抨击。而《灵州志迹·风俗物产志第七》于"祭礼"后也附有纂修者郭楷的按语,对灵州丧礼风俗之弊给予严肃批评。《乾隆宁志》卷八《田赋·水利》后附清人王全臣《上抚军言渠务书》和杨应琚《浚渠条款》等两篇文章,按志书纂修体例,文章应该入《艺文》,附录在此,有乖体例。而《灵州志迹·水利源流志第十》后也附清人李培荣撰写的《南北涝河记》。为省篇幅,有些内容提示见本书某部分,不再赘述,如《公署学校志第五》"书院"兴修历史,因《艺文第十六下》收录有与周人杰撰《钟灵书院碑记》、广玉和杨芳灿撰《奎文书院碑记》,对于二书院兴修过程记载得非常详细,所以《灵州志迹》以"见《艺文》"之语,表示参见。①

(二) 内容史源

《灵州志迹》正文前有《修志姓氏》,署志书修校人员职官名、姓名、籍贯、科第等信息。其后为郭楷《〈灵州志迹〉序》、杨芳灿《〈灵州志〉序》,二序均作于嘉庆三年(1798)嘉平月(12月)谷旦。二序后为《目录》。丰延泰《〈灵州志〉跋》附在卷四后。

《历代沿革表志第一》包括《沿革表》《灵州建置沿革》和《〈一统志〉灵州沿革表》等3部分内容。《沿革表》其实是宁夏府及其所辖四县一州(宁夏县、宁朔县、中卫县、平罗县、灵州)沿革情况,和《灵州建置沿革》一样,全部袭自《乾隆宁志》卷二《地理·沿革》。《〈一统志〉灵州沿革表》则是直接把《大清一统志》卷二〇四《宁夏府沿革表》中"灵州"部分剪辑出来,单列成表。

---

① 此处记奎文书院为知州广玉、杨芳灿于"乾隆五十一年……相继于城东南文庙傍建修奎文书院"有误。据卷四录广玉、杨芳灿《奎文书院碑记》载,广玉任灵州知州时,于乾隆"丁未仲夏"(乾隆五十二年,1787)始议兴修奎文书院事,九月开始动工,修建了三个月,至年底,因天寒停工。"丁未仲冬",杨芳灿接任灵州知州,"戊申之春"(乾隆五十三年,1788)重新开工,"又两阅月而始落成"奎文书院。故知,奎文书院当兴建于乾隆五十二年(1787)九月,建成于乾隆五十三年(1788)三四月间。

《星野志第二》"星野""躔次""五星""步天歌"等内容均袭自《乾隆宁志》卷二《星野》，《乾隆宁志》则抄录自《乾隆甘志》卷二《星宿》，且抄录有误，如《步天歌》中，"八星行列河中净"之"净"误作"浮"。"阙丘二个南河东"句，同《乾隆宁志》误作"阙邱二个河南东"。正文后附《星野图》，包括井、鬼、尾、柳等四宿图，井宿、鬼宿二星图远没有《乾隆甘志》绘制得复杂。《星野图》后附图2幅，均无图题，查勘其图所绘内容，一为"灵州周边形势图"，一为"灵州公署布局图"。《地里山川志第三》之"地里"内容袭自《乾隆宁志》卷二《地理·疆域》，"山川"内容袭自《乾隆宁志》卷三《地理·山川》。

《城池堡寨志第四》之"城池"记灵州城、花马池城、清水营城、兴武营城、横城、惠安堡城、韦州城等7座城池的兴筑历史，对于改筑时间、地理位置、所用材料、监修人、城池规模大小及所费银两数等项内容多有详细记载，内容袭自《乾隆宁志》卷五《建置·城池》。"堡寨"记灵州所属堡寨36座，记其堡寨名称，与灵州、花马池等城的距离，某些堡寨还记其兴废情况，内容袭自《乾隆宁志》卷五《建置·堡寨》。

《公署学校志第五》小序曰："灵州公署，在城内者五，散在各营堡者十有一。凡仓厂库局附焉。"[①]但从记载公署数量看，在灵州城内公署有4处，散在各营堡者有12处。对各公署所属军器局、火药局、教场之方位也有记载。内容均袭自《乾隆宁志》卷五《建置·公署》。"学校"部分主要记载灵州学校兴废历史及其所属大成殿、崇圣祠、尊经阁的布局和学生的基本情况，学校"存贮书籍"书目为我们了解清代州学藏书提供了珍贵的资料。还载有灵州钟灵书院、奎文书院等二书院兴修情况及社学情况。"学校"内容均袭自《乾隆宁志》卷六《建置·学校》。

《坛庙坊市桥梁津渡名胜志第六》之"坛庙"记灵州辖境内现存著名"坛庙"如社稷坛、关帝庙、千佛寺等共24座，《旧志》所载但现已不存之石佛寺等7座。内容袭自《乾隆宁志》卷六《建置·坛庙》。"坊表"记"翠挹兰峰"坊、"吴李氏坊"等10座"坊表"。记"吴忠堡""忠营堡"等"市集"9处。内容均袭自《乾隆宁志》卷六《建置·坊市》。记"哈达桥"等"桥梁"4座。记"宁河"等"津渡"3处。内容袭自《乾隆宁志》卷五《建置·桥梁》。记"宁河胜览"等"名胜"12处，内容袭自《乾隆宁志》卷三《地理·名胜》。

《风俗物产志第七》小序曰："今取其节序、礼俗可观采者录为一编，而以物产

---

① 蔡淑梅校注：《嘉庆灵州志迹》，[清]郭楷纂修，中国社会科学出版社2015年版，第33页。

附之。"①"风俗"记风土人情,另记当地主食、衣着材质等。所记"四时仪节",自"元旦"迄"除夕"。记"婚礼""丧礼""祭礼"等民间礼俗活动也非常详细,且以"丧礼"太过繁冗且所费太多民不堪其重而斥之为"弊俗"。"物产"分谷之属、菜之属等10项子目介绍。最后用"按"附录明清灵州"土贡"情况。上述内容均袭自《乾隆宁志》卷四《地理》之"风俗""物产"。

《古迹志第八》共记灵州25处古迹,内容均袭自《乾隆宁志》卷四《地理·古迹》,《乾隆宁志》均抄录自《乾隆甘志》卷二三《宁夏府》属县灵州古迹。据《乾隆甘志》《乾隆宁志》,《灵州志迹》"保靖废县"当作"保静废县","兴昌废郡"当作"新昌废郡"。

《丁税赋额志第九》之《赋额》详载灵州田亩数量、田地等级、应纳税额等,内容均袭自《乾隆宁志》卷七《田赋·赋额》。《盐法》(附《历代盐法》)、《茶法》《杂税》等内容均袭自《乾隆宁志》卷七《田赋》之《盐法》(附《历代盐法》)、《茶法》《杂税》。

《水利源流志第十》内容均袭自《乾隆宁志》卷八《田赋·水利》之《源流》《灵州渠道》。《乾隆宁志》取材自《乾隆甘志》卷一五《水利·宁夏府》。据《乾隆甘志》,在灵州境内的河渠尚有光禄渠、薄骨律渠和特进渠,而《灵州志迹》沿袭《乾隆宁志》只录秦渠、汉渠,未录另外三渠。抄录时还有误字、脱字现象,如"唐书"之"吐蕃传"同《乾隆甘志》《乾隆宁志》,均误作"吐鲁番传"。

《职官姓氏志第十一》记灵州各级官员的设置情况、俸禄数额及历任者姓名等,内容均袭自《乾隆宁志》卷九、卷一〇两卷《职官》。《兵额营汛驿递志第十二》内容均袭自《乾隆宁志》卷一一《职官》。记"兵额""营汛""驿递"资料很详细,但某些资料可能有问题,如各地营汛数,记花马池营墩有21处,但只列出20个墩名,记花马营有11处,但却列营汛名有13个。

《历朝宦迹志第十三》内容均袭自《乾隆宁志》卷一二《职官》。其中周至北周所选人物共9人,五代4人,明朝17人,元朝、清朝无1人入《宦迹》,这些均同《乾隆宁志》。隋朝、唐朝、宋朝等三朝人物入选者与《乾隆宁志》有异,隋朝2人,唐朝15人,宋朝19人。唐朝人中增加了《乾隆宁志》所无的江夏郡王道宗、崔敦礼、魏元忠、姚崇等4人,宋朝人中增加了《乾隆宁志》所无的冯继业、侯延广、慕容德丰、李继隆、丁罕、郑文宝、张凝等7人。

《人物乡献志第十四》共立传主30位。其中,汉、魏、晋、南北朝所列传主皆为傅氏家族名人,共16位。此后列唐人4位,宋人2位,西夏人1位,明人2位,

---

① 蔡淑梅校注:《嘉庆灵州志迹》,[清]郭楷纂修,中国社会科学出版社2015年版,第41页。

清人5位。内容均袭自《乾隆宁志》卷一三《人物·乡献》。《灵州志迹》将《乾隆宁志》中归入清朝的孟养龙调整至明朝。后附"科贡"名单，共308人，姓名之下简单记其籍贯、仕履等。其中进士有10人，举人有40人，举人中"科分无考"者3人，贡生有119人，贡生中"年分无考"者20人。内容均袭自《乾隆宁志》卷一四《人物·科贡》。武进士有10人，武进士中"科分无考"者5人，武举人有79人，武举人中"科分无考"者22人。内容均袭自《乾隆宁志》卷十五《人物·武科》。从各传主事迹来看，清朝的灵武读书人还是长于学问的。如康熙甲戌(1694)进士孟之珪"天姿颖异，品行端方，文章、字学，兼有名于时。立条教阐明理学，至今灵武文坛皆宗仰之"。① 康熙丙戌(1706)进士谢王宠喜读性理之书，雍正"问所读何书，宠以《性理》封，即命讲《太极图说》，上大喜。……所著有《反经录》"。② 许体元"沉潜理学，尤精于《易》。……著有《春秋传叙》《易经汇解》"。③

《忠孝义烈志第十五》立传主共46位，其中"忠"者9人，"孝"者7人，"义"者2人，"烈妇"28人。内容均袭自《乾隆宁志》卷一六、卷一七《人物》。

《灵州志迹·艺文志第十六上》小序曰："故余辑《灵州志》于艺文，所录率多名臣奏章、庙堂硕画，其他铭、颂、序、记，亦取按切事势关系政化者详为搜集，庶有益于经济。至于讽诵之文不过略存梗概而已，后之览者，亦将有取于是欤！"④《艺文志》主要按体裁分类编排文献。《艺文志第十六上》录疏奏、赋、颂、碑铭等14篇，内容袭自《乾隆宁志》卷一八《艺文》。相比《乾隆宁志》，新增宋朝李继和《奏疏》。《艺文志第十六下》录"记"14篇，内容袭自《乾隆宁志》卷一九、卷二〇《艺文》。相比《乾隆宁志》，新增清朝广玉《奎文书院碑记》，杨芳灿《奎文书院碑记》《峡口禹庙碑》《灵州移建太平寺碑》等4篇"碑记"。录诗45首，内容袭自《乾隆宁志》卷二一《艺文》。相比《乾隆宁志》，新增石茂华《宿小盐池》、郭楷《初至奎文书院呈蓉裳刺史兼示诸生二十韵》等诗30首。

《历代边防事迹志第十七》记汉朝至明朝发生在宁夏的历史大事，内容袭自《乾隆宁志》卷二二《杂记·纪事》。与《乾隆宁志》相比，《灵州志迹》在唐朝宁夏史中新增《新唐书》卷二一五《突厥传》中的若干史实，并注明其出处。另外，唐朝大历九年(774)事，宋朝太祖建隆二年至元丰四年(961—1081)宁夏史事不是辑录自《乾隆宁志》，其出处不详。

---

① 胡玉冰、韩超校注：《乾隆宁夏府志》，[清]张金城等纂修，中国社会科学出版社2015年版，第314页。笔者按：文坛，《[嘉庆]灵州志迹》卷三《人物乡献志第十四·国朝》"孟之珪"条作"学士"。
② 同上书，第314—315页。
③ 同上书，第320页。
④ 蔡淑梅校注：《嘉庆灵州志迹》，[清]郭楷纂修，中国社会科学出版社2015年版，第126页。

《历代祥异志第十八》录发生在宁夏的祥异之事共18条,除宋太平兴国三年(978)和雍熙二年(985)两条出处不详,最后一条辑自《乾隆宁志》卷二二《杂记·轶事》外,其他内容均袭自《乾隆宁志》卷二二《杂记·祥异》。

五 《〔嘉庆〕灵州志迹》与《〔乾隆〕宁夏府志》内容相异者举例

从《灵州志迹》内容来看,除各志小序属于纂修者原创外,绝大多数内容均原封不动因袭《乾隆宁志》。与《乾隆宁志》内容相异的地方,有的是属于新增资料,也有漏辑《乾隆宁志》资料的现象,有些不同则可能是《灵州志迹》纂修者对原始资料编辑角度不同或有所考证而致。今举其要者如下。

《地里山川志第三》之"山川"较《乾隆宁志》卷三《地理·山川》新增"简尖山"一条。《公署学校志第五》于所记公署"守备署在城西南"下增注"今无"两字。另外,对于钟灵书院的兴修比《乾隆宁志》有更加详尽的补充说明。《坛庙坊市桥梁津渡名胜志第六》之"坛庙"增记八蜡庙、忠孝祠、节义祠、南鼓楼、东鼓楼、水洞庵、永宁寺、东塔镇海寺等8处,但漏辑《乾隆宁志》原载之三清观。"坊表"中钦赐烈妇坊,《乾隆宁志》记有"李氏坊",《灵州志迹》记为"吴李氏坊"。《风俗物产志第七》之"四时仪节"内容最后,《乾隆宁志》原有"旧志载:'仲冬后,纨绮牵黄臂苍,畋猎毕举。'今俗颇革"一段话,①《灵州志迹》删除未录。本节内容中,《乾隆宁志》原有"上元食元宵"之"元宵",《灵州志迹》改为"团子"。"物产"中漏辑"六畜,马、驼、牛、羊、骡、驴、豕"。②《古迹志第八》增记"灵武台"。《田赋徭役志第九》漏辑"民银田四十一顷八十亩零,每亩征折粮草银三分,地亩银二厘一毫八丝"。③

《职官姓氏志第十一》增补内容较多。于"历任知州姓氏"中,增加了乾隆二十年(1755)任职的江鲲,这应该是《乾隆宁志》的疏漏。又增加了乾隆四十年(1775)起接连任知州一职的佟跃岱、黄恩等8人。于"灵州学正"名单增补乾隆四十七年(1782)起接连任职的杨昆等5人。但于"武职"之"灵州营参将"中漏辑晏嗣汉1人。另外,姚承德、吕自奎、王永若、田元国、吴自端等5人姓名,《乾隆宁志》分别作姚永德、吕自魁、王颙若、田充国、吴曰端。

《人物乡献志第十四》沿袭了《乾隆宁志》的错误,将北魏人梁祚编入晋人行

---

① 胡玉冰、韩超校注:《乾隆宁夏府志》,〔清〕张金城等纂修,中国社会科学出版社2015年版,第81页。
② 同上书,第83页。
③ 同上书,第152页。

列。同时又将《乾隆宁志》中辑录的晋人傅瑗漏辑。唐朝"康日知"条中，脱最后一句"承训亦以功封会稽郡男"10字。收列人物中，"斡道冲"为西夏人，而《灵州志迹》袭《乾隆宁志》将其录为宋人。这反映了志书编辑者的政治立场，即没有将西夏看作是一个独立的封建王朝政府，而仍然将其视为宋朝的藩属地，故将西夏人归入宋人行列。另外，录文中有数处误文。据元人虞集《道园学古录》卷四《西夏相斡公画像赞有序》载，道冲字宗圣，译《论语注》，别作解义"二十卷"曰《论语小义》，又作《周易卜筮断》。《乾隆宁志》倒其字作"圣宗"，卷数误作"三十卷"，《灵州志迹》全部承袭了这些错误。另外，又增添新的错误，将"斡道冲"误作"斡道冲"，《周易卜筮断》误作"周易十筮断"。

《忠孝义烈志第十五》"忠"者中有"史开先"，这是把他从《乾隆宁志》卷一二《宦迹》调整入此的。《灵州志迹》增加"孝"者侯知道、程俱罗的事迹要详于《乾隆宁志》。"烈妇"较《乾隆宁志》新增加了万樾妻王氏、许昭妻周氏、吴忠堡烈妇黄氏等3人。

六　版本情况

《灵州志迹》原刻本传世较广，国图、甘图、清华大学图书馆等均有藏。海外藏书机构如东洋文库也有收藏。宁图、甘图还分别据原刻本制成油印本传世。1968年，成文出版社影印《灵州志迹》的版本说明是据清嘉庆三年（1798）抄本影印，该本实际上为光绪三十四年（1908）重修《灵州志迹》，其残本甘图有藏。故《灵州志迹》无所谓"嘉庆三年抄本"传世。甘图藏有民国三十二年（1943）抄本《灵州志迹》一册，1951年8月，甘图从兰州书市上购得。该书抄写用纸为"宁夏省通志馆稿纸"，据嘉庆三年（1798）刊本抄录。前有张维序，后有张令𬙊跋。抄本抄写质量较高。

从《灵州志迹》整理与研究现状看，学界主要以国内所藏《灵州志迹》文本为研究整理对象，对于东洋文库藏本尚未见有介绍。从版本特征而言，东洋文库藏本与国图、甘图藏本当系同一版本，故在此以东洋文库藏本为对象进行版本描述，以期加深学界对《灵州志迹》的研究和了解。

东洋文库藏刻本《灵州志迹》1函4册，开本25.3 cm×16.4 cm。版框19.9 cm×15.3 cm。白口，单、黑鱼尾，四周双边。序每半页9行，行22字；正文每半页9行，行19字。《灵州志迹》内容共4卷，除封面外，目录、修志姓氏、序跋、正文等的总页数是234页。卷次数在各卷卷端未出现，而是出现在各卷版心。《灵州志迹》册一至册四每册最末一页之左半页均钤盖有阳文"伯衡氏"方形朱印一方。第一、第三、第四册书衣均缺。第二册书衣残存，左上有题签原题"灵州志书"4字，4册皆有封面，内容全同。其右侧竖题"长白岐东氏丰捐廉修辑"10字，中间题"灵州志"3大字，左侧竖题"嘉庆戊午季冬"6字。

　　第一册封面、修校人员名单、序、目录及卷一正文，共49页。封面之后为《灵州志迹》修校人员名单《修志姓氏》1页。此页卷端下方钤盖有阳文"东洋文库"长形朱印1枚。据旧志修纂例，冠"修纂"或"纂修"者往往是实际编修者，故知《灵州志迹》实际编修人当为郭楷。名单后为郭楷、杨芳灿序。郭楷序题"灵州志迹序"序末落款后有阴文"郭楷之印"方形墨印、阳文"雪庄氏"方形墨印各1方。杨芳灿序题《灵州志序》，序末落款后有阴文"杨芳灿印"方形墨印、阳文"蓉裳"方形墨印各1方。序各2页。

　　两序后为《灵州志迹目录》1页。目录题名下有朱笔"孟权"二字，不知何人所书。本页版心页码数为"三"，与前页版心页码数"五"不衔接，疑有脱页，或者此页版心页码数误刻。目录著录类目名称与正文类目名称稍异，正文类目名称均有"志"字，目录著录名称则无，如目录著录名称为《历代沿革表第一》，正文类目名称则为《历代沿革表志第二》，目录著录名称为《星野第一》，正文类目名称则为《星野志第二》，等等。目录后即为正文。

　　卷一正文共42页，页一卷端书名《灵州志迹》4字下有阳文"务本堂印"长形朱印1枚，类目名"历代沿革表志第一"8字下有阳文"张炳私印"圆形朱印1枚。第二册即卷二，卷端自下而上钤盖有"张炳私印""务本堂印"。本册页数据其版心为57页。但在第19页至20页之间有3页为清朝李培其撰写的《南北塬渠记》全文，作为《水利源流志第十》的附录部分，故册二实际页数应该是60页。另，本册第2页页码数"二"误刻为"一"，或者可能会是版片印刷时间太久而出现了脱落笔划现象。第三册即卷三，卷端盖印同卷二卷端。本册页数据其版心为56页。但第24下一页版心刻页码数为"叙二十四"，后接第25页，故册三实际页数应该是57页。第四册即卷四和跋。卷端盖印同卷二、卷三之卷端。卷四页数为67页。卷四正文后为丰延泰《灵州志跋》，共2页，跋末落款后有阴文"丰延泰印"方形墨印、阳文"岐东"方形墨印各1方。

　　该志中有避清帝名讳的现象。如"玄"缺末笔一点，"玄宗"作"元宗"，"弘治"作"宏治"等，当是避清圣祖玄烨之"玄"、高宗弘历之"弘"。

七　文献价值

　　从独创性角度来看，《灵州志迹》不能算是一部质量上乘的地方志书。前文述及，无论是编纂体例，还是内容结构，《灵州志迹》因袭的痕迹非常明显，基本上可以说是《乾隆宁志》的撮抄本。另外，由于对参考文献中原始材料考证不精，原始材料中的错误被以讹传讹，如以夏州为宁夏故地之说。原始文献中存在的脱、讹、衍、倒等错误也一并被承袭下来，且又增加了部分新的错误。这些错误在点校本中有很多已经校正过来，有的仍未纠正。我们想要强调的是，尽管《灵州志迹》存在诸多问题，但从文献利用的角度来看，这部志书还是有一定的价值。

第一，于灵州专志而言，《灵州志迹》有首创之功。古灵州资料在多种古文献中都有，如关于其沿革，在《汉书》卷二八下《地理志第八下》、《新唐书》卷三七《地理志》、《太平寰宇记》卷三六《关西道十二》、《武经总要》前集卷一八下《边防·西蕃地界》、《太平御览》卷一六四《州郡部十·关西道》、《乾隆甘志》卷三下《宁夏府》等均有"灵州"专目记述。嘉庆三年(1798)之前成书的宁夏旧志特别是《乾隆宁志》中，有关灵州的资料更多，但无专志专记灵州。《灵州志迹》捐修者丰延泰对于方志的价值有独到的认识，其《〈灵州志〉跋》曰："国有史，家有乘，而邑有志，皆所以汇辑宪章、维护政教也。"①由此也可以看出地方专志对于地方政治、教化的重要性。《灵州志迹》作为灵州成书时间最早的一部专志，其重要性自不言而喻。

第二，于灵州史料而言，《灵州志迹》有汇辑之功。该志是灵武市现存专志中内容最集中、最丰富、最完整的一部。在该志成书前，虽有《乾隆宁志》等文献辑录了大量有关灵州的资料，但是诸多资料散见于各卷。《灵州志迹》将这些资料一一辑录出来，并加以排比编辑，新增了《乾隆宁志》没有的新资料，特别是增补乾隆四十五年(1780)《乾隆宁志》刊行后至嘉庆三年(1798)近 20 年间与灵州有关的资料。所以，从资料集中程度、丰富程度和完整性上看，《灵州志迹》是最集中、最丰富、最完整的。《灵州志迹》增补《乾隆宁志》所无的材料，数量最多的是职官部分和艺文部分。这也从一个侧面说明，在方志材料中，职官、艺文资料的变化是比较大的，需要时时更新。同时，这也提示我们，在研究方志成书时代或刊行时间时，这两类资料有时候可能会提供关键材料。另外，《灵州志迹》附两张灵州古地图，是现存灵州古文献中成图时间最早的，这为研究古灵州提供了难得的图画文献。该志辑录的艺文有些不见于有关的著述中，如辑录知州杨芳灿《奎文书院碑记》《初夏放舟青铜峡口因登百塔寺用〈松陵集〉中楞加精舍倡和韵》，这一诗一文在《芙蓉山馆文钞》《芙蓉山馆诗钞》中均未收录，这样，《灵州志迹》又有

---

① 蔡淑梅校注：《嘉庆灵州志迹》，[清] 郭楷纂修，中国社会科学出版社 2015 年版，第 216 页。

了辑佚的作用。

第三,于其他志书而言,《灵州志迹》有发凡起例之功。《灵州志迹》对后来的志书编纂有一定影响,特别是成书于清光绪三十四年(1908)的《宁灵厅志草》,受其影响最大。该志基本内容仿《灵州志迹》类目体之体例来编纂,部分类目内容完全取材自《灵州志迹》,或全文抄录,说明材料出处为《灵州志迹》,或将《灵州志迹》内容融入到所纂修内容之中,但对材料出处未加说明,或者只说明相关材料参见《灵州志迹》,而不再把材料抄录出来。即便是在遣词造句、结构安排等方面也明显受《灵州志迹》影响。①

第二节 《〔光绪〕灵州志》

自嘉庆三年(1798)修成《灵州志迹》并刊行后,很长时间内再无新修的灵州旧志行世。一个多世纪后的光绪三十一年(1905)、三十四年(1908),陈必淮两任灵州知州,在其任内有重修《灵州志》传世,惜各传本均为残本。

一 整理与研究现状

《〔光绪〕灵州志》最早著录于《陇右录》:"《〔光绪〕灵州志》四卷,存,写本,不全。清光绪三十三年修。维案:此志仅见二册:第三卷《人物》《艺文》,第四卷《边防》《祥异》。"②其《陇右方志录补》又载:"《〔光绪〕灵州志》四卷,存,写本,不全。清光绪三十三年修。卷一,未见。卷二《税赋》《水利》《职官》《兵制》《驿递》《宦迹》。卷三《人物》《艺文》。卷四《边防》《祥异》。维案:此志初见第三、四两卷,其后江右赵敦甫又于旧肆得第二卷,亦当时官辑书中较佳之作也。"③很明显,张维著录的《〔光绪〕灵州志》应该是同一时间纂修的,完整的本子当为4册,他所见的版本合在一起只存3册,缺第1册卷一。

此外,《联合目录》《宁夏目录》《甘肃目录》《总目提要》等方志书目对《〔光绪〕

---

① 详见本著作第七章第一节。
② 张维:《陇右方志录》,《中国西北文献丛书》据北平大北印书局1934年版影印,兰州古籍书店1990年版,第77册第699页。
③ 同上书,第77册第775—776页。

灵州志》都有著录或提要。① 高树榆撰《宁夏方志考》《宁夏方志评述》《宁夏回族自治区地方志述评》等文对《〔光绪〕灵州志》作提要式介绍。陈永中撰《灵武旧志书评价》对国图、甘图、灵武档案馆所藏《〔光绪〕灵州志》手抄残卷进行了比较和分析，认为国图藏本质量较好，档案馆藏本质量低于前两家藏本。

《〔光绪〕灵州志》最早的整理成果附见于宁夏人民出版社1996年版张建华、苏昀撰《嘉庆灵州志迹校注》。校注者对国图藏1卷本、甘图藏2卷本分别进行标点、勘误、补遗、注释等工作。惜其仅录与《灵州志迹》相异之文，未将此两本之全文皆录出。书末附苏昀《灵州旧志版本介绍与评介》一文，就其所见5种《〔光绪〕灵州志》残本的价值进行探讨。中国社会科学出版社2015年10月出版蔡淑梅校注《光绪灵州志》是本志最新整理成果。作者主要以标点、校勘、注释等方法开展整理工作，以国图藏光绪三十四年(1908)抄本为底本，以《乾隆甘志》《乾隆宁志》等为对校本，部分成果参考张建华、苏昀校注本。

二 编修时间及编修者生平

《〔光绪〕灵州志》的编修或抄成时间，目录著录多同《陇右录》，为光绪三十三年(1907)，一般认为该志记事也至光绪三十三年(1907)。笔者比较认同高树榆等先生的看法，即该志当抄成于光绪三十四年(1908)，记事也至此年。

国图藏抄本《〔光绪〕灵州志·丁税额赋志第九》载："查灵州自同治纪元回匪变乱，州城两次失陷，案卷全行焚毁，所有自嘉庆三年以迄道光二十一年丁赋增蠲大半无从查考。兹仿照《赋役全书》并《地丁考成》二册，互相考核，截至道光二十三年起，光绪三十三年止。"②有些学者据此认为，其记事止于光绪三十三年(1907)。但同书《历朝宦迹志第十三》中记载了陈必淮再任灵州事，其时为光绪三十四年(1908)。

陈必淮光绪三十一年(1905)冬权知灵州州事，三十二年(1906)解任回省，三十四年(1908)二月又重守斯土。他在任期间，劝民辛勤农桑，遇回汉相争，处理时遇事开导，不偏不倚，劝惩兼施。清朝"庚子维新"，诏立学堂、巡警，令各地就地筹款。陈必淮首禁摊派，整顿旧有款项，尽量不给百姓增加新的负担。于城

---

① 《联合目录》著录为"杨芳灿修、佚名续修"，光绪三十三年抄本，《宁夏目录》著录为"兰德昌撰"，《甘肃目录》著录为清光绪三十三年(1907)修，《总目提要》载其较前志增加靳桂香等7人。这些著录提要都有问题。笔者考证，该志至晚修成于光绪三十四年(1908)，陈必淮监修，纂修及抄录者佚名，较前志增加张瑞珍等7人事迹。

② 蔡淑梅校注：《光绪灵州志》，[清]佚名纂修，中国社会科学出版社2015年版，第221页。标点未尽从原书。

内、吴忠堡设立巡警两处,改旧有的灵文书院为高等小学堂,招生开学,均为灵州首倡。再任灵州知州后,兴修水利,特别是兴修秦渠,使得灵州百姓不再有缺水之忧。严查贼人猖狂宰食州属东山当地百姓羊只的恶事,赢得了百姓的称赞。《〔光绪〕灵州志》载:"公自再任,求治益切,遇民间有疾苦事,辄为之废寝忘餐,尤善于听讼。人有誉之者曰:'听讼何奇,惟无讼为难耳。'呜呼! 此亦可睹公之所志矣。公尝谓:'两度灵州,与灵民有缘,倘不能为民计久远之安,非独负我灵民,且大负我上宪也。'噫! 斯言也,非仁人君子之用心,曷至此? 但祝久于其位,福我灵民,是则亿兆苍生所馨香而默祷者耳。"①从最后一段祝福语看,《〔光绪〕灵州志》抄成时候,即光绪三十四年(1908)陈必淮仍然在位,所以百姓盼望他能够继续在位,以更好地造福灵州百姓。

从地方志书的修书规律来看,地方长官一般将修志视作是自己分内的事情,故许多地方志书都由时任地方长官来监修,甚至亲自捉刀。从国图藏残本的内容来看,记事止于陈必淮再任灵州知州的光绪三十四年(1908),所以陈必淮应该是最有可能重修灵州志书的人选。或许他没有亲自动手去编修,但至少他会监修。民国十四年(1915)成书的《民国朔志》,即陈必淮在任宁夏道尹时主修,这也说明,他是非常关心地方文献编修的。

三 版本及内容

传世的《〔光绪〕灵州志》均为残本,主要存藏在国图和甘图。

(一)中国国家图书馆藏本

该藏本 1 册,未题编纂者姓名,未编次页码,书名页题"灵州志迹"4 字,第 2 页为目录。从第 3 页开始为抄本的正文。正文共 43 页。抄本每半页 10 行,行 22 至 24 字。国图著录其版本信息是清末咸丰元年至宣统三年(1851—1911)抄成。藏本上钤盖有"国立北平图书馆藏""北京图书馆藏""赵二经眼"等印文印章。

赵二即赵世暹,字敦甫,自号琴城赵二,江西南丰人,著名的水利工程专家、藏书家,曾仟国民政府国防设计委员会重要职务。其藏书多入藏民国时期甘肃水利林牧公司图书室,后又流入西北图书馆(即今甘图前身)。

甘图藏民国三十三年(1944)抄本《〔光绪〕灵州志》扉页题识称,本抄本即据

---

① 蔡淑梅校注:《光绪灵州志》,[清]佚名纂修,中国社会科学出版社 2015 年版,第 261 页。

国立北平图书馆藏稿本录副,原底本书眉处曾贴红签若干,部分文字间有注语,个别地方又有圈点,抄者将其"均一一录出,赠国立西北图"。本抄本最末一页题有"大部分系蓝德昌君录"9个字。查国图藏本,部分纸页上端残留有红色痕迹,一处痕迹上还残留有"州人物"三字,个别段落有圈点,但甘图抄本末页所言"大部分系蓝德昌君录"不知何据。1988年天津古籍出版社出版《宁夏历代方志萃编》以甘图抄本为底本影印。

国图抄本《目录》显示,本抄本应包括《丁税赋额》《水利源流》《职官姓氏》《兵额营汛驿递》《历朝宦迹》等 5 部分内容,但《职官姓氏》有目无文,故实际残存 4 部分内容。从正文抄录格式看,与刻本《灵州志迹》的版刻格式相同,卷端之行均上题书名"灵州志迹"4 字,下题门类名称及其序次,如"灵州志迹,丁税赋额志第九"之类。其后为各门类小序及正文。

《丁税额赋志第九》共 14 页。与刻本《灵州志迹》比勘,抄本卷端门类标目《丁税赋额》误抄作"丁赋额税",小序中"隐漏"误抄作"隐陋"。"而以历代盐法、茶法缀其后,俾观者得裁别焉"句,抄本改写作"而以历代盐法、茶法今昔同异缀其后,俾观者得窥全豹而裁别焉"。正文内容中,《附历代盐法》全同刻本《灵州志迹》,其他大异于刻本《灵州志迹》。主要记载灵州道光二十三年至光绪三十三年(1843—1907)间的各种丁赋税额,包括田地等级、亩数、应交税额、盐法、茶法及其他课税种类等,资料源主要为官府公文档案。

《水利源流志第十》共 3 页。小序内容较刻本《灵州志迹》有补充和改写。刻本《灵州志迹》"灵州旧有秦汉二渠,凡临城上腴诸田,悉沿渠上下以资其灌溉之利"句,抄本补充改写为:"灵州旧有秦汉二渠,自同治初回匪乱后,经陕甘总督左文襄公,以灵州地方辽阔,汉回杂处,风气强悍,地方官有鞭长莫及之势,遂奏请划女宁灵、平远二属,以便控制,而汉渠即分为宁灵厅所有矣。灵州只剩秦渠渠,所有划留之早元、吴忠、新接、胡家等堡,并州城四门三路五牌上腴诸田悉受秦渠灌溉,而宁灵厅属之金秦四里,亦同受其利焉。"[1]"民间自备夫料"句后补"官绅督作"4 字,"芦口"改作"渠口","猾胥惰民"改为"猾胥奸民"。抄本小序后内容中,对自汉迄清朝雍正四年(1726)间灵州水利之事全同刻本《灵州志迹》。其后刻本《灵州志迹》还载兴修秦渠、汉渠事,因汉渠在同治之后不归灵州所有,故抄本不再记汉渠事,而对兴修秦渠之事又多有补充,[2]主要补充知州陈必淮在任期间对秦渠的兴修工作。所记光绪三十四年(1908)修筑峡口"猪嘴码头"事,

---

[1] 蔡淑梅校注:《光绪灵州志》,[清] 佚名纂修,中国社会科学出版社 2015 年版,第 233 页。
[2] 《〔嘉庆〕灵州志迹》载秦渠"灌民田一十一万七百亩零",抄本作"灌田九万八千九百余亩"。

首见于此志,是秦渠兴修史上的重要资料。①

《兵额营汛驿递志第十二》共 5 页。抄本小序移录刻本《灵州志迹》起始旧有的文字后,又增加了新的内容,小序曰:"此旧有也,迨因边防无事,库款支绌,于'裁兵节饷'案内,迭奉裁汰,并自变乱后,划分宁灵、平远等处管辖外,现在共有兵二百九十八名,内马兵五十一,步兵二百一十三,守兵三十四。塘墩合八十五,驿递六,马九十四,夫四十七。塘站夫马废未安设。"②其后的正文中,《兵额》中补充了灵州营、横城营、兴武营、花马池营等 4 处分防地点、兵员数及兵员构成情况。《营汛边墩》中灵州营由 25 处减少为 17 处,花马营由 13 处减少至 8 处,其他未变。《驿递》所记也与《灵州志迹》有异。

《历朝宦迹志第十三》共 21 页,抄本小序内容全同刻本《灵州志迹》。刻本《灵州志迹·宦迹》记载了周至明朝的灵州历史人物事迹,抄本除了这些人物事迹外,又补充记载了同治元年至光绪三十四年间(1862—1908)任职于灵州、花马池的张瑞珍、周浩、王镇墉、孙承弼、廖葆泰、陈必淮、王式金等 7 位清人的事迹。这 7 人中,尤其以陈必淮的事迹最详,为考证国图藏抄本的抄成时间提供了非常关键的材料。

(二) 甘肃省图书馆藏本

甘图藏有 5 种《〔光绪〕灵州志》的手抄残本。其中两种抄写时间不详,3 种有明确的抄写时间。

抄成时间不详的两种本子是:

1. 光绪三十三年修《灵州志》

该本 1 册,线装,书衣题书名为《灵州志》,有"光绪三十三年修卷二"9 字,正文题《灵州志迹》。残存内容包括《丁税赋额志第九》《水利源流志第十》《兵额营汛驿递志第十二》《历朝宦迹志第十三》,相当于《灵州志迹》卷二。本抄本所依底本不详。此本或即为张维所说,是江右赵敦甫于旧肆所得。

2. 光绪三十四年修《灵州志》

该本 2 册,线装,封面有"光绪戊申"4 字,钤盖有"甘肃省立图书馆"印章。残存《人物乡献志第十四》《忠孝义烈志第十五》《艺文志第十六上》《艺文志第十六下》《历代边防事迹志第十七》《历代祥异志第十八》,相当于《灵州志迹》卷三、卷四。

---

① 《民国朔志》卷二七录陈必淮《规复秦渠猪嘴码头碑记》详志其事。
② 蔡淑梅校注:《光绪灵州志》,[清]佚名纂修,中国社会科学出版社 2015 年版,第 237 页。

抄成时间明确的三种版本依次是：

1. 民国二十年临洮张氏（即张维）抄本

《甘肃目录》著录。《中国西北文献丛书》影印本上钤盖有"临洮张氏"藏书印章，疑即此抄本。影印说明，张氏抄本版本26.4 cm×15.2 cm，版心18.6 cm×12.4 cm。此本前有张维撰写题识两则，第一则即《陇右录》之《灵州志迹》提要，第二则是其补题，说明"此志各卷卷末多附同、光间事，盖为光绪三十三年续辑之本，已非雪庄原稿"。①

影印抄本内容依次是修志姓氏、序、跋、目录、正文。每半页10行，行23至24字。抄写格式与刻本《灵州志迹》基本相同，卷端上题书名"灵州志迹"4字，下题各门名称及其次序。唯按《灵州志迹》18门类，将全书厘分成了18卷，版心上象鼻处题书名为《灵州志》，卷次及各门名称（有些题简称）则题写于版心中段。如《灵州志迹》卷二《丁税赋额志第九》，版心自上而下依次题"灵州志卷九丁赋"。

细检影印本内容，自《历代沿革表第一》至《古迹志第八》，全同刻本《灵州志迹》，唯漏印星宿图和两幅灵州地图。《丁税赋额志第九》《水利源流志第十》《兵额营汛驿递志第十二》《历朝宦迹志第十三》内容全同国图藏抄本，《职官姓氏志第十一》有5页空白页，也同国图抄本，有目无文。《人物乡献志第十四》至《历代祥异志第十八》内容全同《灵州志迹》。《灵州志迹·历代边防事迹志第十七》中引《新唐书·突厥传》的内容，但注明出处是《唐书·突厥传》，影印抄本中《唐书》则补"新"字。

从抄本内容看，卷二内容全同国图藏本卷二的内容，连《职官姓氏志第十一》有目无文也完全一样，卷一、卷三、卷四则与传世的《灵州志迹》内容相同。

2. 民国三十三年抄本

该本1册，题书名《重修灵州志》，书名下有小字"卷贰光绪戊申"6字。书内第2页有抄录底本及抄录时间的说明："据国立北平图藏稿本录副，原书眉端贴红签若干，端间有注语，又有圈点处。均一一录出。琴城赵二，三十三、五、十一。赠国立西北图，卅三年七月"。书末有"大部分系蓝德昌君录"九个字。据此说明，此抄本的抄写底本是国立北平图书馆（今国图）藏抄本，抄成于民国三十三年（1944）五月十一日。同年七月，赠予当时的国立西北图书馆（今甘图），抄赠者是"琴城赵二"。②

---

① 《灵州志》：《中国西北文献丛书》第一辑第52卷《西北稀见方志文献》，兰州古籍书店1990年影印本，第272页。
② 甘图藏民国三十三年（1944）抄本《厅志备遗》后有琴城赵二识语。

3. 民国三十六年抄本

该本 2 册，抄成于民国三十六年（1947）。抄写用纸为国立兰州图书馆抄藏专用纸，钤盖有"国立兰州图书馆珍藏"印章，残存内容包括《人物乡献志第十四》《忠孝义烈志第十五》《艺文志第十六上》《艺文志第十六下》《历代边防事迹志第十七》《历代祥异志第十八》，相当于《灵州志迹》卷三、卷四。细检其文，《艺文志第十六上》《历代边防事迹志第十七》等两部分内容全同《灵州志迹》，其他都有较多的补充，特别是补充了许多清朝与灵州有关的史实。

《灵州志迹》辑录的清朝灵州"乡献"有 5 人，甘图藏民国三十六年（1947）抄本《〔光绪〕灵州志》之《人物乡献志第十四》增补了 25 位清朝灵州"乡献"。另外，科贡人员名单中，较《灵州志迹》也有新的增加，进士增 2 人，举人增 8 人，贡生增 26 人，武举人增 3 人。

《忠孝义烈志第十五》中，新增 56 人的事迹，基本上都是清朝同治以后特别是光绪朝的人物。"忠"者增 20 人，"孝"者增 4 人，"义"者增 7 人，"烈"者增 25 人。

《艺文志第十六下》新增 14 篇碑记、铭文，不仅是研究清朝灵州艺文的重要材料，更为研究灵州相关历史事件或人物提供了难得的一手资料。如《御制张公南浦祭文》《张公南浦墓志铭》（薛允升撰）是研究灵州著名人物张煦生平事迹最直接、最可信的一手材料，《创立灵州高等小学堂碑记》（邓云路撰）详细记载了灵州高等小学堂在两位灵州知州廖葆泰、陈必淮的关心下由筹建到正式招生开学的过程，碑记有为执政者歌功颂德的用意，但客观上也为研究清末宁夏新政特别是兴办教育留下了宝贵的材料。

发生在灵州的历代祥异之事，《灵州志迹》只辑录至明朝，甘图藏抄本《历代祥异志第十八》则补充了灵州发生在清朝的 13 件"祥异"之事，其中多荒诞不经，但也记载了光绪四年（1878）夏灵州发生蝗灾，十五年（1889）秋八月、九月灵州地震之事，这些资料为研究相关问题也提供了线索。

（三）灵武市档案馆抄本

甘图藏民国三十六年（1947）抄本是《〔光绪〕灵州志》残存内容最多的文本，对于《灵州志迹》补充的内容也最多。1959 年，灵武市档案馆据此本重抄。

（四）各版本之间的关系

从国图藏抄本文本看，《〔光绪〕灵州志》编修者对有些史料还是有所考证的，刻本《灵州志迹》的某些错误得到了纠正，有的则仍旧。如《历朝宦迹志第十三》"药元福"条,《灵州志迹》原作"叶元福并州晋县人",抄本同,但在"县"旁又写一"阳"字。另外,抄本"遇彦超兵七千"之"千"字下补有一小字"余","元福举旗晖军继进"之"旗"字下补有一小字"招"。考《宋史》卷二五四有《药元福传》,载其为"并州晋阳人"。"余""招"二字也系《宋史》原有,补足之后文意方更准确、通顺。故知,《灵州志迹》"叶"当作"药","县"当作"阳"。抄本"阳"字当为纠误之字,"余""招"二字为补足之字。"张瑞珍"条,抄本"讳瑞征字宝庆安徽寿州人"句,于"征""庆""人"字旁分别又书"珍""卿""进士",表明此句当改为"讳瑞珍,字宝卿,安徽寿州进士"。① 这里有对原稿误字的纠正,还有对原稿内容的补充。很明显,张维藏抄本的抄者非常认真地核对过国图底本,把国图抄本上的这些纠正或补充文字都一一采纳了。有些地方发现抄写有误后会有弥补措施。如"张瑞珍"条,抄本原抄作"当炮以大从事"句,后又照国图藏抄本乙正,并在"炮""以大"等字上加乙正符号,使本句改作"当以大炮从事"。

根据抄本内容分析,民国三十三年(1944)抄本与所谓"光绪三十三年(1907)"修《灵州志》均残存两卷内容,相沿关系最为接近。民国三十六年(1947)抄本与光绪三十四年(1908)修《灵州志》均残存一卷内容,相沿关系最为接近。

四 文献价值

传世的《〔光绪〕灵州志》均为残本,故对其文献价值无法作出全面的分析和研究。从残本内容看,至少有以下几个方面的文献价值。

第一,具有补史价值。自嘉庆三年(1798)修成《灵州志迹》并刊行后,至光绪三十四年(1908),110年的灵州历史再也没有被汇辑过。《〔光绪〕灵州志》恰恰可以部分弥补这一缺憾。前文述及,传世的残本中补充了很多《灵州志迹》未载的材料,特别是"丁税赋额""水利""兵额营汛驿递"、清朝"宦迹""乡献""科贡""忠孝义烈""祥异"等方面的材料,均上续《灵州志迹》。将这类资料全部汇辑起来,就可以比较全面地勾勒出灵州两千年来特别是有清一代的政治、经济、人文等诸多面貌,形成一套较为完整的灵州地方史料。

第二,是研究清末宁夏回族反清运动的重要资料。晚清时期,政权统治腐败黑暗,中国大地四处风起云涌,地域相对偏远的宁夏地区也爆发了由回族哲赫忍耶门宦第五代教主马化龙(1810—1871)及其子侄组织领导的回族反清运动。关

---

① 蔡淑梅校注:《光绪灵州志》,[清]佚名纂修,中国社会科学出版社2015年版,第259页。《民国朔志》卷一五《职官志·宦迹》"张瑞珍"条载文同修改本。甘图藏本已照此修改。国图藏清光绪十六年(1890)活字本《寿州志》卷一七《选举志》载,张瑞珍于道光三十年(1850)中庚戌科进士。

于这段起事历史经过,在《清实录·穆宗同治皇帝实录》《左宗棠年谱》《左文襄公全集·奏稿》《平回志》《平回方略》《平定关陇纪略》《征西纪略》及《甘宁青史略正编》等文献中有大量的记载。官方文献多站在统治阶级的政治立场上来记述和评价这次起事,多用污蔑性语言词汇,民族歧视和仇视色彩很浓,很多史实不会秉笔直书。所以我们今天利用这些资料,自然是要对这些现象加以批判。由于马化龙组织领导的义军曾与清政府军在灵州地区发生过激战,且一度占领过灵州,故灵州地方史中就不可回避这段历史。《〔光绪〕灵州志》在"宦迹""乡献""忠孝义烈"中辑录了多位亲历战事者的事迹,如讷穆栋额、尹泗、钟兰等3人直接领导过镇压回族反清运动,战死后灵州曾立"三忠祠"来"纪念"他们。《〔光绪〕灵州志》将这3人列入"忠"者之列,在其事迹中对其战死过程记叙得非常详细,还录《重修三忠祠碑记》,记叙人的基本立场当然是反动的,但客观上为我们今天研究这段历史提供了难得的资料。其他如"宦迹"中的张瑞珍、周浩、王镇墉,"乡献"中的道以德、"忠"者李绣春等人的事迹资料中主要部分都与回族反清运动有关。这类资料对于研究宁夏回族反清运动显然也是很好的补充材料。

第六章　石嘴山市辖平罗县旧志

石嘴山市位于宁夏回族自治区北端，为自治区直辖地级市，现辖2区（大武口区、惠农区）1县（平罗县）。清朝在今石嘴山市辖境内还曾设新渠县、宝丰县。关于平罗、新渠、宝丰等三县的设废问题，学者已有所考辨。① 笔者想要强调的是，新渠、宝丰二县裁汰后，其所属堡寨并非如某些学者所言全归平罗县，而是大部分归并平罗县管辖，另有部分堡寨则归宁夏县管辖。《清实录·世宗雍正皇帝实录》卷二五载，雍正二年（1724）十月丁酉，从川陕总督年羹尧奏言，废明朝卫所制，改置府、县，平虏所为平罗县，属甘肃省宁夏府管辖。卷四四载，雍正四年（1726）五月乙未，议政王大臣等议复川陕总督岳钟琪等奏，新设新渠县。卷七五载，雍正六年（1728）十一月壬戌，工部等衙门议复川陕总督岳钟琪遵旨酌议督理查德汉托护工程侍郎通智、单畴书折奏事宜，新设宝丰县。《清实录·高宗乾隆皇帝实录》卷八八乾隆四年（1739）三月壬子条载："吏部等部议复：钦差兵部右侍郎班第疏称，宁夏地震，所属新渠、宝丰率成冰海，不能建城筑堡仍复旧规；请将二县裁汰；所有户口，从前原系招集宁夏、宁朔等乡民人，令其仍回原籍；有愿留佣工者，以工代赈，俟春融冻解，勘民可耕之地，设法安插，通渠溉种；其渠道归宁夏水利同知管理。应如所请。从之。"② 这条资料记载了宁夏地震后，清朝原设新渠、宝丰二县的裁汰善后事宜的基本原则。据《乾隆宁志》卷五《建置·堡寨》载，宁夏县所属堡寨共21处，通宁堡、通朔堡、通贵堡、通昶堡、通吉堡等五堡"皆雍正三年新设，属新渠县。后县废，归并宁夏县"。③ 平罗县所属堡寨共62处，洪广堡等14处堡皆旧户，通义堡等48处"皆新户里名，多未筑堡。新渠、宝丰二县废，地入平罗者曰'新户'"。④

---

① 参见鲁人勇等：《宁夏历史地理考》，宁夏人民出版社1993年版，第293—299页，第303—305页；吴忠礼：《宁夏历史地理变迁》，宁夏人民出版社2008年版，第167—170页，第175—176页。
② 吴忠礼、杨新才主编：《〈清实录〉宁夏资料辑录》，宁夏人民出版社1986年版，上册第160页。
③ 胡玉冰、韩超校注：《乾隆宁夏府志》，[清]张金城等纂修，中国社会科学出版社2015年版，第98页。
④ 同上书，第104页。

现存的平罗旧志共有 3 部,均编成于清代。其中《〔嘉庆〕平罗县志》最早当抄成于清朝嘉庆十四年(1809)或其后,抄录者可能是平罗知县国兴。《〔道光〕平罗记略》8 卷,徐保字于道光九年(1829)编成,十三年(1833)刊行于世。《〔道光〕续增平罗记略》(本书简称《续平罗记》)5 卷,张梯修纂,道光二十四年(1844)编成并刊行。

第一节 《〔嘉庆〕平罗县志》

一 整理与研究现状

《〔嘉庆〕平罗县志》1 卷。《陇右录》著录"1 册写本",并据该本所载内容对文献的版本情况进行了推究,称:"今录《〔嘉庆〕故宫图书馆目》载有国兴《平罗县志》,嘉庆十五年钞本,疑即此志。未见,不敢臆定也。"①《联合目录》《宁夏目录》《甘肃目录》《总目提要》等方志书目对该志都有著录或提要。②

故宫图书馆藏本未见传世,张维著录本今藏于甘图,国图藏有民国二十一年(1932)抄本《平罗县志》。1967 年,学生书局出版《新修方志丛刊·边疆方志》,影印抄本《平罗县志》。陈明猷撰《新印万历〈宁夏志〉及其他》、高树榆撰《宁夏回族自治区地方志述评》等文对该志作提要式介绍。陈先生认为该志"具是一份县衙门报送上级的关于本县基本状况的报告书,并不是作为地方志编写的。因此它可能未曾刻印流传,以致不为后人所知道。……是平罗县现存的最早的一部'方志',所以有很大的史料价值"。③ 而高先生认为该志"无甚特色,价值不高"。从该志实际内容看,编修体例虽无甚创新,但部分内容有一定的史料价值。上海古籍出版社 2018 年出版徐远超校注《平罗记略》书末附国图藏民国二十一年(1932)抄本《平罗县志》的整理成果。

---

① 张维:《陇右方志录》,《中国西北文献丛书》据北平大北印书局 1934 年版影印,兰州古籍书店 1990 年版,第 77 册第 701 页。

② 《联合目录》《甘肃目录》著录为"传抄清嘉庆间摘录《宁夏府志》本",《宁夏目录》著录为"清嘉庆刻本"。该本未见有刻本传世,《宁夏目录》著录疑误。

③ 陈明猷:《新印万历〈宁夏志〉及其他》,《宁夏图书馆通讯》1983 年第 2 期、第 3 期(合刊)第 50—51 页。亦载高树榆等编著:《宁夏方志述略》,吉林省地方志编纂委员会、吉林省图书馆学会 1985 年内部发行,第 117—118 页。

二 内容及编修方法

(一) 内容

国图藏民国二十一年(1932)抄本、学生书局影印本《平罗县志》不分卷,原本未题书名、编纂者姓氏,无序跋、目录,亦未编次页码。抄本共25页,包括《疆域》《形势》《山川》《古迹》《城池》《堡寨》《桥梁》《公署》《学校》《坛庙》《坊表》《市集》《户口》《田赋》《杂赋》《水利》《官制》《营汛墩》《驿递》《宦迹》《乡献》《科贡》等22类目内容。后人据抄本内容拟定文献名为《平罗县志》。实际上,抄本所载绝大多数直接从已有旧志中抄录出来,新增内容很少,并非严格意义上的、独立编修的志书,故这样的定名是不恰当的,取名为《平罗县志资料辑录》之类的名称可能更符合实际些。但为行文方便,笔者仍然沿用前人的定名。

从实际内容看,《平罗县志》各类目名称均袭自《乾隆宁志》,绝大多数内容也直接抄录自《乾隆宁志》。具体来说,其《疆域》《形势》《山川》《古迹》等4类内容抄录自《乾隆宁志》卷一至卷四《地理》,《城池》《堡寨》《桥梁》《公署》《学校》《坛庙》《坊表》《市集》等8类内容均抄录自《乾隆宁志》卷五、卷六《建置》,《户口》《田赋》《杂赋》等3类内容均抄录自《乾隆宁志》卷七《田赋》,《水利》抄录自《乾隆宁志》卷八《水利》,《官制》《营汛墩》《驿递》《宦迹》等4类内容均抄录自《乾隆宁志》卷一〇至卷一二《职官》,《乡献》《科贡》等2类内容均抄录自《乾隆宁志》卷一三至卷一五《人物》。

《平罗县志》编辑过程中还新补充了一些《乾隆宁志》没有的内容,或对有些内容进行了改写。具体来看,《平罗县志·坊表》增加了沙毓脉妻苏氏、沈万积妻张氏、张炳妻解氏等3人事迹。《水利》改写了《乾隆宁志》原载内容,并补充原无内容。《乾隆宁志》原载唐渠"归入西河,长三百二十里七分一十三丈。……自站马桥起至稍,陡口三百零一道,灌平罗县田二千五百二十八分",惠农渠灌平罗田"四千三百余顷",昌润渠"长一百三十六里。……浇灌平罗县埝外田一千六百九十七分半",①《平罗县志》作唐渠"归入西河延长三百余里,……自平罗交界满达喇桥起至稍长壹百三拾里浇灌旧户民田壹千伍百余顷",惠农渠灌平罗田"肆千贰百余顷",昌润渠"长壹百捌拾肆里,……浇灌民田壹千捌百余顷"。《科贡》中增加了乾隆四十五年至嘉庆十三年间(1780—1808)平罗县科举情况。文举人

---

① 胡玉冰、韩超校注:《乾隆宁夏府志》,[清]张金城等纂修,中国社会科学出版社2015年版,第165—166页。

中,新增吕云庆等 3 位乾隆朝举人和嘉庆朝举人俞登渊,贡生中新增徐鹤鹏等 10 位乾隆朝贡生、孙尔发等 5 位嘉庆朝贡生。武举人中,新增康熙乙卯科夏景云,夏云庆、田珍等 5 位乾隆朝举人,呼万年等 5 位嘉庆朝举人。

《平罗县志》文字上还有与《乾隆宁志》明显不同的地方,即《乾隆宁志》中几乎所有的汉字数目字包括纪年数目字在《平罗县志》中均被换成了相应数目字的大写汉字,如乾隆十三年,《平罗县志》改抄作"乾隆拾叁年",再如《乾隆宁志》卷七《田赋·丁税》载平罗县"户一万六千四百九十,口一十五万八千三百六十"。① 《平罗县志·户口》改抄作平罗县"户壹万陆千肆百玖拾,口壹拾伍万捌千叁百陆拾"。②

《平罗县志》所载有明确纪年的内容中,《科贡》记载吴云封等 3 人中嘉庆十三年(1808)戊辰科武举一事是时间最晚者,故该志最早当抄成于嘉庆十四年(1809)或其后。由前引《陇右录》著录可知,他曾见《〔嘉庆〕故宫图书馆目》著录有嘉庆十五年(1810)钞本、国兴编纂的《平罗县志》。《〔道光〕平罗记略》卷六《职官》载,国兴,满洲人,嘉庆十四年至十五年(1809—1810)就任平罗知县。故传世的《平罗县志》很有可能就是嘉庆十四年至十五年(1809—1810)就任平罗知县的国兴在任期间编抄的《〔嘉庆〕平罗县志》。

(二) 编修方法

《平罗县志》起始文字似一篇公牍,文曰:"署宁夏府平罗县为抄赍志书事:③遵查卑县自乾隆叁年地震后,裁汰新渠、玉十县,并裁平罗所,归并建立平罗县,并无旧存志书,亦无新设志书。兹查照《乾隆宁志》书所载卑县城池、学校、户口,抄录呈赍须至册者。④"这段文字非常清楚地说明,本篇文献是平罗县官府遵照宁夏府有关抄送地方志书的要求抄录完成的。本篇文献问世前,平罗县既没有旧志传世,也没有新修志书传世。现在(嘉庆十四年至十五年)查照乾隆四十五年(1780)成书的《乾隆宁志》,把其中所载平罗县城池、学校、户口等资料都抄录出来,汇为一编,上报宁夏府。所以《平罗县志》成书是比较容易的。《平罗县志》据《乾隆宁志》体例直接抄录所载平罗县的相关资料,无独特的编修体例可言。由于抄录者的粗心,导致抄录出现了许多错误。

---

① 胡玉冰、韩超校注:《乾隆宁夏府志》,〔清〕张金城等纂修,中国社会科学出版社 2015 年版,第 144 页。
② 本节引《〔嘉庆〕平罗县志》,除特别说明外,均据国图藏民国二十一年(1932)抄本摘引,恕不一一注明。
③ 志:学生书局影印本误作"認"。"志"异体字"誌"与"认"繁体字"認"形近而误。
④ 须至册者:学生书局影印本误脱此 4 字。

三 编修质量

与《乾隆宁志》原本相比较，《平罗县志》有明显的误抄、漏抄现象。兹按国图藏民国二十一年(1932)抄本、学生书局影印本《平罗县志》内容次序举要如下。

《疆域》：《乾隆宁志》"西至贺兰山外边界六十里""镇远关""打砲口"等句，《平罗县志》脱"山外""六""远""打"等字；"宁朔县""王澄堡"，《平罗县志》误作"宁翔县""土澄堡"。《山川》：《乾隆宁志》"黑山"条"形似虎踞"句，《平罗县志》误作"形似虎距"；"不老山在县北塞外"句，《平罗县志》脱"老""北塞"。《古迹》：《乾隆宁志》"塔塔里城"条"此盖丰镇也元为塔塔里千户所"句，《平罗县志》脱"也元"。《城池》：《乾隆宁志》"洪广营土城"条乾隆"四年修建周围二里六分，……驻游击守备"句，"二里"，《平罗县志》误作"陆里"，脱"守备"2 字。《堡寨》：《乾隆宁志》于洪广堡、镇朔堡之下有双行小注共 19 字，《平罗县志》漏抄；李刚堡下有双行小注 8 字，《平罗县志》误抄于次行"丁义堡"之下。《桥梁》：《乾隆宁志》"通丰桥去城北五十里尾闸去城北七十五里以上桥皆在惠农渠上"句，《平罗县志》脱"尾闸去城北七十五里"9 字。《杂赋》：《乾隆宁志》载平罗县"现在当铺二十二座岁收课银一百一十两"，《平罗县志》误作"县属当铺贰拾座岁收课银壹百两"。

《平罗县志·科贡》主要据《宁夏府志·科贡》整理摘抄，摘抄中出现问题主要包括漏抄平罗县籍人、误抄其他县籍人、人物科举年份抄误、人名用字抄误等。如漏抄雍正壬子科武举人陈五教，乾隆辛卯科贡生吕云鹏、壬辰科贡生秦颙。雍正乙卯科武举人闫威凤、王恕、周国柱和乾隆甲子科武举人夏国杰同为中卫县人，《平罗县志》均当成平罗县人。贡生武璇、武进士白良璧、武举人陆炳、田登科等 4 人，《乾隆宁志》均未说明其籍贯，《平罗县志》把他们都当成平罗县人。张楷是乾隆己未科贡生，《平罗县志》误作"乾隆己卯"。白良璧是雍正甲辰科武进士，许忠朝是乾隆丙辰科武进士，《平罗县志》分别误作"康熙甲辰""康熙丙辰"。王希伏是康熙癸巳科武举人，江绳宗是雍正己酉科武举人，燕圣宠是乾隆庚午科武举人，《平罗县志》分别误作"康熙甲午""雍正乙酉""乾隆丙午"。贡生顾琰、杨谐、朱占光、武举人李仙芝、徐天香、许绳武、燕圣宠、胡重器、陈王前，《平罗县志》分别作顾炎、杨楷、朱占元、李仙枝、许天香、许纬武、燕圣龙、胡宗器、陈王佐。

四 文献价值

《〔嘉庆〕平罗县志》成书方式比较特殊，直接抄录自《乾隆宁志》，抄录又存在诸多问题,故而其文献价值大受影响。但该书是平罗县在清朝正式设县之后以地方志形式形成的第一份较为完整、系统的县情资料,特别是新增了部分《乾隆宁志》所无的资料,对于研究清朝嘉庆十四年(1809)以前的平罗县情还是有一定史料价值的。而且还很有可能影响了道光年间编修的《平罗记略》。因为《平罗县志》误录的雍正乙卯科中卫县武举人闫威凤、王恕、周国柱等三人《平罗记略》也误录了,《平罗县志》把朱占光、徐天香、许绳武、胡重器、陈王前等人名误抄作朱占元、许天香、许纬武、胡宗器、陈王佐,《平罗记略》也误同《平罗县志》。《乾隆宁志》均未说明其籍贯的武琏、白良璧、陆炳、田登科等4人,《平罗县志》把他们都视同平罗县人,《平罗记略》也这样做了。道光年间编修的《平罗记略》与《平罗县志》出现了这些相同的问题,说明它在编修的时候很有可能参考了后者。

第二节 《〔道光〕平罗记略》

一 整理与研究现状

《陇右录》《联合目录》《宁夏目录》《甘肃目录》《总目提要》等方志书目对《〔道光〕平罗记略》都有著录或提要。① 高树榆撰《宁夏方志录》《宁夏回族自治区地方志述评》等文对《平罗记略》有提要式介绍。王耀伦撰《〈平罗纪略〉和〈续增平罗纪略〉》、李洪图撰《略谈〈平罗纪略〉》、王亚勇撰《评〈平罗记略〉之得失》等文均专题探讨了志书研究价值。李洪图撰《〈平罗纪略〉的编撰者徐保字二、三事》较早对徐保字生平事迹进行钩稽。胡迅雷撰《徐保字与平罗》利用《平罗记略》《续增平罗记略》中的资料,介绍徐保字生平,对徐保字治理平罗的政绩进行详细的评述,并提及徐保字编修《平罗记略》一事。同书载胡迅雷撰《清代平罗俞氏家族》主要利用《平罗记略》资料,对平罗望族俞氏一家五世特别是俞德渊任官时的政绩进行了梳理。《平罗春秋》中刊载高尚荣撰《清代平罗的四部地方志》,提及《平罗记略》,所刊载的任登全撰《著名知县徐保字》对《平罗记略》纂修者事迹进行归纳评述,刘天荣撰《"平罗八景"考》主要利用志书中的原始材料来分析"平罗八景"的特点及其由来。武承爱撰《田州与田州塔》利用《平罗记略》等志书材料,

---

① 《联合目录》《宁夏目录》《甘肃目录》著录本书及《〔道光〕续增平罗记略》时,将书名中"记"皆作"纪",下文述及的王耀伦、李洪图、高尚荣、刘天荣、武爱田等人论文中亦将书名中"记"作"纪"。据两志书原刻本,卷端及版心皆作"记",疑作"记"是。

考证"平罗"与"田州"关系问题。

以往学界认为，《平罗记略》的传世刻本为道光九年(1829)新堡官舍刻本，实则不然，该志成于道光九年，但其正式刊刻行世是在道光十三年(1833)，故所谓的道光九年新堡官舍刻本实际上当是道光十三年新堡官舍刻本。详后。《甘肃目录》著录甘图馆藏有民国年间抄本，抄成时间不详，1965年又油印该志。1988年，天津古籍出版社据抄本影印，编入《宁夏历代方志萃编》。1990年，兰州古籍书店据刻本影印，编入《中国西北文献丛书》之《西北稀见方志文献》第51卷，该本为张维所藏，徐保字序文后有张氏1920年撰写的题记，内容已录入《陇右录》，钤盖有"鸿汀""还读我书楼藏书印"等印文印章。2003年，宁夏人民出版社、宁夏教育出版社出版王亚勇校注《平罗记略》，以北京大学图书馆藏道光九年新堡官舍刻本(实则系道光十三年刻本)为底本进行整理。

二　徐保字生平

徐保字字阮邻，[①]浙江归安(今浙江湖州市吴兴区)人，生卒年不详，道光四年至六年(1824—1826)、八年至十年(1828—1830)两度出任平罗知县。

国图藏清光绪八年(1882)李昱、陆心源编《归安县志》卷三二《选举》载，徐保字于嘉庆十二年(1807)中丁卯科副榜，十三年(1808)中戊辰科举人。同馆藏清光绪七年(1881)潘玉璇、周学浚编《乌程县志》卷一〇《举人》载，徐保字嘉庆十三年(1808)中举，任平凉同知。《平罗记略》卷六《职官》载，他先于清宣宗道光四年(1824)任平罗知县，六年(1826)李于沆接任。八年(1828)，徐保字再任平罗知县。十年(1830)，卸任。《续增平罗记略》卷三《职官》载，十年(1830)，讷恩登额任平罗县。

徐保字为官非常注重民生。项廷绶《〈平罗记略〉跋》曰："阮邻先生宰是邑三年，实心实政，凡学校、水利、农田、保甲罔不毕举。"他在任期间兴办义学、义仓，助学帮困，兴修水利，造福百姓。《平罗记略》卷八录徐保字《义学碑》《义仓碑》《改修新济渠记》等文详述其事。

三　纂修与刊行

徐保字撰《〈平罗记略〉序》、卷八按语，项廷绶、邵煜撰《〈平罗记略〉跋》等对

[①] 清光绪七年(1881)《乌程县志》卷一〇《举人》载，徐保字字"元龄"，光绪八年(1882)《归安县志》卷三二《选举》载，徐保字字"沉舲"。徐保字《〈平罗县志〉序》落款后钤盖有"阮邻"印文印章，项廷绶、邵煜《〈平罗志〉跋》，张梯、郭鸿熙《〈续增平罗记略〉序》等序跋提及徐保字时称其为阮邻先生，故作"元龄""沉舲"者疑误。

《平罗记略》编修、刊行经过有较为详细的记载。

徐保字道光九年(1829)仲春(二月)撰写的《〈平罗记略〉序》称:"平罗无志,余下车即引为己任,无如掌故残缺,文献寂寥,盖以地当新辟,初非若灵武之鸡田、鹿塞,朔方之沃野,瓜浑,其迹得而探也。询之吏,无可考据;咨之士,无可商榷。三年中,采风问俗,随所见而笔之,兼证《明一统志》《朔方志》《甘肃通志》等书,撰为八卷。就事实录,疑与伪不敢妄参。第阙漏尚多,非竟可谓《平罗县志》也,聊记其略云。"①从徐保字序可知,他好像没有见到《〔嘉庆〕平罗县志》,或者由于该志原本就没有独立的编纂体例,所以徐保字等人没有将它视同县志,故言"平罗无志"。徐保字于道光四年至六年(1824—1826)第一次出任平罗知县,就把纂修县志当成重要的事情亲自来抓。纂修过程中,他曾试图向官吏、读书人询问有关当地志书编修事宜,也曾试图从文献中查找资料,但都没有达到预期目的。在任3年间,他组织当地读书人中的佼佼者到民间进行调查,并以传世文献《明一统志》《朔方志》(即杨应聘万历四十五年监修《万历朔志》)、《乾隆甘志》等进行考证,对于不能确定的"疑"或"伪"的材料宁付阙如。

道光八年至十年(1828—1830)徐保字再任平罗知县。据《平罗记略》,有部分道光八年(1828)事,徐保字《平罗记略》序又撰写于道光九年(1829),故知徐保字在第二次出任平罗知县后,对《平罗记略》又有内容上的补充。志书修成刊行时,出于谦虚,徐保字认为纂修的志书中肯定有很多的缺漏,所以志书不敢称其为《平罗县志》,只称其为《平罗记略》。据《〈平罗记略〉采访姓氏》载,有拔贡生田树本,平罗县廪生宋作哲、李芳秾、孔可进、周肇先、王兰、张肇英,宁朔县庠生李芳田等8人参与到资料的搜集与调查活动中。朱联升则负责文稿的誊抄。

项廷绶《〈平罗记略〉跋》载,平罗"志、乘缺略,于古无稽。阮邻先生宰是邑三年,……暇乃网罗散佚,创为县志。其书以《朔方志》为经,而以史传纬之。次搜案牍,旁及碑识。简而有法,繁而不侈。洵足备一方之故实,而有补于方来。书成,厘为八卷,不曰《志》而曰《记略》,谦也"。②项廷绶进一步确认,徐保字是在其第二个平罗知县的任期"三年"内完成纂修《平罗记略》的。项廷绶认为《平罗记略》以《万历朔志》为基本框架,用各种史传文献、官府公文档案,甚至碑文题识等作辅助材料,最后编成了一部"简而有法,繁而不侈"的高水平县志。志书不称"志"而称"记略",则是徐保字谦虚的表现。

邵煜道光十三年(1833)九秋(九月)撰写的《〈平罗记略〉跋》则为我们了解

---

① 徐远超校注:《道光平罗记略》,[清]徐保字纂,上海古籍出版社2018年版,第41页。
② 同上书,第165页。

《平罗记略》的刊刻过程提供了宝贵的资料,跋曰:"平罗无志,得阮邻先生《记略》,于是乎有志矣。……阮邻先生因平邑材乏麻沙,工亏剞劂,爰是寄稿会垣,克成厥是。除先捐给外,因短工价两百缗,志板未之携归,自戊子迄今已六载矣。丹庭吴少府慨捐清俸,倡率邑绅以请于予,予足而成之,今秋原板始归于邑。第岁经六易,人事阶增,事有所增,简因或缺。前将原刻先拓百本,散之四境,他日再图续貂之役。纂阮邻而集裘腋,深愿邑之君子匡予所不逮焉。"[1]邵煜认为,徐保字纂修的《平罗记略》是平罗县历史上的第一部专志,道光六年(1826)基本修成,但正式印刷行世是在道光十三年(1833),其刊行过程颇为艰辛。

根据序文推究,志书基本修成之时,徐保字卸任知县,他将《平罗记略》文稿带回老家浙江会稽,交由当地的书坊雕版。之所以不在平罗当地刻印,一方面是由于徐保字已不在知县之位,更重要的是由于平罗刻书事业不发达,也缺乏高水平的雕版匠人。所以徐保字有"材乏麻沙,工亏剞劂"之叹。麻沙镇地处福建建阳县,它与建阳县属下的崇化坊并称"图书之府",均以刻书著名。道光八年(戊子年,1828),雕匠完成了《平罗记略》的雕版工作。志书白口,四周双边,单、黑鱼尾,每半页9行,行22至23字。雕版费用除已经付过的定金外,还欠二百缗,相当于200两左右的白银。而道光年间平罗知县一年的岁俸不过45两白银,所以这笔工钱相当于知县徐保字4年多的岁俸,显然是笔巨大的开支。由于没能足额支付刻工的工费,徐保字虽于当年再任平罗知县,但也没有能将刻好的《平罗记略》书版带回平罗,到道光十年(1830)他卸任,印版一直被留在会稽当地。道光十三年(1833),与徐保字同籍的会稽人邵煜出任平罗知县,丹庭吴少府(事迹不详)带头捐出自己的俸银,并与平罗乡绅一道请邵煜出资,补足集齐其余,邵煜玉成其事,出钱交齐所欠雕版工费,于当年秋天,把留在会稽长达6年(自道光八年至道光十三年)之久的《平罗记略》书版全部运回到平罗县。因时隔6年,原先志稿中很多内容已显陈旧或失载,理当补充新材料、新内容,但不知何故,邵煜当时并未监修志书,而是把原版《平罗记略》印刷了百部,使其得以正式行世。由此可知,《平罗记略》能够正式刊行于世,邵煜居功至伟。

国图藏有新堡官舍藏板《平罗记略》。该本卷八《艺文志·诗》有后人圈点、批注。如庆靖王《贺兰大雪歌》诗天头处有"贵筑县学附生"6字,徐保字《初冬石嘴子山作》诗天头处有"一樽清话:霜落晴沙白,云开野火红"14字,蒋延禄《平罗

---

[1] 徐远超校注:《道光平罗记略》,[清]徐保字纂,上海古籍出版社2018年版,第166页。

八景》诗天头处有"八首气体一贯,思致超然,乃唐贤风格"15字。

四 编修方法及内容

徐保字《平罗记略》卷八附按语概括而言:"是书为卷八,为门十四,为条目九十有九,天文、地理、政治、文章厘然悉举。"①《〈平罗记略〉凡例》10条则详细说明了志书的具体编修方法及体例等问题。

全书内容共245页。正文前内容共12页。其中徐保字撰《〈平罗记略〉序》2页,落款后墨印有"徐保字印"阳文方印、"阮邻"阴文方印;②《〈平罗记略〉凡例》10条共2页;《〈平罗记略〉图目》半页,其后依次为《平罗舆地全图》《县治图》《唐惠昌三渠图》《贺兰山图》等4图共4页半,总共5页;《〈平罗记略〉采访姓氏》1页,附8人名单,包括其身份和姓名;《〈平罗记略〉总目》列卷一至卷八的一级类目名,共2页。

正文卷一至卷八共233页,每卷正文前先列各卷独立的二级类目目录,其后正文则另起一页,卷端刻书名及卷次,次行刻"归安徐保字编辑"7字,第3行为一级类目名,其下小字体为二级类目名,第4行顶格为二级类目名,第5行开始是正文。正文先括注材料出处,其下则为正文。

《凡例》第一条概述了全书分类之由:"《记略》排纂次序,俱仿史例。"③也就是说,该志之所以分成《象纬》《舆地》等14类,末附《志异》类,并非个人创新,而是有所沿袭,这从志书基本材料均引自各类文献就可以得到应证。志书分类,涉及到天文、地理及人事等方面的内容,基本满足了治理地方的文献需要。正如徐保字所说,通过阅读这类地方志书,"留心地方者,见关隘之险要,思何以慎守;沟渠之淤塞,思何以疏浚;黎庶之凋瘵,思何以康阜;风俗之蠚果,思何以转移。是在守土者,章志贞教,起敝扶衰,而后勒为一编,即一册中之景象。以悯四境内之饥寒,必谋所以生聚之、教训之"。④ 凡例还针对志书中的"分野""山川疆域""古迹""物产""水利""艺文"等类内容编辑进行专门说明。

卷一13页,包括《象纬》《舆地》等两项一级类目内容。其中《象纬》包含《星野》《躔次》等两项二级类目内容;《舆地》包含《沿革》《方域》《形势》《山川》《边隘》等5项二级类目内容。

---

① 徐远超校注:《道光平罗记略》,[清]徐保字纂,上海古籍出版社2018年版,第164页。
② 国图藏本无此印章。
③ 徐远超校注:《道光平罗记略》,[清]徐保字纂,上海古籍出版社2018年版,第43页。
④ 同上书,第41页。

《凡例》"分野"条强调有关平罗的内容均取材于古代天文学家或天文学著作,也就是说,必须都是有据可查的,其他概不赘录。《象纬》之《星野》《躔次》即为"分野"内容。这部分内容看似全都注明了材料出处,实际上全部袭自《万历朔志》。"山川疆域"条重点说明志书中记当时蒙古厄鲁特、鄂尔多斯两旗与平罗交界地地缘关系。说明其关系时主要以《县册》为主要依据。

卷二21页,包括《古迹》《建置》等两项一级类目内容。其中《古迹》包含《城障》《州镇》《营寨》《寺观》《名胜》等5项二级类目内容;《建置》包含《城池》《公署》《学校》《堡屯》《仓廪》《桥梁》《坊表》《市集》《邮传》等9项二级类目内容。

《凡例》"古迹"条说明与平罗有关的古迹或采编自《大清一统志》,或者是有村落残碑之类材料可证,强调"别其真赝,据实登记,勿嫌简略"。如《古迹·寺观》之"天台寺",《平罗记略》据《县册》,注明其地当在县境的周澄堡(今宁夏平罗县周城乡一带),徐保字又有按语曰:"寺阴残碣摹得'周堡于夏镇八十余里设有古寺曰天台,嘉靖乙丑重修'等字迹,则此寺乃明以前古刹矣。"[1]很显然,天台寺入选为"古迹",主要是以碑石文字为材料依据的。

卷三14页,包括《风俗》《物产》等两项一级类目内容。其中《风俗》包含《习尚》《制度》《礼仪》《时令》《占验》等5项二级类目内容;《物产》包含《谷属》《蔬属》《果属》《货属》《药属》《木属》《花属》《草属》《禽属》《兽属》《鳞属》《介属》《虫属》等13项二级类目内容。

《凡例》"物产"条说明,《平罗记略》仿《乾隆甘志》,在每一名物之下加小注,"昆虫、草木,略引《尔雅》《楚辞》等书为证。庶物类名目,览者晓然,匪骛泛滥"。[2] 这部分引证文献是非常丰富的,既有传世的经部、史部、子部文献,更有官府公文档案。如谷属"小麦"条:"《本草》:一名'来'。《诗》:'贻我来牟。'"[3]引子部医学文献《本草》说明"小麦"异名,又引经部文献《诗经》为小麦异名的书证。

笔者统计,《平罗记略·物产》"货属"内容全部辑录自官府档案文献《县册》,"药属"内容全部辑录自医学著作《本草》。引用经部文献主要有《诗经》《周礼》《礼记》《孟子》《说文解字》(汉许慎撰,30卷)、《尔雅》、[4]《方言》(旧本题汉扬雄撰,晋郭璞注,13卷)、《广雅》(魏张揖撰,10卷)、《埤雅》(宋陆佃撰,20卷)、《正

---

[1] 徐远超校注:《道光平罗记略》,[清]徐保字纂,上海古籍出版社2018年版,第58页。
[2] 同上书,第43页。从体例而言,《平罗记略》更如《嘉靖陕志》卷四三、四四《物产》的编撰体例。《乾隆甘志》卷二〇《物产》于各名物下主要注明其产地,《嘉靖陕志》则引各种文献,说明其具体特点。
[3] 同上书,第74页。
[4] 《平罗记略》注明材料出处时体例不一,多用书名简称,有些简称不知所指。又因古籍常有同名异书现象,故罗列若干以俟考。下同。《平罗记略》标注出处有《尔雅》《尔雅注》《尔雅疏》等三书。《尔雅注疏》,晋郭璞注、宋邢昺等疏,11卷;《尔雅郑注》,宋郑樵撰,3卷。

字通》(明张自烈撰,12卷)等。史部文献主要有《南史》(唐李延寿撰,80卷)等。

引用子部文献最多,唐以前的著作主要包括《春秋运斗枢》、①《管子》《白虎通》(全名《白虎通义》,汉班固撰,2卷)、《禽经》(旧本题师旷撰,1卷)、《古今注》(旧本题晋崔豹撰,3卷)、《中华古今注》(旧本题后唐太学博士马缟撰,3卷,盖推广崔豹之书也)、《博物志》(旧本题晋张华撰,10卷)、②《四民月令》(旧题晋崔寔撰,1卷)、《金楼子》(梁元帝撰,10卷)等。③ 唐代著作有《造化权舆》(赵自勔撰,6卷)、《酉阳杂俎》(段成式撰,20卷,续10卷)、《嘉话录》(韦绚撰,1卷)等3种。④ 宋代著作有《梦溪笔谈》(沈括撰,26卷)、《后山谈丛》(陈师道撰,4卷)、⑤《避暑录》(全名《避暑录话》,叶梦得撰,2卷)等3种。元代著作有《谷谱》(王祯撰,10卷)、⑥《田家杂占》(娄元礼编,3卷)等2种。明代著作引用最多,有《绀珠》(全名《事物绀珠》,黄一正撰,46卷)、⑦《学圃杂疏》(王世懋撰,3卷)、⑧《遵生八笺》(高濂撰,19卷)⑨、《三余赘笔》(都印撰,2卷)、《焦氏说楛》(焦周撰,7卷)、⑩《山堂肆考》(彭大翼撰,228卷,《补遗》12卷)、《湘烟录》(闵元京、凌义渠辑,16卷)、《雨航杂录》(冯时可撰,2卷)等8种。清代著作有《致富全书》(清石岩逸叟增定,4卷)、⑪《御定广群芳谱》(汪灏等撰,100卷)等2种。⑫ 子部文献

---

① 原刻本书名原简称《运斗枢》,校注本书名误作《运斗枢玉》。《春秋运斗枢》与《春秋元命苞》都为《春秋》纬书之一。原文当标点当作"李:《运斗枢》,玉衡星散为李。"
② 明董斯张撰《广博物志》50卷。
③ 《平罗记略》卷三《物产·虫属》之"蚊"条曰:"《金楼子》:白鸟蚊也。"《格致镜原》卷九七同《平罗记略》。校注本"白"误作"自"。
④ 又名《刘公嘉话录》,或《刘宾客嘉话录》。刘公指唐人刘禹锡(772—842),字梦得,洛阳(今河南洛阳)人,晚年迁太子宾客,故后人又称其为刘宾客。
⑤ 道光十三年(1833)刻本《平罗记略》书名误作"后山丛谈"。
⑥ 元王祯撰《农书》35卷,其中《农桑通诀》5卷,《农桑图谱》20卷,《谷谱》10卷。
⑦ 书名中含"绀珠"一词的文献有《绀珠集》《小学绀珠》《事物绀珠》等,据《平罗记略》引文及《格致镜原》卷八八载,当为《事物绀珠》。
⑧ 道光十三年(1833)刻本《平罗记略》书名误作"学圃杂疏"。
⑨ 《平罗记略》卷三《物产·蔬属》载:"苋:高濂《野蔌品》,野苋比家苋更美。"清陈元龙撰《格致镜原》卷六二载:"高濂《野蔌品》:野苋,夏采熟食,拌料炒食俱可比家苋更美。"明高濂撰《遵生八笺》卷十二《饮馔服食笺·野蔬类》载:"野苋菜,夏采熟食,拌料炒食俱可比家苋更美。"三者的相承关系非常明显,即陈元龙自高濂著述取材,徐保字自陈元龙著述取材。
⑩ 《格致镜原》卷七二《花类·鸡冠花》载:"《说楛》:鸡冠花,佛书谓之波罗奢花。"《平罗记略》引作:"鸡冠,《说楛》:佛书谓之波罗奢花。"
⑪ 该书流传较广,书名又作《重订增补陶朱公致富全书》,或《陶朱公致富全书》,或《增补致富全书》等。
⑫ 书名原简称作《群芳谱》。《群芳谱》,明王象晋撰,30卷。《四库全书总目》卷一一六《子部·谱录类存目》曰,其书"略于种植,而详于疗治之法。与典故艺文,割裂恒仃,颇无足取"。《御定广群芳谱》100卷,康熙四十七年(1708)汪灏等奉敕撰,盖因王象晋《群芳谱》而广之,故名。包括《天时谱》6卷,《谷谱》4卷,《桑麻谱》2卷,《蔬谱》5卷,《茶谱》4卷,《花谱》32卷,《果谱》14卷,《木谱》14卷,《竹谱》5卷,《卉谱》6卷,《药谱》8卷。《平罗记略》引《谷谱》《蔬谱》的内容。《蔬谱》误引作"苏谱"。清陈元龙撰《格致镜原》卷六二载:"《蔬谱》:'蔓菁,一名芜菁。'"内容全同《平罗记略》,可证《平罗记略》之误。

中,《委斋百卉志》《花史》《采兰杂志》《格物论》《格物总论》《格物丛话》等撰者及卷数不详。

卷四11页,为《水利》专卷,其中有《河渠》《闸坝》《堤埂》等3项一级类目内容。《河渠》又包含《唐徕渠》《惠农渠》《昌润渠》《滂渠》《西河》等5项二级类目内容。《凡例》"水利"条强调,志书将此类内容独立出"地理"类,就是因为"平邑百姓依水为命,唐、惠、昌三渠辖焉,故另立一门,以重渠政"。[①] 平罗县是今宁夏辖境内重要的引黄灌溉区域,该志将县境内主要干渠如唐徕渠、惠农渠、昌润渠及其支渠从兴修历史到起至长度等详细记述,基本勾勒出了平罗全境的水利灌溉系统,还特别记述了徐保字等人治理管道的经验体会。这些对于考察、兴修当今平罗水利系统仍然有一定的借鉴价值。

本卷材料取材包括有《万历朔志》《乾隆宁志》《县册》《宝丰县记》等。后两种文献显然是当时最为可信的官府档案,《宝丰县记》的材料更为珍贵。前文述及,在宁夏府辖境内,雍正四年(1726)新设新渠县,六年(1728)新设宝丰县。因宁夏地震,二县又于乾隆四年(1739)被裁汰,所辖寨堡分属宁夏、平罗等县。由于新渠、宝丰两县辖境不大,设置时间不长,加上地震中档案文献损失严重,后世对这两县的县情了解得很不深入。《平罗记略》引《宝丰县记》,说明当时还存有宝丰县的类似方志的文献,由于该书现已不存,故《平罗县志》"存史"的价值更为突出了。

卷五17页,包括《赋役》《祠祭》等两项一级类目内容。其中《赋役》包含《民数》《民田》《地丁》《厂租》《学田》《醝法》《解款》《支款》《杂赋》《蠲免》等10项二级类目内容;《祠祭》包含《崇祀》《群祭》《坛壝》等3项二级类目内容。本卷内容主要自《县册》《学册》《马厂图》、平罗县《赋役全书》《盐法条例》等档案文献取材,史料价值极高。

《赋役全书》为清朝官府与国计民生密切相关的重要档案文献,《清朝通典》卷七载:"《赋役全书》,顺治三年纂,凡在京各衙门,钱粮项款原额及见在收支、销算数目,在外直省钱粮、见在熟田、应征起存数目,均载入颁行。每年令布政司将开垦荒田及增减户丁实数订入。"《平罗记略》辑入与平罗相关的赋役材料,所记非常详细。比如"民田"资料,既记载了平罗县上地、中地、下地的具体原额地亩田数,及应征粮、草、银数等,还据实记载了平罗县地震荒废地、建筑城垣烧造砖瓦窑场占用民田以及水冲、沙压、河崩等造成的田地损失情况。这些历年来田亩增减变化的资料对于研究清朝平罗县经济发展情况显然是很珍贵的一手资料。

---

① 徐远超校注:《道光平罗记略》,[清] 徐保字纂,上海古籍出版社2018年版,第43页。

《蠲免》据《县册》记载乾隆十四年至道光七年近 80 年间(1749—1827),平罗县因遭旱灾、水灾、雹灾、霜灾等各种自然灾害而被中央政府免徭赋的情况,徐保字辑录这些资料的目的是想强调:"平邑旧属沙漠,……惟地居唐、惠渠之尾,沾溉难周,偏灾时告,而徭赋不减,民常苦之。皇上轸念黔黎,屡予蠲赈,俾边壤穷氓,咸歌乐利,盖守土者与有同庆焉。"[1]他显然有歌功颂德的目的在,我们今天可以把这些资料当作平罗县自然灾害史资料来利用。《祠祭》引《永寿县志》《大清会典》《学册》等资料。从引《学册》内容来看,说明平罗县与人文教化有关的资料有专门的档案记载。

卷六 31 页,包括《职官》《武卫》《选举》等 3 项一级类目内容。其中《职官》包含《知县》《县丞》《训导》《主簿》《典史》《参将》《游击》《守备》《千总》《把总》等 10 项二级类目内容;《武卫》包含《营俸》《兵制》《粮饷》《马政》《军器》《围场》《塘汛》《边功》《恤典》等 9 项二级类目内容;《选举》包含《进士》《举人》《贡生》《武进士》《武举人》《吏员》《行伍》《荫阶》等 8 项二级类目内容。本卷内容主要自《乾隆宁志》《县册》《营册》《中枢备览》等取材,是研究清朝平罗县职官设置情况的一手资料。从记载内容看,《营册》当为平罗县军事档案,《中枢备览》应该是清朝各地官员档案资料。

由于原新渠、宝丰二县各种资料特别是职官资料不详,故凡例中特别说明,《平罗记略》中这两个县的职官资料全缺。本卷按语中,对于职官部分的取材另有补充说明:"查新、宝、平三县并设,兼驻通判。地震册籍尽堙,旧官姓名失考,今就乾隆三年以后者悉登之,其前皆阙疑,盐运等官亦奉裁不录。"[2]从所记《选举》资料看,平罗地方人文不兴,"以文学登科目者甚鲜,而武科较盛"。究其原因,除地域狭小、偏远之外,与平罗自古即为用兵之地也有很有大的关系。

卷七 16 页,为《人物》专卷,包括《名宦》《乡达》《儒林》《忠烈》《孝友》《义行》《耆德》《隐逸》《仙释》《列女》等 10 项一级类目内容。本卷内容主要自《乾隆甘志》《乾隆宁志》《县册》《杨氏家谱》《王氏家谱》等取材。平罗虽然人文不兴,入《儒林》者仅 4 人,但仍然设专门类目,从旧志当全面记载一县之人文状况来说,这是值得肯定的。《列女》占了本卷内容将近一半的篇幅,这也从一个侧面反映了封建社会全社会对女性贞操观念的关注程度都是非常高的。女性事迹能否入地方志书的《列女传》中,一般需要官府正式认可才行。《平罗记略》据《县册》载夏禹妻许氏等 4 人姓氏,但略其事迹,按语说明:"以上四节妇,乾隆三年,前知县

---

[1] 徐远超校注:《道光平罗记略》,[清]徐保字纂,上海古籍出版社 2018 年版,第 96 页。
[2] 同上书,第 109 页。

马瑗请旌,因震毁原卷,事迹失考。"①

卷八 60 页,为《艺文》专卷,附《志异》。《艺文》包括《疏》《书》《碑》《记》《铭》《诗》《赋》等 7 项二级类目内容,共录诗文 52 篇,有 40 篇未见载于其他宁夏旧志。其中《疏》录 5 篇,《书》录 4 篇,《碑》录 9 篇,《记》录 6 篇(2 篇见载于他志),《铭》录 1 篇,《诗》录 25 首(10 首见载于他志),《赋》录 2 篇。《凡例》"艺文"条载:"边邑文物寥寥,本朝教化休明,渐摩日广,兹取人物之有裨民风、艺文之有关政治者登于编。"②值得一提的是 4 篇《书》全部为韩雄略所作,据《平罗记略》按语:"韩君雄略,晋人,系康熙间平罗所官。条陈利弊,卓有经济。其幕友廉子璋刊为一卷,今于市肆乱帙中得之,录其四。"③这也从一个方面说明,纂修《平罗记略》时,并不是简单地抄录现成的资料,的确是四处搜访。《志异》记载了 6 条唐至清期间发生于平罗县的灾异之事,均取材于《万历朔志》《乾隆宁志》。

《平罗记略》最后附项廷绶《〈平罗记略〉跋》1 页,邵煜《〈平罗记略〉跋》2 页。两篇跋语对于研究《平罗记略》成书时间、刊刻经过等均有特殊价值。前已述及,此不赘述。

五 编修质量及文献价值

(一) 编修质量

《陇右录》对此志评价曰:"此志编次,颇为简赅。凡所引录,皆注出处,得纂述之法。惟析目至九十九,稍邻细碎。又沿《明一统志》,误以宁夏为夏州,《古迹》得补儿湖城、察罕脑城,皆因夏州而误录之也。"④张维的评价是比较客观的。

由于平罗地域狭小,人文亦不发达,故可载之内容远不及《乾隆宁志》等志书丰富。但徐保字并未因此而省简志书的编写程序及志书的内容构成,他组织了职责分工明确的编修队伍,有资料收集者、文稿抄录者,由他自己总其成。志书内容结构仿《乾隆宁志》,包含有编辑人员名单、编辑凡例、舆地图、正文等。特别是详注材料出处,其凡例曰:"志乘备一方掌故,苟无其本,传信适以滋疑。平罗旧无邑志,余为《记略》,每缀一事,必注来历,不敢自蹈杜撰。仿《长安志》《古刹录》标明群籍,勿骋己裁。"⑤

---

① 徐远超校注:《道光平罗记略》,[清]徐保字纂,上海古籍出版社 2018 年版,第 127 页。
② 同上书,第 44 页。
③ 同上书,第 141 页。
④ 张维:《陇右方志录》,《中国西北文献丛书》据北平大北印书局 1934 年版影印,兰州古籍书店 1990 年版,第 77 册第 702 页。
⑤ 徐远超校注:《道光平罗记略》,[清]徐保字纂,上海古籍出版社 2018 年版,第 43 页。

更为可贵的是,《平罗记略》不是原封不动地沿袭原始资料,而是根据实际情况对资料进行纠正或补充。如卷二《建置·城池》引《乾隆宁志》:"乾隆三年,地震城圮。四年,重修。……南北堆房二座。……凤翔府盐捕厅耿觐业、宁夏县何世宠、平罗县马瑗监修,费帑银七万两有奇。"①查《乾隆宁志》卷五《建置·城池》载:"国朝乾隆三年,地震倾塌。四年,发帑重修。……东西堆房二座。……凤翔府盐捕厅耿觐业、知平罗县何世宠监修,费帑银七万余两。"②两相比较就会发现,《平罗记略》对《乾隆宁志》有改写,如将"倾塌"改为"城圮",将"七万余两"改为"七万两有奇"等。这些都没有影响到原文原义。而把"东西堆房二座"改为"南北堆房二座",把"知平罗县何世宠监修"改为"宁夏县何世宠、平罗县马瑗监修"则与原文原义相去甚远。

考《平罗记略》卷前附《县治图》,这份地图资料是当地人按乾隆三年(1738)震后重建的实际情况绘制的,应该是可信的。图上绘制有南堆房和北堆房各一座,也就是说,《平罗记略》改写后的资料是可信的。关于震后重建工程的监修者,《乾隆宁志》未载"马瑗"。对于平罗县知县的任职资料,《乾隆宁志》这样说明:"分设平罗县自雍正三年始,而乾隆三年地震,册籍焚毁,无由稽查,故自乾隆四年何世宠始。"③再查《平罗记略》,其卷六《职官·知县》据《县册》载,马瑗于乾隆三年(1738)任平罗知县,何世宠于乾隆四年(1739)接替马瑗任平罗知县,并于十三年(1748)再任。也就是说,乾隆三年(1738)地震当年,马瑗任平罗知县,第二年何世宠接任。从震后重建的实际情况来看,时任知县的马瑗肯定要积极地投身其中,后任者何世宠投入的精力当更多。《乾隆宁志》由于资料缺乏,没有把马瑗的名字列知监修者之列,《平罗记略》则根据官府的一手资料,把马瑗补充为监修者,这应该是可信的。关于何世宠任平罗知县之前的官职,在《乾隆宁志》卷九《职官·宁夏县知县》中并无其名,《平罗记略》所记不知何据。

再如,关于平罗县知县的俸银问题,《乾隆宁志》卷九载,按乾隆四十五年(1780)的俸薪、养廉标准,平罗县知县每岁俸银 35 两,养廉银 600 两,公费银 360 两。《平罗记略》卷五载,道光年间的标准有了新的变化,知县每岁俸银 45 两,无养廉银和公费银。夫役工食开支中,《乾隆宁志》载民壮 38 名,岁支工食银 280 两,《平罗记略》载民壮减少到 28 名,岁支工食银亦减为 168 两。

《平罗记略》在有些内容之后还附有按语,"每条末按语,盖捃摭遗闻而参以

---

① 徐远超校注:《道光平罗记略》,[清]徐保字纂,上海古籍出版社 2018 年版,第 60 页。
② 胡玉冰、韩超校注:《乾隆宁夏府志》,[清]张金城等纂修,中国社会科学出版社 2015 年版,第 94—95 页。
③ 同上书,第 226 页。

臆见,所以证异同也"。① 这些都说明了徐保字严肃认真的修志态度,而这样的态度是高质量志书成书的重要保证。

当然,诚如张维所言,《平罗记略》也有沿袭旧误的问题存在。另外,部分史料辑录时有文字上的错误,校注本中多已出校,但仍有部分问题未得纠正。如《平罗记略凡例》载:"新渠、宝丰、平罗三县并设,乾隆间地震,废新、宝,职官姓氏不得其详,故阙。"②据《〔乾隆〕银川小志》《乾隆宁志》《清实录·高宗乾隆皇帝实录》等文献载,"雍正"显系"乾隆"之误。

(二) 文献价值

关于《平罗记略》的史料价值,王亚勇先生在《〈平罗记略〉及其史料价值》中有详细的评述。笔者想强调以下三点:

第一,《平罗记略》是今宁夏辖境内北部石嘴山市的第一部地方志书,它对了解和研究清朝平罗县辖境内的风土人情、政治、经济、地理等均有重要的资料价值。

第二,《平罗记略》几乎对每一条资料都注明出处,这在宁夏旧志中也是开创了先例。注明资料出处,一方面体现了编修者态度的严谨,另一方面,现已亡佚的文献如平罗的《县册》《学册》《营册》等的部分内容幸赖该志得以保存,《宝丰县记》的部分资料是沿袭自《乾隆宁志》,但有些也为《平罗记略》独有。仍有传世的文献如《万历朔志》《乾隆宁志》等则可以据《平罗记略》征引文献进行校勘。

第三,对于《平罗记略》所补充的他书罕见的新材料要给予充分的重视。如乾隆三年(1738)宁夏大地震,《〔乾隆〕银川小志》《乾隆宁志》中都有详细的细节描写,《平罗记略》卷八录班第《请裁新、宝二县疏》为后人了解和研究这次宁夏大地震又提供了新的、详实的材料,疏载:"宁夏府属新渠、宝丰二县地震水溢,户民被灾,……乃至十一月二十四日,地忽震裂,河水上泛,灌注两邑。而地中涌泉直立丈余者,不计其数。四散溢水深七八尺以至丈余不等。而地土低陷数尺,城堡、房屋倒塌,户民被压溺而死者甚多。臣等逐处查阅,现在新渠县城南门陷下数尺,北城门洞仅如月牙,而县属商贾民房及仓廒亦俱陷入地中,粮石俱在水沙之内,令人刨挖,米粮热如汤泡,味若酸酒,已不堪食用。四面各成土堆,惠农、昌润两渠俱已坍塌,渠底高于渠坪。自新渠而起二三十里以

---

① 徐远超校注:《道光平罗记略》,[清]徐保字纂,上海古籍出版社2018年版,第44页。
② 同上书,第43—44页。

外,越宝丰而石嘴子,东连黄河,西达贺兰山,周回一二百里竟成一片水海。宝丰县城郭、仓廒亦半入地中,户民无栖息之所,大半仍回原籍,尚有依栖高阜、聊图苟活者。"[1]乾隆三年(1738)宁夏大地震后,班第被委任为钦差,赴宁夏调查灾情,指挥抗灾抢险,处理灾后各项事宜。本疏文是他实地调查的第一手材料,可信度极高。从班第的描述中,我们仿佛又看到了平罗县震灾之后又遭遇水灾、冰冻的惨状。

第三节 《〔道光〕续增平罗记略》

一 整理与研究现状

《陇右录》《联合目录》《宁夏目录》《甘肃目录》《总目提要》等方志书目对《续平罗记》有著录或提要。高树榆撰《宁夏方志录》《宁夏回族自治区地方志述评》等文对《续平罗记》有提要式介绍。王耀伦撰《〈平罗纪略〉和〈续增平罗纪略〉》、李洪图撰《略谈〈平罗纪略〉》、王亚勇撰《评〈平罗记略〉之得失》等文均专题探讨了该志书研究价值。胡迅雷撰《徐保字与平罗》,利用《续平罗记》中的资料,介绍徐保字生平。《平罗春秋》刊载刘天荣撰《张梯与〈续增平罗纪略〉》、高尚荣撰《清代平罗的四部地方志》,研究内容涉及到《续平罗记》。

《续平罗记》有道光二十四年(1844)刻本传世。《甘肃目录》著录馆藏有民国间传抄本,抄成时间不详。甘图1965年又油印该志传世。1988年,天津古籍出版社据抄本影印,编入《宁夏历代方志萃编》。1990年,兰州古籍书店据刻本影印,编入《中国西北文献丛书》之《西北稀见方志文献》第51卷,该本为张维所藏。2003年,宁夏人民出版社、宁夏教育出版社出版王亚勇对该志的校注成果,他以甘肃省博物馆藏道光二十四年(1844)刻本为底本进行整理。该志最新整理成果为上海古籍出版社2018年版徐远超校注本,作者以1990年兰州古籍书店影印道光二十四年(1844)刻本为底本,以成文出版社、天津古籍出版社、凤凰出版社等出版之影印本及《乾隆甘志》《万历朔志》《乾隆宁志》等为参校本,部分标点成果借鉴了王亚勇点校本。

---

[1] 徐远超校注:《道光平罗记略》,〔清〕徐保字纂,上海古籍出版社2018年版,第132—133页。

二　张梯生平

张梯(1778—1853)字云阶,号颐园,①河南鹿邑王皮溜集(今河南鹿邑县)人。国图藏清光绪二十二年(1896)于沧澜、马家彦、蒋师辙等修《鹿邑县志》卷一二下《科贡表》载,张梯为道光元年(1821)辛巳恩科举人。同书卷一四《张梯传》载,张梯七岁丧母,弱冠丧父,道光元年(1821)中举,十五年(1835)任甘肃秦安(今甘肃秦安县)知县。《续平罗记》卷三《职官》载,道光二十一年至二十四年(1841—1844)任平罗知县。凡有害于民者,革除不遗余力。《鹿邑县志·张梯传》载:"复以余力续纂县志,征文考献,多补前人所未备。在官三年,举无废事,事无违时,声绩卓越,为诸城最。以老乞休,士民泣留不得,相率为立生祠而尸祝之,归里后仍以教育后进为乐。咸丰三年卒,年七十有五。"曾监修或纂修宁夏志书者的传记资料中,很少提及编修志书事,张梯本传资料能够提及,显得弥足珍贵。

三　纂修及刊行

道光十年(1830),徐保字离任平罗知县一职,但他对续修《平罗记略》一直有所惦念。二十四年(1844),安徽全椒人郭鸿熙接替张梯任平罗知县,他于同年七月朔撰写的《〈续增平罗记略〉序》载:"余于辛丑岁晤徐阮邻先生于兰垣,属题《边柳重攀图》。既恸吟怀,遂溯往迹,谓:'囊修《平罗县志》,煞费苦心,历年已多,又需修葺,所望于踵而行之者。'语次,辄为神往。……今读颐园先生《记略》,并取阮邻旧志参阅之,而叹其互相发明也。先生以中州名孝廉出宰兹邑,在位三年,从容措理。政成后,与二三同人广为考订,以成斯编,垂诸久远。仕学兼优,于斯见矣。他日阮邻西来,得睹是书,其欣慰又当何如也!"②郭鸿熙于道光二十一年(1841)会晤赋闲在家的徐保字,徐保字流露出了强烈的希望有人能够补修平罗县志的愿望。就是同一年,张梯就任平罗知县,很快就组织人员,在《平罗记略》的基础上,编修出了新的平罗县志,郭鸿熙认为,该志可以让徐保字无憾了。

---

① 有学者认为,张梯字灏园,实误。《〔光绪〕鹿邑县志》本传记张梯号颐园,张梯《〈续增平罗记略〉序》落款后钤盖有"颐园"阴文方印,郭鸿熙《〈续增平罗记略〉序》中提及张梯时亦曰颐园先生,故张梯号"颐园",非"灏园","灏园"更非张梯之字。

② 徐远超校注:《道光续增平罗记略》,〔清〕张梯纂,上海古籍出版社2018年版,第177页。

张梯于道光二十四年(1844)春三月撰写的《〈续增平罗记略〉序》对自己续修平罗县志有详细的说明，曰："邑志自徐阮邻刺史纂辑后，越十余年矣，其间事实与时俱积。余下车之三年，遍延绅耆，商续旧志。惟《建置》亦关巨典者，如万寿宫、文昌行宫、龙神行宫、火神祠，前所未有，俱创建之。已有者如文昌阁、朱衣神祠、九列君祠、社稷坛、先农坛、风云雷雨坛、昭忠祠、节孝祠、又新书院、养济院，或移置焉，或改作焉，或增拓焉。或倾圮者修葺之，或剥落者涂墍之。而于《历任官职》《选举》科目，节烈人等，俱一一搜入。《艺文》及休征事，亦略为记载。既饬既备，守土之责庶稍尽矣。至如《风土》《古迹》《物产》《赋役》，旧志详说，无庸复赘。所愿后之君子，随时采辑，递增勿替。虽西秦边隅，亦可见《车邻》《驷驖》之遗风焉。"①

据《〈续增平罗记略〉姓氏》载，有8人参与到志书的续增活动当中。8人各有分工，其中捐修、承修者为知县张梯，参阅者为平罗县训导王以晋，校对者为平罗县廪生樊玉鼎，校刊者为平罗县廪生张应辰，采访者有3人，为平罗县贡生李方秾，②增生吴云锦、王致祥，校录者为平罗县附生党作直。文稿誊清者失载。据《续平罗记》卷三《职官》载，王以晋，陕西咸宁（今陕西西安市）人，道光二十一年（1841）任平罗县训导。其他人事迹不详。

从内容来看，《续平罗记》不仅录道光二十四年（1844）任平罗知县者郭鸿熙的序，卷三《职官·知县》名录中郭鸿熙也是最后一位，故可以推知，《续平罗记》由张梯捐修、承修，正式刊行当在郭鸿熙任上。《续平罗记》正文、目录的刊刻体例基本仿《平罗记略》，四周双边，无鱼尾，每半页9行，行22字。序和目录的刊刻与《平罗记略》略有不同。四周双边，单、黑鱼尾。张梯《〈续增平罗记略〉序》用隶书刊刻，每半页8行，行10至13字；郭鸿熙《〈续增平罗记略〉序》用行书刊刻，每半页5行，行11字。《续平罗记》没有将各卷的二级类目再独立列出，这一点也未仿《平罗记略》。

为方便后人补辑资料，《续平罗记》仿《乾隆宁志》版刻方式，不惜工费，每一个二级类目都独立制版，其后留置的空白不接续下一个类目。如卷三《职官》，"知县"共刻有1页即一块版，版面左半版刻有5行内容，其后4行全空。接下来是"训导"，另刻一版，实际内容只有右半版的5行，其后4行及整个左半版全空。第三类目"县丞"的资料也单刻一版，实际内容只占了右半版7行，其后的2行及整个左半版全空。第四类目"主簿"也是单独一版，实际内容为5行，故本版右半

---

① 徐远超校注：《道光续增平罗记略》，[清]张梯纂，上海古籍出版社2018年版，第176页。
② 《〈平罗记略〉采访姓氏》载有贡生"李芳秾"，此作"李方秾"，疑为同一人，不知孰是。

版后3行及左半版全空。以此类推。采取这种方法进行刊刻,最大限度地为后人补修留下了足够的空间,保证了新修志书可以在刊刻风格上与旧志基本一致,使新刻志书版面整洁,也节省了大量的成本。所以,《续平罗记》的这一做法是值得称道的。

四 内容

《续平罗记》全书共 5 卷,主要记载平罗县道光六年至二十四年(1826—1844)间史事,内容共 43 页,有一级类目 6 类,二级类目 29 类。其中张梯、郭鸿熙《〈续增平罗记略〉序》各 2 页,张梯序落款后钤盖有"张梯之印"阳文方印、"颐园"阴文方印,郭鸿熙序落款后钤盖有"郭鸿熙印"阳文方印、"小园"阴文方印;《〈续增平罗记略〉目录》1 页,此目也同《平罗记略》,只列出一级类目。

卷一 5 页,为《建置》专卷,包含《宫》《坛》《庙》《祠》《书院》《义学》等 6 个二级类目内容。卷二 4 页,为《赋役》专卷,包含《民田》《蠲免》《厂租》等 3 个二级类目内容。卷三 17 页,包括《职官》《选举》等两个一级类目内容。《职官》包含《知县》《县丞》《训导》《主簿》《典史》《参将》《游击》《守备》《千总》《把总》等 10 个二级类目内容。《选举》包含《文举人》《贡生》《武举》《杂职》《行伍》等 5 个二级类目内容。卷四 3 页,为《人物》专卷,包含《耆德》《义行》《恤典》等 3 个二级类目内容。卷五 8 页,为《艺文》专卷,附《志瑞》。《艺文》包含《碑》《诗》等 2 个二级类目内容。《碑》录 2 篇,《诗》录 26 首。这从一个侧面反映了平罗文艺不兴的事实。《志瑞》仅记本县道光二十年(1840)"一产三男"1 则事。最末一页为《〈续增平罗记略〉姓氏》,记 8 位参与纂修《续平罗记》者的分工、身份及姓名。

从各卷内容来看,与人物有关的资料最为丰富,卷三《职官》、卷四《人物》两卷共占总内容的 46.5%,将近一半。其次为《艺文》,占总内容的 18.6%。其他两卷内容相对都比较少。

从整书编辑来看,张梯续增《平罗记略》的意图非常明显,内容基本都上接道光八年(1828)以后事,而且多载张梯就任平罗知县期间即道光二十一至二十四年(1841—1844)期间的政绩。如卷一《建置》载宫、坛、庙、祠共 12 处建筑,有 10 处都与张梯有关,万寿宫、文昌行宫、龙神祠、火神行祠等建筑都是张梯倡议新修建的。平罗书院、义学、养济院等也有张梯修筑的记载。卷五《艺文》录《碑》2 篇,均为张梯所撰,《诗》录 26 首,张梯诗有 8 首,几近三分之一。自徐保字之后,至张梯,共有 9 任平罗知县,而《续平罗记》中很少有其他 8 位知县的政绩记录,这不能不说是本志书的一大缺憾。

五 文献价值

《陇右录》对《续平罗记》评价曰："志取道光九年后故实，依类补辑，盖续志正轨也。每见各县改修志乘，往往变乱割裂，高自衔鬻，实则朝四暮三，徒滋纷纭，终无当于志法，转不如因仍旧例，续补勿断，存一方掌故，以待有识者之论列，犹为省事而传信也。"[1]笔者认为，这样的评价是比较恰当的。

从体例创新的角度看，《续平罗记》的确无任何建树。张梯完全根据当时他所能搜集到的资料来续修平罗县志，体例上基本沿袭徐保字的做法，所有资料均一一注明其出处，主要从《乾隆宁志》《县册》《学册》《营册》《赋役全书》《中枢备览》等文献档案中取材，张梯就任知县期间的政绩补充记载于相应的类目之下。在没有较多内容需要补充的情况下，基本沿袭前人志书的体例，将需要补充的资料随类增入，而不对前人志书体例进行大的变革，这种做法是值得肯定的。正如张维所言，如果每修一次志书，就要对前人志书的体例内容作一次变革，可能就会导致"变乱割裂""徒滋纷纭"的不利后果，所以张梯《续平罗记》体例上不做创新应该是有客观原因的，这样做无可厚非。

从内容来看，《续平罗记》还是有价值的。张梯所增补的道光六年（1826）以后诸事，相对于《平罗记略》是很好的补充，两志内容接续在一起，可以相对完整地勾勒出清朝平罗县辖境内地理、水利、经济、人文等诸多方面的概貌，为深入了解和研究平罗县历史提供相对较为完整、系统的资料。特别是征引了多种现已不存的当时官府档案文献，不仅增加了志书资料的可信度，同时也为研究这些档案文献提供了难得的一手材料。所以，《平罗记略》《续平罗记》在研究平罗县乃至今天宁夏北部石嘴山市辖境内政治、历史、经济、人文等情况时，都具有无可替代的文献价值。

由于志书修纂者的疏漏，《续平罗记》部分文字有误，在利用该志时一定要注意。如《乾隆宁志》卷五《建置·公署》"平罗县"条有"养济院，在县城北门外，养济孤贫二十名，每名月支粮三斗"句，[2]《续平罗记》改写作"在县城镇远城门外

---

[1] 张维：《陇右方志录》，《中国西北文献丛书》据北平大北印书局1934年版影印，兰州古籍书店1990年版，第77册第702页。《续增平罗记略》卷三《职官》载有道光八年（1828）任典史者吴楚鬻，任平罗营守备者李国秀。卷四《人物·恤典》录道光六年（1826）在都齐特台阵亡的8位兵丁姓名。故张氏所言《续增平罗记略》补"道光九年后故实"不确。

[2] 胡玉冰、韩超校注：《乾隆宁夏府志》，[清]张金城等纂修，中国社会科学出版社2015年版，第112页。

北。额定孤贫三十名,按名每月额支仓斗粮三斗",其后补充张梯任内对养济院进一步修缮并扩大救济面事,有"合旧额共三十名"句。卷五《艺文》录张梯《重修养济院碑记》载:"添建房屋一十五间,于额设孤贫二十名外,捐廉增额十名。"[1]很显然,《续平罗记》"额定孤贫三十名"句"三十名"当作"二十名"。

---

[1] 徐远超校注:《道光续增平罗记略》,[清]张梯纂,上海古籍出版社2018年版,第190页。

第七章　吴忠市旧志

吴忠市位于宁夏回族自治区中部、黄河以东，为自治区直辖地级市，现辖2区（利通区、红寺堡区）1市（青铜峡市）2县（盐池县、同心县）。吴忠市共有6部旧志传世，其中利通区1部（《光绪志草》），青铜峡市1部（《康熙广武志》），盐池县2部（《〔光绪〕花马池志迹》《〔民国〕盐池县志》），同心县2部（《〔光绪〕平远县志》《〔民国〕豫旺县志》）。这些志书中成于清代者4部，成于民国者2部。

第一节　利通区《〔光绪〕宁灵厅志草》

宁灵厅旧属灵州（今宁夏吴忠市古城乡附近），厅治在今宁夏吴忠市金积镇，清同治十一年（1872）设。在有关宁灵厅的专题文献中，《〔光绪〕宁灵厅志草》（本著作简称《光绪志草》）是宁灵厅建置后第一部也是唯一一部全面反映其历史、地理、经济等情况的志书，现藏日本东洋文库。另有抚民同知饶守谦编《〔宣统〕宁灵厅地理调查表》现藏甘图。《宁灵厅志草·建置第三》对宁灵厅地理沿革记载甚详，曰："宁灵，古羌戎居之，为《禹贡》雍州之域。春秋、战国属秦，始皇时属北地郡，汉惠帝四年，地又属灵洲，后魏属薄骨律镇，西魏又为盐州地，后周属回乐县，隋属灵武郡，唐为灵州地，开元中属朔方节度，五代为朔方军，宋入西夏，元复为灵州地，明属守御所，后改为宁夏后卫。国朝因之。雍正二年，改为灵州。至同治初，马逆化潆以新教倡乱，据金积堡以叛，筑城浚池，负固十年之久。前陕甘总督左文襄公于同治九年檄师荡平，复因故堡旧址，葺残补缺，招前民之流离者安集之，名曰'保生寨'。但以地当冲要，羌回杂居，州治远隔，有鞭长莫及之虑，特于同治十一年奏请分灵州西南之半壁，改宁夏水利同知为宁灵厅抚民同知以莅之。"①

---

①　胡玉冰、张煜坤校注：《光绪宁灵厅志草》，〔清〕佚名纂，上海古籍出版社2018年版，第225—226页。

1990年7月,《光绪志草》复印本入藏宁图,因其是与宁夏有关的历史文献,且海外藏本属孤本,故宁夏学者最早关注并研究它。较早披露东洋文库存藏《光绪志草》信息的是1935年版《东洋文库地方志目录》一书。《日本主要图书馆研究所所藏中国地方志总合目录》著录曰:"宁灵厅志草不分卷,阙名撰,(清末)修,钞本。(东洋)1册,记载至光绪末年。V—7。"①《联合目录》载:"(光绪)宁灵厅志草,不分卷,[清]佚名纂,清光绪三十三年(1907)修,抄本。注:在日本东洋文库。"②《宁夏目录》载宁图馆藏情况曰:"(光绪)宁灵厅志草,不分卷,[清]佚名纂,清光绪三十四年(1908年)抄本,1册,存复印件。"③综合诸家目录及学者研究成果,我们得到与《光绪志草》有关的基本信息是:《光绪志草》不分卷,1册,手抄传世,未见刊印本。原书未署编纂者姓名,光绪三十一年(1905)任宁灵厅同知的成谦最有可能是本书的编纂者,成书时间最早可能在光绪三十四年(1908)。原本存世者仅1部,藏于东洋文库,宁图藏有复印本。该书编纂受《乾隆甘志》《〔嘉庆〕灵州志迹》两书的影响最大。类目设置上全同《乾隆甘志》,撰写方法及辑录内容则多同《灵州志迹》。

一　整理与研究现状

《光绪志草》的发现与研究曾引起了宁夏部分媒体的关注。《宁夏日报》载刘宏安撰《宁夏孤本方志〈宁灵厅志草〉惊现日本》、贺玉莲、谢梅英撰《〈宁灵厅志草〉现世真相》等文,指出宁图是国内最早馆藏有《光绪志草》复制本的单位,时间是1990年7月,该馆张京生最早撰文研究《光绪志草》。截至2018年4月,笔者所知公开发表的《光绪志草》研究论文有5篇,包括张京生撰《〈宁灵厅志草〉考述》《历史的见证——日本藏清稿本〈宁灵厅志草〉的学术价值探析》,巴兆祥撰《日本藏孤本宁夏〈宁灵厅志草〉考述》,笔者撰《日本东洋文库藏宁夏〈宁灵厅志草〉整理与研究成果述评》《日本东洋文库藏宁夏〈宁灵厅志草〉考略》。正式出版的整理本有3部,包括胡建东整理本、张京生整理本、胡玉冰等整理本。

20世纪90年代初,张京生最早撰文研究《光绪志草》,其《〈宁灵厅志草〉考述》就宁灵厅的设置情况以及《光绪志草》的版本、著者、体例、成书年代等问题进行深入考证,认为东洋文库藏本当为"清稿本",清光绪三十一年(1905)任宁灵厅

---

① 日本国立国会图书馆参考书志部编:《日本主要图书馆研究所所藏中国地方志总合目录》,东京:国立国会图书馆1969年版,第315页。
② 中国科学院北京天文台主编:《中国地方志联合目录》,中华书局1985年版,第229页。据张京生等先生的研究成果,《光绪志草》当修成于清光绪三十四年(1908)。
③ 宁夏图书馆协作委员会编:《宁夏地方文献联合目录》,宁夏人民出版社1992年版,第98页。

同知的成谦与《光绪志草》的编纂关系最密切，并认为《光绪志草》成书时间当为光绪三十四年(1908)。作者对《光绪志草》编纂者及编纂时间的考证结论是可信的。2008年，张先生发表《历史的见证——日本藏清稿本〈宁灵厅志草〉的学术价值探析》一文，进一步探讨《光绪志草》的学术价值，认为主要表现在三个方面：第一，《光绪志草》所记内容是清政府镇压回民起义的历史见证；第二，《光绪志草》是研究中国回族史的重要历史资料；第三，《光绪志草》是研究宁夏地方史的重要的历史资料。2010年，阳光出版社出版张京生校注《光绪宁灵厅志草》。校注本以宁图藏复印本为底本，整理方式以注释为主，对部分字词、典故、典章制度、人物等给予注音、释义，对于正确理解原文有一定的借鉴意义。但校注本某些整理成果尚需要进一步修正。

1996年版《总目提要》中录有高树榆执笔的《光绪志草》词条，概述了《光绪志草》的基本内容及收藏、著录等情况，高先生指出，《光绪志草》记述止于光绪三十四年(1908)，是记述宁灵厅历史沿革、行政建置、经济物产、风土人情等方面的重要资料，也是研究马化龙起义的重要史料。

巴兆祥利用在日本访学的机会，目验了东洋文库藏《光绪志草》原件，撰写《日本藏孤本宁夏〈宁灵厅志草〉考述》一文(下文简称巴文)。由于依据文本原件进行研究，所以有许多发现是已往学者所未知的，对他人的研究很有启发意义，笔者亦获益匪浅。巴文对《光绪志草》纂修人、纂修时间的考证结论与张京生同，并进一步认定《光绪志草》当为成谦编纂。巴文对《光绪志草》流散于日本等问题的考证多言之有据。但笔者勘验该书，有些与巴先生不同的新发现。巴文对《光绪志草》版本、内容等方面的介绍有疏漏。

2008年3月，胡建东依宁图藏复印本对《光绪志草》的整理成果由宁夏人民出版社出版，书名曰《光绪宁灵厅志》，该书也是《光绪志草》第一部整理成果。该校本附吴忠礼先生《序》称，通过对《光绪志草》所作的初步研究，他认为该书当是成谦编纂完成于光绪三十四年(1908)。吴先生还提及，他曾对《光绪志草》进行过整理，但由于经费问题，成果未能出版。吴先生所言可能是指他主持的2005年度社科院立项课题——《宁灵厅笺注及研究》。[①] 该校本正文前依次附《宁灵厅星宿图》《宁灵厅城池图》《清末民国金积堡(保生寨)略图》《金积堡方位示意图》《宁灵厅在甘肃宁夏府方位图》等5图，正文后依次附饶守谦编《宣统宁灵厅地理调查表》、曾麟绥编《宣统灵州地理调查表》等晚清调查材料，刘宏安撰《〈宁灵厅志草〉部分原稿影印件》《〈宁灵厅志草〉惊现日本》、贺玉莲等撰《〈宁灵厅志

[①] 社科院网站公布信息及《光绪志草》载吴忠礼《序》中，"笺注"均作"签注"，疑有笔误。

草〉现世真相专题调查》等新闻媒体报道，张京生撰《〈宁灵厅志草〉考述》、胡建东撰《孤本方志，弥足珍贵——读〈宁灵厅志草〉札记》等今人考证文章，这些对于更深入地研究宁灵厅及《光绪志草》显然很有价值。从胡建东研究札记看，他认为《光绪志草》当成于众人之手，不当归之于成谦个人所为，编纂者定为成谦是不能成立的，并对《光绪志草》抄录笔迹、编修体例、宁灵厅建置、户口等问题发表己见，同时认为《光绪志草》原书"增采新章十条"似为宣统或民国初年补写，并据种种资料纠正《灵武市志》《宁夏百科全书》的错误。这些研究成果对于进一步研究《光绪志草》有一定参考价值。校本对原稿存在的部分文字讹误进行校勘，对于文中出现的人名、地名等给以注释，这些亦有利于对《光绪志草》的研究。同时我们也看到，校本在整理体例、整理方式及具体的整理成果等方面尚存缺憾。

在传世文献中，有关宁灵厅的历史资料比较少。因其曾隶属于宁夏灵州，故其研究资料散见于《灵州志迹》《〔宣统〕灵州地理调查表》及《乾隆宁志》等文献中。《光绪志草》作为第一部也是唯一一部宁灵厅志书，其研究价值不言而喻。我们想要强调的是，评价《光绪志草》的研究价值时一定要注意这样一个基本事实，即传世的《光绪志草》仅是草稿而已，其文本中尚存在有诸多不足，故评价其研究价值时，不应该回避它自身的局限性，不要无限夸大它的学术价值，实事求是地进行评价才是最可取的态度。

二　内容及其史源

宁灵厅旧属灵州，原稿多处提及"灵州旧志"，即清朝嘉庆三年（1798）杨芳灿、郭楷所修《灵州志迹》。从内容取材和编纂方法上看，《灵州志迹》是《光绪志草》编修时最主要的参考文献。

《光绪志草》原稿无序跋，亦未编目录，因其行文中有类目名称加编次，如"星野志第二""建置第三"之类，故我们对《光绪志草》原稿内容可以依其编次及类目名称来推究。概括来说，《光绪志草》原稿内容实由两部分组成，第一部分包括：《星宿图》《宁灵厅历代沿革表》《星野志第二》《建置第三》《疆域第四》《山川第五》《城池第六》《公署第七》《学校第八》《关梁第九》《祠祀第十》《贡赋第十一》《兵防第十二》《水利第十三》《驿递第十四》《蠲恤第十五》《盐法第十六》《茶马第十七》《物产第十八》《风俗第十九》《古迹第二十》《祥异第二十一》《陵墓第二十二》《封爵第二十三》《职官第二十四》《名宦第二十五》《选举第二十六》《人物第二十七》《忠节第二十八》《孝义第二十九》《隐逸第三十》《流寓第三十一》《仙释第三十二》《方伎第三十三》《列女第三十四》《艺文第三十五》等。此35类目当为原稿的主体内容。第二部分统称作"增采新章十条",①包括《方言第一》《户口第二》《仓储第三》《度支第四》《乡镇第五》《金石第六》《厘税第七》《实业第八》《巡警第九》《学堂第十》等10类目,志末附两份名单。前后两大部分各类目内容详略不一。

《光绪志草》原稿有正文内容的纸张共67张,每张书叶对折后,一张整页被平分成了左、右两个半页,我们对《光绪志草》原稿内容的介绍即以半页为最小单位。为行文方便,称右半页为a,左半页为b,如5a即指第5页右半页,5b即指第5页左半页,依此类推。下文介绍《光绪志草》原稿内容始自1a,迄于67b。下文引号中的文字若无特别说明,皆引自《光绪志草》,笔者不再一一注明。

第1页为《星野图》,1a为"井宿""鬼宿",1b为"尾宿""柳宿"。四星宿图全同《灵州志迹》卷一《星野志第二》附《星野图》,惟《灵州志迹》附图于《星野志第二》内容之后,《光绪志草》则置图于全志书最前。

第2页只剩下右半页,左半页缺。2a为《宁灵厅历代沿革表》,此表依表格样式填写内容,但未勾画出表格的线条。最右边竖题表格之题"宁灵厅历代沿革表"等8字,题左沿革表分为两大列,自上而下分为14行,每行有上下两个字的宽度。在内容排序上,《光绪志草》仿《灵州志迹》卷一《历代沿革表志第一》所附《〈一统志〉灵州沿革表》,清朝被尊称为"国朝",列于沿革表最上一行,载宁灵厅在清朝沿革曰:"初属宁夏后卫,雍正三年属灵州,同治十一年改设今治。"②其下依次为"春秋""战国""秦""汉""后魏""西魏""后周""隋""唐""五代""宋""元""明"等。不同时代宁灵厅的隶属情况依次填写在左列对应的各行内。原稿"同治"2字之后空一格未填具体年数,显然是想把年数考证清楚之后再填写,这也从一个侧面反映了《光绪志草》原稿只是草稿而已。2a左上角有一横椭圆形墨印,其上印文为"财团法人东洋文库""111650""昭和十四年九月廿五日"。此印文说明,《光绪志草》当于日本昭和十四年即1939年9月25日正式入藏东洋文库,其入库编号为111650。

第3页、第4页为《星野志第二》。3a首行题《星野志第二》,由此类目推知,2a《宁灵厅历代沿革表》当为《光绪志草》第一类目,类目盖脱编次"第一"2字,《灵州志迹》卷一开篇即为《历代沿革表第一》可证。3a《志草·星野志第二》开篇曰:"查灵州旧志云'灵州,秦雍之分,星野略与秦雍同'等语,宁灵既向隶灵州,东北距州城仅七十里,其星野即与灵州同可知,今照录灵州旧志之采辑纪载可见者

---

① 《〔民国〕敦煌县乡土志》卷二有"增采十条",包括《方言》《户口》《乡镇》《厘税》《实业》《商务》《矿务》《巡警》《学堂》《碑记》等10类目。
② 胡玉冰、张煜坤校注:《光绪宁灵厅志草》,[清]佚名纂,上海古籍出版社2018年版,第223页。

列于左。"①开篇天头处粘一条窄幅纸笺,上书 6 行 141 字。纸笺上的文字显然是对原稿小序的修订和补充,相比较而言,内容更具体,表述也更准确。

第 5 页为《建置第三》。原稿有"特于同治□□年奏改宁夏水利同知为宁灵厅抚民同知以莅之。盖分灵州西南之半壁焉。谨书其略,以备采择"等两行 42 字,修订者于 5b 天头处写"坿入沿革表"等 5 字,并作其他改动。首先,"同治"2 字后添加"十一"2 字,原稿留空,以待查实,修订者补写了。"奏"字下右旁修订者另加"请分灵州西南之半璧"等 9 字,但修订者"壁"误写作"璧"。原稿"盖分灵州西南之半壁焉"等 10 字、"以备采择"等 4 字均被墨笔用"┐""└"符号括住,在"以备采择"4 字右旁另写 14 字,以示此 4 字当改为"并附历代沿革表庶观者如列眉焉"等 14 字。这样,原稿两行 42 字就被修改成了"特于同治十一年奏请分灵州西南之半璧,改宁夏水利同知为宁灵厅抚民同知以莅之。谨书其略,并附历代沿革表,庶观者如列眉焉"等两行 53 字。由前引《宁灵厅历代沿革表》"国朝"栏内容可知,修订者是要用内容互见的办法来介绍宁灵厅的沿革变化。除了在内容上进行删补外,修订者还对原稿误字进行更正。如"随属灵武郡"句之"随"显系误字,《光绪志草》修订者以墨笔圈住"随"字,在它旁边写出正字"隋"。

5b 至 6b 为《疆域第四》。本类目修改痕迹明显。原稿"谨将四境之广狭邨堡之远近详志之"句,修订者改"将"为"志",将"详志之"3 字改为"庶亦留心政治家之一助焉"。立意显然要高于原稿。

6b 至 7b 为《山川第五》。原稿开篇曰:"《禹贡》:九州皆以山川定疆理。盖郡国有时改移,而山川千古不易。宁灵虽地处偏僻,而层峦之形胜,支流之渊源,亦有可详考以备采录者,谨志之。"②修订者将"而"字下 23 字改写为"清水河贯于南境,山水河循其东界;螺山东障,牛首西峙;大河外环,汉渠内溉,亦形胜之区也。观是编者,一览在目焉"。③改写后内容要具体、生动得多,不像前者那样内容过于空洞。《灵州志迹》卷一《地里山川志第三》小序曰:"《禹贡》九州皆以山川定疆理,盖郡国有时改移,山川千古不易也。灵邑地接边境,旧时为戎马出入之场,今虽承平日久,然道里之远近,岗峦之阨塞,④水草之聚衍,为治者置焉不讲,可乎? 况夫黄河为带,金积如砺,峡口遥峙西南,马鞍环抱东北,实北陲形胜之区也。观是编者,一览在目矣。"⑤两相比对,《光绪志草》修订之语言显然模仿自

---

① 胡玉冰、张煜坤校注:《光绪宁灵厅志草》,[清] 佚名纂,上海古籍出版社 2018 年版,第 298 页。
② 同上书,第 231、300 页。
③ 同上书,第 231 页。
④ 阨:蔡淑梅校注本原作"扼",据国图藏嘉庆四年(1799)刻本改。
⑤ 蔡淑梅校注:《嘉庆灵州志迹》,[清] 郭楷纂修,中国社会科学出版社 2015 年版,第 24 页。

《灵州志迹》。

7b 至 8b 为《城池第六》。本类目于原稿修改之处颇多,所记为研究宁灵厅厅治修筑情况提供了珍贵材料。本类目有"前陕甘总督谭钟麟奏陈新设厅治,一切未尽事宜,经□部议准,建修新城一座"句,①《光绪志草》编纂者对于光绪九年议修城池一事,奏陈者谭氏之名,②议准者六部之名都未填写,"谭"下全空格另起一行,"经"字下空一格,这是《光绪志草》为稿本之又一证。

8b 至 9b 为《公署第七》。类目后开篇首句原"宁灵自改设厅治后经"等 9 字被修订者改写为"《周礼》建都置邑,有悬象之所,殆公署所自昉焉。宁灵新设"等 22 字。③《灵州志迹》卷一《公署学校志第五》开篇曰:"《周礼》建邦置邑,有悬象之所,有兴贤之地。公署学校自此昉与。"④故知,《光绪志草》小序的修订,显然是袭自《灵州志迹》。因《光绪志草》仿《乾隆甘志》将"公署"与"学校"分为两部分内容介绍,故参考《灵州志迹》开篇撰写《光绪志草》开篇时就将原"公署学校自此昉与"句之"学校"2 字省去。

9b 至 10a 为《学校第八》。本类目所载对于研究宁夏民族教育史有重要价值。

10a 至 10b 为《关梁第九》。《灵州志迹》卷一《坛庙坊市桥梁津渡名胜第六》载位于秦渠之上的桥梁有哈达桥、舆梁桥、韩家桥、黑渠桥等 4 座,《光绪志草》于本类目未提及这几座桥梁,所记桥梁有 7 座,桥梁所在当为实地踏勘的结果,可与《灵州志迹》互补。

10b 至 12a 为《祠祀第十》。本类目共记崇圣祠等 24 处祠、庙、坛等祠祀之地。

12a 至 14b 为《贡赋第十一》。本类目记宁灵厅需要征收之丁税赋额,既有分项数据,亦有合计数据,非常详实。

14b 至 15b 为《兵防第十二》。历代之兵防,因《灵州旧志》载之甚详,故本类目不再赘述,"谨将绿营兵额之增减,及营汛、塘墩之处所详悉志之,以备筹边者之采择"。

15b 至 18a 为《水利第十三》。本类目述及汉渠之利独为宁灵厅所得之历史,并对康熙四十五年(1706)开始汉渠兴修史加以简要介绍。有关汉渠兴修史,《灵州志迹》卷二《水利源流志第十》只提及康熙四十五年(1706)、五十二年

---

① 胡玉冰、张煜坤校注:《光绪宁灵厅志草》,[清]佚名纂,上海古籍出版社 2018 年版,第 233 页。
② 《宣统甘志》卷五二《职官志》载,湖南茶陵人谭钟麟于光绪七年(1881)任甘肃总督。
③ 胡玉冰、张煜坤校注:《光绪宁灵厅志草》,[清]佚名纂,上海古籍出版社 2018 年版,第 233 页。
④ 蔡淑梅校注:《嘉庆灵州志迹》,[清]郭楷纂修,中国社会科学出版社 2015 年版,第 33 页。

(1713)这两次兴修史实,《光绪志草》则增补了乾隆三十八年(1773)、三十九年(1774)迄同治十一年(1872)宁灵厅设治之后兴修史实。有关汉渠支渠,《灵州志迹》笼统地提到"大支渠九道",《光绪志草》则将 9 道支渠渠名——旧黑渠、新黑渠、旧阎家渠、新阎家渠、马兰渠、波罗渠、爪连渠、沙渠、朱渠等全都补写出来。这些内容可以与《灵州志迹》所记互补。自 16b 至 18a 附清乙未(乾隆四十年,1775)进士李培荣作《南北涝河记》。

18a 至 18b 为《驿递第十四》。本类目载,宁灵厅驿站只有一座,且规模很小,配驿马四匹,每匹日支草料银七分,驿夫二名,每名日支工食银三分。后附录宁灵厅电政、邮政。

18b 为《蠲恤第十五》。本类目无具体内容,只书"《灵州旧志》未详,无从查考"1 行 10 字。

18b 至 19a 为《盐法第十六》。本类目除记宁灵厅食盐产地外,以更多的笔墨,引《灵州志迹》所载考证了宁灵厅食盐无"额引""征课"的原因。

19a 为《茶马第十七》。载"宁灵向无官马,即茶引亦无明额"。

19a 至 20b 为《物产第十八》。本类目子目及内容均袭自《灵州志迹》卷一《风俗物产第七》之"物产",分谷之属等 11 项子目介绍宁灵厅物产情况,分目比《灵州志迹》多一类"虫之属"。各属物产据宁灵厅实际所产略有删补。

20b 至 24b 为《风俗第十九》。本类目内容均抄录自《灵州志迹》卷一《风俗物产第七》之"风俗",记当地人饮食习惯、"四时仪节"、婚丧习俗等。

24b 至 25b 为《古迹第二十》。本类目提及禹王庙、一百八塔等古迹。

25b 至 26b 为《祥异第二十一》。本类目内容均抄录自《灵州志迹》卷四《历代祥异第十八》。《灵州志迹》"皇清康熙九年"句,《光绪志草》抄脱"皇清"2 字。

26b 至 27a 为《陵墓第二十二》。载宁灵厅附近有两处墓地均被传是明庆靖王朱㮵陵墓。一处是位于厅南 20 里的"墓墩",另一处位于厅东南 180 里之大螺山,由于两处均无碑志可考,故不知哪一处才是真的庆王陵。据考古发掘,大螺山当有朱㮵之墓。

27a 为《封爵第二十三》。本类目后无具体内容,只书一"阙"字。

27a 至 31a 为《职官第二十四》。本类目提及的宁灵厅官员共 57 名,均录其职名、姓氏、籍贯及任职时间,"照磨"王捷三之籍贯、任职时间阙如。除巴文提及的同知 12 人、照磨 15 人、守备 9 人、千总 3 人外,尚有安天笃、谢善述等"教授"8 名,汤彦和、刘德贵等"灵武参将"10 名。《光绪志草》记同治十一年至光绪三十四年(1872—1908)间宁灵厅职官之设,可补《灵州志迹》卷二《职官姓氏》所记之缺。

31a至32a为《名宦第二十五》。志书录职官名,"名宦"类目多录曾任职于当地现已去任者,此类目书赵兴隽、喻光容、洪翼、方仰欧等4位曾任宁灵厅同知者的事迹。

32a至32b为《选举第二十六》。《光绪志草》载文慨叹当地人才匮乏的现状。32b为《人物第二十七》。本类目之后亦无具体内容,编纂者作如下解释:"宁灵设治以后,士民中之言行荦荦可传者,固无其选。即一节之善、一技之长,亦不数觏,宁阙勿滥焉。至历代之人物,灵州旧志载之甚详。略而不录,省烦复也。"①《光绪志草》编纂者对宁灵厅杰出人物匮乏流露出的不满情绪与慨叹宁灵厅人才匮乏的情绪是一致的。32b为《忠节第二十八》。本类目后无具体内容,只书一"阙"字。

33a至34b为《孝义第二十九》。录张琮等被《光绪志草》编纂者赞许为"捐躯殉难者",另为当地回族丁自明父子立传,以为"其疏财仗义,公而忘私,尤有足多者。回而有此,亦可以风当世矣"。②需要强调的是,我们今天不能与《光绪志草》编纂者持相同的立场来评价这8位"孝义"之士。

34b至35a为《隐逸第三十》《流寓第三十一》《仙释第三十二》《方伎第三十三》。4类目后均无具体内容,故皆于类目名后书一"阙"字。

35a至36b为《列女第三十四》。录有王珍之妻陈氏、珍弟王琏之妻景氏、琏子王赓春之妻韩氏等9位"列女"事迹。

36b至59a为《艺文第三十五》。《光绪志草》内容中占篇幅最多的就是"艺文"部分,本类目开篇曰:"宁灵旧属灵州,历代之艺文,《州志》存者不下百余篇。今摘取其事属宁灵者录之,而附以近今采访之碑、传、序、记,庶修文者得资采择焉。"③录文3篇,录诗14首,录碑传、序记共9篇。《艺文》所录最有价值者当属"近今采访之碑传、序记",这部分内容只见载于《光绪志草》。《艺文》最后所录灵州贡生道以德《揭告回逆状》,告状对于清末宁夏金积镇回民马化龙起义始末介绍甚详,是研究马化龙起义不可多得的重要文献。

59b至65a为"增采新章十条"。59b为《方言第一》。此段材料在语言学研究领域当值得重视。过去有学者认为民国十五年(1926)王之臣编修的《民国朔志》是"记载宁夏方言资料的第一部地方志",其卷三《舆地志·风俗》附录的宁夏方言材料为研究宁夏方言提供了一手的语料。④实际上,宁夏旧志中

---

① 胡玉冰、张煜坤校注:《光绪宁灵厅志草》,[清]佚名纂,上海古籍出版社2018年版,第261页。
② 同上书,第262页。
③ 同上书,第264页。
④ 参见李树俨:《〈朔方道志〉在宁夏方言研究方面的学术价值》,《宁夏大学学报》1985年第4期,第74—79页。

记载宁夏方言资料最详者当属《民国朔志》,而最早记载宁夏方言情况的方志当为《光绪志草》和与《光绪志草》同年编纂成书的《海城县志》。《光绪志草》记载有3处值得注意。其一,从音质方面谈了灵武汉族、回族方言的不同特点。其二,收录并比较了汉族、回族方言中的亲属称谓词。其三,指出了当地方言"庞杂"的事实。通过分析我们发现,《光绪志草》编纂者对于回族方言词汇的记述还是比较准确的,对于研究灵武方言特别是当地回族方言是难得的一手材料。

59b 至 60a 为《户口第二》。60a 为《仓储第三》。据类目知,宁灵厅仓储未固定在一处,而是散在各堡。

60a 至 63a 为《度支第四》。此类目由三部分内容组成。第一部分为文庙、武庙、文昌庙等三庙在春、秋两季及其他时间的祭祀"额领"银两数。第二部分为刘忠壮公祠、简勇节公祠、皖蜀昭忠祠等祠收入来源及收支数目,特别强调,各祠纯收入中,除一年需要的祭祀、香火、住持口食、修葺房屋等费用外,刘忠壮公祠"其余现拟拨充高等小学堂经费",简勇节公祠"其余拨充高等小学堂经费钱一百五十串零",皖、蜀昭忠祠"其余酌拨高等小学堂经费钱一百五十串零"。第三部分为宁灵厅同知、照磨、教授、参将、守备、千总、把总等官员的俸禄数额,宁灵厅驻经制、步兵、守兵人数及其费用支出,参将、守备等官员例马数量及支出。

63a 为《乡镇第五》《金石第六》。"乡镇"载文曰,宁灵厅西北10里之秦坝堡属西北咽喉之要路。"金石"类资料因《艺文第三十五》已录有关碑传,故不再重复录文。

63a 至 63b《厘税第七》。本类目记宁灵厅征税办法及数额。原稿类目编次原误为"第八",据其内容顺序当为"第七"。

63b 至 64a 为《实业第八》。本类目载,宁灵厅无矿产,现在商务活动亦不如往昔。"现正拟设立农会,以开通水利,考察土宜,为入手义务",①以振兴当地农业。工业方面也无大的作为,唯有光绪三十三年(1907)十月初一所设"罪犯习艺所",招雇工匠教罪犯学习织毛袋、编芦席、搓麻绳,"迄今半载,制成品物,颇有进步"。②

64a 至 64b 为《巡警第九》。本类目记载宁灵厅巡警设置经过、人员组成、职权范围、经费来源等事。

65a 为《学堂第十》。本类目介绍宁灵厅学校数量、设立时间、学校经费来源、学校教员构成、学生分班及人数等情况。65b 为空白页。

———————————

①② 胡玉冰、张煜坤校注:《光绪宁灵厅志草》,[清]佚名纂,上海古籍出版社2018年版,第297页。

66a 至 67a 为宁灵厅学恩贡生、岁贡生、原额廪生、原额增生、岁科取进充附生、厅学武进士、厅学武举、每科取进武生人数及名单,但所统计的每类学生人数与其后所列名单人数不相符。"岁贡生八名",但所列名单共有 10 名。"原额增生六名",所列名单只有 5 人。"岁科取进充附生八名",所列名单却有 40 名。"每科取进武生四名",但所列名单却有 20 名。67b 为空白页。

三 编修体例

日本藏《光绪志草》文本上有两种笔迹,一种为原稿编纂者所写,另一种则为修订者所写。《光绪志草》自开篇《历代沿革表》至《祠祀第十》等 10 类目有修订者修订痕迹,此后间有文字增删系原稿编纂者所留。《光绪志草》文本完整的内容即由这两种笔迹的内容共同构成,故本节在探讨《光绪志草》编修体例时将这两种笔迹的内容视为一个整体。《光绪志草》因未最后定稿,志书亦没有提供志书编纂"凡例",我们只能通过文本上现有的内容来加以推究。宁灵厅旧隶灵州,灵州有《灵州志迹》等传世,故《光绪志草》纂修多仿《灵州志迹》。

第一,本志属草创,虽编纂欲务求详而有体,但由于宁灵厅设置时间不长,加上文献资料缺乏,编纂体例、内容尚需要进一步充实、完善,故本志只能名之曰"志草"。

第二,在门类设置上,如前文所提及的,巴文认为,"《宁灵厅志草》的篇目明显参考了《〔嘉庆〕灵州志》"。① 实际上,《光绪志草》编目除了开篇之《宁灵厅历代沿革表》仿《灵州志迹》置于最前外,其他则完全袭用《乾隆甘志》。《光绪志草》不仅类目名称与《乾隆甘志》相同,编次也与《乾隆甘志》完全一致。

《光绪志草》比《灵州志迹》晚 110 年成书,故有时代特点之类目为《灵州志迹》所无。巴文曰:"光绪三十四年,甘肃省颁发新志条规,要各地增添新政门类,顺应了时代发展对方志编纂的要求。……而本志的《增采新章十条》设有:方言、户口、仓储、度支、乡镇、金石、厘税、实业、巡警、学堂等 10 目,则完整地再现了甘肃省要求各地增添的新政门类,它一方面使得我们能清楚地了解清末甘肃省的修志发展,另一方面也说明《宁灵厅志草》在门类设置上有所创新。"② 所以,《光绪志草》完全是按照甘肃省修志模式与要求来设置门类和编次的。光绪年间所修《敦煌县乡土志》卷二亦有"增采十条",包括:方言、户口、乡镇、厘税、实业、

---

① 巴兆祥:《日本藏孤本宁夏〈宁灵厅志草〉考述》,《宁夏社会科学》2002 年第 5 期,第 85 页。
② 同上文,第 86 页。

商务、矿务、巡警、学堂、碑记等。①

第三,《光绪志草》基本内容仿《灵州志迹》类目体之体例来编纂。《灵州志迹》每类先冠以小序,以明此类目设置之源流。《光绪志草》原稿小序很简单,有的甚至没有,修订者将其充实。如"疆域第四"原稿开篇即书宁灵厅设置之事,修订者于本类目首句前另补写"古者大司徒以天下土地之图,周知九州地域广轮之数者,盖必考疆域之广狭而知地利,然后教养之政可兴也。小而州县,何独不然"等句,修订者"必"字下原写"据图"2字,可能在润色时觉得这2字多余,故又以墨圈圈住,表示此2字应删。新增内容是对志书设置"疆域"之目进行溯源,显然使原稿内容更充实,也更符合古代修志之体例。

第四,编纂《光绪志草》时距宁灵厅建置仅36年,厅的历史文化积淀显然很不深厚,故《光绪志草》编纂时往往将宁灵厅历史都上溯至灵州时期,因无新的史料可采辑,部分类目内容完全取材自《灵州志迹》。这种情况下,对于《灵州志迹》材料有3种处理方法。一是全文抄录,说明材料出处为《灵州旧志》即《灵州志迹》。如《志草·星野志第二》开篇曰:"查灵州旧志云'灵州,秦雍之分,星野略与秦雍同'等语,宁灵既向属灵州,东北距州城仅七十里,其星野即与灵州同可知,今照录灵州旧志之采辑纪载可见者列于左。"②其后全部内容均抄录自《灵州志迹》卷一《星野志第二》。《志草·风俗第十九》开篇曰:"宁灵风俗与灵州同。今录灵州旧志采辑之节序、礼俗如左。"③其下内容均抄录自《灵州志迹》卷一《风俗物产第七》。二是将《灵州志迹》内容融入到所纂修内容之中,但对材料出处未加说明。如《志草·水利第十三》述及汉渠之源及其兴修历史,自"自青铜峡秦渠上流开口"句至"祝兆鼎重修东岸"句,全部抄录自《灵州志迹》卷二《水利源流志第十》,但其行文中未提及出处。三是只说明相关材料见《灵州旧志》,《光绪志草》不再把材料抄录出来。《志草·兵防第十二》载:"谨将绿营兵额之增减及营汛、塘墩之处所,详悉志之,以备筹边者之采择。至历代之兵防,灵州旧志载之甚详,毋庸赘录焉。"④《灵州志迹》卷四《历代边防事迹志第十七》记灵州自汉迄明发生的边患之事,《光绪志草》编纂者认为无须再赘述,故省。

作为宁灵厅"实录"的《光绪志草》,内容上显然不能全袭《灵州志迹》,这类《灵州志迹》所无的史料才是《光绪志草》最具研究价值的部分。如《志草·贡赋第十一》所列宁灵厅丁税、赋额及田亩等项详细的数据,"增采新章"之《度支第

---

① 参见巴兆祥:《方志学新论》第三章《方志发展史专题》,学林出版社2004年版,第157页。
② 胡玉冰、张煜坤校注:《光绪宁灵厅志草》,[清]佚名纂,上海古籍出版社2018年版,第298页。
③ 同上书,第249页。
④ 同上书,第242页。

四》所列官员俸禄构成及数额,这些资料当采辑自官府的公文、档案,均为第一手材料,价值不言而喻。部分史料源于编纂者自己的采辑,如《志草·艺文第三十五》所录"近今采访之碑传、序记",在原碑已不存的情况下,这些仅见于《光绪志草》的石刻材料就更显得珍贵了。

第五,《光绪志草》除了部分内容取材自《灵州志迹》外,在遣词造句、结构安排等方面也明显受《灵州志迹》影响。遣词造句上仿《灵州志迹》的例子,前文介绍《志草·公署第七》内容时已经举过,兹不再举。结构安排方面,如《灵州志迹》卷二《水利源流志第十》后附李培荣《南北涝河记》,《志草·水利第十三》亦附录。

第六,《光绪志草》某些类目内容有交叉、重迭现象,为避免行文重复,《光绪志草》于相关类目处加以说明,以示读者参互考订,以便省览。如《职官第二十四》载:"至岁俸之多寡,详后《度支》条。"①此提示读者,关于职官俸禄问题,参见其后"度支"类目。在"增采新章"第四条《度支》类目中,详细记载宁灵厅官员俸禄情况,故《志草·职官》不作赘言。"增采新章"之《金石第六》曰:"古昔碑碣,汇载前文艺类。"②因《志草·艺文第三十五》已录有关碑传资料,故此处亦不再重复。

第七,因宁灵厅地处偏僻,文献资料匮乏,往事阙不可考,故《光绪志草》中有虚设类目现象,以待日后补写。如《光绪志草》之《蠲恤第十五》《封爵第二十三》《忠节第二十八》《隐逸第三十》《流寓第三十一》《仙释第三十二》《方伎第三十三》等7类目后均无具体内容,《蠲恤第十五》类目只书:"灵州旧志未详,无从查考。"③其他6类目内容只书一"阙"字。这说明,《光绪志草》先将志书框架搭建起来,然后再分门别类进行内容采辑。无文献可征者暂时阙如,待日后补充、完善。

四 编修质量及其文献价值

(一)编修质量

《光绪志草》编纂存在诸多不足,主要表现在以下四个方面:

第一,在体例上有需要改进的地方。如《艺文第三十五》在注明作者信息时没有统一之规。"文"的部分,《河源记》注明"元潘昂霄",此为作者朝代、姓名,《重修边墙记》注明"巡抚赵时春",《峡口吟》注明"佥事齐之鸾",此为作者职官

---

① 胡玉冰、张煜坤校注:《光绪宁灵厅志草》,[清]佚名纂,上海古籍出版社2018年版,第253页。
② 同上书,第296页。
③ 同上书,第247页。

名、姓名,《峡口禹庙碑》则仅有文题,未注明作者。"诗"的部分,《峡口山》注明"张舜民",《青铜禹迹》注明"石茂华"等,这都只是作者的姓名,《倡和韵》注明"金匮杨芳灿蓉裳",这包括作者籍贯、姓名及号。"碑记"部分,第一篇《重修米谷寺碑记》注明"明成化十年",此当为碑文形成时间,第二篇《重修米谷寺碑记》注明"明庆王府左长史胡光,川南人,明隆庆元年",包括了职官名、姓名、籍贯、碑文撰写时间。《济胜泉记》注明"统带中路蜀军陕西陕安道黄鼎蜀川人",包括职官名、著者籍贯及姓名。

第二,内容上有需要调整、充实的地方。本志《忠节第二十八》原无具体内容,只书一"阙"字。而其后《孝义第二十九》所录张琮等人事迹,均见载于《宣统甘志》卷七二《人物志·忠节》,据本志书例,当将张琮等人归入"忠节"类,于"孝义"类正文书一"阙"字。而像《封爵第二十三》《隐逸第三十》《流寓第三十一》《仙释第三十二》《方伎第三十三》等均为虚设类目,相关内容则阙略无征。

第三,部分文字内容尚需要进一步修订。《光绪志草》原稿中还存在着部分误字,如《艺文第三十五》"皖军照忠祠记"之"照",据《光绪志草》前文可知当作"昭"。

第四,《光绪志草》前35类目与最后"增采新章十条"未能融合在一起,这就影响到了志书内容的完整性和统一性。

我们想要强调的是,评价《光绪志草》的编纂质量时一定要注意这样一个基本事实,即传世的《光绪志草》仅是草稿而已,如果其为定稿,则上述某些编纂质量问题或许可以被解决。所以,《光绪志草》文本存在诸多不足是可以理解的,我们不能苛求其编纂者按照规范的志书编纂要求去编纂,如果苛求的话,对于《光绪志草》编修者是不公平的。毕竟,《光绪志草》对于我们还是有重要研究价值的。

(二) 文献价值

《光绪志草》是传世汉籍中唯一一部宁灵厅专志,传本为稿本,现流失海外,目前所知仅存1部。作为海内外孤本文献,其本来面目至21世纪初才被中国学者所知,其自身价值尚待学者进一步去挖掘。《光绪志草》所记地域面积窄小,《志草·疆域第四》载:"宁灵四境面积约共二千四百九十方里。"[1]所记地域历史也很短暂,自同治十一年设置宁灵厅至光绪三十四年《光绪志草》成书,共36年(1872—1908)的历史。但这些都不影响《光绪志草》一书的价值。从历史价值方

---

[1] 胡玉冰、张煜坤校注:《光绪宁灵厅志草》,[清] 佚名纂,上海古籍出版社2018年版,第228页。

面看,《光绪志草》汇集了宁灵厅设置以后至光绪三十四年间政治、经济、文化、地理等多方面的一手材料。《光绪志草》多次提及清末宁夏金积镇回民马化龙起义之事,其"艺文"部分所录《揭告回逆状》等文献由于是当事人所述,史料可信度非常高。《光绪志草》编纂的这些史料对于研究清末马化龙起义无疑价值重要。志书中称义军起事为"马逆化潆以新教倡乱""花门乱作""回难"等,称起义组织者为"回首""贼首","马化龙"之名一律作"马化潆"。这些显然是站在统治阶级的立场上来对事件和人物进行评判,对于这样的立场和评价标准,自然应当批判。《光绪志草》记宁灵厅回族人口、学校教育、语言等资料显然是研究回族史的重要资料,"增采新章十条"所记对研究清末新政亦有积极意义。这些前文都已述及,此不再赘述。另外值得重视的是,《光绪志草》抄录自《灵州志迹》的材料,《艺文》所录诗文,都为整理相关文献提供了难得的他校材料。

第二节　青铜峡市《〔康熙〕新修朔方广武志》

一　整理与研究现状

《〔康熙〕新修朔方广武志》(本著作简称《康熙广武志》)2卷,康熙五十六年(1717)刊刻。《陇右录》《联合目录》《稀见提要》《宁夏目录》《甘肃目录》《总目提要》《中国古籍善本书目》等书目对该志都有著录或提要。① 关于《康熙广武志》的编修者,各家著录有不同。《陇右录》《稀见提要》著录为俞益谟纂。《联合目录》著录为高嶷修,俞益谟、俞汝钦纂。《宁夏目录》《甘肃目录》著录为俞益谟修,高嶷纂。《总目提要》著录为俞益谟、李品蕳修,高嶷等纂。《中国古籍善本书目》著录为高嶷、俞益谟纂修。据《广武志·姓氏》罗列的编修人员分工名单,按旧志署名惯例及《康熙广武志》实际内容,该志编修者署为"俞益谟、高嶷修,俞汝钦、李品蕳等纂"比较符合实际。

高树榆撰《宁夏方志录》《宁夏方志评述》等论文对《康熙广武志》都有提要式

---

① 《陇右录》引《〔乾隆〕中卫县志》,著录《康熙广武志》为佚书。盖因张维未及见甘图藏书,故有此说。《稀见提要》卷四《朔方广武志》提要中,"向附镇志"误作"向附朔镇起","办苗纪略"误作"辨苗纪略","城池边墩图"误作"城池边埻图"。罗列校阅者姓名时,"贺尔康"误作"贺士康",漏"宋良能""杜景奇"。《甘肃目录》将作者名"俞益谟"误作"愈益谟",又著录馆藏有1961年抄本。笔者查验原抄本,扉页题记时间落款是1957年。

介绍。马力撰《〈朔方广武志〉与俞益谟其人》、吴晓红撰《康熙〈朔方广武志〉考》是专题研究《康熙广武志》者。曾文俊撰《俞益谟生平事略》较早对俞益谟生平进行专题研究。胡迅雷撰《清代名将俞益谟》《清代广武俞氏家族》两文主要利用《康熙广武志》资料，对俞益谟等人的身世、政绩、著述等进行评述。田富军对俞氏家族及其著述研究最勤，论文成果有《清代宁夏籍湖广提督俞益谟著述考》《清代宁夏籍湖广提督俞益谟生平考》《清代宁夏籍湖广提督俞益谟家世考》（二作）、《清代宁夏籍湖广提督俞益谟〈青铜自考〉卷十一校勘札记》（二作）、《试罢吴钩学咏诗——清代宁夏籍湖广提督俞益谟诗词的思想内容探析》（一作）、《清代宁夏籍湖广提督俞益谟〈青铜自考〉版本论略——兼论台湾抄本的价值》等，作者利用最新的资料特别是俞益谟著《青铜自考》《办苗纪略》等，对其生平、著述、家世等问题进行详细的梳理和评述，多有新见。田富军、杨学娟整理的《青铜自考》由上海古籍出版社2012年正式出版，《办苗纪略》的整理成果亦将出版。

《康熙广武志》康熙五十六年（1717）刻本仅见藏于甘图，孤本传世。1957年，该馆据刻本抄录为2册传世。1965年，该馆又有油印本1册传世。宁图亦据甘图抄本油印。1988年，天津古籍出版社据甘图1957年抄本影印，编入《宁夏历代方志萃编》。1993年，宁夏人民出版社出版吴怀章校注《康熙朔方广武志》。该校注本以甘图藏抄本为底本，以原刻本、宁图油印本、中卫市抄本为参校本，以《乾隆宁志》《民国朔志》《〔乾隆〕中卫县志》等为他书文献，对原书进行标点、注释、校勘、补遗。该整理本为学者利用《康熙广武志》开展学术研究提供了方便，但由于整理者所据资料有限，特别是没有利用俞益谟传世著作，致使整理本中某些问题没有得到合理解决。如《康熙广武志》下卷《适可园记》一文亦见载于俞氏《青铜自考》卷十，据《青铜自考》录文可校《康熙广武志》之脱文。北京大学图书馆藏康熙四十六年（1707）余庆堂刻本《青铜自考》卷十录文题为《适可园亭记》，据其文所载内容可知，《康熙广武志》题目"园"下脱"亭"字。《广武志·适可园记》开篇有多处脱文，原作"无心□□□，人情不见其适者，由□□□不适，此适可园亭之所以□□。□□□亭适可，构不求精"。[1] 据《青铜自考》可一一补足，当作"无心而遇之谓适，事不求备之谓可。人情不见其适者，由于不见其可。无往不可，则无往不适，此适可园亭之所以名也。园适可，地不求广；亭适可，构不求精"。《康熙广武志》最新整理成果为上海古籍出版社2018年版田富军校注本。作者以甘图藏康熙五十六年（1717）刻本为底本，以天津古籍出版社1988年

---

[1] 田富军校注：《康熙新修朔方广武志》，[清] 俞益谟、高嶷修，俞汝钦、李品麟等纂，上海古籍出版社2018年版，第504页。

版《宁夏历代方志萃编》影印本为参校本,部分整理成果参考了吴怀章整理本。

二 编修者生平

《康熙广武志·姓氏》罗列了先后参与过《康熙广武志》编修的12人分工名单,总裁为俞益谟,李品嵇为续笔者,纂修者为高巎、贺遇隆、雷起潜等3人,编辑者为俞汝钦、李元臣等2人,校阅者为贺尔康、陈三恪、宋良能、杜景奇等4人,监刻者为张继程1人。

(一)俞益谟、俞汝钦

1. 俞益谟

俞益谟(1653—1713)字嘉言,号澹庵,别号青铜,祖籍直隶河间府(今河北河间县),后迁居宁夏西路中卫广武营(今宁夏青铜峡市),官至湖广提督,有文武才。其生平资料详见《康熙广武志》卷下《俞都督益谟墓志铭》(俞长策撰)。[①] 俞益谟门人马见伯等曾编写并刊刻有《青铜君传》。《康熙广武志》卷上《乡贤志》和《武阶志》、《〔乾隆〕中卫县志》卷六《献征表》、《乾隆宁志》卷一三《人物·乡献》、《民国朔志》卷一六《人物志·乡宦》等均有《俞益谟传》。《清实录·圣祖仁皇帝实录》等文献中亦散见有俞益谟事迹。宁夏博物馆藏有俞益谟副室秦氏墓志铭,子俞汝亮撰文,是非常珍贵的研究俞益谟家世的一手材料。[②]

据《俞都督益谟墓志铭》等文献记载,俞益谟康熙十一年(1672)中壬子年武科解元,十二年(1673)中癸丑科进士。十四年(1675),正式从军,从提军陈福,平朱龙、陈江之乱,功授柳树涧堡守备。十八年(1679),奉檄进征汉蜀有功,授左都督,管达州游击事。二十六年(1687),升广西郁林参将。三十一年(1692),特简两江督标中军副将。时噶尔丹犯顺,康熙皇帝拟亲统西征。三十四年(1695),奉诏陛见,随军出征,初配粮运,继充前锋。因战功,于第二年即三十五年(1696)升授山西大同总兵官。[③] 四十一年(1702)二月十二日,钦赐俞益谟御书"焜耀虎符"匾额,以示恩宠及褒奖。四十二年(1703),湖广总督郭

[①] 《康熙广武志》录文有缺文,《民国朔志》卷二八《艺文志》录文较全。
[②] 《宁夏历代碑刻集》将此墓志命名为《清俞益谟母秦氏之墓》,显误。国图藏拓片题名为《俞益谟妻秦慈君墓志》。
[③] 田富军、杨学娟根据俞益谟著述《青铜自考》等资料考证认为,俞益谟康熙二十七年(1688)升广西郁林参将,三十二年(1693)特简两江督标中军副将,三十五年(1696)奉诏陛见,三十六年(1697)升授山西大同总兵官。参见田富军、杨学娟:《俞益谟及其〈青铜自考〉》,载《青铜自考》,上海古籍出版社2012年版,第9—10页。

琇折奏湖广提督林本植所部标兵公行焚劫,康熙遂将林本植解职,补授俞益谟为湖广提督。同年十一月初四,俞益谟奉旨出兵抚剿红苗。四十三年(1704)正月,抚平"红苗之乱"。同年,俞益谟根据其抚剿红苗始末编成了《办苗纪略》,于四十四年(1705)刊行。

  俞益谟的仕途也并非一帆风顺。康熙四十五年(1706)二月,刑部议复康熙四十二年(1703)湖广提标兵丁抢掠当铺一案,俞益谟徇隐不行报参及报参不实,被降二级留用。四十六年(1707)二月,兵部等衙门议奏"湖广土司田舜年一案",俞益谟又被降一级,罚俸一年。同年,俞益谟《青铜自考》刊行。四十八年(1709)九月,巡抚赵申乔参劾俞益谟"抽调衡协兵丁三十五名,以致营伍空缺"等事。① 四十九年(1710)正月,俞益谟亦上疏参劾赵申乔。七月,兵部议复会审结果,认为俞、赵"所参俱实",应将二人革职,康熙下旨:"俞益谟着休致,赵申乔着革职留任。"② 俞益谟回乡后关爱民生,并倡议编修《康熙广武志》。五十二年(1713)三月,康熙皇帝六十大寿,谕示:年60以上获罪官员,凡来京庆寿者,俱着给予恢复原品,并分别赐宴于畅春园正门前。俞益谟闻讯赴京贺寿,不料大庆之日,竟溘然长逝,年60。葬于广武城西南6里之荫子山,③广武士绅兵民怀念俞益谟的功绩,在青铜峡神禹洞侧,建有"青铜君祠"以示纪念。

  俞益谟为官期间,"修渠堰以惠桑梓,捐经史而开来学,敦本族,扶孤幼,建义学,置义田,周急救难,义全死生,种种芳行,美不胜书"。他不仅长于政事、武功,亦善于文。《康熙广武志》卷上《乡贤志·俞益谟》载:"性好读书,政事之余,手不释卷,著有《青铜自考》《道统归宗》《办苗纪略》等书行世。"④《〔乾隆〕中卫县志》卷六本传载,俞益谟"性喜文学,多延博雅之士,于所至辄为诸生课文讲学,暇则集宾友考占为诗义"。⑤《乾隆宁志》卷一三本传载,俞益谟"少英敏,既为官,益务折节读书,雅近文士。能诗文,军中每手草露布,词理可观。慷慨好施予,尝购书贮学宫,资后进讲读"。⑥《康熙广武志》卷下录俞益谟撰《重修牛首山正顶说

---

  ① 《清实录》:《圣祖仁皇帝实录》卷二三九,中华书局1985年版,第382页。
  ② 同上书,第410页。
  ③ 今宁夏青铜峡市青铜峡镇三趟墩村西南1公里有清代荫子山俞氏墓,占地面积约10万平方米,地面建筑全毁,建筑遗迹尚存。俞益谟墓地在青铜峡镇园林村东北5公里,墓地附近有其叔俞君宰夫妇墓。参见国家文物局主编:《中国文物地图集》,宁夏回族自治区分册,文物出版社2010年版,第300—301页。
  ④ 田富军校注:《康熙新修朔方广武志》,[清]俞益谟、高嶷修,俞汝钦、李品禧等纂,上海古籍出版社2018年版,第482页。
  ⑤ 韩超校注:《乾隆中卫县志》,[清]黄恩锡纂修,上海古籍出版社2018年版,第100页。
  ⑥ 胡玉冰、韩超校注:《乾隆宁夏府志》,[清]张金城等修纂,中国社会科学出版社2015年版,第313页。

法台并制藏经碑记》一文也谈到:"余自总角读书,稍长就童子试,……庚辰秋杪,余以先大夫茔域故乞疏归省,酬应仆仆,弗胜其扰。"①康熙三十九年(庚辰年,1700)俞益谟回家乡,得知牛首山寺在三十五年(1696)发生火灾,寺庙尚未完全修葺好,于是主动向住寺僧人含朴、印台等人提出捐资修寺。工程竣工后,僧人函告俞益谟,他的捐款还有一半未用完,能否用其购买经书藏于寺中?"余曰:'金出于囊,余无复问,听僧为之。'印台复诣南京,购三教经书、子史千数百卷,贮以阁。至是,余提督楚军,僧复以成功备藏闻,且并请记勒石,以昭来兹。"②

俞益谟的《道统归宗》《办苗纪略》《青铜自考》等著作在《康熙广武志》《〔乾隆〕中卫县志》等文献中被述及,以前学者多认为著作都已亡佚。实际上,除《道统归宗》外,其他两种仍有传世。《办苗纪略》康熙四十四年(1705)刻本藏于北京大学图书馆,孤本传世;北大还馆藏有《青铜自考》康熙四十六年(1707)刻本、四十八至五十二年(1709—1713)间抄本,台湾中研院史语所亦藏有一种清抄本。③ 另外,国图藏清抄本《振武将军陕甘提督孙公思克行述》亦为俞益谟撰写。

《广武志·姓氏》罗列《康熙广武志》"总裁"为俞益谟,且"鉴定"该志,从《康熙广武志》所记看,俞益谟参与过该志的编修工作应该是可信的。《康熙广武志》卷上《义志》载:"俞汝钦曰:'向承纂辑诸公,以家慈事实录入《孝志》,先大夫不允。'"④这说明,编修《康熙广武志》时,俞益谟对其内容曾起过把关作用。《康熙广武志》卷下录有俞益谟《咏百八塔》《广武八景》《过大清闸》等诗10首,《两义君传》《适可园记》《重修广武关夫子庙碑记》《重修牛首山正顶说法台并制藏经碑记》等文4篇。

2. 俞汝钦

俞汝钦,⑤俞益谟子,一名汝敬,字念兹,生卒年不详。《康熙广武志》卷上《学校志》载,康熙三十八年(1699),中己卯年武科举人,亚元(即乡试第二名)。《乡贤志》有专传,但资料甚简,载其因南河功授按察司副使。《〔乾隆〕中卫县

---

①② 田富军校注:《康熙新修朔方广武志》,〔清〕俞益谟、高嶷修,俞汝钦、李品崶等纂,上海古籍出版社2018年版,第509页。

③ 田富军考证认为,北大藏抄本当为清康熙末至雍正年间抄本(十二卷);另外,中国科学院国家科学图书馆还藏有清康熙末至雍正年间余庆堂刻本(十二卷)。参见田富军:《清代宁夏籍湖广提督俞益谟〈青铜自考〉版本论略——兼论台湾抄本的价值》,《图书馆理论与实践》2012年第11期,第93—97页,转第107页。

④ 田富军校注:《康熙新修朔方广武志》,〔清〕俞益谟、高嶷修,俞汝钦、李品崶等纂,上海古籍出版社2018年版,第485页。

⑤ 《乾隆宁志》卷一五《人物·武举》人名误作"俞如钦"。

志》卷七《选举表》同。

结合《康熙广武志》资料看,俞汝钦是志书两"编辑"之一,《康熙广武志》卷上《城池志》《建置沿革志》《风俗志》《忠志》《义志》之后都附有"俞汝钦曰",可见他的确参与到志书的编修活动当中,且是重要一员。俞汝钦于康熙五十六年(1717)所写《〈新修朔方广武志〉序》载:"言犹在也,志犹存也。志尚未刊,而先大夫已逝五载矣!余与诸先生谋,莫不乐从先大夫志,余安敢惜其费而忘其言、委其志不董其事乎?敬附梓人,因以是序。"①故知,俞汝钦直接促成了《康熙广武志》的刊行。

《康熙广武志》卷下录俞汝钦《神禹洞鼎建殿宇圣像碑记》《余庆堂捐建义学义田记》《积庆祠堂设立祭田志》等文,前两文说明他遵父命建造殿宇、修建义学之事。《康熙广武志》卷上《桥闸志》还记有俞汝钦捐资整修黄行桥,修成后改名"庆远桥"事。俞汝钦另有《都可观赋》《咏新月岩》《咏白电峰》等诗赋收入《康熙广武志》卷下。

(二) 其他人员

参与《康熙广武志》编修活动的人员当中,贺遇隆与贺尔康为父子关系。校阅者贺尔康、陈三恪、宋良能、杜景奇等4人均为宁夏等卫儒学生员。据《〔乾隆〕中卫县志》卷七《选举表》、《乾隆宁志》卷十四载,贺尔康为乾隆二年(1737)乡贡生,任镇安训导。《乾隆宁志》卷一三《人物乡献》载,贺尔康为贺遇隆子,"修《镇安志》未成,没于官署"。② 其他3位生平不详。监刻者张继程官候选府经历司,生平事迹亦不详。

宁夏等卫儒学廪膳生员李品嵇为续笔者,《〔乾隆〕中卫县志》卷七《选举表》、《乾隆宁志》卷一四载其为雍正三年(1725)商学乡贡生。所撰《千金渠碑记》收入《康熙广武志》卷下,详述俞益谟捐资修建千金渠(旧名石灰渠)一事。据碑记可知,李品嵇与俞益谟同乡,亦为广武人。

《康熙广武志》"纂修"者为高嶷、贺遇隆、雷起潜等3人。《康熙广武志》卷上《学校志》载,高嶷于康熙四十一年(1702)中壬午科文举人,四十八年(1709)拣选知县。《乾隆宁志》卷一四《人物·举人》载,高嶷任朝邑教谕。《康熙广武志》卷上《学校志》载,贺遇隆为康熙三十五年(1696)岁贡生,后候选训导。雷起潜为例

---

① 田富军校注:《康熙新修朔方广武志》,〔清〕俞益谟、高嶷修,俞汝钦、李品嵇等纂,上海古籍出版社2018年版,第459页。
② 胡玉冰、韩超校注:《乾隆宁夏府志》,〔清〕张金城等纂修,中国社会科学出版社2015年版,第319页。

监生，考授州同知，所撰《募化六塘岭穿井疏引》一文收入《康熙广武志》卷下，记其倡议捐资于广武六塘岭打井抗旱事。

《康熙广武志》另一位"编辑"为李元臣，卷上《武阶志》有传，曰："由武生从戎，有功，授千总。俸满，兵部引见，启奏详明，特用固原卫掌印守备。"①并兼理屯田事。

三 编修始末及编修方法

传世的《康熙广武志》是由俞益谟倡议编修，由李品翯、高嶷、俞汝钦等纂修。由前引俞汝钦于康熙五十六年（1717）所写《〈新修朔方广武志〉序》可知，志书可能于康熙五十二年（1713）即俞益谟去世之年已经编成，但当年未正式刊行。4年后，即康熙五十六年（1717）《康熙广武志》才正式刊刻行世。

关于《康熙广武志》编修缘由，该志《凡例》载："广武营汛城堡，旧无专志，向附镇志，志其大略。今以孳生蕃衍，人文蔚起，多有可志者。且有因革利弊，虞后无稽，特为另志，以记事也。非敢妄为作述，以紊旧制。"②由此可见，该志的编修主要有两大原因。第一，作为地方来讲，广武城于明英宗正统九年（1444）就存在了，距编修志书之时有270年左右的历史，关于地方政治、经济、人文等事一直无专志记载，诸事只见载于宁夏地方志书中，且只存大概，因此，需要有一部专志来详志诸事。第二，广武历史上有很多值得总结的地方，把这些历史经验记载下来，对于后人来讲无疑是一笔宝贵的精神财富。故俞益谟等起意要编修广武志书。

志书编修方法在《凡例》中也有说明。关于取材，"广武创志无征，悉皆录之镇志，或询诸故老，或考之碑碣，再三究核，务得确实。凡一切虚诞无稽之语，概不敢录"。③也就是说，志书以已有的宁夏志书为主要取材对象，同时，也注意向有一定知识经验的老者咨询，实地调查取材。另外，对于地方历史，还尽量利用第一手的碑石资料进行考证。凡入志者均要言之有据，持之有故，且忌虚诞无稽之语。《康熙广武志》在辑录人物或地方事迹时与其他史书"善恶并书"有所不同，主要以记善为主，"志善隐恶。……然其志善之处，未尝不寓惩恶之意，志善即所以警恶也"。④同时，对于善事的记载是有原则的，即"寓千百世之褒美，不可以贫贱而忽之，不可以富贵而谀之。忽之、谀之，均其失也，

---

① 田富军校注：《康熙新修朔方广武志》，[清]俞益谟、高嶷修，俞汝钦、李品翯等纂，上海古籍出版社2018年版，第483页。

②③④ 同上书，第461页。

慎为鬼神所忌"。① 为省笔墨，避免重复，《康熙广武志》行文采用互见笔法提示读者参见内容。如卷上《建置沿革志》"宝田庄"条载："宝田庄，附城东郊，门楼题额'都可观'三字。康熙五十六年建。主人俞汝钦有赋，见《词翰》。"②卷下载俞汝钦撰《都可观赋》全文，卷上就不必摘录。《武阶志》"俞益谟"条有"事功见《乡贤》"语，在《乡贤志》中有"俞益谟"专条，两志内容相合，即可算"俞益谟"完整的传记资料了。

正是在这些大原则的指导下，李品翯、高嶷、俞汝钦等人搜集各种与广武有关的文献资料，编成了广武地方专志，并且是唯一传世的广武地方专志，为后人了解、研究广武营提供了宝贵的专书资料。

四 内容及其史源

《康熙广武志》2卷，共88页内容。甘图藏刻本按卷分成上下两册，上册志书内容顺序如下。

俞汝钦《〈新修朔方广武志〉序》共3页，每半页5行，行14字。原序当有310字左右，但刻本内容严重残缺，无序题，第1页仅存9字，第2页56字，第3页存72字，共137字。现存内容不及原来的一半。落款为"时大清康熙岁次丁酉嘉平谷旦，乡武进士南河功授副使道加三级武城念兹俞汝钦撰"，③知该序由俞汝钦撰写于康熙五十六年（1717）十二月。落款后印有"俞汝钦印"阴文方印、"念兹"阳文方印。序后为《新修朔方广武志姓氏》共1页，记载参与编修《康熙广武志》者的分工、身份、姓名等。

此后为《康熙广武志》卷上《目录》，共2页。《目录》共列38目，包括《城池边墩图》《天文星宿分野图》《地理疆域志》《城池志》《建置沿革志》《坊表志》《风俗志》《山川志》《形胜志》《户口志》《屯田志》《赋役志》《水利志》《宦迹志》《兵马志》《官俸志》《粮饷志》《边墩志》《塘墩志》《隘口志》《边外水头志》《公署行署志》《演武教场志》《广武仓廒志》《学校志》《文武科贡监志》《乡贤志》《武阶志》《忠志》《孝志》《节志》《义志》《古迹志》《祥异志》《庙宇寺观志》《桥闸志》《茔墓志》《物产志》等。与正文所标目录名相比，有些类目名称有异。

《城池边墩图》，正文地图题为《广武疆域地理图》（本节简称《地理图》），图前

---

① 田富军校注：《康熙新修朔方广武志》，[清]俞益谟、高嶷修，俞汝钦、李品翯等纂，上海古籍出版社2018年版，第461页。
② 同上书，第471页。
③ 同上书，第459页。

配有50字的《广武图说》。从地图附着的各种信息看,不仅有城池、边墩,还有山、河渠、古迹、营堡等信息,故正文图题更符合地图内容实际。这部分内容相对独立,和其后的《地理疆域志》《城池志》《边墩志》《塘墩志》《隘口志》《边外水头志》等关系密切。《天文星宿分野图》,正文图题作《天文志星宿分野图》(本节简称《分野图》),多一个"志"字。《地理疆域志》之前的内容正是"天文志"内容,但未标目,故知,《康熙广武志》原本当有《天文志》类目。《屯田志》《边墩志》至《武阶志》、《古迹志》至《物产志》,正文标目均缺"志"字。另外,"粮饷志",正文作"兵丁粮饷志";"文武科贡监",正文作"文武科贡监生",其后又补"例监生"一类目名;"乡贤",正文作"乡献";"庙宇寺观",正文作"庙宇寺观庵祠"。

卷上《目录》后为《广武图说》《地理图》和《分野图》,共4页。前两部分内容共3页半,相当于有些旧志中的"图考",《广武图说》相当于《地理图》的绘图说明:"广武,宁夏西路营汛,右卫屯田地也。辖堡有三。贺兰尾屏于后,紫金峙侍于前,青铜锁秀,洪水湾缓,渠坝边墩,接连蜿蜒,图成佳画。"[1]从《地理图》看,它是宁夏旧志中单幅地图绘制篇幅最长的,一般地图最多占雕版的一整页,而这幅竟占了3页半,蜿蜒成图,非常壮观。此图方位未标出,经查,与现代地图"上北下南,左西右东"的方位习惯不同,而是"上西下东,左南右北"。本图用投影法绘制,各页逐次相连翻看,相当于坐北朝南,自上而下俯视广武。

《分野图》用简单的符号绘制出井宿、鬼宿、尾宿、柳宿等四星宿图,原本应该附于天文志正文之前,但编辑者把它绘制在《地理图》最后半页图之后,这可能是为了节省纸张。图后为《朔方广武志凡例》6条,共2页,说明《康熙广武志》编辑缘由及编修原则、方法。

《凡例》后即为卷上正文,共31页,每半页8行,行18至20字不等。《康熙广武志》各志内容一般都比较简略,少者如《户口志》《屯田志》《官俸志》,都不足30字,多者如《建置沿革志》,不过300字。从史源角度看,部分内容与明朝万历四十五年(1617)杨寿等纂修的《万历朔志》关系密切,更多的内容则是编修者的第一手调查资料。

《天文志》星宿图与正文内容当辑录自《万历朔志》卷一《天文》,但部分内容有异。《万历朔志》卷一《天文》原作"井八度三十四分九十四秒,入鹑首之次辰在未",《康熙广武志》却作"井三十一度,鬼二度十八分,入鹑火、鹑尾之次,

---

[1] 田富军校注:《康熙新修朔方广武志》,[清]俞益谟、高嶷修,俞汝钦、李品鬻等纂,上海古籍出版社2018年版,第466页。

于辰在未",①不知其何据。

《地理疆域志》记广武东西南北四至距离,还有到陕西省会、都城的距离。《康熙广武志》载,广武至宁夏即今银川160里,此同《万历朔志》,而《弘治宁志》《嘉靖宁志》载,广武至宁夏140里。

《城池志》记载广武自明朝正统九年(1444)正式设城后的修筑史,所记嘉靖四十年(1561)六月广武发生地震后李世威修筑城池一事不见载于他书,资料非常珍贵。本志后附有俞汝钦按语,指出现在广武城已经是城渐崩、池早平、楼已无,远不如昔日,希望当权者尽快再次对广武旧城进行修筑。

《建置沿革志》"青铜镇""宝田庄"两条资料,均系编辑亲自调查的资料,他书未载。《坊表志》"靖鲁"坊,《万历朔志》原作"靖虏"。清朝是少数民族入主中原,为避讳,清初文献中常常避"胡虏""夷狄"等字词,"靖虏"改作"靖鲁"显系避讳。

《山川志》记紫金山、金积山等11处大山与广武城的距离,及与此山有关之传说。"回军山"条内容被《〔乾隆〕中卫县志》卷一《地理考》采用。《形胜志》载:"西河要冲。古迳。山环河绕,密迩边塞,为灵、夏之襟带,实固、靖之藩屏。"②《弘治宁志》《嘉靖宁志》《万历朔志》描述广武形胜时均载其为"西河要冲",且均注明其出处为《新志》,具体书名不详。《康熙广武志》显然也是从明朝志书中辑录的资料,又据实情补充部分内容。《水利志》只记千金渠的兴修过程,实际上就是为俞益谟的善行树碑立传。

与广武有关的"宦迹",在《弘治宁志》《嘉靖宁志》《万历朔志》都有资料可辑。《弘治宁志》录种兴至安国等13人姓名及职官名,《嘉靖宁志》增加至19人,除姓名、职官名外,部分官员还录其籍贯、任职时间。《万历朔志》又增加至56人,最晚一位是万历四十三年(1615)任广武游击的吴自勉。《康熙广武志》在明朝文献的基础上,又新增加明朝在广武任职者15人,清朝任职者17人,所记任职时间最晚的官员是康熙五十三年(1714)任职的李士勤。

《学校志》《文武科贡监志》(例监生)、《乡贤志》《武阶志》《忠志》《孝志》《节志》《义志》等志所载内容多未见载于其他文献。有8人入《乡贤志》,17人入《武阶志》,1人入《忠志》,3人入《孝志》,3人入《节志》,2人入《义志》。

有9处古迹入《古迹志》。《祥异志》所记嘉靖、万历年间地震事辑录自《万历朔志》,新补充了清朝发生的7件"祥异"。有5处坟墓入《茔墓志》。《物产志》录

---

① 田富军校注:《康熙新修朔方广武志》,[清]俞益谟、高崶修,俞汝钦、李品箸等纂,上海古籍出版社2018年版,第469页。

② 同上书,第472页。

12类广武物产，个别物产还有小注说明。如《木类》"柽柳"条下注："'柽'音'称'，《尔雅翼》：'天将雨，柽先起气应之，因名雨师。'"

《康熙广武志》下册即卷下相当于"艺文"专卷，共录诗文43篇，有独立的目录，共2页。正文共43页，每半页8行，行20字。艺文可代表一地人文之盛，《康熙广武志》不滥载诗文，其编选方法是："必以有关于世道人心者录之。一切油腔滑调、琐屑不经之词，概不入载。"①本卷录诗22首，赋1篇，传记10篇。募引1篇，为雷起潜作。此后是俞长策撰写的《俞都督益谟墓志铭》1篇。

卷下最后录"驰封"，即皇帝的制诰。清朝皇帝下发给个人的制诰数量非常多，很多方志一般都不会录入，《康熙广武志》之所以把这类文献编入志中，主要是因为"惟兹弹丸，承宠无多，可以入志，用彰君恩，以励臣节"。②原来，编辑者认为广武营地域很小，皇帝下赐的制诰数量很有限，把这些数量有限的制诰编入志中，一方面彰显皇帝的"天恩"，另一方面也可激励地方臣民。卷下《目录》统计"驰封"为6道，正文中实际录有8道。其中4道是"驰封"俞氏家族的，另外4道分别"驰封"张振声夫妻、张祯夫妻、贺遇隆夫妻、贺尔德夫妻。张振声、张祯为父子关系，贺遇隆、贺尔德为父子关系。"驰封"前两家的制词与后两家的相同，故《康熙广武志》以"同词"代之，不再录全文，以省笔墨。

五 编修质量

参与编修《康熙广武志》的基本上都是广武当地读书人，以俞氏父子为主。从编修方法看，《康熙广武志》基本遵从了方志编修的要求，组织了分工明确的编辑队伍，制定了志书编修的原则和基本方法。从志书体例看，设置了类目，编制有《凡例》《目录》，绘制有专题地图，体例基本完备。但也有归类不当的现象，如把马、骡、牛、羊等家畜入《物产·兽类》，殊不为妥。从内容看，与广武有关的历史、地理、军事、人文、艺文等资料记载得比较丰富、全面，有很多资料都是他书未载的，许多资料都与志书编辑者密切相关，可信度较高。当然，由于与广武有关的文献资料比较少，加上受纂修人员学识水平所限，《康熙广武志》编修也存在一些问题，突出表现在资料疏漏与文字错误上。

明朝编修的《弘治宁志》《嘉靖宁志》《万历朔志》等宁夏旧志中保存的与广武

---

① 田富军校注：《康熙新修朔方广武志》，[清]俞益谟、高嶷修，俞汝钦、李品翯等纂，上海古籍出版社2018年版，第461—462页。

② 同上书，第462页。

有关的资料较多,但《康熙广武志》编修过程中,某些类目的内容中疏漏了旧志中的资料,详今略古。如关于广武城的设置,《嘉靖宁志》卷三中卫属城"西路广武营"条载:"本伪夏兴州地。正统九年,巡抚、都御史金濂以其地当西路适中,平衍无据,兵欠联络,始奏筑城。摘中护卫,即今中屯卫,并右屯卫官军居之,以都指挥守备。成化五年,改守备为协同分守西路,又调西安、宁羌、凤翔等卫所官军轮班备御。城周回二里。成化九年,协同陈连拓之为三里。弘治十三年,巡抚都御史王珣又拓之为四里。高二丈五尺,池深一丈五尺,阔四丈,南门一,上有楼。"①《康熙广武志》卷上《城池志》所载内容中,涉及到正统九年(1444)、成化五年(1469)、弘治十三年(1500)与广武有关史事,成化二年(1466)史事,及王珣修筑城池的规模都未涉及。补充了嘉靖四十年(1561)广武修筑事。两相比较,《康熙广武志》显然是有疏漏的。再如,《康熙广武志》卷上《宦迹》载清朝任广武游击者共15人。考《乾隆宁志》卷十《职官》载,张文远于顺治十六年(1659)、顾尔正于顺治十七年(1660)都曾任广武营游击,而《康熙广武志》却漏载此2人。《康熙广武志》文字辑录上的错误校注者虽然有所纠正,但有的仍然存在。如据《万历朔志》卷二可知,罗保于嘉靖"二十二年"任职协同,《康熙广武志》卷上《宦迹》误作"二十三年";裴尚质、张维忠、汪廷佐、季永芳等4人名字,《康熙广武志》分别误作裴上质、张继忠、王廷佐、李永芳。

就资料本身来看,《康熙广武志》也有信息资料前后不一致的地方,特别是正文内容与地图内容多有不相吻合之处。《边墩志》《塘墩志》《隘口志》《边外水头志》《桥闸志》等志内容可与《地理图》参照来看,但部分正文文字表述与地图绘制的信息有异。如从地图上看,按由北往南的排列顺序,边墩中观音口、镇边、定羌3处紧密依次相接。正文中边墩的排列顺序很显然也与地图相同,由北往南依次记载,但上述3边墩的排列次序变成了定羌、观音口、镇边,且三者不是紧密依次相接,中间各插入了其他的边墩。地图中未绘制"得胜墩",正文中却罗列有此墩。正文中的"寺井儿""寺井儿小",《地理图》中标示作"寺儿井""小寺儿井"。正文中的"铁筒堡",《地理图》中标作"铁桶堡"。6处边外水头,有4处名称有异。正文中的红柳清、倒树泉、磨儿山、红山水,地图中标出的名称分别是红柳沟、倒水泉、木耳山、红山。根据《万历朔志》所附《西路图》,"红柳清"当作"红柳沟"。根据《地理图》"水头"标示特点,"红山水"当作"红山"。《桥闸志》中记载上水闸、退水闸各有4道,上水闸分别为拦河闸、李祥闸、赵行闸、上沙渠闸,退水闸分别为永安闸、双闸、小闸、拖尾闸,但《地理图》从渠口堡往北,绘制的自南往北

---

① 邵敏校注:《嘉靖宁夏新志》,[明]管律纂修,中国社会科学出版社2015年版,第183页。

的闸共6道,依次是求安闸、拦河闸、吴家闸、小闸、流沙闸、古稍闸。据《〔乾隆〕中卫县志》卷一《地理考·水利》"渠口广武堡石灰渠"条载,上下水闸名同《康熙广武志》正文内容。《庙宇寺观志》中"观音台""青铜君祠",《地理图》中分别标示为"观音阁"和"青铜祠"。

六 文献价值

明朝为边防计,于正统九年(1444)正式设广武营,它相当于一座有屯田戍守功能的营堡。《康熙广武志》作为该营堡的专志,是今宁夏现存唯一一部独立成书的基层乡级志,具有较高的史料价值。

首先,广武营屯田、赋役、水利、兵马、粮饷等材料在其他文献中罕有记载,《康熙广武志》的记载,对于了解和研究正统九年(1444)至清初宁夏边塞的情况,以及军屯经济和赋税制度等,都具有一定的史料价值。

其次,与广武营有关的资料在明朝宁夏旧志中虽然有记载,但多散见于各类目中。《康熙广武志》把这些资料多集中辑录,特别补充了大量清朝广武营资料,这就形成了较为完整的广武志资料。此后有关文献在编辑时多从《康熙广武志》中取材。如《〔乾隆〕中卫县志·凡例》载:"广武旧隶宁郡,今设县后,已入中邑版图。所有田土、贡赋、差役、户口、山川、艺文,俱因《广武志》汇载之。"[①]卷八《古迹》"秦王古渡"、《杂记》"大佛寺铜钵"等两条中均注明其资料出处就是《康熙广武志》。《杂记》"金牛池""地涌塔"与"义人冢",虽没有注明其史料出处,但很明显,前两条就是袭自《广武志·古迹志》,第三条袭自《广武志·祥异志》所载内容。

第三,《康熙广武志》相当多的内容都与当地望族俞氏有关,俞氏家族特别是俞益谟的文武功德在《水利志》《学校志》《坊表志》《乡贤志》《武阶志》中都有记载。《康熙广武志》有8人入《乡贤志》,5人是俞氏家人;3人入《孝志》,其中一位为俞益谟妻张氏;3人入《义志》,其中一位为俞益谟母赵氏。有5处坟墓入《茔墓志》,其中4处为俞氏家族墓。"艺文"中俞氏族人作品更是占了大部分,录诗共22首,俞益谟有10首入选其中,其子俞汝钦有2首入选,另有3首歌颂俞益谟之父俞君辅的诗歌也入选。传记共8篇,俞益谟有4篇入选,俞汝钦有1篇入选。赋1篇,记志2篇,均为俞汝钦作。录"赀封"8道,有4道是"赀封"俞益谟曾祖俞大河夫妻、祖父俞天义夫妻、父俞君辅夫妻、俞益谟

---

① 韩超校注:《乾隆中卫县志》,[清]黄恩锡纂修,上海古籍出版社2018年版,第11页。

夫妻。这些资料对于研究广武俞氏家族显然是很宝贵的资料。但这也成为《康熙广武志》辑录资料的一大缺憾，即俞氏家族之外的史事被有意无意地忽略了。

第三节 盐池县《〔光绪〕花马池志迹》《〔民国〕盐池县志》

盐池县旧志传世者有《〔光绪〕花马池志迹》《〔民国〕盐池县志》等2种。文献记载尚有《花马池考》1种，惜其不传。

《千顷堂书目》卷八、《明史》卷九七《艺文志》均载，杨守谦著有《大宁考》1卷，又《紫荆考》1卷，又《花马池考》1卷。[①] 杨守谦字允亨，徐州（今江苏徐州市）人。《明史》卷二〇四、《江南通志》卷一四四、《山西通志》卷八五等有传。其父杨志学，字逊夫，弘治六年（1493）进士。《大清一统志》卷七〇载，嘉靖十年（1531）巡抚宁夏。《乾隆甘志》卷二七《职官》载杨志学任巡抚宁夏都御史。同书卷三〇《名宦》载，杨志学以右副都御史巡抚宁夏，奏改税粮，以苏民困。创筑威远、平远、靖远三堡，以遏寇路，民皆德之。累官刑部尚书，卒，谥曰康惠。

杨守谦为杨志学长子。守谦登嘉靖八年（1529）进士。擢巡抚山西。十五年（1536）移抚延绥。二十九年（1550）移抚保定，以勤王获罪。卒，隆庆初赠兵部尚书，谥曰恪愍。

一 《〔光绪〕花马池志迹》

《〔光绪〕花马池志迹》二卷，传世本为抄本，据该志所载内容看，最早于光绪三十三年（1907）修成，监修者很可能是时任花马池州同的胡炳勋。

（一）整理与研究现状

《陇右录》《联合目录》《宁夏目录》《甘肃目录》《总目提要》等方志书目对该志

---

① 张维《陇右方志录补》引《明史·艺文志》载文，著录佚书《花马池考》一卷，著者为明嘉靖时总督杨守礼。张维误引文献，著录著者名显误。

都有著录或提要。① 高树榆撰《宁夏方志评述》一文对该志有简单著录；所撰《宁夏方志录》《宁夏回族自治区地方志述评》等文对该志有提要式解题。陈永中撰《盐池县的几种志书》对《花马池志迹》编修时间、内容、史源、评价等问题进行了探讨。许成《盐州城考略》、陈永中撰《古盐州州址(兼考灵盐道路)——与许成同志商榷》两文利用《花马池志迹》等文献记载对盐州城故址所在地展开争鸣。

《花马池志迹》原抄本见藏于甘图、甘肃省博物馆、浙江省图书馆等处，未见有刻本传世。1965 年，甘图油印一册本传世。宁图亦有油印本传世。《宁夏目录》著录，1983 年，盐池县县志编纂委员会据清抄本翻印标点。1988 年，天津古籍出版社据甘图抄本影印，编入《宁夏历代方志萃编》。1990 年，兰州古籍书店出版《中国西北文献丛书》第一辑之《西北稀见方志文献》第五十二卷，影印张维藏抄本《花马池志迹》。该本前附民国十四年(1925)张维题识，内容同《陇右录》提要。2004 年，黑龙江人民出版社出版范宗兴笺证、张树林审校《盐池旧志笺证》，包括《花马池志迹笺证》。笺证本为深入研究利用《花马池志迹》提供了便利，但笺证者对原志内容所作的部分校改，如把原志中的"地里"全部改成"地理"，把志书附《城图》中原图上的一段文字移植出来但不加注明，都是值得商榷的。《花马池志迹》最新整理成果是中国社会科学出版社 2015 年 10 月版孙佳校注《光绪花马池志迹》。作者主要以标点、校勘、注释等方式对《花马池志迹》进行整理，以甘图藏光绪三十三年(1907)抄本为底本，部分成果参考范宗兴著《盐池旧志笺证》。

(二) 编修者

传世本《花马池志迹》未署编修人姓氏。查检该志，在其《职官姓氏志第十》所录任花马池州同的官员中，最后一位是光绪三十三年(1907)任职的胡炳勋。根据古代修志惯例，《花马池志迹》极有可能是胡炳勋在任时监修的。据《花马池志迹·职官姓氏志第十》载，胡炳勋系陕西西安府临潼县监生，原籍湖南岳州府巴陵县，光绪三十三年(1907)任花马池州同。

(三) 编修方法及内容

甘图馆藏《花马池志迹》共三册 76 页，每半页九行，行十九字。册一 36 页，②包括《历代沿革表第一》至《营防驿递志第十一》，为五眼线装，书衣上贴红

---

① 《陇右录》著录书名为《光绪花马池志》。《甘肃目录》著录其馆藏 1965 年油印本为 1 册，《宁夏目录》著录为 3 册。《甘肃目录》又著录馆藏有旧抄本《盐池县志迹》3 册。

② 《职官姓氏志第十》首页左半页与次页右半页各重复抄写了一遍，笔者统计页码中减去了这一页。

色长书签,上书"花马池志书卷壹"。书签下自左及右依次钤盖有"□容断□"长形阳文朱印、"饮人以龢"长形阳文朱印、"先劳无券"长形阳文朱印、"惴惴小心"方形阳文朱印和"灵州花马池州同关防"大长形满汉阳文朱印。首页和末页亦钤盖有关防大印。册一书衣上还钤盖有"甘肃省立兰州图书馆藏书"蓝色椭圆形印章,书脑左侧印有"宣统元年□……","年"字后空格处墨书一"正"字,空格后文字已漫漶不清。

册二31页,包括《历代宦迹志第十二》《艺文志第十五》《历代祥异志第十六》等三目,书衣上也有红色书签,上书"花马池志书卷贰",书衣上钤盖有关防大印和甘肃省立兰州图书馆藏书印,首页亦钤盖有关防大印。

册三比较特殊,有8页,书衣上墨书书名"花马池志",另有"内有将才"四字。从内容看,本册包括《人物乡献志第十三》《忠孝义烈志第十四》,《忠孝义烈志第十四》首页天头处墨书有"将才"二字。按顺序,这部分内容原本当装订在第二册中,但不知何故被单独成册了。① 本册书脑处有蓝色钢笔书写"此册应并于第二册历代宦迹之后"十四字,所说极是,惜书写者不详。由甘图藏本钤盖关防大印可知,该本原为花马池州同所藏,收藏时间大概在宣统元年(1909)正月。

由于《花马池志迹》传抄本不署修纂姓氏及修纂年月,亦无序跋,故研究该志的编修始末无资料可以依赖。《陇右录》认为该志类目与《〔嘉庆〕灵州志迹》相似,当为光绪末年为修纂宁夏全境之《通志》时官辑之书。当代学者研究也认为,《花马池志迹》大部分内容抄自《〔嘉庆〕灵州志迹》。经过比对,此论甚是。

第一,从类目设置上看,该志共分十六目,卷一包括《历代沿革表第一》《星野志第二》《地里山川志第三》《城池堡寨志第四》《公署学校志第五》《坛庙名胜志第六》《风俗土产志第七》《古迹志第八》《丁税赋额志第九》《职官姓氏志第十》《营防驿递志第十一》等共十一目;卷二包括《历代宦迹志第十二》《人物乡献志第十三》《忠孝义烈志第十四》《艺文志第十五》《历代祥异志第十六》等共五目。绘制《舆图》与《城图》各一幅,编印时附在《地里山川志第三》之后、《城池堡寨志第四》之前。《灵州志迹》分为十八门类,《水利源流志》《历代边防事迹志》等两类目《花马池志迹》无,两志其他类目的立目顺序、类目名称基本一样。

第二,从内容结构上看,《灵州志迹》每志开篇都有一篇简短的小序,说明立目之由,《花马池志迹》也仿此。如《历代沿革表第一》小序曰:"地之有志,犹衣服之有冠冕,木水之有本源也。提纲挈领,寻本索源,庶乎端委之有所自焉。花马

---

① 《宁夏历代方志萃编》据甘图藏抄本影印《〔光绪〕花马池志迹》,装订时未发现这一问题,仍按原册之错误的顺序装订,把《艺文志第十五》《历代祥异志第十六》装订在《历代宦迹志第十二》后,把《人物乡献志第十三》《忠孝义烈志第十四》装订在《历代祥异志第十六》后。

池自建置以来，代有更易，迄无志书。苟欲编纂，着手实难。今取历代沿革，标为表识，俾观者庶有所据。"①小序谈到花马池旧无专志，故与地方有关的沿革情况不易掌握、了解，且编修新的志书难度也比较大，故从已有文献中将与花马池有关的资料辑录出来，以便于读者了解。前文述及，《灵州志迹·历代沿革表志第一》包括《沿革表》《灵州建置沿革》和《一统志·灵州沿革表》等三部分内容，《沿革表》是宁夏府及其所辖四县（宁夏县、宁朔县、中卫县、平罗县）一州（灵州）沿革情况。花马池历史上曾属灵州管辖，故《花马池志迹》将《沿革表》中"灵州"一栏与花马池有关的部分剪辑出来，单列成表。

第三，从各部分内容来看，有部分内容除小序略有不同外，其正文都完全袭自《灵州志迹》。内容上全同《灵州志迹》的有《星野志第二》《风俗土产志第七》之"风俗"部分和《职官姓氏志第十》之任花马池副将者名录。《历代宦迹志第十二》周至北周所选人物共六人，唐朝四人、五代二人、宋朝二人、明朝十人，共二十四人。内容节选自《灵州志迹》，无新增人物入志。《人物乡献志第十三》共立传主十三人。其中，汉、晋、南北朝所列传主皆为傅氏家族名人，共四人。此后列唐三人，宋一人，西夏一人，明一人，清三人。后附"科贡"名单共三十五人，其中进士有三人、举人有四人、贡生有十五人、武进士有三人、武举人有十人。本志内容也节选自《灵州志迹》，未新增人物入志。《忠孝义烈志第十四》立传主共十八位，其中"忠"者一人、"孝"者一人、"义"者一人、"列女"一人、"烈妇"十四人。除"烈妇"中牛彦杰妻李氏外，其余内容节选自《灵州志迹》。《艺文志第十五》包括疏奏、议、赋各一篇，记四篇，诗十首。无新增内容，全部节选自《灵州志迹》。《历代祥异志第十六》录祥异之事共十条，除最后一条外，其他内容均节选自《灵州志迹》。

第四，从行文格式看，《花马池志迹》也有仿《灵州志迹》的痕迹。《灵州志迹》卷端题书名及类目名称共在一行里，上为书名，下为类目名及其次序，如"灵州志迹人物乡献志第十四"，《花马池志迹》卷端亦同，题作"花马池志迹人物乡献志第十三"。

（四）编修质量及文献价值

1. 编修质量

《花马池志迹》从形式到内容主要沿袭《灵州志迹》，编修无创新可言。由于辑录者对于原始资料未加辨明，加之辑录的粗疏，《花马池志迹》中存在一些文字内容上的错误。志书的整理者对有些错误已经有纠正，这为利用《花马池志迹》

---

① 孙佳校注：《光绪花马池志迹》，[清]佚名纂修，中国社会科学出版社2015年版，第5页。

提供了较为可信的文本。但也有部分问题仍未出校说明。

《花马池志迹》辑录资料时把《灵州志迹》的文本错误也一并沿袭了下来。如《星野志第二》"步天歌"中，"八星行列河中净"之"净"同《灵州志迹》，误作"浮"。"阙丘二个南河东"句同《灵州志迹》，误作"阙邱二个河南东"。《人物乡献志第十三》中所选"斡道冲"本为西夏人，《花马池志迹》同《灵州志迹》，沿袭《乾隆宁志》将其录为宋人。《乾隆宁志》将其字"宗圣"倒作"圣宗"，卷数"二十卷"误作"三十卷"，《灵州志迹》全部承袭了这些错误。另外，又将"斡道冲"误作"斡道冲"。《花马池志迹》基本沿袭了上述《灵州志迹》的错误，另外，将斡道冲之字又误作"贤宗"。

另外，《花马池志迹》又有新增文字或内容上的错误。如《星野志第二》"星野"内容中"前汉地理志曰"句后脱"后汉律历志曰井十二度至鬼五度为秦分"十七字。《古迹志第八》"盐州废城"条，"元和志贞观二年"误作"元和贞观三年"，既脱且误。此"元和志"当指《元和郡县志》一书。《丁税赋额志第九》"六百四十五石"句脱"五"字。《营防驿递志第十一》辑录资料时不知何故，将花马池"兵额"完全抄错。《灵州志迹》卷二《兵额营汛驿递志第十二》载："花马池营并分防安定、惠安、韦州三堡兵四百七十六名：马一百九十三，步三十九，守二百四十四。"[①]《花马池志迹》抄作"花马池马步兵丁柒拾名，额外马兵壹拾壹名，步兵五拾玖名"。两者数量相差很大。上述问题在张维抄本中都存在。另外，从版本质量看，张维抄本中还存在较多的抄写错误，如《历代沿革表第一》"灵州"误抄作"宁州"，《城池堡寨志第四》"塞外"误抄作"寨外"。《营防驿递志第十一》"花马池马步兵丁柒拾名，额外马兵壹拾壹名，步兵五拾玖名"句，张维抄本把大写的数目字改写，作"花马池马步兵丁七十名，额外马兵一十一名，步兵五十九名"，这不符合古籍整理原则，故利用时要注意。

《花马池志迹》编修者辑录资料时有滥改史料出处的现象，如《灵州志迹》于边墩内容后引《乾隆宁志》所附按语，《古迹志第八》"盐州废城"条也引史料，均注其出处为"旧志"，本不确指是哪种志书，而《花马池志迹》编修者因不明其史源，将出处改为"灵州旧志"，显误。

2. 文献价值

尽管《花马池志迹》存在上述问题，但它仍有可以利用的价值，主要体现在以下三方面：

第一，该志编修成书，并抄录传世，无疑弥补了花马池旧无专志的缺憾。

第二，《花马池志迹》把有关的资料辑录在一起，有汇聚资料之功。除了节选

[①] 蔡淑梅校注：《嘉庆灵州志迹》，[清]郭楷纂修，中国社会科学出版社2015年版，第80页。

自《灵州志迹》的部分资料外,《花马池志迹》辑录的很多资料仅见于该志。如《地里山川志第三》记载花马池境内有二山、六池(泉),《城池堡寨志第四》记载境内近四十处村堡的方位与离城距离,《职官姓氏志第十》中补充乾隆四十五年(1780)起任花马池州同的官员共三十一人,最后一位是光绪三十三年(1907)任职的胡炳勋。这些资料无疑是研究花马池地理、历史等所必需的。

第三,《花马池志迹》第一次在文献中绘制附花马池舆图和城图,为深入研究花马池辖境、城内建筑布局等提供了第一手资料。舆图标注的村堡、渠名等,可以和志书《地里山川志第三》《城池堡寨志第四》等内容相比对研究。《城图》方位是上西下东,左南右北,图上标注有"西城无门"四字,有文字说明曰:"西城无门者,因此方沙多,不便出入。一遇风起,沙与城齐。虽每岁挑运,旋去旋来,仍属无济于事。其遣沙之法,非于城外另修墙堵,为之屏障,不为功。但费巨,惜无款可筹耳。"[①]由此可以看出,早在光绪末年,花马池地沙漠化现象就已经很严重了,以致城池都有被风沙掩埋的危险。当时的地方官员也已意识到问题的严重性了,也想找办法来解决,终因钱款无着落而想出了不在城池西墙修筑城门这样的对策。

二 《〔民国〕盐池县志》

(一) 整理与研究现状

《宁夏目录》《总目提要》等对《〔民国〕盐池县志》有著录。[②] 高树榆撰《宁夏方志评述》一文对该志有简单著录。所撰《宁夏回族自治区地方志述评》一文对该志有提要式解题。陈永中撰《盐池县的几种志书》一文简要介绍了《盐池县志》的编修体例及内容,并简要评述了该志的文献价值。张树林《陈步瀛与民国〈盐池县志〉》一文,对陈步瀛生平事迹、《盐池县志》编修始末、志书内容及其评价等问题进行了较为详细的探讨。

该志民国三十八年(1949)八月一日铅字排印出版,分上、下册,传世数量很少,宁夏盐池县档案馆藏有一套,张树林先生家藏上册。2004年,黑龙江人民出版社出版《盐池旧志笺证》,包括《盐池县志笺证》,范宗兴笺证,张树林审校。中国社会科学出版社2015年10月版孙佳校注《民国盐池县志》是本志的最新整理

---

① 孙佳校注:《光绪花马池志迹》,〔清〕佚名纂修,中国社会科学出版社2015年版,第4页。
② 《宁夏目录》著录民国三十六年(1947)油印本二册,《总目提要》著录民国三十八年(1949)八月油印上下二册各40页。《方志与宁夏》第二章《宁夏历代修志综览》亦同此说。实际上,传世本《盐池县志》于民国三十八年(1949)八月铅印为两册,上册44页,下册41页。

成果。作者主要以标点、校勘、注释等方式对《盐池县志》进行整理，以民国三十八年(1949)铅印本为底本，部分成果参考了范宗兴著《盐池旧志笺证》。

(二) 编修者生平

陈步瀛(1902—1951)字仙舟，宁夏盐池县高沙窝镇人。其父陈福，字子厚。陈福共有三子，陈步瀛排行老二，其长兄名步云，三弟名步汉。陈步瀛民国十四年(1925)毕业于甘肃省立第五中学，任盐池县小学校长至二十五年(1936)，其后投靠宁夏军阀马鸿逵。三十六年(1947)任民国盐池县县长，三十八年(1949)九月率众向解放军投诚，1951年被错误镇压，1983年中共盐池县委为其平反。《〔民国〕盐池县志》卷七《职官志·乡宦》为陈步瀛立传，卷八《人物志》之《义行》《孝友》为陈福立传。

1936年6月，红十五军团解放盐池县，7月正式成立盐池县苏维埃政府，隶属于陕甘宁省苏维埃政府(1936年5月成立)。盐池县解放时，陈步瀛逃亡至绥远(今内蒙古)一带，在此期间撰写日记体文献《蒙难纪实》一部。1947年马鸿逵配合国民党胡宗南部侵占三边解放区，3月，占盐池县；4月，原任国民党宁夏省党部科长的陈步瀛被任命为盐池县县长。《盐池县志》卷七《职官志·乡宦》为陈步瀛所立传中，对其在任期间所作所为多有赞美，曰："诸凡措施，咸洽舆情。……邑人称之为万家生佛、民众救星，……举凡自卫教育、民众训练、风俗纠正，莫不朝乾夕惕，次第推进。……其用心苦而尽职勤，足以风后世以正人心，诚难得之循吏也。"①这样的赞美之辞显然有虚美之言，当明辨。关于陈步瀛在任期间编修县志一事，其传记载："又以盐池设县虽久，县志阙如，遂详考地理、沿革、文物、山川、道里，纂辑成志，以资考核。"②《盐池县志》编成于民国三十七年(1948)，即陈步瀛任县长的第二年。三十八年(1949)八月一日，《盐池县志》正式铅印出版。据张树林文载，同时出版的还有《陈步瀛日记》(即《蒙难纪实》)，可惜该书已经佚失。《盐池县志·凡例》载："此志由本县长亲自主笔，科员刘生焕誊清，舍弟步汉校对。"③刘生焕生平资料不详。陈步瀛三弟陈步汉，民国二十五年(1936)毕业于宁夏省立第一中学，其他事迹不详。

(三) 编修缘起及编修方法

陈步瀛民国三十七年(1948)八月撰《〈盐池县志〉序》载，盐池自民国二年

---

①② 孙佳校注：《民国盐池县志》，[民国]陈步瀛纂修，中国社会科学出版社2015年版，第121页。
③ 同上书，第71页。张树林撰《陈步瀛与民国〈盐池县志〉》一文称，县志编修时陈步瀛指定县政府秘书杨增禄为采访员。

(1913)正式设县后至民国三十七年(1948)将近四十年,历任县官都没有想到给盐池县编修县志。三十六年(1947)他被任命为县长后,由于公务繁忙,也无暇顾及编修。三十七年(1948),地方政局稍有稳定,上级机关正好要求各地填报《中国行政区域志资料调查表》,陈步瀛于是抓紧时间亲自调查资料,花了半年的时间把调查表填写完毕。在填表过程中,他越发感觉到有编修志书的必要。就把利用业余时间搜集到的资料略加加工,成县志初稿,希望日后有心人能够陆续编修,最终编成《盐池县志》。陈步瀛在《盐池县志·凡例》中也强调编修《〔民国〕盐池县志》是他的创举,并记载此志由他亲自主笔,弟弟陈步汉核对,科员刘生焕誊清。

陈步瀛所言有些恐非事实。据《盐池县志》卷七《职官志》载,民国时期盐池知县(县长)共37任,但并非都不重视编修盐池县志。民国十六年(1927)印行的《民国朔志》卷二《舆地志》之《沿革》《山川》《风俗》等目中载盐池县沿革、山川、风俗等内容,注明有些史料源自《盐池志稿》。这说明,盐池县至少有一种志书即《盐池志稿》传世,其内容被《民国朔志》征引。也就是说,民国时期至少曾有一任县长在任期间编修过盐池县志书,只可惜《民国朔志》未注明其编修者,而且《盐池志稿》也没有传下来,所以到底是哪任县长现在已不得而知。

更需辨明的是,传世的《盐池县志》从资料内容到编修体例都直接袭自《民国朔志》,[①]编者新增、新辑的内容有限,故《盐池县志》只是一部"取巧"之作,并非严格意义上的创修之作。其文字内容主要由陈步瀛撰《〈盐池县志〉序》《盐池县志·凡例》《盐池县志·目录》、卷一至卷十二正文等构成,另附有四幅盐池地图。

从《盐池县志》内容及史料来源可知,《盐池县志》基本内容并非陈步瀛创修。陈步瀛等人主要依据《民国朔志》的类目体例架构出《盐池县志》的体例,类目名称及内容编排次序上略有变通,把《民国朔志》辑录的盐池县资料基本全文过录,对部分资料略有辨析,填充到《盐池县志》相应的类目中。民国二十九年(1940),原属金积县的红寺堡,原属同心县的下马关、韦州堡、红城水等地划归盐池县管辖,陈步瀛等人又将《民国朔志》中镇戎县的部分资料辑录出来,[②]附在盐池县资

---

① 高树榆《宁夏回族自治区地方志述评》一文认为,《盐池县志》历史资料大都转录于《〔嘉庆〕灵州志迹》,实误。张树林《陈步瀛与民国〈盐池县志〉》一文指出,陈步瀛指定当时的政府秘书杨增禄、科员刘生焕摘录他亲自圈定的资料,"这些资料主要来自《朔方道志》《宁夏卫》(疑为《乾隆宁夏府志》)几部志书中,和陈步瀛日记中的有关采访笔录"。《宁夏卫》一书在《盐池县志》中并未出现过,《陈步瀛日记》亦未传世,故张树林所言无法验证。

② 平远县于民国三年(1914)易名镇戎县,十七年(1928)又易名为豫旺县,二十七年(1938)易名为同心县。《民国朔志》修成于民国十六年(1927),同心县当时还称"镇戎县",陈步瀛等人就把《民国朔志》中镇戎县资料当作同心县的资料都辑录出来使用。为了能与最新的行政区划相适应,陈步瀛等人把这部分资料中出现的地名词"镇戎"改写为"下马关"等词。

料之后。新增资料主要是民国十四年(1925)以后盐池县的资料,又从《〔嘉庆〕定边县志》中辑录了部分资料,最终形成了今天传世《盐池县志》的基本内容。

(四) 版本特征、内容及史料溯源

《盐池县志》于民国三十七年(1948)八月编成,第二年即三十八年(1949)八月一日铅印出版,两册共 85 页。各册书衣左侧印有长条状题签框线,框线由外粗内细共两道线组成,框线内大字竖印书名《盐池县志》,书名下印双行小字,右为册次,左为"民国三十八年八月一日印行"十二字。书签右侧印有一近似正方形的、也是由外粗内细共两道线组成的线框,线框内自右及左依次竖印本册各卷次及其类名,如"卷一地理志"之类。

第一册文字内容共 44 页,其中《〈盐池县志〉序》1 页,《盐池县志·凡例》1 页,《盐池县志·目录》2 页,卷一至卷六共 40 页。另有四幅图,分别是《盐池县形势图》《旧花定区花马池、滥泥池合图》《蒙古北大池、倭波池、狗池合图》《旧花马区惠安堡盐池图》。四幅图都标示图例项标示、比例尺。《盐池县形势图》套色印刷,底色为墨色,"第一乡"至"第九乡"乡名用红色套印。县治惠安堡"回"字形符号墨印后又套印了红色。① 盐池县县界、各乡界单线墨印后又迭加套印了较粗的红色或蓝色线,有些地方为红黑迭加,有些为蓝黑迭加,有些则为红、蓝、黑三色迭加。其他三幅图均为墨印。第二册卷七至卷十二,共 41 页。

《盐池县志·凡例》共十三条,说明本志编修意义、编修原则、各志内容特点、参加编修人员等。《盐池县志·目录》包括各卷卷次、类名及各类细目名称。

《盐池县志》正文共十二志四十五目。《民国朔志》卷一《天文志》没有对当时所辖各县的天文资料分别记载,而是全面概述朔方道天文情况,故《盐池县志》也没有专设《天文志》,首卷自《地理志》始,包括《疆域》《形胜》《山川》《古迹》《风俗》《变异》等六目,②各目基本内容都辑自《民国朔志·舆地志》所载盐池县部分,又据实地采访情况给予补充。《疆域》先引《民国朔志·舆地志·疆域》所载盐池县的内容,因《民国朔志》所载为民国十四年(1925)盐池县的疆域情况,故《盐池县志》于引文后说明:"以上境界,据《朔志道志》所载,加以更正,县属之旧界也。"③其后又补

---

① 《盐池旧志笺证》在《盐池县形势图》下注曰:"本图县治、乡治标识与图例不一。"实际上,县治标识与图例是一样的,都为"回"字形符号。乡治在图例中用"◎"符号表示,地图中却均标识为"○"。
② 《变异》,《民国朔志》目名为《祥异》。正文中还单列出《沿革》《时令》《冠礼》《婚礼》《丧礼》《祭礼》等目名。
③ 孙佳校注:《民国盐池县志》,[民国]陈步瀛纂修,中国社会科学出版社 2015 年版,第 72 页。笔者按:《盐池县志》先载更正后的文字,其下括号注明《民国朔志》原载内容。如"盐邑治在郡城之东南"句,其下括号注曰"《道志》在'东北'",这是对《民国朔志》记载为"东北"的纠正。"距宁夏省城三百里"句,其下括号注曰"《道志》三百六十里",这是对《民国朔志》记载为"三百六十里"的纠正。

充记载二十五年至三十六年(1936—1947)盐池县辖境变化情况及四至八到的里数。《沿革》补充了盐池县二十五年(1936)后的变化情况。《形胜》先新补充记述盐池、花马池长城关等形胜情况,再引《民国朔志·舆地志·形胜》所载盐池县的内容。

《山川》把《民国朔志》中盐池县、镇戎县两县山川及新采访山川的内容都杂糅在一起,共记"山"二十处、"川"十九处。"方山"至"宝山"等五条内容辑自《民国朔志·舆地志·山川》盐池县部分,其后"大蠡山"至"太阳山"等十条内容辑自《民国朔志·舆地志·山川》镇戎县部分,"石射山"至"煤山子"等四条内容为新补充资料,其后"五原""沙窝井""羊坊井"等三条内容辑自《民国朔志·舆地志·山川》盐池县部分,"苦水河"至"旱海"等五条内容辑自《民国朔志·舆地志·山川》镇戎县部分,最后"四股泉"至"硝池河"等十二条内容为新补充资料。《古迹》也把《民国朔志》中盐池县、镇戎县两县古迹及新采访古迹的内容都杂糅在一起,共载十一处古迹,其中"盐州废城"至"杨将军庙"等六条内容辑自《民国朔志·舆地志·古迹》,"云兴寺"至"摆宴井"等五条内容为新采访资料。"摆宴井"后新采访补充了"盐池八景",除"霁城波影"有较详细的解释说明外,其他七景因诗序均毁于兵燹,故只存景题,未作详细说明。"盐池八景"后载"明庆王墓"的内容辑自《民国朔志·舆地志·古迹》附《陵墓》。

《风俗》辑录了《民国朔志·舆地志·风俗》中盐池县、镇戎县的内容,新增采访补充了当地四季气候变化的内容。《时令》主要辑录的是《民国朔志·舆地志·风俗》辑自《乾隆〕志》《〔嘉庆〕灵州志迹》《〔民国〕盐池志稿》等文献中的内容。《冠礼》辑录的是《民国朔志·舆地志·风俗》自《乾隆宁志》中辑录的内容,《盐池县志》标注冠礼内容的出处是《民国朔志》。《婚礼》辑录的是《民国朔志·舆地志·风俗》自《乾隆宁志》《镇戎旧志》中辑录的内容,《盐池县志》沿袭《民国朔志》,把史料出处——《乾隆宁志》标作"旧府志",但《镇戎旧志》又省去不标。《丧礼》辑录的是《民国朔志·舆地志·风俗》自《乾隆宁志》中辑录的内容,又附加一段议论曰:"每遇婚丧大事,亲友男女多至数十百人,留住事主家三五日,以俟事毕而去。每日,酒肉相酬,力薄者不能举办,诚一陋俗。"[1]这是对当地风俗习惯的评述,可以看出,陈步瀛对陋俗是深恶痛绝的。《祭礼》辑录的是《民国朔志·舆地志·风俗》自《中卫旧志》中辑录的内容。《变异》自《民国朔志》卷一《天文志》附《祥异》中辑录了五条资料,又新采访补充了民国六年至三十四年(1917—1945)间发生的九件异事。

---

[1] 孙佳校注:《民国盐池县志》,[民国]陈步瀛纂修,中国社会科学出版社2015年版,第80页。

卷二《建置志》，包括《设县》《城垣》《公署》《公所》《坛庙》《堡寨》《关梁》《仓库》《警察》《邮政》《市集》等十一目。《设县》是新辑资料，主要梳理了盐池县辖境变化情况。《城垣》辑录的是《民国朔志》卷四《建置志·城池》中盐池县、镇戎县的资料，新补充盐积堡城、红城子水城两条资料。《公署》辑录的是《民国朔志》卷四《建置志·公署》中盐池县、镇戎县的资料，在镇戎县下马关资料中新增加了民国二十五年（1936）、二十九年（1940）的资料。《公所》内容仿《民国朔志》卷四《建置志·公所》行文特点，据盐池县实际情况编写，其后附《民国朔志》所载圮废公所资料。《坛庙》辑录了《民国朔志》卷五《建置志·坛庙祠宇寺观》所载盐池县二十七处、镇戎县二十处坛庙资料。《堡寨》辑录了《民国朔志》卷五《建置志·堡寨》所载盐池县十五处、镇戎县一处堡寨资料，新增下马关、红城水两条资料。其后又新增按语，对盐池县管辖堡寨变化情况进行了梳理。《关梁》《仓库》辑录的是《民国朔志》卷五《建置志》之《关梁》《仓库》所载盐池县、镇戎县的相关资料。《警察》《邮政》是据《民国朔志》之目，按盐池县实际情况编写。《市集》辑录的是《民国朔志》卷五《建置志·市集》所载盐池县、镇戎县的相关资料。

卷三《田赋志》，包括《额赋》《盐法》《统捐》等三目。《额赋》辑录的是《民国朔志》卷八《贡赋志·赋则额征》中盐池县的相关资料，没有把镇戎县的相关资料辑录出来。《盐池县志·凡例》对此解释道："新划韦州下马关等处尚未征粮，所拨田亩赋税，无从考察，尚待补遗。"[①]《盐法》全文辑录了《民国朔志》卷九《贡赋志·盐法》资料。值得注意的是，《民国朔志》只引用了《盐池图说》的部分文字材料，《盐池县志》则补充了这份文献更为详细的图文资料，包括《旧花定区花马池、滥泥池合图》《蒙古北大池、倭波池、狗池合图》《旧花马区惠安堡盐池图》等三幅盐池图，每幅图后都有详细的说明文字。《盐法》最后还附《盐根用法》，录《〔嘉庆〕定边县志》卷五《田赋志》所载盐课大使苏廷舒《盐根疗疾说》一文。《统捐》节录《民国朔志》卷九《贡赋志·统捐》资料，全文辑录了同卷《杂税》中盐池县的相关资料。

卷四《行政区划》，包括《乡保表》《人口表》等二目。两表均据盐池县民国三十六年（1947）的实际情况统计制作，表后又辑录了《民国朔志》卷九《贡赋志·户口》所载盐池县十四年（1925）的户口资料。《盐池县志·凡例》对此解释道："户口变异甚大，新旧并记，用资对照。"[②]通过对照可以看出，三十六年（1947），盐池县户口数较十四年（1925）增加了 2971 户，增长了 65.8%，人口增加了 27788 人，增长了 165%。

[①][②] 孙佳校注：《民国盐池县志》，[民国] 陈步瀛纂修，中国社会科学出版社 2015 年版，第 70 页。

卷五《教育志》，包括《学额》《社学义学》《学校》《学校分布》[①]《社会教育》等五目。《学额》《社学义学》《学校》均辑录自《民国朔志》卷一〇《学校志》中盐池县的相关资料，但镇戎县韦州堡的却没有辑录。《学校分布》《社会教育》属新增资料。其中《社会教育》记载，民国十三年（1924）盐池县办"通俗讲演所"，因管理不善，十六年（1927）就停办了。二十四年（1935），又办"民众识字班"，效果较好。

卷六《兵防志》，包括《兵制》《防地》《营盘》等三目，均辑录《民国朔志》卷一一《兵防志》相同类目中与盐池有关的资料。新增加了《御边》资料，其中清代边境传递军情的制度与办法内容转引自《〔嘉庆〕定边县志》卷六《兵防制》。

卷七《职官志》，包括《历代官制》《历代职官》《宦迹》《乡宦》等四目。《历代官制》辑录了《民国朔志》卷一二《职官志》之《明代官制》《清代官制》《民国官制》中与盐池县有关的资料，新增民国十八年（1929）宁夏建省后官制设置情况。《历代职官》自《民国朔志》卷一三《职官志》之《历代职官表》《民国职官表》中取材，将编修者认为与盐池有关的官员共133人的基本信息，如姓名、籍贯、职官名、任职时间等辑录出来，其中隋朝一人，唐朝四人，宋朝一人，明朝三边总制五十七人，清朝惠安堡盐捕通判二十一人，清朝花马池营参将三十四人，民国盐池县知县（县长）十五人。又据实际情况补充了民国十五年（1926）吴石仙至三十六年（1947）陈步瀛等二十位盐池县县长的基本信息。《宦迹》自《民国朔志》卷一四、一五《职官志·宦迹》中共辑录明朝十人、清朝二人的宦迹。又自《民国朔志》卷一九《人物志·忠义》中辑录出二位清朝人的事迹入编《宦迹》。新增加清朝叶应春事迹入传。这样，《宦迹》总共辑录了十五人的事迹。《乡宦》自《万历朔志》卷一六《人物志·乡宦》辑录出十七人的事迹，新增陈步瀛等八人事迹，共有二十五人事迹入《乡宦》。本卷"宦迹""刘天和""杨一清"条内容全同《花马池志迹·历代宦迹志第十二》所载，《乡宦》"傅燮""傅祇""傅咸""傅迪"条内容全同《花马池志迹·人物志乡献志第十三》。

卷八《人物志》，包括《义行》《孝友》《忠义》《节烈》等四目。《义行》自《民国朔志》卷二三《人物志·任侠》辑录姚进福、苏槐等二人事迹，新补充陈步瀛之父陈福等八人事迹。《孝友》自《民国朔志》卷一七《人物志·孝友》辑录三人事迹入传，新补陈福事迹。《忠义》自《民国朔志》卷一九《人物志·忠义》中辑录出三人事迹入传，未新增资料。《节烈》全文辑录《民国朔志》卷二一《人物志·节烈》"盐池县"八人事迹，从十四位"镇戎县"节烈者中辑录了二人事迹入传，又新增三人

[①] 正文中标目为"现在学校数额及分布"。《盐池旧志笺证》正文标目同《目录》，标作"学校分布"。

事迹入传，共有十三人事迹入《节烈》。

卷九《选举志》，包括《科第》一目。本志内容全为新增，用表格的形式记载盐池县曾受过旧式科举教育者和新式学校教育毕业者。前者七人，后者十五人。从统计资料看，民国时期盐池县受中学以上教育程度的人比例还非常低，中学或师范毕业生只占总人口的0.34‰。

卷一〇《艺文志》，包括《条议》《诗选》二目，自《民国朔志》卷二五、二八、二九《艺文志》中选录与盐池县形势、风俗有关的文、诗各五篇（首），这些诗文在其他宁夏旧志中也常见。

卷一一《经济志》，包括《出产》《畜牧》等二目。《出产》自《民国朔志》卷三《舆地志·物产》节录资料，花类、鳞类未选录，其他如谷类、蔬类、矿类、货类等的资料都有选录。《畜牧》为新增资料，记载盐池"地接蒙边，以牧畜为业者多于耕种，而牧畜以羊为首要。羊之种类有二，曰绵羊、山羊"。① 由此可知，盐池养羊业发达由来已久。在后文中，《盐池县志》对本县养羊规模、羊皮销售、产量、种类及特点都作了记述，最后指出："每年所产皮毛足能维持全县人民生计，故生产易而谋生不感困难也。惜未创办皮革毛织工厂，致利权外溢，是一憾事。"② 从立目来看，将"经济志"独立出来，当符合修志的基本方向，民国三十五年（1946）颁布的《地方志书纂修办法》中明确要求，各地对本地的社会经济状况要分年精确调查，着重强调了志书中经济类资料的重要性。但从《盐池县志》辑录的内容看，仍像其他各志一样，主要是把《民国朔志》的部分资料辑录出来，除畜牧业的内容外，并未增加更多的与经济有关的新资料，而且把本志置于《艺文志》之后，也与志书通行的做法相违。

卷一二《历史志》，包括《匪患起因及荡平（包括历代）》一目，自《民国朔志》卷三〇、三一《志余·历史》中辑录与盐池有关的事件，新增清朝同治八年（1869）和民国时期发生在盐池的部分重大历史事件。

（五）编修质量

《盐池县志》从内容到体例主要仿《民国朔志》，虽然对辑录自《民国朔志》的部分内容有辨析，但辨析深度远远不够。《民国朔志》内容、文字上存在的问题，有一些被《盐池县志》承袭了下来。《盐池县志》编修过程中，在内容、文字、体例上又出现了部分新的问题。如辑录资料体例不一，有些地方将镇戎县的资料都辑录出来，但在田赋和学校部分均未辑录镇戎县的资料。内容体例格式不一。

---

①② 孙佳校注：《民国盐池县志》，[民国] 陈步瀛纂修，中国社会科学出版社2015年版，第143页。

各卷类目名称虽在《目录》中列出，正文中也都列出，但卷一〇《艺文志》的目名《条议》《诗选》只在《目录》中列出，正文却没有列出，而是直接将所选诗文印出。所录诗文中，五篇《条议》有四篇在文题之下列出作者姓名，一篇没有列出，五首诗歌只有诗题，都没列出作者姓名。

2004年，黑龙江人民出版社出版范宗兴笺证、张树林审校的《盐池旧志笺证》，对志书部分字词、人物、地名、历史事件等加以注释，对误字、脱字等现象也多有纠正，有利于读者更好地理解、研究和利用，但笺证本也存在一些疏漏。

（六）文献价值

《盐池县志》主要从《民国朔志》取材，从创修县志的角度来看，本志价值不大。但盐池县历史上，民国时期是一个非常重要的历史阶段，若无专门的旧志来记载这段历史，对盐池县无疑是一大憾事。有鉴于此，陈步瀛搜罗史料，按《民国朔志》体例，把该志中与盐池有关的资料全部辑录出来，并据盐池辖境的实际变化情况，把镇戎县的部分资料也辑录出来，再加上新采访的一些民国时期盐池县资料，汇为一编，形成《盐池县志》并传世。作为唯一一部传世的民国时期盐池县专志，《盐池县志》资料汇辑之功还是值得肯定的。研究民国时期盐池县的历史、地理、人文、经济等，此志所独有的资料具有不可替代的研究价值。另外，该志附录《盐池图说》文字资料和地图资料，特别还绘制有反映民国三十六年（1947）盐池县形势的地图，这在其他历史文献中都非常罕见，无疑提升了本志的文献价值。

第四节　同心县《〔光绪〕平远县志》《〔民国〕豫旺县志》

平远县（今宁夏同心县）设置于清同治十三年（1874）。明为平虏守御千户所管辖之下马关堡。清初因之，后改属盐茶厅。同治十三年，于平远所下马关置平远县，属甘肃省固原直隶州。[1]《清实录·穆宗同治皇帝实录》卷三七二载，十三年十月己丑，"定新设……平远县知县为'繁、难'中缺；……平远、海城二县训导、典史、同心城巡检均为简缺。从总督左宗棠请也"。[2] 民国时期废除府州之名，

---

[1] 鲁人勇等著：《宁夏历史地理考》，宁夏人民出版社1993年版，第319页。
[2] 吴忠礼、杨新才主编：《〈清实录〉宁夏资料辑录》，宁夏人民出版社1986年版，下册第1141页。

在省县之间设道。平远县于民国三年(1914)易名镇戎县,由固原直隶州改隶朔方道。十七年(1928)镇戎县又易名豫旺县,二十七年(1938)豫旺县治由下马关迁至同心城,易名同心县。

同心县旧志传世者为《〔光绪〕平远县志》10卷,陈日新修纂,光绪五年(1879)刊刻。此外,甘图藏宣统二年(1910)二月平远县知县秦瑞珍署名呈报的《甘肃固原直隶州平远县地理调查表》也是一份珍贵的平远县县情调查资料。该表对平远县所辖212处村镇的名目、方向位置、离城里数、户数、人数、主要建筑如寺庙道观、学校及水井等都有较为详细的调查材料,并将资料调查者姓名亦记载在表中。《宣统固志》《民国朔志》中亦散见有今同心县的文史资料。传世的民国十四年(1925)朱恩昭修纂6卷本《豫旺县志》是一部撮抄伪作,从序至内容均直接截取自《平远县志》《民国朔志》等志书。①

一 《〔光绪〕平远县志》

(一) 整理与研究现状

《陇右录》《联合目录》《宁夏目录》《甘肃目录》《总目提要》等方志书目对《平远县志》都有著录或提要。

高树榆撰《宁夏方志录》《宁夏方志评述》《宁夏回族自治区地方志述评》等论文对《平远县志》都有著录或提要式的介绍。陈明猷撰《平远县的创建及〈平远县志〉》一文专题研究《平远县志》,紧密结合该志内容,对其进行详细的分析与评价。论文还对与平远县有关的其他3种文献(《宣统固志》《〔宣统〕平远县地理调查表》《民国朔志》)也作了简单介绍。

《平远县志》传世本为光绪五年(1879)刻本。据《联合目录》载,国图、北京大学图书馆、南京地理所等单位还藏有该志抄本,抄成年代不详。1965年,甘图油印传世。②宁图亦油印传世。1968年成文出版社出版《中国方志丛书》,1988年天津古籍出版社出版《宁夏历代方志萃编》、宁夏人民出版社出版《宁夏地方志丛刊》,2008年凤凰出版社等联合出版《中国地方志集成·宁夏府县志辑》,都据光绪五年(1879)刻本影印出版《平远县志》。1990年兰州市古籍书店出版《中国西北文献丛书》第一辑《西北稀见方志文献》,第52卷为影印张维藏本《平远县志》。此本钤盖有"鸿汀""临洮张氏""还读我书楼藏书印"等印文印章。

---

① 详见胡玉冰:《宁夏(民国)〈豫旺县志〉辨伪》,《北方民族大学学报》2013年第2期,第77—80页。
② 《甘肃目录》未著录此本,《联合目录》《宁夏目录》均著录有此油印本。

1993年宁夏人民出版社出版王克林、陈志旺等《标点注释平远县志》,本次整理以甘图藏光绪五年(1879)刻本为底本。为增强本书的资料价值,整理者一并整理了甘图所藏《〔宣统〕甘肃固原直隶州平远县地理调查表》,并把《民国朔志》中散见的镇戎县(即今同心县)资料都辑录出来,按《民国朔志》体例分门别类。整理本还附有甘肃省档案馆藏清末绘制的《甘肃省各县地图集》之《固原州平远县图》,1929年10月绘制的《镇戎县(豫旺县)地图》,陈明猷的研究论文。这样,大大增加了本书的利用价值,极大地方便了阅读与研究。《平远县志》最新整理成果由上海古籍出版社2018年出版,作者胡玉冰等以国家图书馆藏清朝光绪五年(1879)刻本为底本,以成文出版社1968年版《中国方志丛书》、天津古籍出版社1988年版《宁夏历代方志萃编》、凤凰出版社等2008年联合出版《中国地方志集成》等丛书影印本为参校本,部分整理成果参考了王克林、陈志旺等《标点注释平远县志》。

(二) 陈日新生平

陈日新字焕斋,湖北蕲水(今湖北浠水县)人,生卒年不详。《民国朔志》卷一五《职官志·宦迹》有传。国图藏清朝光绪六年(1880)多祺编《蕲水县志》卷七《选举志》载,陈日新中咸丰元年(1851)辛亥恩科乡试,授甘肃海城县知县,升用直隶州,赏戴花翎。《平远县志》卷八《官师》载,陈日新于同治十三年(1874)任平远县第一任知县。《〔光绪〕海城县志》卷八《职官志》载,光绪六年(1880)任海原县知县。[1]

陈日新在平远县做了很多有益于百姓的事,《民国朔志》卷一五载:"六年去任,士民依依不舍,群呼之为'贤父母'云。"[2]在概括陈日新有关教育的政绩时特意强调其编修志书一事,曰:"又以边区新创,暗淡无文,筹设学校,请定学额,并详考是地沿革、文物、山川、道里,纂辑成书,以资考核。平凉道制序谓'用心苦而尽职勤,真《实录》也'。"

(三) 编修方法、内容及编修质量

1. 编修方法

《平远县志》各卷卷端均署该志由魏光焘鉴定、陈日新纂修,从文献资料

---

[1] 海城县儒学训导陈廷珍于光绪三十四年(1908)所撰《新修县志序》称,陈日新于光绪八年(1882)到任。《〔光绪〕海城县志》卷八《职官志》载,陈日新于光绪六年(1880)任海原知县,高蔚霞于七年(1881)任,英麟于八年(1882)任。陈日新光绪五年(1879)撰《平远县志》序称,"今瓜代有期",即他马上要离任知县一职,《〔光绪〕海城县志》记载他于光绪六年(1880)出任海原知县一职应该是可信的,故陈廷珍所记疑误。

[2] 胡玉冰校注:《民国朔方道志》,〔民国〕马福祥、陈必淮、马鸿宾修,王之臣纂,上海古籍出版社2018年版,第339页。

看,该志完全由知县陈日新本人独立编辑。因志书在正式刊刻前,陈日新曾将稿本交由魏光焘审读,故刻本中亦署魏光焘之名,但这不表明魏光焘也实质性地参与了志书的纂修。志书中的署名,只是表示陈日新对上级的恭敬态度而已。

陈日新光绪五年(1879)九月撰《〈平远县志〉序》载:"同治十三年秋,廷议新设平远县,定余捧檄,首宰斯土。今瓜代有期矣,使将四百里之地、之事而忘之,将何以告新令尹?唯是采辑既建治之后四百里今日之事也,追溯未建县治之前四百里畴昔之事也。第兵燹后文献无征,必欲将历代政治之因革、市井废兴、人事代谢、风化转移,四百里地今日之事、畴昔之事,历历如画,盖亦难矣。总之,平远幅员,割之盐、固、灵州地,第取盐、固、灵州志,择其幅员之在平远者而笔削之。其轶乃搜罗于他说,将有以持之告新令尹者。然则平远一县四百地,今日之事、畴昔之事,宛在目前,开卷了然,虽欲志之,焉得而忘之。县之不可无志也如是。"①由此序可知,作为平远县首任知县,陈日新在即将离任前从盐州、固原、灵州等地志书中将与平远有关的内容辑录出来,汇为一编,一方面是对地方历史文化、制度沿革的一次全面梳理,另外也为即将到任的新知县了解县情提供了资料。

魏光焘《创修〈平远县志〉序》载:"己卯秋,摄平远县事陈明府焕斋以手撰县志稿本封赉,乞予笔削并序,瓜代有期,梓以遗后任。……予展视,为卷十,纲也;为条若干,缀于卷下,目也。朝廷设官分职,上下相维,事期共济。矧志所关甚巨,予弗从而商榷,酌加删润,可乎?纂修者善否,增损者合否,予皆不得而知。至于量地制邑,天时地利人事,靡不了如指掌。其间有不及详备者,时方创始也。……陈君摄县事,招徕开垦,创举诸务。又越六载,始有此规模,见诸是志,陈君之用心良苦矣,陈君之尽职可知矣。善始必期善继。陈君将举今昔事,持以告新令尹,而后之接踵至者,使皆本此以深惕厉,递展嘉猷,蒸蒸日上,续是志以为国家光,是亦予之厚企也。"②魏光焘序文说明了这样几个重要的问题:第一,光绪五年(己卯年,1879)秋,陈日新即将离任平远知县前完成了《平远县志》的编写工作,然后拿稿本去请魏光焘审读,并请他作序;第二,《平远县志》共 10 卷内容,魏光焘因对平远县县情不了解,故未对原稿加以删改润色;第三,陈日新作为首任知县,对平远县治理有功,其政绩在志书中多有记载;第四,陈日新编修志书用意深远,表面看是为新任知县了解县情提供资料便利,实际上是要树立一种政

---

① 胡玉冰、马玲玲、孙小倩校注:《光绪平远县志》,[清]陈日新纂,上海古籍出版社 2018 年版,第 336 页。

② 同上书,第 335 页。

绩的榜样,让后继者效仿。

《平远县志·凡例》载:"一,志尚体裁。平远以边徼地,创县治于乱后,人烟寥落,既不能延名流为总纂、分纂,又无绅士召集以备采访,皆予一人搜求,一手编辑,难期体裁允当。一,省志宜简,府、州、县志宜详。予才学疏浅,既虞脱漏,又难免病俗伤繁。一,志内援引古事,僻壤无载籍,搜罗以资考证,其中不无错误。……一,是志非敢言志,他日人民日众,土地日辟,风教日开,俾续修者得有所援而已。"①在宁夏旧志中,以知县一己之力完成地方志书的编纂工作实属罕见。从《凡例》看,陈日新对于自己编修志书一事态度很谦虚,对于志书可能会存在的问题有充分的预见,希望该志能对后续者修志起到一定的参考作用。

2. 内容

《平远县志》10卷,分设28目。其中卷一《图考》,附《平远县疆域图》《平远县城池图》;卷二《岁时》,包括《气候》《风雨雪霜冰雹》2目;卷三《建置》,包括《沿革》《疆域》《形胜》《城池》《公署》《仓库》《里甲》《驿站》《铺司》《擢插》《社仓》11目;卷四《山川》,包括《山》《川》2目;卷五《古迹》;卷六《田赋》,包括《赋始》《原亩额征》《盐课》《户口》《物产》5目,卷七《学校》,包括《学额》②《选举》2目;卷八《官师》,附《新设文员》《新设武员(附兵)》2目③;卷九《人物》;卷十《艺文》,附《忠义》《工役》2目。

从《凡例》可知,《平远县志》在内容编辑上有详有略。详者如疆域、城池,尽管在卷一的两幅地图中绘制有多种信息,但在卷四的《建置》中还是详述其状,不厌其烦。再如,当地武官名单在《官师》中已有罗列,但在各汛中又不避重复,备述其职守,主要是为了强调地方军事防备的重要性。略者如封爵墓已散见于《建置》《古迹》各卷内,故不再赘述。

在地方县情资料的辑录上,已举之事如修建文武庙及各祠祀等皆记之,库款支绌等事因未建设,故未载入。地方志书中,"风俗""祥异"二目一般是必设类目,但《平远县志》却未设,《凡例》这样解释:平远县"民丁多自五方迁徙,习尚各殊,尚待善政齐之,故《风俗》在今不能立卷。又《祥异》一类,无从稽考,亦未列载"。④

---

① 胡玉冰、马玲玲、孙小倩校注:《光绪平远县志》,[清]陈日新纂,上海古籍出版社2018年版,第337页。
② 《平远县志·目录》及正文均作"学额",正文标目却作"学校",与本卷卷目名称重复,疑误。
③ 《平远县志·目录》作"新设武员",正文标目作"旧设武员"。
④ 胡玉冰、马玲玲、孙小倩校注:《光绪平远县志》,[清]陈日新纂,上海古籍出版社2018年版,第337页。

因为平远县建置时间不长,故而有多项县情资料有缺或不详,陈日新非常谨慎,各类资料均据实情辑录。如与学校、职官有关的资料都是从平远县建县之年即同治十三年(1874)开始记起,此前的资料不再追溯,《选举》资料是从同治十二年(1873)开始统计的。由于学宫、学田、书院、义学、社学、宾兴等项内容平远县正式设县之前未有建设,故《学校》中此类资料均未记载。入《人物》者"经予考核者志之,其他不敢附会"。①

《凡例》还对《田赋》类内容组成也作出说明:"盐课……碍难别立一卷。又户口乃辟土之人,物产为土宜所出,故与盐课皆归入《田赋》卷,以免琐屑。"②

《平远县志·艺文》录诗共56首,其中48首自《万历固志》辑录,陈日新自己有8首辑入。文和人物传记共15篇,皆陈日新所作。《凡例》曰:"予修理城署等记,并诗若干首,因其言有关时事,附载《艺文》卷尾,工拙不记也。"③

从《平远县志》正文内容看,卷四、卷五注明了部分史料的出处,证明陈日新于序中所言自盐、固、灵州志书中辑录资料非虚言,这是本志的一大特色和值得肯定的地方。卷四《山川》"大蠡山"条注明"出《灵州志》","青沙岘"条注明"出《固原州志》","青龙山"条注明"出断碣","哆唛河""大黑水"条注明"出《通鉴》","清水河""苦水河"条注明"出《一统志》"。卷五《古迹》"平远所"条注明"出《固原州志》""出《二臣传》","细腰葫芦峡城"条注明"出《通鉴》及《固原志》","韦州堡"条注明"出《二臣传》""出《东华录》","同心城"条注明"出《灵州志》","白马城"条注明"出《固原州志》"。勘验征引内容可知,引文分别出自《〔嘉庆〕灵州志迹》《万历固志》《资治通鉴后编》《大清一统志》《二臣传》《东华录》等文献。

从引文情况看,陈日新对于旧志资料在征引时不是原文照录,而是对内容有改写,有时还据自己所知进行补充。如"大蠡山"条,《〔嘉庆〕灵州志迹》卷一《地理山川志第三》有记载,《平远县志》将其内容基本都辑录出来,但又有补充,两志还有部分异文。新补充的内容是:"宋时有避秋者悟道于此,俗传二虎随身后仙去。"④《〔嘉庆〕灵州志迹》载:"上多奇木、异卉、良药。山北有祠,雨旸辄祷之。明庆王诸陵墓皆在焉,旧尚有宫殿,今皆毁。"⑤《平远县志》载:"上多奇花异卉、良药珍禽。贺兰对峙于前,黄河奔放其下,为平远第一名胜。山东有祠,为云青寺,雨旸辄祷之。庆藩诸墓,皆在其下。旧

---

① ② ③ 胡玉冰、马玲玲、孙小倩校注:《光绪平远县志》,[清]陈日新纂,上海古籍出版社2018年版,第337页。

④ 同上书,第346页。

⑤ 蔡淑梅校注:《嘉庆灵州志迹》,[清]郭楷纂修,中国社会科学出版社2015年版,第26页。

有宫殿,今毁。"①两相比较,后者内容上显然比前者要丰富。后者补充说明了平远县还产珍禽和它所处地理位置的特点,还补充说明了祠名及庆藩陵墓所处的位置。另外,《〔嘉庆〕灵州志迹》"奇木""山北有祠",《平远县志》作"奇花""山东有祠"。

值得一提的是,《平远县志》还利用碑石材料对某些古迹进行考辨。如卷四载,青龙山"有杨将军庙,断碣称,宋时杨将军业遇契丹战死处。其子都尉杨廷玉陪祀。愚按史载,杨业与契丹战死陈家谷,其子廷玉殉之,在朔州地。今立庙于此,岂前明边将哀其忠勇,建庙以励将士欤?盖未可知也。然山下亦有陈家谷云,姑录之"。杨业战死于陈家谷事,在《续资治通鉴长编》卷二七太宗雍熙三年(986)八月条及《隆平集》卷一七、《东都事略》卷三四、《宋史》卷二七二杨业本传中均有记载,陈日新对于断碣所记杨业之事略作考辨,指出其疑,为后人进一步研究提供了宝贵的线索。

3. 编修质量

《平远县志》将平远县资料汇于一编,极大地方便了后人对其资料的利用,但志书部分内容还存在一些问题,故利用时要注意辨明。

卷一《图考》所附《平远县疆域图》《平远县城池图》二图可以和卷三、卷四、卷五相参看,但有些内容出现记载不一的现象。如《疆域图》中标示有"大螺山""青羊山""预望城",卷四《山川》分别作"大蠡山""青羊泉山""预旺城"。据宁夏各志书可知,"大螺山"当为"大蠡山"之异名。据《万历固志》等文献可知,"青羊山"脱"泉"字,"望"当作"旺",地图标示之名有误。另外,卷四载"青龙山在县东北四十里",《疆域图》却将"青龙山"绘标于县城东南方向。

《平远县志》引文中有文字错误。如卷四《山川》"哆唛河"条"哆唛遂以万人来踞蓝河侧"句,《宋史》卷四八六《夏国传》、《御批历代通鉴辑览》卷八〇、《资治通鉴后编》卷九八都作"遂以万人来迎",无"踞蓝河侧"4字,《平远县志》"踞蓝河侧"4字显系衍文。"大黑水"条"绍圣四年夏王乾顺奉其母率众五十万人入寇"句,据《宋史》卷四八六《夏国传》、《宋史纪事本末》卷九《西夏用兵》等文献,"四年"当作"三年"。

(四) 版本流传

《平远县志》光绪五年(1879)刻本流传较广,国图、甘图等多处有藏。甘图藏

---

① 胡玉冰、马玲玲、孙小倩校注:《光绪平远县志》,〔清〕陈日新纂,上海古籍出版社2018年版,第346页。

本书衣上钤盖有"镇戎县知事印"阳文方朱印。据平远县沿革考，平远县于民国三年(1914)易名镇戎县，十七年(1928)镇戎县又易名豫旺县，故甘图藏本当原为1914年至1928年镇戎县县衙所藏。刻本四周双边，单、黑鱼尾。书名页共分3行，中间为"平远县志"4篆体字，右侧为"光绪五年季夏开雕"8字，左侧有"板存县署"4字。内容共有65页，依次为：陈日新序2页，每半页7行，行13至16字，落款后印有"焕斋""陈氏日新"两方阳文墨印；魏光焘序2页，每半页6行，行20至21字；[1]《凡例》2页，每半页8行，行21至22字；《目录》2页，为二级目录；正文共57页，每半页8行，行21至22字，其中卷一、卷八同为3页，卷二、卷七同为1页，卷三、五为6页，卷四、卷六同为5页，卷九2页，卷一〇最多，为25页。《平远县志》版心页码与一般古籍有别，各卷页码不是各为起讫，而是自《凡例》第一页开始连续编至卷一〇最后一页，编序至第61页。

(五) 文献价值

陈明猷先生在《平远县的创建及〈平远县志〉》一文中，从该志所载"县名和县治""地域""自然地理和历史地理""人口和民族""经济状况""有关诗文"等6方面的内容对志书文献价值给予了较为全面、系统的评价，指出志书内容记载务实，文字精炼，在一般旧志中罕见，也很可贵。我们还想强调以下两点价值：

第一，《平远县志》是今宁夏同心县传世的第一部县志，对于研究同心县历史沿革、自然地理、人文特点等自有其特殊的资料价值。如卷三《建置·撋插》记载平远县城人口变化及构成情况曰："予甫莅任，稽合县丁口，不及千户。数年间，招徕渐殷，在邑在野，今近三千户。惟毛居士井、红城水皆汉民，县城、预旺城汉回杂处，田、马家井皆升营、宣威营裁撤弁勇，安插而为民者。其余村堡，悉回部。"[2]这条材料不仅说明平远县人口变化情况，又对当地民族构成情况也有说明，这对于研究当地民族特别是回族的分布情况无疑具有研究价值。

第二，《平远县志·艺文》录陈日新所作文和人物传记共15篇，所作《创修平远县署记》《重修平远县城记》《预旺城城隍庙记》《社仓记》《重修蠡山庙记》等5篇文献是研究平远县建置沿革的珍贵资料，所作《甘肃东路叛回纪略》《戡定平远记》《刘甫田传》《潘锡龄传》《黄仲馨传》《王云鹏传》《田守备传》《丁提督贤发死事纪略》《义回合传》《义民传》等10篇纪传文献中，陈日新对于清末回民起义所持的反动政治立场我们持批判态度，但从资料角度而言，对于深入研究起义则是非

---

[1] 国图藏本、《中国西北文献丛书》影印甘肃学者张维藏本，魏光焘序位于陈日新序之前。
[2] 胡玉冰、马玲玲、孙小倩校注：《光绪平远县志》，[清] 陈日新纂，上海古籍出版社2018年版，第344页。

常难得的一手文献。

二 《〔民国〕豫旺县志》

《豫旺县志》以抄本形式传世，未见刻本。1967年学生书局出版《新修方志丛刊》，影印了所谓民国十四年(1925)朱恩昭修纂的6卷本《豫旺县志》，实际上该志是一部伪作，并非编者独立编修，而是直接把《民国朔志》中与镇戎县有关的内容撮抄出来，参考《民国朔志》的体例，再杂以《〔光绪〕平远县志》的部分内容，把资料汇为一编，取名《豫旺县志》行世。成文出版社1968年版《中国方志丛书》、宁夏人民出版社1988年版《宁夏地方志丛刊》、凤凰出版社等2008年联合出版《中国地方志集成·宁夏府县志辑》等大型旧志丛书都影印出版了这部伪志，客观上扩大了它的影响，当予以辨明。

（一）整理与研究现状

《联合目录》《宁夏目录》《甘肃目录》《总目提要》等方志书目对《豫旺县志》都有著录或提要。高树榆撰《宁夏方志录》《宁夏方志评述》《宁夏回族自治区地方志述评》等论文对《豫旺县志》都有提要式的介绍。陈明猷撰《新印万历〈宁夏志〉及其他》一文对学生书局影印出版的《豫旺县志》作了内容介绍和评价。《方志与宁夏》第二章《宁夏历代修志综览》附《宁夏历代旧志存佚表》中，把朱恩昭《豫旺县志》列为宁夏民国旧志的第一种。以上论著都没有揭示《豫旺县志》的造伪情况。笔者所见最早指出该志是伪志的学者是王克林、陈志旺等，他们在《标点注释平远县志·本书整理说明》中指出"该书是抄袭《朔方道志》而成的赝品，毫无价值"，①但未对其具体造伪过程展开分析。整理说明指出该志为伪作是正确的，但对其造伪的资料来源揭示得不全面，且伪书不是毫无价值，在廓清它的造伪过程后，伪书还是有一定利用价值的。

（二）拼抄出来的内容

《豫旺县志》共6卷，全书由民国十四年(1925)朱恩昭《〈豫旺县志〉序》《目录》、卷一至卷六正文等组成。编纂者把《民国朔志》中与镇戎县有关的绝大多数资料直接撮抄出来，再夹杂部分《〔光绪〕平远县志》的资料，把资料中的"镇戎"一词全部替换成"豫旺"，并对个别内容进行简单改写，然后按照《民国朔志》的编

---

① 王克林、陈志旺等：《标点注释平远县志》，宁夏人民出版社1993年版，第4页。

写体例，分门别类把这些资料汇为一编，冠名曰《豫旺县志》以行世，实为一伪志也。下面对其造伪情况略加辨析。

《豫旺县志》的造伪从序言开始。署名"朱恩昭"于民国十四年(1925)七月朔日撰写的《〈豫旺县志〉序》基本抄录的是王之臣于民国十四年(1925)十月朔日撰写的《〈朔方道志〉序》。造伪者对王序主要作了以下改动：把王序开头"粤稽上世王朝有书"句改作"夫观上古王朝有书"；[1] "宁夏古为朔方郡"改作"豫旺旧为朔方郡属"；"背贺兰而面黄水"改作"背控河朔，南引庆、凉，黄河为带"；王序有"溯自明藩庆靖王创修《朔方志》后……穷源竟委，考核精详。兵灾之余，亦鲜完帙，迄今又一百三十余年矣"等语，梳理自明朝至民国十四年(1925)宁夏旧志的编修情况，造伪者把整段内容改写作"溯自光绪五年，陈公日新编纂穷源，考核精详矣。兵灾之余，亦鲜完帙，迄今又百余年"；王序在"恐亦徒费渔郎之过问矣"句后有一段对《民国朔志》编修始末的详细记载，最后一句为"于甲子五月朔日设局治事"，造伪者把这段改写作"查自民国改置豫旺，迄无续修。余令是邑，奉令设局治事"；"况宁夏边塞之区"改作"况豫旺边陲之区"；王序"各属志乘"句下概述朔方道下辖各县旧志编修情况，造伪者改作"各属志乘，均系残稿"；王序说明《民国朔志》编修史料来源时有"以旧府志为主，新通志为辅"句，造伪者改作"所赖以新旧府通志为佐"；"阅十九月而功始竣，成书三十二卷。以前明迭修《朔方志》，且'宁夏'近改'朔方'，'府'已改'道'，因名之曰《朔方道志》"句，造伪者改作"阅六月余而工始竣，书成为卷者六。以前清修《平陆县志》，且民国二年改为豫旺，因名之焉，曰《豫旺县志》"；王序在说明《民国朔志》取名之由后发表了一些个人议论，自称其名"之臣"，造伪者把它替换成"余"。最后把序的落款中"王之臣"改作"朱恩昭"，"十月"改作"七月"。[2]

从序言造伪情况看，主要对4方面内容进行改写：一是与志书关系密切的地名、人名，如把"宁夏"替换成"豫旺"、"之臣"替换成"余"等；二是与志书编修过程有关的内容，如把《民国朔志》编修始末记载改写成与豫旺县旧志编修情况相符的文字；三是与志书实际情况有关的内容，如把《民国朔志》编修时间、史料资源、卷数、取名之由等内容，改写成与伪造的《豫旺县志》相一致的内容；四是把梳理整个朔方道所辖各县旧志编修情况的内容替换成豫旺县一地的旧志编修内容。由于造伪者对有关历史缺乏了解，只是机械地改写，故而出现了明显的硬

---

[1] 本节《〔民国〕豫旺县志》的引文，均自凤凰出版社等2008年联合出版《中国地方志集成·宁夏府县志辑》影印本过录，恕不一一注明。
[2] 参见胡玉冰校注：《民国朔方道志》，〔民国〕马福祥、陈必淮、马鸿宾修，王之臣纂，上海古籍出版社2018年版，第2—3页。

伤。如陈日新光绪五年(1879)编修《平远县志》，至造伪者伪造写序之时——民国十四年(1925)，时间间隔只有46年，而造伪者却说"迄今又百余年"，很明显造伪者不明白王序"迄今又一百三十余年矣"的具体含义，只是简单删改了事。陈日新编修旧志名《平远县志》，造伪者写成了《平陆县志》。平远县于民国三年(1914)易名镇戎县，十七年(1928)镇戎县又易名豫旺县，造伪者对此沿革不了解，误写作民国二年(1913)改为豫旺。

正文部分，《豫旺县志》基本按《民国朔志》的卷次顺序，把其中有关镇戎县的资料分门别类撮抄出来，一般只是简单地把《民国朔志》中的"镇戎县"改换成"豫旺县"，其他内容基本全部照录。有些地方则是把"宁夏"改作"豫旺"，然后把有关内容也相应改动一下。如卷三《贡赋志》之《赋则》，把"宁夏赋则"4字改作"豫旺赋则"，把其后反映宁夏全境情况的资料"一千余顷"改为反映一县情况的资料"百余顷"。

具体来看，《豫旺县志》卷一《天文志》全部抄自《民国朔志》卷一《天文志》，包括所附的《井宿图》《鬼宿图》。《豫旺县志》卷一《疆域志》之《沿革》《形胜》《山川》《风俗》《物产》《古迹》《陵墓》，全部抄自《民国朔志》卷二、卷三《舆地志》中的"镇戎县"部分。《豫旺县志》卷二《建置志》之《城池》《公署》《坛庙》《堡寨》《关》《仓库》《警察》《市集》，全部抄自《民国朔志》卷四、卷五《建置志》中的"镇戎县"部分。《豫旺县志》卷三《贡赋志》之《赋则》《额征》《杂税》《户口》，全部抄自《民国朔志》卷八、卷九《贡赋志》中的"镇戎县"部分。《豫旺县志》卷三《学校志》之《书院》《学额》《义学》《学校》，全部抄自《民国朔志》卷十《学校志》中的"镇戎县"部分。《豫旺县志》卷四《人物志》之《民国职官》，全部抄自《民国朔志》卷一三《民国职官表》中的"镇戎县"部分，《学行》《孝友》全部抄自《民国朔志》卷一七《人物志》，《忠义》《节烈》全部抄自《民国朔志》卷一九至卷二一《人物志》，《侠义》全部抄自《民国朔志》卷二三《人物志》。《豫旺县志》卷五《艺文志》全部抄自《民国朔志》卷二四至卷二六《艺文志》。

撮抄自《〔光绪〕平远县志》的内容主要有：《豫旺县志》卷一《天文志》所附《岁时》《气候》全部抄自《平远县志》卷二《岁时》。《平远县志》之《岁时》为一级类目，包括《气候》《风雨雪霜冰雹》等两个二级类目，而《豫旺县志》的撮抄者不明其理，将《岁时》内容全抄，类目中只出现《岁时》《气候》，而遗漏《风雨雪霜冰雹》。《豫旺县志》卷四《人物志》之《选举》《职官》《武职》3目内容全抄自《平远县志》卷七《学校》之《选举》、卷八《官师》。《豫旺县志》卷六《艺文志》全部抄自《平远县志》卷一〇《艺文志》，只是把内容编排次序变化了一下，《平远县志》先录诗再录文，《豫旺县志》先录文后录诗。

《豫旺县志》在摘抄《民国朔志》中镇戎县资料时,有很多的造伪痕迹显露出来。如《民国朔志》所绘制的各县疆域分图上都有地图方向图示,《豫旺县志》减省掉了。《民国朔志》对各县相关资料一般都会标注其出处,如《形胜》"镇戎县"资料出处是"旧《平远志》",《风俗》中注明资料出处有"镇戎《新通志》""旧《府志》""新采访"等,《豫旺县志》把这些出处都有意识省去不抄。有时候为了迷惑读者,又故意篡改出处,如《风俗》"汉回杂处,风气刚劲,民性淳良"句原注出处是"镇戎《新通志》",《豫旺县志》改成了"旧通志"。《民国朔志·物产》原在每种物产之下都有简单介绍说明,《豫旺县志》只在个别物产下有简单说明。有时候,《豫旺县志》故意把一些与镇戎县无关的资料抄录出来,把其中的关键信息故意删去或改写,以迷惑读者。以《豫旺县志·人物志》为例,在《民国朔志》卷十七《人物志·学行》中,丁育桂为镇戎同心城人,陈国统为宁朔县举人,《豫旺县志·学行》把二人事迹都辑录出来,删去了丁氏材料中的"镇戎"2字、陈国统材料中的"宁朔县"3字。《孝友》中的钟华实为宁夏县人,《忠义》中的吴监川、李长久、李长寿都为宁朔县人,罗伦、赵玉秀同为宁夏人,英秀为宁夏驻防翻译,都非镇戎县人,《豫旺县志》把他们的籍贯都删去,甚至把刘怀芝的籍贯"宁夏县"直接改写成"豫旺人"。

《豫旺县志》抄自《平远县志》的内容有的在格式上略加变动。如抄《平远县志·官师·新设文员》的内容时,原格式是官职、姓名、籍贯、科举出身、任职时间,《豫旺县志》改抄成姓名、籍贯、科举出身、任职时间及所任官职。如《平远县志》"知县陈日新,湖北蕲水县人,监生,同治十三年任",①《豫旺县志》抄作"陈日新,湖北蕲水县人,监生,同治十三年任知县"。

《豫旺县志》摘录内容时对原始资料没有进行核查,更未作考证,故原始资料若有误,《豫旺县志》也就照抄了下来。如《豫旺县志》卷一《疆域志·山川》"里鹰山"条,后附按语称:"旧《府志》自大螷山至里鹰山均载入灵州,今分归豫旺,应一并移入,余由平远旧志采入。"②旧《府志》即《乾隆宁志》。查检该志卷三《地理·山川》"灵州"条,"里鹰山"当作"黑鹰山",《〔嘉庆〕灵州志迹·地里山川志第三》同《乾隆宁志》。因《民国朔志》原误,《豫旺县志》亦以讹传讹了。《豫旺县志》卷二《建置志·堡寨》后附按语称,豫旺县前身平远县设于清"光绪四年",卷三《贡赋志·户口》后附按语又称,平远县是"光绪二年"设,误同《民国朔志》,平远县当

---

① 胡玉冰、马玲玲、孙小倩校注:《光绪平远县志》,〔清〕陈日新纂,上海古籍出版社2018年版,第357页。
② 《标点注释平远县志》整理者整理《〔民国〕朔方道志·镇戎县》资料时,把正文中的"里鹰山"直接改作"黑鹰山",未说明校改理由。按语中"里鹰山"脱"里"字,作"鹰山"。

设于同治十三年（1874）。再如"青沙岘"条，《平远县志》先把"唐龙"误作"刘龙"，《民国朔志》又把"刘龙"误作"刘虎"，《豫旺县志》不明其理，误同《民国朔志》。《豫旺县志》还出现了抄写文字错误的现象。如《岁时》"阴阳所毗"误倒作"阴阳毗所"，"化工布濩"误抄作"化工布护"；《山川》"大里水"条之"清水河"误抄作"青水河"。

（三）文献价值

通过以上分析可以看出，《豫旺县志》几乎无一字无来历，它是一部彻头彻尾地撮抄出来的伪作，而不是创修出来的县志。传世本序言虽署名为"朱恩昭"，但我们不能就据此判定是朱恩昭撮抄出来成的《豫旺县志》，不能排除其他人托名造伪的可能性。《豫旺县志》主要把《民国朔志》中与镇戎县有关的内容者撮抄了出来，又杂以部分从《平远县志》中抄录的内容，另取书名曰《豫旺县志》行世，造伪痕迹明显。由于豫旺县是民国十七年（1928）由镇戎县易名而来，故该志肯定不能作为研究豫旺县的县志材料来利用，但它对于研究同心县还是有一定价值的，并非如某些学者所言毫无价值。

同心县前身平远县设置于清同治十三年（1874），陈日新修纂的《平远县志》于光绪五年（1879）刊刻。也就是说，《平远县志》为我们主要提供的是同心县1874年至1879年间的文献资料。平远县于民国三年（1914）易名镇戎县，十七年（1928）又易名豫旺县。光绪五年（1879）至民国十七年（1928）近50年的同心县历史资料，在《豫旺县志》成书前还没有专书系统汇集过。《豫旺县志》抄录的主要资料——《民国朔志》最后成书于民国十六年（1927），同心县历史上的平远县特别是镇戎县时代的资料散见在其中。《豫旺县志》把这些资料辑录出来，汇为一编，自然有利于研究。其抄录的体例完全参照《民国朔志》，抄录方法上也有一些做法值得肯定，比如《民国朔志》为省篇幅，有些相同的内容就用"同前"之类的表述方式来表述，《豫旺县志》在摘抄时有想把被简省内容补全的意识，只不过抄录的内容不一定就是原本被简省的内容。如《学校》"本城高级小学校"条，《民国朔志》原有"课程图书设备同前"句，没有具体内容。查《民国朔志》所载各学校中，只有省立第八师范学校、省立第五中学校、蒙回师范学校等3所学校较为详细地罗列了具体的课程、图书、设备，其他各学校谈及课程、图书、设备时都记为"课程图书设备同前"，若按一般理解，"同前"之"前"当为蒙回师范学校，但《豫旺县志》照抄的是省立第八师范学校的课程、图书、设备情况，故不能确定《豫旺县志》增补的内容是恰当的。

尽管如此，《豫旺县志》的撮抄者主观上还是想迷惑世人，用了一个与原书内容不相干的名称来命名文献，企图冒充为创修县志，从这一点上来讲，当予以揭露。但如果撮抄者把文献命名为《镇戎县志》，其利用价值从文献名称上也许会比较恰当地表现出来。也正是由于这样的资料汇集对于学者研究有用，故《平远县志》的整理者把《民国朔志》中有关镇戎县的资料按原志书体例分门别类辑录出来，认为"就内容体例而言，已足以成为一部较完整的《民国镇戎县志》，故作为旧志一并收入本书。称之为《朔方道志·镇戎县》"。[1] 因此，我们不能说，因为传世的《豫旺县志》是伪书，所以它"毫无价值"。至少，《豫旺县志》的成书方式对后人还是有一定借鉴价值的。

---

[1] 王克林、陈志旺等：《标点注释平远县志》，宁夏人民出版社1993年版，第4页。

第八章　固原市旧志

　　固原市位于宁夏回族自治区南部，古称大原、原州。明正统十年（1445）置固原巡检司，是为固原地名之始。现为自治区直辖地级市，辖1区（原州区）4县（西吉县、隆德县、泾源县、彭阳县）。固原市旧志共有10部传承至今，是宁夏各直辖地级市中传世数量最多的，其中修于明代的有2部，清代的有4部，民国的有4部。相当于州县一级的固原志书包括《嘉靖固志》《万历固志》《宣统固志》《民国固志》等4部。西吉县存《宣统硝河志》《〔民国〕西吉县志》等2部，隆德县存《康熙隆志》《道光隆志》《民国隆志》等3部，泾源县存《〔民国〕化平县志》1部。《〔咸丰〕固原州宪纲事宜册》无论在内容还是形式上都与旧志存在明显不同，但也是一份有特殊研究价值的专题固原地方文献，故本章对这份文献也专节介绍。

第一节　固原州、县旧志

一　佚失旧志

　　《陇右录》著录有3种固原佚志，其中元朝《开城志》据《乾隆甘志》引文著录，张治道著《固原州志》1册据《万历内阁书目》、刘敏宽《固原旧志序》著录，杨宁著《固原州志》2卷据《明史·艺文志》著录。张维还考证曰："（张）治道长安人，《阁目》《千顷堂目》均作邑人，非是。……此志（杨宁著）《阁目》不载，而《千顷堂目》有之，疑万历后作。"[①]

（一）元朝《开城志》

　　《开城志》原书已经亡佚，其佚文在《明一统志》卷三五"平凉府"之"形胜""风

[①] 张维：《陇右方志录》，《中国西北文献丛书》据北平大北印书局1934年版影印，兰州古籍书店1990年版，第77册第690—691页。

俗"等条有直接引用,"形胜"条载:"左控五原,右带兰会。黄流在其北,崆峒阻其南。""风俗"条载:"女工机织,男多游手。"《大清一统志》卷二〇一"平凉府"、《乾隆甘志》卷四"疆域"之"平凉府固原州"条引文同"形胜"条所载。但《乾隆甘志》将"黄流"改为"黄河"。由于该志已亡佚,内容不详。薛正昌撰《地方志与宁夏历史文化(上)》一文认为,《开城志》是宁夏最早的地方志书。

(二) 张治道《固原州志》

张治道字孟独,一字时济,号太微山人,陕西长安(今陕西西安市)人,生卒年不详。正德八年(1513)中癸酉科举人,九年(1514)中甲戌科进士,曾任长垣县知县,刑部主事。《嘉靖陕志》卷六三、朱彝尊《明诗综》卷四〇有传。

《文渊阁书目》卷四著录张治道撰《长垣县志》,未载其卷数。《千顷堂书目》卷六载该志为9卷。同书卷八载,张治道撰《少陵志》。黄宗羲编《明文海》卷二二〇载赵时春撰《〈少陵志〉序》。《千顷堂书目》卷二二载,张治道撰《太微集》12卷、《太微后集》4卷、《嘉靖集》若干卷(残缺)。《嘉靖陕志》卷七五《经籍》亦载此3种文献,均未载其卷数。编修《嘉靖陕志》时,《张太微集》是征引文献之一。另外,张治道还有《太微山人张孟独诗集》行世,康海《对山集》卷四载《〈太微山人张孟独诗集〉序》。

明朝万历三十三年(1605)张萱等编修《内阁藏书目录》卷六《志乘部·陕西》载:"《固原县志》一册,邑人张志道著。"万历四十四年(1616)刘敏宽《〈固原州志〉叙》、董国光《〈固原州志〉后序》都有述及。① 根据旧志修志惯例,一般由官居当地的行政长官主持编修。由张治道生平可知,他编修《长垣县志》,是因为他曾任长垣知县,这是合乎常理的。但他并没有在固原任过职,故他是否真的纂修过《固原州志》是令人怀疑的。

(三) 杨宁《固原州志》

杨宁(1400—1458)字彦谧,浙江钱塘(今浙江杭州市)人,宣德五年(1430)进士,官至南京刑部尚书。明俞汝楫编《礼部志稿》卷五二、《明史》卷一七二有传。明徐纮编《明名臣琬琰续录》卷四载彭时撰《尚书杨公墓碑铭》。《千顷堂书目》卷七、《明史》卷九七《艺文志》均著录,杨宁编修《固原州志》2卷。《千顷堂书目》卷

---

① 《千顷堂书目》卷七著录《固原州志》的编修者亦为"张志道"而非"张治道",有可能是"治"误作"志"。张志道生平不详,查明杨一清撰《关中奏议》卷一六《为举劾有司官员事》有载:"延安府同知张志道,洁操有闻,能声日著。"不知杨一清所言之"张志道"与《千顷堂书目》所载是否为同一人。又,夏际文民国三十七年(1948)撰《〈固原县志〉序》梳理固原旧志时也提及张治道撰固原旧志事,显系受刘敏宽、董国光等序影响。

一九还载,杨宁著有《白云稿》《卧云稿》。考杨宁生平,他从未在宁夏辖境内任过职,故其是否撰写过《固原州志》亦令人怀疑。

二 传世旧志整理与研究现状

传世的州县级固原旧志有 4 部,包括明朝《嘉靖固志》《万历固志》等 2 部,清朝《宣统固志》1 部,《民国固志》1 部。《嘉靖固志》2 卷,杨经修纂,嘉靖十一年(1532)刊刻。《万历固志》2 卷,刘敏宽纂,万历四十四年(1616)刊刻。《宣统固志》12 卷(其中第 12 卷为《宣统硝河志》,杨修德纂),王学伊总纂,宣统元年(1909)排印。《民国固志》12 卷,叶超总纂,民国三十七年(1948)抄本。

国图藏《万历固志》前附《平凉府固原州宪纲事宜册》(本节简称《国图事宜册》)6 页,抄录时间不详。甘图藏《固原州宪纲事宜册》(本节简称《甘图事宜册》)7 页,咸丰五年(1855)三月抄录。前者内容较后者略有增加,但后者内容编辑质量明显优于前者。

《嘉靖固志》与《万历固志》在《陇右录》《联合目录》《稀见提要》《宁夏目录》《甘肃目录》《总目提要》等方志目录中有著录或提要。《天一阁藏明代地方志考录》对《嘉靖固志》传世情况及志书内容有简介。

《甘图事宜册》在《甘肃目录》《总目提要》等方志目录中有著录或提要。

《宣统固志》在《陇右录》《联合目录》《宁夏目录》《甘肃目录》《总目提要》等方志目录中有著录或提要。诸书对其书名著录有异,定名为《宣统固志》当最为准确(详见后文)。

《民国固志》在《宁夏目录》《甘肃目录》《总目提要》等方志目录中有著录或提要。

朱洁撰《介绍宁夏明代地方志五种(下)》提要介绍了《嘉靖固志》《万历固志》。高树榆撰《宁夏方志录》《宁夏方志评述》《宁夏回族自治区地方志述评》等论文对 4 种固原旧志都有著录或提要式的介绍。

牛春生、牛达生撰《明代两种〈固原州志〉及其史料价值》对《嘉靖固志》《万历固志》二志的内容价值进行了详细的研究。胡迅雷撰《杨经与〈嘉靖固原州志〉》一文扼要介绍了杨经的生平事迹,并对《嘉靖固志》的内容及研究价值进行了简要地分析;同书载《王琼与宁夏》一文,多据《嘉靖固志》梳理、评价王琼治边政绩。薛正昌著《固原历史地理与文化》第八章《明清固原地方志书与文化》《地方志与宁夏历史文化(下)》《明代宁夏与固原两大军镇的地方志书及其特点》二文论述了《嘉靖固志》《万历固志》对于固原文化的研究价值,后文还对《嘉靖固志》《万历固志》的撰写方法进行了比较研究。

牛达生、牛春生撰《清代的〈固原州志〉》简要介绍了《宣统固志》总纂修人王学伊的生平事迹，并逐卷介绍评析了该志的内容。陈明猷撰《清末固原轮廓——评介〈宣统固原直隶州志〉》等文揭示了《宣统固志》的学术价值，特别对其民族、地理、军事、经济、政治等方面的资料意义进行了深入的探讨。胡迅雷撰《王学伊与固原》结合《宣统固志》梳理王学伊治政事迹。薛正昌在《清代〈宣统固原州志〉与固原历史文化集成》一文中谈及《宣统固志》对于固原文化的研究意义，并在《地方志与宁夏历史文化（下）》一文中更申明了这一意义。佘贵孝撰《清代"固原十景"诗话》从文学赏析的角度分析《宣统固志》所载"固原十景"的文学意义。余振贵撰《评宁夏旧志有关回族记述的史料价值》提及了该志记载的与回族有关的史料价值。程云霞撰《〈重修固原城碑记〉及其作者那彦成》介绍了固原地区出土的碑石原件及拓本资料，对碑文作者生平作了简介，过录了《重修固原城碑记》原文。

牛达生撰《民国〈固原县志〉简介》一文梳理了《民国固志》的编修经过，对该志内容完缺、编修质量、资料价值等也进行了分析。陈明猷撰《民国时期固原县情研究的重要著述——评介民国〈固原县志〉稿》一文分析了《民国固志》独特的撰写体例，并从该志记载固原的地理环境、经济状况、社会生活等资料入手，阐述了该志对于研究固原的学术价值。何应泰撰《叶超与〈固原县志〉》一文简要介绍了叶超的生平及志书的编修情况。

《嘉靖固志》《万历固志》《宣统固志》《民国固志》等4种传世的固原旧志主要以点校和影印的方式整理出版。点校本主要是对志书进行标点、断句、分段、校勘，并对比较重要的人物、地名、事件和难懂的字词进行注释、标音。已正式出版的点校本有：《嘉靖万历固原州志》[1]《宣统固原州志》《民国固原县志》。[2]

2003年，固原市地方志办公室组织专家新点校出版了《明清固原州志》。其中，《明嘉靖固原州志》《明万历固原州志》《宣统固原州志》《明嘉靖〈平凉府志·固原资料辑录〉》《清光绪〈打拉池县丞志〉》等5种文献资料由李作斌标点、校注，《清宣统〈甘肃全省新通志·固原资料辑录〉》《明嘉靖〈九边考·固原镇考〉》等2种文献资料由佘贵孝标点、校注。《明万历固原州志》还附录了《宣统固原州志》

---

[1] 该本为研究利用明朝《固原州志》提供了较为可信的文本，但个别地方有印刷错误，如《嘉靖固志》卷二《前代原州人物》辑录向宝、曲端两人事迹，《宋史》卷三二三有《向宝传》，卷三六九有《曲端传》。《嘉靖固志·向宝传》"授宝矢之"句，据《宋史·向宝传》，"矢"下脱"射"字。《嘉靖州志·曲端传》"端遣副将吴阶据清溪岭"句，据《宋史·向宝传》，"吴阶"当作"吴玠"，《宋史》卷三六六有《吴玠传》。

[2] 据《民国固志·整理后记》载，《民国固志》的整理工作由张贤主持，李德彭负责分段、标点、誊清，祁德寿进行资料校核、整理及设计、制作表格，谢东、徐兴亚参与审定。

等文献所载刘敏宽、董国光的生平资料及牛春生、牛达生撰《明代〈固原州志〉及其史料价值》一文,《宣统固原州志》附录了《固原地区志·人物志》所载王学伊生平资料及陈明猷撰《清末固原轮廓——论宣统〈固原直隶州志〉》一文,《明嘉靖〈平凉府志·固原资料辑录〉》附录了《明史》卷二〇〇及《平凉府志》所载《赵时春传》,《清宣统〈甘肃全省新通志·固原资料辑录〉》附录《清史稿》载安维峻的传记资料,《明嘉靖〈九边考·固原镇考〉》附录了魏焕的生平资料,《清光绪〈打拉池县丞志〉》附有本志点校说明。《明清固原州志》辑录固原志书文本最全,非常便于学者对固原文史的研究。

有出版社选择重要且易得的固原旧志版本进行影印出版,为学者进一步研究提供最为原始的文本资料。学苑出版社 2003 年出版《中国西藏及甘青川滇藏区方志汇编》第三辑《甘肃藏区及涉藏方志》,影印出版《嘉靖固志》。1967 年学生书局影印出版《新修方志丛刊·西北方志》,[①]1970 年成文出版社出版《中国方志丛书》,1988 年天津古籍出版社出版《宁夏历代方志萃编》、宁夏人民出版社出版《宁夏地方志丛刊》,学苑出版社 2003 年出版《甘肃藏区及涉藏方志》、2015 年出版《宁夏旧方志集成》,凤凰出版社等 2008 年联合出版《中国地方志集成·宁夏府县志辑》,都影印出版了《宣统固志》。

三 《〔嘉靖〕固原州志》

《〔嘉靖〕固原州志》(本著作简称《嘉靖固志》)2 卷,嘉靖十一年(1532)刊刻行世。明人朱睦㮮《万卷堂书目》卷二《地志》载:"《固原州志》二卷,杨经。"嘉靖十一年(1532),总制陕西三边地方军务兵部尚书唐龙所撰《固原州志》序载:"《固原州志》乃进士杨经所辑,而裁正于前总制、尚书晋溪先生。"[②]故知,《嘉靖固志》主要由杨经、王琼两人编辑完成。

(一)编修者生平

1. 杨经

杨经,宁夏平房城(今宁夏平罗县)人,[③]曾任河北大名府推官,[④]卒于河南浚县,生卒年不详。《〔道光〕平罗记略》卷七《人物·乡达》有传。

---

① 此版版权页书名为《甘肃固原州志》。
② 韩超校注:《嘉靖固原州志》,[明]杨经纂,上海古籍出版社 2018 年版,第 14 页。
③ 王亚勇认为杨经为宁夏后卫(今宁夏盐池县)人。参见王亚勇校注:《平罗记略·续增平罗记略》,宁夏人民出版社、宁夏教育出版社 2003 年版,第 174 页《校注》[三十六]。
④ 《河南通志》卷三二载,杨经于嘉靖六年至九年(1527—1530)任开封府推官。

《嘉靖宁志》卷二、《万历朔志》卷三、《嘉靖陕志》卷三一、《乾隆甘志》卷三三等载，杨经中正德十一年(1516)丙子科举人，且为《春秋》魁，即《春秋》科目考试第一名。同年中举者还有《嘉靖宁志》编纂者管律。嘉靖五年(1526)中丙戌科进士，任大名府推官。同年中进士者还有《平凉府志》编修者赵时春。《平罗记略》本传据《杨氏家谱》载，杨经"操行纯洁，历官清勤。嘉靖间，夏郡多故，奉母迁固原，旋卜居长安，以负郭田散给纶、缙二弟，有范文正风，后疾卒浚县"。①

2. 王琼

王琼(1459—1532)字德华，号晋溪，山西太原人，明宪宗成化二十年(1484)中甲辰科进士。嘉靖七年(1528)，以兵部尚书兼右副都御史总制陕西三边军务，十年(1531)卸任，继任者为《〈固原州志〉序》的作者唐龙。十一年(1532)秋，卒，官赠太师，谥曰恭襄。《明史》卷一九八有传，《山西通志》卷一〇七、《嘉靖陕志》卷五一、《乾隆甘志》卷三〇，宁夏旧志如《嘉靖宁志》卷二、《嘉靖固志》卷一等亦都有王琼的专传。

《嘉靖固志》卷一专传记王琼总督三边事甚详，载其"有《环召新疏》九卷，凡一百九十二条。又自著《西夷事迹》一卷，《北虏事迹》一卷，印板俱在总制府书橱收贮"。② 另据《千顷堂书目》卷五、八、九、三〇载，他还著有《双溪杂记》2卷、《漕河图志》8卷、《武举奏议》1卷、《本兵敷奏》14卷、《户部奏议》4卷、《晋溪奏议》6卷等。可以看出，王琼对边事颇为留意，并有相关著述刊行于世。至少在嘉靖十一年(1532)，其部分著述的雕版还有保存。由于王琼对三边特别是宁夏固原的贡献，时人颇重其行，把他与曾三次总制陕西三边的著名大臣杨一清相提并论。陕西按察副使李准辑录王琼西征经行题咏，绘图以赠，《嘉靖固志》卷二辑录的刘天和撰《西征纪行诗图序》记其始末。关中士大夫作诗歌颂其治边政绩，诗集题名《元老靖边》，《嘉靖固志》卷二辑录的王九思撰《元老靖边诗序》、段炅撰《靖边诗序》均详述其始末。宁夏旧志中多收录王琼诗文。如《嘉靖固志》辑录的3篇奏议《设险守边大省劳费奏议》《设重险以固封守奏议》《甘露降固原奏议》全部都是王琼所写，并录《偕寇中丞登固原鼓楼次韵》《嘉靖己丑夏五月兵过预望城》诗2首。《万历固志》亦录此二诗。

唐龙在《〈固原州志〉序》引用王琼守边议论，说明固原地势对于明朝守边的重要意义，引文与《嘉靖固志》卷一《疆域》中的议论颇为相似，而王琼又写过多篇

————————

① 徐远超校注：《道光平罗记略》，[清]徐保字纂，上海古籍出版社2018年版，第124页。
② 韩超校注：《嘉靖固原州志》，[明]杨经纂，上海古籍出版社2018年版，第90页。

议固原边事的奏议,故知,唐龙说王琼"裁正"过《嘉靖固志》的说法是可信的,王琼对于固原边地重要性的见解与认识已经融入在《嘉靖固志》的相关内容中了。所以,王琼当真正参与过《嘉靖固志》的编写,杨经编修该志时对王琼的议边奏议也多有借鉴参考。

(二) 版本及内容

《嘉靖固志》原刻本流传稀少,仅宁波天一阁等有藏。《天一阁书目》卷二著录:"平凉府《固原州志》二卷,刊本。明杨经纂辑,唐龙序。"据记载,天一阁藏本已被盗出,"散出后曾为吴兴蒋氏传书堂所收藏,一九三一年又归前北平图书馆,今存台湾省"。① 原刻本白口,四周单边,双、黑、对鱼尾,版框 17.3 cm×13.1 cm。卷端题名"明固原州志",版心题名"固原志"。卷端次行有"进士杨经纂辑"6 字。唐龙序每半页 6 行,行 10 字。正文每半页 11 行,行 18 字。正文内容共两卷 16 子目。子目无《分野》,《嘉靖固志》对此解释道:"凡作州县志者,多志'分野'与'形胜'。今固原州分野见《平凉府志》,故《州志》不书,统于一也。"②

该志内容依次包括:嘉靖十一年(1532)唐龙《〈固原州志〉序》5 页,《明固原州志目录》2 页,③正文 109 页。其中卷一 41 页,卷二 68 页。④

卷一包括《创建州治》《城池》《疆界》《山川》《古迹》《土产》《风俗》《文武衙门》《人物》《节妇》等 10 子目。

《创建州治》主要梳理明朝固原建州的沿革,并引《续资治通鉴纲目》卷四七上之内容,对"固原"地名的由来进行考证。

《城池》记载了固原城在明景泰三年(1452)、成化五年(1469)、弘治十五年

---

① 骆兆平:《天一阁藏明代地方志考录》,书目文献出版社 1982 年版,第 175 页。吴兴蒋氏传书堂所藏,参见吴汝藻《传书堂书目》。

② 韩超校注:《嘉靖固原州志》,[明]杨经纂,上海古籍出版社 2018 年版,第 19 页。平凉府专志中,赵时春编纂的 13 卷本《平凉府志》成书时间最早,成于嘉靖三十九年(1560),《四库全书总目》卷七四《史部·地理类存目》、《明史》卷九七《艺文志》、《千顷堂书目》卷七等都有著录。该志晚于《嘉靖固志》28 年成书,故引文中"平凉府志"当不是赵时春所编《平凉府志》。天顺五年(1461),李贤等奉敕撰《明一统志》90 卷成书,卷三五为平凉府专志,其"形胜"内容中有"中华襟带"语。《嘉靖固志》下文有"旧志以李继和所奏'中华襟带'为固原形胜"语,故引文中"平凉府志"当指《明一统志》卷三五《平凉府》,"旧志"指《明一统志》。

③ 卷一《文武衙门》、卷二《诗》《记》《序》等为二级目录,于一级目录下详列其所属子目。其他 10 类均只列出一级类目名称。卷一"创建州治"类目原目录漏载,《诗》题《嘉靖己丑夏五月兵过隙望城》,"五月"原误作"六月",志书整理者已纠正其误。《诗》题《嘉靖乙酉六月登镇西楼次遽庵翁韵》《辛卯冬仗钺驻州重登楼次潭南中丞韵》《预望城次晋溪翁韵》原目录均无,志书整理者已据正文补;《记》题《固原州增修庙学记后》,"后"字原脱,《重修北乱池龙神庙碑记》"庙"字原脱,《序》题《贺平鲁土番序》,"鲁"字原脱,《奏议》下三题目中"奏议"二字原脱,志书整理者都已据正文补。

④ 原刻本卷一最后 1 页版心页码数位原为"三十九",但第 25、30 页后又各加 1 页。卷二页码自"四十"始,止于"一百六",但第 62 页后又加 1 页。故卷一、卷二页码实际上共有 109 页,而非 106 页。

(1502)3次兴修历史,详记修城时间、主持修城者及城池建筑规模。其后有"按"语对宋、金时期兴修史进行了追叙。所记金宣宗兴定三年(1219)六月十八日固原地震、四年(1220)四月二十一日修筑固原城事,由出土文献证实不误。志书记载在城隍庙有石碣,卷二辑录的平凉知府田旸撰《创建城隍庙碑记》即此石碣碑文。

《疆界》载固原州四至里数。论及固原地区形胜时,杨经认为,"旧志以李继和所奏'中华襟带'为固原形胜,过矣"。① 然后又引《左传》,结合固原地区的具体情况,深刻指出:"盖守近、守远,利、不利,悬绝若此,谋国者可不慎之于初哉?"②

《山川》共记载固原9处"山"、15处"川"距离州城里数等内容。"马髦山"条中,杨经通过考证认为,《元和郡县志》记作"马屯山"是错误的。这条结论被《乾隆甘志》卷五《山川》"固原州"条所采纳。"北乱池"条中,记载说池旁有元朝及明朝正统年立碑。卷下辑录的《重修北乱池龙神庙碑记》记载,此碑立于明朝正统七年(1442),当系此"正统年碑"。本部分有的内容编辑不当,《山川》的记述顺序是先"山"后"川",但青羊泉山、印子山却夹杂于"川"中记述。

《古迹》记载立马城等19处遗址距州城的里数及其兴废沿革。《土产》把固原动植物种类分成谷、果、蔬、药、花、木、豢养、鸟、兽等9类。"豢养类"的划分在宁夏旧志物产分类中有一定的创新性,牛、马、驴、骡、羊、犬、豕、狐狸、猫、鸡、鹅、鸭、鸽、骆驼等13种动物归入其中,除狐狸一类外,其他12种均为常见的家养畜、禽,宁夏旧志多把这些动物都归入"兽类"。《嘉靖固志》单立"豢养类",且把它们归入其中,分类显然更合理些。《风俗》记载内容非常简单,因其与内地相比没有什么大的不同,只是突出强调了当地"土达"朴质强悍的特点。另外指出当地儒学渐兴的现象。

《文武衙门》是《嘉靖固志》中内容较为复杂的一类。究其内容,可分两大部分。第一部分相当于隶属地概貌,第二部分相当于"职官志"。第一部分涉及固原州、固原卫、西安州守御千户所、镇戎守御千户所、平虏守御千户所、甘州群牧千户所、海剌都营、红古城堡、白马城堡、下马房关等10处辖地及苑马寺所属坐落固原州地方监苑,包括长乐监、开城苑、广宁苑、黑水苑等。以固原州为例,叙述的内容包括固原州所处地理方位、州城内各官署名称、房屋间数、兴修情况、官员设置及任职情况、户口(含原额、现额)、地方基层组织、赋税、学

---

① 韩超校注:《嘉靖固原州志》,[明]杨经纂,上海古籍出版社2018年版,第19页。
② 同上书,第20页。

校、仓廒、驿递等,其他职掌专门事务的官府机构如盐引批验所(附五盐厂)、阴阳学、医学、僧正司、道正司等亦附于后。各守御千户所、营堡等主要记其地理方位、建置沿革、兴修经历、规模大小、官员设置及任职情况、官军人数、屯田及赋税等情况。本部分还有"论曰"内容,主要引宋朝御西夏事来议论明朝边备的得失。

固原卫鼓楼原来悬有一口取自安定县的古寺巨钟,其上铸"大宋靖康元年八月铸起复修寺熙河路兵马钤辖陇右都护马祐昌"等27字铭文。由铭文可知,该钟铸于北宋将亡的前一年,主持铸钟者为马祐昌。祐昌事迹史书记载不多,主要杂见于宋人孙昭远的传记资料中。宋周必大撰《文忠集》卷二九《京西北路制置安抚使孙公昭远行状》(乾道七年即1171年撰)载,靖康元年(1126)十一月,金兵逼近北宋都城开封,"永兴路安抚使范致虚自称御前会合军马勤王入援,所号召诸路之师,公至督其进。……又遍檄诸帅,使出师。已而环庆帅王似、熙河帅王倚各以师来会,而泾原帅席贡、秦凤帅赵点、鄜延帅张深皆不至。公二十八疏劾之,合诸路兵得十余万,范致虚命马祐昌统之,斩杜常、夏淑于华阴。公与致虚同出关。俄祐昌遇敌于石壕千秋间,战,败绩"。宋李幼武编《宋名臣言行录》续集卷七、《宋史》卷四五三《孙昭远传》均载此事。固原鼓楼钟文可以补充传世文献对于马祐昌事迹记载的不足,综合两者记载可知,北宋人马祐昌在靖康元年(1126)任熙河路兵马钤辖陇右都护,同年率宋兵为保卫开封而与金兵交战,战败。

《文武衙门》的第二部分相当于旧志中的《职官志》,记载了截止到嘉靖十年(1531)与固原有关的官员共214位。各官职先述其设置缘由或时间,然后对官职较高的历任官员生平有较为详细的介绍,官职级别较低的官员只记其姓名、籍贯、科第、任职时间等。

总制边务大臣共9任,弘治十五年(1502)由兵部建议设置,首任大臣是秦纮,唐龙为嘉靖十年(1531)任职者。唐龙的前任王琼事迹记载最详。镇守固原武职大臣共10任,弘治十八年(1505)杨一清奏请设置,首任者为曹雄。分守固原参将共3任,嘉靖四年(1525)杨一清奏设,刘文是首任者。固原等处游击将军共10任,只记其姓名,弘治十五年(1502)秦纮奏设。整饬固原兵备宪臣共22任,成化五年(1469)马文升因土达满四反奏设,杨勉为首任者。守备固原武臣始设于天顺五年(1461),共19任,荣福为首任者。

固原州所属官员中,知州于弘治十五年(1502)设,岳思忠为首任,共8任。嘉靖七年(1528)添设同知,有两任。吏目有5任。本州岛儒学学正有5任,训导有15任。固原卫并守御千户所低级官员共106位,前八位记其简单的仕履,其他的只记姓名。

《人物》相当于旧志中的"选举",分举人(含人才荐举)、岁贡监生两种层次来记述当地学子的科举考试情况。其中举人有刘仲祥等 7 人,记其姓名、籍贯、科举及仕履情况。开城县与固原州的儒学岁贡监生分开记载,开城县共有 40 名,固原州共 36 名,大多只记其姓名、官职,有些只记姓名。《节妇》记载固原赵氏、杨氏两人。

卷二包括《前代原州人物》《前代名宦》《诗》《记》《序》《奏议》等 6 子目。

《前代原州人物》相当于旧志的"乡贤",共记载明朝以前 5 位固原历史人物,其中魏朝田弘 1 人,宋朝、金朝各 2 人。《前代名宦》相当于旧志的"宦迹",共记载明朝以前 34 位曾在固原为官的历史人物,其中魏朝 4 人,隋朝 4 人,唐朝、金朝各 2 人,后晋 1 人,宋朝最多,有 21 人。《嘉靖固志》对于前代人物、名宦事迹的编辑主要从各人物传记中取材。如魏人田弘在《周书》卷二七、《北史》卷六五中有专传,①隋人独孤楷在《隋书》卷五九有传,唐人元载在《新唐书》卷一四五有传,后晋人王殷在《新五代史》卷五○有传,宋人曹玮、李继隆、李继和等在《宋史》卷二五八有传,陈兴、许均在卷二七九有传,向宝在卷三二三有传,曲端在卷三六九有传,金人张中孚、张中彦在《金史》卷七九有传,石盏女鲁欢在卷一一六有传,萧贡在《大金国志》卷二八、《归潜志》卷四、《中州志》卷五有传。故整理《嘉靖固志》是可以以这些传记资料为重要的参校文献。

《诗》《记》《序》《奏议》等 4 子目相当于旧志的"艺文志"。《嘉靖固志》共录"诗"14 首,"记"14 篇,"序"6 篇,"奏议"3 篇。艺文的作者均为明朝人,诗中唐龙的最多,有 4 首被辑入。14 篇"记"对于研究固原历史沿革均具有较高的史料价值,其中杨鼎的《乾盐池碑记》、杨勉的《重建靖虏卫打拉赤城记》还被录入《打拉池志》。3 篇"奏议"均为土㙌所撰,传世本中《设重险以固封守奏议》疑有残缺。其中《甘露降固原奏议》记载固原降甘露的具体时间为"嘉靖十年闰六月下旬",这是《嘉靖固志》记事中发生时间最晚者,据此也可以推断该志成书的最早时间。

---

① 田弘在《通志》卷一五八《后周·列传》、《册府元龟》卷七八二《总录部·荣遇》亦有传。1996 年,原州联合考古队在宁夏固原西郊乡大堡村出土了田弘墓志,引起了学界对田弘其人其事的关注。北周庾信曾撰写《周柱国大将军纥幹弘神道碑》。传世文献中,《庾开府集笺注》(庾信撰,清朝吴兆宜注)卷八、《庾子山集》(北周庾信撰,清朝倪璠纂注)卷一四均录其碑文,并有笺注。庾信所撰碑文还被收入宋李昉等编《文苑英华》卷九○五、明梅鼎祚编《后周文纪》卷六、明张溥编《汉魏六朝百三家集》卷一一一中。原州联合考古队发掘调查报告之二《北周田弘墓》所收《田弘墓志疏证》一文率先次对出土的田弘墓志进行疏证。罗新、叶炜在其《新出魏晋南北朝墓志疏证》一书中,《田弘墓志》的疏证主要参考了《庾子山集注》卷一四所录疏证内容。

（三）编修质量及文献价值

唐龙对《嘉靖固志》的编修质量评价颇高，他说该志"事简而核，辞辨而经，其诸山川险易、地理迂直、疆畔广狭，尤秩秩然"。① 评价显然有溢美之嫌。张维对该志的评价较为公允，他说："此志策议边防，时有伟识。其论固原形势艰于战守，一反方志夸陈之习。又谓周宣王时猃狁内侵至于泾阳，尹吉甫将兵伐之，至于大原，'原'之名始见于此。乃雍州泾北之大原，非冀州汾水所出之太原。其说先于顾亭林。今言固原沿革率引顾言，不知此志先有是说也。'名宦'列元载，亦得善善从长之义。惜分目过简，不足经纪众事，于是户口、税课、兵卫、军实、职官、名宦，尽归入《文武衙门》一目，而前代人物、名宦又复别自为录。《名宦》后晋误为东晋，列于唐后，北周王盟误为后周，列于宋前，尤错误之显然者。"② 张维首先肯定《嘉靖固志》于明朝边备方面高人一等的识见。又举例说明，顾炎武在其《日知录》卷三中有"大原"条，专考"薄伐猃狁至于大原"句之"大原"非过去认为的是冀州汾水所出之太原，而应该是雍州泾北之大原。而《嘉靖固志》对于"大原"地址的考订结论要早于顾炎武。张维分析《嘉靖固志》的缺点也比较中肯。如分类上过于简略，致使某些类目内容过多、过于集中，而某些类目分类又有重复之嫌。更明显的错误则出现在时代分段上。

从实际编修质量看，《嘉靖固志》还有缺点前人没有提及。如某些文字有错讹现象，有些已被点校者纠正，如"贞元"（唐德宗年号）误作"真元"，"高继嵩"（宋朝人）误作"高继崇"，"青杨""白杨"（皆树名）误作"青阳""白阳"，等等。部分内容的编辑失误有的也被点校者纠正，如魏人王盟，卷二《前代名宦》将其事迹误入五代后周，点校本将其事迹移置于魏人中。有些内容的记载有误，如下卷载唐龙撰《兵备题名记》，有"元立开成路咸平府"语，实际上，开城路与咸平府没有任何隶属关系。③

《嘉靖固志》人物传记资料多取自正史，节录史料时有脱文、讹文等情况存在。以《前代原州人物》曲端事迹为例，《宋史》卷三六九有《曲端传》。《嘉靖州志·曲端传》"义兵统领张宗谔诱斌入长安而散其众"句，"入"当作"如"；"会张浚宣抚陕西"句，当作"会张浚宣抚川陕"；"今敬可胜"句，"敬"当作"敌"；"我尝为主"句，当作"我常为客彼常为主"；"今按兵据险以扰其耕获"句，当作"今按兵

---

① 韩超校注：《嘉靖固原州志》，[明]杨经纂，上海古籍出版社 2018 年版，第 14 页。
② 张维：《陇右方志录》，《中国西北文献丛书》据北平大北印书局 1934 年版影印，兰州古籍书店 1990 年版，第 77 册第 690—691 页。
③ 参见鲁人勇等：《宁夏历史地理考》，宁夏人民出版社 1993 年版，第 209 页。

据险时出偏师以扰其耕获";"既而金军不得据险以防冲突"句,"不得"下脱"不"字。分析讹文可知,"如"误作"入"当属音同而误,"敌"误作"敬"当属形近而误。某些脱文甚至使句意完全成了相反的意思,如"我常为客彼常为主"脱误为"我尝为主","不得不据险以防冲突",脱误为"不得据险以防冲突"。"今按兵据险时出偏师以扰其耕获"原句意谓把主要兵力部署在险要地方据守,不时出奇兵骚扰金兵耕获。《嘉靖固志》脱"时出偏师"4字,使"按兵据险"与"以扰其耕获"意思相矛盾,据险不出兵,又何以去扰其耕获呢?故不当省"时出偏师"4字。

该志有些地方引用资料有误。如卷一《文武衙门》"平虏守御千户所"条引杨经对平虏城沿革的考证文字曰:"考之《元史》,顺帝冬十二月丙寅朔,豫王阿剌忒纳失里徙居北海,寻还六盘山。北海,疑即今平虏城地,故俗呼为豫王城云。"①本段资料有两处问题。第一,元顺帝有"元统""至元""至正"等三个年号,引文没有具体说明是哪个年号当中的哪一年的十二月,时间指代不明。第二,"北海"当作"白海"。杨经所言内容见载于《元史》卷四五《顺帝本纪》,载曰,至正十八年"冬十月丙寅朔,诏豫王阿剌忒纳失里徙居白海,寻迁六盘"。②白海今址不详,杨经误引作"北海",且据此指出"疑即今平虏城地,故俗呼为豫王城云",这样的结论很值得怀疑。"十月",杨经衍文作"十二月"。

《嘉靖固志》是传世的固原旧志中成书时间最早的一部,比嘉靖十九年(1540)刊行的《嘉靖宁志》还要早8年。由于固原在明朝边防中具有特殊重要位置,故志书多处从边备的角度来谈及固原,并由此展开对明朝边备政策的反思。尤其关于固原建置沿革和固原地名由来的梳理是其他文献中所罕见的。卷一《创建州治》载:"周宣王时,猃狁内侵,至于泾阳,命尹吉甫将兵伐之,至于大原。原之名始见于此,乃雍州泾河北之大原,非冀州汾水所出之太原也。后魏于此置原州,废。唐武德初,复置原州,皆因大原之旧名。宋改为镇戎军,金为镇戎州,而泾原之名不废。《纲目》书,唐贞元三年'冬十月,吐蕃城故原州而屯之',故原之名始此,今名'固原',音同而字不同也。"③另外,"土达叛乱"的资料在该志中也较为丰富。所谓"土达",是土著"鞑人"的俗称。"土达叛乱"是明宪宗时发生在固原的一次重大政治事件,《明史》有关纪传中的记载较为粗略,《嘉靖固志》则较为详细地记载了此次事件发生的前因后果。

总之,志书较为全面地记载了明朝固原的地理、人文、经济、艺文等内容,为

---

① 韩超校注:《嘉靖固原州志》,[明]杨经纂,上海古籍出版社2018年版,第26页。
② [明]宋濂等:《元史》,中华书局1976年版,第4册第945页。
③ 韩超校注:《嘉靖固原州志》,[明]杨经纂,上海古籍出版社2018年版,第18—19页。

其后编修的《嘉靖宁志》《万历固志》都提供了可资参考的材料，更为今天研究固原文史提供了宝贵资料。但令人困惑的是，无论是《嘉靖宁志》还是《万历固志》的编者，都没有提到《嘉靖固志》，甚至清朝末年《宣统固志》的编纂者及各篇序文的作者在提到固原地方旧志时，也只提及刘敏宽纂次《万历固志》，对杨经编纂《嘉靖固志》事只字未提。但事实上，这些旧志在编修时诸多内容实际上都直接承袭了《嘉靖固志》。

四 《〔万历〕固原州志》

《〔万历〕固原州志》(本著作简称《万历固志》)2卷，刘敏宽纂次，董国光校，万历四十四年(1616)刊刻。《八千卷楼书目》卷六《史部·地理类》有著录。

(一) 编修者生平

1. 刘敏宽

刘敏宽字伯功，人称刘司马或少司马，山西安邑(今山西运城)人，生卒年不详。《山西通志》卷一三一《人物·解州》、《嘉靖陕志》卷五一《名宦》、《西宁府新志》卷二五《官师·名宦》等有传，《大清一统志》卷一一七山西"解州"(下辖安邑等4县)条《人物》、卷一六三《河南府·名宦》均载有刘敏宽事迹。《万历固志》上卷《官师志》、《宣统固志》卷三《官师志》亦有刘敏宽传。国图藏清朝乾隆二十九年(1764)《解州全志·安邑县》卷八《人物志》有刘敏宽生平简介，并注明详见《运城志》。同馆藏光绪六年(1880)《解州全志·安邑县运城志》卷八有刘敏宽专传。

《山西通志》卷六九《科目》、《解州全志·安邑县志》卷六《选举》、《解州全志·安邑县运城志》卷六《选举》载，刘敏宽中万历四年(1576)丙子科举人，五年(1577)中丁丑科进士。《山西通志》卷一三一《人物·解州》记载，刘敏宽"官至兵部尚书，总督三边，太子太保，赐飞鱼蟒玉。以军功荫子锦衣卫指挥，世袭，卒后进阶少保，赐祭葬祀名宦祠。敏宽长才大略，久历边疆，所至简兵搜乘，备糇储，缮城堡，自抚至督共计捷三十有奇，与诸将吏推心置腹，更喜谭道论文"。《万历固志》下卷《文艺志》所载《军门防秋定边剿虏捷疏记略》详细记载万历四十三年(1615)秋刘敏宽御边事迹。

《河南通志》卷三四《职官》载，刘敏宽曾任河南府宜阳县知县。《畿辅通志》卷五九《职官》载，任河间知府。《西宁府新志》卷二五《官师·名宦》载，万历二十二年(1594)任兵备道副使，后以功加按察使，嗣迁延绥巡抚。《万历固志》上卷

《官师志》载,万历四十二年(1614)以巡抚延绥兵部左侍郎升总督。《万历朔志》卷二亦载,刘敏宽于四十二年(1614)任总督。《宣统固志》卷三《官师志》载,万历四十四年(1616),在总督任内,与兵备董国光修志,分上、下二卷,以饷后人。万历四十五年(1617)四月初六致仕,后卒。《山西通志》卷一七四《陵墓》载,总督三边刘敏宽墓在运城东5里。

除《万历固志》外,刘敏宽还与龙膺一起编修过《西宁卫志》3卷,万历二十三年(1595)刊行。① 东洋文库藏有万历四十四年(1616)刊刘敏宽、金忠士编《陕西四镇图说》。《千顷堂书目》卷八载,刘敏宽撰《延镇图说》一卷,②惜该书不传。《万历固志》下卷录有其《阅武》《北鱼池》《属固原延宁将士杜总兵文焕剿虏获级二百四十有八》等诗。《乾隆甘志》卷四七《艺文》、《西宁府新志》卷三五《艺文》均载刘敏宽撰《北山铁厂碑记》。《西宁府新志》卷三五《艺文》还载其《湟中三捷记》《西宁道署题名碑记》,卷四〇录《湟中纪事》诗9首。《宣统固志》卷八录有刘敏宽《〈固原州志〉序》《明志舆地记》,考后者内容,即《万历固志》卷上《地理志》之"创建州治"。同书亦录刘敏宽诗。

2. 董国光

董国光(1554—1630)字士彦,号翼明,山东滕县人,享年76岁。国图藏清道光二十六年(1846)王政等编《滕县志》卷七有专传。《万历固志》上卷《官师志》、《宣统固志》卷三《官师志》亦有其生平简介。

《山东通志》卷一五之一《选举志》、国图藏清康熙五十六年(1717)黄浚、王特选编《滕县志》卷二《选举》载,董国光万历十年(1582)中壬午科举人,十一年(1583)中癸未科进士。《嘉靖陕志》卷二二载,曾历任陕西按察副使、布政使、巡抚延绥都御史、总督都御史。《〔道光〕滕县志》卷七载,董国光于万历四十二年(1614)任固原兵备,③四十五年(1617)加左布政使,升正一品,俸遇巡抚推用,四十六年(1618)推延绥开府。

刘敏宽《〈固原州志〉叙》载,"因檄固原道方伯董君国光,咨询参考,订旧增新"。④《宣统固志》卷三《官师志》亦载,董国光与总督刘敏宽分辑《万历固志》上下二卷。故知,董国光于其固原兵备任上协助刘敏宽编修《固原州志》。《万历固志》下卷录有董国光《仲夏望日同祁冠军陪司马刘公观鱼池时苦旱》诗1首,《宣统固志》卷八亦录此诗。同书又录董国光《明志地理志跋》《明志祠祀志跋》《明志

---

① 王继光考证认为该志成书年代绝不会早于万历二十四年(1596),参见其《辑本〈西宁卫志〉序》,《西北民族研究》1990年第2期,第227—240页,转第260页。
② 《明史》卷九七《艺文志》载为"二卷"。
③ 《万历固志》《宣统固志》《民国固志》载,万历四十一年(1613)由陕西右布政使任固原兵备。
④ 韩超校注:《万历固原州志》,〔明〕刘敏宽、董国光纂,上海古籍出版社2018年版,第96页。

田赋志》《明志兵戎志跋》《明志人物志跋》《明志文艺志跋》等 6 篇跋文,考其内容,分别为《万历固志》卷上《地理志》《祠祀志》《田赋志》《兵制志》、卷下《人物志》《文艺志》之附论部分。《万历固志》除了这六志外,《建置志》《官师志》后也有附论,均以"余惟"二字开头。王学伊在《宣统固志》中把六志附论归之为董国光所撰,另外二志的附论没有提及。考刘敏宽撰《〈固原州志〉叙》、董国光撰《〈固原州志〉后序》,都强调州志最后由刘敏宽"裁酌,撰次八篇""篇赘数语,窃比韦弦"(刘敏宽语),①而董国光是在刘敏宽的再三说服下,"因引郡广文、文学数辈,开局编次,而稍订其沿革之故。既奏简上,公手自笔削,芟讹撷菁,首起《地里》,迄《艺文》止,删定凡八篇,篇各有目,系以论,而括叙于前。"(董国光语)②据此,没有很充足的理由说明《万历固志》各附论"余惟"云云是董国光所撰,故王学伊将各附论作者题名为董国光撰写似有不妥。

3. 刊印者

该志由固原监牧同知李永芳、知州刘汝桂刊印。《万历固志》上卷《官师志》、《宣统固志》卷三《官师志》录两人籍贯、科举,但其他事迹均不详。

《山东通志》卷一五之一《选举志》载,李永芳为德平人,万历十九年(1591)中辛卯科举人。《畿辅通志》卷六五《举人》载,刘汝桂为直隶昌黎(永平府昌黎县)人,万历二十八年(1600)中庚子科举人。《宣统固志》卷三《官师志》、《民国固志》卷六《职官志》载,刘汝桂万历四十四年(1616)任固原知州,在任期间捐养廉银,刊修《万历固志》。

(二)版本及内容

《万历固志》刊行于万历四十四年(1616),比万历四十五年(1617)杨寿、黄机纂修的《万历朔志》的刊行还早 1 年。天津图书馆、南图、中央民族大学图书馆等单位藏有原刻本,国图、天一阁、③台湾"国家图书馆"藏万历四十四年(1616)刊本及清朝乾隆年间重印明万历本。1958 年,甘图传抄万历刻本,1965 年又据万历本油印行世。宁图也有油印本行世。

国图、天一阁藏重印本原版当雕刻于明朝万历四十四年(1616),但印刷则是在清朝乾隆年间。关于此本《万历固志》的版刻时间问题,吴丰培、李蕊已指出,该本"曆"挖改成"厤",或整个字被挖去,"弘"字也挖去,故断定"其为清乾隆间重

---

① 韩超校注:《万历固原州志》,[明]刘敏宽、董国光纂,上海古籍出版社 2018 年版,第 96 页。
② 同上书,第 169 页。
③ 《联合目录》载为刘汝桂刻本,实际上当为李永芳、刘汝桂刻本。

印明本无疑,则以此定其重印年月,较为妥当"。① 笔者发现,国图藏本上,凡人名、年号中出现"万""历""弘"等字时,一般都要进行技术处理,如在《万历固志》上卷《官师志》"侯莫陈崇"条中,"万俟丑奴"之"万"均被挖去,明朝官员仕履中,凡遇"弘治""万历"年号者,"弘""历"均被挖去。

以南图藏万历四十四年(1616)刻本为例,该志四周双边,单、黑鱼尾。全书自序至后序共 111 页,有多处断版现象,两卷均有残缺。正文每半页 10 行,行 20 字。内容依次为:

刘敏宽《〈固原州志〉叙》3 页,每半页 7 行,行 11 字。落款后有"定斋"阴文圆形印章、"丁丑进士"阳文方印、"司马之章"阴文方印。叙后是版心有"图"字的 3 页内容,首页右半页为志书编、校、印者名单,左半页以下至第 3 页为《固原疆域图》和《固原州城图》。《固原疆域图》标注其东南西北四至里数,城寨以方框标示,山脉、河流以线描图形标示。《固原州城图》图示固原州各官署、儒学、主要寺庙等布局,可以与正文中有关内容相对照。图后为《固原州志目录》1 页,分上卷、下卷,一级目录,不标出各子目。

上卷包括《地理志》《建置志》《祠祀志》《田赋志》《兵制志》《官师志》等 6 类目,共 51 页。《地理志》包括建州始末、山川、古迹等 3 部分内容,"古迹"载,秦长城在州西北 10 里,而《嘉靖固志》载在州西北 25 里。牛春生等曾做过实地调查,认为《万历固志》记载更为准确些。《乾隆甘志》卷二二《古迹》"固原州"之"长城"条同《万历固志》所载。《建置志》"边隘""公署"内容中凡年号"弘治"之"弘"均被挖去。《官制志》"元魏"二字,点校者改为"北魏"。"田弘"之"弘"被挖去。本部分刘敏宽、董国光、祁继祖等 3 人事迹资料后有空白,没有接刻其他内容,其后的内容都另页雕版。下卷包括《人物志》《文艺志》等 2 类目,共 50 页。缺第 3 至 4、13 至 14、25 至 28、53 共 9 页。具体内容较《嘉靖固志》有较多变化,详后。董国光《〈固原州志〉后序》3 页,每半页 8 行,行 12 字,缺第 53 页即董序的最后一页。

(三)《万历固志》与《嘉靖固志》的关系

与《嘉靖固志》相比,《万历固志》编修质量明显要高。张维曾评价曰:"此志视杨经志义例较为严整,惟杨志刻于嘉靖十一年,下距此志之修八十余年,刻本

---

① 吴丰培、李蕊:《中国地方志编目中遇到的若干问题和释例》,载中国地方史志协会编《中国地方史志论丛》,中华书局 1984 年版,第 46 页。

应有存者,而敏宽及董国光序跋皆不言及,未知何故。"①

从体例上讲,《万历固志》分类相对比较齐整,八志内容中没有出现像《嘉靖固志》"文武衙门"子目内容的大杂烩现象,每志后都有编修者对本部分内容的议论,显示出较高的志书编辑水平。从具体内容上看,过去有学者认为两志之间没有任何关联,实误。《万历固志》比《嘉靖固志》晚80余年编修,虽然《万历固志》对《嘉靖固志》只字未提,但两志之间的承袭关系还是非常清楚的,《万历固志》多处资料均原样照抄《嘉靖固志》,包括后者的错误也一并抄录。下面以《万历固志》类目内容为纲,与《嘉靖固志》进行对比。

《万历固志》之《地理志》按旧志传统的编纂方法,对固原分野、沿革、州治所在位置及其四至八到里数都有说明、梳理,《嘉靖固志》没有分野内容,沿革的梳理主要集中在有明一朝,后又附杨经对固原地名的考证。两志所述四至的里数均不相同。"山川"部分,两志大部分内容都完全一样,也有不同的地方。《嘉靖固志》所载"香炉山"《万历固志》未载,《万历固志》所载"扫竹岭"《嘉靖固志》未载。两志有关须弥山、清水河、西河的记载内容可以相互补充。《嘉靖固志》记载北乱池在州西南90里,《万历固志》记载为70里。记载有元朝碑、明朝正统碑,元朝碑已不存,明朝正统碑碑文即《嘉靖固志》所录《重修北乱池龙神庙碑记》,《万历固志》未录。

"古迹"部分,《嘉靖固志》载石硖口,《万历固志》未载,其他两志均同。特别是《嘉靖固志》资料辑录中存在的错误也被《万历固志》照录。如"细腰葫芦硖城"条,"前日高继崇已尝丧师"句之"崇"当作"嵩",据《续资治通鉴长编》卷一三八仁宗庆历二年(1042)冬十月条、《太平治迹统类》卷八《仁宗经制西夏要略》、《宋史》卷三一四《范仲淹传》、《范文正集·补编》卷二改。《万历固志》除沿袭这处文字错误外,又新增一处错误,"宜因元昊别路大人之际"句之"际"误脱。②

《万历固志》之"物产",相对应的是《嘉靖固志》的"土产"。《万历固志》各类所含物种比《嘉靖固志》要丰富,如"药"类,《嘉靖固志》记载有15种,而《万历固

---

① 张维:《陇右方志录》,《中国西北文献丛书》据北平大北印书局1934年版影印,兰州古籍书店1990年版,第77册第692页。

② 嘉靖、万历《固原州志》点校者认为,两志中"即并兵北取细腰葫芦泉为保障"句之"葫芦"下脱"诸"字,据《宋史》卷三一四《范仲淹传》补。考诸史籍,州志所引范仲淹奏议主要见载于《长编》卷一三八仁宗庆历二年(1042)冬十月条、《太平统类》卷八《仁宗经制西夏要略》、《宋史》卷三一四《范仲淹传》、《范文正集·补编》卷二等文献,《长编》《太平统类》均同州志,无"诸"字,《宋史》《范文正集·补编》则于"葫芦"下有"众"字而非"诸"字。因州志未注明此段奏议的史料出处,故笔者认为不当据他书轻改州志,即使改动,也不当改为"诸"而应改为"众"。《万历固志》脱"际"字之误,除点校者据《嘉靖固志》补改外,亦可据《长编》《太平统类》补改。又,"即并兵北取细腰葫芦泉为保障"句之"保障",《长编》《太平统类》《宋史》《范文正集·补编》等均作"堡障",两州志引误。

志》记载有 41 种。但《嘉靖固志》把牛、羊等独立为"豢养类",《万历固志》仍并入"兽类"。

《嘉靖固志》《万历固志》内容上的承袭关系在人物事迹方面表现尤其明显。两志因成书时间不一,故内容上有很强的互补性。具体来看,《嘉靖固志》记总制边务大臣共 9 任,事迹均比较详。《万历固志》增加到 43 任,事迹较略。记镇守固原武职大臣共 10 任,《万历固志》增至 44 任。记分守固原参将 3 任、固原等处游击将军 10 任、守备固原武臣 19 任,《万历固志》均未载。记整饬固原兵备宪臣 22 任,《万历固志》增至 58 任。记固原州知州 8 任,《万历固志》增至 35 任。记同知 2 任,《万历固志》增至 16 任。记吏目有 5 任,《万历固志》增至 12 任。记本州岛儒学学正有 5 任,《万历固志》增至 20 任。训导有 15 任,《万历固志》增至 31 任。记固原卫并守御千户所低级官员共 106 位,包括其姓名、官职,《万历固志》下卷《人物志》"卫所官"只有数字统计,没有记具体的姓名、职位。

《嘉靖固志》卷二《人物志》相当于《万历固志》下卷《人物·乡科》。《万历固志》记甲科 2 人,《嘉靖固志》未载。《嘉靖固志》记举人 7 人,《万历固志》增记至 17 人。《嘉靖固志》开城县与固原州的儒学岁贡监生分开记载,共 76 名,《万历固志》将其合并在一起,补充了仕履情况。《嘉靖固志》记节妇 2 人,《万历固志》增记至 14 人。《万历固志》记载武科职名、忠义者、孝子,《嘉靖固志》均未载。值得注意的是,刘敏宽在强调人物示范作用、先觉者可启后觉者时,对于某些人物的行为提出了与众不同的看法,如《人物志·孝子》载胥恭刮骨和药为母治病事,刘敏宽肯定其孝心,但不提倡这种方式,他说,胥恭母亲喝了儿子调制的药后病奇迹般地好了,"人以为孝感所致。但刲骨,躯命所关,万一不保,反伤亲心而缺宗祀,不可为训也"。[①]

《嘉靖固志》之《前代原州人物》共记载明朝以前 5 位固原历史人物,《万历固志》共记载 21 人事迹,除宋代向宝两志同记外,其他均不同。《嘉靖固志》之《前代名宦》共记载明朝以前 34 位曾在固原为官的历史人物。《万历固志》共记载 53 人,其中魏朝增至 9 人,较《嘉靖固志》新增北周 5 人,隋朝增至 5 人,唐朝增至 6 人(无《嘉靖固志》所载"元载"),后周 1 人两志同,未载金朝人,宋朝增至 27 人。

两志艺文所载内容有同有异。《万历固志》有 25 篇记,每篇篇题均加"记略"2 字,于文末附载撰写时间及作者。《嘉靖固志》有 14 篇记,基本详录全文,其中《重修朝那湫龙神庙记》《重修显灵义勇武安王庙记》《创建城隍庙碑记》《乾盐池

---

① 韩超校注:《万历固原州志》,[明] 刘敏宽、董国光纂,上海古籍出版社 2018 年版,第 144 页。

碑记》《靖房卫右所察院记》《打剌赤碑记》《重建靖房卫打剌赤城记》《固原州增修庙学记后》《重修北乱池龙神庙碑记》等9篇在《万历固志》中未载。即使《万历固志》有载,如《兵备道题名记》,《嘉靖固志》内容也要比其完整得多。

《嘉靖固志》6篇序、3篇奏议在《万历固志》中未载。《万历固志》2篇颂、1篇歌、1篇行在《嘉靖固志》中未载。《万历固志》录有29个诗题共63首诗,[①]《嘉靖固志》录诗14首,两志相同的只有2首,但诗题与诗文有异文。《嘉靖固志》的《偕寇中丞登固原鼓楼次韵》《嘉靖己丑夏五月兵过预望城》,在《万历固志》中诗题为《偕寇中丞登固原鼓楼》和《过预望城》,《宣统固志》卷八《艺文志》亦载王琼诗,诗题同《万历固志》。《嘉靖己丑夏五月兵过预望城》诗句"转输人困顿增成"之"顿",《过预望城》作"频",《宣统固志》卷八同《万历固志》,《嘉靖固志》疑误。

(四) 编修质量及文献价值

从内容上来看,《万历固志》上续《嘉靖固志》,不仅保留了后者的大部分资料,同时,又多新的补充。从体例上看,《万历固志》比《嘉靖固志》更加规范,更加符合旧志编修的体例要求,比《嘉靖固志》细密合理。受《万历固志》成书时代的局限,对于历史人物、历史事件的评价不可避免有其时代烙印,对于农民起义者的仇视、蔑视是旧志编者一贯的立场,《万历固志》也不例外。另外,文本中存在一些文字、内容上的讹、脱、衍等错误,某些已被点校者纠正。如"宇文泰代郡武川人",州志原误脱"郡";"王殷大名人",州志原误"大名"为"大明";"遂以如京使胡守澄率师城古原州",州志原误脱"守";"成化丁亥",州志原误作"正统丁亥",[②]等等。

关于固原州志的文献价值,已有学者充分阐述过,认为《嘉靖固志》《万历固志》"这两种《固原州志》,是宁夏固原地区最早最完备的史料汇录,具有很高的文献价值。其中部分内容,如有关固原地区的历史人物、历史事件的记载,可与有关史传互相参证,互为补充。而部分内容,如有关固原地区山川、古迹,文武衙门,户口、税粮,以及明代中后期错综复杂的民族关系在固原地区的反映,守边大臣攻守策略的探讨,还有记、序、诗、歌、奏议等文献资料,则为《固原州志》所独有。《固原州志》为研究固原地方史志,提供了丰富的直接的资料"。[③]

[①] 某些诗为一题多诗。
[②] 《宣统固志》卷八《艺文志》载明朝马文升《石城记略》亦误作"正统丁亥"。
[③] 牛春生、牛达生:《明代固原州志及其史料价值》,载《嘉靖万历固原州志》,[明] 刘敏宽纂,宁夏人民出版社1985年版,第277页。

特别要注意的是，《万历固志》辑录修志时期所能见到的碑石文献，对研究明朝固原历史有重要价值。如上卷《建置志·行署》"鼓楼"条载："鼓楼，在制府前，佥事杨勉修，正德八年总制张公、副使景佐重修。上有巨钟，识云'宋靖康元年铸'。稍折而南，树二丰碑，覆以厅，东曰《平定宁夏露布》，西曰《松山纪绩碑》《军门平羌碑》《平虏碑记》。"①这里提到的 4 种碑石文献在下卷《文艺志》中都辑录了，包括嘉靖十三年(1534)十二月康海撰《平虏碑记略》，万历五年(1577)四月林士章撰《军门平羌碑记略》，万历二十年(1592)九月叶梦熊撰《平定宁夏露布碑记略》，万历四十二年(1614)四月黄嘉善撰《少傅节制李公少保大中丞田公松山记绩碑记略》。《平虏碑记略》记载嘉靖十三年(1534)七月、八月明军两次打败侵扰花马池之敌之事，《军门平羌碑记略》记载石茂华等人平定边疆作乱事迹，《平定宁夏露布碑记略》记载平定哱拜叛乱事件始末，《松山记绩碑记略》记载李汶等平定松山虏患事件始末。

五 《固原州宪纲事宜册》

（一）中国国家图书馆藏《平凉府固原州宪纲事宜册》

《国图事宜册》附抄在其馆藏的《万历固志》之前，抄本四周双边，用朱丝栏稿纸抄录，白口，无鱼尾，版心无页码编次，每半页 10 行，行 33 至 35 字不等。

《事宜册》分条纪事，每条以"一"字形符号起始，表示各为一条，共 40 条，内容分类依次包括：固原州城（建筑规模、尺寸），州治（所在地，与省城、府城距离里数，地理形胜，当地民众基本构成及民风），城内文武官署（包括职位、人数及衙门数），城内古迹（寺庙宫观），东城、南城、西城、北城等四城之外坛庙山峰，州境（即四至八到），州境 10 里（地名中含有"里"字者，如在城里、固原里等）、18 堡（地名中含有"堡"字者，如在大营堡、樊西堡等）、4 所（如镇戎所）、5 寨（如南川寨）及州境市镇，州境土地情况，物产（每月农事），额征地丁银及额征粮之数额，州地仓廒数量，文官（有目无文），武官（包括职位、人数），学校岁贡名额，选举（包括文举、拔贡、岁贡、文生、监生、武榜眼、武进士、武举、武生），其他官员（包括阴阳学典术、医学典科、僧正司僧正、道正司道正），贡士生员及文昌书院学风，文庙崇祀名宦（4 人）、崇祀乡贤（马从龙 1 人），旌表节妇 13 人、列妇（2 人）、十世同居

---

① 韩超校注：《万历固原州志》，[明]刘敏宽、董国光纂，上海古籍出版社 2018 年版，第 106 页。关于巨钟识文，据《嘉靖固志》卷一《文武衙门·固原卫》"鼓楼"条载，当作："大宋靖康元年八月铸。起复修寺，熙河路兵马铃辖陇右都护马祐昌。"宁夏，原误作"西夏"，据州志下卷万历二十年(1592)九月叶梦熊撰《平定宁夏露布碑记略》改。

1户、五世同堂1户,隘口驻军(4处),溏汛(23处),通衢官路,驿递,养济院,诉讼案件及诉讼程序。

(二) 甘肃省图书馆藏《固原州宪纲事宜册》

《甘图事宜册》1册7页,抄撰者不详。第7页落款有"咸丰五年叁月日"7字,则知该册可能于咸丰五年(1855)抄就。抄本亦为四周双边,朱丝栏,白口,无鱼尾,但版心编有页码,每半页10行,行25至28字不等。红色书衣左上边贴米黄色长条书签,上题"固原州宪纲事宜册"8字。

从内容来看,《国图事宜册》与《甘图事宜册》略有差异。主要表现在以下几个方面:

第一,《国图事宜册》所载的有些内容《甘图事宜册》失载。如"选举"部分,《国图事宜册》录有武榜眼马维衍、武进士田玉春,《甘图事宜册》则失载。《甘图事宜册》所载拔贡生李承昀,《国图事宜册》失载。据《〔宣统〕固原州志》卷七《人物志》、卷八《马提督墓铭》(李蕴华撰)载,马维衍(1786—1847)字椒园,回族,嘉庆二十一年(1816)中丙子科武举人,二十二年(1817)中丁丑科武进士,道光二十六年(1846)官至湖北提督,次年(1847)三月朔日卒于谷城,享年61岁。《〔宣统〕固原州志》卷七《人物志》载,田玉春在嘉庆年间中武举人,联捷中武进士,授蓝翎侍卫。李承昀为道光中拔贡,朝考二等,候选教谕。

第二,两种《事宜册》内容记载互异。如《国图事宜册》载岁贡朱承烈等"伍名",《甘图事宜册》作"拾名";《国图事宜册》载武举"纪祺"等拾名,《甘图事宜册》作武举"陈祥"等拾名。

第三,文庙崇祀名宦中,"明臣黄公讳道周",《国图事宜册》抄录无误,而《甘图事宜册》"諱"误抄作"韓",两字形近而误。[①]

第四,《甘图事宜册》对《国图事宜册》改写痕迹明显。如关于固原当地治安问题,《国图事宜册》载"其窃案每月壹贰件肆伍件不等,或数月并无呈报壹件者,而固原地方并无盗案",《甘图事宜册》省抄作"窃案每月叁肆件不等,或数月并无壹件,更无盗案"。《国图事宜册》州境10里、18堡、4所5寨及市镇内容本为1条,《甘图事宜册》则分抄成4条。

第五,《国图事宜册》内容排列顺序混乱,《甘图事宜册》对此进行了纠正。如《国图事宜册》把城内文武官署(包括职位、人数及衙门数)和寺庙宫观的内容排列在一起,紧接于州治内容之后,这本无可厚非。但在此后,又列出"文官""武

---

① "讳"繁体字作"諱","韩"繁体字作"韓"。

官"的内容类目,而"文官"只有此类目名称 2 字,其下没有记载任何内容。"武官"内容也非常简单。很明显,《国图事宜册》在内容安排上出现了失衡现象。《甘图事宜册》对此进行了纠正,把城内文武官署(包括职位、人数及衙门数)内容剪辑到后面的"文官""武官"内容中去,就避免了内容的失衡问题。另外,《国图事宜册》把贡士生员及文昌书院学风单列为 1 条,《甘图事宜册》则把这部分内容与选举内容合抄在一起,这在内容排列上是比较合理的。

(三)《固原州宪纲事宜册》的文献价值

很明显,《事宜册》当是一份州情调查资料,它虽然包含了一些志书应该包括的内容,如城池堡寨、物产、职官等,但实际上并非正式的志书。另外,有些内容是纲要式的,没有很具体的内容。

尽管如此,由于有清一代,固原县级旧志只有在宣统年间才编修成书,此前一直没有固原专志问世,所以,清代固原州专题文献中形成时间最早的《事宜册》自然就有重要的文献价值。首先,它为此后编修固原旧志直接提供了相关素材。如《宣统固志》卷七《人物志》载"节烈"者共 156 人,里居及年月无考者 21 人,州志曰:"按以上节烈二十一名,夫家、里居、事实均无考。予仅于州署道光、咸丰时《宪纲册》见之。"[①]查验州志所载 21 人中,柴氏、吴氏等 15 人只存姓氏,其他资料均缺载,而这 15 人均见载于咸丰《固原州宪事宜册》"旌表节妇、烈妇"条。所以编修《宣统固志》时,确如编修者王学伊所言,部分内容参考了《事宜册》。

其次,《事宜册》是当代人了解、研究清代固原不可多得的材料。比如,清朝咸丰时期固原州境市镇发展及人口构成情况是:"地土充广,人民繁阜。地方辽阔,抚绥匪易。汉七回三,并无番民。"[②]土地情况是:"山地陆分,川地肆分。山高水寒,风劲土燥。地性瘠薄,并无水田。岁赖雨旸,时若亦无水渠灌溉之利,更无可以开垦之处。"土地情况时至今日依然如故。同时我们也看到,当地社会治安状况还是比较好的,案件审理效率也比较高。《事宜册》载:"每年命案壹贰件至叁肆件,其窃案每月壹贰件肆伍件不等,或数月并无呈报壹件者,而固原地方并无盗案。民间词讼,叁陆玖日放告,每次数张。隔日批发差唤,限日投审。随到随讯,曲衷剖断,不致拖延。如遇人命贼情,旋即办理,不拘告期。"

[①] 韩超校注:《宣统新修固原直隶州志》,[清]王学伊、锡麒纂修,上海古籍出版社 2018 年版,第 203 页。

[②] 本段各条《事宜册》引文,均自甘图藏本过录。

六 《〔宣统〕新修固原直隶州志》

《〔宣统〕新修固原直隶州志》(本著作简称《宣统固志》)12卷,明清固原旧志中卷帙数最多者。

(一) 编修者生平

1. 王学伊

王学伊字平山,生卒年不详,山西文水(今山西文水县)人,光绪二十年(1894)甲午恩科进士,刑部奉天清吏司主事、固原直隶州知州兼学正,民国后任泾源道尹,《宣统固志》"总纂"。《宣统固志》卷三《官师志》载,光绪三十一年(1905)任固原知州,三十三年(1907)以知州兼摄学正。卷八《艺文志》载其《劝种树株示》《张观察(儒珍)墓铭》《董少保(福祥)墓铭》等文6篇,《抵海城》《过黄羊坪》等诗8首。

2. "分纂""襄校"等其他人员

由《宣统州志·衔名》可知,除"总纂"王学伊外,另有69人参与了志书的编纂活动。在宁夏旧志编修史上,《宣统固志》编纂队伍人数最多。其中"分纂"者锡麒,"襄校"者有王兆骏等9人,"校对"者有杨树声等6人,"采访"者有姚旺等20人,"誊录"者有张登甲等8人,"绘图"有王明森、温联奎等2人,"监刊"者有夏彭龄等9人,"正字"者有王乃发等14人。

由编修者籍贯看,共29位固原当地人参与了志书的编修活动,其中负责搜集资料的20位"采访"者全部都是固原人。从实际的编修活动看,几乎各个环节都有固原当地人参与,如张廷栋参与了"襄校"工作,刘及第参与了"校对"工作,姚旺等20人为"采访"者,张登甲等4人参与了"誊录"工作,梁凤岐等3人参与了"监刊"工作,杨锦瑞、杨秉琦等2人参与了"正字"工作。

(二) 编修始末及志书定名

1. 编修始末

通过《宣统固志》各序所载,可以相对完整地了解该志的编修始末。张行志序称,王学伊造访他时,看到其案头放置有《陕西通志》,便联想到固原志书的编修情况,深以有清一代无人新修固原志书为憾。张行志鼓励王学伊创修新志,王学伊慨然视为己任。经过"三百六旬,其书积一十二册"。熙麟序称,王学伊"来官斯郡,适通志局札修志乘,而旧志止上、下两卷,自明中叶失修,盖数百年矣。

同治初,复经回乱,州治沦陷,累岁大劫浩然。今虽疮痍渐复,图籍罕存,文献奚考。矧国家百度维新,新令日至,有司方兼营并举之未遑乎？平山莅固以来,凡学堂、巡警、工艺诸要政,殚精竭虑,既莫不克期毕举。志乘且广为十二册,分以十总纲,绘图三十六,①系目九十五。详而能赅,信而有征,皆本其家藏史集及城乡所采访,较诸旧志,虽骤增数倍,然简所必简,非繁所不必繁,未尝不撮凡举要,一以《元和》《朝邑》两志为准的。而或失之附会夸饰,致有待后来《萧山新志》刊误之作,盖其慎也"。②熙麟对《宣统固志》的编修背景、志书体例特点、编修质量等都有简要的说明。由熙序可知,《宣统固志》与《〔光绪〕海城县志》等志书一样,最直接的编修动因是编修《甘肃通志》的需要。熙麟对王学伊的史学造诣非常推崇,甚至认为,王学伊的修史水平可以"与修国史,乃仅于一州志乘略见其才,亦微憾也"。

王学伊序对于州志的编修始末言之最详。序文首先用答问方式阐述编修原因、方法,回答了4个问题,即"志何为而作也""志何昉乎""子之志固原者详乎简乎""子之志固原者殆有所取法乎",然后对于州志立十类目之由及志书内容结构作了简要的阐述。最后王学伊谈及修志书者需要具备"史学三长"即史才、史学、史识,他谦称自己"愧乏三长","无一焉,殆所谓陋且野,野且凿也",以此说明新修志书的难度。

志书的正式刊行要得益于当地人捐助。《人物志·贤淑》载,宣统元年(1909),《州志》即将付梓,但筹款万分艰难,董福祥副室赵氏获知情况后慷慨捐资500金,充当刊版费用。固原当地富绅祁应兴妻张氏、祁应魁妻潘氏得知志书刊刻经费拮据后,捐银200两充当刊版费用。《人物志·懿行》载,祁应兴、应魁共同捐助500金充当刊费。正是在这些善款的支持下,《宣统固志》才得以顺利刊行。

2. 志书定名

《宣统固志》在多种方志目录中有著录或提要,诸书对其书名著录有异:《陇右录》《甘肃目录》著录为《宣统固原州志》,《宁夏目录》著录为《宣统新修固原州志》,《联合目录》《总目提要》著录为《宣统新修固原直隶州志》。传世本书名页题名作《新修固原州志》。序题有作《〈新修固原州志〉序》者,有作《〈固原新志〉序》者。州志的总纂人王学伊序题作《〈新修固原直隶州志〉序》,州志其后各部分内容卷端题名大题均作"新修固原直隶州志",故据方志题名惯例,依其卷端题名,王学伊宣统元年(1909)总纂完成的州志当定名为《新修固原直隶州志》。目录著

---

① 笔者统计绘图34幅。
② 韩超校注:《宣统新修固原直隶州志》,[清]王学伊、锡麒纂修,上海古籍出版社2018年版,第3页。

录时可加上成书年号,作《〔宣统〕新修固原直隶州志》,题名作《宣统固原州志》《宣统新修固原州志》等是不太确切的。

《宣统固志》之所以称"新修"是相对于明朝刘敏宽修《万历固志》而言的,《宣统固志·凡例》第一条就对此进行了说明:"固原旧志,为前明总督刘公敏宽、兵备董公国光修于万历四十四年,计上、下二卷。其采录者皆明代故事,而万历以后寂然无传,洎乎我朝龙兴三百年来,从无纂本。今将历朝掌故撷拾成帙,都为十总纲,曰《天文》,曰《地舆》,曰《官师》,曰《贡赋》,曰《学校》,曰《兵防》,曰《人物》,曰《艺文》,曰《庶务》,曰《轶事》。每总纲各列细目,虽不免挂漏之讥,而聊尽搜罗之力,颜曰'新修'者以此。"①

(三) 版本特点及内容

1. 版本特点

《宣统固志》最早由官报书局于宣统元年(1909)排印出版。② 该本书名页"分纂"者锡麒题书名为《新修固原州志》,牌记有"光绪丁未开修宣统己酉告成"12字,即《宣统固志》于光绪三十三年(丁未年,1907)始修,宣统元年(己酉年,1909)修成印行。但考诸州志序文可知,州志编纂当始于光绪三十四年(1908)。熙麟序称,王学伊编修州志是在"通志局札修志乘"的大背景下进行。宣统元年(1909),陕甘总督巡抚长庚《甘肃新通志进呈表》载,前陕甘总督升允于光绪三十四年(1908)二月十九日奏奉敕重修《甘肃通志》,为收集各府县最新资料,总督下令各府县新修志书,《〔光绪〕海城县志》即是这一命令的产物。也就是说,王学伊编纂固原州志书最早当始于光绪三十四年(1908)二月。张行志序称,王学伊新修固原志书经过"三百六旬",即将近一年时间,张序落款为宣统元年(1909),前推一年,正当光绪三十四年(1908)。郑锡鸿序亦称,该志"甫经一载,汇为全帙"。③ 陈庭琥《读〈固原州志〉书后》记载,光绪三十四年(1908)夏六月既望,他奉旨到固原,与王学伊会晤中得知,王学伊正在编纂《固原州志》中的"耆瑞志"。故知,排印本牌记记载有失,该志当于光绪三十四年(1908)开修。

排印本四周双边,单、黑鱼尾,白口,版心自上而下依次题书名、卷次、类目名(大类及细目)、页码及制版机构。每半页10行,行22至24字不等。所附各图由宝文堂刊刻,其他内容均由官报书局排印。州志分装12册,一卷一册。每册

---

① 韩超校注:《宣统新修固原直隶州志》,〔清〕王学伊、锡麒纂修,上海古籍出版社2018年版,第12页。
② 李作斌点校本《点校说明》称,该本正文为木刻活字版,疑误,当为铅字排印本。
③ 韩超校注:《宣统新修固原直隶州志》,〔清〕王学伊、锡麒纂修,上海古籍出版社2018年版,第7页。

书衣有书名题签,题名"固原州志",题签右侧方纸上的内容相当于分册目录,上面印有各册册次、志名及细目名。卷端只题大题《新修固原直隶州志》,次行题小题,如《目录》《凡例》《天文志》《地舆志》等。卷端不题卷次,卷次标注于版心。据各卷内容看,其分卷没有严格按内容来分,张维已指出这一问题,他说:"《官师志一》附卷二之后,《官师志二》居卷三之前,《人物志一》附卷四之后,志二、志三又各自为卷。大率以纸幅多寡为衡,非别有义例也。"①

2. 内容

《宣统固志》共分12册12卷,其中第12卷为杨修德总纂之《宣统硝河志》,故《宣统固志》实有内容11卷614页,共10志95细目。卷一共61页,包括《宣统固志·目录》、序言6篇、《宣统固志·衔名》②《宣统固志·凡例》《图绘》(34幅)《图说》;卷二共70页,包括《天文志》《地舆志》《官师志一》;③卷三共55页,包括《官师志二》《贡赋志》;卷四共56页,包括《学校志》《兵防志》《人物志一》;卷五、卷六分别为《人物志二》《人物志三》,卷五共65页,卷六共44页;卷七至卷一○分别为《艺文志一》至《艺文志四》,卷七共60页,卷八共62页,卷九共59页,卷一○共54页;卷一一共28页,包括《庶务志》《轶事志》。由于原书分卷不当,致使《官师志》《人物志》的内容被割裂开来,故下文志书内容自卷二开始主要按十总纲的顺序进行介绍。

《目录》1页,为二级标目,标注各大类名及其统隶的子目名。如大类名《天文志》,其下双行小字注出《分野》《经纬度》《气候》等3个子目名称。

6篇序言共11页,均撰写于宣统元年(1909),熙麟、张行志、于逌、夏彭龄等4人序均题作《〈新修固原州志〉序》,郑锡龄序题《〈固原新志〉序》,王学伊序题《〈新修固原直隶州志〉序》。《宣统固志·衔名》共4页,记载了70位参与志书编修、刊行等工作的人员名单,按分工记人员职官、身份、籍贯、姓名等。其中分纂者锡麒为排印本题写了书名页书名,监刊者夏彭龄为州志撰写了序言。

《宣统固志·凡例》共4页14条,第一条说明州志编纂缘由及志书总纲名称。第二条说明州志资料源,主要包括《文献通考》《大清会典》等大型政书,《方舆纪要》《大清一统志》等地理文献,《史记》《御批通鉴》、7种《纪事本末》等纪传体、编年体、纪事本末体史书,《满汉名臣传》《全陇忠义录》等人物传记资料,《昭明文选》《汉魏

---

① 张维:《陇右方志录》,《中国西北文献丛书》据北平大北印书局1934年版影印,兰州古籍书店1990年版,第77册第693页。
② 衔名,排印本第1册书衣及《宣统固志·目录》均作"官衔"。
③ 据《官师志》类目小序,本部分内容当隶属于卷三,这样方符合志书编修体例。但志书出版时却将《官师志》内容割裂开来,《官师志一》在卷二,《官师志二》在卷三。

百三家集》、唐宋元明清《别裁诗集》等集部文献,以及各省奏议、各郡县志、州府档案公文等,还有实地的采访调查资料,等等。直接提到的典籍就有40余种。丰富的资料源,保证了州志内容丰富,同时也尽量避免了主观臆测。第三至十二条分别就《天文志》《地舆志》等十纲目的编写宗旨作了说明。第十三条说明对于原属固原统辖的海城、平远二县及硝河城资料的处理办法。因海城、平远二县已有专志,故州志不再并入,但对于二县正式设县之前的资料还是辑入州志中。硝河城因为是固原分州,故将硝河城志附入州志,即州志第十二卷。最后一条是编者的谦逊话语,指出州志编纂肯定会存在诸多问题,希望读者能批评指正。

《图绘》共34页,绘有34幅图,包括有《分野星躔图》2幅(《井宿》《鬼宿》)、《固原疆域图》《固原五属总图》《固原城图》等地理图共3幅,《文庙图》《武庙图》等祠宇图8幅,《提署》《州署》等官署图11幅,《东山秋月》《西海春波》等固原风景图10幅。34幅图的绘制工作由王明森、温联奎等2人完成。各图绘制水平都较为精良。地理图山、河、城、堡、界限等位置标注较以前旧志地图更加精确,图形符号也较以前的地图更加丰富;祠宇图、官署图均据实地资料绘制出平面分布图,可以为当代考古发掘提供参考;风景图显示出绘图者较为高超的绘画技艺,图画很有层次感,图中山脉、建筑、人物等比例相对较为协调。《宣统固志·图说》共11页,详细说明各图绘制的主要内容。

《天文志第一》包括《分野》《经纬度》《气候》等3细目。与本志有关的天文图《分野星躔图》2幅(《井宿》《鬼宿》)已见卷首,王学伊等以为"亦以在天成象,而曜灵下应,足觇钟毓云尔"。[①] 对待天文星图有这样的认识显然是不科学的。

《地舆志第二》包括《建置》《疆域》等12细目。以往《资治通鉴》等对于安定、原州等地名的记载有不一致的地方,王学伊等对于某些记载有异的地名主要依据《文献通考》《天下郡国利病书》《古今舆地韵编》等文献略加考证,有所从违。《建置》梳理了自三代至清朝同治年间固原直隶州建立的历史,还说明了海城县、平远县的设立经过。《疆域》记载固原州的四至八到里数。《城池》记载固原州城兴修历史,还对其内外2城及东南西北4城的修筑情况也作了简单说明。《山川》记六盘山等33座山、清水河等19条河、西海子等19处池泉的地理位置、距州城里数、长度及与山川有关的典故等。[②]《祀宇》记载文庙等57处庙、寺、宫、观、祠等所处位置等情况。《官署》载18处文职官署如固原直隶州知州署等、20

---

① 韩超校注:《宣统新修固原直隶州志》,[清]王学伊、锡麒纂修,上海古籍出版社2018年版,第12页。
② 自卷二开始的统计资料均采信李作斌的统计。参见李作斌点校:《宣统固原州志》,《明清固原志》本(宁新出管字[2003]第411号),固原市地方志办公室2007年内部发行。

处武职官署如陕西固原提督署等在固原城内所处的位置等情况。《驿站》载永宁驿、瓦亭驿、三营驿等3处驿站的马匹、驿夫配备情况及与其他驿站的距离。《铺司》记固原12处铺司的名称。《古迹》载秦长城等22处古迹所处位置及典故等,对于过去属于固原州统辖但现在归海城县、平远县统辖的古迹,刘敏宽《万历固志》所载的细腰葫芦等遗址沦废的古迹都不再详列。《户口》据光绪三十四年(1908)《户房丁粮红册》的记载来统计,注明汉回户数,并对各地汉回比例加以说明,如东乡所属者"计汉七、回三之谱",即当地总户中,汉民占70%,回民占30%。《村庄》目下记录了分布于涧、坬、岔、沟,分属于固原六里、五监、三堡、一屯的600多个村庄名。《冢墓》载明威将军郭公墓等16处古墓所在位置,还对部分古墓残存的碑石文字进行过录,考证其立石时间。对于旧志所载固原有刘表墓的说法,《宣统固志》不轻信,表示存疑。

《官师志第三》包括《历朝名臣文武职官》《国朝名宦文武职官》等2细目,附《俸饷》。《历朝名臣文武职官》载历朝名臣355人,其中明朝达283人,占总数的80%,主要按官职高低录事迹,总督事迹较详,兵备及以下官员主要录其姓名、籍贯、任职时间等。《国朝名宦文武职官》载清朝文武职官684人,其中文职官员91人,武职官员593人,武官人数是文官人数的6.5倍。详见下表:

细　　目	朝　代	人　数
历代名宦文武职官 (共355人)	汉　朝	5
	晋　朝	1
	南北朝	15
	隋　朝	6
	唐　朝	7
	后　晋	1
	宋　朝	36
	金　朝	1
	明　朝	283

细　　目		官　职	人　数
清朝文武职官 (共684人)	文　职 (共91人)	知　州	44
		学　正	15
		吏　目	32

续 表

细 目		官 职	人 数
清朝文武职官 （共684人）	武 职 （共593人）	提 督	41
		参 将	35
		游 击	146
		守 备	118
		千 总	116
		把 总	137

《贡赋志第四》包括《蠲恤》《额征》等6细目。将《蠲恤》列为第一细目，主要是要体现所谓"圣恩之高厚，而使小民发感激之忱也"。① 主要记载顺治二年至宣统元年(1645—1909)间，清朝历代皇帝45次下圣旨抚恤固原灾荒的历史，今天可以把它们当作研究固原荒政史的资料来利用。《物产》也列入本志中，是为了体现固原地利之长。固原植物类分为谷、豆、蔬、瓜、果、花、木、药等8类记载，每类下罗列若干种植物名，药类所属物种最多，达57种，这也反映了固原当地盛产药草的特点。州志谈到，每年四川人到固原来采挖野药草，致使当地资源利益外溢。固原动物类分为兽、禽、鳞、虫等4类记载。杂类所记实为固原当地特产，共载驼绒、羊毛、羊皮等11种，其中棉花是光绪三十四年(1908)、宣统元年(1909)春开始在王学伊购地建修的固原试验场种植，王学伊建这个试验场的目的就是为了"重农务，兴物产"。

《学校志第五》包括《职官》《学额》等12细目。本志记载固原当地学校设置情况甚详，记载小学堂中有官立者，也有民立者，有当地乡绅捐资自立者，体现出清朝末期，百姓对于教育重要性的认识有了很大的提高。本志详细记载了文庙供奉的贤儒谥号、崇祀年月，以及祭孔子的礼节、乐章、祝文等，过去有学者认为这些都是王学伊等思想陈腐的表现。笔者以为这样的看法有失偏颇。诚然，这里所记载的部分内容是有封建色彩，但在学校中纪念有学术造诣、品德高尚的贤者对于后学修身养性是有很大激励作用的，过去提倡祭孔，很大程度上是为了强调礼乐对于社会和谐的重要性，故不能把这些内容一概斥之为陈腐思想。而且从弘扬传统文化的角度出发，王学伊等所记礼节、乐章、祝文等材料，可以为今天恢复有关的活动提供很重要的参考。

《兵防志第六》包括《营制》《防营》等5细目。本志最后列《纪战》一目，记载

---

① 韩超校注：《宣统新修固原直隶州志》，[清]王学伊、锡麒纂修，上海古籍出版社2018年版，第115页。

了自周夷王三年至清光绪二十六年(约前883—1900)近2800年间发生在固原的大小76次战争,主要是想强调固原自古以来就具有重要的战略地位,王学伊等就是想通过梳理相关的战争历史来提醒后来者,一定要有防患于未然的忧患意识。

《人物志第七》包括《后妃》《历朝乡贤仕进》等14细目,其中《仙释》《流寓》只列目,未载其人。入人物志者皆为当时"正面"事迹突出者。从具体内容来看,有相当多的镇压民族起义的刽子手也入传,这反映了王学伊等人反动的封建立场,读者对此自当明辨。具体人数情况详见下表:

细　目	朝　代	人　数
后妃(共1人)①	汉　朝	1
历朝乡贤仕进 (共178人)	汉　朝	11
	晋　朝	6
	南北朝、隋朝	17
	唐　朝	2
	宋　朝	3
	金　朝	2
	明　朝	137
国朝乡贤仕进 (共437人)	文　职	87
	武　职	350
忠义 (共268人,36家)	汉　朝	2
	晋　朝	2
	南北朝、隋朝	3
	唐　朝	2
	宋　朝	10
	明　朝	21
	清　朝	65

---

① 本表细目名下统计的人数及最后合计的人数皆为有姓氏或事迹可考者。

续 表

细 目	朝 代	人 数	
忠义 （共268人，36家）	附：同治间"殉难"者① （共163人，36家）	贡、廪、附生	115
		武生	25
		监生	9
		各乡团总②	14
		全家"殉难"者	36家③
孝子 （共13人）	南北朝	1	
	隋朝	1	
	明朝	1	
	清朝	10	
节烈 （共156人）	汉朝	1	
	明朝	13	
	清朝	142	
贞女（共2人）	清朝	2	
贤淑（共11人）	清朝	11	
隐逸 （共5人）	汉朝	2	
	晋朝	2	
	南北朝	1	
懿行 （共42人）	明朝	1	
	清朝	41	
仙释（阙）			
流寓④			

---

① 清朝同治年间回民起义是一场轰轰烈烈的反民族压迫斗争，《宣统固志》编者站在封建统治者的立场上敌视起义为"回乱"，诬蔑起义者为"逆""贼"，读者对此当明辨。"在这场大规模的战争中，有多少可歌可泣的回族起义英雄，《州志》中没有任何正面记载。但对镇压起义军的清朝将佐，《州志》却吹捧备至。"（陈明猷：《清末固原轮廓——论宣统〈固原直隶州志〉》，载李作斌点校《宣统固原州志》，《明清固原州志》，固原市地方志办公室2007年内部发行，第570页）

② 据《宣统固志》记载，14位团总率团丁打仗，共有2400多人战死。

③ 据《宣统固志》记载，36家共死亡500人左右。

④ 《宣统固志》载："固原自兵燹后，川、楚、皖、陕民人，多有寄籍。而求如工部之草堂、摩诘之辋川，文名卓然者，亿不获一，因省之。"

续 表

细　目	朝　代	人　数
方伎 （共7人）	上　古	1
	汉　朝	2
	晋　朝	1
	清　朝	3
耆瑞（共23人）	清　朝	23
		合计：1143人

《艺文志第八》包括《纶音》《表》等21细目，共录艺文286篇（首/幅）。首列《纶音》，录皇帝御制诗文27篇，是想突出皇帝的恩典，"以励军民忠爱之忱"。① 《表》《对》《奏疏》等25篇紧承其后，是为了强调封建官员所谓的"政绩"。此后依文体来进行内容编排，录《古今体诗》最多，达88首，其次为《碑碣》，达58篇。从作者情况看，录清人艺文最多，共158篇（首/幅），占本志所录艺文总数的55%。其次是明代艺文，达95篇（首），占本志所录艺文总数的33%。明清两朝艺文占本志所录艺文总数的88%。详见下表：

体　裁	朝　代	数量（篇/首/幅）
御制文诗敕谕②（共27篇）	清　朝	27
奏疏 （包括表、对、奏疏，共25篇）	汉　朝	6
	唐　朝	1
	宋　朝	2
	明　朝	1
	清　朝	15
策（共1篇）	汉　朝	1
论 （共3篇）	晋　朝	1
	明　朝	2
序 （共3篇）	晋　朝	1
	明　朝	1
	清　朝	1

① 韩超校注：《宣统新修固原直隶州志》，[清]王学伊、锡麒纂修，上海古籍出版社2018年版，第13页。
② 《宣统固志》版心题名"纶音"。

续　表

体　裁	朝　代	数量（篇/首/幅）
传（共1篇）	晋　朝	1
诫（共1篇）	汉　朝	1
记 （共39篇）	元　朝	1
	明　朝	27
	清　朝	11
祝文（共1篇）	清　朝	1
赋 （共2篇）	汉　朝	1
	明　朝	1
颂（共3篇）	明　朝	3
跋（共7篇）	明　朝	7
示（共2篇）	清　朝	2
批（共1篇）	清　朝	1
禀牍（共3篇）	清　朝	3
墓志① （共11篇）	南北朝	1
	唐　朝	1
	清　朝	9
碑碣 （共58篇）	明　朝	13
	清　朝	45
古今体诗 （共88首）	汉　朝	1
	南北朝	6
	隋　朝	1
	唐　朝	7
	明　朝	40
	清　朝	33
楹联（共10幅）	清　朝	10
		合计：286

---

① 《宣统固志·目录》载作"墓铭"。

《庶务志第九》包括《统计》《选举》等 15 细目。所谓"庶务",即指各种政务,州志所载庶务的内容都与所谓"新政"有关,州志中编写这类内容,是想"志之以见政令日新,而风化所趋,有推行无已者"。① 《统计》类调查内容主要侧重于外交、民政、财政、教育、军务、司法、实业、交通等 8 类内容,每类只有分项名称,无具体内容。如民政包括境域、户口、巡警、工程、善举、灾赈、选举、自治等 8 项,实业包括农业、垦务、森林、畜牧、蚕业、渔业、工艺、商业、矿务、物产等 10 项,等等。《选举》记载了与选举有关的 25 个重要的专门用语,如选举资格、当选人额数、选举无效等。《邮政》记载了与邮政有关的 24 个重要术语,如明信片、无法投递邮件等。同仁局、戒烟局、试验场、习艺所等均为王学伊在任时设立,同仁局主要为百姓传送善书、施散丸药、备舍棺木、散发寒衣、保全孤贫、敬惜字纸等。已送善书 2600 多部,包括《朱子家训》《孝经》《弟子规》《劝戒录》《阴骘文》《教子训女歌》及一些有关风俗之书。清朝末期,鸦片流毒中国,故"新政"强调,力图自强,首以禁食鸦片为宗旨。王学伊就任固原知州后,于光绪三十三年(1907)设戒烟局,他捐廉银 500 两,配制方药,每 5 天向烟民散发一次,每 10 天通报一次领药者姓名,对于固原百姓戒食鸦片起到了一定的作用。

《轶事志第十》包括《祥异》《风俗》等 5 细目。《祥异》记载自西汉至清朝宣统元年(1909)发生于固原的自然灾异(如地震、干旱等)、"祥瑞"变化等共 38 条。② 《风俗》主要记载固原各庙祀神、祈雨、祈晴礼仪及春夏秋冬四季主要的节日礼仪制度。对固原当地百姓冠、婚、丧、祭等礼俗的介绍,分回族、汉族分别介绍。志书对当地回民冠礼、婚礼、丧葬礼、日常习俗、社会用语和宗教仪式等内容的记载比较详实,是非常珍贵的民俗资料。如记载回族婚礼,"回民议婚,先请媒妁通姓氏,惟不避同姓。……婚之夕,先告上天,必请阿訇念回经,然后合卺。次日,子、妇均先盥沐,用水壶自顶至足以水直盥。毕,见翁姑、尊长、邻佑以揖,吃筵喜、油香,并分送戚党"。③ 当地回族"门宦有四:曰虎飞,曰苦布,曰尕的任,曰直黑任。是以诵经时,有端躬长跪两掌合举者,有摇头摆身两掌分举者,亦各有信从耳"。④ 《杂录》部分主要摘引《文献通考》《读史方舆纪要》《廿一史约编》《天下郡国利病书》《固原州行军舆图说》等 5 种文献中述及固原地理之事,主要为考

---

① 韩超校注:《宣统新修固原直隶州志》,[清]王学伊、锡麒纂修,上海古籍出版社 2018 年版,第 13 页。
② 《宣统固志·轶事志·祥异》载,王琼于明世宗嘉靖六年(1527)奏固原甘露降。据《嘉靖固志》卷二载王琼《甘露降固原奏议》称,甘露降固原事在嘉靖十年(1531)闰六月下旬。故知,《宣统固志·轶事志·祥异》所载误。
③ 韩超校注:《宣统新修固原直隶州志》,[清]王学伊、锡麒纂修,上海古籍出版社 2018 年版,第 364 页。
④ 同上书,第 365 页。

证固原地理沿革等提供较为可信的资料。特别是摘引的《固原州行军舆图说》资料,为了解光绪末年甘肃省绘制各地山川、河流等地图的要求及过程提供了难得的资料。

(四)编修质量及文献价值

《宣统固志》是清朝固原唯一一部志书,也是固原府州级旧志中内容最丰富的一部,内容子目达到 95 目,涉及固原的历史沿革、山川地理、社会经济、政治军事、文化教育等各个方面,与其他旧志相比,又增加了能反映所谓"新政迭兴"的"庶务志",可以说,志书相对完整地勾勒出了 19 世纪末期固原的全貌。

从地理内容看,州志对固原自然地理、人文地理和历史地理等方面内容都有涉及。卷首的多幅地图及风景图,非常形象地描绘出了固原自然地貌、疆域城池、秀美风光等。《天文志》记载了与自然地理相关的气候,《地舆志》记载固原历史地理、人文地理、自然地理等方面的内容,涵盖了建置沿革、疆域、山川、村庄、驿站、户口、古迹等内容。经济地理、军事地理等方面的资料,则散见于《贡赋志》《兵防志》等内容中。

本志所载民族、民俗方面的资料弥足珍贵。从《地舆志·户口》对固原辖境各地回汉人口比例的记载可以看出,固原州城内以汉族为主,在南关和四乡都是汉回两族人共居。西乡回族人口最多,占当地人口总数的 60%;东乡最少,占 30%;而南乡、北乡,回汉族人各占 50%。《轶事志第十》对清朝末期固原地区回族人冠礼、婚礼、丧葬礼、日常习俗、社会用语和宗教仪式等内容的记载至今仍有研究价值。

特别需要注意的是州志中有关清末同治年间回民起义的记载及议论。《人物志》中记载了多位参与残酷镇压起义的清朝武官的事迹,《艺文志》中录有多篇与此次起义有关的文献,对此我们要有正确的认识态度。陈明猷先生曾正确指出:"同治年间的西北回民起义波澜壮阔,遍及陕甘青新,历时 11 年(1860—1871),是紧接太平天国之后给清王朝的又一沉重打击。固原是这次起义中发动最早和战斗最激烈的地区之一。清军对这次起义的残酷镇压,给本地带来了巨大灾难和深远影响。……因此大量辑录有关清军镇压这次起义的史料,以致《州志》几乎成为这次战争的一个地区的专史。但《州志》对回族起义没有任何正面记载;对镇压起义的清朝将佐,《州志》却连篇累牍。卷七人物志记载以董福祥、张俊和李双梁等'董字三营'首领为主的清末固原籍将领 100 多人。卷八艺文志收录了为他们歌功颂德的传记、墓志铭之类多篇。……艺文志中还收录了当年陕甘总督左宗棠和固原提督雷正绾等人关于镇压这次起义的一批奏折。其中左宗棠的多达11件,内容都很详细。《州志》卷七中设所谓'忠义''殉难'和'节烈'等节,仅记载当年死于此役的清朝文官武将和男女百姓300多人的姓名和事迹,显然是非常片面的。……应该强调指出的是,《州志》中有关人民起义的记载和议论,包括所辑录的有关文献,都是坚持歧视和敌视少数民族的观点,并诬蔑起义者为'逆'、为'匪',等等。但作为反面材料,《州志》毕竟记载了同治年间回民起义这一重大历史事件的大量资料,值得我们批判参考和认真研究。"①

州志所载固原农林牧业、手工业、商业、交通邮电业等方面的资料尽管较为简略,但由于他书记载较为罕见,故这些资料也成为研究清末固原相关历史难得的资料。另外,这些记载也为研究清末"新政"提供了新的思考角度。即由这些资料从一个侧面考察清末"新政"的实施内容及其效果,由此看出,清朝的覆亡已经是不可逆转的历史必然了。

七 《〔民国〕固原县志》

1921年,杜友仁最早动议编修《〔民国〕固原县志》(本著作简称《民国固志》)。1937年固原县长丁耀洲向甘肃省主席于学忠呈请编修《民国固志》,聘请徐步升为总纂,开始官方编修计划,徐步升去世后由夏际文接替总纂,由于丁耀洲的离任,志书未能修成。张桃接任固原县长后督促编修,但在任时间短,志书亦未修成。叶超离任县长后,自1941年至1948年,花了8年多的时间,在夏际文等人帮助下,终于修成志书12卷。其接任者王思诚虽然积极筹措刊修志书的经费,由于时局动荡不安,叶超等人修成的志书最终未能刊行,《民国固志》只以稿本传世。

(一) 编修者生平

《民国固志》编修者在该志中大都有相关的事迹资料,以下各人生平主要据《民国固志》之《职官志》《人物志》等梳理,另外参考了陈明猷编制的《民国〈固原县志〉稿编撰者和序跋作者简表》。

1. 丁耀洲等固原县长

丁耀洲字振五,山西临晋(今山西临猗县)人,民国二十五年至二十六年(1936—1937)任固原县长,勤政爱民,提倡并开始筹备修县志。《民国固志》卷一○《艺文志》录其《禁止赌博布告》《固原县水利工程计划书》《修〈固原县志〉请备

---

① 陈明猷:《贺兰集》,宁夏人民出版社1994年版,第178—179页。

案呈》等文。张桃字碧仙，云南宜良人，二十七年（1938）任固原县长，兼第一区长，在任期间也重视修志事宜。

叶超（1898—?），字逸凡，福建闽侯（今福建闽侯县）人，二十八年（1939）任固原县长，三十年（1941）离任后开始编修《民国固志》。为节约并筹措修志经费，他曾于三十二年至三十六年（1943—1947）间任固原师范学校教员。三十七年（1948）县志修成。有《塞上雪鸿集》两卷传世，[①]多篇诗文入编《民国固志》。

叶超等编修《民国固志》期间，经历了3任县长。其中王思诚是山西黎城人，三十年（1941）接替叶超任固原县长，曾积极筹措有关的修志经费。孙伯泉，甘肃定西（今甘肃定西市）人，三十四年（1945）任固原县长，也是民国时期固原县最后一任县长。《民国固志》载，他也曾筹修县志经费。

2. 徐步升等编辑、采访人员

徐步升、夏际文、赵生新、石作梁、张缵绪、刘文敏、赵克明、杜友仁、张登甲、韩椿芳等人曾参与《民国固志》的编修、采访工作。[②] 夏际文、赵生新、石作梁、杜友仁等四人还为《民国固志》撰写了序跋。

徐步升（1869—1937），字云阶，宁夏固原人。光绪二十九年（1903）癸卯恩科副贡生，宣统元年（1909）任五原书院山长，[③]民国二年（1913）任县议会副议长，十二年（1923）任农会会长。二十六年（1937）被丁耀洲聘为《民国固志》总纂，志书未修成而卒。他关心地方教育、民生及交通建设等事，《民国固志》卷一〇《艺文志》录其《上大总统请将四子五经编入学校课本呈》《上大总统西北边务条陈》《上交通部书》等文。

夏际文（1866—1964），字禹勤，宁夏固原人。清朝优贡生，民国七至十五年（1918—1926）任劝学所所长兼县视学。十七年（1928）任县党部执行委员会常务委员兼账务会长、天足会长，二十三年（1934）任三营乡长，三十四年至三十七年（1945—1948）任县第一、二届参议会议员。新中国成立后曾任固原县政协副主席。他关心百姓疾苦，曾带头捐粮赈济灾民。热心地方教育事业，曾设立四乡小

---

① 《福州晚报》2011年12月13日载官桂铨《福州诗钟传宁夏》一文称，他在福州古玩店买到《固原日报》1947年12月石印本的叶超编《塞上雪鸿集》一部，共两卷。上卷收"诗钟"，下卷收"诗词歌赋"。作者据《塞上雪鸿集序》指出，叶超卸任固原县长一职后，未回福州老家，而是在固原定居下来，组织了萧关诗社，将清代福州文人创制的特殊诗体——"诗钟"传授给了当地诗人，还编写了《诗钟常识》作为教材。文章还载："据《塞上雪鸿集》书前两篇序得知，叶超还编纂《民国固志》，查《中国地方志目录》无叶超编纂的《固原县志》，大概散佚不存了，殊为可惜。"实际上，叶超编《民国固志》稿本传世，因未正式刊印，世所罕见，故作者以为该志亡佚了。

② 石作梁、刘文敏、赵克明、韩椿芳等人之字、名用字在《民国固志》中记载不一致，详见下文。

③ 《民国固志》原作"光绪三十五年"任五原书院山长，光绪皇帝共在位三十四年，第三十五年是宣统元年，据改。

学校共三十二处。长于文学。《民国固志》卷一〇《艺文志》录其《请散放赈款函》《上省政府请减轻粮款并摊代电》《上财政部请减轻田赋科则代电》等文。

赵生新(1873—1954),字铭三,宁夏固原人,清宣统元年(1909)拔贡生。不仕进,终身教读,晚年研究佛学。《民国固志》卷一〇《艺文志》录叶超撰《赵铭三先生传略》,载赵生新事。《民国固志》卷一〇《艺文志》录赵生新撰《游小蓬莱记》《田森荣事略》等文。

石作梁,字幹丞,宁夏固原人,民国七年(1918)任县警佐所警佐,十四年(1925)复任警佐,十七年(1928)任西区区长,二十三年(1934)任蒿店区长,三十三年(1944)任县临时参议会参议员,三十四年(1945)任县农会理事长,三十六年(1947)任县议会副议长,同年又任农会理事长。多次上电文,为民请命。晚年创张易乡学校,培养青年,排解回汉纠纷。《民国固志》卷一〇《艺文志》录赵文蔚撰《石作梁事略》,载其事迹。石作梁撰《庚申地震记》《戊辰匪乱记》《己巳饥馑记》《固原城守记》等文亦被《艺文志》辑录。

张缵绪(1877—1947),字禹川,①回族,原籍甘肃省张家川人。民国二年(1913)任县议会副议长,五年至十五年(1916—1926)任固原清真高等小学校校长兼教员,十七年(1928)任中区区长,二十六年(1937)候补国民副代表大会代表,三十三年(1944)任县临时参议会议长,三十四年(1945)任第一届县参议会议长。卒于任内。《民国固志》卷一〇《艺文志》录叶超撰《张缵绪德政碑赞》,对张缵绪一生行事褒奖有嘉。马辰撰《回族学者张缵绪先生事略》,对张缵绪一生善举也有追述。张缵绪不仅参与《民国固志》的编修、采访工作,同时也非常重视对历史资料的搜集整理。据马辰记载:"张先生在四十多年兴学育人的生涯中,不仅培养出许多有用之才,而且还搜集整理了从清朝康、乾、同、光各代及民国时期回民多次起义的原因、经过、失败等详细资料。这些资料不是照抄官书的,而是调查民间当事人记录的活材料,笔者曾参与整理工作,共约五十多万字,可惜未及出刊。……遗憾的是这部较完整的历史资料在'文革'中变为灰烬,这是今天整理西北回民斗争史的一个无法弥补的损失。"②

刘文敏(1884—1959),字颖斋,宁夏固原人。民国三十三年(1944)任县临时

---

① 关于张缵绪的卒年,叶超、马辰都记载为民国三十六年(1947),但其生年、享年记载则不一。叶超记载张缵绪享年69岁,可推知其生年在光绪四年(1878)。马辰记载享年70岁,则生年当在光绪三年(1877)。又,马辰撰《回族学者张缵绪先生事略》载,张缵绪生于光绪七年(1879)。光绪七年为公元1881年,1879年为光绪五年,马辰原文括注的公元年显然有误。另外,陈明猷撰《民国时期固原县情研究的重要著述——评介民国〈固原县志〉稿》一文(载《民国固原县志·附录》,宁夏人民出版社1992年版)附《民国〈固原县志〉稿编撰者和序跋作者简表》载,张缵绪生于光绪二十三年(1897),显误。

② 马辰:《回族学者张缵绪先生事略》,《宁夏文史资料》第25辑,宁夏人民出版社2001年版,第256页。

参议会参议员。《民国固志》卷一〇《艺文志》录杜友仁撰《孝子刘文敏事略》，记其孝敬等事。

赵克明字慧生，宁夏固原人，光绪三十二年（1906）丙午科考职列优等，授巡检，民国六年（1917）任提署街高等小学校长，十七年（1928）任女子高等小学校长。

杜友仁（1905—1962），字士林，民国三十五年至三十六年（1946—1947）任固原中学教员。淡于名利，晚年好静学佛。著有《春秋凡例集要》《春秋兵法撮要》《是亦辍耕录》等。《民国固志》卷一〇《艺文志》录其《孝子刘文敏事略》《老翁寻子记》《高凌云事略》等文。

张登甲，字梯青，宁夏固原人，民国十五年至二十年（1926—1931）任固原教育局长，三十二年至三十四年（1943—1945）任师范学校教员。

韩椿芳，山东人，北平师范大学毕业，民国三十一年（1942）任初级中学校长，三十二年（1943）兼师范学校校长。赵春普，生平事迹不详，曾任固原中学、师范学校两校董事长。叶超与韩椿芳、赵春普等共任《民国固志》总纂。

（二）编修始末

据《民国固志》各序跋可推知该志的编修始末。杜友仁序载，他于民国十年（1921）"约同志诸友编小志，用备轩辀之检采，奈寡学识，无采访，因而中止。继于二十六年奉上峰令，饬修县志，以备改革以来整理国故之事实"。[①] 显然，二十一年杜友仁提出的编修志书计划是民间动议，而三十七年的编修动议则是官方行为。

《民国固志》主要编辑者赵生新对该志的官方编修过程记录最详，他说："民国丁丑，邑宰丁公振五，切挽颓风，谦恭下士，选贤任能，编辑年余，旋即解组。张君碧仙继任催修，中道而止。……我叶公逸凡，……下车以来，不以作官为荣，惟耽乐于文事，公余之暇，手为释卷，著作极伙。莅任年满，两袖清风，……邑人公请总纂县志，首肯乐从。……新任王公思诚，尽心提倡，竭力赞襄。邑士夏禹勤、张禹川、刘颖斋、杜士林、赵惠生、张梯青分编辑劳，有叶公评正增删，王公经营劝款，今岁大有可观。"[②] 由赵序可知，《民国固志》的编修经历了4任固原县长，包括民国二十五年至二十六年（1936—1937）在任的丁耀洲、二十七年（1938）在任的张桃、二十八年至二十九年（1939—1940）在任的叶超、三十年（1941）在任的王

---

① 邵敏、韩超校注：《民国固原县志》，[民国] 叶超等纂修，上海古籍出版社2018年版，第5页。
② 同上书，第3页。

思诚。丁耀洲曾就编修县志一事向时任甘肃省政府主席的于学忠上报《修〈固原县志〉请备案呈》,辑录在《固原县志·公牍》中,成为我们了解此次编修县志的重要资料。呈请曰:"查固原县县志,自宣统元年修成后,历经变乱,断续失修者迄三十载。其宣统修成之本,今亦保存无几,搜寻困难,即就各绅董耆宿硕士之家详细查寻,私人方面亦不过仅存一二。若再不急谋继修,倘宣统之成本遗失,则无从查考而补修矣。兹据本县各区长士绅等,纷纷恳请,借现在尚有耆宿硕士数人设立县志局,延聘各耆宿硕士为委员,参据宣统年成本,负责续修。查县志关系全县之文化与礼俗者至巨,若不设法补修,势必淹没无著。理合呈请钧府鉴核俯准备案,实为公德两便。谨呈甘肃省政府主席于。"①从呈请可知,此次编修县志,一方面是本县有识之士不断恳请的结果,另一方面,宣统年间王学伊等修成县志距丁耀洲任固原县长时已有三十多年,时过境迁,客观上需要对宣统县志进行新修、补充,加上宣统志流传数量越来越少,若不抓紧时间续修,宣统志一旦失传,很有可能会失去续修县志的最佳时机。丁耀洲设想编修县志主要有两大举措:一是设立专门的县志局,聘请当地饱学之士参与编辑,②二是主要以宣统本为底本,续修固原县。夏际文序称,丁耀洲聘请本地名流徐步升为总纂,但令人遗憾的是,志未修成,徐步升因病去世。丁耀洲又命夏际文接替,继续修志。志书只编修了一年左右,丁耀洲离任,他的修志计划也就未能落实完成。③

张桃在任期间曾督促编修县志,但由于在任时间仅1年,故县志也未能修成。叶超卸任县长后,自民国三十年至三十七年(1941—1948),克服重重困难,在夏际文等人帮助下,终于修成志书,"共修十二卷,十纲,二十八目,六十四门,大字为正文,小字为注解"。接替叶超任固原县长的王思诚积极筹措有关修志费用,可惜该志最后未能刊行。

(三) 内容及编修方法

传世本《民国固志》由《序》《凡例》《目录》《采访要目》、卷一至卷一二正文、跋等内容组成,共10纲28目64门。关于正文的卷数,《目录》列为10卷,正文中编次也为10卷。但《凡例》载,该志共分10纲,每纲独立为卷,其中《艺文志》共3卷,故《民国固志》总卷数当为12卷。另据《凡例》载:"另制方舆图及地方情形

---

① 邵敏、韩超校注:《民国固原县志》,[民国] 叶超等纂修,上海古籍出版社2018年版,第554—555页。
② 《民国固志》整理本附《整理出版民〈固原县志〉序》载,夏际文任县志局长,徐步升任总纂。
③ 《民国固志》整理本附《整理出版民〈固原县志〉序》、陈明猷《民国时期固原县情研究的重要著述——评介民〈固原县志〉稿》一文都认为,丁耀洲在民国二十五年(1936)编修《民国固志》。据前引杜友仁、赵生新二人序文可知,丁耀洲倡导编修志书当在民国二十六年(丁丑年,1937)。

概况表各若干，登列篇首，以与正志相辅，且利披览。图具说明，表加备考。……志体尚严。所有轶事谈屑，概不羼入正志。别于卷末置杂记，附录收之。……方志另标'祥异'一目，似可不必。兹编遇天地、人物之祥异，姑于各类后附志之。"①但传世的《民国固志》中未见《方舆图》《地方情形概况表》《杂记》及"祥异"类资料，故其记述的角度及内容不得而知。按民国政府颁布的修志凡例要求，志书中当附用科学方法绘制的地图，多列与国计民生关系密切的统计表格，《民国固志》原编修计划中包括这些内容，但传世本却无，这说明该志未最后完稿，或者这些内容在传世过程中佚失了。另外，之前学界认为传世文本中《天文志》《人物志·忠悙》都佚失了，今社科院图书资料中心发现一批抄本，内有《人物志·忠悙》。②

据《凡例》载，该志每纲都有"弁言"，各目有"小引"，以说明立纲、立目之由。正文中有夹注，部分内容还有"附说"，这些文字是对正文内容作补充说明，或就某些问题展开考证。该志从旧志中辑录了大量与固原有关的资料，这些旧志包括明朝赵时春编《〔嘉靖〕平凉府志》、刘敏宽编《万历固志》、清朝安维峻等编《甘肃省新通志》、王学伊等编《宣统固志》。同时，该志也从屠思聪《中华形势图》、《甘肃省山脉表解》等近人文献中辑录材料入志。

赵生新、夏际文、石作梁、杜友仁、张登甲等五人所作序在志书最前。《凡例》多达62条，详细阐明志书的编修方法、原则及各纲内容编写体例、志书格式体例等。《目录》为三级目录，包括纲、目、门，如卷二纲名为《地理志》，目名为《方域》《地质》《山川》《形胜》等4目，每目之门名罗列在各目名之下，如《地质》下又列出"岩石""土壤"等2门。《采访要目》包括目名、备考两栏内容，纲要式地说明各目主要采访、辑录的内容，如"风俗"目后，要求主要采访"婚嫁丧祭衣食迎送等类"内容。此要目中的绝大多数内容县志正文中都有记载，但也有有目无文的情况，如"祥异"采访"景星庆云人寿年"，"阵亡将士"采访"剿匪阵亡抗战阵亡"者，但县志正文中都没有相关内容。《采访要目》下有3位总纂的姓名，包括叶超、韩椿芳、赵春普。

《民国固志》正文包括10志，即《天文志》《地理志》《居民志》《物产志》《建置志》《职官志》《政权志》《治权志》《人物志》《艺文志》。《民国固志》编者认为万物成于天地，人为万物之灵，故前3卷首述天文、地理、人民。

卷一《天文志》包括《天象》《气象》等2目，《天象》包括《星野》《晷度》等2门

---

① 邵敏、韩超校注：《民国固原县志》，[民国]叶超等纂修，上海古籍出版社2018年版，第9—10、13页。

② 参见负有强、李习文、张玉梅辑：《民国〈固原县志〉新发现部分内容拾遗》，《宁夏史志》2015年第4期，第40—63页。

内容,《气象》包括《气候》《时令》等2门内容。《凡例》中有对本志首述《星野》的理由解释。据杜友仁《〈固原县志〉序》载,该志"《天文志》中于农事节候、风雪雨露反复详明"。① 从其目名、门名看,《天文志》所载内容与传统旧志没有多大的区别。由于本卷已经亡佚,实际所载内容不得而知。该志卷一〇《艺文志》载叶超撰《固原月令》《三十年九月二十一日日食固原观察记》二文,前文详细记载固原一至十二月各月太阳运行情况、气候特点、节气等内容,后文详细记载此次日食发生不同阶段的天象变化、气温、气压等信息。这两篇文献为了解固原县天文情况提供了难得的资料。

卷二《地理志》包括《方域》《地质》《山川》《形胜》等4目。本志是最能体现《民国固志》编者考证水平和特点的部分,《凡例》载:"山脉绵亘易淆,水道迁移无定,形胜亦古今异势。故'地理志'各目,或系躬亲践履,或遣专人勘验。继复广延众论,反诘更端,必待佥同,然后命笔。较诸道听臆度,庶少差谬。"②有关地理方面的内容,一改以往旧志多简单描述、概括说明的方法,《民国固志》多采用实地踏勘与文献佐证相结合的方法,对所要说明的《方域》《地质》《山川》《形胜》进行更为科学、全面的记述。记述的内容分"本文"与"夹注"两部分,"本文力求简赅,夹注力求详瞻。故夹注云者,非仅注释之谓,实为本文所应伸引而补充之者附注之也"。③ 如《山川》分《山脉》《水系》两门内容,记载119处山岭,45处河流,12处山间湖海,11处山泉,④其中《山脉》重点对六盘山及八方支脉山系(8向12脉)进行了详细的梳理。以"六盘山"为例,明朝嘉靖、《万历固志》只有一句话说明:"在州西南一百一十里。"⑤《宣统固志》略详作:"在州西南一百一十五里,为境内最高之山。北向与香炉、马髦、大关、张家等山相连,至禅塔山止。"⑥《民国固志》"本文"也很简单,只有24字,曰:"邑之主山曰六盘山,在县西南一百十里。峤石盘起,峄脉辐射。"⑦但其下的夹注内容却非常丰富,有5000字左右。夹注对于"六盘山"的补充说明涉及内容较广,包括六盘山在中国山系中的位置,与其他山脉间的关系,与关山、陇山的关系,是古之络盘道、岳山之祖、古为高山,等

---

① 邵敏、韩超校注:《民国固原县志》,[民国] 叶超等纂修,上海古籍出版社2018年版,第5页。
② 同上书,第10页。
③ 同上书,第13页。
④ 有关《民国固志》各志内容的资料统计和统计表,除特殊说明外,均采信陈明猷先生《民国时期固原县情研究的重要著述——评介民国〈固原县志〉稿》(载《民国固原县志》,宁夏人民出版社1992年版,第1262—1287页)一文的统计结果。
⑤ 韩超校注:《嘉靖固原州志》,[明] 杨经纂,上海古籍出版社2018年版,第20页;《万历固原州志》,[明] 刘敏宽、董国光纂,上海古籍出版社2018年版,第101页。
⑥ 韩超校注:《宣统新修固原直隶州志》,[清] 王学伊、锡麒纂修,上海古籍出版社2018年版,第53页。
⑦ 邵敏、韩超校注:《民国固原县志》,[民国] 叶超等纂修,上海古籍出版社2018年版,第46页。

等。为充分证明编者的观点,引《尚书·禹贡》《尔雅》《说文解字》《汉书》《宋史》《山海经》《水经注》《陕西通志》《宣统甘志》《平凉府志》《民国隆志》、明朝《固原州志》等古文献,又引廖成儒《中国分省地理地志简明表》、屠思聪《甘肃省山脉表解》《中华山脉系统志》《甘肃省地方志》、杨庭芳《中国各省地理略解》、曹玉麟《本国地理》等近代地理文献,还引唐朝、明朝、清朝诗文,多角度考证有关问题,其考证的缜密程度,在宁夏旧志中仅见。《凡例》对《民国固志》这样编辑有关内容有如下解释:"通志务简赅,但应有亦须尽有。县志则虽小,必录前人有先我言之者。盖县志只为一邑而作,征文考事,理应剖析入微,备官此者之借镜,与居此者之择守。且为国史、通志之渊泉,因端竟委,洵巨细不可或遗也。兹编基此撰辑,所以条目颇繁。若谓繁而不详,晦而不白,乱而不理者,文之敝也。"[1]由此可知,《民国固志》编者认为,凡县志内容,当尽可能使记载内容详尽。这样做,一方面可以为编修国史、通志提供资料,同时也为地方官员执政提供借鉴。《固原县志·地理志》就很好地体现了这样的认识,该志编者之一的杜友仁在其《〈固原县志〉跋》中就重点强调了志书所载地理、山水等内容所具有的重要意义。

卷三《居民志》包括《聚落》《宗教》《职工》《习尚》等 4 目。《聚落》涉及族姓、人口两方面内容,记载了固原县的民族来源、分布情况,特别是列表统计固原县民国三十六年(1947)人口数量、性别比例、籍贯分布、宗教信仰、婚姻状况、年龄、文化程度、残疾情况等,为研究相关问题提供了第一手的调查资料。《宗教》记载内容不多,从理法(道义为理,皈戒为法)、信仰(诚服为信,尊崇为仰)两方面概要介绍在固原县有信徒的儒、释、道、回、耶等 5 教教义、教规等情况。《职工》包括职业、工艺两部分内容:职业部分主要介绍固原农业生产情况,还涉及畜牧业、纺织业、商业等问题,详细统计当地从业情况。工艺部分概要说明固原县精医术、工书画及技击的基本情况。《习尚》从风俗、语言两方面记载有关情况。风俗部分详细记载当地汉民、回民的风俗情况,因当地满、蒙、藏族人较少,故略记此 3 族风俗。语言部分辑录了当地较有代表性的 350 条左右的方言词汇、23 条谚语及 6 条歇后语。[2]对辑录的方言均释义,部分还注明音读。这部分资料既有语言学研究价值,还有一定的民间文学研究价值。

卷四《物产志》包括《庶物》《熟货》等 2 目。旧志常常把"物产"置于《地理志》或《食货志》中,明朝韩邦靖(五泉)纂《朝邑县志》,将"物产"独立为一目,《民国固志》仿此,"兹编亦立'物产'一志,分门别类,博采兼收。益以诂释引申,介与劳民

---

[1] 邵敏、韩超校注:《民国固原县志》,[民国]叶超等纂修,上海古籍出版社 2018 年版,第 8 页。
[2] 陈明猷统计数是"450 条",有误。

者佐劝相耳。然挂漏之讥,知犹难免"。①《庶物》包括生物(植物、动物)、矿物,《熟货》包括食货、用货。共记载生物资源 426 种,其中植物 19 类 309 种,动物 5 类 117 种。对于植物的介绍有一定的考据色彩,据文献记载详细说明其植物属性、食用方法等。

卷五《建置志》包括《区划》《城驿》《廨庠》《坛坊》等 4 目。对于"建置"类内容的编写,《民国固志》制定了严格的规定,即"兹编关于治区之沿革等,均经钩深探赜,审辨咨政,力求翔实,非意为揣测者也"。②本志中与历史有关的沿革、变迁等事,多引史实证明,按时代顺序梳理得较为清晰。民国县境的四至八到,数据一一罗列。县区划分区、镇、乡、村等,将其名字也全部记录在案。对于各城寨、公所、学校、坛庙、坊碣等所在位置、兴修历史、有关掌故、建立时间等都据实际情况记述。其中与学校有关的资料截止于民国三十七年(1948)。记载文庙时还附载祭孔典礼的各种仪式。

卷六《职官志》包括《民献》《官师》等 2 目。本志按时代先后,依次罗列出相关人员名录,有些名下有事迹,有些只有姓名。民献,本指民之贤能者也,但从记载来看,主要还是各级各类政府官员,或者有一定社会地位之人,非普通的平民百姓。《官师》中所列"师资",较以往旧志略有不同,除了罗列各级学官之外,第一次把普通教员也罗列在志书中,这也可以看作是官方重视教育的一种表现吧。本部分罗列了固原县明、清、民国三代与教育有关的人员 227 人,其中女校长或女教员 8 人。《职官志》人物分类、分期统计如下表:

分类	分期	元及以前	明朝	清朝	中华民国	总计(人)
		125	387	664	743	1919
民献	社工	0	0	2	342	344
	议士	0	0	1	57	58
官师	官吏	125	335	633	197	1290
	师资	0	52	28	147	227

卷七《政权志》包括《党务》《民意》等 2 目。卷八《治权志》包括《行政》《赋税》《司法》《军事》等 4 目。此二志的设立及所载内容有鲜明的民国时代特色。据《凡例》载,"党务"部分,因其他党派正在萌生,故只详述固原县国民党组织、党部地点、书记等。另外对三青团及其他"依法"建立的团体组织如农会、工会、商会、

---

①② 邵敏、韩超校注:《民国固原县志》,[民国] 叶超等纂修,上海古籍出版社 2018 年版,第 11 页。

回教教育促进会、回教协会等组织构成、会员数量等也有简单记载。有关国民党开展的各项党务工作如组训、宣传、监察、民运及与政治、经济、文化有关的活动等都有相应的说明。如关于文化,规定每月三天,县党部与县政府会同召集教育会、教育馆、各学校举行学术研讨会一次,期发扬学术救国之精神。"民意"部分,以记载年度选举情况及代表所提议案为主,诸如罢免、创制、复决等事宜因未得实现,故付阙如。从代表人民所提各议案看,均与世道人心、国计民生密切相关。"治权"各目中,民政目的重在恤政,财赋目的重在蠲政,教育重在师资,实业重在农殖,交通重在村路,司法重在息讼,军事重在风纪,依其实际情况记载,或详或略。内容涉及各个方面,如"行政"中与教育有关的内容,包括教育行政、学校教育、社会教育、特种教育、边疆教育、整理教育款产、教育计划等。《治权志》中有一系列的统计资料,如地方财政收支统计、春季造林和苗圃统计、国民学校情况统计、土地统计、征粮统计、耕地和赋额统计、立案统计、各项赋税统计、兵力统计,等等。这些资料无疑为全面研究民国时期固原政治、经济、司法等提供了难得的资料。

卷九《人物志》包括《懿行》《群材》等2目。《民国固志》非常重视入志人物标准的制定与把握,《凡例》中与《人物志》有关的说明达18条,是各志说明中最详细的。从入选人物来看,社会各阶层的都有,这些人物被细分为忠惇、孝淑、义耿、渊恬、干练、勇略、词翰、技艺等8类,入选人物自汉至民国,代有其人,以民国人物最多。有些事迹"兼长"的人物在不同的类别中都出现,但事迹详略有不同。究其实质,《民国固志》所拟《人物志》入选标准与旧志无本质不同,略有时代特点的是:"古者选举,不及妇女。今则女学林立,凡男女卒业中学以上者,均予登列。"《人物志》人物分类、分期统计如下表:

分类	分期	元及以前	明朝	清朝	中华民国	总计(人)
		57	172	2526	488	3243
懿行	忠惇	20	20	1758	102	1900
	孝淑	4	14	260	120	398
	义耿	0	1	62	38	101
	渊恬	5	0	24	22	51
群材	干练	14	90	79	40	223
	勇略	10	47	330	122	509
	词翰	0	0	6	8	14
	技艺	4	0	7	36	47

卷一〇至卷一二《艺文志》包括《大文》《韵语》等2目。按《凡例》所言标准，"艺文未敢泛收。必其清词妙句，与固原之人、事、时、地有关者，始录之。若无甚意致，而文又介于瑕瑜之间者，恕不捋取"。其目名"大文"者指宏大的文章、伟大的作品，目名"韵语"者"以敷陈之辞为赋颂，讽咏之辞为诗词"，可以看出，入选的诗文主要要从文学水平高低角度来审查，这也是首要标准。但从实际入选情况看，有相当数量的公牍类文章也被选入，这就影响到了《艺文志》入选作品的文学代表性。《艺文志》所录民国以前的诗文多自旧志中移录，还移录了《万历固志》和《宣统固志》所附各序，把后者各志前的四言诗体小序也全部汇编在一起，总题曰《〈固原州志〉韵弁》，收录于《艺文志·韵语》中。特别需要注意的是，《艺文志·书序》收录了王玮撰《〈五原赵氏家谱〉序》、赵生新撰《〈杜氏家乘〉序》、乔兴义撰《〈乔氏家谱〉序略》、乔森撰《〈崔氏家谱〉序》、谢绍端撰《〈李氏家谱〉序》、李文辉撰《〈李氏家谱〉自序》、赵永泰撰《〈马氏家谱〉序》等文，是研究民国时期固原县家谱资料的重要文献。所录杜友仁撰《〈春秋凡例集要〉序》《〈春秋兵法撮要〉序》《〈是亦辍耕录〉序》等文，是研究杜友仁著述的重要文献。《艺文志·传记》收录的民国文献多为当时人记录当时事，有的对人物研究有重要价值，有的对事件研究有重要价值。如赵文蔚撰《石作梁事略》是研究石作梁生平的重要资料，石作梁撰《庚申地震记》《戊辰匪乱记》《己巳饥馑记》《固原城守记》等文，分别是研究1920年大地震、1928年固原匪乱、1929年大饥荒的重要资料。因赵文蔚与石作梁同时，石作梁也是有关事件、历史的亲历者，所以资料的可信度极高。《艺文志》没有给"金石"单独立目，将有关资料都附在诗文之后。所附金石资料多自《宣统固志》中移录，注明其资料源。有些则据固原县实有情况简单记述，还附有部分寺庙中的塑像情况。《艺文志》文章分期统计如下表：①

来源＼分期	元及以前	明朝	清朝	中华民国	总计（篇）
	32	53	111	136	332
抄录旧州志者	21	18	80	0	119
县志稿新增者	11	35	31	136	213

（四）版本流传及文献价值

《民国固志》成书后未能刊行，抄本一直散落民间。据《民国固志》整理本附

---

① 陈明猷统计县志稿新增民国时期文章数为144篇，与笔者统计不同。另，笔者统计，该志新增民国时期赋、诗词共143首。

《整理出版民国〈固原县志〉序》载,20世纪50年代中期,固原县档案馆从夏际文处征到该志的誊清本和点校稿本共13册,原志第一卷已经佚失。1981年,固原县文物工作站据以油印五十套传世,但错讹较多。1986年,固原县志办公室组织力量整理《民国固志》。1991年完成了整理工作,1992年,整理本由宁夏人民出版社精装上、下两册正式出版。① 整理者据1937年版《固原行政区划草图》,彩绘为《民国二十六年固原县政区略图》,附于整理本前。对原志中大量的用汉字表述的统计资料全部改为阿拉伯数字,并把有关的统计资料新编为统计表格,把表述资料的汉字都改换为阿拉伯数字。这些新编统计表编有目录索引,附于书后。这些作法有利于对志书资料的检索和使用,但改变了文献原貌。②

《民国固志》有62条《凡例》来规范编修工作,但志书稿本中仍然存在诸多问题有待进一步修订。仅就志书所载人名而言,问题就有很多,或者记载有误,或者记载前后不一致。这些很可能是志书未能有充裕的时间进行最后统稿、润色所致。如:《〔宣统〕新修固原直隶州》"总纂"王学伊字为"平山",赵生新《〈固原县志〉序》《民国固志》卷六《职官志·官师·官吏》"王学伊"条误作"聘三";卷二《地理志·形胜·形制》"汉书郦食其传"误作"汉书郦食共传";卷九《人物志·懿行·孝淑》载《八德家训》作者为"白凤至",卷十《艺文志》录《八德训》,其作者名又作"白凤至";同卷《人物志·群材·勇略》载"公孙昆邪",同卷《技艺》又脱作"孙昆邪"。特别是参与志书编修工作的石作梁、刘文敏、赵克明、韩椿芳等人,《民国固志》对于他们的记载较为混乱。石作梁之字,志书先后出现了"幹丞""幹臣""幹亟"等3种不说的说法,《〈固原县志〉序》落款、卷七《政权志·民意·选举》、卷十《艺文志·大文·传记》徐步升撰《石氏节略记》、赵文蔚撰《石作梁事略》均载字"幹丞",卷六《职官志·民献·议士》、同卷《官师·官吏》又载其字作"幹臣",同卷《民献·社工》又载作"幹亟"。赵克明、韩椿芳,卷九《人物志·懿行·渊恬》载作"赵克敏""韩春芳"。刘文敏,卷十《艺文志》录杜友仁撰《孝子刘文敏事略》载其字为"颖斋",同卷录刘文敏撰《杨博好延老兵防边要论》载其字又作"颖斋"。另外,从体例上看,《民国固志》有不统一的现象。如《艺文志》辑录文章,一般按其时代先后排序,相同时代的文章排在一起。赵生新为民国时期人,其诗编排在民国人之列,但其文《贾让治河三策论》却与清代人文章编排在一起了。

从文献价值而言,《民国固志》仍是一部值得重视的固原旧志。该志记载内

---

① 该本排印错误较多,原书虽附《勘误表》,纠正了16处错误,但仍有多处错误未纠正,如第864页第15行"钧鉴"误作"钓鉴";第897页第15行"夏彭龄"误脱"夏"字,等等。上册第40—56页装订次序错乱。

② 《民国固志·凡例》明确说明:"兹编起讫,纯为志体。文中除夹注外,概不搀杂图表、括弧、阿拉伯数字,致乖体制。"(邵敏、韩超校注:《民国固原县志》,〔民国〕叶超等纂修,上海古籍出版社2018年版,第9页。)

容创新之处颇多。以卷二《地理志》为例，该志在宁夏旧志中首次对岩石、土壤进行较为科学的描写，与以往旧志多凭主观感觉描绘有了本质的区别。其"地名今释"对于固原地名中出现的词语给予了较为合理的解释，并总结其地名用词特点道，"邑之地名，向由民间沿称而来，除以旧建之遗迹为命名，如城、关、镇……等外，余皆依其地区自然之形势而成种种不同之名称，……但间有形异名存者，盖陵谷平陂，不无变迁"。① 这样的说明，对于今天研究地名命名特点都有一定的启发作用。在有关内容的辑录过程中，不拘泥于陈规，大胆创新。如旧志为突出本地名胜，为赞美地方美景，常常拟选出"八景"甚至"十二景"，文人墨客咏诗题赋作画，以示所言不虚。有些景致如燕京八景、西湖八景等得到世人较为一致的认同，有些则有溢美之嫌，甚至有拉杂充数，拼凑出所谓的"八景"。清代戴震、章学诚等对这种为扬善家乡而生搬硬套出"八景"的作法持否定态度，列之为修志"八忌"之一。就宁夏而言，明朝朱栴、王逊等就有"八景"题诗，中卫甚至出现了"十二景"的题诗，旧志中也多收此类诗作。《民国固志》不设"八景"之题，而以"绝景"为题，强调"兹编不设八景，就携屐裹裳选揽而得之者，虽未名世，亦以名景收之入志。但具自然胜概，正不必与西湖比妆抹，与庐山争面目也"。② 所介绍的弹筝峡之岩流、白云山之花木、香炉山之云水、朝那湫之鱼鸟、小蓬沼之烟波、东岳山之营建、黑泉池之泉石、须弥山之造像等八处"绝景"，都似触手可及，非常具体，毫无虚无缥缈之感，但能真正代表固原最美的景致。这与生造"八景"有明显不同。作为全面总结民国时期固原县政治、经济、文化、地理、社会生活等情况的旧志，《民国固志》体现出了鲜明的时代特点，民国资料内容不可谓不丰富。尤其是与国计民生有关的统计资料、时人撰写的同时代人传记资料、时人撰写的亲历历史资料，都为相关问题的研究提供了难得的详细资料。加之对某些问题运用了传统的考据方法进行考证，无形中增加了志书的学术内涵。通过《凡例》可知，该志从抄写格式、文字字体等方面都有细致的规定，可证该志的编纂计划是比较周密的，在宁夏旧志编修史上达到了比较高的水平。

第二节　西吉县旧志

西吉县建县历史较短，直接记载西吉历史的文献较少。西吉县现存旧志有

---

① 邵敏、韩超校注：《民国固原县志》，[民国] 叶超等纂修，上海古籍出版社 2018 年版，第 74 页。
② 同上书，第 10 页。

2部,其中宣统元年(1909)杨修德总纂之《宣统硝河志》完整传世,民国三十六年(1947)马国玛编《西吉县志》只存卷一初稿。现藏甘图的民国三十三年(1944)手抄本《甘肃海原固原等县回民历次变乱真相》第五部分内容即"现行政治上之设施"记载了民国三十一年(1942)西吉县政府成立之事,并简要介绍西吉县城的修建过程、所辖土地面积、人口、粮赋、教育经费及政府机构组成等。这些都是较早记载民国时期西吉县基本情况的文献。民国三十六年(1947),西吉县历史上第一部县志《西吉县志》的部分内容脱稿,惜县志最后未成全书。同年,王天岳编修《西吉县政丛记》,此系他在西吉的施政大纲。

一 《〔宣统〕新修硝河城志》

(一) 整理与研究现状

《宣统硝河志》在《甘肃目录》《总目提要》等方志目录中有著录。《〔民国〕西吉县志》在《宁夏目录》《总目提要》等方志目录中有著录。高树榆撰《宁夏方志录》《宁夏回族自治区地方志述评》等论文对《宣统硝河志》《西吉县志》都有著录,《宁夏方志评述》对《宣统硝河志》有提要式著录。雨阳撰《〈新修硝河城志〉评介》专题研究《宣统硝河志》,特别对其地理、政治等方面的史料价值进行了评述。

(二) 编修始末及编修者生平

1. 编修始末

《宣统硝河志》是《宣统固志》的第12卷,是《宣统固志》的有机组成部分,而其内容又相对独立。这部志书能在不到一年的时间内修成,与《宣统固志》关系很大。硝河城州判杨修德《〈新修硝河城志〉序》称,他到硝河城任职时,正值甘肃省设通志局编修《甘肃通志》,宣统初(1909)前往拜见固原知州王学伊时谈及此事,王学伊"出《州志》稿本,嘱余采硝事附入焉。余不敏,未敢言著作,惟承公命令,思有以藏厥事"。[①] 可见,因硝河城属固原分州,编修固原州志时与硝河城有关的内容也是州志所需要的,故王学伊令新上任州判的杨修德采辑硝河城诸事,按《宣统固志》的编辑体例辑录具体内容。

编修《宣统硝河志》是有一定困难的,正如杨修德所说:"乃僻在一隅,文献无征。鸿儒硕彦,绝迹于花门;断碣残碑,磨灭于兵燹。无已,检阅旧档,周咨舆论,

---

① 胡玉冰、魏舒婧校注:《宣统新修硝河城志》,〔清〕杨修德纂,上海古籍出版社2018年版,第318页。

略有所得，随笔纪录。数阅宵昕，积草盈寸。其无可采访及新政未能完备者，即阙轶之，以昭纪实。"①尽管条件比较艰苦，杨修德还是组建了一支10人编辑队伍，很快就完成了王学伊所交办的任务，编成《宣统硝河志》，作为《宣统固志》的第12卷，顺利出版，王学伊还欣然为该志题写书名"硝河城志"4字。

2. 编修者生平

在《宣统硝河志》的编辑队伍中，杨修德任总纂，杜宗凯任襄校，赵德礼等8人担当采访。杨、杜二人分别是硝河城最后一任州判、千总。

据《宣统硝河志·官师志》记载，杨修德字明卿，贵州都匀府人，光绪二十三年（1897）丁酉科拔贡，光绪三十四年（1908）任硝河城最高文职长官——州判。国图藏窦全曾、陈矩民国十四年（1925）编《都匀县志稿》卷一六载杨修德科举事。

杜宗凯字仲武，固原州人，行伍花翎游击，衔都司。与杨修德同一年任职为硝河城最高武职长官——千总。为名将后裔，治军有方。

《宣统硝河志》8位采访者，有6人在志书中略有提及。《宣统硝河志·人物志》"战功"载，赵德礼曾为一员武将，积功保记名总兵，宣统元年（1909）时已年逾八旬，但仍然精神强固，犹如少壮，犹可见其当年骁健之风。他之所以名列编修人员中，大概是想借重其名望，实际参与编修的可能性不大。苏玉珍、苏辅廷、高全德等3人也都名列"战功"者中，苏玉珍历保把总，苏辅廷、高全德二人历保五品军功。"武科"载，苏芳莲为同治十二年（1873）癸酉科武举人。《宣统硝河志·学校志》"师范"载，王凤翔固原州人，于光绪三十三年（1907）由州考充师范廪生。廪生张效龄、附生马翼如事迹均不详。

（三）版本特点及内容

1. 版本特点

《宣统硝河志》被编入《宣统固志》一起出版，版本特点与《宣统固志》全同。排印本白口，四周双边，单、黑鱼尾，版心自上而下依次题书名"固原州志"4字、卷次"卷十二"3字、分志名"硝河城志"4字、页码及制版机构。每半页10行，行22字。书名页及所附地图由宝文堂刊刻，其他内容均由官报书局排印。

2. 内容

《宣统硝河志》共1卷24页。最前面的书衣及地图共3页。首页右半页为书衣，中间题书名"硝河城志"4大字，书名右上侧题写时间"宣统己酉"（元年，

---

① 胡玉冰、魏舒婧校注：《宣统新修硝河城志》，[清]杨修德纂，上海古籍出版社2018年版，第318页。

1909)4字,左下侧题"文水王学伊题"5字。

首页左半页至第3页右半页是《硝河疆域图》和《硝河城图》各1幅,绘制较为精细。《硝河疆域图》主要绘制出硝河分州辖境内的山脉、河流、村堡、州界等,有简单的图例说明。《硝河城图》绘制出硝河城的城池建筑(包括城墙及城内主要建筑),另外还把城四周重要的山、河、寺、路等也都绘制出来。绘制运用立体绘图方法,较为形象地把有关建筑、山脉、树木等轮廓表现出来,具有较强的艺术性,宛如一幅山水风景素描。

第3页左半页为牌记,上有"宣统元年端阳告成"8字,说明志书的刊成时间。牌记后为杨修德《〈新修硝河城志〉序》1页,序后是修志人员名单1页。

志书正文内容类目设立上完全仿《宣统固志》设立为10志,即《天文志》《地舆志》《官师志》《贡赋志》《学校志》《兵防志》《人物志》《艺文志》《庶务志》《轶事志》。由于硝河城辖境范围较小,境内山川、河流较少,城内建筑数量也有限,人文较为落后,志书就据实际情况对各志内容记载有详有略。

《天文志》载:"按硝河分野、经纬度、气候与固原州同。"①《轶事志》载:"风俗一切与固原州同。"②此二志内容最简,除此二句外再无其他内容。

《地舆志》包括10子目。《建置》简述硝河历史沿革,指出曾先后隶属于陕西平凉府、甘肃平凉府盐茶厅,同治十二年(1873)左宗棠奏请以硝河城为固原直隶州分州,至此才有独立的行政建置。《疆域》记硝河距省城、州城里数,辖境范围及四至八到里数。《城垣》简述硝河城规模及形胜,提及硝河改为分州后并未新增建筑,仍然沿用旧堡办公。这一方面反映了当地经济不发达的现状,同时也反映了一定的民生理念。《山川》记载古城山、风台山、贡页山等3座山峰和硝河、马莲川等2条河流。《祠宇》载硝河城内文庙等6座庙宇。《官署》记州判衙署、千总衙署各一座。《铺司》记本城铺、硝沟口铺、单家集等3处。《古迹》载夹道城门、唐墩等8处。《村堡》载所领东乡高园堡、南乡马莲川、西乡张春堡、北乡马昌堡以及本城堡等5堡所属61处村堡名称,其中高园堡所属13处,马莲川所属8处,张春堡所属10处,马昌堡所属6处,本城堡所属最多,达24处。《景致》载风台秀耸、岑楼清幽、清波环带、山郭张屏等4处当地胜景的特点。

《官师志》载硝河城文职最高长官州判14人,武职最高长官千总11人,均载其姓名、籍贯、任职时间。由志文可知,同治十三年(1874),袁范首任州判,凌维汉首任千总。光绪三十四年(1908),杨修德出任最后一任州判,杜宗凯出任最后

---

① 胡玉冰、魏舒婧校注:《宣统新修硝河城志》,[清]杨修德纂,上海古籍出版社2018年版,第320页。
② 同上书,第341页。

一任千总。本志后还附有官员"俸饷"内容。

《贡赋志》记载当地《额征》《估拨》《物产》等。《物产》只有谷类5种、蔬类8种、禽类5种、兽类9种、杂类3种(羊皮、羊毛、蜂蜜),由此可见当地物质资源还是比较匮乏的。《学校志》记载当地有初等小学堂、师范各1所。《兵防志》记载硝河城《兵额》《塘汛》《马厂》《校场》等内容。

《人物志》所载内容是《宣统硝河志》中最多的。记载当地文科生17人、武举生17人的人员名单。有文科贡生2人,附生7人,监生8人,武科举人2人,武生12人。又分《议叙》《战功》《忠义》《节孝》《耆瑞》《方技》等子目,共记载57人的事迹。其中《议叙》4人,苏上达事迹最详;《战功》32人,其中苏姓有20人;《忠义》5人,均为苏姓;《节孝》6人,苏氏家有4人;《耆瑞》8人,其中年龄80岁的老人3位,83岁的3位,85岁的2位;《方技》载关山人、苏宏珍等2人事迹,均带一定的神话色彩,不可当信史资料来利用。

《艺文志》一般是旧志中内容相对较为丰富的部分,但硝河由于设立时间短,文化较为落后,歌咏其名山风景的诗歌基本没有,当地人也少有诗作,故《宣统硝河志·艺文志》只辑录有3篇文献,包括左宗棠的《奏设硝河州判与盐茶厅等处划拨地界疏》奏疏文献1篇,《重修武庙碑》《重修文昌宫碑》等2篇《碑碣》文献。

《庶务志》所载内容与清末"新政"有关,但内容也仅"巡警""商务"两种。从"商务"记载内容看,硝河地方经济非常落后,城内贸易,所售者皆布匹、纸札、农器之类,没有大的商业活动。外地到本地来收购羊皮、羊毛,也不能形成集市。

(四) 文献价值

硝河城分州自同治十三年(1874)正式建置,到宣统三年(1911)清王朝被推翻,前后存在过37年,其分州历史不能算悠久。因此,在客观上造成了《宣统硝河志》相对其他固原旧志而言内容比较简略的事实。但作为唯一一部完整保存硝河史地资料的志书,《宣统硝河志》还是有一定利用价值的。

首先,传世文献中,《宣统硝河志》是今西吉县传世的第一部,也是最完整的一部。所载硝河分州的史地资料最全面、最集中、最系统,硝河地区地理、山川、村落、人物等方面的史料幸赖该志得以保留。其保存古代西吉县有关资料之功是其他文献无法替代的。

其次,志中所载与回族有关的信息或资料是难得的民族史研究材料。在《硝河城图》中,城池西北面标绘有"回寺"建筑物,说明当地回族聚积人数应该比较多。《学校志》载,初等小学堂"来堂肄业者,回民子弟居多,亦民数然也"。① 说明回族人口占有相当的比例了。清真寺建筑还构成了当地一景。《地舆志·景致》"岑楼清幽"载:"署后清真寺内有楼一座,高可凌霄,扉棂洞达。公暇偶一登临,亦足荡涤尘嚣,尚为斯邑之胜。"②《人物志·方技》记载苏宏珍事迹,尽管事涉荒诞,但说明当地回族中有一技之长者还是有的。

再次,志书《人物志》中记载有多位所谓"议叙"者、"战功"者、"忠义"者,这些人的主要事迹都与同治年间回民起义有关,且都为直接参与镇压起义者。事迹记载中提及起义时往往用仇视、污蔑的态度,这是我们要批判的。但从历史研究的角度看,则可以把这些事迹当作研究清末回民起义的资料来利用。

二 《〔民国〕西吉县志》

(一) 编修者及编修始末

可供研究《西吉县志》编修情况的资料很少,《西吉县志》编修者马国玙民国三十六年(1947)秋撰《创修县志序》为了解县志编修情况提供了宝贵的资料。据序文,《西吉县志》的编修是在县长庞育德任内进行的,主要由马国玙负责。

庞育德,生平不详,民国三十六年(1947)任西吉县县长,监修《西吉县志》。马国玙,回族,今宁夏西吉县沙沟乡人,生于1902年,卒于1952年2月,③生平资料不详,民国三十六年(1947)编成《西吉县志》卷一初稿。

《创修县志序》首先对地方志的重要性进行了探讨,然后分析西吉县一直没有县志的原因。马国玙从西吉县之所以设县的背景谈到三大原因:一是地理位置特殊,为五县(固原、海原、隆德、静宁、庄浪)边区,素称岩地,交通不便;二是教育未兴,民智未开;三是"三次民变"(1938年至1941年间3次回民起义)导致大量档案文献损毁。其后,马国玙又简单回顾了西吉县建县5年(1942—1947)的建设成绩,然后谈到编修县志的原委,他说:"今春文献委员会奉令改组,庞公育德新莅邑宰。下车伊始,首以纂修县志为言,聘玙司纂。俾载吾县沿革、舆地、山川之形胜、户口之多寡及忠孝节义事略,考之史册,证诸见闻。……爰遵内政部公布修志实施办法规定,按类分列,掇拾成篇,实事求是,以成此志。"④

---

① 胡玉冰、魏舒婧校注:《宣统新修硝河城志》,[清]杨修德纂,上海古籍出版社2018年版,第330页。
② 同上书,第326页。
③ 参见王佩瑚整理:《〈西吉县志〉的始纂与马国玙》,载《西吉文史资料》(内部刊印)2002年版,第130页。
④ 胡玉冰、魏舒婧校注:《民国西吉县志》,[民国]马国玙纂修,上海古籍出版社2018年版,第355页。

抗日战争期间，1937年后各地修志工作曾一度被迫中止。抗战胜利前夕，国民政府又重启修史编志工作。1944年5月2日，国民政府行政院第660次会议通过并由内政部颁布《地方志书纂修办法》《市县文献委员会组织规程》。1946年7月16日，行政院第751次会议通过新的《地方志书纂修办法》，由内政部于当年10月1日修正公布。这些举措对于各地加快恢复修志工作起到了积极的推动作用。国民政府在《市县文献委员会组织规程》中，要求各市县设立的文献委员会主要掌理各市县文献材料之征集、保管事宜，以市县政府民政科长、教育科长、各区乡镇长、中心国民学校校长、图书馆长、民众教育馆馆长及市县党部代表为当然委员，并延聘熟悉地方掌故的硕学通儒为委员，主要征集与本市县沿革有关之各种旧志书及地图、与本市县有关之诗文、私人著述、私家谱牒、乡贤名宦之传记碑志等，调查本市县附属机关及各级党部与人民团体之设施状况、人民之宗教信仰、主要物品产额、经济状况等。《地方志书纂修办法》明确规定，各地志书的纂修事宜，应由各级政府督促各地文献委员会负责办理，由此可见，民国时期各地编修县志，文献委员会发挥着重要的、实质性的作用。委员会的组成人员往往就是县志编修班子成员，委员会征集、调查的资料正是志书所需要的重要资料。

据马国玛序知，1947年春，西吉县文献委员会奉令改组，庞育德新任县长，由夏仙洲任文献委员会主任。庞育德非常重视县志的编修工作，延聘马国玛负责纂修。马国玛遵照内政部颁布的《地方志书纂修办法》，分类编辑资料，既有自文献征引者，亦有实地调查所获者。其序言志书已成，但传世的县志仅是卷一的稿本而已，实际上并没有完成全志的编修工作。

（二）编修方法及内容

按《地方志书纂修办法》规定，志书要图、文、表并茂。"图"部分，既要有传统志书中常见的舆图、城池图、水道图等，还要有民国时期调查绘制的交通图、地质图、气候图、雨量图等，要求用最新的科学方法精心绘制，并装订成专册。同时要求各地要分年精确调查当地土地、户口、物产、实业、赋税、教育、人民生活及社会经济各种状况，制成统计表，编入志书。还要特列当地"大事记"。其他"人物""艺文"等内容同传统志书的要求。从传世的《西吉县志》看，内容上只涉及了沿革、自然、地理、建置等4方面，方法上更是只有纯文本记载，没有绘制地图，也没有相关的统计表格，这与国民政府有关修志的要求显然还有很大的差距。从各种资料看，《西吉县志》没有编修团队，可能是马国玛凭一己之力在编纂。由于他个人学识及所见资料有限，传世本《西吉县志》各章内容都比较简单，尤其缺乏资料丰富的考证。1947年的中国政局动荡不安，宁夏全境亦笼罩在战争的阴影之中，这很可能也影响到了马国玛的纂修志书活动，故《西吉县志》未能按计划如愿修完。

以宁图藏本为例，《西吉县志》存卷一的大部分内容，共4章23目。从版本特征看，此藏本当为稿本，修改痕迹明显（详见后述）。全书由《〈西吉县志〉目录》《创修县志序》及正文等3部分组成。缺修志凡例、编修人员名单、各种地图及统计表等内容。《〈西吉县志〉目录》只是卷一的目录，非全志的目录，故全志欲编修多少卷，各卷的主要内容、类目等均不得而知。

正文由4章内容组成。第一章题目为《沿革》，但并未如题把西吉县的历史沿革梳理出来，仅记有"近回教圣地西吉滩，而定县名为西吉，属平凉甘肃省行政第二区"26字的内容，说明西吉县县名的由来及现在行政隶属情况。此亦证明传世本尚在编，并未如马国玛《创修县志序》中所言，志书已经完成了。

第二章《自然》包括《星野》《经纬》《气候》《地质》等4目。《星野》内容引自《汉书·天文志》、甘肃省志，《经纬》《气候》《地质》等内容显然有别于民国以前旧志的内容，记载信息更加科学，描述内容也更加专业、细致。如《地质》记载西吉县地层构造情况时说："构造由种种色彩沙岩及页岩、石灰岩所组成。大致在下部者，以黄黑色为主。本县其下之一切地层皆不相整合，足证其沉积已在侏罗纪末叶之一盛大地壳运动以后也，以故转运时之陷落或断裂，即为地震。又证明时代约在古生代之奥陶纪，为最古之地层。底部未露出，致其确实之厚度无由推算，然就其已露之部分估计之，已在一千公尺以上。"[1]"侏罗纪""奥陶纪"这类的地质年代名词在以往的旧志中是不会出现的。

第三章《地理》包括《疆域》《地形》《地势》《山脉》《河流》《名胜与古迹》（附《八景》）等6目。《疆域》高度概述西吉县辖境范围及四至距离，《地形》指出西吉形似桑叶，《地势》通过对本县山川地形的描述，突出其"堪为军事上注重之点，亦与古之九塞七关有所系也"的特殊地理意义。《山脉》记载西吉境内大关山、月亮山等8处山脉的地理位置、山势走向、山形特点等。《河流》记载葫芦河、滥泥河等4条河流的发源地、长度、流向、流域地及其水利特点等。《名胜与古迹》的"名胜"实际上只记载了西吉"云台迭翠""古木垂阴"等《八景》。对每一景的名称来历都展开介绍，说明景致所在位置、距离县城里数、景致特色、历史掌故等，每一景致介绍完后还附诗1首，歌咏相关景致之美。这些内容既可以当作文学作品来欣赏，亦有一定的史料价值。如八景之一的"教陵园地"："园在县东北七十华

---

[1] 胡玉冰、魏舒婧校注：《民国西吉县志》，[民国]马国玛纂修，上海古籍出版社2018年版，第359页。

里沙沟,为回教教主马大善人光烈公藏魄之处。园广三百余亩,丛葬二千余冢,多名人哲士及各省回教徒之墓,亦为回教崇拜之地。而丰林茂草,埋骨丘山,凡临其境者,莫不抚然伤悲。且依山伴水,每值夏日晚照,夕阳飞霞,与夫农村烟火,点缀其中,益增无穷之感慨也。"[1]这段记载既说明了沙沟回民墓地所在位置、基本情况、历史地位和意义,还用饱含深情的笔触抒发对亡者的悼念之情,对读者有一定的感染力。《古迹》记载西吉境内沐家营、石城、硝河城等8处古迹,较为详细地记载了这几处古迹所在位置、与古迹有关的掌故、存废情况等。

第四章《建置》包括《县治》《城池》《党部》《看守所》《忠烈祠》《苗圃》《集市》《乡镇》《学校》《桥梁》《公路》《乡镇道》等12目。本章开篇先简要回顾了西吉县设县的历史背景,提出西吉建置当自民国三十年(1941)开始的观点,此篇文字相当于旧志卷前的"小序"。《县治》记载西吉县政府办公地由其前身甘肃省第二区行政督察专员行署演变到现县级政府的过程。《城池》记载西吉县县城的修筑经过,涉及修筑负责人、县城规模、布局等情况。《党部》《看守所》《忠烈祠》《苗圃》《学校》等主要记载相关建筑所在位置、建筑时间、规模及布局、有关历史等。《集市》记载西吉县县城人口数量、集市交易时间及地点、集贸市场建设等情况。《乡镇》记载西吉县基层社会主要由3镇6乡63堡组成,但只记乡镇名称,未载各堡名称。还记载了乡镇设置原则、行政机构运行方式等。《桥梁》《公路》《乡镇道》主要记载西吉县交通设施及运行情况。本章在《看守所》后记载沐家营中心学校及中正中心女校,在《乡镇道》后还记载县参议会、民众教育馆、卫生院等3处建筑。但这些内容在志书目录中均未标注出相应的具体类目名称。

(三) 稿本特点

宁图藏《西吉县志》系稿本,共20页,其中目录的前半页内容重复抄录。从抄写笔迹看,当系一人写就。《创修县志序》落款为"中华民国三十六年秋邑后学马国玙谨识",其下钤盖有"马国玙章"阳文方印,故很可能为马国玙手抄。

此本用新式标点断句,断句符号为逗号、句号两种,逗号都置于本行当断句的文字之下,全为一逗到底,段末加一句号。这种把断句符号直接置于句中的作法有别于传统文献将断句符号置于文字右旁的作法。稿本因为修改文本等原因而出现每页行数不一的现象,每半页11行至14行不等。受断句符号的影响,稿本每行字数也不固定,多为18字。

本稿本最大的特点就是有多处修改痕迹。从修改情况看,多数是从遣词造

---

[1] 胡玉冰、魏舒婧校注:《民国西吉县志》,[民国] 马国玙纂修,上海古籍出版社2018年版,第362页。

句方面对文本进一步润色,也有一部分是对原本记载的内容进行修改或补充。

从遣词造句方面看,有的是修改原文存在的文字错误或表达不准确问题,如第三章《地理·疆域》全县面积"约四百平方公里"之"约四百"3字改为"二六一二"。此当据实地勘测资料修改。同章《山脉》"月亮山"条:"连绵二百余华"后补"里"1字;"为本县最高之地"之"县"改为"山"字。前者是补足脱文,后者是更准确地表达。第四章《建置·西吉县政府》条:"辖境划为九镇,共六十四保"句之"四"改作"三";①"县政府"条"建于城内北面"之"北"改作"西"。据本章《乡镇》载,堡数实为63,故前者据改误字。后者亦据实际布局改。

志书更多的修改是在内容记载方面,多据新资料补充或修改原文记载。如第三章《地理·河流》"葫芦河"条,首3字"葫芦河"下补"又名苦水河"5字,补充新内容。再如《八景》之"宝河月亮",有关月亮山南名"宝河"的清泉记载原作:"俗传中有金马驹,水清则现,浊则隐,后被喇嘛盗去。至今水犹发光,似有月亮隐现其中,故称月亮山。"②修改作:"其中似有金属矿物质,水清则现,浊则隐。每当日中,水犹发光,如月亮隐现其中,故水称宝河,山名月亮山。"③原作的解释显系附会传说,改作的解释更可信些。"芦河清流"景致介绍中原载,葫芦河对两岸居民生活多有益处,"植树成阴,夏天炎热,颇供行人憩息"。所附诗歌有"千家田园资灌溉"句。修改为"惜碱质太大,不能灌植,夏天炎热,只供行人憩息"。④诗句也改作"千家田园无灌溉"。将"植树成阴"改作"惜碱质太大,不能灌植","颇"改作"只","资"改作"无",反映了编者"实事求是"(马国玛序语)的态度。

《古迹》所载内容由于涉及历史,故对原稿修改之处较多。如"石城"条,"唐广德二年"5字后补"及元和中先后"6字,说明唐朝石城被吐蕃陷落不仅发生在代宗朝,宪宗朝也曾发生过。"自称招贤王都指挥使"9字后补"大营宫殿于硝河"7字,补充说明明朝成化四年(1468)满俊(即满四)谋反的具体情况。镇压满俊的项忠官名"总督"改为"副都御史",刘玉官名"总兵"改为"都督"。考《明史》卷一三《宪宗本纪》载,成化四年(1468)秋七月"癸酉,都督同知刘玉为平虏副将军,充总兵官,太监刘祥监军,副都御史项忠总督军务,讨满俊"。⑤《弇山堂别集》卷六九《命将》所载同《明史》。也就是说,讨伐满俊时,刘玉以"都督同知"的身份充任"总兵官",项忠以"副都御史"的身份充任为"总督"。《弇山堂别集》卷

---

① "九镇"当改作"三镇六乡"。《〔民国〕西吉县志·建置·乡镇》载:"本县划为三镇六乡,……凡有集市之地设镇,无集市者为乡。""乡"与"镇"是不同层级的建置,不当统称为"镇",据改。
② 胡玉冰、魏舒婧校注:《民国西吉县志》,〔民国〕马国玛纂修,上海古籍出版社2018年版,第365页。
③④ 同上书,第363页。
⑤ 〔清〕张廷玉等:《明史》,中华书局1974年版,第1册第165页。

八〇《赏功考》又载,因平满四石城叛乱有功,升总兵刘玉为左都督,总督、左副都御史项忠为右都御史。由此可知,讨伐满俊时,载项忠官职为"总督"或"副都御史",刘玉官职为"总兵"或"都督"都没有问题。因《御定资治通鉴纲目》三编卷一三载成化四年讨平满俊时,项忠官职为"副都御史",刘玉官职为"都督",《西吉县志》据此统一修改了项忠、刘玉二人的官职。

"硝河城"条原作:"硝河城,为明肃蕃行邸,尚存柱底石,雕刻精巧,今回教以其址为清真寺。"先修改为:"硝河城,为满四伪招贤王府,及满四灭,后明肃蕃以作牧地行邸。今尚存柱底石,雕刻精巧,回教以其址为清真寺。"①后又将句中"满四"改为"满俊"。修改中增加了硝河城曾被满俊占领的事实,补充记载该城在明朝曾是肃蕃的"牧地行邸"而不单纯是"行邸",记述更加全面、详实。

第四章《建置·集市》"是日外来客商为数甚多"本为本段最后一句,又据最新情况补写道:"三十六年建东西两栅门,东名'光烈',西名'西月',均为砖箍。上建楼房各三间,工程颇巨。"②《学校》原载,县立初级中学自民国三十三年(1944)起开始建盖,由于本县木料缺乏等原因,至庞育德县长到任前仍未盖好。庞县长到任后督促加紧修建,"然以工程浩大,刻正建筑中,年底可竣"。志书修改过程中中学主体工程完工,于是这句话最后又修改为"然以工程浩大,经半年余始竣,其图书设备及阅报室,正在筹建中"。③《乡镇道》文后原载:"县参议会、民众教育馆,刻正兴工建筑中,预计今秋工可竣。"稿本最后修改为"县参议会、民众教育馆,庞县长以发展民智及壮观民意机构起见,竭忧与地方人士兴工建筑中,规模甚大,预计今秋工可竣。教育馆址三十余亩,系省府委员马君震武之私产,自动所捐"。④最后又补充了正在民国三十六年(1947)秋建盖卫生院事。这些显然是据最新的建设进展情况补充修改的。

另外,稿本个别地方的修改不明其意。如《创修县志序》"今春文献委员会奉令改组,县长庞公新莅邑宰,以夏君仙洲主任会务"句删改为"今春文献委员会奉令改组,庞公育德新莅邑宰"。⑤增庞县长之名"育德"2字,删去"以夏君仙洲主任会务"9字。

(四)编修质量及文献价值

从传世稿本提供的版本信息看,原编者非常认真地对县志初稿进行了修改,

---

① 胡玉冰、魏舒婧校注:《民国西吉县志》,[民国]马国玙纂修,上海古籍出版社2018年版,第364页。
②③ 同上书,第369页。
④ 同上书,第370页。
⑤ 同上书,第355页。

明显改进了志稿的编修质量。但由于志书未最后定稿,《西吉县志》尚待完善、改进的地方还有很多。除内容需要大量补充外,仅就编写体例看,某些内容当归置在一起。如第四章《县治》后依次接述"西吉县政府""城池""县政府"等内容,"西吉县政府"与"县政府"内容当合并在一起,不当割裂开。另外,某些内容表述上有错误,当纠正。如《气候》载:"温度,夏至极热之时在摄氏表七十五度至八十度。寒度,冬至极冷之时在摄氏表十五度至二十度。"[①]此处"摄氏表"显然是"华氏表"之误。部分内容记载与他书记载有异。如有关县城建设情况,《西吉县志》第四章《城池》载,县城建设需时1年,城池周围1 200公尺。《甘肃海原固原等县回民历次变乱真相》之"现行政治上之设施"记载,县城于1943年2月20日兴工,至同年6月底竣工,城池周围1 000公尺,高12公尺,厚5公尺。不知孰是。

作为民国时期西吉县唯一一部按旧志体例来编修的志书,《西吉县志》由于未最后完稿,大大影响了它的文献价值。但从其仅存的内容来看,还是有一定的文献利用价值。比如,气候、地质等内容,为研究民国时期西吉县的相关情况保存了值得研究的资料,地形、地势、山脉、河流等内容,为了解西吉地理状况提供了可资借鉴的参考资料,苗圃、集市、乡镇、学校等内容,为了解西吉县民国时期的国计民生状况提供了第一手的研究资料,而有关古迹、景致的内容,不仅让后人对西吉县的历史人文有更深刻的了解,同时附载的诗歌也为研究西吉文学提供了一定的资料。与回族有关的资料,也是研究民国时期西吉民族状况需要重视的资料。

第三节　隆德县旧志

明神宗万历年间曾修成过《隆德县志》,未见传世。隆德县传世的旧志共有3部,包括常星景康熙二年(1663)编修的《〔康熙〕隆德县志》(本著作简称《隆德县志》)2卷,黄璟道光六年(1826)纂修的《〔道光〕隆德县续志》(本著作简称《道光隆志》)1卷,桑丹桂、陈国栋等民国十九年(1930)修成、二十四年(1935)又重修后出版的《〔民国〕重修隆德县志》(本著作简称《民国隆志》)4卷。

---

① 胡玉冰、魏舒婧校注:《民国西吉县志》,〔民国〕马国玛纂修,上海古籍出版社2018年版,第358页。

一　亡佚的《〔万历〕隆德县志》

《陇右录》据《康熙隆志》有关内容著录有亡佚的《万历〈隆德县志〉》1 部。清人常星景康熙二年(1663)撰写的《〈隆德县志〉序》谈到："隆故有志,属前此毕、李二令君厘定。"[①]毕、李二令君分别指万历年间任隆德知县的毕如松和李若素。常星景指出,在他编修县志之前,毕如松、李若素都曾先后编修过县志,可惜均未能传下来。

毕如松为山东莱芜县人,生卒年不详。《山东通志》卷一五之一《选举志》载他于万历十年(1582)中壬午科乡试。《康熙隆志》卷一《官师》载,毕如松于万历三十二年(1604)任隆德知县,升宁羌知州,寻升西安府同知,修《隆德县志》。《嘉靖陕志》卷二九《祠祀》载,毕如松主持过宁羌州东山观、中台观的修建工作。

李若素字贲之,河南兰阳县(今河南兰考县)人,生卒年不详。《康熙隆志》卷一《官师》载他为选贡,万历三十七年(1609)接替毕如松任隆德知县,改建学宫,重修《隆德县志》。国图藏高士琦、王旦 1935 年编《兰阳县志》卷六《人物·乡贡》载,李若素官至临洮府同知。

二　传世旧志整理与研究现状

《康熙隆志》在《陇右录》《联合目录》《稀见提要》《宁夏目录》《甘肃目录》《总目提要》等方志目录中有著录或提要。[②]《道光隆志》馆藏于美国国会图书馆,仅著录于《联合目录》,为孤本文献。《民国隆志》在《联合目录》《宁夏目录》《甘肃目录》《总目提要》等方志目录中有著录或提要。

高树榆撰《宁夏方志录》《宁夏回族自治区地方志述评》等论文对康熙、道光、民国 3 部隆德县志都有著录,《宁夏方志评述》对《康熙隆志》《民国隆志》有提要式著录。景永时撰《隆德县志概述》一文对 4 种隆德县志(包括亡佚的《万历〈隆德县志〉》)都有概述。王文娟撰《几种隆德县旧志及其整理情况述略》除对四种隆德旧志的基本情况进行介绍外,还对整理本中存在的问题也给予了指正。余振贵撰《评宁夏旧志有关回族记述的史料价值》提及了志书记载的与回族有关的

[①] 安正发、王文娟校注:《康熙隆德县志》,[清] 常星景修,张炜纂,上海古籍出版社 2018 年版,第 19 页。

[②] 《稀见提要》误将该志归为青海省方志,所指出的《康熙隆志》有关隆德沿革考证有误的内容最早见载于张维《陇右录》。

史料价值。

胡迅雷撰《常星景与隆德》利用《康熙隆志》中的资料,对常星景在隆德的政绩进行了详细的梳理,并对该志进行了简要评述。任小花撰《康熙〈隆德县志〉评述》对《康熙隆志》作者生平及其著述进行简介,对该志两卷内容进行了较为详细的分析。胡、任二文所据史料绝大多数都取自《康熙隆志》。

张京生撰《〈道光隆德县续志〉简介》首次对藏于美国国会图书馆的《道光隆志》进行介绍,让学界第一次了解到该志的纂修过程、史料价值等基本情况。张欣毅、张京生撰《〈道光隆德县续志〉所用隆德古称考辨》利用《道光隆志》等文献资料,对"隆德"古名称特别是"邢洛"进行考辨。张京生撰《写作一幅豳风图——孤本方志〈道光隆德县续志〉的学术价值探讨》除简介该志的基本情况外,着重探讨了志书孤本传世的原因,特别以志书所录黄璟诗歌为例,探讨了志书在艺文研究方面的学术价值。

任小花撰《〈重修隆德县志〉评介》对《民国隆志》所载民国时期隆德社会经济状况和人民生活水平、文化教育状况、民族宗教和社会习俗等资料集中进行分析评述。

成文出版社 1970 年版《中国方志丛书》,天津古籍出版社 1988 年版《宁夏历代方志萃编》,兰州古籍书店 1990 年版《中国西北文献丛书》第一辑《西北稀见方志文献》,凤凰出版社等 2008 年联合出版《中国地方志集成·宁夏府县志辑》、学苑出版社 2015 年版《宁夏旧方志集成》,都影印了《康熙隆志》。其中《中国方志丛书》影印说明是据康熙二年(1663)抄本重抄影印,实际据乾隆年重抄康熙二十三年(1684)本影印。《宁夏历代方志萃编》《中国地方志集成》《宁夏旧方志集成》等丛书影印的是甘图藏乾隆年间重抄康熙二年(1663)本,《西北稀见方志文献》影印的是张维藏重抄甘图藏乾隆抄本。《宁夏旧方志集成》首次将美国国会图书馆藏《道光隆志》影印出版。民国二十四年(1935)平凉文兴园书局出版石印本《民国隆志》,1965 年甘图油印本行世,成文出版社 1976 年版《中国方志丛书》、天津古籍出版社 1988 年版《宁夏历代方志萃编》、学苑出版社 2015 年版《宁夏旧方志集成》影印的均是石印本《民国隆志》。

1987 年,张家铎等点校《康熙隆志》内部印行。《康熙隆志》整理成果由上海古籍出版社 2018 年公开出版,整理者安正发以国图藏康熙五年(1666)刻本为底本,以《中国方志丛书》影印本、上海图书馆藏抄本、《中国地方志集成·宁夏府县志辑》影印本、《中国西北文献丛书》第一辑《西北稀见方志文献》影印本、《〔嘉靖〕平凉府志》《〔康熙〕静宁州志》等为参校本。

《道光隆志》因孤本馆藏于美国国会图书馆,学界一直很少有机会对其深入研究。2010年，阳光出版社出版张欣毅校注《道光隆德县续志》。校注本以宁图所获该志美国藏本的缩微胶片为底本，整理方式以注释为主，对志书中的典故、制度、人物及部分字词进行注释，较好地疏通了文义，便于对志书的理解。同时辅之以校勘，对原本中存在的部分文字错误进行纠正，如董效思《隆德县续志跋》"名牧羊"句校改为"名羊牧"，《职官续志》知县戴秉瑛任职时间中删去衍文"任"，赵应会、李选、李奎标任职时间中补出脱文"年"，《人物续志》"乡饮"中"嘉庆十五年春季"句"五"校改为"八"，等等，为全面研究孤本《道光隆志》提供了重要的文本。但整理本也存在一些问题需要辨明。本志最新整理成果由上海古籍出版社2018年出版。整理者安正发、王文娟以美国国会图书馆藏道光六年（1826）刻本为底本，部分成果参考了张欣毅校注本。

《民国隆志》整理成果由上海古籍出版社2018年首次公开出版，整理者安正发以国图藏民国二十四年（1935）文兴元石印本为底本进行整理。

三 《〔康熙〕隆德县志》

（一）编修者生平

《康熙隆志》的编修人员未像其他县志那样专录"修志衔名"或"修志姓氏"列举出来，而是在卷一卷端次行列出编修人员姓氏、身份及分工，共6人参与编修活动，包括纂辑者常星景，校正者张文炳，编次者张炜，汇阅者董壮猷、董炜勋、董焕勋等3人。

1. 常星景

常星景字晋宁，山西翼城县人，生卒年不详。国图藏清朝觉罗石麟、储大文雍正十二年（1734）修《山西通志》卷七〇《科目》载，常星景于明朝崇祯十五年（1642）中壬午科乡试。《康熙隆志》上卷《官师志》载，常星景顺治十三年（1656）任隆德县知县。康熙五年（1666）周宪继任隆德知县，常星景升任吏部验封司主事，迁稽勋员外郎。在任隆德县知县长达10年的时间里，赢得了时人对他的赞誉，董炜勋跋语评价他"抚残恤累，政美刑清""以扶衰救敝为己任"。[1]

由常星景等编修的《康熙隆志》是隆德县传世旧志中成书时间最早的一部，志中录有常星景的《修城记》《重修文庙记》及《六盘山诗》《美高山诗》《灵湫诗》《莲花池诗》等诗文。

---

[1] 安正发、王文娟校注：《康熙隆德县志》，〔清〕常星景修，张炜纂，上海古籍出版社2018年版，第21页。

2. 其他人员

校正张文炳，据《康熙隆志》卷二《学校》载，他是汉中府城固县人，岁贡，于顺治十八年(1661)任隆德县教谕一职。

汇阅董壮猷、董炜勋 2 人，据《康熙隆志》卷二《人物》载，均为隆德人，董壮猷为顺治八年(1651)拔贡生，①董炜勋为顺治十一年(1654)拔贡生，后入国子监，撰写有《〈隆德县志〉跋》。

编次张炜、汇阅董焕勋均为隆德人，生平事迹不详。

（二）编修始末

明朝神宗万历年间，隆德知县毕如松、李若素曾先后编修过《隆德县志》，常星景《〈隆德县志〉序》中已有提及。在谈及编修《康熙隆志》的目的时，常星景说："郭何为而志？以纪山川，以划封洫。物采风尚，载肆载瞰，綦重哉？……后之君子翻阅斯帙，山川封洫，粲然在目；物采风尚，约略可睹。"②常星景强调志书通过记载当地的风土人情、山川地理诸事，可以具有资政的作用。他到任伊始就发现，隆德虽地域狭小，如同弹丸之地，但"汉唐之遗风犹存"，③故以编修新的《康熙隆志》为己任。

通过前期资料调查，常星景发现，隆德"文献蔑资，有诸乎？什不得一二。厥乘眒如，事遒人非，蟬与豕焉半之"。④现有的文献中有关隆德的资料较少，可以找到的资料多已残破不全，而且记载多有错误。所以他"不揆弇劣，辄于簿书余晷，咨故老，捃流失，粗易此稿，付剞劂焉"。⑤由此可见，《康熙隆志》的编修与其他旧志编修经过是一样的，即先从当地旧有的志书查起，再据实际情况或实地调查，或搜罗他书资料，最后据一定的编修体例汇为一编。《康熙隆志》编成之后以雕版印刷的方式行世。常星景谦称自己是在治政之余抽空编辑县志的，实际上他投入了大量的精力。

参与《康熙隆志》"汇阅"工作的董炜勋对《康熙隆志》的编修经过也有提及，他在《〈隆德县志〉跋》中说："邑乘创自明神宗年间，历时既久，事殊势更。且鼎革后，版籍灰烬，自非喆匠宗工，鲜克胜任。公退食之余，吏散鸦啼，神随境静。访史谭之遗意，搜残缺而厘订之。考献征文，裒新补漏，遂成一代名书。其于正人

---

① 民国二十三年(1934)五月陈国栋撰《重修〈隆德县志〉后叙》称，常星景编修《隆德县志》，邑绅董焕猷襄成之。董焕猷事迹不详，且只见载于陈氏叙中，疑陈氏所言"董焕猷"当作"董壮猷"。

② 安正发、王文娟校注：《康熙隆德县志》，[清] 常星景修，张炜纂，上海古籍出版社 2018 年版，第 19—20 页。

③④⑤ 同上书，第 19 页。

心敦化理,计深且远也。盖非独文章炳焕,亦觇其德业镐轰矣。"[1]董炜勋也认为,隆德县志最早创编于明神宗万历年间,改朝换代后,由于诸事已多有变化,时势亦多不同,明朝所修县志已不能适应新时代的要求了。但由于明修志书已难得一见,原始资料奇缺,故新修县志难度很大,非有超常之才,不能胜任志书的编修工作。董炜勋非常传神地描述出了常星景勤于编志的形象,同时也从一个侧面说明县志修纂的不易。正是在常星景的带动下,董炜勋等人共同努力,终于编成了清代隆德县第一部志书——《康熙隆志》。

根据序跋,此志当修成于康熙二年(1663),但在国图藏刻本中,《官师》载清朝知县除常星景外,新增康熙五年(1666)秋八月到任的周宪。在传世的《康熙隆志》抄本中,又新增康熙七年(1668)到任的袁舜荫,十六年(1677)到任的曾榷,二十三年(1684)到任的陈士骥。故知,《康熙隆志》成书后,至晚在康熙二十三年(1684)还有补修。

(三) 版本特点及内容

《康熙隆志》于康熙二年(1663)修成,当年可能就刊行于世,且为其后各本的祖本。其传世版本主要有5种。据各本版本特点及编纂内容可推知,国图藏本系康熙五年(1666)补刻本,为最早的传世本。上海图书馆与台湾藏抄本与国图本关系最近,最早当抄成于康熙二十三年(1684)或其后,甘图藏抄本当抄成于乾隆年间,张维藏抄本系据甘图重抄。

1. 中国国家图书馆藏刻本

国图藏《康熙隆志》刻本,共90页内容。序文3篇,每序5页,均作于康熙二年(1663)五月。刘澜《〈隆德县志〉序》每半页5行,行12字,落款次行印有"刘澜之印""丙戌进士"阳文方印。常星景《志序》每半页6行,行16字,落款次行印有"常星景印""壬午孝廉"阳文方印。叶正蓁《〈隆德县志〉叙》每半页5行,行12字,落款次行印有"叶正蓁印""壬辰进士"阳文方印。董炜勋《〈隆德县志〉跋》无时间落款,共3页,每半页6行,行16字。正文每半页9行,行22字,双行小字字数亦同。

序跋后绘制有隆德县《境内图》《县城图》,各1页。《境内图》方位是上南下北,左东右西。图中绘制有隆德县境内重要的村堡、山峰及县城简图。《县城图》相当于《境内图》中县城简图的放大版,方位一样,绘制内容较简图更详细些,把

---

[1] 安正发、王文娟校注:《康熙隆德县志》,[清] 常星景修,张炜纂,上海古籍出版社2018年版,第21页。

隆德县城内重要的建筑如县治公署、文庙、儒学等都标绘出来。

图后为《〈隆德县志〉目》1页。目录依次列出志书的各类目名称，未分卷录目。共12大类目，另有2目分别附录在《坛祠》《河渠》中。类目具体包括《沿革》《山川》《户口》《田赋》《物产》《坛祠》(附《公署》)、《河渠》(附《堡、墩、铺、古迹》)、《风俗》《官师》《学校》《人物》《灾异》等。该志正文中，《沿革》至《官师》等9目属卷一，其余3目属卷二。

正文卷一共34页，卷端次行列出编修《康熙隆志》人员名单。《沿革》内容包括隆德县分野、行政建置沿革(自周迄清)、地理疆域(包括四至八到里数)、县城修筑史(自明洪武二年至清顺治十六七年间)等，附常星景《修城记》，对隆德县修城史有详细记载。通过这些内容可知，隆德县"县小民寡"，四周环山，多断沟，土质以沙石红土居多，多不毛之地，自然条件比较恶劣。《山川》共记六盘山、龟山等山12座，饱马岭、汤羊岭等5处岭、坡、峡，好水川、苦水河等川河14条。后附明朝人诗6首，依次为陈棐《过六盘山遇雨诗》、刘大谟《过六盘山诗》、胡松《六盘诗》、龙膺《题六盘山云诗》、姚孟昱《过隆德次六盘山诗》、李若素《盘山五月雪诗》。清人诗6首，依次为武全文《过六盘诗》、郭亮《六盘诗》、常星景《六盘诗》、梁联馨诗(未录诗题)、武全文《美高山诗》、常星景《美高山诗》。

《户口》主要记载明朝洪武、嘉靖、万历等三朝户口及清顺治、康熙元年(1662)的户口情况。从人口数量看，明朝洪武年间最多，达到16775人，康熙元年(1662)的人口数只有4384人，不到洪武年间的三分之一。据《康熙隆志》卷二《灾异》记载，自明朝成化二十一年至清朝顺治十一年(1485—1654)，发生大饥之灾6次，大地震2次，加上明朝末年多地爆发农民起义也波及隆德，正是这些天灾及战争给当地造成了重大的破坏，人口数量出现了锐减的现象。这一类目中还记载有当地丁赋情况及物产特点。

《田赋》主要记载仁隆、德化等二里的田亩数及赋税情况，还述及当地驿站设置情况。本类目谈及，隆德邻近县地原本当按有关要求对隆德有所救济、帮抚，但邻县很少兑现，甚至当给却不给，于是常星景发出了"有名无实""以邻为壑"的感叹。后附明朝阮以鼎《寓隆城公署有感诗》、李若素诗(未录诗题)。《物产》按谷、蔬、果、木、药、花、禽、兽、虫等类叙述物产的名称、植物种植时间、分布情况、药用价值等信息。

《坛祠》有简短的小序，说明立目之由，记载隆德10处坛庙祠所处地理位置等情况，所附《公署》前亦有小序，记载有大察院、北察院、县治等3处建筑位置、存废、修筑情况。

《河渠》记载内容包括隆德县百姓对当地水利资源的利用，地方泉水资源的分布情况,附载 12 处堡、5 处墩、8 处铺、10 处古迹。本部分附录诗共 11 首,文 1 篇。依次包括唐杜甫《灵湫诗》,元忽都鲁沙《灵湫记》,明朝赵时春《灵湫诗》,清朝常星景、梁联馨、张文炳、董炜勋等《灵湫诗》各 1 首,明朝李若素、清朝常星景《莲花池诗》各 1 首,明朝刘迁《乔状元坟诗》,明朝杨拱、清朝董焕勋《姚王墓诗》各 1 首。

《风俗》记载隆德县人衣食住行、民风、民俗,如婚礼、丧礼等事,由内容可知,当地生活困苦,民智较为落后。

《官师》为本卷中内容最多者,载自宋迄清与隆德关系密切的官员共 93 人。其中宋朝 7 人,金朝 1 人,元朝 5 人,明朝最多,有知县 41 人、县丞 3 人、典史 27 人,清朝知县 4 人(最晚为康熙五年(1666)秋八月到任的周宪)、典史 2 人。本类有小序,谈及类目官员记载起始于宋金两朝的理由,并对历史上曾发生过的宋夏好水川之战的地点略加考证,认为当在今隆德境内,故将直接参与此役的几位宋将事迹都辑录入县志中,并对旧志所载韩琦、范仲淹事有所考辨,对当地旧有韩魏公(即韩琦)祠略加介绍。《官师》载宋至元诸人事迹较详。有关明清时期隆德的职官情况,既有制度的记载,亦有为官者名录,但事迹都较略,只记其姓氏、籍贯、任职时间等。

卷二共 35 页。《学校》先概述兴办学校的重要意义及学校各项制度,如管理制度、学生名额、录取方法、读书的责任,等等。介绍隆德县学校等建筑兴建情况。附叶正蓁《修学记》、常星景《重修文庙记》等 2 篇碑记。又附明朝教谕 25 人、清朝教谕 3 人及明朝训导 15 人的名单。

《人物》有小序,谈及地方人物的教化作用,"忠孝"者中录宋朝 6 人、明朝 17 人的事迹。科举中,录明朝进士 4 人、乡举 9 人、岁贡 138 人,清朝乡贡 16 人。有 21 人事迹入《贞节》,3 人事迹入《流寓》。

《灾异》记载明朝成化二十一年至清朝顺治十一年(1485—1654)间重大的自然灾异变化,其中明朝发生过 6 次大饥荒,最严重的一次发生在崇祯十三年(1640)。县志载,该年大旱不雨,自四月至秋八月又遇蝗灾,飞蝗蔽天,天下大饥,父子相食。明清时期还发生过两次大地震,一次大瘟疫。县志把崇祯十六年(1643)冬十月有流星陨落、其声如雷的自然天象与李自成攻陷西安之日联系起来,此当属旧志中常见的荒诞不经之谈。

县志最后附有一篇《寺观湫》,对分布在隆德县内供奉诸多不是"正祀"神灵的寺观庙宇一一加以介绍说明,常星景痛感儒家正统地位在民间信仰层面的削弱和淡化,斥责这些寺庙的存在助长了"援引妖妄,陈说是非"的迷信之风,不利于当地民风民俗的纯洁。

2. 上海图书馆抄本与台湾藏本

上海图书馆藏抄本与台湾成文出版社1970年版《中国方志丛书》影印本《康熙隆志》都是抄本,台湾本的存藏单位不详。查抄本《官师》载清朝隆德知县名单中,新增康熙五年(1666)秋八月到任知县的周宪,七年(1668)到任的袁舜荫,十六年(1677)到任的曾权,二十三年(1684)到任的陈士骥。据此,上海图书馆抄本、台湾藏本最早当抄成于康熙二十三年(1684)或其后,两种抄本的版本特点及主要内容均同国图刻本。

3. 甘肃省图书馆藏本

《甘肃目录》载,甘图馆藏有康熙二年(1663)《隆德县志》刻本一部,并定级为善本。另外著录其馆藏有2册传抄本,《宁夏历代方志萃编》即影印的此本。查验此传抄本,书衣上钤盖有满、蒙、汉3种文字的"隆德县印",正文多避清朝康熙、雍正、乾隆三朝讳字,避讳方式主要为删字和改字。清圣祖名玄烨,年号康熙,甘图抄本避其偏讳"玄"字,删去玄帝庙之"玄",又避"玄"旁字,缺"弦"字之"玄"字旁末笔。清世宗名胤禛,年号雍正,抄本避偏嫌"祯",改明毅宗年号"崇祯"为"崇正",或直接删去"崇祯"之"祯"字。清高宗名弘历,抄本避"弘历"二字,直接删去明孝宗年号"弘治"之"弘",对于明神宗年号"万历",有的直接删去"历"字,或改"曆"为"歷"。综上所述,所避清讳中,最晚者为高宗乾隆皇帝名讳,故甘图藏传抄本当抄成于清朝乾隆年间。①

甘图本共78页内容。各序落款后均无印文,页数、行款与台湾本有不同。其中刘澜《〈隆德县志〉序》共4页,每半页6行,行12至13字不等。常星景序共5页,每半页6行,行14至15字不等。叶正蓁序共5页,每半页6行,行12至13字不等。董炜勋《〈隆德县志〉跋》共4页,每半页6行,行13字。正文每半页9行,行23字。双行小字每行29至32字。因行款不同,甘图本卷一27页,卷二32页。

甘图本内容不如台湾本完整,序跋后未附地图。阙文较多,以台湾藏本内容看,属抄录时漏抄。如《山川》"又二里曰状元山,有古坟及石俑,而无碑志"句,甘图本脱"古坟及石俑"5字;《灾异》"崇祯十三年不雨"句,甘图本脱"十"字。除某些句子有脱文外,更严重的是有整页漏抄现象,如陈棐《过六盘山遇雨诗》"草间流"3字后脱700余字,系漏抄台湾藏本卷一第5页《山川》内容,另外漏抄台湾

---

① 景永时指出,此本上钤盖的县印与清末宣统年间的另一书上盖的完全相同,故认为此书属清末的抄本。参见景永时:《隆德县志概述》,载高树榆等编《宁夏方志述略》,吉林省地方志编纂委员会、吉林图书馆学会1985年,内部发行,第76页。笔者以为,书衣印章不一定是在县志抄成时间钤盖上去的,也很有可能是这种县志入藏隆德县官署后钤盖。也就是说,印章极有可能只表示县志于宣统年间入藏隆德县官署,而不表示该志抄成于宣统年间。

本的第 13 页《物产》《坛祠》内容,《官师》第 30 页知县"曾淮"之后内容也全部漏抄,包括第 31、32、33 页。

4. 张维藏本

张维藏本据甘图藏清朝乾隆抄本重抄,该本前有张维于民国二十五年(1936)亲笔撰写的题记,正文中钤盖有"还读我书楼藏书印"等印章。序跋及正文行款都一样,为每半页 10 行,行 23 字。张维藏本将甘图本所有被删去的避讳字给予补足,但甘图本漏抄内容、脱文均仍其旧。

(四)编修质量及文献价值

旧志一般具有资政教化的现实作用,《康熙隆志》亦不例外。刘澜在其序中评价《康熙隆志》曰,"即以此志传之,千祀永垂,观摩可也""尤望后之览斯编者,加意乎斯土"。① 叶正蓁在其序中对该志的评价也很高,他说,该志"质而且赡,整而且实,……允足以炯垂法戒,藻饬国华。故志成而吏有法守,事有章程,户口赋役有征,文物食货有纪,河渠之要亦因有考据。此岂一方之所系哉!夫邑而皆隆德也,国史其有藉乎"!② 刘氏、叶氏均认为,《康熙隆志》编辑质量一流,可以传之万世,甚至还可以为国史的编修提供资料借鉴。而 162 年后,黄璟对《康熙隆志》的评价更显出该志对后世的利用价值。黄璟道光五年(1825)撰《隆德县续志序》曰,常星景编纂《康熙隆志》对隆德县而言,"考其地,而知支分陇右、脉衍终南也。稽其山川,而知六盘八泉、川麓奇胜也。纪其风土人情,而知地瘠土跷、士鲜文学、民多穷困也。其他,大而户口赋役,小而草木鸟兽,无不详悉编缀,可为纲举目张矣"。③

今天利用该志,对其中的问题也要有充分的认识,如部分内容有误字现象,引用时一定要核查原始文献,以免以讹传讹。对部分历史资料的价值评价也要实事求是,《康熙隆志》的部分资料取材于正史文献,利用这部分资料时最好能以《县志》为史料线索,找到最原始的资料出处,而不能直接把县志中的资料当成是第一手的资料来使用。如误字问题,卷一《官师·任福》载,任福字"佑之"。考《宋史》卷三二五、《东都事略》卷一一〇、《宋朝事实类苑》卷五五、《涑水记闻》卷一二等文献记载,任福当字"祐之"。以前学者对《康熙隆志》的史料价值进行评价时曾谈到,县志所载宋夏好水川之战的史料是重要史料。实际上,县志所载的

---

① 安正发、王文娟校注:《康熙隆德县志》,[清] 常星景修,张炜纂,上海古籍出版社 2018 年版,第 16 页。
② 同上书,第 17 页。
③ 安正发校注:《道光隆德县续志》,[清] 黄璟纂,上海古籍出版社 2018 年版,第 84 页。

这类内容均自宋元文献如《宋史》等文献中辑录，除非县志所辑资料的原始资料已经亡佚，否则，这样的二手资料实际上不可用，当采信宋元文献。

从资料价值而言，县志中最具价值的当是独见载于该志的内容，如有关隆德的土地、税赋、户口、隆德人科举名录、附载的隆德艺文等。县志没有列"艺文"专题，诗文均散见于正文中，共有文4篇，诗24首。

县志中散见有部分民族史方面的材料，对有关问题的研究会有一定的参考价值。如卷一《户口》载，明朝洪武初年，隆德编户主要由里仁、辅德、曹务、宣化、弼隆等5里组成，其中弼隆里即元朝归明的"土达"部落，部落人口因崇祯七年（1634）"贼"（对李自成起义军的蔑称）破县城、十三年（1640）大饥而十不存一二，故隆德编户也由五里合并成二里，即仁隆、德化。明朝宪宗成化年间曾发生过"土达"起义之事，《嘉靖固志》中曾有提及。《康熙隆志》对其部落来龙去脉说明得比较详细，特别对于户口变化情况的说明更是其他文献所罕见。

县志中散见有部分李自成起义的相关史料，对于研究有关历史亦当具有一定的参考价值。如卷一《沿革》中提及，崇祯八年（1635）"流寇"曾七次攻破隆德城。卷二《人物》中明朝杨泰运、董鲁、杨泰初等3人及"贞节"者中亦杂有李自成起义事，但其叙述时站在封建专制政府立场上极度仇视起义，对这一点读者要明辨。

四　《〔道光〕隆德县续志》

《道光隆志》不分卷，黄璟纂辑，蔺乃滢校正，隆德县马超闲、王志伸、刘大受、潘先声、刘肃、刘廷瓒、齐谦亨、刘大成、杜绍甫、李效素等10人编次。道光五年（1825）编成，六年（1826）刊刻。该志原本现藏于美国国会图书馆，宁图藏该志的缩微胶片复制本。2010年，张欣毅校注《道光隆志》由阳光出版社正式出版，为学界深入研究该志提供了难得的整理文本。

（一）黄璟生平及著述

国图藏光绪八年（1882）赖昌期等修《平定州志》卷八《人物志》载黄璟事最详，该志载，黄璟"字有春，号梅邨。[①] 嘉庆丁卯举人，大挑一等，分发甘肃，历署镇番、泾州、补隆德、调山丹、皋兰，所至无不以体国爱民、兴学立教为念。在镇番，整理苏山书院，设义学与江沙渠。邑有洪洋川，以引流浇灌田亩，滋讼颇多，

---

① 梅邨：一作"梅村"。蔺乃滢《隆德县续志跋》称黄璟作"山右梅村黄公"。

璟按粮均水，按水均时，分坝分庄，书之木板，而讼风寖熄。在隆德，岁遇大饥，设粥厂以救饥民，又蠲俸米五百石设立义仓，以备荒歉。在山丹，回逆不靖，办理军需，不辞劳瘁。由山丹署泾州，嗣调皋兰。皋兰为省首邑，事务纷烦，措理裕如。升安西直隶州知州，未到任而卒。性明敏，博览群书，尤工诗赋"。《道光隆志·职官》载曰，黄璟"山西平定州举人。道光三年十二月任。续修县志，捐俸设立义学并临泉书院膏火。四年，大荒，设主粥厂，捐俸米五百石，创置义仓"。

《平定州志》卷八又载，黄璟著有《周礼集解》《兰山堂诗集》《试帖试赋偶余》等著作。蔺乃滢《道光隆志·跋》载，他曾阅读过黄璟的《周礼集解》及诗集、赋卷等，这说明，黄璟的著作道光五年（1825）左右在宁夏还有传世，惜其不传于今。

国图藏道光十五年（1835）仙堤书院版黄璟、谢述孔修《山丹县续志》4册10卷，正文前有黄璟序，卷七《人物》之《官师》《宦迹》均载黄璟事迹。据载，黄璟于道光七年（1827）任山丹县知县，九年（1829）署理泾州，十年（1830）又回任山丹县知县，十三年（1833）调任皋兰县卸事。黄璟在任期间，兴建义学，关注民生疾苦，曾出资购置数十种图书贮存于书院中供当地读书人学习、考试之用，续修《山丹县志》。该志卷一〇录黄璟《创修朱衣神阁记》《草头坝移粮记》《李陵送苏武归汉赋》等。《八千卷楼书目》卷六《史部·地理类》著录黄璟、谢述孔修《〔道光〕山丹县志》。

国图藏道光二十七年（1847）皋兰书院藏版《皋兰县续志》4册12卷，原纂黄璟、秦晓峰、秦维岳，续纂陆芝田、张廷选，正文前有黄璟道光十五年（1835）序，卷七《名宦》载黄璟事迹。据载，黄璟道光十三年（1833）调至皋兰县，十四年（1834）任知县，在任期间爱惜民力，修《皋兰志》未成，升安西州知州，未到任而卒。

综合这些资料可知，黄璟字有春，号梅邨（一作"梅村"），山西平定州人，生卒年不详，嘉庆十二年（1807）中丁卯科乡试。于道光三年（1823）十二月任隆德县知县，七年（1827）任山丹县知县，九年（1829）署理泾州，十年（1830）又回任山丹县知县，十三年（1833）调任皋兰县。后升安西州知州，未到任而卒。个人著作有《周礼集解》等。黄璟主要在甘肃任职，在任期间除非常关注民生、关心地方教育外，也非常重视地方文献的编修工作。在隆德、山丹、皋兰等县任职期间，主持当地县志的续编工作，传世者主要有现藏美国国会图书馆的《道光隆志》，国图、甘图等藏《山丹县续志》《皋兰县续志》等。

（二）编修始末及编修方法

《道光隆志》的纂写缘起及过程，可通过黄璟、董效思、蔺乃滢为《道光隆志》

所写序跋来了解。黄璟在其序中简要回顾了隆德地方县志撰写历史,并说明了自己编辑县志的情况,他说:"隆志创自有明神宗年间,①历时辽远,迭遭兵燹,版籍渐归灰烬。传至我朝康熙二年,常公星景来尹兹土,征献访文,遵兰台厘辑之遗意,汇成一书,署曰《隆德志》。……但至今已百有五十载矣,②其间忠臣孝子、义士仁人以及节妇列女,当必有因时杰出、足以振拔风俗者,使湮没而弗彰,何以阐幽表德,扶持颓风于不坠哉?……稽其断碣残简,遗风故旧,而徘徊流连不能释。遂远征博访,勤于采辑,收其散帙,编为一集,名曰《续志》,以备翻阅,附常公纂志之后。"③由其序文可知,黄璟纂修《道光隆志》重在"续"字上。他认为,自《康熙隆志》成书后至其任知县期间,其间相隔时间已很长,而隆德县历史上有很多史事特别是人物需要在县志中留下一笔,以发挥县志存史、教化的功能,故或访求于人,或征之文献,编成《道光隆志》传世。从更深层次的原因来说,"后之君子,操牧民之权而来者,参互考订,广为捃摭,片鳞只爪,不使弃遗。而更能览志兴怀,致念此地之承平易治、兵馑难支,而加意乎群黎,是又余之厚望也夫"!④黄璟更希望后任官员,通过《道光隆志》对隆德县风土人情有更深的了解,以更多地关心当地百姓疾苦。黄璟以身作则,在任期间捐俸设立义学并临泉书院膏火,设主粥厂,创置义仓。他的所作所为,正如董效思所言:"为继起司牧者风焉。"⑤这更体现出县志具有资政的功用了。

《道光隆志》在编修方法上没有太多创新,资料采集仍然与《康熙隆志》等其他地方志书一样,通过实地调查或文献检索获得。为顺利完成志书编写,黄璟组建了一个编辑班子,他亲自担任纂辑,总体负责志书的编写,还亲自调查编辑资料。如《道光隆志》中"灾异"乃"余得之询问","人物"乃"余手续县人物志"。他的属下——道光五年(1825)任县训导的陕西蒲城县人蔺乃滢任校正,负责对采辑的资料进行校对厘正,马超闲等10位本地读书人担任各种资料的搜集工作。

在具体内容的编辑上,《道光隆志》有些沿袭的是《康熙隆志》的作法,如《职官续志》"仿于《旧志》之编名、纪年,详其地里、实迹",⑥各类目都有一篇小序说明立类之由等。艺文的内容则改变《康熙隆志》将诗文附见于《山川》《河渠》等类目的作法,单立《艺文》类目,专录诗文。为避免内容上的重复,《道光隆志》在有关人物事迹内容的编排上前后呼应,如《职官》"知县"中记白钟麟事迹,提及他于

---

① 据《隆德县志》载,毕如松明神宗万历三十七年任隆德知县,修县志。已佚。
② 常星景编《隆德县志》成于康熙二年(1663),黄璟编《道光隆志》成于道光五年(1825),两志成书时间相距162年,黄璟言"百有五十载"即150年有误。
③④ 安正发校注:《道光隆德县续志》,[清]黄璟纂,上海古籍出版社2018年版,第84页。
⑤ 同上书,第85页。
⑥ 同上书,第98页。

乾隆二十九年(1764)请修县城事,《艺文》中详录其《重修隆德县城记》;记吕荣因为民请命详报重灾而被议,当地百姓数百人祈请复其原职事,《艺文》录其《重过隆德留别诸父老》诗;记黄璟捐俸立义学、捐设临泉书院膏火、创置义仓事,《艺文》录其《义学记》《捐设书院膏火记》《捐设义仓记》等文3篇。

(三) 内容

据《道光隆志目》可知《道光隆志》内容的基本结构。《道光隆志目》载,该志由续志序(黄璟撰)、续志跋(董效思撰)、续图、户口、地亩、灾异、职官、人物、艺文、续志跋(蔺乃滢撰)等10部分内容组成。除序跋之外的内容结构基本上与《康熙隆志》相同。《康熙隆志》在序跋后附录隆德县《境内图》《县城图》各1幅。正文共12大类目,包括《沿革》《山川》《户口》《田赋》《物产》《坛祠》(附《公署》)、《河渠》(附《堡、墩、铺、古迹》)、《风俗》《官师》《学校》《人物》《灾异》等。《道光隆志》于序跋后续图7幅,即《隆德堡》《四泉》《莲花池》《灵湫》《隆德寨》《六盘关砦》《韩魏公祠》。其中《隆德堡》相当于隆德舆地总图,《四泉》《莲花池》《灵湫》相当于隆德风景图,《隆德寨》《六盘关砦》《韩魏公祠》则相当于隆德名胜遗迹图。正文共分为六大类,即户口、地亩、灾异、职官、人物、艺文。

从正文内容看,《道光隆志》记叙或详或略。《户口》《地亩》《灾异》三类内容较略,《户口》记载了隆德县顺治、道光两朝的户数及人口数,并简要说明资料变化的原因。《地亩》记载了道光年间隆德县的土地面积和纳税数额,并简要介绍了当地土地贫瘠、缺乏水源、人多穷困的现实。《灾异》记载了隆德县嘉庆、道光两朝共6次天灾人祸,其中大旱3次,水灾1次,大荒1次,人祸1次。《职官》《人物》《艺文》三类内容较详。《职官》载明清两朝隆德县知县共61人(其中明朝2人)的姓名、籍贯、任职时间等,训异24人,典史37人。《人物》记载康熙二年(1663)以后隆德县文举人2人,武举人4人,贡生66人,义士1人,节妇18人。另外本类还记载了参加隆德县嘉庆年间举行的10次"乡饮"活动的大宾、介宾、耆宾的名单,其中大宾共10人次(举人董国治曾任大宾3次),介宾16人次,耆宾41人次。《艺文》收录了6位清人的诗文共23篇(首),其中文5篇,诗18首。知县黄璟诗文收录最多,文有3篇,诗有13首。[①] 吕荣的3首诗歌被收录,白钟麟、刘震、陈启埔、齐效曾等4人各有1篇文或诗收入《艺文》。

《道光隆志》部分内容采自《康熙隆志》,由于编辑者对《康熙隆志》原文理解

[①] 关于隆德艺文,黄璟在《艺文》小序客观地说明了隆德人文不兴的事实,曰:"隆邑人鲜好学,求艺文难矣。余莅此以来,所至寺宇庵观,绝少古碑旧碣镌留传记,而诗章流传亦鲜甚。略采一二,并惭附谬作,聊以导士人袪朴学文,渐臻于声明文物之盛也。"

有误,出现了错辑史料的现象。如《道光隆志》之《户口续志》中有关隆德县人口变化情况的记载,称"考《旧志》,我朝顺治间,纪户止四百三十有七,计丁共四千三百八十有四,民生犹形雕翅。今版图恢廓,庐舍渐密,编其户则二万八千三百有六十也,校其口则二十一万八千有奇也"。[①] 查"旧志"即《康熙隆志·户口》载:"大清顺治初,户四百三十七。康熙元年审编,口一千七百一十五,三门九则。共折下下丁四千三百八十四。"[②] 故知《道光隆志》中"丁共四千三百八十有四"不是隆德县顺治年间的人丁数,而是康熙元年(1662)的人丁数。有学者不明此误,还以此条史料为信史材料,对照《民国隆志》所载资料研究隆德县人口变化情况,当明辨。

(四)版本流传及文献价值

《道光隆志》原藏美国,传入时间及方式不详。该志为刻本,书名页署有"道光丙戌镌隆德县续志本衙藏版"14字,故知该志当刊印于清道光六年(丙戌,1826),版藏于隆德县官署。其序、跋行款为每半页6行,行16字,正文的则为每半页9行,行22字。全书共55面(含图7面)。正文各部分内容之题均有"续志"二字,如《户口续志》《艺文续志》之类。

《道光隆志》记载内容虽然简略,但仍有一定的学术研究价值。作为一种孤本文献,《道光隆志》是隆德县自康熙二年(1663)以后一个半世纪中唯一的地方志书,所记载的户口、地亩、灾异、职官、人物、艺文等资料无疑具有一定的学术研究价值。所附7幅图也为隆德地理人文等研究提供了形象的图像资料。尤其职官和艺文资料,为研究隆德县职官问题和宁夏艺文成就提供了难得的宝贵资料。如《职官》载明朝隆德知县王轸、李期远等2人为《康熙隆志》所未载。《艺文》资料基本上都是《道光隆志》独有的,这些资料不仅具有文学研究价值,有关道光年间隆德县城的整修、重建及学宫、义学、书院、义仓的设立过程的文章无疑又具有历史文献的研究价值。

五 《〔民国〕重修隆德县志》

(一)编修始末

《民国隆志》是隆德县旧志中成书时间最晚的一部,有关该志的编修始末可

---

① 安正发校注:《道光隆德县续志》,[清]黄璟纂,上海古籍出版社2018年版,第95页。
② 安正发、王文娟校注:《康熙隆德县志》,[清]常星景修,张炜纂,上海古籍出版社2018年版,第30页。

以通过志书所录序跋及卷四《考证》后附桑丹桂发布的民国十八年(1929)十一月十一日照会、《隆德县政府训令》(第九号)、民国十九年(1930)三月《呈赍通志采访册文》等文献来了解。志书共录序文4篇,跋文1篇。按撰写时间,民国二十三年(1934)五月陈国栋《重修〈隆德县志〉后叙》写成时间最早。序依次包括二十三年(1934)十二月隆德县县长刘相弼《〈隆德县志〉叙略》,二十四年(1935)二月初五隆德县教育局局长赵文玺《重修〈隆德县志〉序》,同年五月现任隆德县长林培霖《重修〈隆德县志〉序》,同年隆德县政府第一科科长雒文麟《新修〈隆德县志〉序》。

据各序跋可知,民国人对隆德县明朝修志历史的梳理是正确的,即都认为隆德县县志最早于明朝神宗万历年间编修,但对于清朝修志的梳理存在一定的疏误。如陈国栋、雒文麟都认为,清朝最早的《康熙隆志》是常星景在顺治年间编修完成的,实际上,该志当在康熙二年(1663)编成。前文提及,道光六年(1826),黄璟等修成《道光隆志》,该志为清朝隆德县第二部编成并传世的县志,由于该志流传稀少,传本现藏美国国会图书馆,故世人罕知。民国时期隆德县各级官员对于此次修志情况也一无所知,故在《民国隆志》序跋中没有一人提及该志。

民国时期,隆德官员对清朝志书编修活动进行梳理后认为,自常星景编修《康熙隆志》后再无正式的编修活动。陈国栋、雒文麟谈到,光绪年间,郡贡生张蔚丰、邑贡生薛拔英等二人辑录同治、光绪年间"五贡"人员名单,大概辑录了几十人的名单,附录于常星景编修的《康熙隆志》之后,所以民国编修隆德县志时,这部分资料主要就是张、薛二人辑录的,但遗漏者仍有不少。张、薛二人只是就志书中某一部分内容进行补录,且多疏漏,还谈不上是对旧志的编修。真正奠定《民国隆志》材料、体例基础的是桑丹桂任内民国十九年(1930)编成的《隆德县采访册文》,此后历经关培毂、刘相弼、林培霖等三任县长的监修,特别是刘相弼解决了印刷费用问题,《民国隆志》最终才于二十四年(1935)得以刊行于世。所以雒文麟题书名页上载,《民国隆志》"中华民国十八年六月开始编辑,二十四年十一月告成付印"是比较符合实际的。

1. 民国十九年抄本《隆德县采访册文》

民国时期,政府多次下达呈送、编修地方志书的指导文件,督促、指导各省县方志编修工作,民国时期重修《隆德县志》正是在这样的背景下进行的。民国十八年(1929),桑丹桂任隆德知县。据桑丹桂发布的民国十八年(1929)十一月十一日照会、《隆德县政府训令》(第九号)、十九年(1930)三月《呈赍通志采访册文》等文献可以较为清楚地知道此次《隆德县采访册文》的编修过程。《呈赍通志采访册文》载,桑丹桂上任不久,就接到甘肃省通志局有关文件通知,通知指出,"此次纂修通志,关系一省文献,事体繁重,非同泛常。所有各县采访材料,均应审慎将事,翔实不欺,斯足昭示千秋,垂诸永久"。① 桑丹桂对于要求各地呈送采访册文一事非常重视,"当即会同教育局一再集议,详加物色。择城乡熟习地方情形、富有新旧学识之士,分别担任采访事宜,组织专局认真举办。凡一山一水之源流,一花一木之种类,无不过细调查,采访列述,期以集只鳞与片羽,助全豹之一斑。讵料地方不靖,匪患迭作,泚笔方浓,警耗瞬至。时呈纷乱之象,日在颠沛之间。一页未成,辄复搁置。后虽迟之数月,而能切实采访者,为时不过月余耳。且职县旧日志乘,因屡经兵燹,多半荡为灰烬,事迹茫然,文献无征。是犹架空中之楼阁,不知从何入手。嗣经检之故纸,旁参省志,并派人分赴各乡实地考查,访古迹之所在,采父老之遗传,于风声鹤唳之中作考古证今之事。其中艰困,实难殚陈。兹幸各采访员均能实事求是,不遗余力,始将目录所列事项勉强采访完备,分述列举,订为四册。虽以参考之缺乏,时间之短促,鲁鱼亥豕在所难免,挂一漏万,未尽周详,然其一事一物,均属以实为实,毫无臆造,要不失为庐山真面目耳。除将采访各册加封附呈外,理合具文,呈请钧局鉴核删正,俾免舛讹,实为公便"。②

桑丹桂上任伊始,正逢民国政府通令全国编修旧志,甘肃省亦通令各辖县在规定的时间内按有关要求把各地的县情采访册文呈送到省通志馆,以备编修全省通志之需。桑丹桂非常重视此事,会同教育局官员部署任务,组成了一支45人的编修、采访班子,由陈国栋任主任编辑,限期两个月完成任务。由于时局动荡不安,编成时间延后了一个多月。在大家的努力下,4册(每册一卷)《隆德县采访册文》最终编纂完成,并上交给甘肃省通志馆。

主任编辑陈国栋在《重修〈隆德县志〉后叙》中对这次编修过程也有相应的说明,他说,民国十七年(1928)甘肃省主席刘郁芬向全省颁发《甘肃通志采访令》,并下发表册式样,要求各地限期照办。桑丹桂确定由陈国栋任主任编辑,王文熙、王继文、赵芝珍、雒玉麟、张涵、王承烈等负责组织编辑。编辑完成后,将抄本上交给甘肃通志局。二十四年(1935)二月初五隆德县教育局局长赵文玺在《重修〈隆德县志〉序》中也提及了参与此次编修的主要人员陈国栋、雒玉麟等。本次编修的采访册文并未刊行,但为其后编修《民国隆志》奠定了很好的材料基础。

2. 民国二十四年石印本《隆德县志》

民国二十年(1931),关培毂就任隆德县长一职,对桑丹桂任内修成的采访册

---

①② 安正发校注:《民国重修隆德县志》,[民国]桑丹桂修,陈国栋纂,上海古籍出版社2018年版,第317页。标点未尽从原书。

文"细加磨勘,以表赞成之心"(赵文玺序语)。① 二十二年(1933)冬,刘相弼就任隆德县长,即索阅县志,雒文麟将陈国栋等人所编四卷《隆德县采访册文》推荐给刘相弼。刘相弼见到此本已经"赫蹴脆薄,色且黝然变矣",②就亲自拜见陈国栋,询问该书未能刊行的原因。陈国栋答复说,由于频遭兵燹,隆德档案文献毁损严重,故该书所辑有关隆德的资料不很全面,再加上没有请饱学之士审核,故不敢将其刊行。刘相弼认为,"此本既不堪久藏,而仅存孤本,尤虑饱蠹鱼而就湮没,爰力促陈君再事斟酌,先付印存,以俟后来君子之辑补修改焉可也。邑人咸以余意为然,乃筹资付诸手民"。③刘相弼认为陈国栋所藏手抄本举世罕见,担心由于保存不善会永久散佚,故建议将此本尽快修订后刊行于世,出版费用由他筹集。陈国栋也说,刘相弼见到他编修的稿本后认为"粗有聊胜无,可以付之铅石矣。爰将底稿发下,饬栋重加校勘,而公担任印刷款赀,使成隆德掌故一种册籍"。(陈国栋后叙语)。④ 陈国栋《重修〈隆德县志〉后叙》写成于民国二十三年(1934)五月,刘相弼《〈隆德县志〉叙略》写成于同年十二月,故知,重修《隆德县志》当在二十三年(1934)年底前完成。遗憾的是,志书在刘相弼任内没有正式刊行。二十四年(1935)十一月,重修《隆德县志》由平凉文兴元书局正式刊行,时任隆德县长为林培霖。

(二) 编修者生平

《重修〈隆德县志〉衔名录》共录49人,其中监修4人,编纂6人,鉴定5人,校正8人,绘图3人,襄校4人,审察7人,采访8人,膳录4人。除4位监修者外,其他45人均为隆德当地人。从编修者身份看,从事教育事业者居多,其中教育局长3人,校长8人,教员8人。从志书编修、刊刻实际情况看,监修者桑丹桂、刘相弼,编纂者陈国栋及8位采访者发挥了非常重要的作用。

1. 桑丹桂

《民国隆志》卷三《选举志》载,桑丹桂字燕芳,河北宁津县(1949年后改隶山东)人,生卒年不详。民国十八年(1929)任隆德县长。任内亲出剿匪,一年之内民赖以安。他在任期间重视县情资料的搜集与整理,主持编修的《隆德县采访册文》为《民国隆志》的编修奠定了基础。赵文玺序称,"现在稿底系民国十八年桑县长丹桂任内,奉省通志馆督催采访省志材料而来"。⑤

---

① 安正发校注:《民国重修隆德县志》,[民国]桑丹桂修,陈国栋纂,上海古籍出版社2018年版,第136页。
②③ 同上书,第135页。
④ 同上书,第318页。
⑤ 同上书,第136页。

2. 刘相弼

《民国隆志》卷三《选举志》载，刘相弼字仲良，山东历城（今山东济南市历城区）人，生卒年不详。民国二十三年（1934）任隆德县长，志书评价其"勤政爱士，德洽民心"。① 正是由于他的大力支持，并积极筹得印刷费用，《民国隆志》才得以正式刊行于世。

3. 陈国栋

陈国栋字槐山，隆德县人，生卒年不详，清末廪生。民国十八年（1929）被推举为主任编辑，负责组织编修《隆德县采访册文》。刘相弼称"陈君为清末明经，好读书不求闻达"。② 二十四年（1935）《民国隆志》修成时任隆德县立第二完全小学校长。

4. 采访者张浩等

《民国隆志》辑录的文献资料绝大多数为"采访者"收集。有的资料是从典籍或档案中辑录出来的，有的则需要实地调查搜集，辑录的资料一般还需要进行甄别，所以从某种意义上说，采访者的个人素质直接决定了志书的编修质量高低。如桑丹桂所说，参与隆德县情采访的采访员均能"实事求是，不遗余力"，③这在一定程度上保证了资料的可信度。

担当"采访"的张浩等 8 人均为隆德县人，其中张国礼、孙光祖、解文全等 3 人为现任学校教员，张浩、燕凌霄、翟士达、毕鸿业等 4 人都是隆德当地学校培养出来的，李作楫毕业于甘肃第二中学。

（三）版本特点及内容

《民国隆志》每半页 10 行，行 32 字。白口，四周单边，单、黑鱼尾。雒文麟题书名页，次页为文兴元书局出版时间牌记，其后依次是林培霖、刘相弼、雒文麟、赵文玺等 4 人序，序后为朱绍良、范振绪、喇世俊、刘庆笃、慕寿祺等 5 人为《民国隆志》正式印行题写的贺词。贺词后为《〈重修隆德县志〉衔名录》，其后为《隆德县志目录》、正文 4 卷及陈国栋后序。

《民国隆志》正文共 4 卷 13 志 83 子目，每志都有小序，说明立"志"缘由及本志包括的主要内容、子目名称等。

卷一包括《舆地》《建置》《民族》等 3 志 30 子目。《舆地》包括《舆图》《沿革》

---

① 安正发校注：《民国重修隆德县志》，[民国]桑丹桂修，陈国栋纂，上海古籍出版社 2018 年版，第 237 页。
② 同上书，第 135 页。
③ 同上书，第 317 页。

《疆域》《天文》《暑度》《山脉》《水道》《地形》《地质》《土壤》《气候》《古迹》《隆德八景》等 13 子目。①

《民国隆志》绘制有地图两幅,包括《隆德县疆域图》和《隆德县城图》。《疆域图》以计里划方的先进方法绘制,可惜地图上没有用文字标注每方多少里。《县城图》绘制较为规范,标注出地图方位及图例,绘制出县城内主要的建筑物如县政府、公共体育场、文庙、武庙、清真寺、集贤小学、旧县署、党部、城墙、城门等,道路用图例区别出马路、小路,还对县城内的旱地、房屋等也用图例加以区别。

《沿革》《疆域》均用图表与文字说明相结合的方式来叙述。《沿革》概述了隆德县自秦汉至民国的历史变迁情况,《疆域表》列出隆德县四至八到及其里数等内容。

《天文》亦图文结合,包括《北极经纬度分全表说》《北京中线恒星天球图说》《甘肃分线天文图说》《里差说》(附《日影图》)、《星野说》等 5 部分内容。《天文》及《暑度》内容均辑录自《宣统甘志》。

《山脉》记述隆德境内六盘山、美高山等 15 座山所处地理位置、隆德境内长度及山势特点等。《水道》记载清流河、葫芦河(一名苦水河)等 17 条河流的发源地、长度、流向等。《地形》记载,隆德全境似展翅之蝙蝠,为"四冲之衢",地理位置非常重要。《地质》《土壤》《气候》等均据当时科学研究加以总结,较以往志书的说明更加准确。《古迹》记载隆德故城、黑水龙王湫、姚公墓等 22 处古迹,记述其在隆德县的地理位置、各古迹的历史沿革,部分古迹如北乱池、黑水龙王湫、姚公墓等还辑录有相关的诗作共 7 首。

《隆德八景》包括盘山晓翠、美高苍松、莲池映月、石窟磨日、祝霖疏雨、晴岚山寺、龙泉滴珠、北暌灵湫等八美景,对每一美景的来历及历史掌故均有说明,并在每一景后列诗 1 首歌咏。

《建置》包括《县市》《城池》《廨署》《仓库》《村里》《关梁》《坛庙祠宇寺观》《封建》等 8 子目。

《县市》用图表的方式介绍隆德县城及各乡镇十处集市贸易情况,②包括市场所在地、距县城里数、交易日期、筹收学款额等。《城池》简要记载隆德县自宋朝天禧初(1017)初置羊牧隆城至民国十八年(1929)九月桑丹桂拨款补修县城的兴修史。《廨署》主要记载隆德县县署自明朝洪武二年至民国十一年四月(1369—1922)553 年间 5 次重要的兴修史实,后附明朝阮以鼎《寓隆城公署有感

---

① 《天文》《隆德八景》等 2 子目在"小序"中没有提及,据正文补。
② 《建置》"小序"称共有 9 处集市,图表中实际上包括城内集市 1 处,其他乡镇集市 9 处,共有 10 处。

诗》、李若素诗(未录诗题)各1首,并说明掌狱员署、儒学衙署、县党部、公安局、教育局等9家官署所在位置。《仓库》记载隆德县仓库兴建史及现在所处方位。《村里》用文字简要记载隆德县最基础的社会组织——村里自明朝洪武时至民国十八年(1929)的演变史,附《隆德县村里表》,设村里名、区域、距县城里数、户数、口数、备考等6栏,对各村里基本情况进行统计,其中第一区、第二区各23个村里,第三区有22个村里,总共68个村里。表中的"备考"和表后的"说明"是对隆德县基层组织设立情况的补充说明。《关梁》记载隆德境内六盘关寨的历史沿革情况,说明清水桥、贺贵桥、王家河桥、葫芦河桥等4座桥梁所处位置等情况。《坛庙祠宇寺观》用文字和图表结合的方式,依据旧志及实地调查资料,对隆德境内历史上曾有过34处坛庙祠宇寺观始建年代、重修年代、所在位置、存废情况、有无产业等情况进行统计说明。其后还用文字说明文武庙从祀位次、关岳庙等祭祀仪式、文昌宫等祭祀源由、杨泗将军等神话人物由来等。《封建》对与隆德有关的所谓废藩分封问题有所辨析。

《民族》包括《种族》《移徙》[①]《户口》《氏族》《宗教》《文化》《生计》、《风俗》(包括《婚姻情形》《丧葬情形》《社会习尚》)、《方言》等9子目。

《隆德县民族表》分种族别、户口、职业、移徙时代、宗教、备考等6栏统计隆德汉族、回族有关情况,表后有对这些情况的总体说明。《移徙》简要说明历史上人口迁徙、民族融合的现象及原因,总结隆德民族构成情况认为,本地土著人占十分之二三,另外十分之七八则是外地人移驻于此。《户口》包括民国十七年(1928)行政区划为三区和二十四年(1935)行政区划为五区共两组资料。十七年(1928),全县三区共有10107户59533人,其中回族1632户10724人,占全县总户数的16.1%,总人口的18%。二十四年(1935),全县五区共有13130户81698人。七年增加了3023户22165人。在《氏族》《宗教》《风俗》三子目中,对隆德县汉族、回族的民族构成、性情特点、宗教派别、习俗风尚(重点说明婚丧嫁娶礼俗及传统节日)等都有记载,是研究民国时期隆德县情的重要资料,但志书编者的有些观点有明显的民族歧视色彩,对此要加以批判。《文化》所记内容说明,20世纪20年代,隆德县文明程度较晚清有了相当大的提高,在学校教育、礼俗、衣食住行等多方面都有体现。《生计》所记载的内容较为真实地反映隆德县社会各阶层的生活状况及当时的生产力发展水平,说明隆德县农业生产落后、农产品匮乏、工商业极不发达的现状。《方言》辑录了"曹们""这交得""没来头"等55组常用的隆德方言词汇,对其词意、词性、读音等有简单说明,是研究隆德方言的重要

---

① 移徙,正文标目误作"移徒",据文意,作"移徙"是。"徙"误作"徒",系字形相近而误。

资料。

卷二包括《经政》《食货》《交通》等 3 志 29 子目。本卷内容多为民国时期隆德县国计民生问题的第一手调查资料。

《经政》主要记载与政府政务有关的内容，包括《民政》《学制》《议会》《司法》《外交》《军制》《边防》等 7 子目。其中《民政》附《自治》《警政》《水利》《保甲》《赈恤》《庶政》等 6 小类内容，涉及地方政权运作、警察制度、水利保障、基层组织建设、赈灾抚恤等多项内容，强调地方政府一定要执政为民，通过推行一系政策、措施，以达到促进民有、民治、民享之实现。《学制》附《学额》《学田》《学校表》《留学》《书院》《义学》《社会教育》等 7 小类内容，文字说明与图表统计结合，记载隆德教育制度情况。《议会》《司法》《外交》《军制》(附《马政》)、《边防》等项子目载民国时期与隆德有关的政治制度、司法制度、外交特点、军事制度和边防特点，对相应机构的设置情况也有简单说明。

《食货》包括《田赋》《盐茶》《税捐》《仓储》《差徭》《公债》《官产》《会计》《货币》《度量衡比较表》《农业》《工业》《商业》《矿业》《林业》《畜牧》《物产》等 17 子目，全面记载隆德县经济状况，《田赋表》《税捐表》《民国十八年度岁入各款预算表》《民国十八年度岁出各款预算表》《金融涨落表》《度量衡比较表》《土壤物宜表》《林业表》《动物表》《植物表》《谷(物)价和较表》等 11 张统计表简明扼要，一目了然，为研究民国时期西北地区县域经济提供了难得的第一手调查统计资料。

《交通》包括《驿传》《道路》《河运》《邮务》《电政》等 5 子目，对民国时期隆德县有关交通问题给予简要介绍。

卷三包括《职官》①《选举》《人物》等 3 志 24 子目。《职官》包括《历代官制》《现行官制》《表传》《名宦》等 4 子目。②《表传》载历史上与隆德有关的人物，包括宋朝 8 人，金朝 1 人，元朝 5 人，明朝 1 人，县志择要记载这 15 人与隆德有关的事迹，县志特别强调宋朝任福、王珪、武英等人入传的主要原因是因他们均参加过宋朝与西夏好水川之战，而战斗的发生地恰好在隆德境内。《名宦》载明朝隆德县知县 28 人，清朝知县 39 人，③民国县长 21 人。

《选举》包括《征辟》《科目表》《学校毕业调查表》《议员调查表》《教育局》《党务训练所毕业》等 6 子目。④ 用列表的方式统计有关情况。由《科目表》可知，隆德县在明朝考取了 4 位进士，9 位举人，清朝没有考中进士者，举人有 5 位。据

---

① 职官，县志目录及书衣题名均倒作"官职"，据正文改。
② 小序中无《名宦》子目，据正文补。
③ 据《康熙隆志》，《民国隆志》漏载清朝知县陈士骥。
④ 《教育局》《党务训练所毕业》两子目"小序"原无，据正文补。

常理推断,隆德县在清朝的科举情况肯定要好于明朝的,但由于隆德屡遭兵燹,档案文献损毁严重,所以隆德县清朝科举情况的统计可能与实情不符。

《人物》包括《圣哲》《贤达》《循卓》《忠节》《孝义》《儒林》《文学》《勇略》《烈士》《烈女》《隐逸》《艺术》《流寓》《仙释》等 14 子目,共涉及 121 人。《圣哲》录吴玠、吴璘、吴挺等 5 人事迹,并附考证,力主吴氏父子当为隆德人而非静宁人。《贤达》5 人,其中明朝 3 人,清朝 2 人。《循卓》5 人,均为明朝人。《忠节》9 人,其中明朝 3 人,清朝 6 人。《孝义》10 人,其中明朝 3 人,清朝 7 人。《儒林》4 人,均为清朝人。《文学》11 人,均为清朝人。《勇略》7 人,其中宋朝 3 人,明朝 1 人,清朝 3 人。《烈士》12 人,其中明朝 2 人,清朝 2 人,民国 8 人。《烈女》47 人,其中明朝 13 人,清朝 34 人。《隐逸》2 人,均为清朝人。《艺术》4 人,其中王维翰为回族,工书画,善长音乐。《流寓》《仙释》各 2 人,均为清朝人。

卷四包括《艺文》《金石》《纪事》《拾遗》等 4 志。《艺文》未细分子目,共载文 20 篇,隆德人张维岳《南源山馆自警词》四言诗 13 首。艺文原本当录确有文学价值者,如名人诗赋、学者序记等,但《民国隆志》将《薛子良省长告职教员词》亦录入,不免有滥收之嫌。《金石》包括《石刻》《金器》两子目。《石刻》录庙碑、学宫碑、墓碑记、修渠坝碑各 1 通。《金器》包括隆德县所存 12 件铸刻有文字的金属器物,有铁醮盒、神磬、鼎炉、铁钟、铁碑等。金石文献就其资料的可信度来说相对较高,县志所录金石文字资料对于研究隆德史有较为重要的参考价值。

《纪事》包括《历代戎事始末》《方隅割据始末》两子目。前者按编年体形式,梳理了宋仁宗庆历元年(1041)二月宋夏好水川之战至民国二十二年(1933)七月王生桂带兵驻防隆德城,近 900 年间隆德县发生的战事。后者按时间先后,梳理自东汉"隗嚣据天水"至民国十八、十九年,隆德境内发生的大小"割据"事件。

《拾遗》包括《祥异》《故事》《震灾》《旱灾》《匪灾》《兵灾》《琐闻》《考证》等 8 子目。①《祥异》记载金宣宗兴定三年(1219)四月大地震至民国二十二年(1933)五月大雪,共 700 多年间隆德县境内发生过的灾难、祥瑞之事,其中大地震有 5 次,大饥荒有 8 次。严重的自然灾难让百姓陷入极度悲惨的生活境地,甚至出现"人民相食""父子相食"的惨剧。《故事》主要站在反动的政治立场上记载同治年间回民起义始末,并附所谓"同治年间回乱殉难烈妇烈女表"。《震灾》《旱灾》《匪灾》《兵灾》等 4 子目实录了隆德县多灾多难的历史,《震灾》记载民国九年(1920)大地震后,隆德县境内的灾后惨象,本段文字记载的地震产生原因、地震前兆总结,对于地震研究有一定的参考价值。《旱灾》主要记载民国十七年(1928)由于

---

① 《震灾》《旱灾》《匪灾》《兵灾》等 4 子目"小序"原无,据正文补。

大旱对隆德造成的灾难,后附王续卿《荒年歌》、张海天《哀旱歌》。《匪灾》痛斥匪患给隆德人民造成的大不幸,后附雒文麟《时事吟》七言绝句30首。《兵灾》痛斥战争给隆德人民造成的灾难,后录《新陇报》刊载的《嗟内战》五言诗一篇,谈及"九·一八"事变、淞沪抗战等事,慨叹时局混乱,对当局抗战不作为表示了极大的愤慨。《琐闻》大部分内容相当于人物传记,涉及原隆德县长关培毂、现隆德县长刘相弼,还有前化平县知事张维岳、张维岳之兄张骏庵、原隆德县教育局局长王文熙、现隆德县教育局局长赵文玺,另有将台堡韩万升之姊、朱丕烈母王氏、明朝进士王铨、马宝、王发生等人事迹亦辑入《琐闻》。《考证》就"邪没即邪洛字划之讹"、好水川之战发生地、隆德县城址沿革变化等问题展开考证,另附桑丹桂发布的民国十八年(1929)十一月十一日照会、《隆德县政府训令》(第九号)、民国十九年(1930)三月《呈赍通志采访册文》。

(四) 编修特点及文献价值

传世的隆德旧志中,《民国隆志》是成书时间最晚的一部。志书中辑录的内容包括了民国时期的多种资料,特别附有多张统计表,这符合民国十八年(1929)由内政部颁发全国执行的《修志事例概要》的要求:"志书中应多列统计表,如土地、户口、物产、实业、地质、气候、交通、赋税、教育、卫生,以及人民生活、社会经济各种状况,均应分年精确调查,制成统计比较表编入。"[①]这些统计资料详实完整,不仅是研究隆德的重要史料,而且也可以作为研究民国时期西北地域社会经济状况的重要资料来使用。辑录的多条与回族有关的资料是难得的民族史研究资料,如记载隆德回族的迁徙情况说:"旧回族系唐时或元时迁移者。清同治年间,陕回入甘,就抚之大酉冯正合、马生彦等。其众近万,除该亲属认领之外,男女尚五六千余,俱安插屯民韩狗、新店各堡,种族复杂,经界混一。"[②]这里非常简明地概括了隆德县回族的来源、去向。

当然,志书也存在多种问题。第一,从编辑指导思想看,编纂者站在官府立场评介历史人物、历史事件,不能表现出客观的立场,对待民族问题极端狭隘,有民族歧视和偏见,甚至对民族起义表现出极大的仇视。如卷三《人物》中,县志编写者选择所谓"烈士""烈女"时,将仇视、镇压民族起义的人物入传,反映了其反动的政治立场。

第二,从文字看,卷一《建置·城池》宋哲宗年号"元祐"误作"元佑"。卷三

[①] 中国地方志指导小组办公室选编:《中国方志文献汇编》,方志出版社1999年版,第1445页。
[②] 安正发校注:《民国重修隆德县志》,[民国]桑丹桂修,陈国栋纂,上海古籍出版社2018年版,第178页。

《人物》载任福字"祐之"误作"佑之"。卷四《艺文》首篇文献为常星景撰《修城记》，印本将作者名误倒作"常景星"；《拾遗·祥异》明世宗年号"嘉靖"误作清仁宗年号"嘉庆"。另外，《民国隆志》中避清人讳，"弘治"皆作"宏治"，这也是不应该的。

第三，从内容看，在卷四《艺文》中辑录的多是官宦文章，甚至把省长的讲话稿也录入其中，《琐闻》所补充的人物事迹也非常明显是为官僚歌功颂德。这些都说明了志书编纂者阿谀奉承、依附权贵的媚态，也极大地影响了志书的史料价值。

第四，从编纂体例来看，《民国隆志》也有疏漏。以志书所录诗文看，可以随文随事辑录，也可以集成成卷，《民国隆志》辑录时却体例不一。卷四有《艺文》专志，录文20篇，诗只录一人之作。但在卷一又随事录诗，《古迹》录诗7首，《隆德八景》录诗8首，《廨署》录诗2首，卷四《旱灾》后录王续卿《荒年歌》、张海天《哀旱歌》，《匪灾》后录雒文麟《时事吟》七言绝句30首，这49首诗按体例辑入《艺文》当更合理些。

第四节　泾源县《〔民国〕化平县志》

《〔民国〕化平县志》卷一《舆地志·沿革》载，化平在秦时属北地郡，汉末迄晋时均属安定郡。隋炀帝大业初属陇州。唐代宗大历八年（773）又隶义宁军。宋初置安化县，属渭州（今甘肃省平凉市）；神宗熙宁五年（1072）废原州制胜关，移县于关，地仍属渭州，以其地为安化镇。金初因之，世宗大定七年（1167）改为化平县，属平凉府。元并化平县入华亭县。明朝属华亭县。《清实录·穆宗同治皇帝实录》卷三〇四载，同治十年（1871）二月壬戌，从左宗棠之请，添设化平川厅通判、化平营都司。同书卷三三一载，同治十一年（1872）四月辛酉，从左宗棠之请，定新设甘肃化平川厅通判为"繁""疲""难"三字要缺，化平营都司为题缺，并添设训导、照磨、外委各一员。[①] 民国二年（1913）改化平川直隶厅为化平县。新中国成立后，1950年改化平县为泾源县，属甘肃省。1958年改属宁夏至今。

《化平县志》4卷，民国二十九年（1940）石印传世，是泾源县唯一传世的旧

[①]《清史稿》卷六四《地理志》载，同治十一年（1872）割平凉、华亭、固原、隆德四州县属地置化平川直隶厅。据《清实录》可知，设置化川直隶厅的批准时间当在同治十年（1871），清廷因故于第二年即同治十一年（1872）才正式批给职缺，但不当以该年为化平川直隶厅的正式设立时间。参见鲁人勇等：《宁夏历史地理考》，宁夏人民出版社1993年版，第322页；吴忠礼等：《宁夏历史地理变迁》，宁夏人民出版社2008年版，第174页。

志。高树榆撰《宁夏方志评述》一文著录的《〔光绪〕化平直隶抚民厅遵章采访编辑全帙》也是一种与泾源有关的地方文献,清王宾、张元泰撰,光绪三十四年(1908)清稿本,台湾"中央图书馆"藏,惜未亲见。另外,甘图藏有民国九年(1920)抄本《化平县采访录》,不分卷,编者不详。

一 整理与研究现状

《化平县志》在《联合目录》《宁夏目录》《甘肃目录》《总目提要》等方志目录有著录。① 高树榆撰《宁夏方志录》《宁夏方志评述》《宁夏回族自治区地方志述评》等论文对《化平县志》都有著录或提要式介绍。

余贵孝撰《民国〈化平县志〉》一文对《化平县志》编修过程进行了梳理,对该志重要内容如地理矿产资源、农业资料、户口及农民暴动等作了重点分析,对志书的版本情况及编修质量也有简单评述。李子杰撰《〈化平县志〉主修人张逢泰》一文简要介绍了张逢泰的生平,②并对《化平县志》主要内容及史料价值略加分析、评价;《致力于回族教育的儒士张逢泰》一文梳理了张逢泰对化平县教育事业的贡献,简要介绍了其两次编修《化平县志》的基本情况。陈明猷撰《回乡旧貌——民国〈化平县志〉评介》一文对《化平县志》所载地理、政治、经济、民俗等方面的资料进行了深入分析和研究,并结合新的时代特点,对民国时期化平县黑暗社会的各种丑恶现象给予批判。余振贵撰《评宁夏旧志有关回族记述的史料价值》提及了该志记载的与回族有关的史料价值。

1978年12月,甘图据甘肃省博物馆藏平凉一心印书馆民国二十九年(1940)石印本《化平县志》传抄,1988年天津古籍出版社出版《宁夏历代方志萃编》影印此抄本。1990年兰州古籍书店出版《中国西北文献丛书》第一辑《西北稀见方志文献》第54卷,2008年甘肃文化出版社、宁夏人民出版社出版《回族典藏全书》,2015年学苑出版社出版《宁夏旧方志集成》,都影印出版了平凉一心印书馆石印本《化平县志》。1992年,宁夏人民出版社出版李子杰点校《化平县志》。③

二 编修始末

《化平县志》最早于民国十八年(1929)由县长杨承基动议,请当地学者张逢

---

① 《联合目录》著录书名为《民国新编化平县志》。
② 《宁夏史志研究》将作者名误印作"李志杰"。
③ 该点校本书名页校释者名"李子杰",版权页却印作"李志杰"。

泰编修,未果。二十四年(1935)春三月,在县长盖世儒主持下,张逢泰等人开始编修县志。二十五年(1936)三月修成。二十六年(1937)四月,县长张建勋派人带县志稿前往南京印刷,遭遇战火,待印刷的志稿遗失。二十八年(1939)二月,县长郝遇林请张逢泰再任编纂主任,重新编修《化平县志》,郝遇林还积极筹措印刷经费。同年八月,《化平县志》第二稿编成。二十九年(1940)仲夏(五月),新修《化平县志》在县长原佑仁任内由平凉一心印书馆正式石印出版。县志从动议编修,到正式印行,历时 11 年。①

过去学者认为,传世本《化平县志》成书于民国二十八年(1939)。据《化平县志》各序可知,《化平县志》实际上有两次完稿记录。第一次是在民国二十五年(1936),第二次是在二十八年(1939)。第二次新修《化平县志》是在第一次编修的基础上进行的,传世石印本即第二次新修稿,故传世旧志书衣题名为《新编化平县志》。原佑仁为石印本题书名页上也说明,《化平县志》于中华民国二十八年(1939)编纂、二十九年(1940)付印。

(一)《化平县志》第一稿

张逢泰民国二十八年(1939)仲秋月(八月)所撰之序称,自清同治十年(1871)设化平川直隶厅至今已有 60 多年,但县志一直付之阙如,这不仅是地方一大憾事,当地官绅亦常引以为憾。十八年(1929),县长杨承基委托张逢泰编修县志,但张氏"自愧不文,未敢率尔操觚"。② 二十三年(1934)盖世儒就任县长,又命张逢泰编修县志。张氏以自己才乏三长(史才、史学、史识),"加以垂暮病躯,曷敢膺此艰巨?一再坚辞"。③ 在盖世儒一再请求下,张逢泰终于答应编修志书。二十四年(1935)春三月,张逢泰担任记事(主编),与张文儒等人一起,开始了编修县志工作。

盖世儒所撰之序对于县志的第一次编修也有较详说明。序称,二十三年(1934)秋,盖世儒就任化平县县长,在了解县情过程中得知,化平县向无县志,"故以前之事实不可考,而近代之状况又难明"。④ 通过搜集,得到光绪四年(1878)左宗棠手撰《归儒书院碑记》1 通,⑤ 其他与化平县有关的资料非常少。"至县志既无,何能惩前毖后?何能鉴往知来?余目击斯县,地方破败,文化落

---

① 余贵孝认为,《化平县志》"从第一次开始编撰,到第二次完稿,前后历时六十年"(《民国〈化平县志〉》,《宁夏史志研究》1988 年第 3 期,第 22 页),实误。
②③ 胡玉冰、穆旋校注:《民国化平县志》,[民国] 张逢泰纂修,上海古籍出版社 2018 年版,第 198 页。
④ 同上书,第 193 页。
⑤ 碑记录入《[民国] 化平县志》卷四《艺文志》。

后,儒士晨星,情况怒焉,忧之！以化平之文化事迹,岂能无文献足以征乎？若再任其荒芜废弛,则数十年后,又不知伊于胡底也。余因有感,急拟修志,以备当时兴革大端,而载古今掌故文献。"①二十四年(1935)春,盖世儒遵照甘肃省民政厅修志之令,聘任张逢泰为编纂委员,杨玉山、于子彬、张文儒等分任采访,从事编修县志工作。经过数十月,县志修成,1 部 4 册(即 4 卷)。

关于第一次编修县志,张逢泰序称共享时 2 年。郝遇林序也称,张逢泰于二十六年(1937)编成县志。但盖氏序撰写于民国二十五年(1936)春三月,也就是说,在写序之时,《化平县志》已经完稿了。通过张建勋、谢国选之序及盖世儒、张建勋等人仕履情况可知,第一次编修县志用时不到 2 年,完成时间应该是在二十五年(1936)三月前。

化平县县长张建勋二十六年(1937)四月十二日所撰之序称,他到任化平县时(民国二十五年十月),张逢泰出示手编之《化平县志》缮本 4 册,尚未付印。张建勋是接替盖世儒就任县长的,也就是说,盖世儒在任期间,《化平县志》虽然编修完成,但没有印行于世。张建勋认为该志为化平县之宝鉴,地方之文汇,故筹款欲将县志印行出版。化平县政府第一科科长谢国选同年四月十六日所撰序也称,二十五年(1936)秋,他出任科长时,见到了张逢泰所编《化平县志》4 卷。综上所述,《化平县志》第一稿完成时间当在民国二十五年(1936)。

(二)《化平县志》第二稿

张逢泰等遵照县长盖世儒的要求,于民国二十五年(1936)三月前编成了《化平县志》,但盖世儒在任内还未促成志书正式印刷就离任了。同年十月,张建勋接任县长。张逢泰序称,二十六年(1937)四月,张建勋令胡之谦(时任化平县政府第一科科长)带县志稿前往南京印刷,遭遇南京沦陷,志稿被遗失,未能印行出版。志稿在南京遗失一事,张建勋、谢国选分别撰写于二十六年(1937)四月十二日、十六日的序中都没有提及,说明至晚在四月十六日前,县志书稿还未遗失。二十八年(1939)二月,郝遇林接替张建勋就任县长,获知张逢泰等所修县志的多舛命运后,当即请张逢泰再任编纂主任,在《化平县志》第一稿的基础上对县志重新编修,并积极筹措县志印刷经费。张氏等人经过近半年多的编修,终于在当年八月基本完成了《化平县志》第二稿的编修工作,此后又有增补,《化平县志·教育志·禁烟》中记事最晚至二十八年(1939)十一月。郝遇林于二十八年(1939)十二月撰写之序与张逢泰叙述的新修县志过程基本一致。也就是说,《化平县

---

① 胡玉冰、穆旋校注:《民国化平县志》,[民国]张逢泰纂修,上海古籍出版社 2018 年版,第 193 页。

志》第二稿编成于民国二十八年(1939),此即传世本《化平县志》。

三 编修者生平

通过对《化平县志》编修经过的梳理可知,张逢泰从民国十八年(1929)起就参与到县志的编修活动中去了,两次编修县志,张逢泰都是最主要的编修者。县志的编修,经历了4任化平县长,即盖世儒、张建勋、郝遇林、原佑仁,最终才印行于世。其中,盖世儒任内完成了县志第一稿,郝遇林任内完成了县志的第二稿。

(一) 张逢泰

张逢泰(1883—1946)字子平,回族,今宁夏泾源县黄花乡华兴村人。《化平县志》卷二《选举志》载,张逢泰为清光绪三十年(1904)优生。民国十年(1921)三月被选国会第三届众议院议员初选当选员,十二年(1923)任化平县劝学所所长,十五年(1926)任县教育局长,二十六年(1937)任县文献委员会委员长、甘肃省政府咨议,二十七年(1938)任化平县回民教育促进会会长。

张逢泰是泾源当地著名学者,热心于家乡的教育事业,李子杰《致力于回族教育的儒士张逢泰》一文对此有较为细致的梳理。张逢泰在任化平县文献委员会委员长时编成并刊印的《化平县志》,为今天研究泾源县政治、经济等留下了宝贵的文献资料。

(二) 盖世儒、郝遇林

盖世儒,甘肃庆阳人,生卒年不详。民国二十三年(1934)八月到任化平县县长。《化平县志》卷二《职官志》载,于任内能振兴教育,革除积弊,并提倡编纂县志。在他的主持下,《化平县志》第一稿完成。

郝遇林,河北磁县人,生卒年不详。民国二十八年(1939)二月到任化平县县长。《化平县志》卷二《职官志》载,于任内能体恤民情,请赈款救济百姓,增设学校,推进当地教育事业的发展。平修全县境内道路,以"廉""富""教""卫"为推进县政之准绳。"不数月,而气象焕然一新,且治有功。蒙省政府记大功一次。民众感恩,立碑以彰善政。"[①]在他的主持下,《化平县志》第二稿完成,并筹措到印刷经费。可惜他在任内没能看到县志印刷完成。甘图藏民国三十五年(1946)郝遇林修、范振绪纂《靖远县志》抄本14册。

---

① 张逢泰撰《化平县县长郝遇林德政碑记》录入《〔民国〕化平县志》卷四《艺文志》。

（三）其他人员

《化平县志·衔名》共列载4位"督修"者，1位"编纂"者，3位"校正"者，12位"采访"者，1位"绘图"者。

"督修"者为四任化平县长，即盖世儒、张建勋、郝遇林、原佑仁。据此4人序可知，盖世儒任内《化平县志》第一稿完成，张建勋任内拟印刷第一稿，志稿却遗失于战火中；郝遇林任内《化平县志》第二稿完成，并筹得印刷款项；原佑仁任内第二稿正式石印行世，原佑仁还为石印本题写了书名页。

1位"编纂"者即张逢泰，他是最重要的志书编纂者。3位"校正"者均为政府官员，包括政府第一科科长黄玉清，第二科科长张允中，国民党化平县党部书记长强镇英。

与其他旧志"采访"者多为学生不同的是，《化平县志》的12位"采访"者中11位都为现任官员。其中于文源为委员会主席，蓝玉祥、王子瑛二人为委员，张文儒、秦镜川、张锡龄等3人为校长，吴兴春、张建勋、禹秀岐、伍锦堂等4人为联保主任，者景贵为政府咨议。只有张世儒一人为现任教员，但他先前任政府第三科科长。这样一份名单，不免让人心生疑窦，到底哪些人是真正的"采访"者？有多少真正的"采访"者在志书中被隐去了？

据《化平县志·衔名》及卷二《职官志》《选举志》载，于文源，光绪三十年（1904）附生，民国十五年（1926）充任陇东游击司令部第三营营长，后任化平县商会会长，二十八年（1939）时任县地方财政监理委员会主席；蓝玉祥，前化平县实业局局长，二十八年（1939）时任回教公会常务委员；张文儒，民国十年（1921）甘肃省立第二中学毕业，十四年（1925）任甘肃省政府咨议，曾任政府第三科科长，二十六年（1937）任教育会常务干事，二十八年（1939）时任县黄花川生活学校校长；秦镜川，光绪三十四年（1908）岁贡生，民国二十八年（1939）时任县白面河女子初级小学校长；王子瑛，前县第三区区长，二十八年（1939）时任县回民教育促进分会委员；吴兴春，十三年（1924）县立小学毕业，曾任县第一区区长，二十八年（1939）时任县第一区第一联保主任；张世儒，十六年（1927）甘肃省立第七师范学校毕业，前政府第三科科长，二十八年（1939）时任县黄花川生活学校教员；张锡龄，十六年（1927）甘肃省立第七师范学校毕业，前县督学，二十八年（1939）时任县立小学校长；张建勋，二十六年（1937）陇东中师两校短期义务教育师资训练班毕业，二十八年（1939）西北干部训练团毕业，时任县第一区第二联保主任；禹秀岐，二十六年（1937）陇东中师两校短期义务教育师资训练班毕业，二十八年（1939）西北干部训练团毕业，时任县第二区第三联保主任；伍锦堂，二十八年

(1939)西北干部训练团毕业,时任县第二区第一联保主任;者景贵,前县教育会会员,二十八年(1939)时任甘肃省政府咨议。

"绘图"者蓝景朝,民国十二年(1923)前泾原道自治讲习所毕业,二十八年(1939)时任县政府办事员。

四 内容及编修特点

《化平县志》第一稿编成于民国二十五年(1936),第二稿编成于二十八年(1939),传世本即第二稿石印本,由序、目录、凡例、衔名、4卷正文等内容组成。

序共6篇,原志编排依次是民国二十五年(1936)春三月盖世儒序、二十六年(1937)四月十二日张建勋序、同年四月十六日谢国选序、二十八年(1939)十二月郝遇林序、二十九年(1940)四月九日原佑仁序、二十八年(1939)仲秋月(八月)张逢泰序。郝遇林、原佑仁、张逢泰等3人之序当是第二稿完稿后新增的。

《化平县志》共11志105目。[1] 目录标注出三级类目名称,包括6小类附录。查检目录与正文,标目有不一致的地方。具体来看,卷一《舆地志》13目,正文地图图题作"化平县舆地总图""化平县山脉水道图",目录简标作"总图""山脉水道图"。卷二《建置志》6目,目录"庙宇",正文作"庙寺"。《经政志》15目,正文"田赋"后为"杂项",目录漏此标目;正文"卫生"为二级类目,附"礼""乐"两细目,目录却都标作"生业"的附类。《职官志》正文标目"通判""县知事"等20目,《选举志》正文标目"贡生""武举"等7目,目录均未标注。《教育志》12目,目录"劝学所"后之"教育局",正文标目作"教育机关",排在"学款"而非"劝学所"之后;正文"学款"之后"教养""救济事项""禁烟"等3目,目录未标目。卷三《武备志》8目,目录"警备队"后之"警察所",正文未独立标目,实际为同一内容。《古迹志》6目,目录与正文标目全同。《人物志》9目,目录"寿妇",正文没有内容;目录"方伎",正文作"方技";正文标目"仙释",存目而不论,目录未标目。《灾异志》目录标目笼统地概括为"旱、涝、雹、虫、地震、瘟疫、匪害各灾",正文亦未细分目。卷四《艺文志》8目。

《化平县志·凡例》共11条。第一条载,"化平曩无县志。创修于民国二十八年"。[2] 故知,此《凡例》当为第二稿时增加。本条又载,县志分10门,以纲统目,依类相从。《化平县志》各志均有小序,略叙该志立目之由及大概内容。查验

---

[1] 本志原编《目录》仅列出77目,《职官志》与《选举志》未列出二级类目名称。
[2] 胡玉冰、穆旋校注:《民国化平县志》,[民国] 张逢泰纂修,上海古籍出版社2018年版,第202页。

县志目录及正文,实有 11 志。在各志编次中,《人物志》排序为第九,紧承其后的《灾异志》小序中没有把这部分内容和全志内容结合起来编次,《灾异志》之后的《艺文志》编次为第十,故《凡例》有"十门"之说。《凡例》第二条说明县志附录地图的原因,第三条说明未设立"星野"类目的原因。第四至第十一条,逐一说明 11 志的取材编辑原则及基本内容。《化平县志·衔名》共列载 21 人,记载其分工、姓名、身份等信息。

正文前附《化平县舆地总图》《化平县山脉水道图》。二图均为计里画方图,有图例。《舆地总图》较为详细地绘制出化平县的县界、区界、县城所在地、各村庄以及河流、山脉、车道、骑行道等。《山脉水道图》相当于《舆地总图》中山脉、河流的放大版,比例尺为每方 10 里。按《凡例》所载,"勉绘全图一,分图二:《县城图》一,《山脉水道图》一"。[1] 故知,传世本缺《化平县县城图》。

正文卷一包括《舆地志》,卷二包括《建置志》《经政志》《职官志》《选举志》《教育志》,卷三包括《武备志》《古迹志》《人物志》《灾异志》,卷四包括《艺文志》。

《舆地志》之《沿革》先用表格横列出化平县自秦至清的沿革变化,再用文字概述沿革。《疆域》记载化平县四至八到情况,及民国二十五年(1936)、二十八年(1939)行政区划的变化情况。《形胜》用文学化语言描绘出化平县"秦凤咽喉,陇关险要"的河山特色。《山脉》记载观山、飞龙山等 20 处山,石狮子梁、红土梁等 2 处山梁,窟窿峡等 5 处山峡,南原等 1 处原。记载各山、梁、峡、原等距城里数,有些还描绘其地势特点、有关掌故等。《水道》记载泾河、老龙潭等 12 处,并据华亭县旧志、慕少堂《山水调查记》等文献对与泾河关的水系进行了考证。《地质》主要记载当地土质适宜种植何种作物。《气候》总结化平县气候特点及自然灾害频发的原因,并提到有关灾害记载在县志的《灾异志》中。《水利》总结当地水势流动特点,认为不宜灌溉,水利要务是要注意疏浚河流。《化平县太阳高度表》照录自《宣统甘志》。《风俗》记载当地回汉民族风土人情,特别对文教、婚嫁、丧葬有详细说明。《方言》记载 40 个左右的当地方言词汇,并对方言特点略加说明曰:"化平回、汉杂居,陕籍、甘民合处。其声音清浊高下、刚柔缓急有不同,而同者实多。现在之口头语,按之古籍均有来源。"[2] 也就是说,化平县由于移民较多,故方言呈现出多样性特点,但由于长期聚积生活在一起,语言的共同语更多。还正确指出,百姓口头语,有的可以通过古代典籍来考证其源。《物产》分谷、蔬、禽、兽等 11 类记载,对当地谷物如小麦的生长、禽类如鸡、兽类如马的种类及繁

---

[1] 胡玉冰、穆旋校注:《民国化平县志》,[民国] 张逢泰纂修,上海古籍出版社 2018 年版,第 202 页。
[2] 同上书,第 213 页。

殖特点亦有简单说明。

《建置志》之《城郭》记载化平县自清同治十一年至民国二十八年(1872—1939)60多年间的修缮情况。《县署》介绍了县署的建筑布局情况，并附带说明儒学署、都司衙门、经制衙门、归儒书院的兴废情况。《庙寺》记载孔圣庙、关帝庙、城隍庙、文昌宫、万寿宫等建筑情况，并记载东关清真寺1座，概述四乡清真寺大小80多座，有规模宏大者，有形同民房者，皆回民礼拜之所。《文庙祀位》记载崇圣祀中被供奉之圣贤牌位摆放等情况。《区村》记载化平县行政区划及所辖村名、距县城里数，共四区59村，其中一区15村，二区17村，三区12村，四区15村。最后又补充说明二十八年(1939)化平县改四区为二区。《堡寨》记有安化堡、黄林寨、碉堡。述及碉堡的用途时称是为防止"共匪"扰乱而建，一方面反映了县志编者反动的政治立场，另一方面也反映了红色革命影响所及到达化平县。

《经政志》之《蠲恤》记载清顺治元年到民国十五年(1644—1926)282年间蠲免税粮情况。《田赋》《杂项》《税课》《经费支出考》等类统计的资料皆为民国十四年(1925)《化平县财政全书》所载，可信度较高。《经费支出考》后附民国二十四年(1935)县政府及机关每月支出情况。县志附载二十七年(1938)三月造报的《化平县地方收入调查报告表》，表中列有收入种类、用途、全年收入数(分估计数、已收数)、征收标准、征收方法、已否核准等项内容，并有征求县长对地方税制有何改革意见的专栏，专栏还强调县长"应就该县情形拟其切实办法"。① 本调查表是研究民国时期县域经济的难得资料。《民族》述及化平主要以回、汉民族为主，其中回族占99％。《户口》记载同治十年(1871)、宣统元年(1909)、民国二十四年(1935)、二十八年(1939)等4次户口数，从统计看，回族占人口的绝大多数。《仓储》记载粮食储备情况，其中二十八年(1939)的数量留空待填，说明本县志部分内容尚未最后完善。《恤政》记载囚犯伙食情况。《驿传》《邮政》介绍其人员组成及运作方式。《生业》说明当地由于自然原因，多农业，少工商业，故常有乏食乏财之忧，特别述及当地妇女不事纺织的情况。《生业》还附载化平县百姓衣、食、住、行等基本情况。《卫生》(附"礼""乐")强调清洁卫生的重要性，对回族注重清洁给予了肯定，特别强调公共卫生的重要性。《文化》主要从促进文明的角度谈文化的重要性。《宗教》在对比分析的回教与汉教的异同外，详细介绍了回教念、礼、斋、课、朝五功的主要内容及特点。

《职官志》记载清朝同治十年正式设置化平川直隶厅至民国二十八年(1871—1939)六十八年间各级官员及官府机构组织情况。主要包括："通判"首

---

① 胡玉冰、穆旋校注：《民国化平县志》，[民国]张逢泰纂修，上海古籍出版社2018年版，第232页。

任官员左寿昆等12人,"县知事"李占鹏等26人,"照磨"8人,"都司"3人,"经制"2人,"训导"17人,"管狱员"7人,"警佐"6人,"公安局局长"2人,"县党部委员"5人,另外还有国民自卫队、司法处、合作指导员办事处、回教公会、教育会、地方财政监理委员会、文献委员会、回民教育促进分会、戒烟所、教育馆等机构的设立时间、人员组成等介绍。《化平县志·凡例》载,《职官志》主要记录显宦政绩,以明褒贬。从对官员评价来看,几乎都是褒奖之辞,恐有不实。从官员看,自民国三年至二十八年(1914—1939)25年间,历任知事(县长)者有26位之多,几乎每年换一任。如此频繁的更换官员,也从一个侧面说明了化平县似乎成了官员捞取政治资本的地方了。化平县地方经济文化长期落后,地方最高行政长官更替频繁也许也是原因之一。

《选举志》记载的各类科举人才数量有限,且无一进士出身,从一个侧面反映了化平县地方人才缺乏的事实。志载,当地自同治十年至光绪三十四年(1871—1908)三十七年间,"贡生"6人,"武举"2人,"附贡"3人,"增生"2人,"优生"1人,"附生"25人。民国时期亦人才缺乏,毕业于小学、中学、师范、讲习所、训练团的"民国毕业生"总共有25人。记载的大多数人物只记其姓名、取得功名身份或毕业的时间,个别人如张逢泰、于文源等有较详细的事迹介绍。

《教育志》记录了化平县教育事业的发展简史。首先叙述了"旧学校""归儒书院"的发展变化情况,介绍了"义学""劝学所"的设立情况。在"新学校"类目中,共登记了化平县4个学区共23所小学的校名及建校时间,其中第一学区6所,第二学区9所,第三学区4所,第四学区4所。据县志记载,民国二十四年(1935)设立的小学都是在县长盖世儒任内设立的,上述23所小学中有14所都设立于二十四年(1935),所以志书评价盖世儒政绩时说他"创办教育""振兴教育",所言不虚。《教育志》还有"短期义务教育"类目,记载县四个学区各设四所短期义务小学校之时间。对"学田""学产""学款"亦有说明,其中"学款"有9种途径获得,说明当地官员对教育还是相当重视的。"教养"记载民国二十八年(1939)六月海固地区农民暴动失败后,地方上如何对待被俘农民。时任县长郝遇林撰《教养院记》详述其事,其叙事立场虽然反动,但所记事实为研究此次农民暴动提供了较为可信的第一手资料。其后又附《救济事项》两篇,标题分别为《招抚逃民归里》《以工代赈》,前者即海固农民暴动后招抚流民回家的公告,后者提到养护道路的6条办法。《教育志》最后附"禁烟",对化平县烟民数量、政府禁烟措施、禁烟效果都有记载,志曰:"烟民出所后,其体格与思想无不焕然一新。"县志记载"教养"至"禁烟"的内容,其实都是在为县长郝遇林歌功颂德。

《武备志》之《兵防》,记载了提督喻胜荣的战功和他出资修建归儒书院事,提到左宗棠为书院题写院名并撰文记述其事的情形。本志还对化平县地方武装力量如警备队、团练、公安局、保安队等组建情况、人员构成等概要介绍,并对当时实行的保甲、兵役也作了说明。

《古迹志》主要记载化平县有遗址可供后人凭吊的古迹,但内容辑录较为杂乱,"城原"先记载北魏百泉城、唐大震关等13处古迹,内容主要取材于《平凉府志》《华亭县志》等。然后又接叙县东、县北、县南的煤矿、铁矿等矿产资源分布情况,附录《甘肃化平县煤矿分析表》《甘肃化平县褐铁矿分析表》。龙泉寺、凉殿峡的介绍紧接在这部分内容后,又附化平县八景,每种景致之后附诗一首。最后是"井泉""陵墓""乔木""金石"等4类目。其中"井泉"记载香水庵1处。"陵墓"只有类目名称,未记载具体的陵墓。"乔木"记载化平县境内的古柳、古松柏共11棵,对黄花川崇义村礼拜寺内的千年古柳描写尤其详细。"金石"记载了化平县境内发现的6件金石器物的尺寸、建造时间及铸刻的铭文,加上"城原"叙及的赵龙峡、龙泉寺出土铭文,《古迹志》共录有8则金石铭文,对研究化平历史都具有一定的研究价值。

《人物志》记载当地"乡贤"16人,有两位回族宗教人士;"忠烈"记载有名有姓者共21人,另有100多死于同治兵燹者,不详其名;"孝义"3人;"列女"6人;"耆瑞"9人,均为年龄在84岁以上的长寿老人;"方技"2人,所载事迹荒诞不经;"流寓""隐逸""仙释"等3类目只存目,因当地无能入选者,故阙而不录。《人物志》选录标准有明显的阶级色彩,如入"忠烈"者,多为参与镇压民族起义者,入"列女"者多为封建社会极力倡导并宣扬的所谓能守节、有益风化者,对此要明辨。

《灾异志》一般既记灾异,还记祥瑞,但本县志只记同治十二年至民国二十四年(1873—1935)62年间发生的灾异而不记祥瑞,一方面当地未闻有所谓"祥瑞"出现,编者不敢捏造;另一方面化平县百姓多灾多难,既多人为的战争,亦多遭自然灾害,故县志仿《春秋》记灾不记祥,以示戒。本志记载化平县62年间发生的大灾异50次,其中旱灾7次,涝灾8次,雹灾5次,虫灾2次,地震8次,瘟疫7次,匪害8次,其他灾害5次。有时候一年之内多种灾害频发,如民国九年(1920)春天发生牛瘟,十一月七日又发生大地震,大震之后余震不断,持续了3个月之久。

《艺文志》原应只录本地人著述,因化平县人才缺乏,艺文寥若晨星,故县志不拘泥于作者是本籍或外籍,只要是与本地地理、风景、政治、文化等有关,能有裨于世道人心者,悉行采录杂著,所以本志中既有文学性较强的诗文,亦有公文档案资料,难免有拼凑之嫌。县志编者亦知这样编排体例不当,但限于实际情况,只能权宜变通了。

《艺文志》共录文17篇,诗7首。另有《歌词》46首,楹联9条。具体来看,录左宗棠《奏勘明分拨化平厅辖境疏》1篇,左寿昆《呈请划拨钱粮细数变通办理禀》禀文1篇,其后依次是:武全文《泾源辨》,胡纪谟《泾水真源记》(附诗5首),赵先甲《泾源诗》2首,曾麟绶《泾源记》,左宗棠《归儒书院碑记》,《民国显考李老府君讳正芳字馨斋行一正性之碑序铭》(撰者不详),张逢泰《励俗俚言》,《杂记》,①张逢泰《化平县劝学所学事年报》,《呈县政府转请减轻负担文》,《朱主席履回教公会回民教育促进会电文》,《回教公会回民教育促进会又电》,《朱主席履回教公会电》,张逢泰《第八战区司令长官甘肃主席朱公一民德政碑记》《化平县县长郝遇林德政碑记》,甘肃省长薛笃弼《歌词》(46首,附薛笃弼《叙言》1篇),楹联9条。从以上所列可以看出,《艺文志》录文杂乱无章,且多歌功颂德之文,大部分资料无文学价值,但可以将它们视为研究人物生平、研究历史事件的史料来利用。

五 编修质量及文献价值

张维1940年仲冬(十一月)所写题记称,《化平县志》编纂者"(张)逢泰叙述颇详审,而持论又甚公允,故自可贵。惟职官中多为生人作传,殊违志法"。此论有虚美之嫌。从前文分析可知,《化平县志》编著虽有《凡例》可循,但体例上仍有不完善的地方,如《古迹志》杂有矿产资源分析表,《艺文志》收录机构年报、电文等无文学价值的资料。就编者"持论"而言,亦非公允,如无视历史客观原因和历史真相,对农民或民族起义一概仇视、否定。另外,石印本中存在误字或用词不准确等现象。如张逢泰序"县志付之阙如"之"阙"误作"关"。卷一《舆地志·气候》"盛夏,东南低地温度最高为摄氏七十度,西北高地为摄氏四十度至五十度"之"摄氏"当作"华氏";《水利》"农民只忧雨涝"之"忧"误作"夏"。卷二《经政志·民族》"土著汉民经同治乱后仅余十分之一"之"十"疑当作"百"。

当然,《化平县志》是今泾源县唯一传世的旧志,第一次将该县自同治十年至民国二十八年(1871—1939)间政治、经济、地理、人文等资料汇为一编,其文献价值不应忽视。陈明猷先生在《回乡旧貌——民国〈化平县志〉评介》一文中,对该志的文献价值进行了充分、全面的分析。文章分泾水源头的地理环境、漫长严酷

---

① 《化平县志·凡例》载,该志"以志余杂记终焉",而《艺文志》于"杂记"后又录年报、电文、碑记、歌词、楹联等,殊乖体例。

的斗争历程、黑暗年代的困苦图景、回族山乡的民情风尚等 4 个部分,强调指出:"民国《化平县志》是今日宁夏回族自治区泾源县仅有的一部旧县志,具有别的史籍不能替代的重要价值,特别是其中有关近代西北回族状况的资料,尤为难得。……虽然《县志》在记述回民反抗斗争的历史时,总是强烈地表现出反动统治阶级的立场观点,但它毕竟为读者提供了有关该县多方面的史料,很有参考价值。"[①]笔者认为,这样评价《化平县志》的文献价值是较为客观公允的。

---

① 陈明猷著:《贺兰集》,宁夏人民出版社 1994 年版,第 194 页。

第九章　中卫市旧志

中卫市位于宁夏回族自治区西南部、黄河前套，为自治区直辖地级市，辖境包括1区(沙坡头区)2县(中宁县、海原县)。该市传世的旧志有5种，其中成于清代4种，成于民国1种。旧志中，原中卫县2种，包括《〔乾隆〕中卫县志》《续中卫志》；海原县3种，包括《厅志备遗》《〔光绪〕海城县志》《〔民国〕海原县要览》。

第一节　《〔乾隆〕中卫县志》《〔道光〕续修中卫县志》

一　《〔乾隆〕中卫县志》

《〔乾隆〕中卫县志》10卷，黄恩锡于乾隆二十五年(1760)编修，二十六年(1761)定稿，二十七年(1762)初刻行世。

(一)整理与研究现状

《陇右录》《联合目录》《宁夏目录》《甘肃目录》《总目提要》等方志书目对该志都有著录或提要。《方志与宁夏》第二章《宁夏历代修志综览》对《中卫县志》也有综述与研究。

高树榆撰《宁夏方志录》《宁夏方志评述》《宁夏回族自治区地方志述评》等论文对《中卫县志》都有提要式的介绍。杜玉冰撰《乾隆〈中卫县志〉简介》一文专题简介《中卫县志》，对该县的编修者、内容及其研究价值都有涉及。胡迅雷撰《黄恩锡与中卫》一文利用《中卫县志》对黄恩锡治理中卫的政绩，特别是兴修水利、举办学校等进行了较为详细的梳理与评价，并对《中卫县志》的内容及特点等进行简介。王子今撰《清代边城文化风景：黄恩锡〈中卫竹枝词〉》一文对《中卫县志》所载黄恩锡辑录的竹枝词进行角度独特的分析，认为可以将其看作是有价值的民俗史料、经济史料和社会生活史料,其中关于中卫的军事地理位置、中卫的乡村经济生活以及中卫的地方民间礼俗的内容,都蕴含有丰富的历史文化信息。

《中卫县志》原刻本藏于国图、甘图、哈佛大学图书馆、东洋文库等。1965年,甘图油印传世。宁图亦油印传世。1968年成文出版社出版《中国方志丛书》,1988年天津古籍出版社出版《宁夏历代方志萃编》,宁夏人民出版社出版《宁夏地方志丛刊》,2008年凤凰出版社等联合出版《中国地方志集成·宁夏府县志辑》,2015年学苑出版社出版《宁夏旧方志集成》,都影印出版了《中卫县志》。其中,凤凰出版社据成文出版社本影印。但上述油印本、影印本无一部是乾隆二十七年(1762)原刻本,且各本内容与原刻本有不少的出入。1998年宁夏人民出版社出版范学灵等整理本《乾隆中卫县志校注》。整理本以宁图油印本为底本,以原刻本、甘图藏本为参校本,对志书进行标点、分段、补遗、注释及勘误,为学者研究提供了便利。或因所选底本为残本,该整理本缺《中卫县志》"参校采访"者杨士美所撰《中卫县志跋》。

(二) 编修者生平

《中卫县志·修志姓氏》记载,有18人参与了《中卫县志》的编修、刊刻活动。名单中,"起草"者为刘追俭,"纂修"者有黄恩锡等4人,"参校采访"者有杨士美等7人,"校对缮写"者有范灏等4人,"查卷督刻"者有刘福祉等2人。[1] 从志书资料看,黄恩锡对《中卫县志》的成书贡献最大。

1. 刘追俭

刘追俭为宁夏人,生卒年不详,曾任中卫儒学教授。《中卫县志》卷五《官师考》载:"刘追俭,泾阳县举人,四十六年任。修学创志。"[2]他修著志书的事实在《修志姓氏》中也有记载:"康熙辛卯,宁夏西路中卫儒学教授,泾阳刘追俭起草。"[3]由此可知,刘追俭于康熙四十六年(1707)任中卫儒学教授,四年后即康熙五十年(辛卯年,1711)开始修《中卫县志》。黄恩锡于四十九年后又组织新修《中卫县志》时一定对刘追俭所修志书有所借鉴或沿袭,否则不会将其名列《修志姓氏》中。

刘追俭对中卫教育有一定的贡献。《中卫县志》卷二《建置考》"文庙"条载,康熙四十八年(1709)秋中卫地震,当地学宫遭到严重损毁,"教授刘追俭请商于

---

[1] "福祉",《宁夏历代方志萃编》影印甘图油印本误刻作"福社"。
[2] 韩超校注:《乾隆中卫县志》,[清] 黄恩锡纂修,上海古籍出版社2018年版,第88页。
[3] 同上书,第7页。

西路同知高士铎,倡率士民设法捐助兴修,历三年乃告成"。① 他在当地较有威望,还曾为列女郑贞女题匾其堂曰"抱璞完真"。

2. 黄恩锡等"纂修"者

黄恩锡字素庵,号龙章,生卒年不详。据《〔乾隆〕中卫县志》卷五《官师考》载,系云南永北府(今云南永胜县)人,乾隆十七年(1752)中壬申科进士,二十一年(1756)任中卫知县。由志书资料可知,黄恩锡在任期间,带头兴修水利,举办教育,建造仓廒,增置驿馆,请求减免当地百姓差粮,积极抚恤灾民,赢得了百姓的赞誉。

所修《中卫县志》是中卫市第一部传世旧志,卷九、卷一〇收录有黄恩锡诗文多篇,对于研究中卫市及黄恩锡本人都有重要的史料价值。如《文庙社学碑记》是研究中卫教育的第一手文献,《改建冯城沟环洞碑记》《捐修广武河防碑记》是研究中卫水利的第一手文献。《中卫县志》中有多处"素庵黄氏曰"的文字内容,说明黄恩锡本人的确是志书的主要纂修人,同时这些议论也体现了黄恩锡本人的治政理念。

"纂修"者除黄恩锡外,还有中卫县儒学教谕张若敏、中卫县典史李延凤、分驻渠宁巡检司舒采愿等3人,但在《中卫县志》各序中,对张若敏等3人参与纂修志书一事却没有提及。从志书纂修实际情况看,名单中出现他们并非徒有虚名,这3人应该实际参与了纂修活动。

《中卫县志》卷五《官师考》载:"张若敏,富平县举人,二十年任。……李延凤,上元县监生,二十四年任。……舒采愿,江西靖安县监生,乾隆二十五年任。"②卷九《艺文编》录张若敏撰《龙神庙碑记》,记叙黄恩锡等带头捐出俸禄,于乾隆二十三年五月至二十四年三月(1758—1759)修建龙神庙一事。卷一〇《艺文编》录张若敏撰《和黄素庵明府新秋雨霁集饮魏氏馌耕楼》诗1首。

3. "参校采访"者

杨士美字莲塘,③中卫永康人,生卒年不详。雍正十年(1732)壬子科举人,截取知县。《中卫县志》卷九录其《永康社学碑记》,卷一〇录其《纪黄邑侯详除河崩赔赋》《纪黄邑侯施粥饥民》《纪黄邑侯甫建城堡社学》《羚羊松风》等诗4首,撰写《中卫县志跋》1篇。

蒋前烈字有光,中卫人,生卒年不详。康熙五十九年(1720)庚子武科举人。原任浙江漕运千总。

---

① 韩超校注:《乾隆中卫县志》,〔清〕黄恩锡纂修,上海古籍出版社2018年版,第58页。
② 同上书,第88、90页。
③ 莲塘,《乾隆中卫县志校注》卷一〇误印作"莲堂"。

罗全诗,中卫石空人,生卒年不详,其父罗如伦曾任湖南衡阳等县知县。《中卫县志》卷七《选举表》载,罗全诗为乾隆九年(1744)甲子科举人,十七年(1752)壬申科进士。参修《中卫县志》时,罗全诗还是截取知县。据《续中卫志》卷六《献征表·人物·罗全诗》载:"任湖南安福县知县,①严明正直,邑人服之。"②

魏殿元,中卫广武人,生卒年不详。《中卫县志》卷七《选举表》载其为乾隆十七年(1752)壬申科商学恩贡生。卷一〇录其《登古佛泉阁》诗1首。

魏德修字有隣,中卫人,生卒年不详。《中卫县志》卷七《选举表》载其为乾隆二十二年(1757)丁丑科贡生。卷一〇录其《黄河泛舟》诗1首。

生员汪兆鳌,中卫县治人。柳峻,中卫鸣沙州人。两人生平事迹均不详。

4."校对缮写"者

4位"校对缮写"者都曾为生员。范灏字书田,德清人,③生卒年不详。《中卫县志》卷一〇录其《中卫署中和樵云居停闻雁元韵》《头发菜》诗2首。

魏谏唐字上箴,中卫人,生卒年不详。《续中卫志》卷七《选举表》载其为乾隆三十年(1765)乙酉科拔贡,三十一年(1766)丙戌科朝考一等,未仕。《中卫县志》卷一〇录其《牛首慈云》诗1首。

任景昉、尹光宗等2人都是中卫人,生平事迹均不详。《中卫县志》卷一〇录任景昉撰《暖泉春涨》、尹光宗撰《羚羊松风》诗各1首。

(三)编修始末及刊行时间

1. 编修始末

黄恩锡在《〈应理志草〉序》中交代了《中卫县志》编修最直接的原因和编修经过。他谈到:"若今之志,应理则尤难矣。旧抄半册,本之《朔方新志》,所载者仅城堡、贡表、官师、学校数条,其他山川、祭祀、建置、沿革、渠道、土田阙略无征。又广武前隶乎宁郡,香山为庆藩牧场,今皆宜汇入之,是不得不创为编辑矣。……阳湖蒋大方伯巡视河防,往来中邑,索邑志不获,乃责余曰:'子以科第儒生,久宰边邑,于其山川、古迹、民生、吏治,独不为加稽考著述乎?'虽逊谢不敏,而责无可贷。兼以邑之绅士,闻此言而交相属焉,此尚可以需之他日哉!因妄不自揣,于是秋七月操笔,至十月而脱稿。其间言期有用,事求可征。虽成之

---

① 1914年1月,因县名与江西省安福县同名,改名为临澧县。
② 本节引《续修中卫县志》,除特别说明外,均直接引自国图藏道光二十一年(1841)刻本,恕不一一注明。
③ 《〔乾隆〕中卫县志·修志姓氏》原刻本载,范灏,书田,德清人。"书田"为字,"德清人"指籍贯。《〔道光〕续修中卫县志》转引《〔乾隆〕中卫县志·修志姓氏》时,脱"德清人"三字,范学灵等《乾隆中卫县志校注》中亦脱此三字。

似无多日月,而原之以四年来之心眼所历,精神所到,殚志竭虑,搜考编排,亦几经营之惨淡矣。第事事详核,固不敢以易心处之。所憾自元、宋以前,地沦西夏,之后一切皆没于兵火,遂多阙文焉。至有明以来,凡兴废之由,教化之原,闾阎疾苦之故,则采访而备论之。订为总志十卷,分目三十有六。撰次搜讨,咸出余一人。参校访录,则邑之耆彦分厥事焉。"①从黄序可知,第一,曾有一部与中卫有关的旧志——《应理志草》,但因其内容过于简略,有必要编修一部内容更为详实的志书;第二,自明迄清,中卫的辖境已经有了较大的变化,这需要在新的志书中加以体现;第三,上级官员对于中卫一直没有地方专志很不满意,地方上有志之士又跃跃欲试要编修志书,这也在客观上促进了中卫地方志书的编修速度;第四,志书主要由黄恩锡纂修,地方上也有参与者;第五,志书内容共10卷36目,因客观原因,文献无征,志书略于宋元之事,而详述明清之事。

黄恩锡提到的与中卫有关的志书,钟兰枝《〈中卫县志〉序》中也谈到了,他说:"向所传《应理》一册,粗具梗概。"②《中卫县志·凡例》亦载:"应理旧有《志草》一册,第抄据《朔方志》所分载而增其粗略,残缺殊多。"③黄恩锡编修《中卫县志》时应该是见到过这部抄本,且对其内容有相当的了解,并且在编纂《中卫县志》时,"星野、建置、疆域仍旧《志草》,而其中舛讹者亦多,皆为改正补缺"。④由此可知,《中卫县志》的部分内容还是沿袭了《应理志草》,黄恩锡甚至还把编修的《中卫县志》取名为《应理志草》。《中卫县志·凡例》载:"志属草创,又边地典籍缺略,毫无考据,不揣固陋,随意纂修。仅以吏事余力,行馆署灯,出一人之手,越三月而成其稿。虽编次务求详而有体,而才识有限,文献无征,第取而名之曰《应理志草》,以俟博雅之讨论裁正焉。"⑤《中卫县志》于黄恩锡序、《凡例》《总目》均题书名为《应理志草》,张维对此批评道:"以元代州名题清朝县志,则好古而失例矣。"⑥

《中卫县志》有些史料明确注明出处,有的则没有注明。如卷一《地理考·山川》"蒲塘"条有"旧志称:在县北四十里,产蒲草,因名"。⑦"旧志"未详其名。勘验其文,与《乾隆甘志》所载基本相同,但《中卫县志》引《乾隆甘志》时一般会注明

---

① 韩超校注:《乾隆中卫县志》,[清]黄恩锡纂修,上海古籍出版社2018年版,第5页。《乾隆中卫县志·目录》卷一至卷八的一级类目总数恰为"三十有六",卷九、卷一〇《艺文编》还有9类目。故黄恩锡所言"36目"盖指除《艺文编》之外的类目数。
② 同上书,第3页。
③④ 同上书,第10页。
⑤ 同上书,第11页。
⑥ 张维:《陇右方志录》,《中国西北文献丛书》据北平大北印书局1934年版影印,兰州古籍书店1990年版,第77册704页。
⑦ 韩超校注:《乾隆中卫县志》,[清]黄恩锡纂修,上海古籍出版社2018年版,第26页。

为"通志",故疑其星野、建置、疆域等类内容中所提"旧志"或即抄本《应理志草》。

从上述材料看,黄恩锡等人纂修《中卫县志》并非首创而是有所承袭。除旧抄本《应理志草》对《中卫县志》编修有影响外,清朝刘追俭康熙五十年(1711)就曾修《中卫县志》,而黄恩锡是于四十九年后才又组织人员新修《中卫县志》的。

2. 刊行时间

方志目录对《中卫县志》的编修时间和刊行时间著录有异。编修时间上,《陇右录》著录该志于乾隆二十四年(1759)编著,《总目提要》著录于乾隆二十五年(1760)编修。根据志书所附各序资料特别是黄恩锡序和正文内容可知,两种著录都有误。实际上,《中卫县志》当编成于乾隆二十六年(1761)。关于刊刻时间,《联合目录》著录该志于乾隆二十六年(1761)刊刻,《宁夏目录》《甘肃目录》著录在乾隆二十七年(1762)刊刻。后两书著录较为准确。

据前引黄恩锡序可知,《中卫县志》于乾隆二十五年(1760)七月开始编修,十月正式脱稿。但从志书内容来看,脱稿后又有过修订补充。如志书卷九《艺文编》辑录黄恩锡《捐修广武河防碑记》,记载了黄恩锡于乾隆二十六年(辛巳年,1761)带领百姓兴修水利之事。碑记记载,乾隆二十五年(1760),广武发生了严重的崩岸险情,清政府派布政使蒋方伯实地查看灾情。这年冬天,黄恩锡倡捐物料,对崩岸地方进行加固,"于辛巳二月十一日兴工,至三月底而工竣"。卷一〇录黄恩锡《辛巳季春广武河堤告成》一诗即抒发了他河堤修成后的喜悦之情。故知,乾隆二十五年(1760),《中卫县志》并未最后定稿。

《中卫县志》录有乾隆二十六年(1761)隆甫撰《〈中卫县志〉序》和同年罗元琦撰《〈中卫县志〉跋》,所以《续中卫志·凡例》称:"志自乾隆二十六年镌版后,迄今八十余年未加修葺。"①但《中卫县志》又载乾隆二十七年(1762)钟兰枝序云:"余奉命视学秦中,阅试宁郡,黄君携志来谒,且请之为序。"②这说明,《中卫县志》初刻时间最早当在乾隆二十七年(1762)。故知,《联合目录》著录有误,《宁夏目录》《甘肃目录》是可信的。传世的《中卫县志》是在嘉庆二年(1797)据初刻本补版后印刷刊行的,时距初刻本 35 年。我们可以从其卷五《官师考·职官》、卷一〇《艺文编》中找到相关的证据。

卷五《官师考·职官》记载中卫县官员任职时间,任知县者,在黄恩锡之后有许钺等 5 人,乾隆五十八年(1793)任知县的邱卿云是任职时间最晚者;任教谕者,乾隆二十五年(1760)之后任职的有竹林贤等 5 人,五十五年(1790)任职

---

① 韩超校注:《乾隆中卫县志》,[清]黄恩锡纂修,上海古籍出版社 2018 年版,第 19 页。
② 同上书,第 3 页。

的朱国权是任职时间最晚者；任训导者，乾隆二十五年（1760）之后任职的有艾珽奇等 8 人，五十八年（1793）任职的纪大本是任职时间最晚者；任典史者，乾隆二十五年（1760）之后任职的有张德华等 3 人，五十三年（1788）任职的胡澄是任职时间最晚者；任宁安堡巡检者，乾隆二十五年（1760）之后任职的有马致达等 5 人，五十八年（1793）任职的张炯是任职时间最晚者；任副将者，有明确任职时间者中，乾隆二十五年（1760）之后任职者有 6 人，五十二年（1787）任职的文图是任职时间最晚者；任都司者，乾隆二十五年（1760）之后任职的有王永茂等 6 人，五十九年（1794）任职的巴翰璧是任职时间最晚者。若文本印刷于乾隆二十七年（1762），当不会有此年后至五十九年（1763—1794）的内容。

卷一〇《艺文编》收录有王正常撰《魏荩宣传》、张志濂撰《张孝子传》。①《张孝子传》记载乾隆五十一年（丙午，1786）冬之事，《魏荩宣传》记载嘉庆二年（丁巳，1797）秋七月事。这些史事一般同样也不可能出现在乾隆二十七年（1762）印刷的《中卫县志》中。

《中卫县志》为什么会出现这样的现象呢？地方志再次修志时往往利用该志原刻的版片，根据实际情况补刻部分新内容后再次印刷刊行，志书的大部分内容还是据初刻版印刷出来的。所以出现了我们以上所分析的，应在乾隆二十七年（1762）初刻的《中卫县志》中出现了记载乾隆二十七年（1762）后至嘉庆二年（1797）秋七月的史事了。

据《续中卫志》卷五《官师考》记载，四川涪州进士文楠于乾隆六十年（1795）接任中卫知县一职，嘉庆九年（1804），贵州玉屏县举人田均晋接任。根据旧志刊行的特点，《中卫县志》极有可能是文楠在其任期内监刻刊行过。国图藏清光绪八年（1882）曹宪、周桐轩编《汾西县志》卷四《职官》载，张志濂于嘉庆三年十一月至七年（1798—1802）任汾西县知县。按旧志编修特点，传世本《中卫县志》中增刻张志濂撰《张孝子传》，极有可能是在他任汾西知县后，中卫知县为显示本地人文之盛，或向其示好，故于县志中收录其文。所以，《中卫县志》更有可能就是在文楠任期内补刻后印刷过。

就《中卫县志》而言，我们可以就其编修时间及刊行时间得出以下基本结论：该志于乾隆二十五年（1760）编修，二十六年（1761）定稿，二十七年（1762）初次刊

---

① 《〔道光〕续修中卫县志》卷六《献征表·张志濂》、卷七《选举表》载，张志濂为乾隆庚子科（四十五年，1780）举人，乙酉科（三十年，1765）进士。其科举记载显然有误，不可能先中进士，后中举人。查《明清进士碑传题名录》，张志濂为己酉科（五十四年，1789）进士，三甲第 39 名，赐同进士出身。乾隆五十五年（1790）为清高宗八旬万寿，改为恩科，正科提前至本年举行。校注者均沿袭《〔道光〕续修中卫县志》之误，当据改。据张志濂科举情况推知，《张孝子传》中谈及的"丙午冬"当指乾隆丙午（五十一年，1786）。

刻行世。传世的《中卫县志》另有非原刻本者,最早是在嘉庆二年(1797)秋七月补版后重新印刷的。

(四) 内容及其史源

《中卫县志》为中卫现存最早的一部志书,共 10 卷,271 页,每卷前都有小序,说明内容辑录之由。黄恩锡对该志的编辑目的及内容有如下说明:"今于一邑之志,上下数百年间,寥阔数百里之地,考辑编纂,俾山川、草木、云物、鱼鸟之蕃,皆得所发扬、而典祀、边防、农田、水利以及人心风俗之微,皆得以讲求而参互考订焉。上以表章夫国家百十余年教养之休,下阐扬乎忠孝节义之行,以风励于当世。窃妄附诸陈诗观风之末,俾将来国史、郡乘资采择焉,抑亦生平所学者,一时之遭也。"①今据哈佛大学图书馆藏乾隆年间刻本对志书内容作一介绍。

志书原有"序""跋"共 6 篇。其中"序"共 4 篇 15 页,依次是:乾隆二十七年(1762)钟兰枝《〈中卫县志〉序》3 页,每半页 8 行,行 12 字,落款后"钟兰枝印""芬斋"印文墨方印;图锴布《〈中卫县志〉序》3 页,每半页 8 行,行 18 至 20 字不等,乾隆二十六年(1761)隆甫《〈中卫县志〉序》4 页,②每半页 9 行,行 11 字,落款后"国栋之印""隆甫"方形墨印;乾隆庚辰仲冬(二十五年,1760,11 月)朔六日黄恩锡《〈应理志草〉序》5 页,行款同钟兰枝序,落款后"黄恩锡印""龙章"方形墨印。"跋"2 篇 7 页,乾隆二十六年(1761)罗元琦跋 3 页,每半页 9 行,行 10 至 11 字,落款后"罗元琦印"方形阴文墨印、"贞圃"方形阳文墨印。杨士美撰跋语 4 页,每半页 7 行,行 13 至 14 字,落款后"杨士美印"方形阴文墨印、"莲塘"方形阳文墨印。

名单后为《〈应理志草〉总目》2 页。首列《序》《凡例》《图考》三目,其后为各卷一级类目名称、卷次及二级类目名称,个别二级类目名称下注明所附三级类目名称。如"《地理考》卷之一《星野》《沿革》《疆域》(附《形胜》)、《水利》《风俗》《物产》(附《蚕桑》)"。目录后为《凡例》17 条 4 页,每半页 9 行,行 21 字。

《凡例》后为《中卫县域图》《水利图》各 1 幅,共 3 页,作为全书重要的组成部分,可以将地图与卷一相关内容联系起来研究。地图方向为上南下北,左东右西。图中绘制的山脉、城池、村落、堡寨、边墙(即长城)等内容均用立体的图形符号来标示,树木、河流也用写实的技法来标示,地图绘制达到了较高水平。

---

① 韩超校注:《乾隆中卫县志》,[清] 黄恩锡纂修,上海古籍出版社 2018 年版,第 5—6 页。
② 原刻本无序题,笔者据其内容拟定。

《中卫县志》编成后曾呈送时任甘肃总督杨应琚、巡抚明德、按察司某某审阅，黄恩锡还请杨应琚作序，应琚批示曰："据请弁言，随后撰发送到，志草已查收矣。"但传世的《中卫县志》中并没有杨序。三位官员的批示位于凡例之后，共1页。序后为《修志姓氏》名单2页。

卷一《地理考》共33页，包括《星野》《沿革》《疆域》（附《形胜》）、《山川》《水利》（附《河防》）、①《风俗》《物产》（附《蚕桑》）等7类目。本卷页码的标示有别于各卷自为起讫的传统标法，采用了按类目分别统计标示的方法。其中《星野》3页，《沿革》《疆域》《山川》共9页，《水利》10页，《风俗》4页，《物产》3页，附"蚕桑"4页。

卷二《建置考》共35页，包括《城池》《堡寨》（附各滩、湖、山庄）、《官署》（附《库狱》《养济院》《公馆》）、《仓廪》（附《社粮》）、②《学校》《祠祀》（附《寺庙》）、《祥异》等7类目。《学校》"书籍"条记载了22种学校用书，包括经部文献《诗经》《春秋》《周易折中》《十三经》，史部文献《明史》《资治通鉴纲目》，另外还有《上谕》《圣谕广训》《朱子全书》《大清律》等。《寺庙》后附《文庙陈设图》5页，《文庙乐舞图》2页，两图实景绘制了文庙大成殿、配殿、两庑及崇圣祠中陈设祭品、乐器的式样、摆设位置，并注明其名称，重要的祭品还单独绘图，并配以文字，说明其制作方法、用途及由来。《中卫县志·凡例》载："文庙为教化之薮而功德在民者，报享亦无可疏。……至学宫祭乐器及陈设品物、仪舞次序，备加考校、绘图，以俟典祀者之有所征据而愈求其明备焉。"③《中卫县志》卷二还进一步记载，考校、绘图者即黄恩锡："文庙祭品：中邑祭品虽具，旧无陈设，亦不辨登、铏、簠、簋、笾、豆之用应实何物。乾隆丙子秋，县令恩锡始莅任，与祭，为详考典制，列图以示，今载入焉。"④从图像看，绘制的质量是比较高的。本卷《祥异》记载了宁夏发生过的几次大地震资料，特别是对康熙四十八年（1709）九月十二日辰时大地震的真实情景有详细描述，为研究此次地震提供了难得的资料。

卷三《贡赋考》15页，包括《额征》《户口》（附《蠲恤》）、《税课》（附《市集》）、《盐法》（附《茶法》）等4类目。本卷"蠲恤"后附黄恩锡于乾隆二十五年（1760）三月撰写的《劝捐粟煮粥碑记》。卷四《边防考》10页，包括《塞垣》《营制》《边界》《驿递》《关梁》等5类目。

卷五《官师考》16页，包括《官制》《职官》《名宦》等3类目，附"俸薪养廉并夫

---

① 《〔乾隆〕中卫县志·目录》原无"河防"等类目名称，但正文、版心中均标注有，据补。
② 《〔乾隆〕中卫县志·目录》标作"公署"，正文、版心中均标示为"官署"，据改；附"库狱""社粮"，据正文标注补。
③ 韩超校注：《乾隆中卫县志》，〔清〕黄恩锡纂修，上海古籍出版社2018年版，第10页。
④ 同上书，第58页。

役工食"。① 对于曾在中卫为官者,按职官分类记载其姓名、籍贯、任职时间,有些还有简单的事迹介绍。如同知张羽翀,"大兴县举人,顺治二年任。详请蠲豁青草,不惮再四,民受其利"。②《名宦》记张文谦等 7 人事迹。③

卷六《献征表》15 页,包括《人物》《忠节》《孝义》《列女》《流寓》等 5 类目。④《人物》明朝有 11 人、清朝有 8 人入传。《忠节》明朝有 9 人、清朝有 1 人入传。《孝义》有 9 人入传。《列女》等有 53 位女性入传。《流寓》有 2 人入传,《方技》有 2 人入传。

卷七《选举表》8 页,包括《科甲》《乡贡》《武阶》等 3 类目 6 页,附"诰赠""仕宦""乡饮耆年"等内容 2 页。《选举表》记载,自明迄编志时止,中卫中文进士者 3 人,文举人者 10 人,而中武进士者有 8 人,武举人者达 53 人。⑤ 中卫昔称"尚武之地",单从科举来看也说明此言不虚。

卷八《古迹考》12 页,包括《古迹》《中卫各景考》等 2 类目,附《杂记》。本卷《古迹》后补录《应理州重修廨用碑记》,是碑立于元朝至正八年(1348),黄恩锡撰文说明此碑发现经过,并对碑文略作分析,曰:"中邑元宋以前一切建置设官,茫无可考。偶于县城西北隅都司署内,见断碑一通,为至正八年立。其立义断碎,拂尘摩拟补释,大抵为彼时万寿节,庆祝彩帛,索之民间,荒歉莫措。应理达鲁花赤、知州率属公捐,不扰累里民,因建碑记事。此亦古迹千百犹存之一也,用录而存之。"⑥所录碑文基本完整,包括主要内容、立碑时间、书丹者、立碑人等,对于研究中卫而言是一篇非常重要的一手文献。

《中卫各景考》考证中卫"青铜禹迹"等 12 处景致的来龙去脉,黄恩锡撰写《中卫各景考序》,从《万历朔志》所载中卫十景谈起,联系自己编修《中卫县志》的感受,阐述了对中卫 12 处景致考证的重要意义。《杂记》共记 11 则事,多有传说、神化色彩。

卷九 66 页、卷一〇 32 页,均为《艺文编》,包括《上谕》《议》《论》《书》《记》《序》《传》《赋》《铭》《诗》等 10 类目。两卷共录诗文 180 篇,其中《上

---

① 《〔乾隆〕中卫县志·目录》标作"俸薪养廉",今据正文内容标目及实际内容补作"俸薪养廉并夫役工食"。另,本卷《名宦》5 页内容心页码当依次标作"十二"至"十六",《宁夏历代方志萃编》影印甘图油印本却标作"九"至"十三"。
② 韩超校注:《乾隆中卫县志》,[清] 黄恩锡纂修,上海古籍出版社 2018 年版,第 85 页。
③ 张文谦,校注本误印作"张义谦",据原刻本改。
④ 本卷正文中《列女》后还记载有《列妇》《旌表》《节孝》等 3 类目内容,"流寓"后还记载《方技》类目内容。
⑤ 武举人"史绍毕",《乾隆中卫县志校注》误作"史给毕",据原刻本及《〔道光〕续修中卫县志》改;赵士勋,《〔道光〕续修中卫县志》原刻本作"赵世勋"。
⑥ 韩超校注:《乾隆中卫县志》,[清] 黄恩锡纂修,上海古籍出版社 2018 年版,第 135 页。

谕》3篇,《议》3篇,《论》1篇,《书》5篇,《记》19篇,《序》1篇,《传》3篇,《赋》2篇,《铭》1篇,《诗》142首。诗文中,黄恩锡有《书》5篇,《记》3篇,《诗》46首。

(五) 编修质量及文献价值

1. 编修质量

《中卫县志》对于部分资料注明其出处,反映了编者编修态度的严谨,这也基本保证了志书的编修质量。《中卫县志》引用资料既有传世文献,也有出土的碑石文献。传世文献资料有些源自《万历朔志》。如卷一《地理考·风俗》引《朔方志》说明中卫人"性勇悍,以耕猎为事,孳畜为生"。① 卷四《边防考·关梁》"绿扬桥"条下注:"《朔方志》在城南,今存。"② 卷五《官师考·官制》记载中卫官制的沿革时,明朝沿革情况"按《朔方志》所载明制职官"进行介绍。其他还有,卷一《地理考·山川》"天景山"条引明朝陆应阳编《广舆记》,"沙山"条引明朝宋濂等编《元史》卷六〇《地理志》,"山河"条引《甘肃通志·山川》,③《物产》"穈"条引明王象晋撰《群芳谱》,卷六《献征表·李日荣》引《李氏家谱》。《中卫县志》还注意引用碑石资料,如卷二《建置考·祥异》引《安庆寺碑》,记叙嘉靖四十年(1561)六月十四日大地震。

除了在资料引用上注重用相对可信的资料外,《中卫县志》还对部分史料进行考辨,以确保资料有利用价值。志书完稿后曾提交上级官员审阅,其审阅意见代表了官方对此志的评价。总督杨应琚评价曰:"该令于公务之暇,乃能留心治化,编辑成书,虽文献无征,艰于考订,而规条详备,亦堪称一邑之完书。"④ 巡抚明德曰:"披阅编辑县志,纲举目张,考核亦极详备,应即付梓。"⑤ 按察司长官评价曰:"该令簿书之暇,果能留心纂辑,以备考稽,殊足嘉尚。"⑥ 这些官员对《中卫县志》考证原始材料的做法都给予了充分肯定。《中卫县志》并没有一味全盘接受其他文献中所记中卫事,而是对有些史料进行了考辨。如卷一《地理考·山川》"山河"条,编者有按语曰:"县境惟山河源自固原而来,与《通志》所称河流甚狭相证,是一河而误重为二,今核正之。"⑦《乾隆甘志》卷六《中卫县·山川》载:"清水河,……古所谓葫芦河者是也,河流甚狭,自平凉界来,西注黄河,一名高平水。山河,自固原来,至宁安堡西二十里入河。"黄恩锡对《乾

---

① 韩超校注:《乾隆中卫县志》,[清]黄恩锡纂修,上海古籍出版社2018年版,第32页。
② 同上书,第83页。
③ 《[乾隆]中卫县志》省称《甘肃通志》为《通志》,非宋朝郑樵撰《通志》。
④⑤⑥ 韩超校注:《乾隆中卫县志》,[清]黄恩锡纂修,上海古籍出版社2018年版,第12页。
⑦ 同上书,第26页。

隆甘志》所载史料进行分析,结合当地河流具体情况,考证后认为,"山河"即"清水河",源出固原,《乾隆甘志》误把一条河记载成了两条河。卷二《建置考·祠祀》对部分建筑集中进行考证。有引清朝陆稼书康熙二十四年(1685)修《灵寿县志》考证文庙,引《史记·天官书》《周礼·大宗伯》考证奎星阁,引《礼记·郊特牲》郑玄注考证八蜡祠,引《周礼·校人》考证马神庙,引《毛诗传》考证圣母娘娘庙等。卷八《古迹考》更体现了据事实考证,不滥收资料的特点,引用《水经注》《旧唐书》《新唐书》《太平寰宇记》《明一统志》《乾隆甘志》《康熙广武志》等文献,对应理州、鸣沙废州等古迹进行考证。卷八《古迹》"秦王古渡"条注明史料出自于《康熙广武志》曰:"《广武志》称:唐太宗为秦王时,西征于此渡河。"[①]接着引《唐书》对资料进行考辨,最后谨慎下结论曰:"或相传者久而误也,然不可考矣。"[②]

作为一部志书,受当时编纂者学识及各种客观条件如文献无征的限制,该志也存在缺点。如张维认为,县志于《古迹》中录唐朝温池县事,与史不合。县志的类目名称体例没有统一,卷一至卷五均为某某"考",卷六、卷七则曰某某"表",而卷九、卷十又称某某"编","此虽小节,而多自歧纷,甚无谓也"。[③]

另外,部分内容编排也存在问题。如卷一《地理考·山川》先集中列山名,后集中列川名,而"老君台山"却列于川名"石瓮水"之后,杂见于川名中。卷五《官师考》是按任职时间先后排序,"中卫学教授"李作屏、雍永祚都是康熙三十五年(1696)任,高际泰是三十八年(1699)任,杨淑是三十九年(1700)任,但名单中,高、杨二人却排在李、雍二人之间。"西协参将"左方于弘治十二年(己未年,1499)任,[④]冯正于正德元年(1506)任,路英于正德九年(1514)任,王淮于嘉靖元年(1522)任,但名单中把此4人排序为路、王、冯、左。

更为严重的是,《中卫县志》部分文字有误,需要辨明。卷五《官师考·官制》有"至雍正四年改县"句,据《清实录·世宗雍正皇帝实录》卷二五载,雍正二年(1724)十月丁酉,议复川陕总督年羹尧奏言,中卫改为中卫县,属甘肃省宁夏府管辖,《中卫县志》卷一《地理考·沿革》记载改卫为县时间同《实录》。卷五《官师考·职官》记载,雍正三年(1725)奉旨改县,江苏常熟县进士严禹沛为首任知县。故知,《官制》所载有误。[⑤]

---

①② 韩超校注:《乾隆中卫县志》,[清]黄恩锡纂修,上海古籍出版社2018年版,第134页。
③ 张维:《陇右方志录》,《中国西北文献丛书》据北平大北印书局1934年版影印,兰州古籍书店1990年版,第77册第704页。
④ 原刻本原作"乙未",弘治纪年中无此干支年,有"己未"年,据改。
⑤ 《乾隆中卫县志校注》亦引《清实录》资料指出此误,但将《清实录》误作《明实录》。

2. 文献价值

第一,作为中卫传世的第一部旧志,《中卫县志》较为系统全面地总结了中卫地理、民情、经济等资料信息,特别是自雍正三年至乾隆二十五年(1725—1760)间的资料信息更为详尽。正如图锦布《〈中卫县志〉序》所言:"凡土疆之沿革、河渠之灌泄、驿路之通达,风俗、物产之繁昌,以及科第、官师、材能、节义,靡不灿然胪列,包括无遗;而且被之以弦歌,畅之以吟咏,彬彬焉,郁郁焉,浑忘其为风沙边塞之区。"①而这些资料信息,其研究和利用价值也非常明显,诚如罗元琦《〈中卫县志〉跋》所言:"举凡山川疆域之形胜,风俗政教之迁流,了然如指诸掌。使后起者览幅员扼塞,则周知险阻控御之宜;考户口赋役,则备悉安辑拊循之要;稽学校选举,则深思培养作育之源。可以镜曩昔,即以诏来兹。洵有合于史氏之遗意,而足以导扬美盛,昭一统无外之鸿模矣。"②

第二,志书部分内容反映出黄恩锡关注民生的治政理念。《凡例》载:"农桑为生人之本。中邑务农力穑,逐末者少而蚕桑不兴,往往一亩之所入不能制一衣。然城堡皆产桑,亦间有养蚕之家,特未大兴其利耳。为采《豳风广义》数条,并附论以示劝。"③卷一《地理考·物产》后所录黄氏《蚕桑考》对中卫应当注重发展养蚕事业提出了前瞻性的建议,至今都有借鉴价值。他节录的《豳风广义·宜桑说》、④《养蚕节录》则为百姓提供了具体的养蚕种桑方法,对相关事业有很高的实际应用价值。卷一《地理考》所附"索庵黄氏曰",阐述了黄恩锡注重兴修水利以促进中卫农业发展的认识,他说:"农田为养民之本,而农田必资于水利。引河决渠,灌溉以兴,斥卤之区尽为膏腴,……然水之利在渠,而渠之患,有因天时者,有因人事者。……夫政在养民。力农务本,必先水利。"⑤更为可贵的是,他把自己治水修渠的经验都总结出来,为后人提供了诸多有益的借鉴。

第三,志书中某些资料具有特殊的研究价值。如卷二《建置考·堡寨》"耍崖"条载:"在县东南二百三十里,分三庄。其龙柏、谈木沟皆回民。耍崖回民十之七,汉民十之三,今汉民亦分移附近之新庄矣。"⑥这对于研究中卫民族问题有研究价值。卷九刘得炯《重刻〈关学编〉序》是研究明代冯从吾《关学编》的重要文

---

① 韩超校注:《乾隆中卫县志》,[清]黄恩锡纂修,上海古籍出版社2018年版,第3页。
② 同上书,第201页。
③ 同上书,第10页。
④ 《豳风广义》三卷,清杨屾撰,屾字双山,陕西西安人,其书述树桑、养蚕、织纴之法,备绘诸图,详说其制。
⑤ 韩超校注:《乾隆中卫县志》,[清]黄恩锡纂修,上海古籍出版社2018年版,第31—32页。
⑥ 同上书,第51页。

献,对研究西北地区性理之学家的学术传承史有重要价值。

二 《〔道光〕续修中卫县志》

《〔道光〕续修中卫县志》(本著作简称《续中卫志》)10卷,郑元吉修,余懋官纂,道光二十年(1840)撰修,二十一年(1841)定稿并刊行。

(一) 整理与研究现状

《陇右录》《联合目录》《宁夏目录》《甘肃目录》《总目提要》等方志书目对该志都有著录或提要。《方志与宁夏》第二章《宁夏历代修志综览》对《续中卫志》也有综述与研究。

高树榆撰《宁夏方志录》《宁夏方志评述》《宁夏回族自治区地方志述评》等文对《续中卫志》都有提要介绍。杜玉冰撰《乾隆〈中卫县志〉简介》一文部分内容言及《续中卫志》。天津古籍出版社1988年版《宁夏历代方志萃编》、兰州古籍书店1990年版《中国西北文献丛书》第一辑《西北稀见方志文献》第53卷、凤凰出版社等2008年联合出版《中国地方志集成·宁夏府县志辑》、学苑出版社2015年版《宁夏旧方志集成》等丛书都影印出版了《续中卫志》。1990年,宁夏人民出版社出版周兴华等标注《标点注释中卫县志》,整理者未注明所据底本及参校本。《续中卫志》最新整理成果是上海古籍出版社2018年版韩超校注本,以国家图书馆藏道光二十一年(1841)刻本为底本,以《宁夏历代方志萃编》《中国西北文献丛书》第一辑《西北稀见方志文献》、《中国地方志集成·宁夏府县志辑》等丛书影印本为对校本,部分整理成果参考周兴华等整理本。因《续中卫志》绝大多数内容与《中卫县志》雷同,为省篇幅,避免重复,韩超以《中卫县志》的体例、内容为基本框架,辑入《续中卫志》中增补或因时代变迁而改变的内容。具体辑补方法如下:一是将《续中卫志》的序文、凡例、目录、修志姓氏等置于《中卫县志》之后,用"【《续中卫志》序、修志姓氏、总目、凡例、图考】"标注说明。二是将增补的《续中卫志》内容以小五号宋体字辑入《中卫县志》相应类目之后,用如"【《续中卫志》卷一《地理考·水利》】"类字样标注出处。三是将《续中卫志》承袭《中卫县志》过程中产生的异文或脱、讹、衍、倒等,均以脚注形式出校说明。

《中国西北文献丛书》影印张维藏刻本前附张维1917年的题识,内容同《陇右录》提要,上钤有"临洮张维""临洮张氏""陇人张维""还读我书楼藏书印""鸿汀""鸿汀张维"等印文印章。图家图书馆藏本同张维藏本,均为道光二十一年(1841)刻本,四周双边,单、黑鱼尾。正文前序的行款各不相同,程德润序每半页6行,行10字,其他序均每半页8行,郑元吉序每行14字,钟兰枝序同黄恩锡序均为每行12字,图鏼布序每行18至20字不等,隆甫序每行11字。正文每半页9行,行21至22字。国图藏本于《中卫县志·修志姓氏》名单中"陈献瑞"次行有"光绪九年夏四月金城玉堂氏阅识"14字,张维藏本无。

《续中卫志》刊版上存在缺陷,卷一《地理考·古迹》部分共5页,页码独立编序,但有一页卷端题名作"古迹考卷之八",而版心题作"卷一古迹考",而本卷已有卷端题名"地理考卷之一",故不应再有"古迹考卷之八"的卷端题名出现,卷一的版心都应该统一为"卷一地理考"。卷八《杂记》原题《古迹考》,续志把题名改了,刻版中却无卷端题名,版心仍然题作"卷八古迹考",当改为"卷八杂记"。续志把原志卷八"古迹"调整至卷一中了,可能在刊刻时没有注意原志版式,所以出现了这样的现象。

(二) 编修者生平

据《续中卫志·续修志姓氏》载,郑元吉组成了一个比《中卫县志》人数更多的编修队伍,共有29人参与了县志的续修工作,其中郑元吉为主要纂修人,"协修"者包括褚裕智、李赓廷、俞仁育、沈烜等4人,"编辑"为余懋官,"采访"人员有盖奇文等9人,"校对"有鲍成龙等10人,"缮写"有雍光祖、门秉仁等2人,"查卷督刻书吏"有马万龄等3人。29人中,雍光祖身兼校对、缮写两职,最主要的修志人员是郑元吉和余懋官。

1. 郑元吉

郑元吉字考堂,生卒年不详。《续中卫志》卷五《官师考》载,郑元吉为江西金溪(今江西金溪县)附监生,道光十九年(1839)任中卫知县。

2. 余懋官

余懋官字子佩,江西人,生卒年不详,前借补河州太子寺州判,直隶州州判。郑元吉《续修中卫县志》序》载,《续中卫志》"初稿定,复寓书兰垣,延余君子佩州倅至署,公暇往复商榷。子佩于是按篇目而加以辨核,故地理有稽,建置有准,田赋有凭,官师有定,人物有详,献征有据,杂记有条,各得其体要,以备采择"。[①] 故知,余懋官参与了志书的实际续修工作,对有关内容进行过审读、辩证,使原书内容的可信度有了很大的提高。

---

① 韩超校注:《乾隆中卫县志》,[清] 黄恩锡纂修,上海古籍出版社2018年版,第16—17页。

(三) 编修始末及编修方法

1. 编修始末

前文述及,黄恩锡于乾隆二十六年(1761)编成《中卫县志》,至郑元吉道光十九年(1839)任中卫知县,中间经过了14任知县(包括郑元吉)、近80年时间,却没有一次真正意义上的续修《中卫县志》。由于时过境迁,因革损益,旧志又有"渐就湮没"的危险,客观上需要对《中卫县志》进行续修。郑元吉深以为憾,慨然视为己任,"取旧志,网罗散失,始于庚子仲夏,成于辛丑仲春"。① 郑元吉等自道光二十年(庚子年,1840)五月续修县志,至二十一年(辛丑年,1841)二月修成并刊行,续修县志共用了10个月的时间。

郑元吉《〈续修中卫县志〉序》对修志过程有详细介绍,他说:"于是商共寅僚,议集绅耆,下及里长、党正,皆充采访。自春徂夏,各举见闻以陈。乡里、山川、古迹,悉因仍于旧志。仓储学校之纷更,邮驿桥梁之增减,明神先哲之坛庙坟茔,户口钱粮之盈虚、征敛,公卿大夫忠孝节义之尊美,荐举、科名、营伍、战守之盛大,天人休咎之征,山林遗轶之事,补遗正讹。每篇目辄条其颠末,博观而约取之。"② 前文提及,郑元吉组成了一支由29人组成的续修县志队伍,对《中卫县志》做全方位的补充、订正。《续中卫志》初稿完成后,又延请余懋官进一步审订,最后才正式定稿。从实际情况看,《续中卫志》在内容上的确比原志丰富了一些,作为续志,自有其独特价值,并非像某些学者评价说其资料价值不大。

2. 编修方法

(1) 编修体例与内容结构方面

《续中卫志》的编修体例、内容结构基本都照搬《中卫县志》。共10卷,每卷前都有小序,正文前内容共34页。《中卫县志》原有"序"共4篇,《续中卫志》按原志次序全部保留,均标题作"原序",依次是:钟兰枝《〈中卫县志〉序》3页、图锴布《〈中卫县志〉序》3页、隆甫《〈中卫县志〉序》4页、黄恩锡《〈应理志草〉序》5页。续志新增序文两篇,置于《中卫县志》原序之前,依次是:道光二十一年(1841)孟夏(四月)程德润《〈续修中卫县志〉序》3页、同年季春(三月)郑元吉《〈续修中卫县志〉序》2页。

《中卫县志》序后呈送上级官员阅批的内容在续志中被删掉了,续志于序后接的内容是《中卫县志·修志姓氏》2页、《续修志姓氏》2页、《〈应理志草〉总目》2

---

①② 韩超校注:《乾隆中卫县志》,[清]黄恩锡纂修,上海古籍出版社2018年版,第16页。

页、《凡例》10 条 3 页。其后的地图部分共 5 页,新增《县城全图》1 幅,绘制有城门、城墙、公署、坛庙等,置于《中卫县境域图》《水利图》之前。图后即为卷一至卷十正文内容,共 269 页。最后是乾隆二十六年(1761)罗元琦撰《〈中卫县志〉跋》3 页。

《续中卫志》在内容上还有与《中卫县志》不一样的地方。《续中卫志·凡例》述及志书内容辑录情况曰:"星野、建置、疆域以及山川、村堡,悉仍旧志,惟额征、户口、税课、职官、人物、忠孝、节义重加编辑。查户口倍繁于昔,而土田间多崩塌,税课、额征亦屡邀豁免。其职官、人物、忠孝、节义,谕地方绅士备为访察。实有德可录,有善足纪者,另为之传,庶不致湮没无传。虽其意在善善欲长,亦不敢溢及无实。"①从志书记载内容看,重加编辑的额征、户口、税课、职官、人物、忠孝、节义等内容的确与原志有较多的不同(详见下文),有些地方明显是据事实作了新的补充。如《中卫县志》卷二《建置考·官署》载:"中卫县典史无衙署。历任皆寓寺观、民房。现在议请修建。"②《续中卫志》前 3 句话照录,把第 4 句"现在议请修建"改写作"乾隆四十五年,典史王伯需因知县王臣修理县署余赀,创建衙署,在县署后"。③续志很明显是据实际情况补写了相关的史实。再如,《中卫县志》卷二《祠祀》"文昌阁、奎星阁"条后原附考证,内有"此道家之说识者其辨之"语,《续中卫志》本句作"此道家之说,与朱竹垞老人所辨相歧矣,④识者其知之"。续志很明显对原志的考辨内容有思考,并据个人所知补充了重要的考证线索。

原志部分内容后附有黄恩锡的议论,郑元吉往往于黄氏议论之后再附"考堂郑氏曰"或"考堂记",对黄氏的议论再发议论。如《中卫县志》卷一《地理考·水利》后附"素庵黄氏曰",阐述自己对发展农业水利事业的看法,《续中卫志》在其后附"考堂郑氏曰:素庵留意水利,引河决渠,法可谓详且密矣"云云。卷三《贡赋考》在"素庵记"之后附"考堂记"曰"按:素庵田赋一记,切中利弊"云云。

另外,《续中卫志》对于部分类目内容的次序进行了调整,部分类目名称也有变更。如《续中卫志》将《中卫县志》卷一《物产》内容移至续志卷三《贡赋考》;《中卫县志》卷八原为《古迹考》,包括《古迹》《中卫各景考》《杂记》等 3 类目,续志把本卷《古迹考》改名为《杂记》,把原志《古迹》内容移至续志卷一,将原志"杂记"类

---

① 韩超校注:《乾隆中卫县志》,[清]黄恩锡纂修,上海古籍出版社 2018 年版,第 19 页。
②③ 同上书,第 52 页。
④ "朱竹垞老人"指清代学者朱彝尊(号竹垞),在其《曝书亭集》卷六九《开化寺碑》中对文昌之名有所考辨。

目名改为"轶事",又把原志卷二《祥异》内容移至续志本卷。张维认为该志"类例记载尽仍旧志,所续增不及十一,而自标'续修',剜移成编,盖好名之甚者"。指出该志把《中卫县志》的部分类目内容进行移并,有些可取,有些则很牵强。补"杂志"一卷,却未按原书体例补写出"小序","因人之物而复如此舛错,亦太疏矣"。① 有些类目内容的调整还是合理的,如《中卫县志》卷七《选举表》,科举名单中先列举人后列进士,这虽然符合科举的次序,但旧志中一般都是先列进士,后列举人,续志对《中卫县志》所载就作了次序上的调整。同卷中把《武阶》名单插入到附载的《仕宦》名录后,显然与体例不符,续志也作了调整,紧接在《乡贡》之后,这也与续志目录中标注的顺序相一致。

遗憾的是,续志没有把原志内容编排上存在的部分问题给纠正过来,而是把问题沿袭了下来。如卷一《地理考·山川》"老君台山"杂见于川名中,卷五《官师考》"中卫学教授"任职时间晚的高际泰、杨淑排序在任职时间比他们早的李作屏、雍永祚之间,"西协参将"左方、冯正、路英、王淮的任职顺序排成了路英、王淮、左方、冯正。②

(2) 行文方面

《续中卫志》大部分内容都直接过录《中卫县志》原文,也有相当多的行文表述的内容虽与原志不同,但模仿原志使用字、词、句的痕迹非常明显。如《中卫县志·凡例》最后一条载:"志属草创,又边地典籍阙略,毫无考据,不揣固陋,随意纂修。仅以吏事余力,行馆署灯,出一人之手,越三月而成其稿。虽编次务求详而有休,而才识有限,文献无征,第取而名之曰《应理心草》,以俟博雅之讨论裁正焉。"③《续中卫志·凡例》最后一条载:"志自乾隆二十六年镌版后,迄今八十余年未加修葺,元吉以吏事余力,行馆署灯,集诸绅士所采访者,核旧志而损益之,复与友人商榷可否,越三月而稿成。惟边地典籍毫无考据,不揣固陋,随意纂修,以俟博雅之讨论裁正焉。"④ 两者比较可知,续志有些句子原封未动,有些据实际把句子改写了,有些是把句子顺序调整了一下,但行文的特点则是一致的。

---

① 张维:《陇右方志录》,《中国西北文献丛书》据北平大北印书局 1934 年版影印,兰州古籍书店 1990 年版,第 77 册第 705—706 页。
② 《标点注释中卫县志》把这些问题都已经纠正过来了。
③ 韩超校注:《乾隆中卫县志》,[清] 黄恩锡纂修,上海古籍出版社 2018 年版,第 11 页。
④ 同上书,第 19 页。自乾隆二十六年(1761)编成《中卫县志》当年算起,至道光二十一年(1841)续修县志刊行,相距 81 年,故程德润、郑元吉等人言"八十余年"。另据程德润序,郑元吉等自道光二十年(1840)五月续修县志,至二十一年(1841)二月修成并刊行,续修县志用了 10 个月的时间。《凡例》套用《[乾隆] 中卫县志·凡例》原句"越三月而成其稿",与续修县志所用时间事实不符。

(四) 内容及编修质量

卷一《地理考》共 32 页,包括《星野》《沿革》《疆域》(附《形胜》)、《山川》《水利》《古迹》《风俗》等 7 类目。《星野》后所附星图的内容比《中卫县志》详细,[1]多绘出"天狗""天狼""弧""矢""积水""老矢"等 6 处信息。续志删掉了原志的《星象歌》。《水利》"七星渠""张恩堡通济渠"条据实际情况把灌溉田数作了更改,原志作"七星渠"浇田七万二千一百余亩,"通济渠"灌溉二千五百五十二亩,续志分别改为"六万四千九百亩""二千八百余亩",其他文字均过录《中卫县志》原文。

卷二《建置考》共 39 页,包括《城池》《堡寨》(附各滩、湖、山庄)、《公署》(附《养济院》《公馆》)、《仓廪》《学校》《祠祀》(附《寺庙》)等 6 类目。《城池》"中卫城"条补充了道光二年(1822)、十二年(1832)修城史实。《仓廪》各仓支粮信息与原志有异,新增了"白马、鸣沙仓"的资料,"应理仓"条增加了嘉庆四年(1799)知县文楠添建廒房事。《学校》新增了"镇靖堡义学""石空堡兴文社"等两条资料,郑元吉还有议论附在其后,"中卫县儒学""应理书院",宣和堡、镇罗堡、永康堡等社学各条目中都增加了乾隆二十六年(1761)之后的新资料。《祠祀》中新增了"文昌宫"资料,关帝庙中增加了道光八年(1828)兴修的资料,本条资料后又附郑元吉的一段补充材料,谈及关帝庙原有古碑 1 通,碑文记载了明朝崇祯十六年(1643)关帝庙与当地回民清真礼拜寺为扩址而争斗事,具有较为重要的资料价值。"河渠龙神庙"中补充了乾隆五十八年(1793)、嘉庆十七年(1812)、道光十年(1830)修建之事。

卷三《贡赋考》20 页,包括《额征》《户口》(附《蠲恤》)、《税课》(附《市集》)、《物产》《盐法》(附《茶法》)等 5 类目。本卷内容资料很多,续志对原志所记有保留,亦有补充、修改。兹举一例说明。《续中卫志》记载:"一公用养廉田七十五亩。每亩科粮二斗六升,应征本色粮一十九石五斗,又每亩新增粮一斗八升,共增粮一十三石五斗二,共应征粮三十三石。一上则全田二千一百三十顷五十五亩一分二厘零。每亩科粮一斗二升,草三分,银一厘。内有田三十五顷七十一亩一分六厘零。其地稍薄,例不征银,止该征银地二千九十四顷八十三亩九分五厘零。共征地亩银二百九两四钱八分三厘零,共征本色仓斗粮二万五千五百六十六石六斗一升四合,草六万三千九百一十六束五分三厘。"本段文字中,"一公用养廉田七十五亩"句至"共应征粮三十三石""共征地亩银二百

---

[1] 星图中星宿名称,《〔乾隆〕中卫县志》"东井",《〔道光〕续修中卫县志》作"井"。

九两四钱八分三厘零"句至"草六万三千九百一十六束五分三厘"句两段文字为《中卫县志》所无,"一上则全田二千一百三十顷五十五亩一分二厘零"句至"止该征银地二千九十四顷八十三亩九分五厘零"系续志原文过录《中卫县志》。

卷四《边防考》8页,包括《塞垣》《营制》《边界》《驿递》《关梁》等5类目。《驿递》比《中卫县志》内容有删减、改动,如《中卫县志》载:"中卫驿西路厅经管。旧额马四十五匹,于乾隆九年八月内奉文归县管理。嗣于乾隆二十年五月内奉文新添马一十五匹,至乾隆二十五年奉文裁撤马二十匹。"①《续中卫志》载:"中卫驿:西路厅额马十八匹,归县管理。"两志记载内容差别很大,郑元吉对此解释曰:"《赋役全书》与旧志所载各驿额马数目不符,因西路厅及各驿丞裁缺,额马亦历年屡经增减,故为《赋役全书》所未详、旧志所未及载也。兹就现在归县管理之额数一一登记,至后有增减,其稽核以俟来者。"②《关梁》较《中卫县志》增加了嘉庆七年(1802)在宁安堡所设"泉眼山渡"。

卷五《官师考》17页,包括《官制》《职官》《名宦》等3类目,附"俸薪养廉"。《中卫县志》与续志《职官》所载文职通判、同知、中卫掌印指挥、掌印守备、经历等5种职官,武制西协参将、中军守备等2种职官名单全同,文职的知县名单中增加乾隆六十年(1795)文楠至道光十九年(1839)郑元吉共9人,教谕中增加李蓉等6人,训导中增加史旌直等3人,典史中增加吴治安等5人,巡检中增加余林等12人。续志关于武官的记载较《中卫县志》有大的增加,这要得益于郑元吉的重视,他说:"官师有文职,不能无武阶,而边邑为用武之地,其有功德于民者,尤不可略而弗记也。中邑自乾隆五十二年以后,至道光二十年以前,武阶名氏缺于稽考,其何以纪捍御之勋而企功德之慕乎!此元吉所以耿耿不能释诸怀也。"③武官部分,续志新增广武营游击6人、广武营守备8人、石空营守备5人、古水营守备11人,这些《中卫县志》原无。副将名单中,续志较《中卫县志》新增萧福禄等10人,都司名单中,④新增石宝森等8人。

卷六《献征表》24页,包括《人物》《忠节》《孝义》《节女》《流寓》等5类目。与《中卫县志》相比,续志《流寓》《方技》入传人数同《中卫县志》,但《人物》中新增梁朝桂等6人入传,《忠节》新增罗全亮1人入传,《孝义》新增张云等5人入传,《烈妇》新增计氏等3人入传,《节孝》新增陈氏等74位女性入传。

---

① 韩超校注:《乾隆中卫县志》,[清]黄恩锡纂修,上海古籍出版社2018年版,第80—81页。
② 同上书,第82页。
③ 同上书,第91页。
④ 《〔乾隆〕中卫县志》卷五《官师考》载,雍正九年(1731)改设都司,《〔道光〕续修中卫志》误载为"雍正元年(1723)"改设。

卷七《选举表》12页，包括《科甲》《乡贡》《武阶》等3类目，附"诰赠""仕宦""乡饮耆年"等内容。根据中卫80多年科举的变化情况，续志在《科甲》中新增杨抡、张志濂等进士2人，杨抡等举人13人，探花孙抡元1人，新增田礼、魏朝臣等武进士2人，范起风等武举人54人；《乡贡》中新增魏谏唐等43人；《武阶》中新增魏朝臣等14人。附载的"诰赠"新增范登元等11人，"仕宦"新增毕钟奇等24人，"乡饮耆年"新增何其福等8人。

卷八《杂记》9页，包括《各景考》《祥异》《轶事》等3类目。《祥异》中增加了3件道光年间发生的事情，其他内容与《中卫县志》同。卷九70页、卷一〇38页，均为《艺文编》，包括《上谕》《议》《论》《书》《记》《序》《传》《赋》《铭》《诗》等10类目。这部分内容增加不多，在《记》中增加了郑元吉的《续修文庙碑记》《续修七星渠碑记》《应里书院碑记》等3篇，《诗》中增加了周守域的《胜金关怀古》1首。

（五）文献价值

该志编修参与者人数众多，文本中错误也不少。文本整理者已经多有补漏、校正、校勘，如补《皇清分巡宁夏道钮公生祠碑记》脱漏45字，改"王士安"为"王子安""李白平"为"李北平"，等等。但《中卫县志》志书中仍有部分问题未被整理者发现。《中卫县志》卷二《建置考》"祠祀"中"厉坛"载："厉坛，在城西北。每岁三祭，祭日奉城隍神以主厉祭，设无祀鬼神之位于坛下。春则清明，秋则七月十五日，冬则十月初一日。祭仪节省于各坛，止行一跪三叩礼。"[①]《续中卫志》载曰："厉坛，在城西北。每岁三祭。春则清明，秋则七月十五日，冬则十月初一日祭。"续志显然把《中卫县志》中的祭祀对象及仪节形式这样非常重要的内容脱漏了。更为严重的是，续志对原志部分内容不知何故，全部删除，这样做是很不应该的。如《中卫县志》对于文庙祭品、祭器、乐器、舞器的名称、数量都有详细的记载，并配以《文庙陈设图》《文庙乐舞图》说明，但续志只存图，文字内容全都删除了。《中卫县志》卷一《地理考·物产》后原附黄恩锡撰《蚕桑考》、节录的《豳风广义·宜桑说》《养蚕节录》，这些资料对于指导当地养蚕事业的发展很有价值，但续志也全部删除了。卷五《官师考》，续志目录中标注附录有"俸薪养廉"，但正文没有相关内容，原志中载录的内容也全部被删掉了。

由于有上述这些问题存在，加上《续中卫志》从编修体例到内容结构、甚至遣词造句等因袭《中卫县志》的痕迹非常明显，所以有学者认为续志没有太大

---

① 韩超校注：《乾隆中卫县志》，[清]黄恩锡纂修，上海古籍出版社2018年版，第57页。

的资料价值,续增内容甚少,无甚特色,其实不然。从前文所述可以看出,《续中卫志》提供了比《中卫县志》更为丰富的资料,所以该志还是有其积极的文献价值的。

《续中卫志》成书于《中卫县志》修成80多年后,郑元吉在很多类目内容中都有史料方面的补充,特别像户口、赋税、田亩等类内容资料会常常发生变动,职官上、人事上会有正常的变动、调整,科甲方面也会有规律性变化等,《续中卫志》都能较为准确地反映出来。部分史料详细程度也比《中卫县志》高,如《中卫县志》卷二《建置考》后附养济院、公馆的资料,关于养济院记载道:"养济院,在城西门外。乾隆二十三年,署西路厅富斌、知县黄恩锡捐建。"①交代了所处位置、兴建时间及兴修人,《续中卫志》除这些资料外又补充如下:"额设孤贫二十名,日支粮一升,每月共支粮六石,计一岁支仓斗数粮七十二石。"②补充的资料介绍了养济院的规模及开销问题,将《中卫县志》与续志的资料合在一起,对养济院的了解才会更深入。关于公馆,《中卫县志》只记载了东路胜金关公馆、南路鸣沙州公馆和安宁堡公馆、西路长流水等官房,续志则补充记载了黄恩锡任后几任官员添建的大公馆、二公馆、乾塘子、营盘水、沙坡底等五家公馆,形成了中卫县公馆的完整资料。

因此,《续中卫志》不仅基本保存了《中卫县志》的全部内容,同时又补充了新的内容,所以就研究中卫的历史、政治、经济、地理等问题而言,《续中卫志》的资料更全面,使用上也更为便利。

三 《重修中卫七星渠本末记》③

国图藏《重修中卫七星渠本末记》三卷(本节简称《七星渠记》),朱丝栏稿本,左右双边,每半页8行,行20字,单鱼尾,版心下印"陶庐"二字,可知此为王树枏家抄。《七星渠记》卷上47页,卷中25页,卷下50页,共122页。2004年线装书局出版《中华山水志丛刊》,其中《水志》第20册中的《重修中卫七星渠本末记》即影印此本。

(一) 整理与研究现状

《宁夏日报》2013年6月5日第3版刊登王建宏撰《中卫发现一部古渠重修

---

①② 韩超校注:《乾隆中卫县志》,[清]黄恩锡纂修,上海古籍出版社2018年版,第52页。
③ 本节内容主要由韩超撰写。

书籍——〈重修中卫七星渠本末记〉有助研究宁夏水利文化》一文,介绍了宁夏中卫发现的《重修中卫七星渠本末记》。消息称:"近日,一部由晚清著名学者、光绪年间中卫知县王树枏编辑整理的《重修中卫七星渠本末记》一书,被中卫市政协委员张晓磊在沙坡头区发现。"①并且,该消息还简单介绍了书的内容及作者情况,让公众注意到了这样一部有关七星渠的重要著作。可惜文中对版本情况未加说明,无法与国图所藏者参照。又,消息称:"上卷反映了对七星渠工程重修的决心及可行性报告,施工前的查勘及分析研究,施工预算等。中卷收录了如何施工、工匠使用状况、劳动用工、工程进度,以及工程公告等。下卷详尽记述了当时清政府对工程质量的验收,以及各标段完工后的效果。"此与国图藏者大致相同,惟国图藏本卷下分上、下两部分,上部分内容同卷中,也是介绍如何施工、工匠使用等情况的。

关于《七星渠记》的专题研究,目前仅见魏舒婧撰《清末西北地区水利兴修与管理程序——以中卫七星渠为例》一篇文章。该文利用国图藏《七星渠记》对七星渠的"兴修程序""管理程序"作了细致的解读,较为全面地勾画了王树枏兴修七星渠的整个过程。

(二) 编辑者生平

王树枏字晋卿,晚号陶庐老人,河北新城人(今新城县),咸丰元年(1851)十一月二十五日生。因其右手有"枏"字形纹路,故其父为他取名"树枏"。② 光绪十二年(1886)丙戌科进士,二十四年(1898)十二月被任命为中卫知县。二十五年(1899)二月到任,并开始调查七星渠情况。二十九年(1903)三月,王树枏离任。历官至新疆布政使。辛亥革命后,以满清遗老自居,曾任清史馆总纂。民国二十五年(1936)二月卒,年八十六。③

王树枏一生著述颇丰,据尚秉和《故新疆布政使王公行状》,主要有《陶庐文集》《陶庐笺牍》《陶庐丛刻》等,主编《新疆图志》《奉天省通志》等方志。《陶庐老人随年录》(以下简称《随年录》)载,王树枏在中卫任知县期间编著有《欧洲战事本末》《希腊学案》等著作。然《随年录》及《王公行状》均未有《七星渠记》的记载,或因此书为编辑往来公文而成,非可为著述之列。

---

① "王树枏"当作"王树枏",《宁夏日报》撰文时有误,详见下文。
② 王树枏撰:《陶庐老人随年录》,中华书局 2007 年版,第 11 页。
③ 尚秉和撰:《故新疆布政使王公行状》,转引自《陶庐老人随年录·附录》,中华书局 2007 年版,第 102 页。

(三) 中国国家图书馆藏本内容

《七星渠记》是重修七星渠时王树枏与各级主管官员间公文往来的汇编,全书以王树枏所撰公文为纲,各有标题,请示性公文下间附各级官员的批复公文。《七星渠记》三卷并没有截然的区分,大致以多寡为卷,按时间排列,但各卷均有所侧重。

卷上共收公文27篇,是工程的准备阶段。光绪二十四年(1898),在王树枏任中卫知县前,陕甘总督陶模嘱他调查七星渠情况,看能否重修。二十五年(1899)二月王树枏正式任中卫知县,即着手调查七星渠。在进行认真勘察之后,王树枏将工程的可行性、工费预算、人员组织等上报各级主管官员,并通知协同办理之县丞、副将、巡检、首士等共同做好修渠的准备工作,随即开始修浚。不过由于时值农忙,修七星渠的整体工程实际上从光绪二十六年(1900)春才正式开始。《随年录》对此有记载曰:"惟已交夏令,正值农田栽种之时,须俟明春工作。"①

卷中共收公文23篇,是工程具体实施阶段,主要是工程进度、用工用料情况、工程之难易与效果等。其中有魏光焘《致中卫县》一文犹可关注。此文虽只有短短265字,却生动勾画出了当时清政府所面临的局势。内有义和团之乱,外有外国军队逼近,致原先修渠之兵员均先调防平凉,以备关陇,渠工遂暂止。

卷下共收公文22篇,是工程的完工、验收阶段。《随年录》"二十七年辛丑五十一岁"条载:"九月,红柳沟暗洞成。春间,余在红柳沟旁筑室二间住居。四月,余即在此办公听讼,稍暇,手持一布伞,上下督工,与民同作同息,凡七阅月告成。"②这说明,光绪二十七年(1901)重修七星渠工程基本完工,"惟管道尚有六七十里"。《随年录》卷上"二十八年壬寅五十二岁"条下记载:"自七月起至八月二十五日毕工,开通大渠八十一里,全渠自此告成,随即禀定渠章,立案永遵。"③《七星渠记》卷下有九月初四写就的《全渠告竣禀》。由此可知,重修七星渠工程于光绪二十八年(1902)八月二十五日全部竣工。

(四) 文献价值

宁夏中卫的七星渠至今仍在使用,是中卫市最主要的灌溉系统之一,对中卫、乃至宁夏的农业发展有着至关重要的作用,所以《七星渠记》不仅有文献意

---

① 王树枏撰:《陶庐老人随年录》,中华书局2007年版,第42页。
② 同上书,第43页。
③ 同上书,第44页。

义,更有现实意义。

首先,是编是目前发现的较为系统地记载宁夏古代水利工程的史料,完整地记录了七星渠从倡议修浚至最后完工、验收、订立章程的所有环节与细节。且编纂此书者即为主持七星渠工程之王树枏,文献来源更是王树枏家抄之本,其真实性与可信性更高。

其次,《七星渠记》所记载的在修渠中遇到的困难及解决的方法,对如今七星渠的治理,甚至对西北相同地质环境下的水利工程的治理,都有可取之处。古人在生产力极其低下的年代,利用自己的智慧将原本频受洪涝影响的荒芜之地,变成了沃野千里之区,其治理经验和方法在新时期同样能够发挥出应有的价值。

再次,可从中体会出时局之变换、国家之兴亡。七星渠工程在修浚过程中因义和团之乱和八国联军侵华而被迫中止,王树枏在《致中卫县》志曰:"夏间北方拳匪乱起,启衅强邻,廷旨征兵,急如星火。五月二十八日,魏帅札调陶、董两旗由岑藩台统带入卫,而宣威中旗及甘军副前旗亦于七月间各调回防操练。渠工遂尔中止。"接着不禁发出"功亏一篑,惜哉"的感慨。可见国之兴亡关乎民生远矣。

第二节　海原县旧志

传世的海原县旧志共3部,包括朱亨衍乾隆十七年(1752)修纂、十九年(1754)抄本传世的《盐茶厅志备遗》(本著作简称《厅志备遗》),杨金庚光绪三十四年(1908)修纂、同年抄本、排印本传世的《海城县志》,廖丙文监修、陈希魁等编纂的光绪三十四年抄本传世的《新修打拉池县丞志》(本著作简称《打拉池志》)。《厅志备遗》《打拉池志》均不分卷,《海城县志》共十卷。民国时期有几种文献与海原密切相关,特别像《甘肃省海原县要览》(本著作简称《海原要览》),编撰者不详,民国三十六年(1947)左右稿本传世。本件文献不是严格意义上的旧志,且文献利用价值有限,但由于其编写体例、内容与志书非常相近,且为民国时期海原县情的一手资料,故亦当给予应有的重视。

宁夏海原县历史悠久,清初地以官名,设盐茶厅之名。《厅志备遗·官制》记载,平凉府盐茶厅首位同知于清顺治三年(1646)就任,驻固原州。乾隆十三年(1748)四月癸酉,暂管陕甘二省事务的甘肃巡抚黄廷桂等奏:"今查固原城内驻扎平凉府盐茶同知一员,所当州城西北一带,距城窎远,请将该同知移驻海喇都,另建衙署,其旧署改为中军参将衙门,该道仍复旧署;又海喇都旧土城一座应建厅仓,即将州城厅仓陆续折运,现在该厅民情愿捐修,应从民便;至一切兵防,请于标属营内拨千总一员、马守兵四十名;其固原厅州所辖村堡,应各归就近管辖。均应如所请。从之。"①时任盐茶同知者为《厅志备遗》的纂修人朱亨衍,厅署驻地原在固原,移驻盐茶厅官署至海城的重任就历史性地落在了他的肩上。

正式移驻海城前,要先行修建新的厅署,当地百姓对官府此举非常支持。"先是,吾民望公之来如望岁,咸欲捐私囊以建公署。公念民劳,不许。而动帑兴修,留民力以为城垣、仓廒之用。"②也就是说,官署用公款修建,而城垣、仓廒则是用民间力量修建。朱亨衍于"乾隆十三年奉文动帑,建修官房五十八间,外捐修房五十四间"。③海城举人、《厅志备遗》采辑人员刘统在其《盐茶厅署落成记》中对兴修厅署一事有详细记载,他记载道,盐茶厅署于乾隆十三年(1748)四月初九开始动工修建,九月重九日落成,朱亨衍于九月二十日移居海城。《厅志备遗·建置沿革》载朱亨衍言曰:"既得钦命,予遂于十四年之四月,迁治所于海城。凡官兵衙署,取之库帑,克日告成,不劳民力也。城垣仓廒,责之民力,不费官帑也。"④《厅志备遗·图记·城图》也有黄廷桂于乾隆十三年(1748)奏请将盐茶同知移驻海城,同知于十四年(1749)建署移居的记载。综合几家记载可知,甘肃巡抚黄廷桂于乾隆十三年(1748)四月癸酉奏请将原驻固原州的盐茶厅移驻海城,乾隆恩准后,朱亨衍于同年在海城大兴土木,兴修官署、城垣等,工程完工后,于当年九月移居海城,第二年即乾隆十四年(1749)四月正式在海城开署办公。⑤

同治十二年(1873),左宗棠"奏为盐茶、固原接壤,地址辽阔,政令难行,拟分别升裁,添设县治,以便控驭而资治理,恭折具陈,仰祈圣鉴事。……平凉同知分驻海城,仍以盐茶名其官,而所辖地方讼狱、钱粮,向均归其经理。按盐茶同知所驻之地,东距平凉府城三百九十里,而盐茶辖境西北一带地势阔远,距靖远县交界各处又百数十里,汉回杂处,平凉府既难兼辖,即盐茶同知亦每有鞭长莫及之虞。且衔系盐茶而职司民社,名实殊不相符。应撤平凉府盐茶同知一缺,改为知

---

① 吴忠礼、杨新才主编:《〈清实录〉宁夏资料辑录》,宁夏人民出版社1986年版,上册第206页。
② 胡玉冰、魏舒婧校注:《乾隆盐茶厅志备遗》,[清]朱亨衍修,刘统纂,上海古籍出版社2018年版,第82页。
③ 同上书,第63页。
④ 同上书,第29页。
⑤ 鲁人勇等先生曾就海喇都改盐茶厅的时间进行过考辨,认为史志所谓乾隆十四年(1749)改置盐茶厅乃是搬迁时间,而非批准时间,甚确。参见鲁人勇等:《宁夏历史地理考》,宁夏人民出版社1993年版,第318—319页。

县,撤所属照磨一缺,改为典史,并添设训导一员,专司教化"。① 海城县正式被批准设立的时间是在同治十三年(1874)。

《海原县志》卷一《建置志》载:"左侯相以地方辽阔,非建置州邑不足以资镇抚,乃奏升固原为直隶州,改盐茶同知为海城县,割盐固阔壤设平远县、硝河城州判、打拉池县丞。改厅设县,自同治十三年十月始。"②《清实录·穆宗同治皇帝实录》卷三七二载,同治十三年(1874)十月己丑,"定新设……海城县知县为'繁、疲、难'要缺;……平远、海城二县训导、典史、同心城巡检均为简缺。从总督左宗棠请也"。③ 民国三年(1914),因与辽宁海城县重名,且辽宁的设置在先,故改甘肃海城县为海原县。④ 1958年,宁夏回族自治区成立,海原县成为宁夏固原地区辖县之一。2004年1月,中卫市成立,海原县由固原市划归中卫市管辖。

一 整理与研究现状

《厅志备遗》《海城县志》二志,在《陇右录》《联合目录》《宁夏目录》《甘肃目录》《总目提要》等方志书目都有著录或提要。⑤《方志与宁夏》对二志也有综述与研究。《稀见提要》卷四对《厅志备遗》还有提要式著录。⑥ 筱心撰《海原县志书简介》较为详细地评介《厅志备遗》《海城县志》二志书。高树榆撰《宁夏方志录》《宁夏方志评述》《宁夏回族自治区地方志述评》等论文对《厅志备遗》《海城县志》《海原要览》等都有著录或提要式介绍。

米寿祺撰《盐茶厅概说》主要利用《厅志备遗》中的资料,对盐茶厅建置沿革进行梳理。胡迅雷撰《朱亨衍与海原》利用《厅志备遗》,对于朱亨衍在海原的政绩进行了详细的梳理,并对《厅志备遗》进行了简要评述。刘华撰《清乾隆〈盐茶厅志备遗〉评介》《读〈光绪海城县志〉札记》等文对《厅志备遗》《海城县志》二志进行专题研究,较为详细地梳理了二志的内容,并对其进行了分析研究。杨孝峰撰

---

① 韩超校注:《宣统新修固原直隶州志》,[清]王学伊、锡麒纂修,上海古籍出版社2018年版,第248—249页。
② 胡玉冰、穆旋校注:《光绪海城县志》,[清]杨金庚修、陈廷珍纂,上海古籍出版社2018年版,第110页。
③ 吴忠礼、杨新才主编:《〈清实录〉宁夏资料辑录》,宁夏人民出版社1986年版,下册第1141页。
④ 《海原县文献调查》载改县名为"海原县"时间在民国十六年(1927),《甘肃省海原县要览》载改名时间为民国六年(1917),均误。
⑤ 《陇右录》著录《〔乾隆〕盐茶厅志备遗》一卷,佚,由朱亨衍于乾隆十三年(1748)著。实际上该志仍有传世,孤本见存于甘图,志书最后定稿于乾隆十九年(1754)。
⑥ 陈光贻据甘图藏抄本书衣及卷一第一行题名,定该志书名曰《海城县旧志》。《甘肃目录》于该本下注曰,书名页题《海城厅志》。

《海原县地方志书介绍》对《厅志备遗》《海城县志》有提要式介绍。余振贵撰《评宁夏旧志有关回族记述的史料价值》提及了该志记载的与回族有关的史料价值。2007年，宁夏人民出版社出版了刘华点校《厅志备遗》《海城县志》成果。

《厅志备遗》以抄本传世，未见有刻本。原本据说藏于台湾，未见。甘图藏有乾隆十九年（1754）抄本、[①]民国三十三年（1944）抄本。[②] 1965年，甘图油印传世，宁图亦油印传世。[③] 天津古籍出版社1988年版《宁夏历代方志萃编》、兰州古籍书店1990年版《中国西北文献丛书》第一辑《西北稀见方志文献》第54卷、学苑出版社2015年版《宁夏旧方志集成》都影印出版了《厅志备遗》。该志最新整理成果是上海古籍出版社2018年版胡玉冰等校注本。作者以《宁夏历代方志萃编》影印甘图藏民国三十三年（1944）抄本为底本，以《中国西北文献丛书》影印张维藏琴城赵氏抄本及〔光绪〕海城县志》等为对校本，部分整理成果参考刘华的点校本。

甘图藏有《海城县志》光绪三十四年（1908）抄本，官报书局光绪三十四年（1908）排印本传世较广。1965年，甘图油印传世，宁图亦油印传世。成文出版社1970年版《中国方志丛书》、宁夏人民出版社1988年版《宁夏地方志丛刊》、凤凰出版社等2008年联合出版《中国地方志集成·宁夏府县志辑》、文苑出版社2015年版《宁夏旧方志集成》等丛书都影印出版了《海城县志》。成文出版社、凤凰出版社等影印自同一种底本。该志最新整理成果是上海古籍出版社2018年版胡玉冰等校注本。作者以甘图藏本为底本，以《中国方志丛书》影印本等为对校本，部分整理成果参考了刘华点校本。

《打拉池志》在目录中著录得较少，只在《联合目录》《总目提要》《甘肃目录》等少数几种方志目录有著录。[④] 杨孝峰撰《海原县地方志书介绍》一文提及《打拉池志》。甘图等单位有藏，赵敦甫亦藏有光绪三十四年（1908）抄本。张维据赵氏所藏抄录辑校，1990年兰州古籍书店出版《中国西北文献丛书》第一辑《西北稀见方志文献》第36卷即为影印的张维抄本。2003年，固原市地方志办公室出版《明清固原州志》，包括李作斌点校的《清光绪〈打拉池县丞志〉》（附有本志点校说明）。2007年，宁夏人民出版社出版《海原史地资料丛书》（3册，李有成主编），

[①] 《甘肃目录》原著录馆藏善本为咸丰九年（1859）史廷珍抄本，实际上史廷珍只是于该年"备览"即仔细阅读志书而已，并无抄录志书之事。

[②] 甘图藏该本最后有以下题识："西北图藏咸丰钞本，张维鸿汀先生据之录副本。此册系依张本所录，遇有草误处，酌为更改。琴城赵贰，卅三、十二、十三。"

[③] 《宁夏目录》著录据乾隆十七年（1752）刻本油印《海城厅志》一卷，即《盐茶厅志备遗》，但目前所知，后者无刻本传世。《宁夏目录》另著录据乾隆十三年（1748）抄本油印本一种。《宁夏目录》所言"乾隆十七年刻本"和"乾隆十三年抄本"不详其著录依据。

[④] 《甘肃目录》将《打拉池志》著录为白银市旧志。

刘华点校的《光绪〈新修打拉池县丞志〉》收入丛书第 3 册。凤凰出版社等 2009 年联合出版《中国地方志集成·宁夏府县志辑》、文苑出版社 2015 年版《宁夏旧方志集成》等丛书都影印出版了《打拉池志》。

《海原要览》仅在《总目提要》有著录，抄稿本藏于海原县档案馆。佘贵孝撰《民国〈海原县要览〉简介》对馆藏于海原县档案馆的孤本志书有较为详细的评介。2007 年，宁夏人民出版社出版《海原史地资料丛书》，刘华点校的《民国〈甘肃省海原县要览〉》收入丛书第 3 册。刘华先生在海原县史志资料的整理与研究方面用力最勤。2007 年，宁夏人民出版社出版《海原史地资料丛书》，收入了刘华点校整理的《乾隆盐茶厅志》《光绪海城县志》和《明清民国海原史料汇编》等共 3 种著作。《乾隆盐茶厅志》是以兰州档案馆藏抄本为底本，以琴城抄本为参校本而整理的。《光绪海城县志》是以宁夏银川市图书馆藏官报书局排印本为底本，以兰州档案馆藏抄本为参校本而整理的。《明清民国海原史料汇编》共分 10 卷，把明朝、清朝、民国时期与海原有关的史料汇为一编，其中明朝史料自《嘉靖固志》《万历固志》《明实录》等 3 种文献中取材，清朝史料自《宣统甘志》《打拉池志》《〔宣统〕海城县地理调查表》等 3 种文献中取材，民国史料自《〔民国〕海原县文献调查》《甘肃海原县风俗调查纲要表》《海原要览》《甘肃海原、固原等县回民历次变乱真相》等 4 种文献中取材。刘先生对海原史料的整理与汇编，极大地方便了学者的研究，但整理的方式、方法及部分整理成果则有商榷之处。

二 《〔乾隆〕盐茶厅志备遗》

（一）编修者生平

1. 朱亨衍

朱亨衍，广西桂林（今广西桂林市临桂县四塘乡田心村）人，生卒年不详。《厅志备遗·官制》《海城县志》卷八《职官》有传。康熙五十年（1711）辛卯科举人，乾隆九年（1744）任甘肃平凉府盐茶厅同知，治所设于固原州（今宁夏固原市原州区），十四年（1749）奉文正式移驻海喇都城（易名为海城，今宁夏海原县）。《海城县志》载，朱亨衍到任后"修城池，建衙署，开水利，卓著政声，士民至今称之"。[①]

2. 采辑人员

从《厅志备遗》附采辑人员名单看，除朱亨衍外，共有 17 位当地读书人参与了

---

① 胡玉冰、穆旋校注：《光绪海城县志》，〔清〕杨金庚修，陈廷珍纂，上海古籍出版社 2018 年版，第 155 页。

志书的编辑工作,其中有举人刘统1人,贡生柳成林等4人,监生曹夔隆等12人。

据《厅志备遗·学校》载,刘统为雍正七年(1729)己酉科举人。厅志《艺文》录其《盐茶厅署落成记》《海喇都沿革考》二文。①

贡生柳成林、陈良季、周曰庠等3人《厅志备遗·学校》都载为"岁贡",具体年份不详。

张琪,武生,生卒年不详,《厅志备遗·学校》载其为"议叙正八品",为人乐善好施。《仓廪》载,张琪为本厅武延川议叙武生,于乾隆七年(1742)捐修社仓十间。《名宦乡贤》"张子华"条载:"议叙武生张琪,其嫡派也。好义急公,宗族、乡邻待以举火者甚多,皆谓能继祖武云。"②《海城县志》卷九《人物志·孝义·张琪》所载同《厅志备遗》。

《厅志备遗·学校》载本厅监生共44名,但未详其姓氏。曹夔隆等12人生平事迹均不详。《厅志备遗·艺文》载曹夔隆文1篇。

(二) 编修始末及编修方法

1. 编修始末

朱亨衍于乾隆十七年(1752)四月作《〈厅志备遗〉序》中对长期以来盐茶厅诸事"省志不登府志不载"的原因作了分析,认为盐茶厅诸事在清朝以前"仅于《固原州志》中,间存山川村堡十之一二",清朝立国后"而志仍无闻焉者,述作之难易悬殊,厅卫之事权不一也。雍正四年,裁洗卫所,地尽归厅。尔时军兴,郡丞远驻,网罗无暇,仍缺如也"。③朱亨衍认为,雍正四年(1726)以前盐茶厅之所以无志,是因为它没有独立的行政管辖范围与权限,之后仍然无志,则是因为盐茶厅行政官署驻地离实际辖境太远,官员无暇实地调查访求文献。朱亨衍于乾隆九年(1744)任盐茶厅同知,有志于编辑厅志,但由于"考正无从,欲行复止",十四(1749)正式在海城移署办公后,他利用公务之余,"与老成俊髦搜讨咨诹,两载之间,十得三四",花了两年的时间搜集资料,为厅志编辑奠定了一定的材料基础。后来朱亨衍又动员本厅的部分诸生参与到厅志资料搜集与编辑活动中来,"诸生唯唯,乃分道采录。数月之后,接续投进。而予已以倦勤退休旅舍矣。药饵之余,参以亲历,稍为次叙,分为二十三卷。一切山川、风土、物产、户口、田赋,开卷瞭如。虽不敢拟于志乘,而后有作者亦得披阅,以备遗忘,此予之志也,故表其端

---

① 《海城县志》卷一〇《艺文志》录刘统《送朱亨衍司马归粤》诗二首,《厅志备遗》诗题作《送司马朱公回粤》,但未题作者名。

② 胡玉冰、魏舒婧校注:《乾隆盐茶厅志备遗》,[清]朱亨衍修,刘统纂,上海古籍出版社2018年版,第60页。

③ 同上书,第17页。

曰《厅志备遗》云"。①

朱亨衍于乾隆十五至十六年(1750—1751),两年时间辑得十分之三四的厅志资料。诸生参与到厅志的编辑活动中后,修志速度明显加快。十六年(1751)年末,厅志资料基本齐备之时,朱亨衍因病离任,但他坚持对厅志作最后的编辑,十七年(1752)四月基本完成编辑,厅志内容析为23卷,实际上为22目。朱亨衍对厅志的编修质量还是有较为清醒、客观的认识的,他没有把该志视为体例、内容等都令人较为满意的盐茶厅专志,而把它视为可以为他人编修更高质量的志书提供一定帮助的备遗之作,故为所编厅志取名为《厅志备遗》。

本厅志朱亨衍序作于乾隆十七年(1752),但厅志中还有一条乾隆十九年(1754)的资料,即《人物·贞节》李执申妻"魏氏"条载:"十九年本厅朱公游府,明旌其门曰'节孝可风'云。"②故知,今天所见到的传世本《厅志备遗》最早当抄成于乾隆十九年(1754),而非乾隆十七年(1752),更不可能是咸丰九年(1859)。

2. 编修方法

《厅志备遗》无《凡例》,故厅志的编修体例和方法只能利用厅志的序及正文等其他文字资料去分析。从朱亨衍乾隆十七年(1752)《〈厅志备遗〉序》可知,该志的编修与其他旧志的编修方法基本相同。

朱亨衍首先要广泛调查与本地有关的各种文献记载。经过调查得知,由于盐茶厅特殊的历史沿革及地理位置,"通志不登,府州不录,千里奥区,竟同瓯脱矣",③"三百年来文献无传"。④ 这个结论与实际情况稍有不符,如与盐茶厅有关的史实在《乾隆甘志》《固原州志》《平凉府志》等地方文献中就间有记载,但盐茶厅向无专志是不争的事实。故朱亨衍退而求其次,从搜检甘肃、平凉、固原等地文献着手,在《乾隆甘志》《固原州志》《平凉府志》等文献中辑出与盐茶厅有关的资料。如《厅志备遗·疆域形胜》载:"左控五原,右带兰会。黄河绕其北,崆峒阻其南。"⑤此条后注明史料出处曰"元州志"。⑥查验其文,与《乾隆甘志》卷四《疆域·附形胜》内容全同,《乾隆甘志》注其出处为《元开成志》。而《乾隆甘志》又明显是自《明一统志》卷三五《平凉府·形胜》中取材,只不过《乾隆甘志》的"黄河绕

---

① 胡玉冰、魏舒婧校注:《乾隆盐茶厅志备遗》,[清]朱亨衍修,刘统纂,上海古籍出版社2018年版,第17页。
② 同上书,第71页。
③ 同上书,第21页。
④ 同上书,第29页。
⑤ 同上书,第28页。
⑥ 刘华点校本对"元州志"有注释,指出元代有《开城志》,已失传,本厅志《州志》所指不详。实际上,此"元州志"指的就是元代的《开成志》。

其北"句,《明一统志》作"黄流在其北",所注史料出处也为《元开城志》。又如,《厅志备遗·山川》"扫竹岭"条注出处曰"出州志",查《嘉靖固志》未载,《万历固志》上卷《地理志》有载。

其次,把实地调查资料及自己"亲历"之事编入厅志,对文献资料补充说明。如"青羊泉山"条载:"山在海城东一百四十里,山顶有泉,故名。出《州志》。此山北高,长三十里,东西阔二十里,为平远所赴海城捷径。但羊肠险狭,车辆难行。余于十三年议令平远所夹道两保民夫协力疏凿,山上设立防兵,以御行旅,士民踊跃。曾以久雨不果,至今惜焉,以俟后之留心地方者。"①朱亨衍注明资料出自《州志》,查《嘉靖固志》《万历固志》对青羊泉山都载曰"山顶有泉,故名"。② 然后又把对青羊泉山的实地调查资料也补充入志,另外还补充了修建山路的资料。

再次,朱亨衍充分利用盐茶厅现有的公文档案资料,对官制、赋役、户口、科贡等资料进行分类编辑整理。职官、科贡人员名单及赋役、户口等项内容的资料很显然需要从第一手的公文或档案文献中辑录,如《田赋》小序中载,厅地粮赋皆有定额,"各额备载《全书》,今撮其大略以便查阅"。③ 此处所言《全书》盖指乾隆年间《盐茶厅赋役全书》,这是清朝地方行政机构非常重要的档案文献。

(三)内容

传世本《厅志备遗》包括朱亨衍《〈厅志备遗〉序》《〈厅志备遗〉目录》、采辑人员名单及正文等4部分内容。

序载厅志为23卷,实际上全志并没有析为23卷,而是以类目隶属内容。据《〈厅志备遗〉目录》及正文实际内容,厅志共分22目,即《图记》(附《城图》《厅地建革》)、《星野》《疆域形胜》《建置沿革》《城堡》《山川》《水利》《古迹》《田赋》《户口徭役》(附《盐税》)、《风俗》《官制》《名宦乡贤》《学校》(附《生徒科贡》)、《厅署》《积贮》《仓廪》《坛庙》《寺观庙宇》《人物》《物产》《艺文》。

《图记》包括文字与地图两部分内容。文字部分主要是利用实地调查的资料,对其他地图中标注的地理信息进行考辨,认为"《御府图》之东海坝,《铜板图》之海都源,皆海喇都之讹明矣"。④ 所附载的《厅地原图》与《厅地新图》中绘制的地理信息是以乾隆十四年(1749)地理信息为界限的,因为这一年盐茶厅正式由

---

① 胡玉冰、魏舒婧校注:《乾隆盐茶厅志备遗》,[清]朱亨衍修,刘统纂,上海古籍出版社2018年版,第35页。

② 韩超校注:《嘉靖固原州志》,[明]杨经纂修,上海古籍出版社2018年版,第21页;《万历固原州志》,[明]刘敏宽、董国光纂,上海古籍出版社2018年版,第101页。

③ 胡玉冰、魏舒婧校注:《乾隆盐茶厅志备遗》,[清]朱亨衍修,刘统纂,上海古籍出版社2018年版,第44页。

④ 同上书,第21页。

固原州移署至海城定居办公。两图示绘出盐茶厅周边四境相邻府县和八向，地图方位是上南下北，左东右西。新旧地图示绘的技法完全一样，用线条绘制出山、川等基本轮廓，以文字辅助说明。两图所标绘的地理信息不完全相同，《厅地原图》把固原城及其周围的地理信息标注得较为详细，而《厅地新图》中则非常简略。对于盐茶厅的地理信息，两图示绘的也不完全相同，如南川堡与南散庄，《厅地原图》标绘在龙山的正西方，《厅地新图》却标绘在正北方。某些信息标注还有误。如青羊泉山，《厅地新图》标注作"青羊山"，脱"泉"字，而《厅地原图》则不误。故两幅地图的利用要和正文中山川、城堡等内容结合起来。

《图记》后又附《城图》《厅地建革》《山川》等 3 部分内容。《城图》介绍海喇都城兴修史及盐茶厅移驻海城的经过，未附海城专图，只是在《厅地原图》《厅地新图》中在其相应的位置处用大方框标示，框中有 3 行文字补充说明情况。《厅地原图》中间一行为"海喇都城更名海城"8 字，右行为"周围四里三分"6 字，左行为"高阔三丈四尺"6 字，《厅地新图》中间一行少"更名海城"4 字，左右两行字同《厅地原图》。盐茶厅于乾隆十四年（1749）正式移驻海喇都城后，城名已改为"海城"，而《厅地新图》仍标注为"海喇都城"，应是地图绘制者的疏误。《厅地建革》介绍了海城的历史沿革及其疆界和四至八到的距离。《山川》介绍了海城地理特点，及主要的山、河与海城之间相距里数。

《星野》是旧志传统的类目。《疆域》与《形胜》在正文中没有分开标目，而是合二为一，"形胜"作"形势"。《疆域》内容与《图记》后《厅地建革》的内容完全重复。《建置沿革》对盐茶厅自明朝至清朝乾隆十六年（1751）的行政隶属问题做了细致的梳理，并对海城职官设置提出了设想。《城堡》载海喇都城、西安州等 8 处城堡，主要介绍所处地理位置、距海城里数，以及与城堡密切相关的历史事件。

《山川》相当于"小序"的内容错置于《图记》之后，记海城 18 座山，每山记其在海城的方位、距海城里数，与山有关的历史等。其后附入《海城八景》，然后接述"武源川"等 5 处川，大南川、小南川、哈喇川、水冲川等只列出川名，再未记任何内容。《水利》记述盐茶厅兴修水利、利用水资源之事，并对盐茶厅境内的水源地、河流等所处方位、流经地等情况作了说明。

《古迹》有小序，共记载天都寨旧城等十余处。《田赋》也有小序，以《赋役全书》所载资料，详细记载盐茶厅田赋数目。《户口徭役》有小序，详细记载盐茶厅所属各村堡所隶庄数、人口数及纳税数额等，另将"盐税"也附入。而厅志目录原注明《盐税》附于《田赋》之后，实误。另外，本类目之后还附有平凉府所管 11 州县盐法事、庆阳府所管 5 州县盐法事、宁夏府所管 4 处盐法事。

《风俗》有小序，本类目主要记述盐茶厅的风土人情、风俗习惯，所记盐茶厅百姓的婚丧嫁娶礼仪及庙会风俗都有一定的研究价值，编辑者对当地信巫不信医、盗墓、抢婚等陋习给予批判。对当地汉民、回民、卫所之民习性特点的总结有的很到位，如回民善于经商。但有些总结显然有失偏颇，如说卫所之民"疲顽愚拙"。①

《官制》只记载当地清朝的官制情况，共记同知 18 人，包括其姓氏、籍贯、科第情况、到任时间、薪酬等，任职时间最早者为顺治三年（1646）到任的赵健，最晚者为乾隆九年（1744）到任的朱亨衍。其他官署的人员情况记载内容较为简单，除典史记有人名外，其他只是记其设职时间、人数及费用开支等。其中关于囚犯费用支出的记载在其他宁夏旧志中少见，记曰："囚犯无定额。每名每年支绵衣一件，价银六钱五分。每名每日支仓斗口粮一升，每升折银一分。外加灯油、盐菜钱五文，折银五分。俱在司请领。"②

《名宦乡贤》有小序，记折可适等"名宦"12 人，崔继盛等"乡贤"4 人。《学校》有小序，序中表达了朱亨衍对当地教育事业不发达、人才匮乏现状的深深忧虑。所附科贡名单中，有名有姓的文武举人有 12 人，文生、武生及监生只记有人数，没有详细名单。

《厅署》，目录标目作"署廨"，记载盐茶厅署修建情况及房屋间数。《积贮》记载盐茶厅积贮粮数，还谈到，过去由于官府贮备粮食条件有限，盐茶厅常常发生百姓因饥馑而逃荒事件，朱亨衍到任后，经过多方努力，盐茶厅粮食贮备情况大大改善，百姓多能安居乐业。《仓廪》有小序，阐述了"贮民食以备凶荒"的道理，记载到朱亨衍到任后改变过去粮仓过于集中在固原州的状况，详细记载截止到乾隆十六年（1751），盐茶厅在海城原有及新修仓廪的情况。《坛庙》有小序，记载"载在祀典，动辄致祭"的先农坛等 8 处坛庙建筑所处位置，有些还记其兴建过程，其中 4 处系朱亨衍到任后新修建的，文庙已选好地址，尚未修建。《寺观庙宇》，目录标目作"寺观"，主要记载当地建于汉唐，或创自元明的 10 处道宫佛寺所处方位。

《人物》，目录中原标目作"节孝"，有小序，分"孝友廉介""贞节"两类人物，有 4 人事迹入前一类，有 22 人事迹入后一类。《物产》主要分谷、菜、木、果、花、药、鸟、兽等 8 属，记载盐茶厅当地所产。

《艺文》录诗共 32 首，③文 3 篇。诗歌均未题作者名，据志书编写体例看，除

---

① 胡玉冰、魏舒婧校注：《乾隆盐茶厅志备遗》，[清]朱亨衍修，刘统纂，上海古籍出版社 2018 年版，第 54 页。
② 同上书，第 58 页。
③ 刘华统计"载诗歌 23 首，……'海城八景'共 8 首诗，杂诗共 25 首，……"（刘华：《〈乾隆盐茶厅志〉评介》，《乾隆盐茶厅志·附录》，宁夏人民出版社 2007 年版，第 196—197 页）据此，刘华统计的诗歌总数当作"33 首"。笔者据点校本实录诗歌统计，所谓"杂诗"有 24 首，加上 8 首咏"海城八景"之诗，《厅志备遗》实际录诗共 32 首。

《题赠朱司马》《送司马朱公回粤》(2首)从诗题看非朱亨衍所作外,其他27首可能均为朱氏所作。3篇文章均未有篇题,刘校本总拟一题曰"跋文",并据文章内容及他书所载分别拟题作《盐茶厅署落成记》《海喇都沿革考》《厅地兴衰记略》,并指出第1篇为刘统作,第2篇为曹夔隆作,第3篇为史廷珍作。

笔者认为将"文"总题曰"跋文"不妥。所谓"跋文",一般是指读者阅读完该书后所写读后感一类的文字,内容或叙著者身世,或考学术源流,或述版本流传情况,或对其内容进行评介,此类文字对考订一书内容、版本等问题往往有重要价值。而《厅志备遗》所录3文,均只字未提厅志的编写活动,均为相对纯粹的考证文献,并非为阅读厅志后有感而发之文,故总题"跋文"与其文内容不符。

关于各篇作者,笔者亦有不同意见。《盐茶厅署落成记》又见载于《海城县志》卷一〇《艺文志》、《宣统甘志》卷一五《建置志》"海城县署"条,均题"刘统"作。《厅志备遗》原无文题,于作者名"刘统"后径直述此记文,文末"因援笔而记其事"句后"公广西桂林府临桂县辛卯科举人"为记文最后一句。《海城县志》文题作《盐茶厅署落成记》,最后一句为"时在乾隆壬申岁四月"。《宣统甘志》文题同《海城县志》,"因援笔而记其事"句为本文最后一句。《海喇都沿革考》仅见载于《厅志备遗》。从《厅志备遗》编修体例看,共录文3篇,《海喇都沿革考》紧承《盐茶厅署落成记》后,文中有"故因厅主采访遗事而并论之"等语。刘统为《厅志备遗》采辑人员,本篇文章很显然是刘统利用采访所获材料考证海喇都历史沿革及其重要的地理位置,并对朱亨衍治理海城寄予了期望。这两篇文章都统属于作者名"刘统"之后,刘华认为《海喇都沿革考》为曹夔隆作,笔者不能苟同,实际上,这篇同《盐茶厅署落成记》一样,都是刘统所作。

第三篇原题作《序》,作者为"曹夔隆",刘华拟此文题为《厅地兴衰记略》,并视为史廷珍作。从文章内容看,《厅地兴衰记略》很显然是一篇考证盐茶厅历史沿革的文章,更是一篇对朱亨衍政绩歌功颂德的文章。文中多处地方称朱亨衍为"我公""吾公",称作者等当地百姓为"吾民",所述诸事都为作者亲历之事,特别谈到朱亨衍因心劳力竭、抱病离任时当地百姓的依依惜别之情,溢于言表,文曰:"噫!天生吾公,以惠吾民,乃不得邀惠于初至之年,而得创始于倦勤之日。是虽吾民之幸,而亦有不幸者矣!于是相率咨嗟,而记其始终大略云。"①皆为当时人记当时事,定非百余年后史廷珍所记。本文最后一句"时大清咸丰九年岁次己未端月上浣、邑庠增广生员史廷珍备览",②当是海城县增生史廷珍于咸丰九

---

①② 胡玉冰、魏舒婧校注:《乾隆盐茶厅志备遗》,[清]朱亨衍修,刘统纂,上海古籍出版社2018年版,第83页。

年(1859)正月阅读完《厅志备遗》后随手所写,而非《厅地兴衰记略》作者所题落款。所以,《厅地兴衰记略》当为"曹夔隆"作。文章原题为《序》,当是《厅志备遗》编辑未最后修饰润色所致。

故笔者认为,《厅志备遗·艺文》所录3篇文章,前两篇皆为刘统作,最后一篇为曹夔隆作,史廷珍未作文附于《厅志备遗》后。

(四) 编修质量

《厅志备遗》非规范的盐茶厅专志,书稿未经最后润色统稿,部分内容如《凡例》等内容还有缺失,类目设置也未进行最后的推敲、斟酌,内容编排顺序也比较混乱。厅志存在的诸多问题中,有些在刘校本中已得到纠正,有些还仍然存在。主要有以下几种情况:

第一,内容上的重复、错置、疏漏等现象。《厅志备遗·图记》中《厅地建革》介绍了海城的历史沿革及其疆界和四至八到的距离。这里所提到的四至八到的内容与其后《疆域形势》的记载完全重复,这说明,厅志完稿后并没有进行最后的润色统稿,否则这样的内容重复现象是不会出现的。《山川》介绍了海城地理特点,及主要的山、河与海城之间相距里数,这部分内容当置于下文《城堡》"红古城"条之后,与《山川》正文内容相衔接,但不知何故,错置于《图记》内容中。①《人物》小序载:"以予所见割腕救父之张伏玺、事兄如父之李代、拾金不昧之任周攀、苦节事姑之魏氏,类皆出自寒微,长成乡里,……"②但其后正文中,张伏玺等3人都有事迹入传,唯漏载"李代"事迹。《城堡》"古城堡"条,标题有"石沙滩附"4字,但正文对此项内容却只字未提。

第二,资料辑录出现错误,既有内容理解上的错误,也有文字转录上的错误。内容上的错误主要是由于对原始资料理解有误造成的。如《厅志备遗·星野》总共只有38个字的内容,出现了3处错误。《厅志备遗·星野》载:"《晋天文志》曰:自东井十六度至柳八度为鹑首,为秦分野。按《甘肃志》:平凉古安定郡,入营室一度云。"③考查这段资料主要取材于《乾隆甘志》。《乾隆甘志》卷二《星野·分野》载:"《前汉地理志》曰:自井十度至柳三度为鹑首之次,秦之分。……《晋天文志》曰:自东井十六度至柳八度为鹑首。"《星野·躔次》载:"平凉府,古安定郡,入营室一度。"《厅志备遗》与《乾隆甘志》有多处异文。

---

① 此问题刘华也已发现,并在其点校本中把相关内容进行了位置调整。
② 胡玉冰、魏舒婧校注:《乾隆盐茶厅志备遗》,[清]朱亨衍修,刘统纂,上海古籍出版社2018年版,第69页。
③ 同上书,第27页。

考《汉书·天文志》中未载秦分野事,其卷二八下《地理志》载:"自井十度至柳三度,谓之鹑首之次,秦之分也。"①《晋书》卷一一〇《天文志》载:"自东井十六度至柳八度为鹑首,于辰在未,秦之分野,属雍州。"②可以看出,《乾隆甘志》引用资料是正确的。故知,《厅志备遗》辑录资料时出现了多处错误,"汉天文志"当作"晋天文志","柳三度"当作"柳八度","一都"当作"一度"。杨金庚修《海城县志》沿袭了《厅志备遗》的前两处错误,第3处错误纠正了过来。

厅志还有因字音相同或相近的原因而造成的文字转录错误。如"武延川"误作"武源川"。《厅志备遗·山川》载:"武源川。川在海城南一百四十里。《宋史》曹玮知渭州,与陈兴、秦翰破党项章埋于武源川即此。《明一统志》:武源川,昔有武姓名延者居此,故名。川南有河,发源入六盘山,南通静宁,而东入渭。出《州志》。"③而《乾隆甘志》卷五《山川》载:"武延川,在县西北七十里。《宋史》:曹玮知渭州,与陈兴、秦翰破党项章悝族于武延川即此。《明一统志》:武延川,昔有姓武名延者居此,故名。《县志》谓之苦水河西南流入静宁州境,会于甜水河。《册》说苦水河源出固原之大六盘山诸水,皆南道静宁,而东入渭。"两相比较,前者取材明显借鉴了后者,且"武延川"误作"武源川"。

据《东都事略》卷二七《曹玮传》、《隆平集》卷九《曹玮传》、《名臣碑传琬琰集》中集卷四三《曹武穆公玮行状》(王安石撰)、《宋史》卷二七九《陈兴传》、卷四六六《秦翰传》,宋庠《元宪集》卷三三《曹公(玮)行状》、卷三四《曹玮墓志铭》,王安石《临川文集》卷九〇《曹玮行状》等文献载,破党项族的地点都在"武延咸泊川";《宋史》卷二五八《曹玮传》、《明一统志》卷三五《平凉府》、《大清一统志》卷二〇一《平凉府》、《乾隆甘志》卷五《山川》、卷三〇《名宦·曹玮》等均作"武延川";《嘉靖固志》卷二《前代名宦》记陈兴、曹玮事也均作"武延川",无作"武源川"者。故知《厅志备遗》有误。事实上,《厅志备遗》"武延川""武源川"的记载也有混乱。在《寺观庙宇》中,"东岳庙"条载有"武延川","药王庙""子孙庙"又载有"武源川"。新旧厅图中标绘的"武源川"在海城的西南方向,而《户口徭役》中又有"武延川在海城正南一百五十里"的记载。

(五) 文献价值

刘华从多个角度对《厅志备遗》的文献价值进行梳理、评介,他认为,朱亨衍能

---

① [汉] 班固:《汉书》,中华书局1962年版,第6册第1646页。
② [唐] 房玄龄等:《晋书》,中华书局1974年版,第2册第309页。
③ 胡玉冰、魏舒婧校注:《乾隆盐茶厅志备遗》,[清] 朱亨衍修,刘统纂,上海古籍出版社2018年版,第37页。

体恤民生疾苦,暴露军需弊端;教化民间习俗,关心地方教育;兴修水利,造福百姓;记述人物,旌德扬善。认为厅志所载户口资料对于研究明朝楚王、肃王、沐王、韩王等四王的基本情况有一定参考价值,所载诗文对于研究当地人文地理及历史沿革亦是一份不可多得的珍贵资料。这些梳理较为客观,评介也是比较中肯的。①

笔者想要强调的是,首先,盐茶厅厅志的编辑本身存在着一定的难度,这有客观原因,盐茶厅"地处边陲,自宋以前,忽夏忽夷,元以后又非国非邑",这就造成了当地人文不兴、文献缺乏的局面。朱亨衍等克服诸多困难,多方采辑资料,还能对辑录的部分资料有所考证,如前文提及,利用实地调查的资料,考辨《御府图》《铜板图》之讹,这些努力,为后人深入研究盐茶厅提供了较为可信的第一手资料。故《厅志备遗》保存资料之功当不容忽略。其次,作为盐茶厅历史上的第一部志书,《厅志备遗》对后来志书的编辑有一定的影响,如《海城县志》就是在《厅志备遗》的基础上编修而成的。

三 《〔光绪〕海城县志》

(一) 编修者生平

《新修〈海城县志〉衔名》载,共有 8 人直接参与了《海城县志》的编修,其中"总纂"1 名,"协修"1 名,"参订"2 名,"采访"4 名。

1. 杨金庚

杨金庚字镇西,山东诸城(今山东诸城县)人,生卒年不详。《海城县志》卷八《职官志》载,山东诸城拔贡,光绪三十三年(1907)任海城知县。任内颇有政绩,"海民犷悍,为一省难治之地。公才学闳达,廉干精明,以诗礼家,为循良吏。下车伊始,兴学堂以振文教,作歌词以戒汉回,劝种植以谋生聚,平道路以便行商,修城垣以资捍卫,浚涝池以兴水利,办巡警以靖盗源。数月之间,汉回又安,地方大治。其听讼也,有神君之目;其除恶也,有铁面之称;其爱民也,有生佛之咏"。②

《海城县志》修成于光绪三十四年(1908),同年刊行,杨金庚任"总纂"。宣统二年(1910)新镌《御批凤洲纲鉴会纂》(三益堂藏板)书名页上有"王凤洲先生鉴定,诸城杨金庚、乐安隋藻鉴校正无讹"字样。

2. 陈廷珍

陈廷珍字广文,宁远(今甘肃天水市武山县)人,生卒年不详。《海城县志》卷

---

① 参见刘华:《〈乾隆盐茶厅志〉评介》,载《乾隆盐茶厅志》,〔清〕朱亨衍总纂,宁夏人民出版社 2007 年版,第 190—199 页。
② 胡玉冰、穆旋校注:《光绪海城县志》,〔清〕杨金庚修,陈廷珍纂,上海古籍出版社 2018 年版,第 102 页。

八《职官志》载,光绪二十六年(1900)任海城县儒学训导。① 杨金庚聘其为《海城县志》"协修"。

3. 参订者与采访者

参订者有马崇德、何懋德二人,均为本县人。《海城县志》卷八《职官志》载,马崇德为本县增贡生,前署甘肃华亭县教谕。候选训导。何懋德为本县廪生,据刘华注释,系今海原县关庄人。

采访者有本县监生田增文、殷志禄,贡生张世清、附生黄在中等共4人。《海城县志》卷八《职官志》载,张世清为光绪三十四年(1908)岁贡生,曾负责收海城第二区初等小学堂的捐款,因病未果。

《海城县志》的参订与采访者大多还参加了宣统年间县地理情况调查工作。《海城县地理调查表》由时任知县姚钧总负责填报,填报时间在宣统元年至三年间(1909—1911)。本表主要填报海城县所辖36堡的方位、距离海城县署所在地的里数、户数、人口及各堡水利设施、祠庙寺院等内容,②调查表中"承办绅董姓名"一栏登记有各堡地理情况调查人姓名。据"承办绅董姓名"载,马崇德与殷志禄是海城县城内地理情况主要调查人,何懋德、田增文是海城附城情况调查人,张世清参与了南川堡地理情况的调查。

(二) 编修始末

《海城县志·凡例》载:"海城素无志书。乾隆时隶平凉府丞管辖,驻固原州城,以故府州各志均未载入。二百余年来文献无征,仅觅得同知朱亨衍《厅志备遗》一册,事实已属缺略,于改县后诸多不合。前县令高蔚霞、朱美燮、陈日新欲汇集成帙,迄未如愿。今择《厅志备遗》之可采录者,均分列各类。……海城向无专官,故多失实。千里奥区,竟成瓯脱。兼之兵燹迭经,档册无存。象罔求珠,徒深想象,未敢概以臆断。"③由此可知,由于客观原因,造成了县志修纂取材上的困难。在杨金庚创修《海城县志》前,有3位知县也曾有编纂县志的动议,惜均未果。《海城县志》是在《厅志备遗》的资料基础上编辑而成的,资料多有据可查。

---

① 国图藏清末胡奠域、于缵周等编《宁远县志续略》(抄本)卷六《选举·岁贡》载有岁贡生王廷珍,任固原训导。

② 刘华统计《宣统海城县地理调查表》中所列海城县所辖堡的数目为38处,盖将"城内""附城"也统计在内了,这两处实际上指海城县县衙所在地,非所属之堡名,笔者统计当为36处。参见刘华编校:《明清民国海原史料汇编》,宁夏人民出版社2007年版,《编校说明》第2页、正文第159—162页。

③ 胡玉冰、穆旋校注:《光绪海城县志》,[清]杨金庚修、陈廷珍纂,上海古籍出版社2018年版,第104页。《海城县志》卷八《职官志》载,朱美燮于光绪四年(1878)到任海城知县,陈日新于六年(1880)到任海城知县,高蔚霞于七年(1881)接任,故3位知县就任时间先后顺序为:朱美燮、陈日新、高蔚霞。国图、甘图藏光绪十九年(1893)刻高蔚霞修、苟廷诚纂《重修通渭县新志》12卷、《补遗》1卷。

海城儒学训导陈廷珍光绪三十四年(1908)四月撰写的《新修县志序》也谈到,海城"自同治十三年勘乱之后,始设县治。兵燹迭经,既文献之无征,复档册之尽毁,则作志难也。光绪八年,陈君焕斋来宰是邦,欲就朱司马《厅志备遗》汇集成帙,未蒇其事,以疾解组去。高君蔚霞接篆,思再搜罗而未果,迄今又甘余年矣"。① 序中没有提到朱美燮修志事。

杨金庚光绪三十四年(1908)仲夏之月(五月)撰写的《创修县志序》对《海城县志》的编修经过也谈得比较详细。杨金庚序曰,自己在光绪三十三年(1907)任海城知县,公务之余,非常留心积累当地历史沿革、山川疆域等方面的资料及有忠孝节义之行的人物事迹,他还特别提到意外得到了一册朱亨衍编修的《厅志备遗》,"如获拱璧。虽缺略不全,二百余年,未付花门一炬,亦奇矣"。② 对于《厅志备遗》,杨金庚如获至宝,他认为厅志经过百余年的兵燹之后仍然能够传世是个奇迹。但由于厅志编成时间久远,很多新的内容都有缺失,加上自盐茶厅改为海城县至自己到任为知县也有30余年,这期间发生的众多事情客观上需要在新的地方文献中能有反映、记载,故他决心要编纂一部新的县志来代替旧的厅志。"适奉督宪升允奏修《通志》,饬令各属修辑县志,添列新政各门,爰即遵照条规,按类分列"。③ 由此可知,《海城县志》能够成书最直接的原因是,《宣统甘志》的编修工作正式启动,要求各辖县也要编修各自的最新县志,以便为省志的编修提供最新的资料。宣统元年(1909),陕甘总督巡抚长庚《〈甘肃新通志〉进呈表》载,前陕甘总督升允于光绪三十四年(1908)二月十九日奏奉敕旨重修《甘肃通志》。为使修志工作顺利开展,升允通令甘肃全省各辖县编修新县志,为编修新的全省通志提供资料,志书要增加与新政有关的类目,《海城县志》卷四《学校志》载"学堂"、卷五《兵防志》载"巡警"、卷七《风俗志》载"方言""实业"等内容,都是这种要求的反映。宣统元年(1909)十月,《宣统甘志》成书100卷,分10大类:天文、舆地、建置、祠祀、学校、兵防、职官、人物、艺文、志余,共有子目60条,各依类相从,总目统子目,纲举目张。《海城县志》内容也分10类,包括建置、疆域、贡赋、学校、兵防、古迹、风俗、职官、人物、艺文。两相比较,分类上略有不同。据实际内容来看,《海城县志》把"天文"类内容包括在"建置"中了。《宣统甘志》"建置"类内容中附载"贡赋"子目,"古迹""风俗"子目都包括在"舆地"类中,而《海城县志》

---

① 胡玉冰、穆旋校注:《光绪海城县志》,[清]杨金庚修,陈廷珍纂,上海古籍出版社2018年版,第102页。《海城县志》卷八《职官志》载,陈日新于光绪六年(1880)到任海城知县,高蔚霞于七年(1881)接任,八年(1882)接任者为满洲人英麟。陈序所言陈日新光绪八年(1882)到任有误。

② 同上书,第101页。《厅志备遗》抄成于乾隆十九年(1754),《海城县志》刊行于光绪三十四年(1908),相隔154年。杨序所言"二百余年"有误。

③ 同上书,第101页。

则把这3子目都独立为大类了。

本志的编纂过程中,杨金庚、陈廷珍二人用力最多。《海城县志·凡例》载：
"境内素乏博雅之士,此次编辑,无人襄力。又以款项无著,未延名流硕彦,只约陈广文为协修。其间编次记载,均予手著,谫陋之虞,在所不免。后之君子能旁搜远绍,衷成完帙,是为深幸。"[1]陈廷珍也记述道："公退之余,每以志书未修为憾。尝考之史册,证之见闻,先为掇拾。兹瓜期已届,亟思告成,愿求遗老而博咨之。变乱以来,老成云亡,其存者半不读书,或散而之于四方。居民多属花门,素不知学。而胶庠之士,能略道一二者,已不可得。乃嘱珍而告之曰：'其协修之毋惮烦。'珍自维才识迂疏,何敢妄参末议,特以志之所关綦大,表而出之,庶足援古以证今。矧今者科举停而学堂立,志书乃教科所亟重用,是不揣固陋,以成公志,讵敢谬附于作者之林哉？"[2]

(三) 版本及内容

1. 版本

《海城县志》共10卷,每卷一类,共分10大类,每类均有小序,说明立类之由,每类包括若干子目,共53目。甘图藏光绪三十四年(1908)抄本当为县志成书后不久抄录而成,成文出版社影印本有些内容与抄本不同,当为修改后的定本。抄本为1函2册,卷一至卷六为上册,卷七至卷一〇为下册。开本为28 cm×15.7 cm。"序"每半页10行,行24字；《凡例》每半页9行,行24字；正文每半页10行,行24至25字。抄本无边栏、界行,墨绘单、黑鱼尾。上下册书衣上贴有书名签,名签右侧正方形框内有各册所含内容的大类及子目目录。笔者认为,甘图藏抄本更为接近原稿原貌,理由有三：

第一,抄本上册书衣右下侧有"光绪三十四年七月初九日到"12字,"四""七""初九"等4字为墨书,其余为朱色捺印。这很可能是官府所用捺印,专门用来接收对象时使用。这条捺印说明,《海城县志》编成后于光绪三十四年(1908)七月初九日首先被送到县衙审读,审读通过后再刊行。

第二,抄本部分内容有很明显的修改痕迹。

甘图藏抄本上册卷三《贡赋志·回教》内容,本条子目首行开始的"回族尊奉天主"6字下原18字左右的内容被挖补为"四配曰折拜嗰伊哩米哈伊哩嗰子哈伊哩伊思哈啡哩"22个双行小字和"敬穆罕默德为圣人其四配曰"12个大字,次

---

[1] 胡玉冰、穆旋校注：《光绪海城县志》,[清]杨金庚修,陈廷珍纂,上海古籍出版社2018年版,第104页。

[2] 同上书,第102页。

行首字"嗰"下挖补为"布拜克"3字。抄本《贡赋志·回教》内容与成文出版社影印本内容多有不同。兹比较如下：

抄本作："回族尊奉天主。四配曰折拜嗰伊哩、米哈伊哩、嗰子哈伊哩、伊思哈啡哩。敬穆罕默德为圣人，其四配曰：嗰布拜克哩，即虎夫爷；如默热，即苦夫爷；嗰思麻你，即尕的忍爷；嗰哩，即折合忍爷。分为四门：奉虎夫、尕的忍教者为老教，奉苦夫教者与老教小异，奉折合忍教者即系新教。其老教有圆小印文一颗，用西域道号，善于讽经者择而传之，名曰阿訇，发给印文、执照，称之为'老人家'。与他阿訇不同，一教中悉归统属。老教既分为三，各归各门，其势尚散。新教之传印，不传贤而传子，教主亦以'老人家'呼之，创始于西宁之马明心。嗣马伏诛，其族党充发云南，后由黔归甘，各省新教悉属之。其教众，其势合，与老教大殊。虽皆尊天主，讽天经，老教于礼拜之时合掌跪聆，新教手舞足蹈，此又其外面之相异也。"

成文出版社影印本作："回族尊奉天主，王有四配曰：折拜哗伊哩、米哈伊哩、哗子哈伊哩、伊思哈啡哩。敬穆罕默德为圣人。其四配曰：嗰布尔拜克哩即虎夫爷，如默热即苦夫爷，嗰思嘛你即尕大爷，嗰哩即折合爷。共分四门：奉虎夫、苦夫教者为老教；奉尕大教者与汉人稍异，与老教亦殊；奉折合教者为新教。老教有圆小印文，系西国通号，择教中念经阿訇之贤者传之，名为'老人家'，一教悉归之。新教不传贤而传家，亦称'老人家'，创始于西宁之马明心。嗣马伏诛，其旗党先发云南，后由黔归甘，各省新教皆其统属。老教势分，新老势合。虽皆讽天经、奉天主，教派不同，至其念经之时，老教合掌跪聆，新教手舞足蹈，则又外面之相异也。"

上述引文，在人名翻译方面，因为时代、地域等差异，导致不同的译音词出现。如中国伊斯兰教四大门宦一般通译作虎夫耶、库布尔耶、嘎德林耶（或"格底林耶""嘎底林耶"等）、哲赫忍耶（或"哲合忍耶""哲合林耶"等），《海原县志》则对应为"虎夫爷""苦夫爷""尕的忍爷"（成文出版社影印本作"尕大爷"）、"折合忍爷"（成文出版社影印本作"折合爷"）。四大哈里发，一般通译作艾布·伯克尔、欧默尔、奥斯曼、阿里，《海原县志》则译作嗰布拜克哩、如默热、嗰思麻你、嗰哩。由于志书的编辑人员有关知识背景的欠缺，在有关四大哈里发与中国伊斯兰四大门宦之间的对应关系问题的阐述上，抄本与成文出版社影印本都有不正确的地方。嗰思麻你（今通译作"奥斯曼"）当对应"折合忍爷"，嗰哩（今通译作"阿里"）当对应"尕的忍爷"。《海原县志》把两者间的关系刚好弄反了，成了"嗰思麻你即尕的忍爷，嗰哩即折合忍爷"。抄本对于海城老教的组成部分介绍比较准确，而成文出版社影印本出现了"奉尕大教者与汉人稍异，与老教亦殊"的重大错误。实际上,"尕大教"(抄本作"尕的忍教")与其他三大门宦信仰完全一致,只是在某些教规、礼拜仪式上略有不同而已。抄本所载老教的传道方式比成文出版社影印本所载更详细具体些。

第三,抄本所贴纸笺说明,成文出版社影印本内容当为后出。

抄本卷四《学校制·学堂》"南路第二区初等小学堂"条原载,光绪三十四年(1908)春,知县杨金庚将此小学堂设在新营堡东岳庙。"该堡捐款四百千为本,二分起息,每年得息九十六千文。"成文出版社影印本改作:"该堡捐款三百串为本,二分起息,每年得息七十二千文。"两者所记载的本钱与利息数字有异。查抄本在此条上贴一红色纸笺,上写"新营堡学堂春间定议捐款,因县学员岁贡张世清患病,未能收讫,尚未禀报,理合注明"等34字,正好说明了成文出版社影印本数字有改变的理由。原来是由于收捐款人张世清患病,捐款未如数收齐造成的。很显然,这是县志审读人在审稿时发现了问题,并提出了修改意见,所以在后出的成文出版社影印本中数字据实际情况作了更改。

抄本下册书衣上有"人物赵裁去"5字。查本册卷八《职官》与卷九《人物》两卷内容都被裁去,这两类内容在旧志重修时一般变化都会较大,需要补充最新的资料入志。赵姓官员将其裁出,不知是要单独审读,还是出于其他什么原因,已不可考。另外,县志"祥异"内容也被人从卷七《风俗志》中裁去了,原因不详。

这种情况让我们想起来甘图所藏的另一种宁夏旧志《花马池志迹》的装订情况。甘图藏本共有3册,其中第3册有8页,从内容看,正好该志书中与"人物"有关的部分,包括《人物乡贤志第十三》《忠孝义烈志第十四》。按顺序,这部分内容原本当装订在第2册中,但不知何故被单独成册了。甘图藏本为花马池州同宣统元年(1909)藏书,是否因为要对"人物"内容单独审读或利用,才将其裁出,原因也不得而知了。①

2. 内容

《海城县志》包括杨金庚《创修县志序》(1页)、陈廷珍《新修县志序》(2页)、《新修〈海城县志〉衔名》(1页)、《凡例》(2页)、《〈海城县志〉目录》(2页)及卷一至卷一〇正文等6部分内容。在辑录内容的时候,根据行政区划的变动,《海城县志》主要以记载本县内容为主,"自改厅为县,若平远、若同心城、若硝河城,既经分疆画界,其今古事迹、山川人物,均不备载,以免混淆。打拉池虽属县辖,已设官司,其舆地、沿革各事实应由分县自行采辑,汇为一书,此志

---

① 参见本著作第七章第三节。

概不引入"。① 本县资料中,又以改县之后的资料为主要辑录对象,之前的资料一定要确实可信才辑入,"田赋、疆域、文武职官,均于改县后详为编列。盐茶旧制可征者,已皆采入,无稽者难免缺如。盖志宜征实,不可妄为指引"。②

卷一《建置志》8 页,包括《图考》《星野》《气候》《沿革》《城池》《公署》(附《盐库》)等 6 目。《图考》后附《海城县全境图》绘制精度较高,用新式绘图法,地图示向为上北下南,左西右东。比例尺为"每方二十里",使用图例非常丰富,回民信堡、汉回住堡、汉民住堡、巡警住堡等都用不同的图例区分,正文中还有对这些图例的详细说明。标绘内容的精确度较过去旧志有很大的提高。所附《海城城池图》为研究海城城市公署、寺庙、学堂等建筑布局提供了非常直观的材料。图中城池西北角绘制有"回寺",但其地理图示却是与佛教有关的"卍"字形。

卷二《疆域志》10 页,包括《形胜》《道里》《疆界》《乡镇》(附《村堡》)、《山川》(附《八景》)、《水利》《关梁》《祠祀》(附各《坛庙》)等 8 目。厅志与县志部分内容记载上有出入,如《山川》"华山"条,厅志作"南北长三十里",县志作"东西长三十里"。

卷三《贡赋志》16 页,包括《田赋》(附《新旧额则》)、《户口》《种类》《回教》、《仓储》(附《社仓》)、《盐法》(附《新旧额则》)、《茶马》《厘税》《度支》(附《文武俸饷》)、《蠲恤》等 10 目。本卷中《户口》《种类》《回教》等子目所载内容有很重要的研究价值。海城在清代回多汉少,但具体的情况不得而知。杨金庚到任知县后,很快就查明了回民人口数与汉民人口数,《户口》载,从总人口看,截至光绪三十三年(1907)冬,海城及所辖 56 堡共 6930 户,47540 人,其中汉民 2661 户,8489 人,回民 4269 户,39051 人。分析比较这些资料可以看出,海城回民比汉民多 1608 户、30562 人。海城平均每户 6.86 人,而汉民平均每户有 3.19 人,低于平均值,回民平均每户则有 9.15 人,每户比汉民多将近 6 人。海城回民人口占总人口的 82.14%,汉民占 17.86%。统计资料很好地说明了海城"汉民居十之二,回民居十之八"的现象。《回教》部分提供了光绪末年海城伊斯兰教传教和当地百姓信教的基本情况,尽管其中有误,但为研究中国伊斯兰教特别是西北地区伊斯兰的发展及传播方式提供了难得的资料。

卷四《学校志》2 页,包括《学额》《义学》③《学堂》等 3 目。《学堂》所载反映了清朝光绪末年"新政"的一些变化。清朝于光绪三十一年(1905)正式废除科举,

---

① ② 胡玉冰、穆旋校注:《光绪海城县志》,[清]杨金庚修、陈廷珍纂,上海古籍出版社 2018 年版,第 104 页。

③ 原本双行小字注明,海城义学光绪六年(1880)设立,每岁自平凉厘局支银 180 两,三十年(1904)停止。

要求各地设立新式学堂。海城知县张时熙在第二年就设立了高等小学堂,杨金庚则在随后的两年内(光绪三十三年至三十四年)陆续设立了西街初等小学堂等6处初等小学堂。学堂设立举步维艰,经费尤其难以筹措,个别小学堂甚至以羊为办学的本钱。这也从一个侧面反映了推行"新政"面临着诸多的困难。

卷五《兵防志》4页,包括《营制》(附《防军》)、《驿递》《巡警》等3目。在海城设立"巡警"也是推行"新政"的要求。因海城特殊的"回汉杂处"的情况,杨金庚在警局巡长、巡副的选用上因地制宜,有些分局如西关分局汉回巡长、巡副各1名,有的分局如东乡分局、北乡分局第二区只设回民巡长、巡副,有的分局如西乡分局、南乡分局第二区只设汉民巡长、巡副。在相对较为严密的机制保障下,海城县治安相对较为稳定。

卷六《古迹志》6页,包括《古迹》《坟墓》等2目。本部分所载各古城遗址,"年久无考,不敢附会。惟就见闻所及,证之史册,足为考校者,即详登之,以备参稽"。原本资料多从史书中辑录,出现了多处文字错误,如"毛忠"误作"毛中","章埋"误作"童惺","常宁公主"误作"长宁公主"等,点校本把这些错误都纠正过来了。

卷七《风俗志》7页,包括《汉俗》《回俗》《汉回同俗》《祥异》《方言》《物产》《实业》等7目。本卷内容丰富,既有民俗学资料,又有语言学资料,还有光绪末年"新政"的研究资料。"祥异"在《厅志备遗》中无此子目,县志辑录了自康熙四十七年(1708)"地震"至光绪三十四年(1908)"大风雪"二百年间的自然灾异、天象等。《实业》部分,分别就海城县农业、工业、商业、矿业等一一进行介绍,可以看出,当地实业发展还非常落后,回民在实业发展过程中占据重要位置。当地农业仅有简单的作物种植,工业只是羊毛粗加工,丰富的羊皮不作任何深加工,只是原皮输出,商业只有一般的零售贩运,本地虽然有煤炭资源,但矿业基本上是空白。

卷八《职官志》,包括《文武》(附《新旧各职》)、①《名宦》《封爵》、《选举》(附《文武科目》)等4目。卷九《人物志》,包括《人物》《忠节》《孝义》《隐逸》《流寓》《仙释方技》《列女》(附《节孝烈义》)等7目。据刘华统计,两卷共记载430人,其中《职官志》191人,《人物志》239人。关于入志的人物,县志有选择标准,"名宦、人物,元明前难以详考,其功施烂然,得之史书,班班可考,及改厅改县后之仕绩可传者,均录入之。……凡忠节、孝义、列女,传闻有证,有关风化,均详采。次列

---

① 县志所记朱亨衍之前的盐茶厅同知比厅志所载多1位,两志所载同知除"赵健""朱亨衍"外,其他人的籍贯及任职时间均出现了错位现象,利用这些资料时一定要注意辨明。另据刘华考证,县志所载盐茶厅同知中还当有屈升,因其政治有劣迹,故修志者未将其入志。参见刘华:《同治年间盐茶厅回民起义述评》,载《光绪海城县志》,[清]杨金庚总纂,宁夏人民出版社2007年版,第194页。

其回族中之杰出者,特表彰之,以为世劝"。① 县志这两卷内容较厅志有了很多增加,对于研究盐茶厅、海城县都是非常难得的资料,海城县社会各阶层人物基本上都有入传者。人物事迹中涉及同治年间回民起义的部分,县志编纂者是站在统治阶级立场上进行评判的,这是我们要坚决批判的。但从研究民族起义的角度看,这些资料无疑会有助于我们对历史事件的认识。

卷一〇《艺文志》21页,包括《艺文》(包括"各体")、《金石》《杂记》(包括《叛事纪略》《官民死事纪略》《战事纪略》《重修涝池记》《重修隍庙记》《争讼说》《汉回同学议》《义犬》)等3目。本卷载诗共58首,依次包括朱亨衍12首,刘统2首,朱美燮26首,②陈日新2首,杨金庚8首,陈廷珍8首。载"文"两篇,明朝马文升、清朝刘统各1篇。《金石》共载8通碑,除《石城山碑》有马文升碑文外,其他各碑只载碑名、碑所处位置、立碑时间、立碑人等信息。《杂记》8篇均为杨金庚作,《叛事纪略》《官民死事纪略》《战事纪略》等3篇对同治年间回民起义多用仇视、污蔑的口吻来叙述,利用资料者当对此加以批判。《重修涝池记》《重修隍庙记》《争讼说》《汉回同学议》等4篇主要叙述了杨金庚在海城县兴修水利、举办教育、公正司法等政绩。

(四) 编修质量

关于该志的编修质量,张维从体例的角度有如下评述:"此志编次颇具法度,惟《种类》《回教》应入《风俗》而入之《贡赋》,《选举》可入《人物》而入之《职官》,稍有未洽。《忠节》录取各殉难职官,客主相溷,尤非例也。至关于政治、民风,时致讪诮,竟以移风易俗为意,固斡吏所宜用心,载之志乘,究可不必。"③张维认为,总体来看,县志编修还是很中规中矩的,只有个别类目的归属、部分内容的辑录编排有不当之处,志书中个别地方加入评论性话语,也是不太合适。前面提到,《海城县志》是在光绪末年编修《宣统甘志》的大背景下编辑成书的,由于上级官员对县一级志书的编修体例有统一要求,所以可能是囿于这样的规定,《海城县志》就出现了像张维所言的归类不当问题。

从县志实际内容看,取材时多以《厅志备遗》为基本史料,又据实际变化补充

---

① 胡玉冰、穆旋校注:《光绪海城县志》,[清] 杨金庚修,陈廷珍纂,上海古籍出版社2018年版,第104页。

② 甘图藏光绪三十四年(1908)抄本《海城县志》中,朱美燮"海城八景"诗存第一首《华山迭翠》全诗和第八首《双涧分甘》"泽,千家各饮和。膏腴滋稼穑,到处起田歌"16字,中间内容均漏抄。据原本页码编次可知,漏抄第9页。

③ 张维:《陇右方志录》,《中国西北文献丛书》据北平大北印书局1934年版影印,兰州古籍书店1990年版,第77册第695—696页。

新的资料入志。如《海城县志》卷一《建置志·图考》考证《御府图》中"东海坝"、铜版图中"海都源"都为海喇都之讹,基本照录《厅志备遗·图记》,但县志部分考证内容较厅志更加精细。如厅志"今查东海坝距海城仅八十里",县志作"今查东海坝距城南八十里",县志增加了方位的说明;厅志"明末满四叛时",县志作"明满俊叛据石城",县志直述其名,且补充叛乱地点;厅志"并无所谓海与坝也",县志作(东海坝)"因以得名",县志分析更加准确;厅志"雪山在海城南十里",县志作"雪山在海城南十五里",县志纠正了厅志记载的错误;厅志"距西安州仅三十余里",县志作"今海城西距西安州四十里,东距李旺堡一百三十里",县志比厅志记载更具体、更精确。县志也有误此厅志资料的情况。如《厅志备遗·人物》载,殷氏于乾隆五年(1740)奉文旌表,《海城县志》卷九《人物》却误作乾隆五十年(1785)奉文旌表。

(五) 文献价值

《海城县志》是海原县历史上第二部传世的志书,也是内容最丰富的一部,其文献价值体现在多个方面。

首先,县志是不可多得的海原县情研究资料。本县志上续《盐茶厅志备遗》,自乾隆十四年至光绪三十四年(1749—1908)间与盐茶厅、海原县有关的历史、地理、人文、官制、艺文等方面的内容志书辑录得非常丰富,有些资料是自史书中承袭,有些资料则据当时一手的档案、碑石等文献辑录,史料可信度较高,是研究今海原县不可多得的资料。

其次,县志为民族问题研究提供了重要资料。在宁夏旧志中,《海城县志》是第一部真正意义上立专目记载回族宗教、风俗、人物的志书。鉴于海城县回汉杂处、回多汉少的特殊民族人口构成情况,县志的编修也充分反映出这样的特点,类目中多处记载与回族有关的情况,还设《回教》《回俗》等子目,专门记载回族之事。县志中记载的与同治年间回民起义有关的资料非常丰富,尽管其叙述的政治立场是要批判的,但客观上为研究回民起义提供了难得的资料。

四 《〔光绪〕新修打拉池县丞志》[①]

打拉池,现属甘肃省白银市平川区所辖,明朝时隶属于陕西靖虏卫,清朝改称靖远卫,后改靖远县。历史上打拉池曾与宁夏海原县关系密切。《乾隆甘

[①] 《打拉池志》部分研究成果由韩超撰写。

志》卷三上《建置沿革》载:"明正统二年,于故会州地置靖虏卫,隶陕西都司。皇清曰靖远卫,仍属陕西行都司。雍正八年,改卫为县,隶巩昌府。"打拉池堡设立于明朝正统二年(1437),与乾盐池堡同属固原州靖虏卫统辖。成化八年(1472),巡抚马文升奏请增筑打喇赤堡。同治十二年(1873),陕甘总督左宗棠上奏,建议撤平凉府盐茶同知一缺,改为海城县知县,"而与盐茶同知辖境迤西打拉池地方,添设县丞一员,划分界址,将所辖命盗、词讼、钱粮、赋役由县丞勘验征收,统归新升固原直隶州管辖"。① 《海城县志》卷一《建置志》亦载,左宗棠"乃奏升固原为直隶州,改盐茶同知为海城县,割盐固阔壤设平远县、硝河城州判、打拉池县丞。改厅设县,自同治十三年十月始"。② 《清实录·穆宗同治皇帝实录》卷三七二载,同治十三年(1874)十月己丑,"定新设……固原州州判、海城县县丞均为要缺;……从总督左宗棠请也"。③ 由此可知,打拉池县丞正式批准设立时间当在清同治十三年(1874)十月,④隶海城县。宣统三年(1911),打拉池地方乡绅筹资重修打拉池城,是为打拉池新城。民国元年(1912),裁撤海城分县,划打拉池隶属于靖远县。民国九年(1920)海原大地震,打拉池古城被震毁,此后再无复修。

旧地方志中,《打拉池志》是唯一一部传世的打拉池专志,它与《海城县志》同一年成书,都成于光绪三十四年(1908)。

(一) 编修缘由

海城县打拉池县丞廖丙文于光绪三十四年(1908)秋九月撰写的《〈新修打拉池县丞志〉序》是了解《打拉池志》编修情况的一篇重要文献,序曰:"打拉池县丞设自光绪元年,全无旧志遗存。叠奉上宪议颁二十七条饬令,遵照访编,阅数月而始成。其于条目中之所未载及载而未全者,委属无从采访。是役也,乃贡生陈希魁、训导谢文俊、廪生杨希贤为编次,附生赵子绅、魏崇文、杨文舒为采访,附生

---

① 韩超校注:《宣统新修固原直隶州志》,[清]王学伊、锡麒纂修,上海古籍出版社2018年版,第249页。
② 胡玉冰、穆旋校注:《光绪海城县志》,[清]杨金庚修,陈廷珍纂,上海古籍出版社2018年版,第110页。
③ 吴忠礼、杨新才主编:《〈清实录〉宁夏资料辑录》,宁夏人民出版社1986年版,下册第1141页。
④ 《打拉池志》载打拉池的建置沿革有小误。县丞志载:明朝正统元年(1436)始设靖虏卫,立打拉池堡;清朝同治十三年(1874)左宗棠奏请分立打拉池县丞,光绪元年(1875)设打拉池县丞。据本文所引各文献记载可知,打拉池堡最早当设立于明朝正统二年(1437),清朝左宗棠于同治十二年(1873)奏请分立打拉池县丞,十三年(1874)清政府正式批准设立打拉池县丞,光绪元年(1875)首任县丞黄梅庄到任。

陈德俊、陈祖虞、陈重德、董元辅为誊录,兹辍数言而弁帙首。"①从序文可知,本志编修缘由同《海城县志》一样,也是要为重修《甘肃通志》提供资料。《海城县志·凡例》中有明确的交代:"打拉池虽属县辖,已设官司,其舆地、沿革各事实应由分县自行采辑,汇为一书,此志概不引入。"②由于打拉池人文不兴,文献无征,所以编成的志书在内容上还有很多欠缺,但这是客观原因造成的,只能提供出这样一个内容简单的文本来。

(二) 编修者生平

从廖丙文序可知,除他之外,还有 10 人参与修志活动。其中"编次"即具体的编纂者 3 人,"采访"者 3 人,"誊录"者 4 人,均为本地读书人。

据张维校辑本《打拉池志》载,廖丙文系湖南巴陵(今湖南岳阳县)人,光绪三十一年(1905)任打拉池县丞。据《海城县志》卷八载,陈希魁岁贡于光绪三十四年(1908)。据廖丙文序,附贡生谢文俊任训导。由于资料缺乏,包括廖丙文在内的编修人员更多的生平事迹均不详。

(三) 版本情况

《打拉池志》成书后未有刻本传世,至少有 3 种手抄版本传世。包括甘图本(即赵世暹藏本)、兰州师专图书馆藏本,2003 年,李作斌据二本进行点校,2007 年刘华又据李作斌本点校;张维校辑本(简称张校本),1990 年兰州古籍书店出版《中国西北文献丛书》第一辑《西北稀见方志文献》第 36 卷影印的即此本。

甘图本封面书"打拉池县丞志"6 字,下有牌记(或印章),惜文漫漶不清。右书"赵二藏书三十年秋□□□",再右书"光绪三十四年□□□"。另外封面上有"甲""671.66""107.78"等字样,或许是入藏图书馆时的编号。正文共 26 页,③第一页有"赵二经眼"阳文印章二枚,"国立西北图书馆藏"阳文印章一枚,右侧有阿拉伯数字"3194",末页分别有"甘肃水利林牧图书室""国立西北图书馆藏""赵二经眼"阳文印章三枚。甘图本系赵世暹即赵二藏书,此本也是张校本之底本。赵世暹于 1942

---

① 胡玉冰、魏舒婧校注:《光绪新修打拉池县丞志》,[清]廖丙文修,陈希魁等纂,上海古籍出版社 2018 年版,第 198 页。甘肃张维校辑本录文与此意见相同,但遣词造句有异,载曰:"打拉池县丞,设自光绪元年,旧未有志。迭奉宪颁二十七条饬令访编,因即遵令辑修,数月而成此书。其于条目所未载或已载而无事可录者,俱从阙焉。是役也,编次者贡生陈希魁、训导谢文俊、廪生杨希贤,采访者附生赵子绅、魏崇文、杨文舒,誊录者附生陈德俊、陈祖虞、陈重德、董元辅,例得备书。"《中国西北文献丛书》第一辑《西北稀见方志文献》,兰州古籍书店 1990 年版,第 36 卷第 5 页。标点系笔者所加。)
② 胡玉冰、穆旋校注:《光绪海城县志》,[清]杨金庚修,陈廷珍纂,上海古籍出版社 2018 年版,第 104 页。
③ 按:张维说此稿共有 31 页,因未见原本,遽难判断。

年至1945年间曾任甘肃水利林牧公司副经理。1941年,他从从书肆购得《打拉池志》,入藏甘肃水利林牧公司图书室,后又流入西北图书馆(即今甘图前身)。

甘图本有圈改、增补之处,如《节妇》:"常氏,武举牛大知之妻。年二十六岁夫亡。"甘图本在"常氏"与"武举牛大知之妻"间有乙正符号,圈去"之"字和"岁"字,读起来文句更加简练流畅。《节妇》张氏条"有司以告"上补"守节四十余年"六字。此本在天头还有些校勘意见,如《碑文》"卸书'龙飞'二大字",同行天头书"卸,疑系'御'之误"。《碑文》"界览奏",天头书"'界'误'界'"。

张校本原版本开本26.4 cm×15.2 cm,版框:19.2 cm×12.5 cm。传抄本正文每半页10行,行20至25字不等。首页及廖丙文序的次页有张维题记,钤盖有"鸿汀""张维之印""还读我书楼藏书印""临洮张维"等印文印章。《打拉池志》不分卷,内容非常简略,张维论曰:"此稿记述甚简略,全稿三十一页,而所录清奋威将军王进宝碑志占十七页之多。盖山城事少,以此增篇幅也。"[1]张维所言内容正是他所见到的文本的内容,甘图本没有这些。从影印本看,张校本前21页与后14页抄写笔迹不同,当系两人抄就。

比较甘图本与张校本可以看出,两者内容、语句上存在一定的差异,部分内容可以互补。从两者成书时间看,甘图本行文多似当朝人记当朝事,张校本则似后朝人记前朝事。如甘图本中称清朝为"国朝",称光绪皇帝为"上",对待回民起义,用清朝惯用的"回匪"这样一个反映反动立场的污蔑词汇,而对当朝要员左宗棠则在抄本中只写其姓氏,不写其名字。甘图本《疆域》后还有"以后所叙,除前明建修打喇赤、乾盐池两堡碑记外,皆系国朝事"注释语,但传世的甘图本未见载明朝两堡碑记,在张校本《疆域》中未见有甘图本注释语,但录有明朝杨冕《建设打喇赤堡碑》、杨鼎《建设乾盐池堡碑》两文,故知,甘图本当成书于清朝,否则不会以"国朝"称谓清朝。甘图本《厘税》中有光绪三十四年(1908)增税事宜,是本志所载最晚之时间,故甘图本盖抄成于光绪三十四年(1908)。

张校本对甘图本的文字有改写。对清朝径直称为"清",不称光绪皇帝为"上",记载回民起义,改用"匪首"这样的词汇来缓和语气,对左宗棠更是直书其名。1942年7月,张维自记校辑《打拉池志》原委道:"打拉池旧属海城,入民国后改隶靖远。三十年冬,江右赵敦甫得此编于书肆,顾不少陵乱缺遗。爰为稍加订补,录而存之,而以原稿归敦甫。"[2]自此可知,张维校辑本的底本当是赵世暹(字敦甫)于1941年冬天从书铺所购得的手稿本,张维借阅并抄录、订补后,把稿

---

[1] 《中国西北文献丛书》第一辑《西北稀见方志文献》,兰州古籍书店1990年版,第36卷第3页。张维统计资料有误。据影印本,全稿共35页,其中序1页,正文34页。

[2] 同上书,第6页。

本还给了赵世遐。

(四) 甘图本与张校本所载内容比较分析

从所载内容及编修体例看，无论是甘图本还是张校本，都不是《打拉池志》的定稿。两本都存在明显的草稿特征，如前后内容重出、类目设目随意性强、内容次序混乱等。

甘图本共分29类目，①类目名称及内容次序为《建置》《疆域》《山川》《关梁》《水利》《盐法》《物产》《贡赋》《祀典》《职官》《冢墓》《风俗》《貤封》《碑文》《恩荫》《选举》《节妇》《星现星殒日月食》《恤典》《方言》《户口》《仓储》《度支》《厘税》《农商》《矿产》《巡警》《学堂》《忠烈》。《学堂》之后，《物产》《疆域》《山川》标目又重出，但在内容上是对前面3类内容的补充、细叙或修正。

张校本共分27类目，前5个类目名称及内容次序同甘图本，其他类目名称及内容依次为《庙宇》《冢墓》《物产》《风俗》《农商》《户口》《方言》《职官》《贡赋》《仓储》《度支》《厘税》《巡警》《学校》《灾异》《振恤》《选举》《恩荫》《人物》《节妇》《星现星殒日月食》《碑记》。

单纯从两志类目名称看，甘图本的《盐池》《祀典》《貤封》《节妇》《恤典》《学堂》《忠烈》等7类目是张校本所没有的，而张校本的《庙宇》《学校》《灾异》《振恤》《人物》《碑记》等6类目也是甘图本所没有的。实际上，除张校本《人物》《碑记》的内容确实为甘图本所无外，两本其他相异的类目只是名称不同罢了，内容上基本一致。如《学堂》与《学校》《恤典》与《振恤》等。另外，两者内容的剪辑编排上有一定的差异，故类目名称也有一定的变化。

兹以甘图本内容为基本内容，对比张校本，分析两本内容上存在的主要差异。

《建置》记载打拉池建置沿革史，甘图本首行开头四字为"巩昌府记"，当提示其后内容主要辑自《巩昌府记》。由于是记已佚，内容不详。张校本则无此4字。

《疆域》记载打拉池四至八到的里数。甘图本首句"东至石桥关六十五里"，张校本作"东至石桥关六十里"。甘图本、张校本《关梁》均载："石桥关在治东六十五里。"则知张校本"六十里"当有脱文，脱"五"字。甘图本于《疆域》部分仅载四至的里数，其八到的里数则记载在县丞志最后重出的《疆域》一目中，张校本把这两部分合并在一起，构成完整的内容。

甘图本、张校本的《山川》内容在"山"的排序上有不同，甘图本依次记载鸡窝

---

① 李作斌、刘华都统计为31目，实际上有3目名称是重出的，故当为28目。

山、屈吴山、宝积山、蒯团山、苍龙山、贺家山、石龙山、侯家山、青龙山、龙凤山、黄家凹山、官园子沙河、赵家崖渠、寒水泉沙河，在志书最后《山川》标目又重出，补充记载了神木山，又对龙凤山、屈吴山、蒯团山、苍龙山等四山的内容重新编写，与前面内容略有不同。张校本则没有重复标目的现象，"川"的记载顺序与甘图本同，但"山"的次序有变，依次记载神木山、鸡窝山、屈吴山、青龙山、龙凤山、蒯团山、宝积山、贺家山、苍龙山、石龙山、侯家山、黄家凹山。

《关梁》记石桥关一道。《水利》记有南泉一道、北泉三道、大坝园泉二道。两本内容基本相同。

《盐法》主要记载当地盐池的生产方法、总产量、官府征税情况等。张校本把此类目名称删除，内容则剪辑入《物产》中，且没有官府征税的内容。

甘图本、张校本《物产》内容的记述体例及内容多有不同。甘图本以叙述为主，较为详细地叙及当地物产特别是农作物的种类、特点等，而张校本以罗列为主，在有些物产类别之下有简单的补充说明。张校本还据其他正文内容，把当地的矿物如金、石炭也罗列其中。

《祀典》主要记载打拉池当地的庙宇存废、修复情况，及文庙祭祀情况。张校本改类目名称为《庙宇》，内容紧承在《水利》之后，记载城隍庙、文庙等共10座庙祠。

《冢墓》记载王龙山、牛中选等人墓地所在位置，特别对王进宝夫妻墓及王进宝三代祖墓的位置及墓地遗留物如碑文、石坊等进行了较为详细的记载。张校本记载相对较为简单，只记其墓地所在位置，其他内容没有说明。另外，王龙山，甘图本误作"王兆山"。

《风俗》主要记载当地风土人情，习尚简朴，但盗贼亦较为猖獗。甘图本与张校本内容基本相同。《貤封》与《恩荫》所记均为王进宝家族事，共有18位家族成员受到了朝廷的封奖。张校本无《敕封》类目，其《碑记》详载各敕封的具体内容。

《选举》分文举、贡生、武举、恩科三类，恩科有目无文。文举人两位，武举人5位。文举人后又附载贡生和附贡生各3人。张校本分举人、贡生、武举三列，举人有4位，牛中选、王龙山两位举人是据其事迹补记的。

《节妇》记武举牛大知之妻常氏等6人。甘图本记常氏子牛中魁中嘉庆戊子科武举，牛中选中嘉庆癸酉科文举。据县丞志《选举》载，牛中魁中道光八年(1828)戊子科武举，嘉庆年中无"戊子"年，故知其"嘉庆戊子"当作"道光戊子"。

《星现星殒日月食》记乾隆三年至光绪三十三年间(1738—1907)地震及天文异象共6条。张校本将类目名称改作《灾异》，且在乾隆三年与咸丰十一年间增补乾隆二十五年(1760)七月天文异象。

《恤典》记乾隆二十三年至道光七年间(1758—1827)蠲免赋税的原因及数额。张校本将类目名称改作《振恤》。

《方言》《户口》《仓储》《度支》《厘税》《农商》《巡警》《学堂》等8类目内容甘图本与张校本所载基本一样。甘图本《厘税》中有光绪三十四年(1908)增税事宜，张校本未载。《农商》中最后一句"是农商二政暂实难于开办"张校本亦无。《学堂》，张校本改作《学校》。

《矿产》载龙凤山产金、炭。张校本未立此类目，将内容剪辑入《物产》。《忠烈》载同治年间死于回民起义的附生刘育英等事迹，非常简略。张校本未立此类目，而是将内容剪辑入其所设《人物》中。

《人物》《碑记》是张校本有而甘图本无的类目，而这两部分又恰恰是县丞志中应该有的内容。《人物》中记载的王龙山、王进宝及其子王用予的事迹均为甘图本所未载，王进宝在《甘肃通志》卷三〇《名宦》、卷三四《人物》中有传，王用予在《甘肃通志》卷三四《人物》中有传，张校本所载基本同《甘肃通志》。此后所载牛中选事迹当是从甘图本《水利》中辑录，张荣的事迹则是从甘图本《选举》"文举"中摘编的，最后全文附载了甘图本《英烈》的内容。

甘图本共载与王进宝及其家族有关之碑文11道。明朝碑文两篇，即杨冕《建设打喇赤堡碑》、杨鼎《建设乾盐池堡碑》，两文又见载于《嘉靖固志》，分别题作《重建靖虏卫打拉赤城记》《乾盐池碑记》，文字与张校本辑录的略有不同。《奋威将军王进宝出身功劳碑文》一道为张校本所无，且张校本将杨冕、杨鼎的碑记置于王进宝家族碑文之前。

(五) 文献价值

《打拉池志》是拉打池唯一传世的专志，由于其版本的特殊性，利用时一定要把甘图本和张校本结合起来看。这两个版本在内容上有一定的互补性，特别是后者，在文本内容质量上较前者更胜一筹。

本志所载内容，地理、经济、职官等类资料为旧志所常见，需要引起重视的是张校本《碑记》中王进宝家族墓地碑文。甘图本《打拉池志·冢墓》记载了王进宝夫妻墓及其三代祖墓墓地遗留物，包括王进宝夫妻墓坟院有谕祭碑文4道，钦赐造葬碑文、神道碑铭各1道，追赠王进宝三代碑文3道，王进宝将军出身功劳碑文1道，总共有10篇碑文。这些碑文甘图本均失载，但有7篇辑录在张校本中，包括王进宝夫妻谕祭碑文2道，钦赐造葬碑文、神道碑铭各1道，追赠王进宝三代碑文3道。追赠王进宝三代碑文包括《清封王进宝曾祖碑》《清封王进宝祖父碑》《清封王进宝父母碑》，王进宝夫妻谕祭碑文包括《清封王进宝碑》《清祭王进宝碑》，神道碑铭《王忠勇公墓志铭》（宋得宜撰），钦赐造葬碑文《忠勇府君碑记》（王用予撰）。这些碑文内容基本完整，对于王进宝及其三代家人的姓名、籍贯、谱系、履历、生卒年、入葬时间及地点、生平事迹等记载得非常详细，且资料相对较为完备，是研究清代人物王进宝及其家族的重要的一手材料。

五 民国时期海原县县情资料

中华民国时期（1912—1949），海原县没有编纂刊行过正式的县志，见存于甘肃省档案馆的《甘肃海原县风俗调查纲要表》，见存于甘图的《海原县文献调查》《甘肃海原固原等县回民历次变乱真相》，见存于海原县档案馆的《海原要览》等4种文献，是研究民国时期海原县情的重要资料。过去，这些资料散存在各家图书馆或档案馆，一般读者很难看到，更谈不上研究和利用了。2007年，宁夏人民出版社出版刘华编校的《明清民国海原史料汇编》，将上述民国时期海原资料汇为一编，极大地方便了读者。

（一）《甘肃海原县风俗调查纲要表》

本《纲要表》完成于民国二十一年（1932）十一月，原件为手抄件，填表人不详。

《纲要表》由甲、乙、丙、丁4组表格组成，每组表格又分13至15个不等的栏目，分别从"生活状况""社会习尚""婚嫁情形""丧葬情形"等4个方面对海原风俗进行全面调查。如乙表为"社会习尚"，总体情况是"争强好胜"，其下又析出起居、交际惯例、宗教情况、迷信状况、盗贼、娼妓、奴婢制度、农佃制度、娱乐、赛会、讼争、械斗、其他习俗等13个栏目，每一栏目都有非常简明的调查情况说明。研究这些说明，可以对民国时期海原当地的风土人情有基本的了解。

当地人起居"早起迟眠"，说明百姓勤于劳作；交际惯例上"客至奉茗，富者留以酒食，贫者亦炊麦饭"，说明当地百姓习惯以茶待客，且好客；宗教情况"汉民多儒教，回民有新老教之分"，一方面说明儒家思想对于汉民族百姓思想影响之深，同时也准确说明了当地回族宗教上有门宦之分的事实；迷信状况"近年诸多改革，只婚丧间汉民犹有延寻阴阳家以诹吉日；回教仍循旧俗，只请阿訇诵念而已"，说明民间宗教活动还是比较活跃的；盗贼"连年苦旱饥馑，迫于饥寒，多盗贼"，说明当地自然条件恶劣，百姓多迫于生计，不惜铤而走险；娼妓、械斗均"无"，说明当地总体来说民风淳朴，较少大规模恶性斗殴事件发生；奴婢制度"民情朴素,即富者亦不需用奴婢,如井臼无人操理,只钱雇贫妇,言明身份月期,至期满钱清而去",农佃制度"贫者佃种人田,仝人立约,言明年期,并十中之二分或三分租息,至收获后,照价归还",这两种制度的存在说明,百姓生活虽然普遍不富裕,但生活心态还是比较健康的,都能够遵守约定;娱乐"连年匪旱成灾,人民困苦,绝少娱乐",赛会"连年匪旱成灾,人民困苦,久停赛会",这说明百姓精神生活与其物质生活一样是比较贫乏的;讼争"近因匪患频仍,民性错折亦甚,词讼亦简",说明当地百姓教育文化程度还不高;其他习俗"近年烟禁大开,人民多吸鸦片",这也从一个方面说明了鸦片对人民的危害程度。[①]

其他甲、丙、丁等3组表中,各栏目内容也较为简明,说明了各项风俗的要点,其中婚嫁、丧葬习俗,多已革新,如结婚年龄"男女各在十五上下"、有"童养媳习惯"等,但有些至今仍在当地沿袭。如订婚办法、汉民邀媒送酒、回民邀媒送茶。

(二)《海原县文献调查》

本调查报告为手抄本,调查人不详,调查资料截止于民国三十年(1941)。[②] 调查人从政治、军事、教育、财务、经济、建置、气象、民俗等8个方面对海原县情展开调查。调查资料比较简略,主要列举时间、资料等,有些则概述情况。

从调查报告看,民国时期的海原县各方面表现都比较落后,加上不断有天灾人祸发生,致使民不聊生。当地政府对此现状有清醒的认识,但也束手无策,只能把希望寄托于民国政府的救济上,"倘上峰能增拨巨款贷民,则本县经济定能充裕"。[③] 同时,报告对地方行政长官也寄予了厚望:"历任县长关于地方应办之事业,励精图治,不遗余力。如建筑学校、推广教育、健全保甲、兴修水利、发动造林、安抚流亡、办理交通、提倡合作、整理财务、铲除积弊、惩办贪污等各项工作逐步实施,地方元气渐复,人民赖以安居。今后对于教育、合作、造林、水利

---

① 本段的引文均引自胡玉冰、魏舒婧编校《清末民国时期海原县县情资料》,上海古籍出版社2018年版,第238—240页。
② 刘华认为,此调查写成于民国三十一年(1942)。笔者阅读发现,本调查报告中资料时间最晚者止于民国三十年(1941)七月十三日。报告中出现有"本年三月""本年六月"字样。"教育类"中提到办理职业教育之经过时记载道:"并拟于三十一年度,办理一职业学校,现正在筹办期间。"(刘华编校:《明清民国海原史料汇编》,宁夏人民出版社2007年版,第170页)很显然,记载"拟于三十一年度办理",说明这只是在计划将来要办理,则调查报告撰写当年肯定不是三十一年(1942),否则会用"本年办理"字样来记载。故笔者认为,此调查当写成于民国三十年(1941)七月至十二月间。
③ 胡玉冰、魏舒婧编校:《清末民国时期海原县县情资料》,上海古籍出版社2018年版,第248页。

等问题,若能按步就班,切实去作,则海原定可跻康乐之域。"①

报告中"民俗类"资料至今仍有一定的研究价值。如调查海原县"各地婚丧礼仪及民族一切习俗",报告写道:"海原幅员广大,东西南北情形互异。各乡间礼俗很不一律。但以普通的情形来说:海原的乡村还不脱宗法社会的形态,因为这在思想上受儒家的影响最深;其次,佛教在组织上是家族本位,在经济上是个农业社会。所以,本县婚丧礼俗及民族一切习俗,总不脱宗法社会的典型。如:敬祖先、孝父母、敬长上、重戚谊、讲信义、爱和平等的风气,在许多乡村中仍然存留着。"②对当地"人民信教及宗教分布情形"概述曰:"本县人民百分之七十是回胞,百分之三十是汉民,故信教多数信回教。而回教分布最广,本县各区都有,其中尤以北区最多。"③这类调查,对研究民国时期海原县社会组织结构、宗教传播等情况都有一定的研究意义。

(三)《甘肃省海原县要览》

1. 版本及编写时间

《海原要览》原件藏于海原县档案馆,为手抄线装本,共 25 页,每半页 10 行,行 18 至 20 字。书衣题"海原县要览"5 字,正文卷端题名为"甘肃省海原县要览"8 字。本件文献无序跋、凡例、目录等,亦未署编写者姓氏及编写时间。

关于《海原要览》的编写时间,高树榆、佘贵孝、刘华等都认为是在民国三十六年(1947)。刘华进一步认为:"疑由《民国海原县志》的底稿缩编而成,劫后余生,弥足珍贵。"④勘验该书,有"讵七七事变,抗战直至八年,……本年(三十六年),旱灾奇重,居民断炊绝食者十之六七,又将演成十八年之惨象,深望政府垂救,以解倒悬"等语。⑤刘华于"本年"2 字后括号注曰"三十六年",即认为"本年"是指民国三十六年(1947)。这大概也是众学者认为本文献当形成于民国三十六年的理由。学者作出这样的推断不知是否还有其他证据,比如,某文献记载民国三十六年海原发生重大旱灾。如果没有,那么认为"本年"即民国三十六年的说法是值得商榷的。抗战胜利结束于民国三十四年(1945),我们认为,本件文献形成时间应该是在 1945 年。

2. 内容

本文献共分 13 章,章题分别是:《沿革》《疆域》《地形》《气候》《人口》《民族》

---

① 胡玉冰、魏舒婧编校:《清末民国时期海原县县情资料》,上海古籍出版社 2018 年版,第 244 页。
② 同上书,第 250—251 页。
③ 同上书,第 251 页。
④ 刘华编校:《明清民国海原史料汇编》,宁夏人民出版社 2007 年版,《编校说明》第 3 页。
⑤ 同上书,第 189 页。

《交通》《物产》《地亩数额》《水利》《城镇》《古迹与名胜》《乡贤事略》。各章内又有若干小节。《海原要览》记载的内容非常简单,多属纲要性质。

《沿革》的内容主要通过"考诸本县志记",对海原县自未设立行政区划前到民国三年(1914)改县名为"海原县"的沿革历史进行梳理,并对"海原"之所以称"海"的原因进行了探究。梳理的线索基本清晰,但部分内容有失误。如盐茶厅由固原移驻海城县是在乾隆十三年(1748),海城县正式改名为"海原县"是在民国三年(1914),但《海原要览》分别载为乾隆十一年(1746)、民国六年(1917)。

《疆域》记载海原县最新的辖境范围及四至八到的里数。《地形》记载的海原县山脉、河流、津渡、关隘等内容,比《厅志备遗》和《海城县志》的还要简略。如《厅志备遗》记载有19处左右的山脉(山峰),《海城县志》记载有16处,而本"要览"只记载了6处。《气候》突出强调了海原县"高寒"的特点。《人口》包括分布情形、民生概况两个部分,前者记载了最新的人口资料,当地10个乡镇住户共8022户,人口有50388人。后者记载当地百姓的生活状况,以"水深火热,民不聊生"8个字来概括。《民族》记载了民族种类、宗教信仰、分布区域、教育概况等四方面的内容,也以概述为主。如"民族种类"只有"本县除汉、回同处外,并无其他民族,故统计从阙"19字的内容,"分布区域"甚至没一句概述性的话,只提到"附《宗教分布图》"。"教育概况"内容稍详,记载当地教育落后的现状,尤其师资缺乏。《交通》部分概述公路、大车道、便道、水运等四方面的基本情况,也都是泛泛而谈。《物产》记农产、矿产、手工业、畜牧四方面的内容,可以看出,海原县基本以农业为主,其他实业都很落后。《地亩数额》统计了当地承额地亩数及赋税数目。《水利》记载管道、水车、井泉、灌溉面积、水力发电等5项内容,可以看出,即使是农业生产,当地也非常落后,无水力发电。《城镇》分城市和乡镇两类统计。《古迹与名胜》所载内容基本不出《厅志备遗》《海城县志》所载。《乡贤事略》共选记13人的事迹,其中"忠义"者9人,"节孝"者4人。

3. 有关地图问题

《疆域》《人口》《民族》《交通》等4章按原来编写体例要分别附录《全县略图》《人口分布图》《宗教分布图》和《全县交通图》,但原件文献中却没有这4幅图。在文献扉页的手书文字中,我们找到了原因。

扉页记载有"请秘座饬主办各科编绘下列各图:《全县疆域简图》一份,《全县人口分布图》一份,《宗教分布图》一份,《全县交通图》一份"的请示内容,这说明,本"要览"文字的部分已经全部完成,需要的地图请"秘座"督促有关的专门机构负责绘制。其后有"秘座"殷仲辅批示语:"交任统计主任速绘制,限下周三完成。十二月六日。"①批示下钤盖有殷仲辅私人印章。这说明，地图的绘制任务最后被分配给负责"统计"职责的官员限期去办理了。1945年12月6日为星期四，要求"下周三"完成，即12月12日完成，刚好一周时间。②据此也可以推断，政府有关机构应该备有《全县疆域简图》等地图，否则地图是不太可能在短短一周时间绘制完成的。

这次之所以要请专门的负责机构提供地图，与政府的要求有关。民国十八年（1929），内政部下发的《修志事例概要》中对于地图的绘制有明确要求："旧志舆图，多不精确。本届志书舆图，应由专门人员，以最新科学方法，制绘精印，订列专册，以裨实用。编制分省分县市舆图时，对于国界、省界、县市界变更沿革，均应特加注意，清晰画分，并加附说明，以正疆界而资稽考。各省志书，除每县市应有一行政区域分图外，并须将山脉、水道、交通、地质、物产分配、雨计分配、雨量变差、气候变差，以及繁盛街市、港湾形势、名胜地方，分别制绘专图，编入汇订。"③所以，《海原要览》相关内容要附录的《全县疆域简图》《全县人口分布图》《宗教分布图》《全县交通图》等，都是按有关要求由专门机构负责来绘制完成。

4. 文献价值

有关本件文献的价值，有学者撰文进行过评介，称其有重要的史料价值，甚至"史志工作者视其为拱璧，倍加珍惜。……弥足珍贵"。④ 笔者认为，《海原要览》作为民国时期海原县情的第一手资料，记载了民国时期海原县的疆域、气候、人口、民族、交通、物产、城镇等基本情况，对于研究民国时期的海原的确有一定研究、利用价值。同时，我们也想强调，《海原要览》的资料价值也主要体现在它所记载的民国时期的海原县资料上，此外的内容则不值得去深入研究，更要谨慎考辨，慎重利用，因为这部分资料大都沿袭自《厅志备遗》《海城县志》等资料，而且有些资料还出现了严重的引用、理解错误，部分内容的编写甚至有敷衍塞责的嫌疑。这方面的问题有的前文已经有涉及，再举其第13章《乡贤事略》内容

---

① 刘华编校：《明清民国海原史料汇编》，宁夏人民出版社2007年版，第195页。标点未尽从编校本。佘贵孝撰《民国〈海原要览〉简介》（《宁夏史志研究》1987年第2期）一文也引此段文字，但与刘华编校本一样，引文和标点都存在一些错误。另，殷仲辅，佘贵作"殷仲"，高树榆撰《宁夏方志录》（《宁夏史志研究》1988年第2期）一文也作"殷仲"，但在《总目提要》（金恩晖、胡述兆编，汉美图书有限公司1996年版）"《〔民国〕海原县要览》"提要中又作"段仲"。

② 1947年12月6日为星期六，秘座要求统计主任于"下周三"即12月10日完成交付四幅地图的任务。除去星期天，总共只给三天时间完成任务，这与常理不符。这也从一个侧面说明，海原县档案馆所藏《甘肃省海原县要览》当抄成于民国三十四年（1945）而非民国三十六年（1947）。

③ 中国地方志指导小组办公室选编：《中国方志文献汇编》，方志出版社1999年版，第1445页。

④ 刘华编校：《明清民国海原史料汇编》，宁夏人民出版社2007年版，《编校说明》第3页。

来看。

本章共选录13人的事迹,"忠义"者中武生马如龙独传,监生王明忠、王明志、王明侊等3人合传,张宗寿、马明善二人合传,武光复、潘万斗、李飞龙等3人合传。"节孝"者张重福、夏一龙、沐氏、殷氏等4人皆独传。除武光复等3人系第一次在海原县文献中出现外,其余10人都是自前朝文献中摘引其事迹,且多有疏漏甚至错误。

"忠义"者马如龙等6人事迹均辑录自《海城县志》,该志卷九《人物志》载,同治二年(1863)战死者中,马建堡人有武生马如龙、马向元等2人,梨花坪人有监生王明珍、王明志、王明讲、王明侊、范存诚等5人。《海原要览》把马向元、王明讲、范存诚等3人删除未载,把"王明珍"误作"王明忠"。《海原要览》更为严重的错误是,由于资料理解上的问题,误把回民起义领导者马明善视同是与张宗寿一样的、为清朝政府卖命的"忠义"之士。《海城县志》卷九《人物志·忠节》载:"张宗寿,套脑堡人,明大义,为众望所归。同治元年,马兆元反,马明善复继而起。宗寿练乡兵万余,……宗寿率众攻贼于张家红山,突入贼营,手杀多贼,力尽身死,同时死难者数千人。"①《海原要览》却载作:"张宗寿,县民,套脑堡人;马明善,本城人。清同治元年,因贼匪扰乱,二人即募练乡兵万余人,攻贼于张家红山,一时失利,被贼围困,各手刃数贼,力尽身亡。"②两相比较就可以看出,《海原要览》辑录资料时断章取义,且理解上有重大失误。

"节孝"者张重福、夏一龙、沐氏、殷氏等4人事迹首先见载于《厅志备遗》,《海城县志》照录,《海原要览》又节略其事迹。从所载事迹来看,《厅志备遗》最详,《海城县志》其次,《海原要览》最略。三书在人名记载上出现了异名问题,《厅志备遗》张伏玺,《海城县志》作"张福玺",《海原要览》作"张重福"。《厅志备遗》《海城县志》载殷氏夫名"袁自贞",《海原要览》误作"袁自珍"。

由上述例子可以看出,《海原要览》从以往志书中辑录资料时,主要以删抄为主,对原始资料没有进行过考辨,致使最后所辑录的资料出现了多处错误。故利用这种文献时一定要对其资料源进行辨明,否则极有可能以讹传讹。

(四)《甘肃海原固原等县回民历次变乱真相》

本件文献为手抄本,写成于民国三十三年(1944)后。

文献由西北回民之派系、沙沟教之历史、沙沟教之现状、历次事变原因经过

---

① 胡玉冰、穆旋校注:《光绪海城县志》,[清]杨金庚修,陈廷珍纂,上海古籍出版社2018年版,第160页。

② 胡玉冰、魏舒婧编校:《清末民国时期海原县县情资料》,上海古籍出版社2018年版,第259页。

暨其影响、现行政治上之设施等 5 部分内容组成，主要针对民国时期海固一带回民暴动问题进行分析。文献撰者对于民国时期回族暴动问题持仇视、污蔑的态度，读者对此要明辨。但这份文献也为我们研究民国时期沙沟哲赫忍耶教派的发展壮大历史及民国二十七至三十一年(1938—1942)间回民暴动问题提供了可以研究的资料。"现行政治上之设施"记载了民国三十一年(1942)西吉县政府成立之事，并对其后西吉县城的修建过程、所辖面积、人口、粮赋、教育经费及政府机构组成等问题进行了简要介绍，对研究西吉历史有一定的资料价值。

余论——旧志整理与研究方法刍议

　　地方旧志在中国传统的古籍"四分法"中属于史部地理类,但它所记载的内容远远超出了历史学、地理学范畴,举凡政治、经济、语言、文学等亦多有涉及,故旧志往往被称为一地之全史,其学术研究价值也就不言而喻。对旧志进行规范整理与研究,既有助于准确理解其内容,也有助于客观分析其价值,从而达到古为今用、推陈出新的目的。规范的旧志整理会为今人研究提供极大的便利,否则就会有诬古人,贻误后人。开展陕甘宁三省地方旧志整理与研究工作,是以笔者为学术带头人的学术团队长期坚持的学术方向。2012年,笔者著《宁夏地方志研究》由中国社会科学出版社正式出版。该书首次对宁夏旧志进行了系统全面的研究,基本摸清了宁夏旧志的家底,尤其梳理清楚了宁夏旧志的版本情况。同年,笔者主持的"宁夏地方文献整理与研究"获批为国家社科基金重点项目。以此为契机,笔者提出了全面整理宁夏旧志的科研设想,计划用三年(2015—2018)时间,将传世的宁夏旧志全部规范整理,成果分批出版,汇编为丛书《宁夏珍稀方志丛刊》。

　　自元迄清,严格意义上的宁夏旧志有38种,传世的宁夏旧志有33种,其中9种为孤本传世。宁夏旧志中,元代《开成志》成书时代最早,惜已亡佚,完整传世者最早编修于明代,清代编成者传世数量最多。传世旧志中,成于明代者6种,成于清代者20种,成于民国者7种。从旧志编纂类型看,有通志7种,分志(州志、县志)26种。除中国外,日本、美国等也藏有宁夏旧志。日藏数量最多,种类较全,8家藏书机构共藏有13种原版旧志,其中两种为孤本,主要通过商贸活动与军事掠夺这两种方式输入宁夏旧志。宁夏旧志整理研究工作主要始于20世纪80年代,在文献著录、综合或专题研究、文本整理刊布等方面取得了一定的成就,为宁夏文史研究奠定了资料基础。但也要实事求是地认识到,随着各种与宁夏有关的新资料的不断发现,尤其是多学科研究视角的不断创新,已有成果中存在的诸多不足越来越明显。如在文献著录时因部分旧志未能目验,或者学术见解不同,致使著录内容存在分歧甚至错误。研究成果多为概括性、提要式介绍,多角度、多学科深入分析的成果缺乏。整理成果只是部分解决了旧志存在的文字或内容问题,整理方法不规范、质量不高的现象较为突出。学术发展的需要,要求旧志整理要更加规范化,整体质量要进一步提高。整理研究宁夏旧志,需要科学的理论与方法来指导。在充分吸收他人学术经验的基础上,通过整理研究实践工作,我们也形成了一些自己的认识,在此总结出来,与大家一起探讨。

一 整理前的准备工作

整理旧志,前期需要全面了解整理对象,对其编修者、编修经过、主要内容、文本的语言风格、版本传世情况等要深入研究。规范整理旧志,要以扎实的研究成果为基础,以便选择最佳底本,准备合适的参校文献,制定规范的整理方法。

(一) 确定整理对象

为保证旧志整理工作的顺利开展,提高工作效率,确定整理对象,是正式开始旧志整理前首先要做的,也是必须要做的工作。确定整理对象时,要综合分析其学术价值、史料价值、传世情况及今人阅读理解该对象的困难程度等,一方面要认真通读原作,另一方面,要同步查检古今目录文献对原作的著录情况。

通读原作,有助于全面了解志书的内容及其史源、结构体例及其语言特点等情况。对内容及其史源的了解,可以帮助我们确定该志有无整理的必要。如传世的民国十四年(1925)朱恩昭修纂 6 卷本《豫旺县志》一直被学界当作宁夏同心县重要的地方文献在利用。实际上,这部旧志是撮抄之作,并非编者独立编修。编纂者直接把《民国朔志》中与同心县前身镇戎县有关的内容撮抄出来,参考《民国朔志》的体例,再杂以《〔光绪〕平远县志》的部分内容,把资料汇为一编,取名《豫旺县志》行世。在明晰了《朔方道志》与《豫旺县志》的关系后,我们认为没有必要再整理《豫旺县志》,只需将《民国朔志》整理出来即可。

对旧志结构体例的了解有助于对旧志存真复原。如《宁夏历代方志萃编》《故宫珍本丛刊》等丛书都影印出版了明朝杨寿等纂修的《万历朔志》,所据底本原有补版现象,某些版面的内容重复,特别在卷二有几处严重的错页、错版现象,上述影印本都未能给予纠正。这些问题若不能发现,整理成果就会出现内容错乱现象。

每种旧志的编修都有其具体的时代背景,旧志的语言与内容一样具有时代性,通读旧志,了解其语言特点,掌握其语言规律,有助于更好地开展标点、分段工作。凡古籍,遣词造句都有一定的时代风格和特点,只要其内容或文字无误,就不能按当代行文习惯或理解对原文进行增、删、改等，否则就是替古人写书。有些旧志语句原本就是通顺的，符合特定时代的语言规范，若整理者在原志语句中随意增加"之""于""以"等字，看似符合当代人的阅读习惯了，实则画蛇添足。

同步查检古今目录文献对旧志原作的著录情况，将著录内容与通读旧志时了解的情况相对照，一方面，可以加深对旧志基本情况的了解，使得对旧志的了解更具条理性。另一方面，可以验证著录是否准确，纠正存在的问题，以求对旧志基本信息的了解更符合实际。如朱栴编修的《宁夏志》，明朝周弘祖编《古今书刻》上编中就有著录，这是目录学著作中最早著录《宁夏志》的。张维 1932 年编《陇右方志录》时，据《乾隆宁志》所载内容著录《宁夏志》，由于他未经眼《宁夏志》，以为该书已佚，故著录其为佚书，且将书名误著录为《永乐宁夏志》，《宁夏地方志存佚目录》《稀见地方志提要》等，都沿袭了张维的错误。较早披露日藏《宁夏志》信息的是《日本主要图书馆研究所所藏中国地方志总合目录》，但将"朱栴"误作"朱橁"。《联合目录》《宁夏目录》《甘肃目录》《总目提要》等对《宁夏志》也作了著录或提要。其中《联合目录》以《宁夏志》重刻时间定其书名为《万历宁夏志》，巴兆祥《中国地方志流播日本研究》下编《东传方志总目》沿袭此说。

（二）了解整理对象的研究现状

确定整理对象，并对其有基本的认识和了解后，还需要梳理、分析整理对象的学术研究现状，主要包括目录著录、研究论著、整理成果等三方面的信息。

1. 目录著录

查检古今目录的著录内容，可以对旧志修纂者、卷数、流传、内容、馆藏、版本等情况有基本的了解。对著录的每一条信息，都要结合原志进行核查，发现问题，一定要深入研究。如《联合目录》《甘肃目录》均著录了一部《〔乾隆〕平凉府志》，为"清乾隆间修，光绪增修，抄本"。[①] 此书孤本传世，原抄本藏于南图，甘图有传抄本，笔者在开展陕甘旧志中宁夏史料辑校工作时，最初设想把此志作为重要的参校文献。国家图书馆出版社 2012 年版《南京图书馆藏稀见方志丛刊》第十五和第十六册即为《平凉府志》。笔者通过研究发现，古代目录书中没有著录过乾隆时期编修的《平凉府志》，且乾隆以后的平凉各旧志的编纂者也未曾提到过乾隆时期编修《平凉府志》一事，通过对比发现，南图藏本实际上是撮抄《乾隆甘志》中的平凉府的内容而成，且成书时间不会早于同治十三年(1874)，故其虽为孤本，但无校勘整理价值，所以我们放弃了以此书做参校本的最初设想。

[①] 中国科学院北京天文台编：《中国地方志联合目录》，中华书局 1985 年版，第 212 页。

2. 研究论著

充分梳理、分析他人对整理对象的研究成果,一方面,可以使我们清晰地看到学界对整理对象研究的角度及深入程度,避免重复劳动;另一方面,发现已有成果中存在的问题,结合自己的研究纠正这些问题,提高对整理对象的研究水平。如现藏于日本东洋文库的海内外孤本《光绪志草》是研究宁灵厅的一手材料,张京生最早撰文研究,巴兆祥研究最为详实,胡建东、张京生提供了整理文本。各家整理研究各有优长,部分整理研究成果亦多值得商榷之处。① 通过研究,我们的结论是:该本系编纂者稿本,正文内容有67页。是书类目设置上全同《乾隆甘志》,撰写方法及辑录内容则多同《〔嘉庆〕灵州志迹》。因其非定稿,故编修体例、内容、文字等方面尚需进一步完善、充实、修订,但其在研究宁灵厅历史、地理、经济、教育、语言等方面的价值还是应该值得肯定。

3. 整理成果

充分重视研读已有的整理成果,可以帮助我们了解目前整理所达到的水平,明确重新整理所要达到的目标。如《光绪志草》出版过两种整理本,通过比较研究,我们发现,两整理本在整理体例、整理方式、整理结论等方面都存在缺憾。两书出现多处标点错误,误识原抄本文字,任意剪接原书内容,变乱原书体例,校勘粗糙,原稿中的多处错误未能校出,注释不严谨,出现多处误注现象,等等。② 有鉴于此,尽管《志草》已出版了两种整理本,但我们决定还是要重新整理它。

(三) 确定底本,选择参校本及其他参考文献

通过查检目录著录,实地开展馆藏调查,将目验的各本进行分析比较,梳理出旧志的版本系统后,最终确定一种为工作底本。原则上,底本当刊刻或抄录质量较优,内容最全。底本确定后,还要确定一批参校本和他校资料。一般而言,若旧志版本系统不复杂,建议将传世各本都列为参校本,以最大限度地发现底本中存在的问题,整理出最优的文本。

他校资料的选择,在通读旧志时就开始着手进行。整理者可在通读原本的基础上,将旧志中明确提到的他书文献进行梳理,列为基本参考文献,并在其后的整理实践中不断充实、完善。他校资料的确定,有的可以根据旧志本身提供的信息来选择。如《弘治宁志·凡例》言:"宦迹在前代者据正史,在国朝者序其时之先后而不遗人,备参考也。"这就提示我们,校勘《弘治宁志》的《人物志》《宦

---

① 详见本著作第七章第一节。
② 参见胡玉冰:《日本东洋文库藏宁夏〈宁灵厅志草〉整理与研究成果述评》,《图书馆理论与实践》2009年第6期,第95—100页。

迹》时，一定要以正史如《史记》《汉书》等为他校材料。《凡例》又说："沿革、赫连、拓跋三《考证》，悉据经史及朱子《通鉴纲目》、本朝《续纲目》摘编。"①这提示我们，《弘治宁志》的三卷考证内容，必须要以宋朝朱熹、赵师渊撰《资治通鉴纲目》、明朝商辂撰《续资治通鉴纲目》为基本的对校资料。《凡例》之后的《引用书目》列举了编修《弘治宁志》所引的 42 种文献，基本按引书成书时代排序。这些文献，只要有传世，就一定要将其列入参考文献之中，因为它们都是《弘治宁志》最直接的史料来源。

选择他校资料时，切不可画地为牢，只关注某一地区，而是要结合一地的地理沿革情况，扩大他校资料的搜集范围。历史上，西北地区陕甘宁三地的地缘关系和政治、文化等关系都非常密切。宁夏在明朝隶属陕西布政使司管辖，在清朝则隶属甘肃省管辖，成于明清时期的陕西、甘肃地方文献特别是旧地方志中，散见有非常丰富且重要的宁夏历史资料。《嘉靖陕志》《万历陕志》《康熙陕志》等三志是陕西旧通志中宁夏史料最丰富者。《〔嘉靖〕平凉府志》所载明朝固原州、隆德县史料非常系统、丰富。《乾隆甘志》《宣统甘志》是甘肃旧通志中宁夏史料最丰富者。上述六种陕甘旧志中的宁夏史料，为明清宁夏旧志编纂提供了最丰富、最系统的基本史料。明清宁夏旧志多因袭陕甘通志的材料和编纂体例。如宁夏《万历朔志》自《嘉靖陕志》取材，嘉靖、万历《固原州志》自《〔嘉靖〕平凉府志》取材，《〔光绪〕花马池志迹》自《〔嘉庆〕定边县志》取材，《乾隆宁志》《民国朔志》从体例到内容分别受《乾隆甘志》《宣统甘志》的影响，等等。同时，明清时期的宁夏旧志也是研究陕甘文史、整理陕甘旧志的重要资料，如明朝正德、弘治、嘉靖三朝《宁夏志》成书时间均早于《嘉靖陕志》，都可为整理后者提供重要的参校资料。所以，整理陕、甘、宁任何一省的旧志，尤其是通志及相邻地区的旧志，确定他校资料一定要同时关注另外两省的旧志资料。②

另外，出土文献和档案材料也是重要的他校资料，过去的研究者均未予重视。如庆靖王朱㮵之名，文献中还出现过"朱栴""朱㭎"等两种写法，笔者据出土于宁夏同心县的《庆王圹志》，结合明清传世文献，考证认为，庆王之名当为"朱㮵"而非"朱栴"，更非"朱㭎"。③ 再如，《宁夏府志》卷一三《人物》载，宁夏乡贤谢王宠"寿七十三卒"，而据宁夏灵武出土的《清通义大夫谢观斋墓志铭》载，谢王宠生于康熙十年（1671），卒于雍正十一年（1733），享年六十三（虚岁），故可据以改

---

① 胡玉冰、曹阳校注：《弘治宁夏新志》，[明] 胡汝砺纂修，中国社会科学出版社 2015 年版，《凡例》第 1 页。
② 参见胡玉冰、韩超、邵敏、刘鸿雁辑校：《陕甘地方志中宁夏史料辑校》，上海古籍出版社 2015 年版。
③ 详见本著作第二章第一节。

正《宁夏府志》记载的错误。①

(四) 编写校注说明

校注说明的主要作用有二,一是规范整理方法,二是方便利用整理成果。校注说明要扼要、准确,方法力求易于操作,切忌繁琐。一篇规范的校注说明是需要反复完善的。旧志正式整理之前,可先据常规的古籍整理规范,就标点、注释、校勘等工作草拟出基本的校注要求,选择部分旧志内容先开展预备性整理工作。再结合遇到的具体问题,对校注说明不断完善。凡多人合作开展旧志整理工作,或在相对固定的时间内整理多部旧志时,校注说明的这些完善步骤尤其重要。必要时,可选择典型问题,集体讨论,形成统一意见。待整理方法合乎规范、易于操作之后,再最后定稿校注说明,使其成为大家都要遵守的原则要求,不能轻易改变。

需要特别注意的是,有关出版社提前介入旧志整理工作非常必要。专业编辑可以从出版规范性的角度为旧志整理提供很好的思路与要求,这可以让整理者提高整理效率,同时也可以提高出版工作的效率。

二 整理的具体环节及方法

整理的前期准备工作结束后,就进入到具体的整理环节了。下面主要从"录文""标点""校勘""注释"等几方面谈谈具体的整理方法。

(一) 录文、标点

具体整理旧志的第一个环节就是录。如果条件允许,最好由整理者本人亲自录文,高质量地将底本文字转录为可以编辑的文档,这样可以有效减少由出版机构照原手稿重新录排造成的错误。一般来说,录文要求在内容上一仍底本原貌(包括卷帙、卷次、文字、分段等),不改编,以保持内容的原始性、完整性和独立性,便于整理者与底本对校。将以繁体字出版的旧志,特别需要重视底本存在的异体字、俗体字、通假字、古今字等用字现象,除因特殊的出版要求外,志书原字形不当以意轻改。如有的整理者改"昏"为"婚",改"禽"为"擒",改"地里"为"地理",等等,均显系误改。利用软件进行繁简字转换时,要注意其识别率。有些简

---

① 参见胡玉冰、韩超:《清代宁夏人谢王宠生平及其〈愚斋反经录〉考略》,《图书馆理论与实践》2015年第 2 期,第 105—108 页。

体字，软件无法将其转换成繁体字，有些甚至会转换错误，如动词"云"误转作"雲"，地支"丑"误转作"醜"，职官名"御史"误转作"禦史"，表示距离的"里"误转作"裏"，年号用字"祐"误转作"佑"，等等。因出版要求，还要注意新旧字形问题，如"戶""呂""吳""黃""彥"等为旧字形，相对应的新字形则是"户""吕""吴""黄""彦"。旧志用字，常有字形前后不一现象，如"强、彊、強""蹟、跡、迹""敕、勅、勑""爲、為"等几组字，可能会在同一部旧志中交替出现，这类字的字形统一当慎重。整理时原则上遵从旧志原版的用字习惯，尽量用原书字形（俗字或异体字）。多种字形混用者，可统一为出现频次较多的字形。但有的整理者将"並、并、竝、併""采、彩、綵、採""升、陞、昇"三组字分别统改为"並""采""升"，就很值得商榷了。

不同的字形，若有其特殊的用途或意义，就不能随意地合并统改。特别是地名用字，一定不能以今律古。如宁夏平罗县之"平罗"系清朝开始使用的地名用字，《万历朔志》卷一《地理》中作"平虏"，《康熙陕志》卷二《疆域·宁夏卫》避清朝讳改作"平罗"。整理时不能将《万历朔志》的"平虏"改为"平罗"，因为明朝原本就叫"平虏"，清朝因避讳而改，因此不能因其今名而改动明朝旧志的地名用字。同样，整理清朝旧志，就需要把明朝的地名回改为当时的用字。如《乾隆宁志》卷二《地里·疆域·边界》"北长城"条"虽有平虏城""以故于平虏城北十里许"两句，"平虏"原均作"平罗"，当据《万历朔志》卷二《外威·边防》回改为"平虏"。

整理者录文时对文稿要做一定的文档编辑工作，认真阅读原志，合理区别内容层次及隶属关系，规范标注各级标题。旧志常用不同的版式风格和大小字体来区分不同类型的内容，录文时要给予充分的考虑。旧志常用不同类型的符号来标示内容的层级隶属关系，充分理解了这一点，有助于录文时对内容进行分段。旧志原版中多双行小字，有的双行小字是补充说明性质的文字，有的双行小字是解释性文字。录文排版旧志原版中的双行小字，若字体、字号同正文文字，就有可能使读者不能正确判断原志内容的隶属关系，有的还可能造成标点符号的混乱，影响对文意的理解。故录文时，最好以不同的字体、字号把旧志原版双行小字与正文区别开来。

处理旧志中的地图等图像文献时要注意，旧志往往不用一整幅版面来呈现完整的图像，而是分两个半版来呈现，今人整理时最好能将其合二为一。合成后的图像文献尽可能保持版面清晰，必要时可将原版中模糊不清的字迹、线条等修饰清晰，以便他人的正确利用，但有一个原则，那就是不能以意乱改。不要改变原字体，不能改变原线条走向等，尽量保持原版原貌。有些整理者会请专业的绘图人员照旧图另外绘制新图，上述原则也应该遵守。修饰原版中模糊不清的文字时，尽量结合正文中的相应内容如《疆域》《城池》等内容，避免出错。如南京图书馆藏万历四十四年(1616)刻本《固原州志》，其《固原疆域图》原来标注出了东南西北四至的里数，但原图版面南至地界名称和里数已很模糊，据该志《地理志》，当作"南至隆德县高岭八十里"十字，而宁夏人民出版社点校本《万历固原州志》重新绘制的地图中没有把南至地名及里数标示出来。

旧志标点，可根据现行标点符号的用法，结合古籍整理的通例，进行规范化标点，具体可参考本中华书局编写的《古籍校点释例（初稿）》（原载《书品》1991年第4期）。为统一旧志的标点工作，某些要求可以细化。如整理宁夏旧志时统一规定，凡原书中用以注明具体史料出处的"通志""府志""郡志""县志""新志""旧志"之类，能考证确定所指文献者，在正文中均加书名号，标点作《通志》《府志》《郡志》《县志》《新志》《旧志》，并脚注说明具体所指文献，如"府志：指《〔乾隆〕宁夏府志》"。凡不能确定具体所指者，则不加书名号，亦脚注说明。如"县志：具体所指文献不详"。

（二）注释

以往旧志整理，多注重对疑难字词、典故、人名、地名等的注解，为进一步提高旧志的利用价值，还应加强以下几方面内容的注释工作：

1. 史料出处的注释

旧志于行文中有时会注明史料出处，但无定制，如朱栴《宁夏志》卷上《河渠》所引史料出处包括"郦道元水经""周礼""西羌传""唐吐蕃传""李听传""地理志""会要""元和志""元世祖纪""张文谦传""郭守敬传"等，考诸其文，分别指郦道元《水经注》、《周礼·地官司徒·遂人》、《后汉书》卷八七《西羌传》、《新唐书》卷二一六下《吐蕃传》、《新唐书》卷一五四《李晟传附李听传》、《新唐书》卷三七《地理志》、《唐会要》、《元和郡县图志》、《元史》卷五《世祖本纪》、《元史》卷一五七《张文谦传》、《元史》卷一六四《郭守敬传》，如果整理者不对其引文细加考究并给予注明，读者恐怕很难判断引文的具体出处。

2. 原文体例中资料互见者的注释

地方旧志行文时，常常会出现"见前""见《进士》""见《艺文》""详见《人物》""详见《乡贤》"等字样，对这些内容进行注释，一方面可以验证原志记载是否可信，另一方面，省去读者查检之劳。

3. 干支纪年及缺省内容的注释

旧志纪年多以干支为主，有的会承前省略帝王年号，有些行文中常常不出现人物全名，只称某公，或只称其职官名，具体年代及人物在原文中没有交代，故整理者当结合上下文来注释,以帮助读者正确理解。如多种宁夏旧志中均收录有唐朝杨炎《灵武受命宫颂并序》一文,记载了唐肃宗李亨至灵武即皇帝位事,其中有"丁卯,广平王俶、太尉光弼、司徒子仪、尚书左仆射冕、兵部尚书辅国"句。"丁卯"指何时,广平王等具体指何人,若不熟悉该序写作时间及历史背景的话,很难搞清楚。

有关唐肃宗李亨至灵武,大臣上疏请其即皇帝位事,《旧唐书》卷十《肃宗本纪》、《新唐书》卷六《肃宗本纪》、《资治通鉴》卷二一八《唐纪三十四》、《通鉴纪事本末》卷三一中《安史之乱二》等有均记载,但记载的内容有些相同,有的则相异。如肃宗李亨至灵武和即位的时间,四书记载一致,均记载他于天宝十五年(756)七月辛酉(七月初九)至灵武,甲子(七月十二)即位。而大臣奏请李亨即皇帝位的上奏时间,《旧唐书》记载在七月辛酉,即李亨到达灵武的当天。而《新唐书》记载在七月壬戌,是李亨到达灵武的第二天。《资治通鉴》《通鉴纪事本末》记载在七月甲子,是李亨到达灵武的第四天,也就是他即皇帝位的当天。而《灵武受命宫颂》记载的时间"丁卯"(七月十五)则是李亨到达灵武的第七天,是他即位后的第三天了。但《资治通鉴》《通鉴纪事本末》都载,这一天,上皇制以太子亨充天下兵马元帅,领朔方、河东、河北、平卢节度都使,南取长安、洛阳。限明显,杨炎所记时间与事实不符。关于上奏人,《旧唐书》《资治通鉴》《通鉴纪事本末》都记为"裴冕、杜鸿渐等",《新唐书》记为"裴冕等"。而《灵武受命宫颂》所提及的李光弼、郭子仪此时均不在灵武。因此,整理者通过梳理文献当注明,人物分别指广平王李俶、太尉李光弼、司徒郭子仪、尚书左仆射裴冕、兵部尚书李辅国,但李光弼、郭子仪此时均不在灵武。所记上奏时间史书记载不一,杨炎所记"丁卯"疑误。

(三) 校勘

以往宁夏旧志的整理本中,有价值的校勘成果非常少见,由此更说明,旧志整理一定要加强校勘工作。校勘的方法,常用的是校勘四法,即对校、本校、他校、理校,此四法往往需要综合运用,不能只是简单地运用其中的某一种方法。笔者校勘《宁夏志》卷上《祥异》"永乐甲戌岁金波湖产合欢莲一"句,查明成祖"永乐"年号纪年干支名(自癸未至甲辰,1403—1424)中无"甲戌"。《宁夏志》卷下《题咏》录有凝真(朱栴之号)七律《戊戌岁金波湖合欢莲》一首,所咏即为永乐年间金波湖出"祥瑞"合欢莲一事。故知"永乐甲戌岁金波湖产合欢莲一"句中"甲戌"当作"戊戌",永乐戊戌岁即永乐十六年(1418)。

古籍整理要充分吸收已有研究成果,以最大限度地减少原始文本中存在的错误,避免利用者以讹传讹。朱栴编修《宁夏志》卷下录有两篇重要的西夏文献,其中《大夏国葬舍利碣铭》有"大夏天庆三年八月十日建"句,朱橴考证后认为,葬舍利时间"乃夏桓宗纯佑天庆三年、宋宁宗庆元二年丙辰也"。宁夏旧志编者甚至许多当代学者都认同这一结论。据牛达生先生考证,[①]"天庆三年"句当作"大庆三年",故朱橴的考证结论当改作"乃夏景宗元昊大庆三年、宋仁宗景佑五年戊寅也"。

校勘所用他校资料不能失之过简,亦不能失之过滥,某些关系明确的他书资料当作为重要的他校资料重点利用,如《乾隆宁志》大量内容来自《万历朔志》和《乾隆甘志》,我们就要将这两种旧志作为《乾隆宁志》最主要的他校资料。关于这一点,可以结合整理前要进行参校文献筛选工作来理解。校勘成果的表达要规范、简练,术语使用要准确。校勘时凡改必注,改动一定要有坚实的证据,否则只出异文即可。

三　整理研究旧志规范

(一) 整理力求存真复原

整理旧志,不能变乱旧式,随意在原文中增加原本没有的文字内容,切忌以今律古。旧志,特别是明清旧志,都有一定的编修体式,不应随意去变乱它。如许多旧志每条凡例之前都会有"一"这一符号,以使凡例眉目清晰,可有的整理者误认为其为序号,将其改成阿拉伯数字或汉语数字等。有旧志整理者为便于读者统计,往往在山名、河名、人名、诗题、文题等之前添加序数词,看似眉目清晰了,实则违反了古籍整理的原则。实际上,古人在刻旧志时,往往有一套符号系统表示层次及隶属关系,今人的随意增加,实在有画蛇添足之嫌。更有甚者,会调整原书内容的次序、位置,任意删并原志,这就完全变成是当代整理者编修的地方志了。宋人彭叔夏在其《〈文苑英华辨证〉自序》中记载:"叔夏尝闻太师益公先生(指宋人周必大)之言曰:'校书之法:实事是正,多闻阙疑。'"旧志整理要力求做到存真复原,按照一定的整理原则对旧志进行规范的整理。

(二) 研究需要实事求是

评价旧志,一定要实事求是,充分了解旧志编纂的时代性特点,不可苛求古

[①] 参见牛达生:《〈嘉靖宁夏新志〉中的两篇西夏佚文》,《宁夏大学学报》1980年第4期,第44—49页。

人、求全责备。评价一部旧志的价值，常常从体例、内容两方面着手，而内容犹重。谭其骧先生曾说过："旧志之所以具有保存价值，主要在于它们或多或少保留了一些不见于其他记载的原始史料。"①这实际上要求我们，在评价旧志内容价值时，要区别看待，只有独见于志书的内容价值才更高些，而那些因袭其他志书，或者自其他史书中摘抄的内容，其价值就要另当别论了。如宁夏旧志，其科举、赋税、公署、学校、艺文等资料多独见于志书者，而人物类资料多自他志承袭，评价内容价值时，就要慎言人物类资料的价值。另外，宁夏旧志承袭前代史料时多未加以辨别考证，致使其中的错误也被承袭，甚至错上加错。如隋朝人柳彧徙配地在"朔方怀远镇"，自明朝《弘治宁志》始，一直被作为流寓宁夏的历史名人而载之史册。明朝胡侍《真珠船》"怀远镇"条考证认为，柳彧徙配地"朔方怀远镇"在辽东，与今宁夏无关。《弘治宁志》《嘉靖宁志》《嘉靖陕志》《万历朔志》等均误以为柳彧流放在今宁夏故地，故载柳彧为宁夏流寓者。《乾隆甘志》亦袭其说。过去研究宁夏旧志者都仅限于旧志本身谈其价值，没能从史料流传上分析其价值。如评价《〔乾隆〕银川小志》内容及学术价值时，有学者认为该志几乎将与宁夏有关的历代诗文全部辑录在志书中，所辑录的水利、学校、风俗等资料都很有研究价值，等等，这些观点值得进一步商榷。实际上，《〔乾隆〕银川小志》相当多的内容都是照录明朝人所编宁夏旧志，并非汪绎辰的独创。从内容的完整性和全面性来看，该志尚不能与明朝所编的宁夏旧志相比。②有学者认为，宁夏旧志中以资料而论有三条最为珍贵，其中的一条就是《乾隆宁志》中的《恩纶记》。可事实上此段史料最早出自《平定朔漠方略》，《乾隆宁志》还将左翼额驸"尚之隆"误作"尚之龙"。③

加强旧志的比较研究，会有助于提升旧志的研究水平。比如，以往从事西北古代文史研究特别是宁夏古代文史研究者常将宁夏旧志当作第一手资料来利用，而从史源学角度看，这些资料实际上并非"一手"，而多是从陕甘地方志中辑录的。从现有的宁夏旧志整理成果看，许多学者也没有把陕甘方志资料当作必需的参校资料来利用，致使宁夏旧志沿袭自陕甘方志的文字错讹衍倒、内容遗漏及新增的文字、内容错误问题都没有得到纠正，使后人以讹传讹。同时，从事陕甘古代文史研究、开展陕甘旧志整理研究，也要注意借鉴宁夏旧志的整理研究成果。辨明史料正误，以避免以讹传讹。

---

① 谭其骧：《地方史志不可偏废，旧志数据不可轻信》，载《中国地方史志论丛》，中华书局1984年版，第12页。
② 详见本著作第三章第一节。
③ 参见韩超：《甘肃旧志中的宁夏史料述考》，宁夏大学2014届硕士毕业论文，第43页。

(三) 成果确保完整呈现

　　一部完整的旧志整理之作，至少要包括五部分内容：第一，前言。主要介绍旧志的整理研究现状、编修始末、编修者、版本、内容、价值等方面。第二，校注说明。说明底本、校本等选择情况，列举标点、注释、校勘等原则。第三，新编目录。旧志一般都有原编目录，但不便今人利用，故要据整理成果编辑眉目清晰、层次分明、使用方便的新目录。第四，旧志正文。第五，参考文献。目前出版的旧志中，有些不列举参考文献，有些参考文献或按文献出版时间排序，或按在文中出现的顺序排序，或按或书名、作者名首字的音序排序，这些都起不到指导学术研究的作用。参考文献要便于按图索骥，最好能分类编排。依四库法进行排列，就是很好的选择。某些旧志，可根据需要增加索引、附录等内容。编索引可方便用户查找相关专题资料，附录可在一定程度上弥补旧志正文内容不足的缺点。如民国时期宁夏地区对土地、资源等进行过较为详细的调查，形成的调查报告是最原始的档案资料，这些资料往往散见且不能单独成书，但它们对有关旧志而言具有很好的补充作用，故应该在附录中予以保留。

附　　录

一　宁夏旧志基本情况一览表①

书名、卷数	编纂时间、编纂者	存佚情况
元朝（1种，佚）		
《开城志》，卷数不详	元朝，编纂时间及编纂者不详	佚
明朝（10种，6种传世）		
《宁夏志》，2卷	宣德初年至正统三年（1426—1438）朱栴编	原本亡佚，传世孤本为万历二十九年（1601）重刻本（残）
《宁夏新志》，8卷	弘治十四年（1501）胡汝砺编	原刻初印本亡佚，正德九年（1514）冯清续修补刻本传世，孤本（残）
《宁夏新志》，卷数不详	嘉靖七年（1528）翟鹏监修，马昊纂修	佚
《固原州志》，2卷	嘉靖十一年（1532）杨经编纂，王琼裁正	存
《宁夏新志》，8卷	嘉靖十九年（1540）管律编纂	原刻初印本佚，续修补刻本传世，孤本
《朔方边纪》，卷数不详	隆庆三年（1569）杨锦编修	佚
《宁夏志》，4卷42类目	万历五年（1577）石茂华监修，解学礼、孙汝汇纂修	佚
《朔方志》，4卷	万历七年（1579）罗凤翱纂修	佚
《固原州志》，2卷	万历四十四年（1616）刘敏宽编次，董国光校	存

---

① 本表据成书时间排序。共计46种文献，其中8种（用斜体字表示）为非严格意义上的方志。

续表

书名、卷数	编纂时间、编纂者	存佚情况
《朔方新志》,5卷	万历四十五年(1617)崔景荣、杨应聘主修,杨寿编纂,清朝唐采臣等增补	原刻本亡佚,传世本为唐采臣等增补本
清朝(21种,均传世)		
《隆德县志》,2卷	康熙二年(1663)常星景修,张炜纂	孤本
《新修朔方广武志》,1卷	康熙五十六年(1717)俞益谟、高巘修,俞汝钦、李品蕎等纂	孤本
《盐茶厅志备遗》,1卷	乾隆十九年(1754)朱亨衍修,刘统纂	存
《银川小志》,1卷	乾隆二十年(1755)汪绎辰编纂	孤本
《中卫县志》,10卷	乾隆二十五年(1760)黄恩锡编纂	乾隆二十七年(1762)初刻传世,存
《宁夏府志》,22卷,首1卷	乾隆四十五年(1780)张金城编纂	存
《灵州志迹》,4卷	嘉庆三年(1798)杨芳灿、丰延泰主修,郭楷编纂	存
《平罗县志》,1卷	嘉庆十五年(1810)国兴编修	存
《隆德县续志》,1卷	道光五年(1825)黄璟纂修	孤本
《平罗记略》,8卷	道光九年(1829)徐保字编纂	道光十三年(1833)初印刊行,存
《续修中卫县志》,10卷	道光二十年至二十一年(1840—1841)郑元吉主修,舒官编纂	存
《续增平罗记略》,5卷	道光二十四年(1844)张梯增补	存
《固原州宪纲事宜册》不分卷	咸丰五年(1855),编纂者不详	存
《平远县志》,10卷	光绪五年(1879)陈日新编纂	存
《灵州志》,4卷	光绪三十四年(1908)陈必淮监修,佚名纂修	存
《宁灵厅志草》,1卷	光绪三十四年(1908)佚名(成谦?)纂修	孤本
《海城县志》,10卷	光绪三十四年(1908)杨金庚总纂,陈廷珍协修	存

续表

书名、卷数	编纂时间、编纂者	存佚情况
《新修打拉池县丞志》不分卷	光绪三十四年(1908)廖丙文监修,陈希魁等编纂	存
《花马池志迹》,2卷	光绪末年佚名纂修	存
《新修固原直隶州志》,11卷	宣统元年(1909)王学伊总纂,锡麒分纂	存
《新修硝河城志》,1卷	宣统元年(1909)杨修德编纂	存
民国(14种,均传世)		
《豫旺县志》,6卷	民国十四年(1925)朱恩昭编纂	存
《朔方道志》,31卷	民国十五年(1926)马福祥、陈必淮、马鸿宾主修,王之臣编纂	民国十六年(1927)初印刊行,存
《重修隆德县志》,4卷	民国二十四年(1935)桑丹桂修,陈国栋纂	存
《宁夏省考察记》,3编16节	民国二十四年(1935)傅作霖编著	存
《宁夏省人文地理图志》,22章	民国二十五年(1936)国民政府资源委员会编修	存
《化平县志》,4卷	民国二十八(1939)张逢泰编纂	存
《十年来宁夏省政述要》,10篇81章	民国三十一年(1942)宁夏省政府秘书处编修	存
《甘肃省海原县要览》	民国三十四年(1945)。一说编成于三十六年(1947)	存
《宁夏资源志》	民国三十五年(1946)梅白逵编修	存
《宁夏纪要》,13章	民国三十六年(1947)叶祖灏编著	存
《西吉县志》,1卷	民国三十六年(1947)马国玙编纂	孤本
《西吉县政丛记》	民国三十六年(1947)王天岳编修	存
《固原县志》,12卷	民国三十七年(1948)叶超等编纂	存
《盐池县志》,12卷	民国三十八年(1949)陈步瀛编纂	存

二 公开出版的宁夏旧志整理成果一览表

类型	成果名称	整理者	出版单位、出版时间
宁夏通志	《宁夏志笺证》	吴忠礼	宁夏人民出版社1996年
	《正统宁夏志》	胡玉冰、孙瑜	中国社会科学出版社2015年
	《弘治宁夏新志》	范宗兴	宁夏人民出版社2010年
	《弘治宁夏新志》	胡玉冰、曹阳	中国社会科学出版社2015年
	《嘉靖宁夏新志》	陈明猷	宁夏人民出版社1982年
	《嘉靖宁夏新志》	邵敏	中国社会科学出版社2015年
	《万历朔方新志》	胡玉冰	中国社会科学出版社2015年
	《增补万历朔方新志校注》	范宗兴	宁夏人民出版社2015年
	《银川小志》	张钟和、许怀然	宁夏人民出版社2000年
	《乾隆银川小志》	柳玉宏	中国社会科学出版社2015年
	《乾隆宁夏府志》	陈明猷	宁夏人民出版社1992年
	《乾隆宁夏府志》	胡玉冰、韩超	中国社会科学出版社2015年
	《民国朔方道志》	胡玉冰	上海古籍出版社2018年
银川市旧志	《嘉庆灵州志迹校注》	张建华、苏昀	宁夏人民出版社1996年
	《嘉庆灵州志迹》	蔡淑梅	中国社会科学出版社2015年
	《光绪灵州志》		
石嘴山市旧志	《平罗记略》	王亚勇	宁夏人民出版社、宁夏教育出版社2003年
	《续增平罗记略》		
	《道光平罗记略》	徐远超	上海古籍出版社2018年
	《道光续增平罗记略》		
吴忠市旧志	《光绪宁灵厅志》	胡建东	宁夏人民出版社2008年
	《光绪宁灵厅志草》	张京生	阳光出版社2010年
	《光绪宁灵厅志草》	胡玉冰、张煜坤	上海古籍出版社2018年
	《康熙朔方广武志》	吴怀章	宁夏人民出版社1993年
	《康熙新修朔方广武志》	田富军	上海古籍出版社2018年

续 表

类型	成果名称	整理者	出版单位、出版时间
吴忠市旧志	《花马池志迹笺证》	范宗兴	黑龙江人民出版社 2004 年
	《盐池县志笺证》		
	《光绪花马池志迹》	孙佳	中国社会科学出版社 2015 年
	《民国盐池县志》		
	《标点注释平远县志》	王克林、陈志旺等	宁夏人民出版社 1993 年
	《光绪平远县志》	胡玉冰、马玲玲、孙小倩	上海古籍出版社 2018 年
固原市旧志	《嘉靖万历固原州志》	牛达生、牛春生	宁夏人民出版社 1985 年
	《嘉靖固原州志》	韩超	上海古籍出版社 2018 年
	《万历固原州志》		
	《宣统固原州志》	陈明猷	陕西人民出版社 1992 年
	《宣统新修固原直隶州志》	韩超	上海古籍出版社 2018 年
	《民国固原县志》	固原方志办公室	宁夏人民出版社 1992 年版
	《民国固原县志》	邵敏、韩超	上海古籍出版社 2018 年
	《宣统新修硝河城志》	胡玉冰、魏舒婧	上海古籍出版社 2018 年
	《民国西吉县志》	胡玉冰、魏舒婧	上海古籍出版社 2018 年
	《道光隆德县续志》	张欣毅	阳光出版社 2010 年
	《康熙隆德县志》	安正发	上海古籍出版社 2018 年
	《民国重修隆德县志》		
	《道光隆德县续志》	安正发、王文娟	上海古籍出版社 2018 年
	《标点注释民国化平县志》	李子杰等	宁夏人民出版社 1992 年
	《民国化平县志》	胡玉冰、穆旋	上海古籍出版社 2018 年
中卫市旧志	《乾隆中卫县志校注》	范学灵等	宁夏人民出版社 1998 年
	《标点注释中卫县志》	中卫县志办公室	宁夏人民出版社 1990 年
	《乾隆中卫县志》	韩超	上海古籍出版社 2018 年
	《乾隆盐茶厅志》	刘华	宁夏人民出版社 2007 年
	《乾隆盐茶厅志备遗》	胡玉冰、魏舒婧	上海古籍出版社 2018 年
	《光绪海城县志》	刘华	宁夏人民出版社 2007 年
	《光绪海城县志》	胡玉冰、穆旋	上海古籍出版社 2018 年

续表

类型	成果名称	整理者	出版单位、出版时间
中卫市旧志	《新修打拉池县丞志》	刘华	宁夏人民出版社 2007 年
	《光绪新修打拉池县丞志》	胡玉冰、魏舒婧	上海古籍出版社 2018 年

三　宁夏旧志及其编纂者研究论文索引[①]

(一) 宁夏通志

1. 朱栴与《〔正统〕宁夏志》

《〈宣德宁夏志〉名称考辨——兼说宣德〈宁夏志〉之重要价值及古灵州州址》：陈永中撰，《西北史地》1994 年第 1 期。

《为〈正统〉宁夏志正名》：高树榆撰，《宁夏史志研究》1994 年第 2 期。

《日本藏孤本明〈宁夏志〉考评（上）》：吴忠礼撰，《宁夏社会科学》1995 年第 6 期。

《日本藏孤本明〈宁夏志〉考评（下）》：吴忠礼撰，《宁夏社会科学》1996 年第 1 期。

《一部研究宁夏史地的力作——评吴忠礼〈宁夏志笺证〉》：徐庄撰，《宁夏社会科学》1997 年第 2 期。

《朱栴与〈宁夏志〉》：薛正昌撰，载《地方文献国际学术研讨会论文集 (2004)》，北京图书馆出版社 2006 年版。

《日本国立国会图书馆藏〈宁夏志〉考略》：胡玉冰撰，《史学史研究》2009 年第 4 期。

《宁夏同心县出土明庆王圹志》：牛达生撰，《考古与文物》1981 年第 4 期。

《明太祖皇子朱栴的名次问题》：任昉撰，《中原文物》1986 年第 4 期。

《朱栴与宁夏》：胡迅雷撰，载《宁夏历史人物研究文集》，宁夏人民出版社 1993 年版。

《朱栴及其〈宣德宁夏志〉》：白述礼撰，宁夏文史馆编《宁夏文史》第 24 辑，2008 年版。

[①] 本索引只统计以宁夏旧志或宁夏旧志编纂者为专门研究对象的论文成果，各类统计年鉴、工具书中的概述性介绍、词条及以宁夏旧志为史料之一开展其他相关问题研究取得的论文成果一般不在统计之列。论文发表时间截止到 2017 年 12 月。论文题目照原文过录。

《解读朱栴〈西夏八景〉诗》：杜桂林撰，宁夏文史馆编《宁夏文史》第24辑，2008年版。

《庆王朱栴为何坐镇宁夏》：张树彬撰，载《宁夏地方文化探微》，中国文化出版社2010年版。

《"朱栴"不宜写作"朱㮒"》：张树彬撰，载《宁夏地方文化探微》，中国文化出版社2010年版。

《宁夏旧志概观之〈宣德宁夏志〉》：贾虎林撰，《宁夏史志》2014年第1期。

《庆王朱栴宁夏风景诗词创作的地域特色》：王引萍撰，《北方民族大学学报》2016年第1期。

2. 胡汝砺与《〔弘治〕宁夏新志》

《〈弘治宁夏志〉校订十八则》：豫蔡撰，《宁夏史志研究》1985年第2期。

《台湾本明代〈宁夏新志〉伪作考》：吴忠礼撰，《宁夏社会科学》1986年第4期。

《〈弘治宁夏志校订十八则〉之辩证》：龙天撰，《宁夏史志研究》1987年第1期。

《〈弘治宁夏新志〉成书年代考》：胡迅雷撰，《宁夏大学学报》1988年第4期。

《〈弘治宁夏新志〉考》：陈健玲撰，《宁夏社会科学》2002年第6期。

《胡汝砺与〈弘治宁夏新志〉》：胡迅雷撰，载《宁夏历史人物研究文集》，宁夏人民出版社1993年版。

《天一阁藏弘治〈宁夏新志〉考述》：胡玉冰撰，《中国地方志》2013年第3期。

3. 管律与《〔嘉靖〕宁夏新志》

《〈嘉靖宁夏新志〉中的两篇西夏佚文》：牛达生撰，《宁夏大学学报》1980年第4期。

《明代中叶的宁夏经济——读〈嘉靖宁夏新志〉札记之一》：陈明猷撰，《宁夏大学学报》1981年第1期。

《〈嘉靖宁夏新志〉的史料价值》：陈明猷撰，载高树榆等编《宁夏方志述略》，吉林省地方志编纂委员会、吉林图书馆学会1985年内部发行。

《〈嘉靖宁夏新志〉与明代宁夏社会》：杨浣撰，《固原师专学报》2004年第5期。

《〈嘉靖宁夏新志〉勘误一则》：胡迅雷撰，《宁夏史志研究》1988年第2期。

《管律与〈嘉靖宁夏新志〉》：胡迅雷撰，载《宁夏历史人物研究文集》，宁夏人民出版社1993年版。

《〈嘉靖宁夏新志〉校勘三则》：陈永中撰，《宁夏史志》2005年第3期。

《管律生平与宁夏摆边——兼论管律的安边策》：何兆吉撰，《西北第二民族学院学报》2006年第1期。

《〈嘉靖宁夏新志〉考略》：于薇、肖融撰，《文学界》2010年第7期。

《明代宁夏文人管律及其所撰墓志文考》：王琨撰，《西部学刊》2015年第9期。

4.《〔万历〕朔方新志》

《新印万历〈宁夏志〉及其他》：陈明猷撰，《宁夏图书馆通讯》1983年第2、3期（合刊）。

《〈万历〉〈朔方新志〉考》：陈健玲撰，《宁夏史志研究》2001年第1期。

5.《〔乾隆〕银川小志》

《〈银川小志〉初探》：赵志坚撰，《宁夏图书馆通讯》1982年第3期。

《浅谈〈银川小志〉》：郭晓明撰，《银川市志通讯》1986年第3期。

《简谈〈银川小志〉》：李洪图撰，《宁夏史志研究》1987年第2期。

《千年古城一春秋——〈银川小志〉简介》：张钟和撰，《宁夏史志研究》2000年第1期。

《〈乾隆银川小志〉述评》：陈健玲撰，《宁夏社会科学》2003年第6期。

6.《〔乾隆〕宁夏府志》

《浅谈〈乾隆宁夏府志〉》：马力撰，载高树榆等编《宁夏方志述略》，吉林省地方志编纂委员会、吉林图书馆学会1985年内部发行。

《宁夏封建时代的一座丰碑——论乾隆〈宁夏府志〉》：陈明猷撰，《银川市志通讯》1989年第1期。

《点校本〈乾隆宁夏府志〉标点疑误举隅》：韩超撰，《宁夏师范学院学报》2014年第1期。

《〈乾隆〉〈宁夏府志〉所载明代宁夏教育史料勘误述略》：刁俊撰，《宁夏社会科学》2016年第1期。

7. 民国时期宁夏旧志

《试论〈十年来宁夏省政述要〉》：高树榆撰，《宁夏图书馆通讯》1983年第2、3期。

《〈朔方道志〉浅介》：李习文撰，《宁夏史志研究》1985年第2期。

《简谈民国〈朔方道志〉》：沈克尼撰，《宁夏史志研究》1985年第2期。

《〈朔方道志〉在宁夏方言研究方面的学术价值》：李树俨撰，《宁夏大学学报》1985年第4期。

《马鸿逵主修〈宁夏省通志〉告吹始末》：吴忠礼撰，《宁夏史志研究》1986年第 1 期。

《〈朔方道志〉浅析(一)》：豫蔡撰,《宁夏史志研究》1986 年第 1 期。

《〈朔方道志〉浅析(二)》：豫蔡撰,《宁夏史志研究》1986 年第 2 期。

《〈朔方道志〉勘误(一)》：吴和撰,《宁夏史志研究》1987 年第 4 期。

《〈朔方道志〉勘误(二)》：吴和撰,《宁夏史志研究》1987 年第 5 期。

《〈朔方道志〉勘误(三)》：吴和撰,《宁夏史志研究》1988 年第 2 期。

《〈民国宁夏省志〉手稿本》(一至四)：陈田心撰,宁夏文史馆编《宁夏文史》第 20 辑至第 23 辑,2004 年版至 2007 年版。

《民国旧志简介之〈朔方道志〉》：王玉琴撰,《宁夏史志》2011 年第 1 期。

《民国时期宁夏地方文献概述》：张玉梅撰,《图书馆理论与实践》2013 年第 8 期。

《〈朔方道志〉方言词汇研究》：李荣撰,2016 届宁夏大学汉语言文字学专业硕士学位论文(杨占武研究员指导)。

(二) 银川市辖灵武市旧志

《〈灵州志迹〉的史料价值》：白述礼撰,《宁夏社会科学》1985 年第 1 期。

《浅谈〈灵州志迹〉的作者和版本》：白述礼撰,《宁夏图书馆通讯》1985 年第 3 期。

《〈灵州志迹〉评析》：白述礼撰,载高树榆等编《宁夏方志述略》,吉林省地方志编纂委员会、吉林图书馆学会 1985 年内部发行。

《灵武旧志书评价》：陈永中撰,《宁夏史志研究》1994 年第 6 期。

《〈嘉庆灵州志迹〉考》：刘海晏撰,《宁夏史志研究》2001 年第 2 期。

(三) 石嘴山市辖平罗县旧志

《〈平罗纪略〉和〈续增平罗纪略〉》：王耀伦撰,载高树榆等编《宁夏方志述略》,吉林省地方志编纂委员会、吉林图书馆学会 1985 年内部发行。

《略谈〈平罗纪略〉》：李洪图撰,《宁夏史志研究》1986 年第 3 期。

《评〈平罗记略〉之得失》：王亚勇撰,《宁夏社会科学》1997 年第 2 期。

《〈平罗纪略〉的编撰者徐保字二、三事》：李洪图撰,《石嘴山史志》1988 年第 1 期。

《徐保字与平罗》：胡迅雷撰,载《宁夏历史人物研究文集》,宁夏人民出版社 1993 年版。

《〈平罗记略〉及其史料价值》：王亚勇撰,载《平罗记略》,宁夏人民出版社、宁夏教育出版社 2003 年版。

《清代平罗的四部地方志》：高尚荣撰，载何子江、万青山编《平罗春秋》，宁夏人民出版社 2005 年版。

《著名知县徐保字》：任登全撰，载何子江、万青山编《平罗春秋》，宁夏人民出版社 2005 年版。

（四）吴忠市辖市县区旧志

1. 利通区

《〈宁灵厅志草〉考述》：张京生撰，《图书馆理论与实践》1992 年第 1 期。

《日本藏孤本宁夏〈宁灵厅志草〉考述》：巴兆祥撰，《宁夏社会科学》2002 年第 5 期。

《宁夏孤本方志〈宁灵厅志草〉惊现日本》：刘宏安撰，《宁夏日报》2003 年 8 月 4 日。

《〈宁灵厅志草〉现世真相》：贺玉莲、谢梅英撰，《宁夏日报》2003 年 9 月 1 日。

《历史的见证——日本藏清稿本〈宁灵厅志草〉的学术价值探析》：张京生撰，《图书馆理论与实践》2008 年第 6 期。

《孤本方志，弥足珍贵——读〈宁灵厅志草〉札记》：胡建东撰，载胡建东校注《光绪宁灵厅志》，宁夏人民出版社 2008 年版。

《日本东洋文库藏宁夏〈宁灵厅志草〉整理与研究成果述评》：胡玉冰撰，《图书馆理论与实践》2009 年第 6 期。

《日本东洋文库藏宁夏〈宁灵厅志草〉考略》：胡玉冰撰，《宁夏社会科学》2009 年第 4 期。

2. 青铜峡市

《俞益谟生平事略》：曾文俊撰，宁夏文史馆编《宁夏文史》第 3 辑，1988 年版。

《〈朔方广武志〉与俞益谟其人》：马力撰，载高树榆等编《宁夏方志述略》，吉林省地方志编纂委员会、吉林图书馆学会 1985 年内部发行。

《清代名将俞益谟》：胡迅雷撰，载《宁夏历史人物研究文集》，宁夏人民出版社 1993 年版。

《清代广武俞氏家族》：胡迅雷撰，载《宁夏历史人物研究文集》，宁夏人民出版社 1993 年版。

《儒将俞益谟》：庐客撰，《宁夏史志研究》1999 年第 2 期。

《康熙〈朔方广武志〉考》：吴晓红撰，《宁夏史志研究》2001年第3期。

《清代宁夏籍湖广提督俞益谟著述考》：田富军撰，《宁夏社会科学》2005年第2期。

《清代宁夏籍湖广提督俞益谟教育思想探析》：彭新媛撰，《北方民族大学学报》2015年第5期。

《清代宁夏籍湖广提督俞益谟生平考》：田富军撰，《宁夏大学学报》2005年第6期。

《清代宁夏籍湖广提督俞益谟家世考》：杨学娟、田富军撰，《宁夏社会科学》2008年第3期。

《清代宁夏籍湖广提督俞益谟〈青铜自考〉卷十一校勘札记》：马丽、田富军撰，《西夏研究》2010年第3期。

《试罢吴钩学咏诗——清代宁夏籍湖广提督俞益谟诗词的思想内容探析》：田富军、叶根华撰，《宁夏大学学报》2011年第5期。

《清代宁夏籍湖广提督俞益谟〈青铜自考〉版本论略——兼论台湾抄本的价值》：田富军撰，《图书馆理论与实践》2012年第11期。

3. 盐池县

《盐池县的几种志书》：陈永中撰，载高树榆等编《宁夏方志述略》，吉林省地方志编纂委员会、吉林图书馆学会1985年内部发行。

《陈步瀛与民国〈盐池县志〉》：张树林撰，《宁夏史志研究》1998年第3期。

《〈花马池志迹〉中的节日风俗古今比较》：张云雁撰，《宁夏史志》2005年第2期。

《民国旧志简介之〈民国盐池县志〉》：王玉琴撰，《宁夏史志》2011年第1期。

《两部盐池旧志比较研究》：张琰玲撰，《图书馆理论与实践》2011年第2期。

《宁夏盐池县旧志（光绪）〈花马池志迹〉考略》：胡玉冰撰，《北方民族大学学报》2011年第5期。

《宁夏盐池县旧志研究》：孙佳撰，2013届宁夏大学汉语言文字学专业硕士学位论文（胡玉冰教授指导）。

4. 同心县

《平远县的创建及〈平远县志〉》：陈明猷撰，载《标点注释平远县志》，宁夏人民出版社1993年版。

《〈光绪平远县志〉考》：刘海晏撰，《宁夏史志研究》2001年第6期。

《宁夏（民国）〈豫旺县志〉辨伪》：胡玉冰撰，《北方民族大学学报》2013年第2期。

《平远初创陈日新　勤政修志第一人——陈日新与〈平远县志〉》：余海堂撰，《宁夏史志》2014年第6期。

（五）固原市辖市县旧志

1. 固原市

《明代两种〈固原州志〉及其史料价值》：牛春生、牛达生撰，载高树榆等编《宁夏方志述略》，吉林省地方志编纂委员会、吉林图书馆学会1985年内部发行。

《万历〈固原州志·地理志〉笺证》：沈克尼撰，《固原师专学报》1986年第1期。

《杨经与〈嘉靖固原州志〉》：胡迅雷撰，载《宁夏历史人物研究文集》，宁夏人民出版社1993年版。

《浅谈明代固原州志所载宋夏史料》：张琰玲、张玉海撰，《西夏研究》2010年第4期。

《清代的〈固原州志〉》：牛达生、牛春生撰，载高树榆等编《宁夏方志述略》，吉林省地方志编纂委员会、吉林图书馆学会1985年内部发行。

《清末固原轮廓——评介〈宣统固原直隶州志〉》：《固原师专学报》1990年第3期。

《王学伊与固原》：胡迅雷撰，载《宁夏历史人物研究文集》，宁夏人民出版社1993年版。

《清代〈宣统固原州志〉与固原历史文化集成》：薛正昌撰，《西北第二民族学院学报》1997年第1期。

《民国〈固原县志〉简介》：牛达生撰，载高树榆等编《宁夏方志述略》，吉林省地方志编纂委员会、吉林图书馆学会1985年内部发行。

《民国时期固原县情研究的重要著述——评介民国〈固原县志〉稿》：陈明猷撰，《固原师专学报》1991年第3期。

《回族学者张缵绪先生事略》：马辰撰，《宁夏文史资料》第25辑，宁夏人民出版社2001年版。

《固原地区旧志考述》：刘佩撰，2010届宁夏大学汉语言文字学专业硕士学位论文（胡玉冰教授指导）。

《民国〈固原县志〉新发现部分内容拾遗》：负有强、李习文、张玉梅撰，《宁夏史志》2015年第4期。

2. 西吉县

《〈新修硝河城志〉评介》：雨阳撰，《宁夏史志研究》1988年第4期。

3. 隆德县

《隆德县志概述》：景永时撰，载高树榆等编《宁夏方志述略》，吉林省地方编纂委员会、吉林图书馆学会 1985 年内部发行。

《〈隆德县志〉评介》：武继功、张鸿玺撰，《固原地方志通讯》1989 年第 2 期。

《常星景与隆德》：胡迅雷撰，载《宁夏历史人物研究文集》，宁夏人民出版社 1993 年版。

《〈重修隆德县志〉评介》：任小花撰，《宁夏史志研究》2000 年第 5 期。

《康熙〈隆德县志〉评述》：任小花撰，《宁夏史志研究》2001 年第 3 期。

《〈道光隆德县续志〉简介》：张京生撰，《固原师专学报》1995 年第 4 期。

《〈道光隆德县续志〉所用隆德古称考辨》：张欣毅、张京生撰，《宁夏社会科学》1999 年第 2 期。

《写作一幅豳风图——孤本方志〈道光隆德县续志〉的学术价值探讨》：张京生撰，《图书馆理论与实践》2009 年第 12 期。

《几种隆德县旧志及其整理情况述略》：王文娟撰，《宁夏师范学院学报》2011 年第 5 期。

《明清时期隆德县的教育简况——以隆德县旧志为例》：王文娟撰，《宁夏师范学院学报》2013 年第 2 期。

《隆德县旧志述略》：梁喜太撰，《宁夏史志》2013 年第 5 期。

4. 泾源县

《民国〈化平县志〉》：佘贵孝撰，《宁夏史志研究》1988 年第 3 期。

《〈化平县志〉主修人张逢泰》：李子杰撰，《宁夏史志研究》1989 年第 2 期。

《新编化平县志》：李子杰撰，《中国穆斯林》1991 年第 3 期。

《回乡旧貌——民国〈化平县志〉评介》：陈明猷撰，《回族研究》1992 年第 3 期。

《致力于回族教育的儒士张逢泰》：李子杰撰，《宁夏文史资料》第 25 辑，宁夏人民出版社 2001 年版。

《回族学者张缵绪先生事略》：马辰撰，《宁夏文史资料》第 25 辑，宁夏人民出版社 2001 年版。

（六）中卫市辖市县旧志

1. 中卫市

《乾隆〈中卫县志〉简介》：杜玉冰撰，载高树榆等编《宁夏方志述略》，吉林省地方志编纂委员会、吉林图书馆学会 1985 年内部发行。

《黄恩锡与中卫》：胡迅雷撰，载《宁夏历史人物研究文集》，宁夏人民出版社 1993 年版。

《清代边城文化风景撰，黄恩锡〈中卫竹枝词〉》：王子今撰，《宁夏社会科学》2009年第1期。

《见证枸杞栽培的史诗——黄恩锡枸杞诗篇赏析》：陈永中撰，《宁夏史志》2011年第1期。

《研究中卫旧志　开发旅游资源——〈乾隆中卫县志〉〈续修中卫县志〉读后的思考》：俞星燕撰，《图书馆理论与实践》2012年第4期。

2. 海原县

《盐茶厅概说》：米寿祺撰，《固原师专学报》1992年第3期。

《朱亨衍与海原》：胡迅雷撰，载《宁夏历史人物研究文集》，宁夏人民出版社1993年版。

《清乾隆〈盐茶厅志备遗〉评介》：刘华撰，《宁夏史志》2002年第1期。

《海原县志书简介》：筱心撰，载高树榆等编《宁夏方志述略》，吉林省地方志编纂委员会、吉林图书馆学会1985年内部发行。

《海原县地方志书介绍》：杨孝峰撰，《宁夏史志》2003年第6期。

《读〈光绪海城县志〉札记》：刘华撰，《宁夏史志》2002年第4、5期。

《民国〈海原县要览〉简介》：佘贵孝撰，《宁夏史志研究》1987年第2期。

《海原旧志中的"花儿"》：田玉龙撰，《宁夏史志》2012年第3期。

（七）综合

《介绍宁夏明代地方志五种（上）》：朱洁撰，《宁夏大学学报》1980年第2期。

《介绍宁夏明代地方志五种（下）》：朱洁撰，《宁夏大学学报》1980年第3期。

《宁夏方志考》：高树榆撰，《宁夏图书馆通讯》1980年第1期。

《评宁夏旧志有关回族记述的史料价值》：余振贵撰，《宁夏史志研究》1985年第2期。

《宁夏方志录》：高树榆撰，《宁夏史志研究》1988年第2期。

《银川方志述略》：王桂云撰，《银川市志通讯》1988年第3期。

《管窥〈中国地方志联合目录〉宁夏书目》：郭晓明撰，《银川市志通讯》1989年第2期。

《宁夏方志评述》：高树榆撰，《图书馆理论与实践》1993年第3期。

《宁夏回族自治区地方志述评》：高树榆撰，载金恩晖、胡述兆编《中国地方志总目提要》，（台北）汉美图书有限公司1996年版。

《地方志与宁夏历史文化（上）》：薛正昌撰，《固原师专学报》2004年第5期。

《地方志与宁夏历史文化（下）》：薛正昌撰，《固原师专学报》2005年第1期。

《灵州"三贤祠"——〈乾隆宁夏府志〉〈灵州志迹〉〈朔方道志〉校勘三则》：陈永中撰，宁夏文史研究馆编《宁夏文史》第 21 辑，2005 年。

《宁夏地方文献研究述评》：黄秀兰撰，载国家图书馆古籍馆编《地方文献国际研讨会论文集(2004)》，北京图书馆出版社 2006 年版。

《明代宁夏与固原两大军镇的地方志书及其特点》：薛正昌撰，《史学史研究》2009 年第 1 期。

《明代宁夏地方志书编纂析论》：薛正昌撰，载瞿林东、葛志毅主编《史学批评与史学文化研究》，黑龙江人民出版社 2009 年版。

《一部记录 20 世纪 30 年代宁夏的专书——〈宁夏省考察记〉评介》：王荣华、李丽颖撰，《宁夏社会科学》2009 年第 6 期。

《明清旧志中宁夏北部地域文化举隅》：王玉琴撰，《宁夏社会科学》2010 年第 6 期。

《〈(道光)隆德县续志(光绪)宁灵厅志草校注〉评介》：梁忙海撰，《图书馆理论与实践》2011 年第 10 期。

《明代宁夏方志修纂与地方女性之旌表》：陆宁、马建民撰，《图书馆理论与实践》2012 年第 3 期。

《清末西北地区水利兴修与管理程序——以中卫七星渠为例》：魏舒婧撰，《佳木斯大学社会科学学报》2013 年第 6 期。

《清代、民国甘宁方志所见民间演剧》：王政撰，《中国地方志》2013 年第 9 期。

《宁夏地方志中的春节年俗论考》：武宇林撰，《图书馆理论与实践》2013 年第 11 期。

《〈宁夏地方志研究〉创新价值评述》：陈育宁撰，《中国地方志》2014 年第 3 期。

《宁夏旧志所载西夏遗民史料概述》：沈剑侠、张玉海撰，《宁夏史志》2014 年第 4 期。

《宁夏方志中的风物与传说——以宁夏"两山一河"风物传说为例》：白洁撰，《宁夏社会科学》2014 年第 5 期。

《宁夏地方旧志述要》：胡玉冰撰，《宁夏社会科学》2015 年第 3 期。

《宁夏地方文献中的秦腔记载》：武宇林撰，《图书馆理论与实践》2015 年第 4 期。

《主持地方大局　不忘修志问道——民国时期宁夏四位热心修志的县长》：张明朋撰，《宁夏史志》2016 年第 1 期。

《宁夏旧志的地域文化价值》：郭勤华撰，《宁夏史志》2016年第2期。

《〈宁夏旧方志集成〉正式出版发行》：张玉梅撰，《图书馆理论与实践》2016年第2期。

《传承方志文化　惠泽书海学林——影印出版〈宁夏旧方志集成〉35卷本的意义和文献价值》：李习文、贠有强、张玉梅撰，《图书馆理论与实践》2016年第3期。

《旧方志的地域文化价值——〈宁夏旧方志集成〉35卷影印本评介》：郭勤华撰，《西夏研究》2016年第2期。

《宁夏旧方志佚存探考（一）》：吴忠礼撰，《宁夏史志》2016年第3期。

《宁夏旧方志佚存探考（二）》：吴忠礼撰，《宁夏史志》2016年第4期。

《乡贤文化与和谐社会——基于宁夏方志资料研究》：郭勤华撰，《宁夏社会科学》2016年第3期。

《宁夏旧志考述》：周建华撰，宁夏大学2006届汉语言文字学专业硕士学位论文（胡玉冰教授指导）。

《宁夏灵武市古文献考述》：马佳撰，宁夏大学2007届汉语言文字学专业硕士学位论文（胡玉冰教授指导）。

《明代宁夏地方志中艺文专题研究》：法文靖撰，宁夏大学2013届汉语言文字学专业硕士学位论文（胡玉冰教授指导）。

《宁夏方志中的序跋研究》：沈洁撰，宁夏大学2015届汉语言文字学专业硕士学位论文（梁祖萍教授指导）。

主要参考文献

一　古籍

（一）陕甘宁旧志

《陕西通志》：[明]马理、吕柟等纂，华东师范大学图书馆藏明嘉靖二十一年（1542）刻本；三秦出版社2006年版董健桥等校注本（书名《嘉靖陕西通志》）。简称《嘉靖陕志》。

《陕西通志》：[清]贾汉复、李楷等纂，中国国家图书馆藏清康熙六年至七年（1667—1668）刻本。简称《康熙陕志》。

《陕西通志》：[清]刘于义、沈青崖等纂，中国国家图书馆藏清雍正十三年（1735）刻本。简称《雍正陕志》。

《甘肃通志》：[清]许容等纂，中国国家图书馆藏乾隆元年（1736）刻本；影印文渊阁《四库全书》本，（台北）商务印书馆1986年版。简称《乾隆甘志》。

《甘肃新通志》：[清]升允、长庚修，安维峻等纂，中国国家图书馆藏清宣统元年（1909）刻本。简称《宣统甘志》。

《正统宁夏志》：[明]朱栴纂，日本国立国会图书馆藏明万历二十九年（1601）重刻本；宁夏人民出版社1996年版吴忠礼笺证本（书名《宁夏志笺证》）；中国社会科学出版社2015年版胡玉冰、孙瑜校注本。简称《正统宁志》。

《弘治宁夏新志》：[明]胡汝砺纂，《天一阁藏明代方志选刊续编》影印明朝弘治刻本，上海书店1990年版；宁夏人民出版社2010年版范宗兴整理本；中国社会科学出版社2015年版胡玉冰、曹阳校注本。简称《弘治宁志》。

《嘉靖宁夏新志》：[明]管律等纂，《天一阁藏明代方志选刊》影印明嘉靖刻本，上海古籍书店1961年版；宁夏人民出版社1982年版陈明猷校勘本；中国社会科学出版社2015年版邵敏校注本。简称《嘉靖宁志》。

《万历朔方新志》：[明]杨寿等纂，《故宫珍本丛刊》影印明万历刻本，海南出版社2001年版；中国社会科学出版社2015年版胡玉冰校注本。简称《万历朔志》。

《乾隆银川小志》：[清]汪绎辰纂，南京图书馆藏乾隆二十年(1755)稿本；宁夏人民出版社2000年版张钟和、许怀然整理本(书名《银川小志》)；中国社会科学出版社2015年版柳玉宏校注本。

《乾隆宁夏府志》：[清]张金城等纂，中国国家图书馆藏乾隆四十五年(1780)刻本；宁夏人民出版社1992年版陈明猷整理本；中国社会科学出版社2015年版胡玉冰、韩超校注本。简称《乾隆宁志》。

《民国朔方道志》：[民国]马福祥、陈必淮、马鸿宾修，王之臣纂，天津华泰印书馆民国十六年(1927)铅印本；上海古籍出版社2018年版胡玉冰校注本。简称《民国朔志》。

《十年来宁夏省政述要》：宁夏省政府秘书处主编，宁夏图书馆藏民国三十一年(1942)版。简称《民国述要》。

《道光平罗记略》：[清]徐保字纂，北京大学图书馆藏道光九年(1829)新堡官舍刻本；宁夏人民出版社、宁夏教育出版社2003年版王亚勇整理本(书名《平罗记略》)；上海古籍出版社2018年版徐远超校注本。

《道光续增平罗记略》：[清]张梯纂，兰州古籍书店1990年版《中国西北文献丛书》第一辑《西北稀见方志文献》影印本；宁夏人民出版社、宁夏教育出版社2003年版王亚勇整理本(书名《续增平罗记略》)；上海古籍出版社2018年版徐远超校注本。

《光绪宁灵厅志草》：[清]佚名纂，日本东洋文库藏清稿本；宁夏人民出版社2008年版胡建东整理本(书名《光绪宁灵厅志》)；阳光出版社2010年版张京生整理本；上海古籍出版社2018年版胡玉冰、张煜坤校注本。

《康熙新修朔方广武志》：[清]俞益谟、高嶷修，俞汝钦、李品馣等纂，甘肃省图书馆藏清康熙五十六年(1717)刻本；宁夏人民出版社1993年版吴怀章校注本(书名《康熙朔方广武志》)；上海古籍出版社2018年版田富军校注本。

《嘉庆灵州志迹·光绪灵州志》：[清]杨芳灿监修、[清]郭楷纂修，中国国家图书馆藏嘉庆四年(1799)刻本《灵州志迹》、光绪三十四年(1908)抄本《灵州志》；宁夏人民出版社1996年版张建华、苏昀整理本(书名《嘉庆灵州志迹校注》)；中国社会科学出版社2015年版蔡淑梅校注本。

《嘉靖固原州志》：[明]杨经纂，中国国家图书馆藏明嘉靖十一年(1532)刻本；宁夏人民出版社1985年版牛达生、牛春生整理本；上海古籍出版社2018年版韩超校注本。简称《嘉靖固志》。

《万历固原州志》：[明]刘敏宽、董国光纂，南京图书馆藏明万历四十四年(1616)刻本；宁夏人民出版社1985年版牛达生、牛春生整理本；上海古籍出版社

2018年版韩超校注本。简称《万历固志》。

《宣统新修固原直隶州志》：[清]王学伊、锡麒纂修，凤凰出版社等2008年版《中国地方志集成·宁夏府县志辑》本；陕西人民出版社1992年版陈明猷整理本(书名《宣统固原州志》)；上海古籍出版社2018年版韩超校注本。简称《宣统固志》。

《乾隆中卫县志》：[清]黄恩锡纂修，凤凰出版社等2008年版《中国地方志集成·宁夏府县志辑》影印乾隆二十五年(1760)刻本；宁夏人民出版社1998年版范学灵等校注本(书名《乾隆中卫县志校注》)；上海古籍出版社2018年版韩超校注本。

《道光续修中卫县志》：[清]郑元吉等纂修，凤凰出版社等2008年版《中国地方志集成·宁夏府县志辑》影印道光二十年至二十一年(1840至1841)本；宁夏人民出版社1990年中卫县志办公室整理本(书名《标点注释中卫县志》)；上海古籍出版社2018年版韩超校注本。简称《续中卫志》。

《光绪平远县志》：[清]陈日新纂，甘肃省图书馆藏光绪五年(1879)刻本；宁夏人民出版社1993年版王克林等整理本(书名《标点注释平远县志》)；上海古籍出版社2018年版胡玉冰、马玲玲、孙小倩校注本。

《宣统新修硝河城志》：[清]杨修德纂，胡玉冰、魏舒婧校注，上海古籍出版社2018年版。

《民国西吉县志》：[民国]马国玙纂修，魏舒婧、胡玉冰校注，上海古籍出版社2018年版。

《康熙隆德县志》：[清]常星景修，张炜纂，中国国家图书馆藏清朝康熙五年(1666)刻本；上海古籍出版社2018年版安正发、王文娟校注本。

《道光隆德县续志》：[清]黄璟纂，美国国会图书馆藏清朝道光六年(1826)刻本；阳光出版社2010年版张欣毅整理本；上海古籍出版社2018年版安正发校注本。

《民国重修隆德县志》：[民国]桑丹桂修，陈国栋纂，中国国家图书馆藏民国二十四年(1935)文兴元石印本；上海古籍出版社2018年安正发校注本。

《乾隆盐茶厅志备遗》：[清]朱亨衍修，刘统纂，甘肃省图书馆藏民国三十三年(1944)抄本；宁夏人民出版社2007年版刘华点校本；上海古籍出版社2018年版胡玉冰、魏舒婧校注本。

《光绪海城县志》：[清]杨金庚修，陈廷珍纂，甘肃省图书馆藏光绪三十四年(1908)抄本；宁夏人民出版社2007年版刘华点校本；上海古籍出版社2018年版胡玉冰、穆旋校注本。

《民国化平县志》：[民国]张逢泰纂修，民国二十九年（1940）平凉一心印书馆石印本；宁夏人民出版社1992年版李子杰点校本；上海古籍出版社2018年版胡玉冰、穆旋校注本。

《光绪新修打拉池县丞志》：[清]廖丙文修，陈希魁等纂，光绪三十四年（1908）抄本；宁夏人民出版社2007年版刘华点校本；上海古籍出版社2018年版胡玉冰、魏舒婧校注本。简称《打拉池志》。

《定边县志》：[清]黄沛、江廷球、宋谦等纂，中国国家图书馆藏清嘉庆二十五年（1820）刻本；定边县志编纂委员会1985年版王树茂、纪国庆整理本。

（二）经部

《周易古经今注》（重订本）：高亨著，中华书局1984年版。

《尚书正义》：《十三经注疏》本，上海古籍出版社1997年版。

《周礼正义》：《十三经注疏》本，上海古籍出版社1997年版。

《礼记正义》：《十三经注疏》本，上海古籍出版社1997年版。

《春秋左传注》：杨伯峻著，中华书局2002年版。

《论语正义》：[清]刘宝楠撰，上海古籍出版社1993年版。

《孝经》：《十三经注疏》本，上海古籍出版社1997年版。

《孟子》：上海古籍出版社1987年版。

《说文解字》：[汉]许慎撰，[宋]徐铉校定，中华书局1963年版。

（三）史部

《汉书》：[汉]班固撰，中华书局1962年版。

《后汉书》：[南朝宋]范晔撰，中华书局1965年版。

《晋书》：[唐]房玄龄等撰，中华书局1974年版。

《魏书》：[北齐]魏收撰，中华书局1974年版。

《北史》：[唐]李延寿撰，中华书局1974年版。

《旧唐书》：[后晋]刘昫撰，中华书局1975年版。

《新唐书》：[宋]欧阳修、宋祁撰，中华书局1975年版。

《新五代史》：[宋]欧阳修撰，中华书局1974年版。

《宋史》：[元]脱脱等撰，中华书局1977年版。

《辽史》：[元]脱脱等撰，中华书局1974年版。

《金史》：[元]脱脱等撰，中华书局1975年版。

《元史》：[明]宋濂等撰，中华书局1976年版。

主要参考文献

《明史》：〔清〕张廷玉等撰，中华书局 1974 年版。

《清史稿》：〔民国〕赵尔巽等撰，中华书局 1977 年版。

《资治通鉴》：〔宋〕司马光撰，中华书局 1956 年版。

《续资治通鉴长编》：〔宋〕李焘撰，中华书局 2004 年第 2 版。

《明史纪事本末》：〔明〕谷应泰编，中华书局 1985 年版。

《明实录》：台湾"中央研究院"历史语言研究所校印，1962 年。

《清实录》：中华书局 2008 年第 2 版。

《太平治迹统类》：〔宋〕彭百川撰，影印文渊阁《四库全书》本，（台北）商务印书馆 1986 年版。

《弇山堂别集》：〔明〕王世贞撰，影印文渊阁《四库全书》本，（台北）商务印书馆 1986 年版。

《宋名臣言行录》：前集、后集，〔宋〕朱熹撰；续集、别集、外集，〔宋〕李幼武撰，影印文渊阁《四库全书》本，（台北）商务印书馆 1986 年版。

《国朝列卿纪》：〔明〕雷礼辑，《续修四库全书》本，上海古籍出版社 2002 年版。

《国朝献征录》：〔明〕焦竑辑，《续修四库全书》本，上海古籍出版社 2002 年版。

《元和郡县图志》：〔唐〕李吉甫撰，中华书局 1983 年版。

《太平寰宇记》：〔宋〕乐史，影印文渊阁《四库全书》本，（台北）商务印书馆 1986 年版。

《舆地广记》：〔宋〕欧阳忞撰，影印文渊阁《四库全书》本，（台北）商务印书馆 1986 年版。

《明一统志》：影印文渊阁《四库全书》本，（台北）商务印书馆 1986 年版。

《大清一统志》：影印文渊阁《四库全书》本，（台北）商务印书馆 1986 年版。

《畿辅通志》：〔清〕李卫等监修，影印文渊阁《四库全书》本，（台北）商务印书馆 1986 年版。

《江南通志》：〔清〕赵宏恩等监修，影印文渊阁《四库全书》本，（台北）商务印书馆 1986 年版。

《浙江通志》：〔清〕嵇曾筠等监修，影印文渊阁《四库全书》本，（台北）商务印书馆 1986 年版。

《山西通志》：〔清〕觉罗石麟等监修，影印文渊阁《四库全书》本，（台北）商务印书馆 1986 年版。

《四川通志》：〔清〕黄廷桂等监修，影印文渊阁《四库全书》本，（台北）商务印书馆 1986 年版。

《云南通志》：[清] 鄂尔泰等监修，影印文渊阁《四库全书》本，(台北) 商务印书馆 1986 年版。

《灵寿县志》：[清] 傅维橒编纂，《中国方志丛书》本，(台北) 成文出版社 1968 年版。

《水经注校证》：[北魏] 郦道元撰，陈桥驿校证，中华书局 2007 年版。

《重修中卫七星渠本末记》：[清] 王树枏撰，《中华山水志丛刊》本，线装书局 2004 年版。

《通典》：[唐] 杜佑撰，浙江古籍出版社 2000 年第 2 版。

《唐会要》：[宋] 王溥撰，中华书局 1955 年版。

《通志》：[宋] 郑樵撰，浙江古籍出版社 2000 年第 2 版。

《文献通考》：[元] 马端临撰，浙江古籍出版社 2000 年第 2 版。

《续通志》：[清] 乾隆官修，浙江古籍出版社 2000 年第 2 版。

《续文献通考》：[清] 乾隆官修，浙江古籍出版社 2000 年第 2 版。

《清朝通典》：[清] 乾隆官修，浙江古籍出版社 2000 年第 2 版。

《明臣谥考》：[明] 鲍应鳌撰，影印文渊阁《四库全书》本，(台北) 商务印书馆 1986 年版。

《明谥纪汇编》：[明] 郭良翰撰，影印文渊阁《四库全书》本，(台北) 商务印书馆 1986 年版。

《内阁藏书目录》：[明] 孙能传、张萱撰，《续修四库全书》本，上海古籍出版社 2002 年版。

《古今书刻》：[明] 周弘祖撰，上海古籍出版社 2005 年版。

《万卷堂书目》：[明] 朱睦㮮撰，《续修四库全书》本，上海古籍出版社 2002 年版。

《千顷堂书目》：[清] 黄虞稷撰，影印文渊阁《四库全书》本，(台北) 商务印书馆 1986 年版。

《四库全书总目》：[清] 纪昀等撰，中华书局 1965 年版。

《八千卷楼书目》：[清] 丁仁撰，《续修四库全书》本，上海古籍出版社 2002 年版。

《天一阁书目》：[清] 范邦甸撰，《续修四库全书》本，上海古籍出版社 2002 年版。

(四) 子部

《司马法集解》：[明] 阎禹锡辑，《续修四库全书》本，上海古籍出版社 2002

年版。

《武经总要》：[宋]曾公亮撰,影印文渊阁《四库全书》本,(台北)商务印书馆 1986 年版。

《大明清类天文分野之书》：[明]刘基等撰,《续修四库全书》本,上海古籍出版社 2002 年版。

《国朝画征续录》：[清]张庚撰,《续修四库全书》本,上海古籍出版社 2002 年版。

《梦溪笔谈》：[宋]沈括撰,金良年校勘,上海书店出版社 2003 年版。

《白孔六帖》：[唐]白居易原撰,[宋]孔传续撰,影印文渊阁《四库全书》本,(台北)商务印书馆 1986 年版。

《太平御览》：[宋]李昉等撰,中华书局 1985 年版。

《册府元龟》：[宋]王钦若等撰,中华书局 1960 年版。

《事物纪原》：[宋]高承撰,影印文渊阁《四库全书》本,(台北)商务印书馆 1986 年版。

《玉海》：[宋]王应麟撰,江苏古籍出版社、上海书店 1987 年版。

《万姓统谱》：[明]凌迪知编,影印文渊阁《四库全书》本,(台北)商务印书馆 1986 年版。

《古俪府》：[明]王志庆编,影印文渊阁《四库全书》本,(台北)商务印书馆 1986 年版。

《世说新语校笺》(修订本)：[南朝宋]刘义庆撰,[梁]刘孝标注,杨勇校笺,中华书局 2006 年版。

《博物志校证》：[晋]张华撰,范宁校证,中华书局 1980 年版。

《酉阳杂俎》：[唐]段成式撰,影印文渊阁《四库全书》本,(台北)商务印书馆 1986 年版。

《唐国史补》：[唐]李肇撰,影印文渊阁《四库全书》本,(台北)商务印书馆 1986 年版。

(五) 集部

《李遐叔文集》：[唐]李华撰,影印文渊阁《四库全书》本,(台北)商务印书馆 1986 年版。

《范文正公集》：[宋]范仲淹撰,《四部丛刊初编》影印明覆元刻本,商务印书馆 1929 年版。

《文忠集》：[宋]周必大撰,影印文渊阁《四库全书》本,(台北)商务印书馆

1986年版。

《道园学古录》：[元]虞集撰，《四部丛刊初编》影印明景泰覆元小字本，商务印书馆1929年版。

《三鱼堂文集》：[清]陆陇其撰，影印文渊阁《四库全书》本，（台北）商务印书馆1986年版。

《芙蓉山馆诗钞》：[清]杨芳灿撰，日本京都大学图书馆藏清道光二十三年（1843）刻本。

《文苑英华》：[宋]李昉等编，中华书局1966年版。

《唐文粹》：[宋]姚铉编，影印文渊阁《四库全书》本，（台北）商务印书馆1986年版。

《文章辨体汇选》：[明]贺复征编，影印文渊阁《四库全书》本，（台北）商务印书馆1986年版。

《陶庐老人随年录》：[清]王树枏撰，中华书局2007年版。

二 丛书

《天一阁藏明代方志选刊》：上海古籍书店1961年版。

《新修方志丛刊》：（台北）学生书局1969年版。

《中国方志丛书》：（台北）成文出版社1968年版。

《中华文史丛书》：王有立编，（台北）华文书局1969年版。

《宁夏历代方志萃编》：吴忠礼主编，天津古籍出版社1988年版。

《宁夏地方志丛刊》：宁夏图书馆编，宁夏人民出版社1988年版。

《天一阁藏明代方志选刊续编》：上海书店1990年版。

《中国西北文献丛书》：《中国西北文献丛书》编辑委员会编，兰州古籍书店1990年版。

《中国西北稀见方志》：全国公共图书馆古籍文献编委会编，中华全国图书馆文献缩微复制中心1995年版。

《故宫珍本丛刊》：海南出版社2001年版。

《续修四库全书》：顾廷龙主编，上海古籍出版社2002年版。

《中国西藏及甘青川滇藏区方志汇编》：张羽新主编，学苑出版社2003年版。

《中国地方志集成》：凤凰出版社、上海书店、巴蜀书社2008年版。

《回族典藏全书》：吴海鹰主编，甘肃文化出版社、宁夏人民出版社2008

年版。

《天一阁藏明代方志补刊》：宁波出版社2009年版。

《南京图书馆藏稀见方志丛刊》：南京图书馆编，国家图书馆出版社2012年版。

《原国立北平图书馆甲库善本丛书》：中国国家图书馆编，国家图书馆出版社2013年版。

《宁夏旧方志集成》：负有强、李习文主编，学苑出版社2015年版。

《天一阁藏历代方志汇刊》：天一阁博物馆编，国家图书馆出版社2017年版。

三 近现代著作

（一）目录著作

《陇右方志录》：张维编，《中国西北文献丛书》据北平大北印书局1934年版影印，兰州古籍书店1990年版。

《中国边疆图籍录》：邓衍林撰，商务印书馆1958年版。

《中国地方志综录》：朱士嘉编，商务印书馆1958年版。

《宁夏地方文献存佚目录》：宁夏图书馆编，内部资料，1964年。

《日本主要图书馆研究所所藏中国地方志总合目录》：日本国立国会图书馆参考书志部编，（东京）国立国会图书馆1969年版。

《天一阁藏明代地方志考录》：骆兆平著，书目文献出版社1982年版。

《中国地方志联合目录》：中国科学院北京天文台编，中华书局1985年版。

《稀见地方志提要》：陈光贻编，齐鲁书社1987年版。

《西北五省（区）社会科学院馆藏古籍线装书、西北地区文献、外文及港台报刊联合目录》：西北五省社会科学院图书资料情报协作组编，宁夏人民出版社1991年内部发行。

《宁夏地方文献联合目录》：宁夏图书馆协作委员会编，宁夏人民出版社1992年版。

《中国地方志总目提要》：金恩晖、胡述兆编，（台北）汉美图书有限公司1996年版。

《甘肃省图书馆藏地方志目录》：甘肃省图书馆编，兰州大学出版社1996年版。

《新编天一阁书目》：骆兆平编著，中华书局1996年版。

《中国古籍善本书目》：中国古籍善本书目编委会，上海古籍出版社 1998 年版。

《日藏汉籍善本书录》：严绍璗著，中华书局 2007 年版。

《宁夏地方文献暨回族伊斯兰教文献导藏书目》（一）：丁力主编，阳光出版社 2010 年版。

《西北史籍要目提要》：田澍、陈尚敏主编，天津古籍出版社 2010 年版。

（二）其他著作

《宁夏省考察记》：傅作霖编著，正中书局 1935 年版。

《宁夏纪要》：叶祖灏编著，正论出版社 1947 年版。

《明代文物和长城》：锺侃著，宁夏人民出版社 1980 年版。

《宁夏方志述略》：高树榆等编著，吉林省图书馆学会 1985 年内部发行。

《〈清实录〉宁夏资料辑录》：吴忠礼、杨新才主编，宁夏人民出版社 1986 年版。

《中国藏书家考略》：杨立诚、金步瀛合编，上海古籍出版社 1987 年版。

《〈明实录〉宁夏资料辑录》：杨新才、吴忠礼主编，宁夏人民出版社 1988 年版。

《宁夏考古史地研究论集》：许成著，宁夏人民出版社 1989 年版。

《古籍整理与传统文化》：李修生主编，辽宁大学出版社 1991 年版。

《汉籍在日本的流布研究》：严绍璗著，江苏古籍出版社 1992 年版。

《宁夏历史地理考》：鲁人勇等著，宁夏人民出版社 1993 年版。

《宁夏历史人物研究文集》：胡迅雷著，宁夏人民出版社 1993 年版。

《贺兰集》：陈明猷著，宁夏人民出版社 1994 年版。

《〈新修支那省别全志〉宁夏史料辑译》：和龑等译，北京燕山出版社 1995 年版。

《诗经选》：余冠英注译，人民文学出版社 1995 年版。

《中国近三百年学术史》：梁启超著，东方出版社 1996 年版。

《固原历史地理与文化》：薛正昌著，甘肃文化出版社 1998 年版。

《中国方志文献汇编》：中国地方志指导小组办公室选编，方志出版社 1999 年版。

《马福祥传》：丁明俊著，宁夏人民出版社 2000 年版。

《宁夏出版志》（征求意见稿）：宁夏人民出版社 2000 年 5 月内部发行。

《西夏地理研究》：王天顺主编，甘肃文化出版社 2002 年版。

《方志学新论》：巴兆祥著，学林出版社 2004 年版。
《新出魏晋南北朝墓志疏证》：罗新、叶炜著，中华书局 2005 年版。
《平罗春秋》：何子江、万青山编，宁夏人民出版社 2005 年版。
《宁夏人地关系演化研究》：汪一鸣著，宁夏人民出版社 2005 年版。
《宁夏方志二十年》：刘天明主编，方志出版社 2006 年版。
《中华人民共和国文化行业标准（WH/T20—2006）古籍定级标准》：中华人民共和国文化部，北京，2006 年 8 月 5 日发布。
《传统典籍中汉文西夏文献研究》：胡玉冰著，中国社会科学出版社 2007 年版。
《宁夏历代碑刻集》：银川美术馆编，宁夏人民出版社 2007 年版。
《黄河文明的绿洲——宁夏历史文化地理》：薛正昌著，宁夏人民出版社 2007 年版。
《明清民国海原史料汇编》：刘华编校，宁夏人民出版社 2007 年版。
《宁夏历史地理变迁》：吴忠礼等著，宁夏人民出版社 2008 年版。
《宁夏通史》：陈育宁主编，宁夏人民出版社 2008 年版。
《方志与宁夏》：范宗兴等著，宁夏人民出版社 2008 年版。
《大明庆靖王朱㮵》：白述礼著，宁夏人民出版社 2008 年版。
《中国地方志流播日本研究》：巴兆祥著，上海人民出版社 2008 年版。
《固原历代碑刻选编》：宁夏固原博物馆编，宁夏人民出版社 2010 年版。
《中国文物地图集》：国家文物局主编，宁夏回族自治区分册，文物出版社 2010 年版。
《宁夏历代诗词集》（全五册）：杨继国、胡迅雷主编，宁夏人民出版社 2011 年版。
《宁夏历代艺文集》（全三册）：杨继国、胡迅雷主编，宁夏人民出版社 2011 年版。
《陕甘地方志中宁夏史料辑校》：胡玉冰、韩超、邵敏、刘鸿雁辑校，上海古籍出版社 2015 年版。
《清末民国时期海原县县情资料》：胡玉冰、魏淑婧编校，上海古籍出版社 2018 年版。

四 论文

《张维和他的著述》：张令瑄撰，《甘肃社会科学》1982 年第 3 期。

《〈陇右方志录〉补正》：王继光撰，《西北民族学院学报》1988 年第 2 期。

《古灵州城址初探》：白述礼撰，《宁夏史志研究》1989 年第 1 期。

《张维与〈陇右方志录〉》：王锷撰，《西北师大学报》1990 年第 4 期。

《明代宁夏庆藩刻书考略》：徐庄撰，《宁夏史志研究》1996 年第 1 期。

《古代研究的自我批判》：郭沫若撰，载《十批判书》，东方出版社 1996 年版。

《清代"固原十景"诗话》：佘贵孝撰，《宁夏史志》2003 年第 2 期。

《陇右近代著名图书（方志）编纂家——张维》：董隽撰，《图书馆杂志》2005 年第 6 期。

《〈重修固原城碑记〉及其作者那彦成》：程云霞撰，《固原师专学报》2006 年第 4 期。

《明清时期的宁夏集市及其发展》：霍丽娜，《宁夏社会科学》2008 年第 6 期。

《〈水经注〉黄河银川平原段若干历史地理问题讨论》：汪一鸣撰，《宁夏社会科学》2009 年第 2 期。

《宁夏大学图书馆藏六种域外汉籍述要》：胡玉冰撰，《中国典籍与文化》2009 年第 4 期。

《夏初三朝元老刘仁勖》：牛达生撰，《西夏研究》2010 年第 2 期。

《明代庆藩著述及庆府刻书》：刁俊、刘文燕撰，《宁夏大学学报》2010 年第 3 期。

《日本人编撰的中国地方志：〈支那省别全志〉和〈新修支那省别全志〉——以甘肃卷为主》：高启安撰，《图书与情报》2010 年第 6 期。

《清代宁夏人谢王宠生平及其〈愚斋反经录〉考略》：胡玉冰、韩超撰，《图书馆理论与实践》2015 年第 2 期。

《〈续修四库全书总目提要〉研究》：王亮撰，复旦大学 2004 届中国古典文献学专业博士学位论文（吴格教授指导）。

《甘肃旧志中的宁夏史料述考》：韩超撰，宁夏大学 2014 届汉语言文字学专业硕士学位论文（胡玉冰教授指导）。

《陕西旧通志中宁夏史料考述》：孙瑜撰，宁夏大学 2014 届汉语言文字学专业硕士学位论文（胡玉冰教授指导）。

后　　记

　　宁夏真是一片神奇的土地,既多大漠孤烟、雄浑壮丽的边塞风光,又有小桥流水、唯美妩媚的江南景致,自古就有"塞北江南"的美誉。而这片热土,更有积淀深厚的古典人文资源:特色浓郁的回族文化,古朴神秘的西夏文化,源远流长的黄河文化,传统光荣的红色文化……相互交融,交相辉映。宁夏本土不乏珍贵文献记载、传承这些传统优秀文化,如宁图藏回族文献、宁夏博物馆、宁夏考古研究所藏西夏文文献、宁夏档案馆藏民国宁夏文献等。宁夏古代地方志,在记载、传承宁夏美誉与传统优秀文化方面,在资政、存史、教化等方面同样发挥着独特作用。基于个人的专业基础、学科背景和前期积累,我于2006年申请了国家社科基金项目并获立项,将宁夏古代地方志即宁夏旧志纳入自己的专题研究视野之中。

　　从事古代文史研究,原始资料是基础。以古代文献为研究对象的学科对于资料的原始性、可信度等有着更高的要求,文献资料是否原始、可信、完整与丰富,将决定最终研究成果的学术质量。古代文献资料在传世过程中常会不同程度地存在"失真"现象,所以梁启超在谈及清代学者整理旧学之总成绩时指出:"无论做那门学问,总须以别伪求真为基本工作。因为所凭借的资料若属虚伪,则研究出来的结果当然也随而虚伪,研究的工作便算白费了。中国旧学,十有九是书本上学问,而中国伪书又极多,所以辨伪书为整理旧学里头很重要的一件事。"[①]郭沫若在谈及古代文献资料对学术研究的重要性时也指出:"无论作任何研究,材料的鉴别是最必要的基础阶段。材料不够固然大成问题,而材料的真伪或时代性如未规定清楚,那比缺乏材料还要更加危险。因为材料缺乏,顶多得不出结论而已,而材料不正确便会得出错误的结论。这样的结论比没有更要有害。"[②]所以尽量目验宁夏原版旧志,以从中获取最直接的一手信息资料,是我对项目研究提出的最基本要求。但当着手搜检文献时,我有点不太相信,在宁夏各

---

① 梁启超:《中国近三百年学术史》,东方出版社1996年版,第305页。
② 郭沫若:《古代研究的自我批判》,载《十批判书》,东方出版社1996年版,第2页。

主要图书馆,古代宁夏的原始资料尤其是一手的宁夏旧志资料竟然如此稀缺。也许是囿于我的孤陋寡闻,我发现,传世的三十几种宁夏旧志中,存藏于宁夏的竟然寥寥无几。我在与区内外同行的交流中也了解到,宁夏藏书机构存藏的有关宁夏的古代文史原始资料匮乏是大家的共识。通过查检目录文献后知道,宁夏旧志主要散藏于国图、甘图,甚至远在日本的国立国会图书馆、东洋文库……。有关宁夏旧志,曾出版过一批影印本和整理著作,我在深入阅读后感觉,这些资料可以当作进一步深入研究的基础,但还有诸多问题,仅靠已有的整理研究成果是无法解决的,更何况这些资料本身还存在着诸多问题等待解决。于是,在我的项目研究中,原本以为不成问题的宁夏原版旧志资料的目验工作,竟然成了我需要花大量精力去解决的关键工作了。访求原始资料的过程是很艰辛的,经费、时间、人际关系等缺一不可。受国内某些藏书机构特殊的古籍借阅制度的限制,我想要目验有些原版宁夏方志的要求竟成了奢望,这给本项目研究造成了无法弥补的缺憾。

所以,笔者深知,本研究成果肯定存在许多不足及尚需深入研究的问题。有些宁夏旧志存藏于国图、南图、甘图等单位,有的孤本藏于海外,部分原版善本文献无法目验,只能依据影印文本或点校本对其进行研究,这在一定程度上影响了文献研究特别是版本研究的深度。民国时期的宁夏地情资料价值尚待深入分析和拓展研究。如 1935 年正中书局出版的傅作霖编著《宁夏省考察记》、1947 年正论出版社出版的叶祖灏编著《宁夏纪要》,两书虽非严格意义上的旧志,但都是研究民国时期宁夏问题不可或缺的资料。《宁夏省考察记》是民国宁夏省正式成立后较早的一部全面记载宁夏自然、人文、社会等诸多方面内容的专著,全书分三编,共十六小节,第一编《绪论》记载宁夏历史沿革、地理位置及疆域、土地及人口、出产、工商业及金融、社会风俗与民生等,第二编《本论》记载宁夏之财政、教育、交通、水利、盐务等,第三编《结论》记载宁夏军事、政治、禁烟、宗教、建设等问题,最后附《王荫三君等之建设计划》。记载内容丰富,书前附有多幅民国时间宁夏照片资料,书中附有多种统计图表。许多资料都是作者在 1933 年亲自考察宁夏时调查所获,是研究 20 世纪 30 年代宁夏问题不可多得的宝贵材料。[1]《宁夏纪要》记作者 1938 年至 1940 年在宁夏期间所获各种资料。全书共十三章,第一章《概论》简述宁夏历史沿革,第二章《地理的鸟瞰》记载宁夏地形和面积、土壤和气候、山脉河流和湖泊、现有的县邑、两蒙旗地带、重要的市镇、名胜和史迹等,第

---

[1] 参见王荣华、李丽颖:《一部记录 20 世纪 30 年代宁夏的专书——〈宁夏省考察记〉评介》,《宁夏社会科学》2009 年第 6 期,第 147—149 页。

三章《民族和人口》记载宁夏民族、人口等,第四章《社会的情态》记载宁夏生活、宗教、习俗等,第五章《物产的要目》记载宁夏农产、林产(附药材)、畜产、矿产等。第六章《交通的大势》记载宁夏陆地、水上和空中的交通及邮电事业等,第七章记载宁夏农田和水利,第八章记载宁夏工业和商业,第九章记载宁夏财政和金融,第十章记载宁夏教育和文化,第十一章记载宁夏政治和军事,第十二章为《人物志略》,第十三章《结论》,最后列《参考书目》,并有《附录》。本书记载资料详实,除实地调查资料外,还参考了瑞典斯文·赫定(Sven Hedin,1865—1952)等人的西文文献 The Silk Road(《丝绸之路》)等 11 种,《乾隆宁志》《民国朔志》《西夏纪》《宁夏省考察记》等 36 种汉文资料,《新西北月刊》《宁夏民国日报》《贺兰报》等 19 种报刊资料。实地调查结合文献考证,较好地保证了资料的可信度。

总之,宁夏旧志研究工作要走的路还有很长,本研究成果无论是研究内容、研究方法还是研究结论,要完善的地方还有很多。拙作对学界已有成果的评述也均属一孔之见,不见得正确,有些认识甚至可能是错误的。我们期待有更多的学者关注民族与地方文献整理研究工作,期待不断推出更好的学术整理研究成果。

感谢陈育宁先生拨冗为拙作写序,感谢孙钦善、黄长著先生对晚辈的鼓励和支持,你们是我治学道路上最重要的良师,值得我敬重一生。感谢自治区人大副主任姚爱兴先生的厚爱,拙作能够顺利出版,离不开您的大力支持。崔晓华、金能明、何建国、许兴、刘天明、李学斌、负有强等先生在本书出版过程中,也给予了重要的帮助,谨致谢忱。感谢宁夏大学提供"211 工程""双一流"建设这样重要的学术平台,学校的好政策为本人能坚持研究提供了重要动力。感谢父母、亲人,成果中凝结着我对你们的感恩之情。感谢妻子、女儿对我一如既往的支持和理解,家庭和睦幸福是事业成功的有力保障,本成果权作对你们爱的回报。感谢我指导的研究生同学,在前期资料的搜集整理及引用资料校对中大家都付出了努力,集体的智慧也凝结在本成果之中。感谢国家社科基金项目匿名鉴定专家,各位先生的真知灼见让本成果的学术质量有了更大提升。感谢中国社会科学出版社张林、上海古籍出版社王珺女士,高水平的编辑工作令本成果学术质量有了更好的保证。还有很多要感谢的师友、同事,限于篇幅,恕不一一列举。感谢大家的厚爱、鼓励,我会继续努力。

胡玉冰
2012 年 5 月 1 日于银川
2018 年 5 月 4 日修改于银川